# 近世フランスの法と身体

## 教区の女たちが産婆を選ぶ

長谷川まゆ帆［著］
Mayuho Hasegawa

東京大学出版会

Parish Women and Their Right to Choose a Midwife
in Early Modern France

Mayuho HASEGAWA

University of Tokyo Press, 2018
ISBN 978-4-13-026157-9

# はしがき

本書は、一八世紀の終わりにアルザス南部ヴォージュ山脈の小さな谷あいの村／教区に起きたある係争事件を研究の対象にしている。この時期のアルザスでは、フランス王国が派遣した地方長官によって農村部の女たちを対象にした助産術の無料講習会が開催され、多くの受講生が農村から開催地の都市ストラスブールに送り出された。女たちは講習を終えると修了証書を携えて帰村し、その地域の助産婦として職務に就いたが、出身地の村や教区の女たちからは気に入られず、場合によっては強い嫌悪や反発で迎えられた。

「新しい」助産婦に対する農村の女たちからの違和感や反発はいたるところで見られたものであり、とくにアルザスの南部では、助産婦を擁護する側とそれに反発する女たちおよび村落住民の側との間で裁判沙汰となり、対立が収まらず、紛糾が続いた。その結果、出来事の一端が紙文書に記されて残った。実際、帰村した助産婦の側からも、あるいは村落共同体の吏員や女たちの側からもあれこれの請願書が作成されたのであり、それに関連する裁判管区の役人、裁判官たちの報告書、命令書なども残存する。それらの文書のなかには、諍いの末に、別の女が選び直されて講習会に送り直される場合もあり、その結果、二人の同じ資格を持つ助産婦が創出されるに至り、その二重の選択をめぐって争いはさらに続いていった。この事件のおおよその経緯と展開は、こうした紙文書に刻まれた記述を通じてある程度まではたどることができる。

本書は、この「小さな」事件をとりあげ、そこから浮かび上がるいくつかの謎を読み解きながら、この出来事の意味を時間と空間のなかに位置づけて解析しようとしたミクロストリアである。と同時に、この事件とフランス近世期の国家と法、身体との関わりを解き明かそうとしたフランス近世史研究のモノグラフであり、その長い探査の旅の記録でもある。

＊　＊　＊

この係争事件に関連した紙文書にわたくしが初めて遭遇したのは、歴史学の研究者をめざして間もない大学院生の頃のことである。サイズも色も形も筆跡も不揃いな判読しがたい一八世紀の手稿文書の扱いにひどくとまどいながらも、二百年以上も前に生きていた人々の営みが、それらの紙文書を通じて明らかになるという期待に、何かしら言葉にできない感慨を抱いたのを覚えている。あのころは紙文書が「過去」という未知なる闇への扉を開いてくれるのだという素朴な期待もあり、そうした紙文書からいったいどんな世界が浮かび上がってくるのだろうかと胸を躍らせていた。

ところが、それらの文書の解読は予想外に難航したのである。紙文書の中身は請願書や報告書のような書簡、決定書（判決文）であり、多くは一定の書式や枠組みに規定された「乾いた」叙述である。教区や村落ごとにその内部の動きを深く理解し解析しようと思っても、それぞれは数も少なく、内容も断片的なものがほとんどである。それらをいくらつなぎ合わせても、文書を作成し発信しようとした人々の感じ考えていたことはもとより、その出来事が何を呼び起こし、どのような意味をもったのかについて、心から分かったと思えるものは少なかった。そもそも当時のわたくしには、文書の前提となっているフランス王国の制度上の仕組みや特質、その時代のアルザス南部の置かれていたフランス王国の統治下にある司法行政の実態、とくに法秩序についての基礎的な知識が不足していた。加えて、助産はもとより出産経験も皆無であり、出来事そのものへ想像力がうまく働かなかった。

それでも約二年にわたる奮闘の末に朧げながらも関連文書の「解読」を果たし、文字に綴られている内容から事件の経緯を辿ってみるところまでは漕ぎつけた。関連知識を徐々に積み上げ、自分なりにイメージをこしらえて脳裏に一つの物語を浮かび上がらせてみたのである。そしてとうとう一つの個別論文をまとめあげるに至った。当初はまったくのカオスのようにみえていた紙文書の束に曲がりなりにも一つの合理的と思える説明を施し、とりあえずの見取り図ではあれ、事件の全容をつかまえてピンでとめることができたことにほっと安堵したのを覚えている。

しかし当時もなんとなく分かっていたことだが、そのとき描けたと思った過去のイメージは、結局のところいくつかの点と点をたどってつなぎ合わせただけの表層的な像にすぎなかった。できあがった論文は、紙文書の文字面の「意味するもの」をできる限り「正確に」とらえようとしたものではある。しかしその分析はなお表層に留まっていた。そのせいか自分の中でももどかしく、ある種の満たされなさ、虚しさが残った。史料に真摯に向きあうことはこの種の習作の基本であり、歴史学研究のとば口に立つための出発点である。しかしそれだけでは何も分かったことにはならないのではないかとそう思った。

事件の核心へと達するためには、その叙述のなかにある言葉や言い回しに目を凝らし、かすかな差異や亀裂を探り当てるとともに、内側からも外側からも補助線を引き、さらにその先にある「奥の細道」へともぐり込んでいかなければならない。同時代の隣接する諸地域からの影響や、遠くからも力を及ぼしていたであろうさまざまな権力や運動を視野に入れ、対象をより広い全体のなかに位置づけていくことが必要である。そのためには類似した事件や他地域との比較を試み、それを通じて問題を複眼的に掘り下げ、分節化していく必要がある。それは結局のところ、手探りで道のないところに道を作り、行く先を自分の手で照らし出していく過程である。読む側にある自分自身のまなざしを問い直し、耕し、その自明性の限界を超えていくことでもある。

つまり何かが「分かる」ためには、今ある限られた認識枠組みをはみだし、あれこれの試行錯誤をくりかえして、「見えるもの」「分かるもの」の領域を広げていく努力が不可欠である。そこには自分自身が「変わる」という実存的な経験も含まれる。しかしそのためには必要な時間と経験を経なければならない。事件についてのクロノロジックな経緯を実証的に明らかにし、その限りで何が起きていたかを整理することは、研究のまさに入口に立ったということにすぎない。越えるべき山は高く、その山も一つではなく、ほんとうのゴールは遥か彼方にあった。今にして思えば、その山の拡がりと奥深さ、入り組んだ道の重なりあいに早い段階で気づくことができたことが、あのころ、書くという営みを通じて得られた最良の成果だったのではないかと思う。研究と呼べるものはようやくそこから始まったのである。

＊　＊　＊

この事件の痕跡に初めて出会ったときにわたくしが抱いた衝撃は、しかしもう一つあった。それは「ここでは女たちが主役である」という驚きである。村落共同体の側の文書のなかには、教区の女たちが集まり、合議の末に彼女たちの意思を確認し、その上でしたためられたと思われる文書もあり、文末には女たちの氏名がずらりと並んでいる。アンシアン・レジーム期に平民の女たちが自らその訴訟や請願の主体となり、こうした司法行政上の紙文書の上に名を刻むということはそれほど頻繁にあるわけではない。何らかの行為や意思決定の主体となって出来事の前面に躍り出るということが全くなかったわけではないとしても、裁判や司法行政に関わる紙文書に名前が刻まれて残ることはやはりまれなことだったからである。その理由は女性の識字率が相対的に低いことによるだけではなく、文献史料が持ちうるその社会のなかでの女の位置づけや表象体系全般における「女」の役割のちがいにもよる。

だからであろう、これらの紙文書は何かしらとても新鮮に思われたのであり、稀有な文書記録に遭遇したという喜びと興奮があった。これらはいったいどのような世界の表象なのか、いかなる関係性の発露だったのか、女たちが表舞台に出てきているのはそれが出産に関わる問題だったからにすぎないのか、背後には何か特殊な慣習のようなものが潜在していたのだろうか、等々、さまざまなことが脳裏をよぎり、見えない世界に思いをめぐらせた。自分がこの事件に関心を抱いたのは、おそらくこの出来事が歴史における性差や身体性の問題に深く触れていたからであり、その稀少性と謎に直観的に惹きよせられていったからである。

そのころから長い歳月を経て、今ではこの事件が起きたアンシアン・レジーム期のアルザスやフランス王権がどのようなものであったかが以前よりもよく分かるようになってきている。それによってこの出来事は、たまさか起きた例外的な特異な事件だったのではないと確信するようになった。複雑な時間と空間の網の目のなかにあることは確かであるとしても、その経糸と横糸を繊細に見極め、あれこれの差異を見いだし、謎を解きほぐしていくことで、この事件の渦中にあった人々の意識やふるまいもよりよく理解できるようになってきた。だからこそいま、この事件を当時の社会や国家、法や政治、経済や宗教・医療、身体や日常性のかたち、諸権力の運動とも関連させながら、近世期フランスの歴史学研究の蓄積のなかに位置づけてあらためて論じてみたいと思うようになった。

＊　＊　＊

いったいこの出来事はどのような時間と空間のなかにある、いかなる出来事だったのか、またそれがアルザス南部であったことによってどのような特殊性がありえたのか、さらにフランス近世史との連関のなかでここでの事件はどのような問題を照らし出してくれているのか、アルザス南部の人々にとって、また身体性の問題としても、この出来事はこの時代のヨーロッパのいかなる歴史の位相の下にあり、どのような地殻変動のはてにありえたのか。そうしたことをあらためて考えてみたいと思った。それが本書をまとめるにあたっての一番の動機であり、ねらいである。

近世フランスの法と身体／目次

はしがき

序　論　身体性の歴史学に向けて……………………1

第1節　研究史の整理と問題の所在　1
第2節　扱う史／資料と方法――「モノ」としての行政文書　17
第3節　論文の問題設定と構成　22

第1章　アルザス南部の事例
――紛争の経緯と謎、背景にある地域的特質……………31

第1節　史料との出会いとその概要　31
第2節　事件の経緯と展開――モーシュ他三集落の場合を中心に　43
第3節　背景にある地域的特質　71

第2章　地方長官によるストラスブールの助産術講習会の開設……………117

第1節　ストラスブールの助産術講習会　117
第2節　地方長官ガレジエールとロレーヌの現状　134
第3節　サン・ディエの助産術講習会の開設に向けて　145

第3章　隣接事例との比較1
——ベルフォール補佐管区の場合……163
第1節　受講生選択の経緯　163
第2節　帰村した助産婦への反発／嫌悪　173
第3節　鎮まらぬ紛争——モーシュ他三集落の事例の特異性　187
第4章　隣接事例との比較2
——ロレーヌ南部ドン・ジェルマンの場合……195
第1節　一七〇八年の判決にみる紛争のパターン　195
第2節　誓約した産婆の選任　207
第3節　未洗礼死産児の洗礼と埋葬　225
第5章　渓谷の変容
——境界のゆらぎ……239
第1節　教区の内と外の境界　241
第2節　ジェンダー役割、労働空間、宗派の境界　262
第3節　中間役人のゆらぎ　283

第6章　助産技法の変化と助産婦の制度化
　　――場・仕方・人間の関係の再編……299
第1節　アンドレ・ルヴレの著作と難産への対処法　301
第2節　助産婦と外科医の関係性の変化　328
第3節　産褥熱による死と内科医社団の認識　349
結　論　「選ぶ自由」の承認と慣習の形成……375
あとがき　387
文献目録　*67*
既出論文との連関　*65*
注　*11*
図表一覧　*9*
索　引　*1*

# 凡例

一　人名や地名、団体名などの固有名詞や、職名、官職、役職等その他の歴史的なタームや注意を要する語彙については、初出に原綴りを添えた。また訳語には必要に応じてルビを記し、人名については生没年を添えた。たとえば、ミレイユ・ラジェ（Mireille Laget, 1936–1986）、プレヴォ（prévôt 国王判事）など。

一　名詞のカタカナ表記については現地主義の立場に立つ。ただし過去にどのような音で発話されていたかは確定できないこともあり、ここでは主として、Warnant, Léon, *Dictionnaire de la prononciation française dans sa norme actuelle*, Éditions Duclos, Gembloux, 1987 に依拠し、できる限り現代のフランス語の読みに統一した。たとえば、アンシセム（Ensisheim）、ガレジエール（Galaizière）など。

一　フランス王国の支配下にあったフランス王国の官職や役職のカタカナ表記については、可能な限り標準フランス語の読み方に統一したが、神聖ローマ帝国の支配下にあった時代の官職や役職名については、ドイツ中世・近世史研究において一般的に用いられているカタカナ表記を採用した。たとえば、シュルトハイス（schultheis/schultheiß）、シュテットマイスター（stettmeister）など。

一　本文中の引用文は「　」で示した。比較的長い引用文は行を変え、一行開けて一字下げした。引用文の原文は、重要と思われるものに限り、本文中または巻末注に示した。

一　〔　〕内の説明は、引用文中のみならず、それ以外のところでも常に原語や語彙説明など、長谷川による補足である。たとえば、請願者〔カトリーヌ・シリング〕、コルド〔corde：薪の分量を示す単位：一コルドは約四平方メートル〕など。

一　本文中の叙述の文献的典拠および内容に関連した補足記述は、すべて巻末注に示した。

一　文献情報は巻末の文献目録と巻末注の初出に詳細を記した。

# 序論　身体性の歴史学に向けて

本書は、アルザス南部の助産婦をめぐる教区の女たちの対立を扱った歴史学研究である。近世期フランスの出産の場における人々のふるまいや心性を理解するとともに、この事件がこの時代のどのような位相のもとにあり、出来事がそのなかでどんな意味をもっていたのかを同時代のフランス王国の動きとも関わらせて読み解こうとした社会史である。ここでは問題の所在と研究の意義、方法を示すために、本書のテーマや問いにわたくしがどのようにして出会い探求するに至ったか、またこの研究がどのような研究史の流れのなかにあり、既存の研究に対してどのような位置や立場に立つものであるかを述べておきたい。とりわけ近世期ヨーロッパの歴史学研究のなかでどのような貢献をなしうるものであるか、またこの研究に用いる史／資料や方法、論文全体の構成についても述べておきたい。

## 第1節　研究史の整理と問題の所在

### （1）社会史として

従来、戦後歴史学と言われる第二次世界大戦後の歴史学研究のなかでは「出産」が歴史学の対象とされることはなかった。出産など天下国家を論ずるのに取るに足らぬ問題であり、わざわざ取り上げる必要などないと考えられていたからである。それが一九七〇年代半ば以降とくに一九八〇年代に入る頃から変化が訪れる。「社会史研究」の新しい潮流が生まれてくるからである。そのなかで日常性のなかにある物質文化や一見ささやかに見える出来事、身体の用い方や感覚、人と人との関係のあり方に関わる諸問題に新しい関心が向けられ、こうした領域にも探究の目を向け、開拓することの重要性が広く認識されるようになった。

その頃、日本でいち早くこうした問題に着手していたのは歴史学者ではなく、むしろ社会学や文化人類学の研究者たちであった。萌芽的な試みのなかではあれ、隣接諸科学の領域で「生むこと」そのものがその研究対象として俎上に載り始めてきていることに、わたくし自身大いに刺激を受けインスピレーションを得ることができた。また日本の歴史学研究者の反応は日本史、西洋史、東洋史を問わず概して遅かったが、一九七〇年代のフランスの歴史学者たちの営みを眺めてみると、出産というテーマがすでに歴史学研究の対象として浮上し、歴史学研究の中心的学術雑誌にその成果が掲載されるに至っていた。

とくにフランスではアナール学派によって育まれてきた「日常性から全体史へ」と至ろうとする歴史学研究の土壌があり、とりわけ一九七〇年代以降、歴史人類学への道が大きな流れとなって発展しつつあった。とくに一九七〇年前後の頃は、一九六〇年代に一世を風靡した歴史人口学のような数量史研究がたくさんの成果をあげてその主要な役割を終えつつあった時期でもあり、歴史学者は既存の成果を糧にしつつも、そこからさらに新たな次元に向けて大きく舵を切り始めていた。とりわけ中世史や近世史の領域でさまざまな実験的な試みがなされていて、性愛や身体、結婚や離婚、家族、避妊や捨て子、子ども、祭り、叛乱、死生観、時間、識字率、売春、病、犯罪、呪術、魔女狩り、暴力、象徴、儀礼、等々、歴史学のまなざしはありとあらゆる領域に大きく広がりつつあった。しかもそうしたテーマは常に全体との連関のなかで論じられていて、時間や変化、権力の問題からも切り離されていなかった。そこがフランス歴史学の魅力でもあり、興味をそそられた点でもある。またこうした動向は、人間をとらえる際に、その存在を理念や理想像として抽象的に措定して考察するのではなく、まずは史料に向き合い、史料に即して開拓しようとするものでもあり、対象とする地域や時代の環境、他者との交渉のなかで分析し、常に新たな領野を開拓しつつ、問いそのものを更新し、切り拓いていくことに主眼をおいていた。それは、人間のもちうる可能性を最初から特定の像のなかに押し込めて動かない静態的なものとして固定的に考えるのではなく、血や肉、心やからだをもつ生きた人間として、その生きられた時間と空間、経験のうちにとらえ直していこうとする試みでもあった。こうした歴史学研究の成果に出会えたことがわたくしが歴史学研究の道に引き寄せられていった理由の一つでもある。出産もこうした転換期の模索のなかに浮上してきていたテーマであり、歴史学の未来を、ひいては人間の来るべき未来を模索する手がかりを探るための真摯な探究であると感じられた。フランスの研究動向は間違いなく日本よりも一〇年以上先を行っていた。

### (2) 「近代知」の再考に向けて

重要なのは、こうした新しい歴史学の試みが政治史や経済史の観点を無視したり、否定していたわけではなかったことである。問われていたのは、それまでの政治史や経済史のとらえ方であり、その分析視角や叙述の枠組みを組み替えていくことである。過去をとらえる際のその問いかけやつかまえ方、語られ方がまさに問い直されていた。たとえば、日本の戦後歴史学が依拠してきたような理念的枠組み、とりわけマルクスやウェーバーの理論に基づいて対象を理解しようとする、狭い意味での「近代知」を基盤とする思考枠組みをあらためて再審に付し、今にふさわしい問いかけのなかで問いそのものを鋳直していくことである。それは過去の社会や人間の生きていた現実を現代のまなざしや理想像にあてはめて都合よく整形するのではなく、その時代のなかに内在するふるまいや言葉、想念を真摯にみつめ理解しようとすることであり、他者のなかに存在するものをよりよく理解することによって、対象をとらえる我々自身の立脚点を問い直し、認識そのものを広げ、我々の人間観をこそ問い直す試みでもある。

もちろん「近代知」の再考の試みそれ自体はすでに二〇世紀の初めに現れていたものであり、あらゆる学問領域のなかで始まっていたものでもある。マルク・ブロック（Marc-Léopord-Benjamin Bloch 1886–1944）やリュシアン・フェーヴル（Lucien Paul Victor Febvre 1878–1956）によって歴史学の刷新の試みや挑戦がなされたのは一九二〇年代のことである。一九世紀に植民地化の進展とともに支配的になっていった進化論や西欧文明を普遍的で最も優れた文明とみなす見方をどう乗り越えていくのかという模索が、社会学や心理学、民族学などさまざまな学問運動を生み出し、既存の学問領域にも刺激を与えていた。第二次世界大戦さえ起こらなければ、その流れは中断されることなくそのまま大きな潮流となって発展していたに違いない。二〇世紀後半に訪れた「新しい歴史学」の運動はそうした世紀初頭の知の胎動と模索の継承の上にあり、ブロックたちの戦前の試みが戦後の世代に引き継がれていくなかでしだいに具現化されてきたものである。「出産の社会史」も同様の礎の上に位置づけられる。

### （3）アナール学派の挑戦

一九七〇年代の初頭に、『アナール』誌の主幹として編集に携わっていた近世史家アンドレ・ビュルギエール（André Burguière 1938–）は、同雑誌で一九七二年に家族史の特集号を組んだ際に、A. B. のイニシャルを付した短い巻頭言を寄せている。彼はそこで、歴史家たちの間にその当時、家族史への関心が広がりつつあることに触れ、近代家族の終焉が意識され始めたその時期に家族史へと関心を寄せる歴史家たちの姿を「ミネルヴァの梟は黄昏に飛び立つ」というヘーゲルの言葉と重ね合わせつつ、歴史家にとっては新しい主題である家族史研究が今や重要なテーマとなりつつあることを指摘していた。そして家族史を扱う際の研究視角として、国家や社会の問題とリンクさせながらより広い文脈のなかで問題を理解し、論じていく必要を訴えていた。(1) この号でビュルギエールは、この巻頭言以外に「晩婚と

企業精神」と題した論稿も載せていて、冒頭で次のように述べていた。(2)

フランスでは一八世紀から産児制限が大多数の人々に普及した。これが実際に起きた現象であることは、婚姻出生率の統計分析のおかげで今では疑いのないものになっている。けれどもそれをどう解釈したらよいかは依然として曖昧である。この現象は人口動態上のメカニズムのレベルでも出生率曲線の上でも確認できるが、しかしそれが心性のレベルでのより広い複雑な変化の顕れでないとすれば、この現象それ自体に意味はない。(3)

ビュルギエールは決して人口史研究の成果が無意味だと言っていたわけではない。彼はこの論稿のなかで、人口史研究によって明らかにされてきた一七世紀末の晩婚化の現象をその時代の経済危機との連関のなかに措定し直し、解釈の可能性を開いてみせようとしていた。つまりビュルギエールは、経済史上「一七世紀の危機」と呼ばれてきた経済の停滞期に人々が宗教的な禁欲の精神と家族戦略とを見事に融合させて生き延びる手立てを晩婚化に見いだしていたのだと論じることで、経済史と心性史の両方の視点からこの現象の意味をとらえ直そうとしていたのである。数量的データの背後に人々の生き延びる智慧と模索があることを読み取り、一つの現象がもっている深い意味を創造的に浮かび上がらせること、数量史研究の成果と経済史や社会史、心性史などそれ以外の知見や認識とを架橋しながら、数量史研究の成果をもう一度歴史学のミクロな考察のなかに引き戻していくことを求めていた。

こうした視点が重要なのは、数量史研究の結果にのみ限られるものではない。ある現象を理解するには、その事実を社会全体のなかに位置づけて「解き難きものを解き明かそうとする」研究者の模索や努力が不可欠である。そのためには宗教や社会、政治、文化の相互の連関に目を向け、社会全体を重層的に理解していくことが必要である。おそらく歴史学の研究者ならば、こうした構えが重要だということは言わずもがなのことであり、誰もが認める指摘でもあるだろう。しかし当時、歴史人口学研究は厳密に確立された手法に基づいて数々の成果をあげてきたこともあり、一九六〇年代の半ばには人口史研究や数量史研究こそ歴史学の王道であると思われるほど隆盛を極めていた。それが一九七〇年代になるとそろそろマンネリ化の道を辿り始めていた。家族史研究が大きな関心事になっていくのはそうした時代の変わりめのことであり、ビュルギエールがアナールの主幹としてこのような警鐘を鳴らし、歴史学の進むべき道をもう一度思い起こさせようとしたのも歴史学の流れを人口史研究一辺倒のあり方から大きく変えていくことをめざした動きであった。

その頃からフランスの歴史学研究は、扱うテーマや対象、素材を大きく拡大し、問いかけそれ自体を柔軟に組み替えていくことになる。それまでは教会関係の文書はもっぱら洗礼、婚姻、埋葬の記録をもとに人口史研究のデータとしてのみ利用され活用されていたが、しだいに司教区会議や巡察記録、異端審問に関する裁判記録などそれ以外の教会文書にも目が向けられ、それらにも積極的にアプローチしていくようになる。さらには教会文書に限らず、遺産目録や遺言状、契約書など、公証人によって記され、残されたさまざまな記録等々、この時代のありとあらゆる文献記録が開拓され、多様な視点からそれらが活用されるようになっていった。

人類学との対話が推し進められていったのもこの頃からのことである。とくに中世史や近世史の歴史学者はそれ以前から人類学の視座を積極的に吸収しつつあり、家族史研究や性愛の歴史、死生観や呪術、識字率の研究など、およそ人間に関わるありとあらゆる営みに探究の手を伸ばし始めていた。(4) この頃、人類学者として脚光をあびていたレヴィ・ストロースも、一九七〇年代の初めから一九八〇年代半ばにかけての時期に、神話や儀礼に関連して『アナール』誌にもときおり寄稿しており、歴史学と人類学との架橋に一役買って出ていた。この時期に歴史学者たちは積極的に人類学／民族学の成果から視点や解釈枠組みを学び、それらをヨーロッパ内部の過去を理解する手がかりとして活用し始める。と同時に、人類学者の側からも歴史学へと歩み寄り、時間や変化、権力を考慮しながら考察を行う道を模索していたのである。歴史学と人類学はそれまで長らく続いてきた「棲み分け」状態をやめ、地球的規模の大きな変動と認識の転換のなかで互いに手を携えて異文化へと目を向け始めていた。それは理念としてのヨーロッパ近代を理想とし、何よりも優位にあるものとしてその形成の道筋を自明のものと考えることや、そこから生み出されてきた歴史観や人間観を唯一の模範とみなすことをあらためて問い直し、再審に付していくことでもあった(5)。

出産の社会史が歴史学の表舞台に現れてきたのも、こうした一九七〇年代の知の胎動のなかでのことである。事実、一九七七年に『アナール』誌は、「医者、医療と社会――一八世紀から二〇世紀のフランス」と題した特集号を組み(6)、そこに医療に関係する論考を一〇本掲載している。そのうちの二本が一七―一八世紀の出産の歴史を扱った論文であった。一つは、ジャック・ジェリス(7)(Jacques Gélis)の、もう一つは、ミレイユ・ラジェ(8)(Mireille Laget 1936–86)の論稿である。ジェリスは、フランス全土を視野に収めて出産や助産についての痕跡や運動を網羅的に調査し探究していた。ラジェも南仏に限ってではあったが、やはり一七―一八世紀を対象にしており、人口史研究の成果をふんだんに取り入れるとともに、民族学や民俗学の言説を豊富に収集しながら、女たちの日常性を包括的に論じようとしていた。

それまで医療というテーマが特集に組まれることはまれで、それ自体が新鮮であった。加えてこの特集号はふるっていた。というのもその一〇本の論文が三つの見出しに分けて配置され、最初の見出し「社会のなかの医者(les médicins dans la société)」にはダニエル・ロッシュ(Daniel Roche)が、次の「医者と看護者(Les médecins et les soignants)」にはピエール・グベール(Pierre Goubert)が、最後の「医療の実践と言説(Pratiques et discours médicaux)」にはアルレット・ファルジュ(Arlette Farge)が寄稿していたからである(9)。ジェリスの論稿はグベールと並んで、またラジェの論稿はファルジュと並んで掲載されていた(10)。

この顔ぶれを見ただけでもこの特集号がどんなに力入りで編集されていたか、ジェリスやラジェの研究をどういう全体のなかに置いて考えようとしていたかが分かる。この特集号の論者たちは、誰もが医療に従事する担い手の実践や言説を問題にしていたが、それぞれが得意とする方法を駆使して独自の着眼点から創造的な論点を提出していた。またイメージや言説を論じてはいてもみな対象とする時代に内在する文献や同時代の入念な史料調査に基づいて実証的な議論を展開しており、こうした研究のもつおもしろさや魅力、他分野との対話の可能性を十全に伝えてくれていた。出産の社会史は、こうした歴史学の視野の拡大と隣接諸科学との対話を前提に方法的模索の試みとも密接にリンクしながら登場してきたものであり、歴史学の扱う領域やまなざしを広げ全体史のなかに位置づけて考察していくことが期待されていた。

### （4） 医療の社会史の重要性

もちろんフランスでは出産や医療の歴史叙述がそれまで皆無だったわけではない。医術や医学に関する技法や諸制度に関する歴史として書かれてきたものはあった[11]。しかし個々の事象や出来事を中世・近世の社会の歴史、政治的な変動ともリンクさせながら、文明や近代化の意味を問い直し再考しようとする研究は、残念ながらこの時期までほとんどなされていなかった。ヨーロッパでは一七―一八世紀から一九世紀にかけて、近代医学が発展していくなかで出産の場や出産を取り巻く人々の関係、産み方そのものが大きく変化してきたが、そのことは歴史学の対象としてはほとんど意識されていなかった。場や生み方、人間の関係の変化が、それ自体で研究の対象になるとは誰も考えていなかったからである。なぜなら「近代化」や「文明化」の動きや変化を対象とし、その過程をこそ問い直すという問題関心は、社会がその発展の渦中にあるときには芽生えにくいからである。医療の問題でもその技術や専門職がいかに発展してきたかという技術や医学の進歩の歴史にまずは大きな関心が向けられていた。

もちろんそれはそれで歴史のある側面を示していたのであり、医学の現在の到達点を知る上で重要な研究ではある。しかし我々の現在を歴史学の問題として、社会や権力の問題を視野に入れてその変化をダイナミックに問い直すにはそれだけでは十分ではない。不十分だと考えるのは、一つには医療を取り巻く環境が一九七〇年代から今日にかけて大きく変化してきたからでもある。病とは何か、治療とは何か、人体の意味や環境との関わり、国家と医療の関わりや、権力と知との関わり、生きることや死ぬことがもっている実存的な意味などがいま大きく問い直されてきている。したがってただただ医療技術の進歩や革新性にのみ目を向けて考察しても、それは医療と人間という問題群のなかのほんの一部にすぎない。医学の発展や、功労者の偉業や成果を確認するだけでは何も分かったことにはならない。歴史学として考察するのであれば、実際には、過去の医療といえども、医療行為それ自体がその時代の慣習や伝承システム、経済関係やさまざまな権力機構の網の目のなかにあり、政治や行政、市場や経済とも密接に関連しあっていたことを視野に入れる必要がある。そうした諸状況の連なりを考察するなかで初めて、医療と人間、社会と身体、心とからだの関わりを現在と過去との対話のなかで問い直すことが可能になるからである。

ちなみに、技術の発明や改良、制度化の過程を進歩としてとらえる歴史観は一九世紀にヨーロッパ中心の世界像が確立されるなかで急速に強められていったものである。そのことはパスツールやコッホなどによって細菌学や予防学が確立され、医学の領域で大きな認識の転換が起こったことと密接に関わっている。それ以降、西洋医学による人体に対する考え方や認識はゆるぎない「真理」としてみなされ広く受容されてきた。また病院を中心とする臨床医学のまなざしや制度もそれと連動しつつ練り上げられていくことになった。助産の世界についても病院での出産が支配的となり近代医学に基づく医療化が広く浸透していくのは、やはり一九世紀末から二〇世紀半ばにかけてのことであり、完全に「病院化」がなされたのは一九七〇年代以降のことである。この時期に病院出産が隅々にまで行きわたり、家庭出産が完全に過去のものとなり、そこに至ってようやく過去を現在とは異なる時空として対象化することが可能になってきた。病院化以前の出産を取り巻く社会への関心が芽生えてくるのもそれゆえ一九七〇年代以降のことである。

ただし二〇世紀初頭にも、ごくごく限られたものではあれ、「近代医学の発展」を跡づけるだけの医学技術史とは異なる立場からの叙述が存在した。たとえば、レオン・アバンスール（Léon Abensour 1889–19??）の『フランス革命以前のフランスの女とフェミニズム』(12)と題した書物（一九二三）である。アバンスールはフランスのリセで歴史を教えていた男性教員であるが、彼はこの書物のなかで、「助産婦（les sages-femmes）」に関する社会史的な記述を残している。アバンスールは哲学者ピエール・ベールの創刊した『歴史総合評論』の読者でもあり、歴史学の新しい胎動を感じ取っていた歴史研究者の一人でもある。彼は地方の文書館に残る裁判記録や行政、財政文書等を利用しながら、助産婦が一八世紀に養成され創出され制度化されていくこと、外科医との関わりや王権による助産婦の養成、病院化の動きに言及していた(13)。

アバンスールの記述で重要なのは、彼が必ずしもそれらの動きを肯定し進歩として解釈していたわけではなかった点にある。より客観的な立場から少なくとも社会変化の一端として出来事を相対化し、距離をおいてとらえることに意味を見いだしていたようにみえる。これは一九世紀に支配的であった進化論的なまなざしを相対化し、対象の内側にある意味を探り出そうとした二〇世紀初頭の学問運動の挑戦とも深く通底している。

実際、近世以前の社会を真摯に眺めてみれば、出産の場に携わる人々の制度や秩序や人間観に関しての変化はある日突然生じてきたのではなく、萌芽的ながらパスツールやコッホよりもはるか以前から始まっていたことが分かる。一八世紀前半から後半にかけていわゆる今日的な意味での病院は限られていたが、教会や宗教組織、大学医学部との関係の深い施療院では男性の臨床医を中心とする体制が強められ、女の助産者はしだいにその補助者として位置づけられるようになる。ジェンダーによる差異もまさにこの時期に意識され確立されてきた。たとえば『百科全書《アンシクロペディ》(14)（*Encyclopédie*）』（一七五一）にはその第一巻に accoucher（分娩させる）という項目があり、そこには「外科医は助産婦よりもうまく助産を行う（Un chirurgien accouche mieux qu'une sage-femme）」と説明されている。啓蒙期以降、こうしたジェンダーを前提にした序列、上下の垂直的な関係が生成され、社会的な意味や役割が繰り返し言葉にされていくことで、こうした制度や表象が形作られ、再生産されてきたことはまぎれもない事実である。一九世紀末以降の変化はこうした前史の上に築かれている。

しかし二〇世紀前半には、こうした社会史研究の視点をもった人文社会科学の領域からの包括的な研究は依然として例外的なものでしかなかった。産科学はなお発展途上にあり、進化していく段階にあり、また進化しうるという認識が社会全体のなかに根強く共有されていたからである。すでに述べたように、産科学や病院史の枠を超え、出産の歴史を一つの社会現象としてとらえ、社会全体の広がりのなかで歴史的な分析を行おうとする歴史叙述が登場してくるのは、ようやく一九七〇年代以降のことである。その背景には、二〇世紀後半になって誰の目にも顕在化していく地球的規模でのグローバルな科学技術の発展と広がり、それに伴う経済、社会、文化の重層的な変化が横たわっている。人々の生活の仕方が目に見えて変わり、あらゆる領域でそれまでの人間の関係性や感受性がゆらぎ、問い直されていったからである。それにつれて技術や科学が人間にもたらす可能性と限界をよりよく理解し、もう一度人間存在の根源にまで立ち戻って、我々の現在を問い直したいという関心も高まってきた。

### (5)　ラジェ、ジェリスの研究と王権の動き

かくして二〇世紀の半ば過ぎに生を享け大学で歴史学を学んだわたくしのような人間が出産の社会史に関心をもち、それを歴史学の対象として考えたいと志したのも、このような時代の変化と、それに伴う研究状況の変容、問うべき問いの広がりに深く関わっている。わたくしもまた時間と空間のなかにある一人の限りある人間として、自分の生きる時代のなかで、見たり、聞いたり、触れることのできるものから感じ考え、自らの思考を養い、問うべき問いを見いだしてきたということでもある。

歴史学研究を志す大学院生だった頃に最初に大きな刺激を受けて学んだのは、まずはすでに触れたように、ジャッ

ク・ジェリスやミレイユ・ラジェの研究成果からであった。ジェリスは一九七七年に歴史学の学術雑誌『アナール』誌に発表した「助産婦と産科医」を嚆矢としてフランス全土を視野に収めながら、社会史研究としてこの問題を探究し、成果をあげていた[15]。一方、ミレイユ・ラジェも主に南仏のラングドック地方を中心に人口史や民族学の成果を駆使したパイオニア的な研究を行っていた。ラジェは一九八二年にすでにこのテーマでまとめ上げた博士論文を単著として出版してもいた[16]。彼女はその本のなかで人口史研究を踏まえつつも民族学の知見をふんだんに取り入れ、当時の人々の処し方やふるまい、感じ考えるその仕方に目配りし、数量史と社会史を架橋する新しい方向性を示してくれていた。こうした研究は当時のフランスの歴史学の動向を反映したものでもあり、研究方向を模索する上で多くの着想を与えてくれた。

そのなかでとくに興味をもったのは、医学や外科学の担い手のみならず、王権がこうした出産の場や関係性に関心を高めつつあり、一八世紀の後半になると、王国の官僚たちが国家政策として助産婦養成事業などに乗り出していたことである。つまり国家が人々の生きる場や空間に目を向け、特定の方向へと臣民を導き、変えていくことをめざして動き始めていたことである。その過程で重要な位置を占めていたのが助産者の存在であり、また内科医や外科医、薬剤師など多種多様な医療従事者たちであった。近世期のフランスでは、産婆／助産婦といっても、彼女たちはいったいどのような存在なのかがまだ曖昧であり、十分に分化していなかった時代である。そこに特定の「助産婦」を創出し、出産による死を食い止めることを大義名分にしながら、王権自らが臣民に直に働きかけて動き出していること、それがわたくしには興味深く思われた。

この時期、フランス王国はイギリスと各地で戦争を繰り広げ、国際関係のなかで競争意識を強めていた時期でもあり、為政者たちは、人口の減少や国力の衰えに関心を抱き始めていた。二〇世紀後半に確立された歴史人口学の研究成果によれば、一八世紀半ばは実際には人口が急激に増え始める時期である。しかし彼らの認識は人口増を懸念するというよりも、むしろ逆に人口が減少しているという怖れのなかにあった。

ちなみにイギリスでは、世紀末にマルサスの『人口論』(一七九八)が発表され、人口と社会、生存の可能性の関係が論じられるようになる。マルサスは、人口の増加は幾何級数的に進むのに対して生活の糧とくに食料には限りがあり、人口と食料の不均衡が起こることは避けられない、その結果、飢饉や貧困、悪徳が発生するという予想から、それに対して人口増加を抑制するための道徳的抑制が必要であると考えた。こうした考え方は一九世紀になると、イギリスでもフランスでも一般化し、産児制限が広く試みられるようになる。

しかし一八世紀前半から半ばにかけてのフランスでは、人口への関心が高まっていたとはいっても、それはこうしたマルサス的な観点からではなく、むしろ国力の増強のためには子どもの死を食い止めることが不可欠であるという認識によってである。フランスでは宗教による影響もあってか、世紀末まで人口増が貧困や食糧不足の源にあるという認識は稀薄であった。それは食糧危機のなかで飢餓による子どもの死が以前にもまして頻繁に目撃されたからなのか、あるいは生き残ることが前世紀ほど困難ではなくなるにつれて逆に子どもの死に対する感度が高まっていたからなのか、そのメカニズムはよく分からない。しかしいずれにしても為政者の目からは人口の減少は憂うべき事態であり、人口の減少は国力の衰えにつながるという認識が強まり、子どもの死が不吉な徴候として強く意識されるようになっていった。

一方、従来の歴史学研究においては、税制や司法行政上の諸制度については国政史の問題として扱うべき主要なテーマとして理解され研究されてきたが、人の生き死にや産むこと育てることはそれと無縁の出来事として等閑に付されてきた。「産む」という出来事は「私的な」領域の事象でしかなく、歴史学のテーマとしてはほとんど重要性をもたず、視野にすら入ることがなかったからである。ところがこの出産の社会史では、国政上の問題が新しい角度から措定し直され、その変化に目が向けられていた。人の生き死にに関するふるまいや感じ考えるその仕方が「公《おおやけ》なるもの」との連関のなかで見えるものとなり、議論の俎上に載りつつあったのである。

もちろん革命以前の時代には「公」と「私」の領域は画然と隔てられていたわけではない。両者は現代人が想像する以上に入り組み、切り離しがたく結びついていた。そのことはその後の歴史学研究の進展のなかで明確に論じられるようになってきたことである。三〇年前にこの研究を始めた頃にはまだ「公」が「私」との関わりのなかで表裏一体になりながら構築されてきたことは十分意識されていなかった。両者を二項対立的にとらえる視点はいまならいかようにも組み替えられ措定し直されるべきものであるが、当時のわたくしには少なくとも人間の生き死にという「私《わたくし》なるもの」の領域に王権が直接に関与してくることにまずは驚くとともに、そこに時代の一つの大きな変わりめがあると思われた。

こうした権力と個人との関係の問題は一九七〇年代にミッシェル・フーコーが主張していた性の歴史、権力と私生活との関係の議論とも通底していた。すなわち国家が日常性の内部へと目を向け、臣民(国民)への監視を強めていくこと、そこに権力の運動、仕組みや秩序を見いだすことであり、また遍在する諸権力が日常性とどのように関わり重なりあうのかを問う、きわめて今日的な課題でもある。「産む」という女の身体の場は、それまでにも共同体の維持、存続に重要な意味をもつ領域であったが、この時期になると王権がその内部に直に手を伸ばし力を及ぼしていくのであり、それこそがまさに近代国家の特質である。この問題は単に「産む」という個別の身体に関する現象にとどまらず、個々人の日常性を詳細に把握し管理し一定の方向へと導こうとする国家の意志とその特質、そこから規定される秩序形成の動きと密接に関わっている。それゆえこの問題は、近代社会の構築と権力や身体との関わりを、さらには個々の人々の間の相互の関係性そのものを問い直すことにつながるものであり、きわめてスリリングなテーマであると直観した。

### (6) 受容の問題への問い

かくしてわたくしはこの時期に現れていた出産の社会史に関する新しい動向に触発され心惹かれていくことになったが、しかしながら既存の研究に疑問や不満がなかったわけではない。ラジェにしてもジェリスにしてもたしかに王権がこの時代にどのようにこの問題を位置づけ、なぜ、助産婦の養成に乗り出していったかには言及していた。しかしそうした働きかけが実際にその時代を生きていた人たちや地域社会にとってどのような意味をもったのか、どのように受け止められ、いかに領有されていったのかという受容の観点は欠けていた。それについてはほとんど論じられていなかった。それまでの助産の世界を変えていったと思われる新しい助産婦や新しい制度は、個々の人々のなかにどのようなものとして受け止められ、とりわけ産む側の当事者である女たち自身にどのように感じ考えられていたのか、そしてまた彼女たちや彼女たちを取り巻く周囲の人間たちがそのことにどのように応答したのか、この動きは何を意味し、その結果、その出来事が人々の生活や意識、ふるまいにどのような影響を及ぼしていったのか、いかなかったのか、といった問題は何ら問われていなかったのである。その変化を考察し論ずることは、こうした変化の意味を考える上で重要なポイントであるにもかかわらず、それらがほとんど考察の対象にはなっていなかったのである(17)。

「上からの権力の働きかけ」という通りいっぺんの枠組みに依拠して問題を分かったつもりになるのではなく、産む側の生きられた経験から歴史や社会をもっと深く問い直してみたかった。そこにはなお問うべき問いや謎、闇が残されていると思われた。本書は、こうした問いに少しでも答えを見いだしたいともがき、試行錯誤を繰り返し、数々の道草と回り道を経て得られた研鑽の成果であり、今にして辿りついた一つの到達点である。

### (7) ミクロストリアとしての事件史

さて、本書はアルザス南部のいくつかの教区に起きた助産婦をめぐる係争事件を対象にしているが、その事件は歴史の教科書に記録されているような誰もが知っている大事件ではない。宗教戦争や宗派対立、三十年戦争やフロンドの乱、英仏対外戦争、フランス革命といった、国政レベルでの異変、転換、大事件なら、すでに多くの研究者が注目し、叙述もなされている。本書でもマクロな視点から見れば、そうした大事件による社会変動を前提としておさえておくことが不可欠である。しかし本書はいわゆる「事件史」を表層的につなぐことで生まれる歴史叙述とは一線を画する。むしろ日常性のなかの誰もが経験するような小さな出来事を出発点にし、そこからその時代の大きな枠組みとの連関を問うことがねらいであり、日常性から全体史へと至る道を模索することに主眼がある。個人的なことは社会的なことであると言ったのはある有名なフェミニストであるが、生と死が密接に関わっているのと同じように、「私」の世界も閉ざされた真空のなかにあるわけではない。「わたくし」の世界は常に「おおやけ」なる世界と表裏一体をなしている。「個」と「共同体」、「公」と「私」は、まさに一八世紀に徐々に立ち上がってくる新たな境界線でもある。

ちなみにアナール学派は周知のようにその創立の当初から、出来事（événement）を扱う事件史を退け、その視野から遠ざける傾向にあった。雑誌『アナール』誌は、長期的な趨勢を扱ういわゆる「系《セリ》の歴史学」に舵をきっていた。フェルナン・ブローデルしかり。フランソワ・フュレしかり。その後のアナールの研究者たちの多くも、事件ではなく人々の心性やふるまい、その趨勢や動かない層に関心を向けてきた。しかし本書ではあえて確信犯的に「事件」「出来事」に着目する。それはしかしアナール学派が批判したかつてのような大事件や英雄の織りなす「事件史」に回帰することを意味しない。ここで扱うのは、何度も論じられ誰もが知っているような大きな事件ではなく、王国の辺縁部にあった名もない人々の煌めきである。大方はフランス革命期のうねりのなかで忘れ去られ、消えてしまった「小さな熱気」でもある。本書の試みはイタリアの歴史家ギンズブルグが唱えたミクロストリアあるいはル・ロワ・ラデュリの『モンタイユー』が示してくれたピレネー山中の小村のミクロな農村社会の再構成の試みに近い。

### （8）フランス近世史研究の蓄積との対話

本書はまた、一方では、ここ数十年の間に蓄積されてきたフランス近世期の法制史研究や国政史研究の成果からも多くを摂取しつつ構成されている。ここに登場する人物たちの多くはこの時代のフランスの諸制度と密接に関わって存在しており、彼らが埋め込まれていた諸制度や機構、構造の基礎的な知識を踏まえずには、出来事を時間のなかに位置づけることができなかったからである。またアルザスやロレーヌには、ドイツとフランスの中間地帯に位置してきたという現実がまずあり、比較的遅くに王国に併合されたこともあり、それがゆえに生じているさまざまな特殊事情が存在する。それらがどのように特殊であるかについても、フランス王国の中心にある他地域との比較なしには、その性格を十分に把握し照らし出すことはできなかった。したがって、本書では、この数十年の間に発展してきたフランス史研究の成果と常に比較対照し、対話し、関連させながら事件を精査している。また地方長官制度など官僚制に関わる諸制度はもとより、「社団」「ソシアビリテ」といった言葉で語られてきたアンシアン・レジーム期のフランスの秩序や機構、社会像にもあらためて踏み込み、王権の統治のあり方と地域社会の人的結合関係についても、独自の仮説を立てながら論じ直している。(18)

## 第2節　扱う史／資料と方法――「モノ」としての行政文書

さて、では本書においては、どのような「モノ」を手がかりに探査を行っていくのか。わたくしの史／資料に対する基本的なスタンスは、入手が可能であり有効と思われる文献史料なら何でも、また文献に限らず物質資料についても当時の表象として存在するものならとりあえずは何でも渉猟し、自らの目で見て、手に取って触れ、読み、考察し、感じ考えることにある。本書では主として裁判記録や行政文書、教区記録や巡察記録、会計帳簿から法学者の法理論、行政官たちの残した覚書や補佐たちが残した書簡、王令や組合規約など、この時代に生成され残されたありとあらゆる性格の紙文書を利用している。こうした史／資料の個々の性格や特徴、背景については本文中で随時紹介していくのでここではその詳細については触れないが、過去を理解する手がかりとなる「モノ」についての基本的な理解を以下に少し触れておこう。

これまでにもわたくしは出産の社会史という枠組みのなかで、研究の際の手がかりとなる史／資料について言及してきた。たとえば既刊の書である『お産椅子への旅』『さしのべる手』のなかでも論じてきたように、わたくしの場合はつねに「モノ」と身体の関わりに注目してきた。『お産椅子への旅』では、道具として創出された「椅子」が分析と考察の中心にあり、また『さしのべる手』では、論争空間に分け入るためにも活字となって流布した書籍や冊子などの「印刷本」がその分析と考察の対象となっていた。つまり「モノ」である物質がどのように出現し、また人間の身体とどのように関わり、またどのような影響を及ぼしながら、人間の側からいかなる所作や欲望を引き出してきたのかを考えようとしてきたのである。

本書は、椅子のような「モノ」を対象としているわけではないが、出版された書物や報告書といった印刷物の類は随所で利用している。また前作でも試みたような出版物を通じた論争空間にも分け入っていく。本書ではまた、これまでの「お産椅子」や「書物／印刷物」といった「モノ」だけでなく、手書きの紙文書すなわち手稿文書（manuscrits）を主要な分析対象としている。手稿文書もまた一つの「モノ」であることに変わりはないからである。ここでもまた「モノ」である紙文書の存在を何らかの現実の素朴な反映や記録としてみなすのではなく、それ自体が現実を作り変え、異なる所作や想念を引き出し再定義していく重要な契機としてとらえている。したがって紙文書が構築していく動的な過程、身体と権力の関わりをこそ読み解いていくことになる。

「モノ」としての手稿文書がここで重要な役割を果たしていると述べたが、それは具体的には講習会の修了を記す証書であったり、吏員たちの請願書であったり、命令や法文あるいはまた当該地域のバイイ裁判官あるいは国王尚書が地方長官に地域の状況を伝えるために書いた意見書であったりもする(19)。従来の歴史学研究のなかではこれらはまさに「史料」「手稿文書」に分類されてきたものである。そこでは書かれている内容に注目しそれが現実の何を映し出しているかを読み取ることに主眼が置かれてきた。本書でも文字の語る表層的な内容を把握することは事件を理解するための手がかりである。しかしこれらの紙文書は素朴にありのままの事実を語っているわけではない。実際には出来事がもちうる多様な可能性のなかから一つの像が選択的に選び取られ記録されたものにすぎない。つまり紙文書は書き手の想念の産物でもある。しかしその想念もまた現実である。誰かが何かを文字に書くという行為がそれによって何かが構築されていくのであり、また書くという営みを通じて何かが消し去られ忘れられていくこともある。

「紙」はそれだけなら何の力ももたないはずのものでありながら、特定の状況のなかで、特定の文字が刻まれ、エクリ（écrit 書かれたもの）として出現し、保管されることで、現実を規定し、人々の意識やふるまいを一定の方向へと動かしていく。したがって紙文書は、それがどのような関係や秩序のなかで出現し、そこに何が書かれているのかということと同じくらい、そのエクリが出現することでその世界の現実がどのように組み替えられ、どのような意識や関係が生み出されていったのかを考えることが重要である。つまり紙文書という「モノ」が人々からどんな意識や身体の所作を引き出していったのかを問うことがここでも重要になるのである。

「モノ」である物質は、その固有の形と機能をもち、人間の眼前に出現しては、その存在それ自体によって、逆に人間の側からいまだかつてない欲望や可能性を引き出していく。そしてそれがやがては人間の意識や身体の所作そのものにも影響を及ぼしていく。エクリは単なる反映論的な痕跡や記録ではない。本書においても、紙に刻まれた命令や判決が生み出されることで、役人や平民の女や男たちに、それ以前にはなかった新たな意識や行動が呼び起こされていく。本書ではその動いて変化していく運動の過程を見ていくことになる。紙文書を通じて、この谷あいの小さな村の内部と外部が触れあい、交錯する瞬間、その動いて変化していく過程をこそとらえたいと思う。紙という物質にこめられた特殊な意味、それこそが、ここでの「ヒト」や「モノ」を動かしていく大きな契機となっているからである。たかが紙文書であるが、それこそが人々をゆさぶり、拘束し、その意識やふるまいに影響を及ぼし、その内部から外部への運動を引き出していく。当時、手書きの紙文書はどこにでも存在するというものではなく、大切にしまわれ保管されていたものでもあった。大勢の人々の目からは隠されていたが、確実に人間の関係性や意識の構築に影響を及ぼし、固有の位置を占め始めていた。

ちなみに、近年こうした紙文書を一つの「モノ」としてとらえ、「モノ」をめぐって織りなされる運動過程にあらためて目を向けようとする研究が現れてきている。紙文書というモノを介して推移していく人と人との関係を訴訟や紛争解決あるいは請願書や公証記録という文書実践を通じて読み解こうとする研究である。たとえば、小名康之編『近世・近代における文書行政――その比較史的研究』[20]であり、また臼井佐知子他編『契約と紛争の比較史料学』[21]である。そのうち前者に含まれている安村直己氏の論稿「スペイン帝国と文書行政」は、これらの試みの一つの可能性を示唆している。安村氏の研究は植民地期のスペインとメキシコの農村の間でやり取りされていた紙文書を「もの」として位置づけることから出発し、スペイン側の管理行政上の装置として出現した紙文書が、やがて植民地の人々によって領有され、奪取され、自らの「自由」の獲得のために読み替えられ再創造されていくことに眼を向けているからである。また後者の共同研究の成果は中世および近世の日本や朝鮮、オスマン朝、ヨーロッパといった多様な地域や時代を扱う歴史学研究者が集い、文書を介して織りなされる人と人との関係を訴訟や紛争解決に関わる文書からあぶり出し比較を試みようとしている。どちらも「モノ」としての紙文書によって人々の関係性がいかに認知され構築されていくかをとらえようとしている。

それらはいずれもみな文書を何かしらある動かない点や現実の単なる反映としてとらえるのではなく、生きて動いて変化していく動的な過程のなかにあるものとみなし、「モノ」が作り出す関係性をこそ考察しようとしている。またそこでは当然のことながら法が存在し、それが考察の対象となっている。しかもその法のあり方は単純ではなく、多様な裁判機関が併存し、統一的な国家の法と地域社会の法、それ以外のさまざまな諸権力の法とがせめぎあっている。本書はこうした紙文書を介して織りなされ変化していく人々の認識、関係性つまりは法秩序の形成過程を探る試みであり、文書を介して遂行される請願や裁判や裁決を人々がどのように受け止め、また我がものとしていくかを考えようとする試みである。

ところで、既発表の二つの拙書『お産椅子への旅』『さしのべる手』のなかでは、本書で扱っているアルザスの紛争事件についてはほとんど触れてこなかった。しかしこれまでの拙書において扱ってきたことも、道具や書物という「モノ」が織りなす動的な過程であった。この時代の助産の「場」や「人間の関係」「仕方」がそれらの「モノ」によってどのように構築され、理解され、領有されてきたかという認識の変化や関係性の構築過程を論じてきた。(22) これら二つの既刊の書も、もともとはこのアルザスでの紛争事件の謎を読み解くために着手した予備的な研究でもあった。既刊のこの二つの拙書はしたがって本書と主題において共通しているだけでなく、「モノ」を介した動的な過程をこそ考察しようとする点でも互いに深く共振しあっている。

本書は、出版の順序からして一見したところ、わたくしの既刊の研究成果の続編のように見えるかもしれない。そう言ってもあながち間違いではない。しかし本書は内的には筆者の歴史学研究のそもそもの出発点に位置し、その後の研究を規定し牽引してきた、まさに根幹をなす研究の成果である。とくにノルマンディという地域に即して一七世紀末から一八世紀にかけてのフランス近世期の歴史や論争空間を考察し分析した前作での探査は、アルザス南部の謎を読み解く上でもまさにアリアドネの糸となっている。ここではこれらの先行研究によって明らかになってきたこの時代の身体に関わる認識や関係性を踏まえ、さらにその先へと考察を進めていく。したがって本書は、近世フランスの法と身体に関わる、これまでの研鑽のすべてを踏まえた総論であり、かつ完結編である。

## 第3節　論文の問題設定と構成

一八世紀も半ばを過ぎた一七六〇年代になると、フランス王国の全土で、各管区ごとに地方長官(23) (intendant de police, justice et finances) のイニシアティヴによる、農村の女たちを対象にした助産術の無料講習会 (l'école gratuite de l'art d'accouchement) (24) が開設されるようになる。その王権主導の政策的試みのなかで、アルザスでも一七七〇年代の終わりに同様の事業への取り組みが始まり実施される。これに対してアルザス南部の農村では、受講生の選択時にも、また受講生の帰村後にも農村の女房たちから嫌悪や反対が起こり、助産婦／産婆の選任をめぐってさまざまな訴訟が生み出された。講習会に送られ必要な課程を修了して帰村した女たちは、教区の助産婦として職務に就くことを約束されていたが、彼女たちは教区の女房たちから気に入られず、助産婦として受け入れられなかった。

その対立は、ある場合には教区内を二分するほど大きな対立へと発展し、村内の紛糾はいつまでも鎮まらず、長期間にわたって継続した。こうしたあらましを見ただけでもこの助産婦養成事業が女房たちの現実とそぐわず、何かしら不協和音を奏でて空回りしていたことが窺える。しかしその原因が何であったのかはいま一つはっきりしない。進め方や手続きに問題があったのか。あるいは助産の中身への反発、違和感があったからなのか。こうした嫌悪や反発は、特定の教区にのみ起こった例外的な出来事ではなく、多くの教区に見られたものでもある。いったいここでは何がどう軋んでいたのか。こうした助産婦の選任をめぐる紛争はそもそもどのように生じ、どのような方向へと向かおうとしていたのか。本書は、これらの紛争を記した紙文書をもとに出来事の経緯を探るとともに、この教区の女たち（女房たち）の対応がなぜどのようにして生じてきたのかを考えようとするものである。

本書は、序論と、本文（全六章）および結論からなる。

第1章においてまず、扱う史料（紙文書）の性格や特質を明らかにし、一七八〇年代にアルザス南部に生じた助産婦をめぐる紛争事件について、紙文書に刻まれた叙述からその経緯を明らかにする。その際、まずは残存する関係文書のうち文書数や叙述量の最も多いサン・タマラン渓谷のモーシュ（Moosch）他三集落に注目し、この紛争事例についてその経緯を詳細に辿っていく。その結果、以下のことが明らかになる。この渓谷では、講習会を経て助産婦となった女性に対し、いくつかの集落の既婚女性たちから強い嫌悪と反対が表明された。しかし単に忌避されたというだけではない。やがてそれら三集落の女房たちは、合議を経て、集まった多数の総意として自らの手で前の産婆の娘を別途選び直し、同じ講習会に送って同じ修了証を得させるに至る。助産婦に求められていた資格を満たした上で、正式に教区の産婆として認証されることを求めた。これに対して地方長官は二人の産婆をともに教区の産婆として認め、職務に就くことを命じたが、村落共同体の女房たち（＝既婚女性）および吏員たちはこの命令に満足せず、あくまで最初の助産婦の罷免を求め、ついには国務会議にまで請願書を届けるに至る。

サン・タマラン渓谷は当時、ミュルバック（Murbach）の修道院の所領の一部であり、王権と修道院とをつなぐ在地の中間役人、国王尚書（かつバイイ）がこの事件についての詳細な記述を残していたが、そのバイイの記述によると、こうした執拗な抗議の原因は、助産婦が教区の女房たちの「多数決で」選ばれていなければならないという規則が破られていたからだと言う。つまり産婆を「教区の女房たちが多数決で選ぶ」という選任のルールが予め存在したにもかかわらず、それが侵犯されていたことに問題があったというのである。

こうした経緯から二つの謎が浮かび上がる。一つは、「多数決による産婆の選択」という規則あるいは慣習が、はたしてほんとうにこの地域に以前から存在していたのかどうかという謎である。存在していたのだとすれば、それはいかなるものであったのかという謎である。もう一つは、教区の女房たちがストラスブールの講習会の受講生を新たに選び直し必要とされていた資格を取らせて正式に教区の産婆として認めさせるところまで至りながら、なぜその後も紛争は収束しなかったのかという謎である。村落共同体の吏員たち、女房たちは、自分たちの選んだ助産婦の認証と同時に、最初の助産婦の罷免を求め続けたのであるが、女房たちにとってそうまでして最初の助産婦の罷免を求めることにはいったいどのような意味があったのか。女房たち、吏員たちは何を正当と考え、何を守ろうとしていたのか。本書はこれら二つの謎を解くことを主眼としている。

以上のように謎を二つに整理した上で、この紛争を理解するためにこの地域の背景にある歴史的特質を第1章の最後に明らかにしておく。アルザス南部のとくにモーシュ他三集落のあったサン・タマラン渓谷は地理的にも言語的にも宗教的にも特殊な背景をもち、フランス王国の統治という観点からみても特別地域である。村落共同体のあり方から見てもフランス王国の直接税徴税地域とは異なる性格を有する。紛争の舞台となっている地域の特性を理解しておくことは、その後の考察をよりよく進めていくためにも、出来事の意味を深く読み解いていくためにも不可欠である。

第2章では、第1章で抽出した謎の解明に入る前に、まずはこの紛争の発端となっているストラスブールの助産術無料講習会とその講習によってめざされた助産婦養成の動きについて実践の概要を明らかにする。ストラスブールにおいて助産術講習会を開設し、アルザス南部の農村に受講生の派遣を要請したのは、当時アルザスに派遣されていた地方長官ガレジエールであるが、ガレジエールはアルザスに配置換えとなる直前までロレーヌの地方長官としてナンシーに駐在し、あれこれの模索を経てロレーヌのサン・ディエに最初の助産術講習会を開設している。ストラスブールに持ち込まれた講習会は、ロレーヌでの模索を経て確立されたものである。それゆえこの地方長官ガレジエールが前任地で行った模索や実際に開設された講習会の性格についても辿り、ガレジエールの講習会が、そもそもどのようなねらいのもとにあり、いかなる知のファンドを活用して助産婦の養成をめざすものであったかを立体的に明らかにしていく。

続く第3章および第4章では、最初の謎、すなわち「教区の女房たちが多数決で産婆を選ぶ」という選任のルールについてそれがアルザス南部に予め確立されていたものかどうか、確立されていたとすればどのようなものであったのかについて考える。そのために第3章、第4章では、第1章で取り上げたモーシュ他三集落の事例とは異なる隣接事例あるいは類例を取り上げ、紛争事例としてモーシュ他三集落の場合との比較を試みる。

第3章ではまず、この一八世紀後半のアルザス南部の紛争のうち、モーシュ他三集落以外の教区／村落の事例とりわけベルフォールの補佐管区に属する紛争事例に着目し、それらに共通するパターン、構図を明らかにする。そこからモーシュ他三集落の事例との比較を試み、その共通性と差異をあぶり出していく。ベルフォール管区の事例では、女房たち自身の請願書が残されており、それらの文書を分析することによって「選び直すこと」のもっていた意味について見えてくることは少なくない。

この第3章の考察からは、ベルフォール補佐管区の場合、司祭の選んだ受講生や講習会から帰村した助産婦が、助産婦としての資質や技能において教区の女房たちが必要だと考えていた助産者の要件を満たしておらず、それがゆえに女房たちから強い嫌悪や不満が噴出していたことが明らかになる。そのため別の女性が受講生として選び直されることもあり、助産婦がすでに認証確立された後にさえ別の者が選び直されることがありえたことが明らかになる。司祭の選択は女房たちの選択とはしばしば一致しないからであり、そこに紛争の火種があった。

しかし一方では、司祭が比較的柔軟にふるまった地域では、紛争はそれ以上大きく発展することはなかった。こうした考察からモーシュ他三集落の事例が、アルザス南部の他地域のどの事例と比較しても、特異な展開を示す事例であったことがあらためて明らかになっていく。モーシュ他三集落の事例では、司祭が別の助産婦の連れてきた子に洗礼を拒否する行為に及んでいることや、女房たち、吏員たちによって産婦の死が助産婦の持ち込んだ施術との関わりで語られていること、さらには紛争が長期にわたって継続し、最後には吏員たちによって国務会議にまで請願が行われたことなど、他事例にはない要素が存在するからである。

さらに第4章では、アルザス南部からは離れるが、アルザス南部に隣接するロレーヌ南部の小教区ドン・ジェルマンに起きていた一八世紀初頭の助産婦をめぐる紛争事例を取り上げ、アルザス南部の事例との比較を試みる。ロレーヌ南部の事例は、時間的には一八世紀初頭のものであり、背景にある国家も制度化の前提にある助産婦の要件もアルザス南部の事例とは異なっている。しかし助産婦／産婆の選任に関わる教区内の紛争という観点から見ると、これらは類似した紛争であり、そこにはモーシュ他三集落に起きていた紛争と共通したパターンや構図が見られる。それゆえこの事例もまたモーシュ他三集落の事例との比較考察に値する。

ただし、このロレーヌの事例で問題になっている助産者は、教会で誓約した教会の代理人としての産婆であり、一八世紀末の紛争事例に現れるような外科学の知識や実践の教育を受けた助産婦とは性格が異なる。それゆえここではこの「誓約した産婆」がどのような性格をもつ存在であったか、またその産婆の選任がいかなる意味で女房たちの関心事となり、紛争へと至るかを明らかにする。「誓約した産婆」は生まれた子どもの洗礼の問題に関わるが、その存在や制度化の動きは、一八世紀末のアルザス南部の助産婦の場合にも無縁ではなく、潜在的には共通した歴史的土壌の上にある。実際、サンクチュエール・ア・レピのような奇跡儀礼の蔓延に見られるように、洗礼の問題は一八世紀末のアルザスでも過去となっていたわけではなかった。「誓約した産婆」の特質やその歴史的な背景を明らかにしておくことは、一七八〇年代のアルザス南部の紛争を考える上でも不可欠である。

次の第5章、第6章では、もう一方の謎の解明に取り組む。その問いとは、モーシュ他三集落の女房たちが前の産婆の娘を教区の助産婦として確立した後も、紛争が鎮静化しなかったのはなぜか、女房たち、吏員たちがあくまで最初の助産婦の罷免を求めて国務会議にまで訴えねばならなかったのはなぜかという謎である。バイイは後に、二人を同時に職務にとどめる決定は、和解を求めたものであると述べているが、二人の助産婦を両方とも職務にとどめるという決定はモーシュ他三集落の女房たち、吏員たちにとっては不当なものに思われていた。彼ら、彼女たちはなぜ、この決定を不当だと考えたのか、罷免によって最初の助産婦を職務から遠ざけることにはいかなる意味があったのか。この二つの章では、こうした謎についての解明を試みる。

そのためにはまずモーシュの吏員たちが国務会議への訴状のなかで触れている不当性の根拠を検証する必要がある。モーシュの吏員たちが国王の法院へ請願を行ったのは、まさに二人の助産婦を職務にとどめる決定が不当だと考えたからであるが、その理由の一つと考えられることは、吏員たちが「モーシュは八〇戸にすぎないのであり、産婆二人は多すぎる」と語っていたことである。バイイはこれに対して、渓谷に到来したヴェッセリングの捺染工場の拡大によるサン・タマラン近辺の人口増を指摘し、二人を助産婦として職務にとどめることにはそれなりの根拠があると主張して、吏員たちに反論している。第5章ではそれゆえ、こうしたモーシュ他三集落の吏員たちとバイイとの間にあった主張、認識の差異に着目し、それがどこから生じていたかを地域社会の変動との関わりから探りあてていく。

バイイが言うようにこの渓谷には、捺染工場が到来し急速に規模を拡大しつつあり、外部から流入する労働者によって人口増が起きていた。またそれ以前から一七四〇年に到来した製鉄・鉄鋼工場により、大量の労働者が外部から到来し、その会社との関係で生じてきた森林利用をめぐる領主と農民の対立がこの時期ピークを迎えてもいた。モーシュ他三集落を取り巻く渓谷全体がこの時期に大きな変動にさらされていたことは間違いなく、彼らが何を不当であると感じ考えたかを理解するには、こうした変動のなかで揺れ動くモーシュ他三集落の吏員たちの意識や関係性を探ることが不可欠である。

しかしながら紙文書のなかで不当性の根拠として語られているもう一つ重要なことは、助産婦の乱暴な施術についての女房たちの証言や「女房を死なせた」という夫たちの証言である。女房たちは助産婦の行った処置や施術の乱暴さ、痛みについて言及し、「助産を受けた産婦がほとんど助からなかった」とも証言している。吏員たちはそれゆえ、国務会議への訴願に際しても「女房が助産を受けて亡くなった」という夫たちの証言をわざわざ集めて請願に添付していた。つまり女房たち、吏員たちは助産の仕方、施術の中身や技能のまずさに産婦の死因を見ていたのであり、助産婦が助産婦としての役割を果たしえないばかりか、その施術が危険であると認識していたのである。

しかし最初の助産婦の助産によって産婦が助からなかったというのははたしてほんとうなのだろうか。つまりこの時代の助産は女房たちが言うようにそれほどに危険なものでありえたのかどうかという問いが生まれてくる。当事者たちの証言は断片的であり、具体的にいかなる施術が行われたのか、紛争に直接関係する紙文書だけからは詳細はわからない。これを検証するためには、この時代の助産の技法そのものを具体的に検証し、産婦の身体との関わりを吟味してみる必要がある。これは第2章で考察するような助産術講習会の開設の経緯や実態を明らかにするだけでは十分に見えてこない部分でもある。それゆえこの時代の助産の技法そのものの分析とこの事業で養成された助産婦の特質について、外科医との関わりを含めてあらためて考察を試みたい。この時期はちょうどイギリスやフランス各地で産褥熱が病として発見されていく時代でもある。

そこで第6章では、ストラスブールから帰村した助産婦の施術や処置が実際にどのようなものであり、彼女たちがその技法との関わりでどのような制度の枠内に組み込まれていたかを吟味していく。助産技法については、モケ・ド・ラ・モットのようにすでに一七世紀末からの外科医たちの努力によって実践やそれに伴う知識が積み上げられてきていたが、一八世紀半ばから世紀末にかけての時代は、技法も制度もさらにまた大きな転換期を迎えていた。第2章からも明らかになるように、ストラスブールの助産術講習会で教えられていたのは、パリで当時確立されていた鉗子を用いる助産である。それゆえこの時期の助産技法がいかなるものであり、またその技法の実践に伴い助産婦と外科医(産科医)をめぐる関係や諸制度がどのようなものとして確立されつつあったのかを当時の外科学の推奨していた技法に即して検証していく。それによって産婦の身体がこの助産婦の制度化によってどのような危険にさらされていたかを明らかにし、この時期の技法の変化と紛争との関わりをつきとめていく。

# 第1章　アルザス南部の事例
## ——紛争の経緯と謎、背景にある地域的特質

本章ではまず、アルザス南部に起きた紛争に関する文献史料を紹介するとともに、この史料群を整理するなかで最も文書の多い教区／共同体の事例を取り上げ、この事例に密着しながらその出来事のクロノロジックな経緯を辿ってみたい。そこからこの種の紛争のもつダイナミズムと謎を抽出していく。

## 第1節　史料との出会いとその概要

### （1）オフマンによる紛争への言及

まずこの紛争の存在を知る上で最初の手がかりとなったのは、アルザスの地方史家シャルル・オフマンの『一八世紀のアルザス』第三巻(1)（一九〇七）の「助産婦、産婆（sage-femme, matrone）」に関する項目である。そこには次のような記述があった。

産婆の任命、あるいは選任は、学校の先生の場合と同様、諸村でたいへんしばしば不一致の契機となった。バイイであったレーシュステッテールによれば、もしも司祭たちが**諸規則**（**règlements**）を遵守していれば「産婆が

原因で諸村にこんなにも多くの騒動が起こることはなかったでありましょう」（一七八六年三月一八日付）と言う。その報告によれば、ストラスブールの助産術講習会は、新しい分裂の源になったのである。それはきっとそこを修了した受講生たちが農民の気に入らない要求をしたので、彼らがますます前の産婆を支持したからであろう。それがどのようなものであれ、フォンテーヌ（Fontaine）やフスマーニュ（Foussemagne）では、一七八二年にその種の問題で戦争状態にあり、サン・タマランの低地渓谷では、一七八六年に至る数年間、平和を知らないという状態にあった。バイイのレーシュステッテールが言うには、住民の「三分の一」が「不満に沸き立って（en fermentation）」いる。つまり、村の代理人（préposés）と「下層民（polulace）」は、ある産婆に賛成する立場を表明しているが、その産婆を他の女たちや司祭、バイイが受け入れようとしないのである。「農民たちはたいへん苛立っていて、国王の法院（la Cour）に訴えると言って脅している」。地方長官は二人の産婆にほとんど同じ特権を認める一七八七年一月二七日の命令によって人心を鎮めようとしたが、それがうまくいったのかどうか分からない(2)。

〔引用文中の太字および〔　〕内は長谷川による補足。以下同様〕

オフマンの『一八世紀のアルザス』は、全四巻に及ぶ大著であり、たくさんの章に分かれている。出版の翌年一九〇八年に学術雑誌『近現代史研究』に掲載された書評(3)があり、それによると、本書はタイトルと内容との間に齟齬があるという。なぜならこの本は、タイトルにおいてはアルザスの一八世紀を主題にすると言いながら、実際には、アルザス全体について扱っているわけでも、一八世紀全体を扱っているわけでもないからである。アルザス全土に触れているように見える箇所は、王国の税制や農業、ユダヤ人について書かれているいくつかの章と、第三巻および第四巻の最初の四分の一にすぎない。他は、主に一八世紀半ばから後半の、アルザスの南半分にあたる「高地アルザス（la Haute-Alsace）」に叙述が集中している。実際、公教育に関わる章では、アルザスの公教育にとって重要であるはずのストラスブール大学についての言及がない。また聖職者の財産に関する章でも、低地アルザスについてはほとんど言及がなされていない。あるいはまたなぜかストラスブールの司教座に属するローテンバックについての言及はあるが、そこが低地アルザスのランドグラーベンの南にあることから、オフマンは自分でもそれが主題から外れた対象であるとわざわざ弁明しているのである。要するに、タイトルとは裏腹に、著者の関心は、アルザス全土というよりは、もっぱら高地アルザスに向けられていたのであり、注目している時期も革命に至るその前夜に集中している。

さらに不思議に思われるのは、一八世紀であればすでにフランス王国の諸制度がかなり入り込んできているはずであるが、ここでは王国行政や都市や村の自治体についての言及が全く見いだせないことである。これも書評者ギュイヨが指摘していることであるが、タイトルから考えると、本来ならば盛り込まれていてもよいはずの重要なターム、たとえばシュテットマイスター（stettmeister）[4]や長官（grand préfet）、サヴェルヌの保護領（Régence）、名士評議会（Directoire de la Noblesse）や自由帝国都市（villes impériales）、地方会議（Assemblée provinciale）や地方長官（intendant）、地方長官補佐（subdélégué）といった項目が抜けており、出版社が作成し最後に挿入したと思われる詳細なインデックスからもそれらの用語が完全に抜け落ちている。書評者ギュイヨによると、そうした欠落があるがゆえに本書は、アルザスの特殊な歴史や諸制度について十分予備知識のない読者には、読んでもすぐには役に立たず、ちまちました事実の寄せ集めになってしまっていると言う[5]。

しかしそうなっているのには理由があった。この本はオフマンの死後に出版されたものであり、タイトルも出版社がつけたものである。ギュイヨの推察によると、この草稿は、絶対王政末期の地方身分制議会の管轄下にあった高地アルザスの歴史について、オフマンが出版を目論んでいた草稿『新旧の行政制度（*La nouvelle et ancienne administration*）』の補遺としてまとめられていたものだと言う。オフマンは法学者であり、一八七四年に、「古代ローマの共和政期の河川沿いの所有者の権利とその負うべき負担」と題した論文で博士号を取得し、それ以外にもオフマンはアルザスの職業団体に関しての研究等いくつかの著作を出版したが[6]、残念なことに、そのアルザスの行政の新旧を扱った書物はついに出版には至らなかったのである。そして補遺の部分だけが死後も草稿のまま残された。抜け落ちてしまっているように見える項目やタームは、その書物に盛り込まれていたと思われ、そちらの方がむしろオフマンにとっては主要な関心だったはずなのである。オフマンがこの補遺の方も出版するつもりでいたのかどうかは分からないが、内容からするとこの補遺は逆に行政以外のはるかに広い範囲をカヴァーするものになっている。それゆえギュイヨによれば、その本の内容に即したタイトルをつけるとすれば、『革命前夜の高地アルザス――アンシアン・レジームとその最初の諸変化[7]』とでもするべき書物だったのだと言う。

このようにギュイヨはこの書物の成立の経緯を語りそれが補遺であったことを明らかにしているが、しかし彼は決してこの本を価値のないものとして貶めているわけではない。むしろギュイヨは、オフマンが、司祭（abbé）であるとともに法律家でもあり、法学博士の学位を取得していることから、この時代のこの地域の複雑な司法・行財政制度について十分熟知していたことを指摘している。つまり補遺とはいえ、単なる郷土史的な民俗誌記述とは異なり、この地域の歴史的な制度的奥行きをある程度包括的に理解しながら書き進められているのである。

実際、オフマンの叙述は、冒頭で引用した箇所からも分かるように、史料のなかにある叙述を豊富にそのまま引用して伝えており、バラバラに項目を羅列した自分用の引用ノートのようにも見える。タイトルと内容との齟齬からしてそもそも書物としてのまとまりに欠けているのだが、しかしそれぞれの項目の叙述には史料的根拠がきっちりとあげられているという大きな利点がある。オフマン自身が文書館に通い、実際に残された過去の文書に目を通して、それに即して、そこに刻まれている文字情報を丁寧に掬い上げていったことが分かる。それゆえこのオフマンの『一八世紀のアルザス』は、史料的価値の高い情報源と言え、一八世紀のアルザスをまさに「史料をして語らしめる」手堅い目録となっているのである。

もっともオフマンの生きた時代には、こうした文献渉猟を行うことは決して珍しいことではなかった。こうしたことは歴史学者の基本的な作業としてまさにこの時代に広がり定着しつつあった作法だったからである。実証史学は一九世紀末のフランスでも発展途上にあり、史料の重要性が認識されるにつれて、各文書館でもそれまで未整理なままになって放置されていた保管文書を調査し、一つ一つ紐解いて整理しながら網羅的な目録を作成することがめざされた。この作業は保存とその利用のための基礎的知識を学び専門教育を受けた無数の文書館員らの手によって進められたものであり、専門的な知識と緻密な整理分類作業のおかげで、この時期以降、誰もが過去の文献に以前よりも容易にアクセスでき、はるかに利用しやすくなっていった。

こうした背景をもつオフマンの書には、彼が参照した文書の典拠が几帳面に書き記されていることもあり、それによって関連する文献についてそれぞれ元の紙文書（手稿文書）に戻って内容を検証することができる。またオフマンのあげている史料の典拠のなかには、すでに散逸し、あるいは戦争で焼失しているものも多く、もはや目にすることのできなくなった文書もある。その意味でもこの書は、失われた紙文書の存在とその内容をかろうじて現代に伝える記憶の貯蔵庫となっている。

### （2）司法行政文書C1114の性格

紛争に関する記述の引用箇所に戻ると、この「助産婦」の項目を書くにあたってオフマンが用いた文献は、その註にも記されているように、アルザスのオ・ラン（Haut-Rhin）県の県庁所在地コルマール（Colmar）の文書館に所蔵されていた文書である。分類番号はC1114である。このCという分類記号をもつ文書は、司法行政に関わる裁判関係の文書である。現地コルマールの文書館に赴いて確認したところ、C1114として分類され一つにまとめられていた書類整理箱（carton）には、全部で九つに分けられた紙束《リアス》（liasse）が収められていた。助産婦養成に関わる文書は、このうちの実は一束にすぎない。束の表紙には、内容を表示する大ざっぱな見出しが付けられているが、それらは文書館員の手でなされた便宜上の仕分けである。関連文書をまとめ一つに束ねることで、内容の簡単な目録を作り、どのような関係文書がどの箱に存在するかを探しやすくしてある。助産婦養成事業に直接関連する文書の束の表紙には、「助産婦、助産（Sages-Femmes, Accouchements）」とある。またそれ以外の八つの束[8]には、「パン屋」「肉屋」「内科医」「内科医、外科医、薬剤師の資料」といった職業上の職名による分類の見出しもあれば、「違法集会」「城塞外の家屋」「火事取り締まり」「グレゴワール渓谷ヴィールにおける悪性の腐敗熱についての説明」のように、疫病や災害、治安に関わる出来事に関する見出しもある。

フランスの地方文書館は、革命期になって県による行政区分が設けられたときに、各県ごとにその県庁所在地に文書館が建設されて今に至っているが、それらは主にその地域の関係文書を収蔵し、保存する目的で建てられたものであり、どの文書館にも全国に共通する一貫した分類方法がとられている。たとえば、Bなら会計や徴税の帳簿、Gなら教会関係の小教区帳簿、Hなら教会裁判所など教会や聖職者に関わる記録、等々と決まっている。このCの分類記号をもつ文書は、旧体制下の司法および行政に関わる文書である。

ただしオフマンのあげたC1114のなかに収められている文書の関係地域は、現在のオ・ラン県とテリトワール・ド・ベルフォール（Territoire de Belfort）県の二つの県にまたがっている。というのも革命期（一七九三年）には、アルザスは現在のように三県ではなく、バ・ラン県とオ・ラン県の二県に分けられていたからである。現在のアルザスはバ・ランとオ・ランの両県、テリトワール・ド・ベルフォール県[9]の三県からなるが、それは普仏戦争後に、アルザス地方がドイツに割譲されドイツ領となった（一八七一―一九一九年）際に、今のテリトワール・ド・ベルフォール県に相当する地域だけがオ・ラン県から切り離され特別区としてフランス側に残されたという事情に負うている。その後ベルフォール特別区は、ドイツ領となっていたアルザス地域が第一次世界大戦後にフランスに返還された後も、オ・ラン県に戻ることなく別々の県として歩みを続けた。したがって革命期にオ・ラン県の文書館が設立された際には、現在のテリトワール・ド・ベルフォール県に相当する地域にあった文書はオ・ラン県の文書としてオ・ラン県の文書館に収蔵されていたのである。このことはこの文書の性格を理解する上で重要なポイントである。

ちなみに、コルマールのオ・ラン県文書館（Archives départementales, Haut-Rhin）の元館長クリスチャン・ヴィルスドルフ（Christien Wilsdorf）氏から書簡を通じて伝え聞いたところによれば、このC1114の残存経路はやや異例のものであるという。なぜならそれは、当時のオ・ラン県に含まれた地域にあったいくつかの地方長官補佐（subdélégué）の所在地からコルマールの文書館に直接移館されたものだからだという。というのも一般にCの分類記号をもつ文書の場合、管区中心地の地方長官の所在地に残されていたものがほとんどであり、このように地方長官補佐の所在地に残されていた文書がそのまま残り保存されて今に残ることはきわめてまれだからである。このことは文書行政の流れを考えれば理解しやすい。

地方長官は、第3節でもあらためて触れるように、ヴェルサイユの国務会議（Conseil d'État）の評定官であり、国王の命を受けて任地に派遣された直轄官僚である。ヴェルサイユと任地と自らの本拠地の三点を常に移動する機動力のある官僚でもある。地方長官は地方総督（gouverneur）よりも大きな権限を有していたが、直属の部下や何らかの行政機構をもたないため、着任後に任地の地域の事情に詳しい地元の名士を抜擢し、プレヴォ（prévôt 国王判事）等の官職を与えて、行政上の下部機構を構成した。補佐となった者は当該地域の個別事情を地方長官に伝え、また政策や命令についての意見を述べるために書簡を書いて地方長官のもとに送り、その写しを保管していた。地方長官は送られた書簡に目を通し、何らかの命令を地方長官補佐の所在地に送り返す。それゆえ地方長官と地方長官補佐の所在地にはこの種の文書が残されることになった。

また地方長官補佐の所在地に残された文書は、送った文書の写しだけではなく、地方長官の所在地まで届けられることなく保管された地域内の書簡もあり、地方長官の所在地には残らない、より地域に密着した事情を伝える文書が含まれている可能性がある。ただし概して保管状況が悪く、革命期に散逸したり焼かれたり、革命期の混乱もあって残ることはきわめてまれであった。したがって本書が扱うこのコルマールの文書館に保管されていたC1114の文書は、革命や大戦の戦火にも失われずに残った貴重な文書であり、地域事情を伝える稀有な文書でもある。実際、ストラスブールに届けられたはずの地方長官文書は消失しているため、その意味でもこの文書は貴重な紙文書である。

### （3）文書の様態

次に、文書の様態についても見ておこう。まずは、これらはサイズも形も色も不揃いな色褪せた紙文書である。一見したところ紙の色の褪せ具合もまちまちに見えるが、大きさは、当時の手漉きの紙製造の際のサイズ、規格によるためであろう、一定の紙の規格があったことが見てとれ、いくつかのサイズに分けられる。小さなものは、A５サイズほどの一枚ものがあり、文字はその半面のみの場合もあれば、裏表両面に文字が書かれている場合もある。またA４サイズよりもやや大きめの紙を一枚、二つに折って横に開き、三頁ほどになっている小型のものや、A３サイズよりもやや大きめのサイズの紙を二つに折り、四頁として利用しているものもある。またこのサイズの文書では、二つ折りにしたものを何枚も重ねて、四―五頁から一〇頁以上に及ぶ場合もあり、何枚にもわたるときには紐で背が簡単に綴じられていたりもする。また当時の公文書、書簡の習慣であるが、親展を意味する、赤い蠟の鮮やかな封蠟、公印がしばしば宛名の見える表紙にそのまま残されている。

このように文書の束は、あれこれの文書の寄せ集めであるが、これがこの時代の一般的な文書の特徴でもあり、決して珍しいものではない。一般に、アンシアン・レジーム期の紙文書は、作成時間や内容によって、これ以上分けられない最小限のまとまりを一件（une pièce）とみなし、文書館員の手で一件ごとに鉛筆書きの通し番号が振られている。

これは散逸を防ぐためになされたものであり、また目録作成のためにもなされた便宜上の配慮によるものである。

　このC1114の文書整理箱のなかにまとめられた文書の件数はすでに述べたように九束あり、全体では数百件に及ぶ膨大な紙文書が含まれる。助産婦に関わる紙束に限って言えば、全体で一〇〇件ほどのものである。この助産婦養成事業に関する束の中身は、さらに大きく三つに分けられている。鉛筆書きの通し番号も、この三つの種類に分けた上で、それぞれに1から順に通し番号が付されている。それゆえ本書でも、本文中に史料の叙述を訳して引用する際、その典拠を記すのに、この三つをⅠ、Ⅱ、Ⅲと分類して分け、たとえば鉛筆による整理番号34の文書なら、A. D, Haut-Rhin, C1114-III, 34と記すことにする。

　その三つの内容は以下である。まず、Ⅰは一七八〇年代に、ベルフォール補佐管区の補佐ブロンド（Blonde）が、地方長官からの求めに応じて、各司祭に依頼して作成した調査報告である。地方長官補佐からの調査の依頼状と、それに対する地方長官補佐への小教区司祭からの返書二一件からなる。返書には当該教区の助産婦／産婆の存在の現況、存在する場合の資格や教育の有無について記されている。これらは、一七八六年秋に作成されたものがほとんどで、その年に王国全土を対象に実施された助産婦に関する実態調査と連動している。これと同様の調査報告は他地域については存在しない。

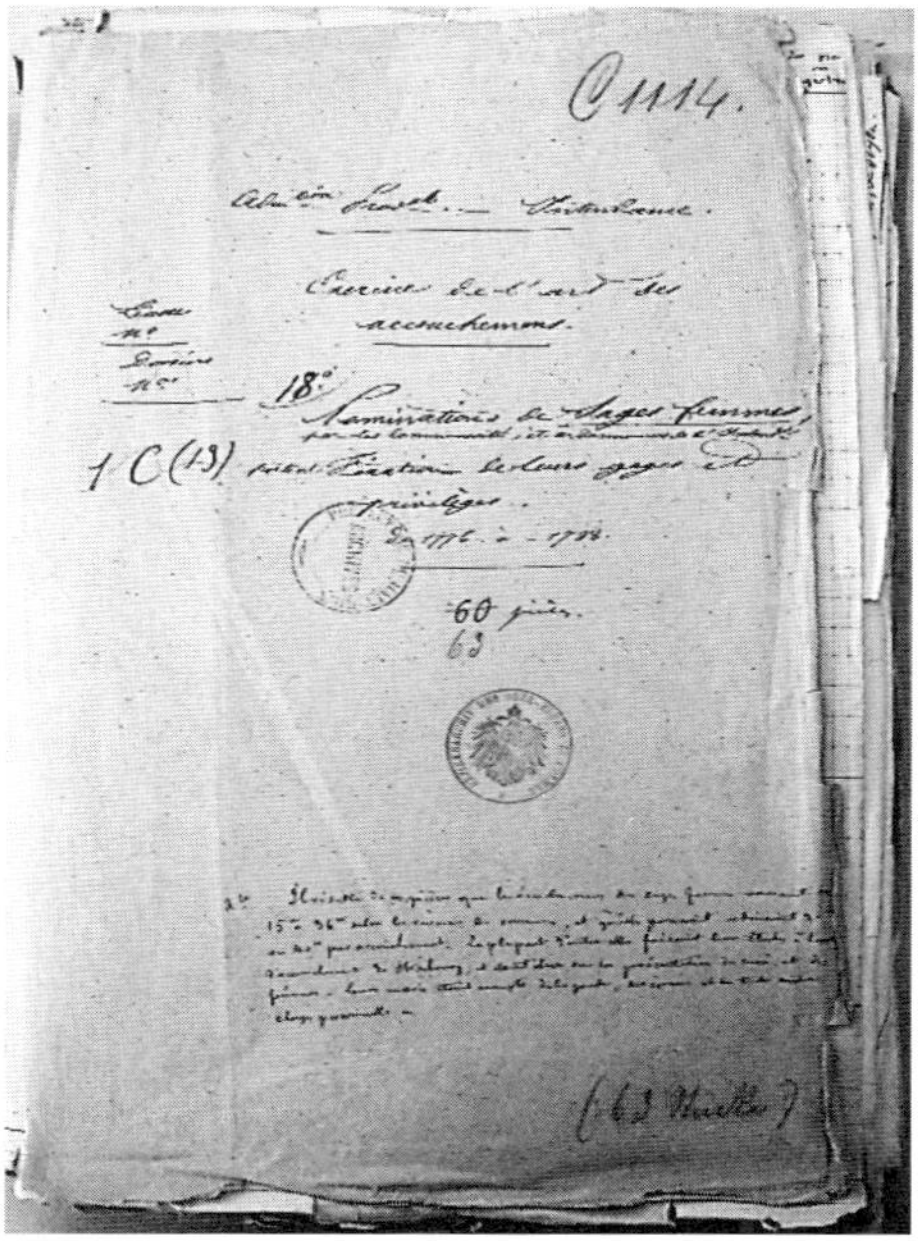


**図 1-1**　「助産婦の任命」の紙束の表紙
出典：A. D., Haut-Rhin, C1114: Nomination des sages-femmes.
（写真：筆者撮影）

Ⅱは、地方長官が、同じくベルフォールの地方長官補佐に宛てて送ったストラスブールの助産術講習会に受講生を送るよう要請した書簡五件と、それに関連して各教区で受講生の選択をめぐって生じていた諍いの報告書（一七件）と、それに関係する文書（八件）とからなる。時間的には一七八二年の六月からの講習会の受講生募集に際しての文書を最初として、一七八六年の講習会に至るまでに作成されたいくつかの報告書である。これらは受講生の選択過程の経緯を知る手がかりとなる。

最後のⅢは、講習会を修了して帰村した助産婦の手当や特権の規定およびそれらをめぐる「吏員たち」あるいは「女房たち（femmes 既婚女性たち）」の異議申立てに関わる。この助産婦養成に関わる文書は、主に王のいるヴェルサイユからストラスブールに派遣されていた国王の直轄官僚である地方長官と、在地の役人、住民との間で交わされた訴訟文書であり、そのための書簡であり、命令であり、請願書である。

ちなみにこれらの文書を見ていると、行政上の指示や調査と裁判に関する文書が一緒になっているという印象を受けるが、モンテスキュー（一六五五―一七五五）の生きた時代には、革命期に至るまで、王権の行政機構と司法裁判機構は切り離しがたく結びついており、裁判文書は同時に行政文書でもあった。こうした前提を予め理解しておく必要がある。(10)

すでに触れているように、文書一頁めの右肩には一件ごとにそれぞれ文書館員の手で鉛筆書きの通し番号があり、C1114-III の場合にはそれが1から63まである。それぞれ頁数はまちまちであるが、先に述べた鉛筆書きの通し番号を活用し、六三件を一覧表にしてみると、表1―1のようになる。これをみるとこの通し番号は関連する地名の頭文字のアルファベット順に並べられているのであるが、Fontaine と Foussemagne のところでは、互いに隣接し内容的にも密接に連関していることから、二つが交互に現れる。一つの地名に複数の文書がある場合には、その文書間の時間の順を考慮して番号が振られているからである。ただし時間の順序の判断は微妙であり、内容を読んでみると別の順

**表 1-1**　C1114-IIIの文書一覧——関係地とその性格（筆者作成）

| 鉛筆番号 | 関係地 | 分類記号 | 鉛筆番号 | 関係地 | 分類記号 | 鉛筆番号 | 関係地 | 分類記号 |
|---|---|---|---|---|---|---|---|---|
| 1 | Altkirch | E | 22 | Foussemagne | E | 43 | Moosch | B |
| 2 | Altkirch | C | 23 | Fontaine | A | 44 | Moosch | E |
| 3 | Altkirch | D | 24 | Foussemagne | B | 45 | Moosch | D |
| 4 | Altkirch | B | 25 | Frissen | C | 46 | Moosch | B |
| 5 | Altkirch | B | 26 | Giromagny | D | 47 | Reguisheim | C |
| 6 | Blotzheim | A | 27 | Giromagny | B | 48 | Reguisheim | C |
| 7 | Blotzheim | B | 28 | Giromagny | A | 49 | Reguisheim | A |
| 8 | Blotzheim | D | 29 | Giromagny | A | 50 | Reguisheim | D |
| 9 | Dirlinsdorf | D | 30 | Hirsingue | D | 51 | Soppe-le-Bas | D |
| 10 | Dirlinsdorf | B | 31 | Hirsingue | B | 52 | Soppe-le-Bas | B |
| 11 | Dirlinsdorf | E | 32 | Hirsingue | E | 53 | Soppe-le-Bas | E |
| 12 | Dorans | B | 33 | Lachap.-s.-R | A | 54 | Rouffach | B |
| 13 | Dorans | A | 34 | Moosch | B | 55 | Rouffach | D |
| 14 | Dorans | D | 35 | Moosch | C | 56 | Soultzmatt | A |
| 15 | Feltbach | B | 36 | Moosch | C | 57 | Rouffach | B |
| 16 | Feltbach | D | 37 | Moosch | A | 58 | Rouffach | D |
| 17 | Folgensbourg | D | 38 | Moosch | D | 59 | Souarce | D |
| 18 | Folgensbourg | B | 39 | Moosch | E | 60 | Souarce | B |
| 19 | Fontaine | D | 40 | Moosch | B | 61 | Souarce | E |
| 20 | Fontaine | A | 41 | Moosch | D | 62 | Feltkirch Boll. | D |
| 21 | Fontaine | B | 42 | Moosch | B | 63 | Heimsprunn | B |

注：長谷川による分類記号
A—村落／教区住民または吏員による請願書
B—国王代官（バイイ，補佐官）からの地方長官宛て意見書控え
C—ストラスブールの助産術講習会を修了した助産婦からの請願書またはその内容を伝える文書
D—地方長官の決定書
E—その他

略記：Lachap-s.-R. は Lachappelle-sous-Rougemont, Feltkirch Boll. は Feltkirch Bollwiller.

番の可能性が考えられる場合もある。また順序に疑問が残るだけでなく、42と43のように、本来は切り離すことのできない一つの書簡でありながら、別々に文書として番号の振られている場合もある。

ただしそれが単純に文書整理係の判断の誤りや作業の杜撰さを意味するかと言えば、そうとも言い切れない。一つの文書であることが分かっていながらも、目に見える現時点での存在様態としては物理的に別々のまとまりとして散在している場合もあり、その場合には散逸を防ぐという分類整理の基本目的のために、下手に気を利かせていくつかのまとまりを同じものとして一つにまとめて番号を振るよりも、一つ一つ別々に番号を

振り、目に見えるまとまりが視野に収まるようにしておいた方が、保存の観点からすると有効であるという判断がありうるからである。膨大な文書の整理の過程では、主観を交えずに表層的な形態や記述のみをまずはそのまま尊重し、分かりやすく番号を振った方がもともとあったものを見失わない。もしも同じであると主観的に判断して二つを一緒にし同じ番号を振ると、片方が整理作業や閲覧のなかで消失しても誰も気づかないままになってしまうだろう。かくして鉛筆番号の表示にはいろいろと疑問も残るが、文書館員の努力の跡に思いを馳せつつ、こうした鉛筆番号にもそれなりに意味がある可能性のあることを念頭に、ここでは、既存の鉛筆番号を無下に間違いとして修正したりはせず、そのまま生かして用いることにする。

このC1114-IIIは、地方長官と在地のバイイ、司祭や村人たちの間で交わされた書簡文書であるが、それらはすでに述べたように革命期にコルマールのオ・ラン県文書館に収蔵されていたものであり、請願書等の作成地は現在のテリトワール・ド・ベルフォール県を含むアルザス南部全体に関係している。

ベルフォールの補佐管区の文書に関しては、ベルフォールの地方長官補佐の管轄下にあるいくつかの小教区／村落では、教区の女房たちが集まって作成したと思われる女たちによる請願書も残っている。鉛筆書きの整理番号29のジロマニ（Giromagny）や、整理番号33のラシャペル・ス・ルジュモン（Lachapelle-sous-Rougemont 当時はLa Chapelle sous Rougemontと表記）がそれである。紛争を記す文書の残存状況は教区／村落共同体によってまちまちだがこれらの事例にも明確に示されているように、いずれもその動きの中心に女房たちの合議と意思決定の過程があったことがわかる。

ジロマニのように女房たち自身の署名あるいは印がそのまま残っている事例はまれであるが、バイイの意見書などを含むそれ以外の文書にも、女房たちの発話内容とおぼしきものが間接的ながら記されている場合がある。それらは伝聞や間接話法による短い記述ではあるが、女房たちの助産婦への評価や判断と思われる言葉を伝えている。それらは請願書や意見書という一定の形式を踏まえて残された叙述である。どこまでが実際の生の声かを吟味することはできないが、間接的ながらも当事者の言葉が伝えられていることは重要である。こうした文献上に現れる叙述は、この時代の村落共同体にあった女房たちの「声」や「ふるまい」「感情」の一端を理解する上で貴重な手がかりとなりうる。そもそも女たちの言葉がこの時代の文献に現れることはそれ自体がたいへんまれであるだけに、いっそう興味深い紙文書となっている。

## 第2節　事件の経緯と展開——モーシュ他三集落の場合を中心に

次に、第1節でみてきた文書C1114の中身に立ち入り、出来事の経緯や紛争の過程を検討してみたい。そもそもここでの紛争はなぜ、どのように生じ、どのように展開したのだろうか。いったい何が問題であり、何と何がぶつかり、軋みあっていたのか。

### (1)　モーシュ他三集落に関する紙文書

C1114に現れる文書は、それぞれ個別の教区や共同体に関わる文書であり、相互の連関はみられないが、その内容を検討していくと、その発端において、共通したパターンがあり、似たようなことが至るところで生じていたことがわかる。ここではまず、事件の推移を理解するために、まずはC1114-IIIの文書のなかで関連する文書数がずば抜けて多いモーシュ（Moosch 当時はMoschと表記）他三集落に関する事例をもとに、その発端から展開に至る事件のクロノロジックな流れを整理しておきたい。この事例は、表1―2にも示したように、通し番号（鉛筆番号）で34から46まで一三件あり、他事例が三件からせいぜい五件以内であるのに対し文書数において際立っている。加えて一件ずつの叙述の分量（頁数）も、他がせいぜい二―三頁であるのに対し、六―七頁に及ぶものもあり、叙述量としてもずば抜けて

**表 1-2**　モーシュ関連の手稿文書の性格

| 段階 | 鉛筆番号 | 頁数 | No. 表示 | 作成時期 | 受け渡し（誰が誰に） | 冒頭の宛先 | 末尾の署名 | 内　容 | 筆跡 |
|---|---|---|---|---|---|---|---|---|---|
| 1 | 37 | 2 | 37246 | — | 以前の請願内容と決定書を写したものでバイイの意見書と決定の内容が順にメモ書きのように書き写されている．書式は無視されている．手元にメモとして作成されたものと思われる． | A Monseigneur de la Galaizière | — | ヴェルシュホルツの住民カトリーヌ・シリングが報酬を求めて訴え出た（1783.6.12 付）際に作成された請願書（1783.6.22 付）の内容をあらためて確認するとともに，それに応答して地方長官ガレジエールが送ってきた決定書（1783.6.25）の内容を，両方まとめて書き写したもの． | |
| 2 | 34 | 3 | 3508 | 1786 年 3 月 18 日 | ゲブヴィレールのレーシュステッテールがストラスブールの地方長官ガレジエールに宛てて作成した書簡（控え）． | Monseigneur (A Galaizière) | à Guebwiller Reichstetter | レーシュステッテールが状況を伝えるとともに，No.3508 の請願書（1786.1.29）についての意見を述べている． | ○ |
| | 38 | 1 | 3508 | 1786 年 3 月 22 日 | ストラスブールの地方長官ガレジエールからゲブヴィレールのレーシュステッテールに送られてきた決定書（原本）． | No.3508 Vu la présente requête | — | 右半分に寄せて書かれている．内容はカトリーヌ・シリングの請願を受け，彼女が職務に就き，約束されていた報酬を与えられることを命じている． | ☆ |
| | 35 | 2 | 3508 | — | ゲブヴィレールのレーシュステッテールがストラスブールの地方長官ガレジエールに宛てて作成した書簡（控え）． | Monseigneur (A Galaizière) | Par copie Reichstetter | 確認のため，カトリーヌ・シリングの最初の請願に際してレーシュステッテールがガレジエールに宛ててしたためた請願書（1786.1.29）の内容とそれに対してガレジエールが送ってきた決定書 No.3508（1786.3.22 付）の内容を順に書き写したもの． | ○ |

| | | | | | | | | | |
|---|---|---|---|---|---|---|---|---|---|
| 3 | 40 | 1 | 3872 | — | 下記に添えられたレーシュステッテールの書簡(控え). | Monseigneur | Reichstetter | 自分の意見書がお気に召すようにという添え状. 小型サイズ. | ○ |
| | 36 | 4 | 3872 | — | ゲブヴィレールのレーシュステッテールがストラスブールの地方長官ガレジエールに宛てて作成した書簡 (控え). | Monseigneur (A Galaizière) | Par copie Reichstetter | カトリーヌ・シリングの立場を伝える請願書 (1786.6.3 付, ガレジエールに送付) の控えと, それに応答したガレジエールの決定書 (1787.1.27 付) を確認のため順に書き写したもの. | ○ |
| | 42+43 | 6 | 3872 | — | ゲブヴィレールのレーシュステッテールがストラスブールの地方長官ガレジエールに宛てて作成した書簡 (控え). | Avis sur la requête no.3872 | Reichstetter | レーシュステッテールが状況を伝えるとともに, No.3872 についての意見を述べている. | ○ |
| | 41 | 2 | 3872 | 1787年1月27日 | ストラスブールの地方長官ガレジエールからゲブヴィレールのレーシュステッテールに送られてきた決定書 (原本). | No.3872 Vu la présente requête | — | 右半分に書かれている. カトリーヌ・シリングもカトリーヌ・ボーヴァンリートも両方とも職務に就くことを命じている. | ☆ |
| | 39 | 3 | 3872 | 1787年1月29日 | ゲブヴィレールのレーシュステッテールがストラスブールの地方長官ガレジエールに宛てて作成した書簡 (控え). | Monseigenur | à Guebwiller Reichstetter | レーシュステッテールが, モーシュの住民が全員の署名を付した文書を届けに来たことを伝える短い書簡. 住民代表によって国務会議への訴えが画策されていることも伝えている. 小型サイズ. | ○ |

| | | | | | | | | | |
|---|---|---|---|---|---|---|---|---|---|
| 4 | 44 | 4 | 6209 | 1788年1月9日の国王執達吏到着以降 | カトリーヌ・シリングの身内と思われるXXX・シリングからの地方長官ガレジエール宛ての書簡(No.6209 1788.1.9以降と推定). | Monseigneur (A Galaizière) | XXX・Schilling | モーシュの住民の動きに触れ，そのなかで不当に被害を蒙っているカトリーヌ・シリングを擁護することを願い出ている. | |
| | 46 | 7 | 6209 | 1788年1月9日の国王執達吏到着以降 | ゲブヴィレールのレーシュステッテールがストラスブールの地方長官ガレジエールに宛てて作成した書簡(控え). | Avis sur la requête no.6209 | Reichstetter | 状況を伝えるとともにNo.6209について意見を述べている. | ○ |
| | 45 | 1 | 6209 | 1788年2月19日 | ストラスブールの地方長官ガレジエールからゲブヴィレールのレーシュステッテールに送られてきた決定書(原本). | No.6209 Vu la présente requête | — | 右半分に寄せて書かれている. 2人とも職務に就くことを命じる先の決定を再度命じている. | ☆ |

注：A. D., Haut-Rhin, C1114-III, 34–46より（筆者作成）. ○と☆はそれぞれ同じ筆跡. 空白はそれ以外の筆跡. XXXは判読不明.

多い。それゆえ本節でこのモーシュ他三集落に関連する文書の記述を読み込み、そこから読み取ることのできる紛争の時間的な経緯を以下に整理してみたい。

モーシュ他三集落に関する上記の紙文書以外にも、C1114の紙束のなかにはジロマニやフスマーニュの文書のように、数は多くないとしても女房たちや村落共同体の吏員からの請願書そのものを含んでいるものがある。またC1114-IIは、すでに触れているようにベルフォールの補佐ブロンドに宛てられた司祭による報告書等であるが、そこにも女房たちの請願書が含まれており、受講生の選択にまつわる経緯や女房たち自身の動きを知る上で貴重な紙文書である。

これらはみな検討に値する文書である。それゆえこうしたモーシュ他三集落の事例以外の紙文書については、第3章であらためて取り上げ、モーシュ他三集落の事例との比較考察を行うことにする。

〈モーシュの関連文書から見えてくる経緯〉

モーシュでの助産婦の選出をめぐる紛争は、最初のカトリーヌ・シリングが講習を終えて戻ってから後に、彼女が教会で誓約し教区の助産婦として任命された後で、自分に付与されている報酬の支払いを求めて請願を行ったため、その時点でそれ以前からいた産婆として仕事をしていたアンヌ・マリ・ラルジェが自身の職務の継続を求めて訴え出たことに端を発する。この段階で、事態を知ったモーシュ、ヴェルシュホルツ、マルメルスパックの三集落の女房たちが産婆ラルジェの訴えを擁護し、これに加担したことで事態が大きく展開し始めるのである。ただし残されているモーシュに関連する文書はすべて一七八六年以降に作成されたものと考えられる。表1―2の筆頭にあげた鉛筆番号37は、左肩に同じ筆跡で添えられている短いメモ書き「確認し意見を述べるためにミュンクから一七八三年六月一二日に送られたもの」があり、もともとの作成年月日はそれより古く、他と異なる時期の文書のように見えるが、しかし書き写されたのは一七八六年であり、他の文書と同じ時期に作成されている。この鉛筆番号37の文書の前半には、モーシュ近辺で起きている諍いの「こと」（出来事）の発端が記されており、ラルジェが生きている間はラルジェがこの職務にとどまり産婆がいなくなったときにカトリーヌ・シリングがその職務に就くよう命じることを求めたバイイのミュンクの書簡が書き写されている。後半は、前半に記した請願を受けて地方長官の下した決定がそのまま写されていて、その決定からわかるのは、ミュンクの提案にもかかわらず、地方長官ガレジエールが、ラルジェもまたカトリーヌ・シリングと同様の資格証明を提示しなければならないとして、そうした段階的な施行を退け、あくまで資格の有無が産婆の要件であるという立場を堅持したことである。その末尾には「アルザスの地方長官ガレジエールによっ

て一七八三年八月二九日に下された決定である」とある。(11)

つまりこの鉛筆番号37の文書は一七八三年の時点でシャンスリエ（国王尚書／国王代理官）であったミュンク(12)の地方長官宛て意見書の内容と、それを受けて戻ってきた地方長官ガレジエールの決定を書き写したメモである。おそらくこの後ミュンクは突然亡くなりレーシュステッテールがその任務を引き継いでいることから、過去の動きをあらためて振り返り確認するためにレーシュステッテールが文書を書き写していたものと考えられる。他の文書がいずれも一七八六年以降に作成されていることから、この文書も一七八六年になってあらためて確認のために他の文書（一七八三年の時点で作成された請願書や決定書）から書き写されたと考えられる。

これらのモーシュに関連する紙文書は鉛筆書きの整理番号でみると一三件あるが、鉛筆書きの整理番号42と43はもともと一つの書簡の前半と後半であり、これを合わせて一件と数えると、文書の総数は実際には一二件となる。これらをその内容や時間的関連性について吟味していくと、大きく四つの段階に分けられる。これを一覧にしたものが表1―2（四四―四六頁）である。一二件中七件にレーシュステッテールの自筆と思われる署名があり、筆跡も同じであることから、少なくとも鉛筆番号の34、35、40、36、42＋43、39、46はレーシュステッテールが自ら作成したものと考えられる。そのうちには37と同様に、以前の書簡や決定を書き写して確認しているだけのものもある。35や36である。また42＋43や46のように冒頭にAvis、すなわちフランス語で「意見、見解、意見書」といった意味の表題が書かれているものがあり、これは地方長官に宛てたレーシュステッテールの自筆の上申書である。また必ずしもAvisとは最初に書かれていなくとも、これと同じ性格の意見を伝えるための書簡もある。またストラスブールの地方長官から送られてきた決定書はいつも一枚文書で右寄せに書かれていて、決定だけを伝えるそっけないものであるが、そうした決定書は全部で三件ありこれらの筆跡はいずれも同じである。

これらを一覧にして分かるのは、残存する文書は請願書の受理番号に沿って存在し、大きく分けると内容的かつ時間的に四つの段階に分類できることである。[13] また流れとしてはいつも、ゲブヴィレールにいるバイイのレーシュステッテールがストラスブールの地方長官ガレジエールに意見書を送り、事情を伝えるという動きがあり、とるべき方向についての考えが示されると、それを吟味してガレジエールから何らかの決定書が送られてくる。これらの文書は地方長官からの決定書を除くと、大方はガレジエールの手元に残された控えであるが、これらの文書はコルマールの地方長官補佐を介さずに直接やり取りされていた。レーシュステッテールは、記録のため同じものを二部作成し、一部をストラスブールに送り、一部を手元に置き、自分のところに持ち込まれた請願などとともに控えとして保管していたと考えられる。これは革命期にコルマールに文書館ができた際にゲブヴィレールにあった文書がそっくりコルマールに移管されて保存されたというすでに触れた残存経路とも矛盾しない。

## （2）事件の経緯

以下にこれらの文書の記述をもとに、全体を俯瞰しつつ内容を考慮して以下の四つの段階に分けてその流れを辿ってみよう。次に示していく四つの段階区分は、表1―2に示した1から4の段階区分と重なっている。ここで説明していく各段階の出来事は、時間的には後のレーシュステッテールの書簡から分かることも含めて整理し直したものである。レーシュステッテールの意見書の叙述はその都度、過去を振り返り、想起しながら綴られたものであり、そのたびに過去が語り直されていく。それによって以前の説明には書かれていないことも後の書簡のなかで初めて語られるということがある。ここでは各段階に何が起きていたかを把握するためにそうした叙述のすべてを手がかりに再構成を試みている。

〈第一段階〉

**カトリーヌ・シリングの派遣と履修、任命**（一七八一年秋―八二年九月二四日）

司祭と区長（maire）によって選ばれたヴェルシュホルツ（Werscholtz）に住む平民ジャック・ミューラ（Jacques Müra）の妻カトリーヌ・シリング（Catherine Schilling）が、ストラスブールの王立無料助産術講習会に送られ、やがて次席褒賞（Accessit du second prix）を得るほどの良い成績を修めて講習会を修了し、主任教授シルベラン（Silberling）の署名のある一七八一年一〇月三〇日付の資格証明書（certificat）を携えて、出身地に戻ってきた。帰村するとカトリーヌ・シリングは、一七八二年一月二四日、教区の産婆になるために義務づけられている教会での誓約を行い、同年九月二九日にゲブヴィレールのバイイ、ミュンク（Münck）よりこの教区の唯一の正式の産婆として任命された。それに伴い彼女が産婆の仕事を続ける限り、その職務に付与されている特権を享受すること、すなわちモーシュの村から支給される年一五リーヴルの報酬を受け取り、加えて彼女の夫が夜警（guét）、衛兵（gardée）、賦役（corvéee）の義務が免除されることが決定された。

**産婆ラルジェの申し立てと却下**（一七八三年五月九日決定）

ところがこのときになって、三つの集落、すなわちヴェルシュホルツ（Werscholtz）、マルメルスパック（Malmerspach）、モーシュ（Mosch/ Moosch）[14]といったあたりで二〇年前から産婆の仕事を続けてきた、故ピエール・ボーヴァンリート（Pierre Bovenrieth）の寡婦アンヌ・マリ・ラルジェ（Anne-Marie Larget）が、自分は村から追い出されるのではないかと心配して、バイイのミュンクに自分の職務の継続を願う申し立てを行っている。しかしこの申し立ては一七八三年五月九日の命令（décret）によって退けられ、カトリーヌ・シリングこそ正当なる助産婦であることが再度言い渡された。

**村落住民によるラルジェ擁護の請願**（一七八三年六月一日―一〇月二五日）

このことを聞き及んだモーシュ、ヴェルシュホルツ、マルメルスパックの三つの村落住民は、同年六月一日付の請願書でラルジェの職務の継続を求めてあらためて請願を行っている。このときの請願書は残っていないが、この動きを地方長官に伝える際に、ミュンクは地方長官への書簡のなかで、次のように述べて、その請願内容を反復している。「アンヌ・マリ・ラルジェは二〇年前からこの地で助産婦をしているのであるが、この三つの村の女房たちは彼女に満足している」「ラルジェはその能力について何ら非難されるには値しない」「請願者たちはラルジェの職務の継続と最初の助産婦の罷免を求めている」[15]。またモーシュを含む三村落の女房たちの言い分にも耳を傾けて、次のようなことも書き記していた。

請願者たち〔村落住民〕は次のことにとてもよく注意を向けています。すなわち彼らの女房たちがカトリーヌ・シリングの仕事に非常に大きな嫌悪感を抱いているということです。というのも彼女によって分娩された幾人かの女房たちが、彼女は非常に痛い処置を施したと判断しており、死から救い出された者がほとんどいなかったからなのです。それ以上のこともあったということです[16]。

村落住民の請願にはラルジェが亡くなったときには別の産婆がそのあとを引き継ぐという趣旨のことも書かれていたとある。そこには必ずしもカトリーヌ・シリングがあとを引き継ぐと書かれていたわけではないが、ミュンクがこのとき、地方長官に送った書簡には、ラルジェが職務を続けられる限り彼女をその職務にとどめるように願い出ている。ミュンクは住民の訴えに抗することが難しいと判断したのか、あるいは彼らの訴えに一理あるとみたからなのか、ミュンクの本音は分からないが、これは女房たちの言い分をある程度聞き入れたやや「温情的」な、理解ある方向性に見える。しかしながらミュンクのこうした折衷的、あるいは妥協的提案にもかかわらず、ストラスブールの地方長官ガレジエールは、一七八三年一〇月二五日の決定によって「アンヌ・マリ・ラルジェもカトリーヌ・シリングと同様、その能力についての証明書を提示しなければならない」と命じ、ラルジェおよび村落住民の請願をあっさりと退けてしまったのである。

〈第二段階〉

**ラルジェの死**（一七八三年夏―秋）

提示を求められた資格証明書をラルジェが提示できていればそれでよかったのであるが、当然ながらそれはできなかった。それゆえラルジェが懸念した通り、彼女は正式にはその仕事を継続することができなくなった。一方、一七八三年一〇月二五日の決定はすぐには執行されず、カトリーヌ・シリングは、職務に就いてはいたが、村から報酬を受け取ったり夫の諸税役が免除されたりという約束されていた見返りを得ることができなかった。ここに火種が残っていたが、そうこうするうちにまもなくこのラルジェは亡くなってしまう。死因ははっきりしない。しかしラルジェは高齢であった可能性もある。そしてこのラルジェの死後、事件は次の段階へと移っていく。

鉛筆番号37の控えによると、村落住民たちによる一七八三年六月一日付請願書のなかには、ラルジェが死亡したときにはカトリーヌ・シリングがそのあとを引き継ぐと書かれていたわけではない。しかしその時点であらためて女房たちが決めるという趣旨のことは書かれていた。ミュンクは、この意味をどうとらえていたかは分からないが、ラルジェが亡くなったからには、カトリーヌ・シリングが受け入れられこの問題は早晩、解決されると見ていたのかもしれない。ところがその予想は見事に外れ、ラルジェの死後も村の女房たちはカトリーヌ・シリングをいっこうに助産婦として受け入れようとはしなかった。したがって助産婦に付与されるべき報酬の支払い等も執行されないでいた。

**ミュンクの死**（一七八三年一一月三日）**とカトリーヌ・シリングの側からの請願**

そうこうするうちに、一七八三年の秋、なぜか突如としてバイイのミュンクが亡くなってしまう。死因は不明である。一一月三日のことである。ミュンクのあとを引き継いだのがレーシュステッテールである。彼はしかしその後しばらくは事態を静観していたようで、ただちにこの件で何か動きを起こしてはいない。

ラルジェの死後一年ほどして、カトリーヌ・シリングと彼女を擁護する側から、助産婦の職務に付与されている年一五リーヴルの報酬と夫の夜警、衛兵、賦役の義務の免除を願い出る請願（一七八四年九月二二日）が出される。これを受けてレーシュステッテールは地方長官にこの請願の内容を伝え、この請願に理があることを述べるとともに、カトリーヌ・シリングの請願に応えるよう提案している。これを受けて地方長官ガレジエールは、一七八四年一一月二二日付の決定書で、カトリーヌ・シリングが助産婦の職務に就き、それに付随する報酬と夫の夜警、衛兵、賦役の義務の免除を得ることを命じている。ラルジェの死から一年後のことである。

〈第三段階〉

**新たな受講生派遣の請願と許可**（一七八六年三月二二日の決定）

この一七八四年秋以降、水面下で諍いが高じていたことも考えられるが、係争文書に上がってくるような動きはここでしばらく途切れている。しかし後のレーシュステッテールの意見書によるとこの時期になされた司祭のとった動きがこうした諍いに油をそそぎ、拍車をかけていた可能性がある。というのもこのラルジェが亡くなった後の時期に、サン・タマラン教会の教区司祭がカトリーヌ・シリング以外の者が連れてきた子どもの洗礼を拒否したからである。レーシュステッテールは後に地方長官宛て意見書（一七八六年三月一八日付）のなかで次のように述べている。

彼女〔アンヌ・マリー・ラルジェ〕はつい最近亡くなったばかりなのですが、それにもかかわらず、女房たちは請願者〔カトリーヌ・シリング〕の助産を拒んでいます。なぜなら彼女はこれまでに彼女を（出産に際して）呼んだ女房たちにひどい処置を施したからなのです。こうした事情があるにもかかわらず、司祭はカトリーヌ・シリングを庇護し続けており、挙句の果てには、最近、彼は他の産婆が取り上げて教会に連れてきた子どもに洗礼を施すことを拒否したのです。(17)

その司祭の名前はムレ（Meuret）という。(18) 洗礼拒否のように教会の基本的な秘跡の授与を拒否することはある種の懲罰行為でもあり、カトリックの聖職者が逸脱者や規範を遵守しない者にしばしばとる常套手段でもある。しかしこの行動は教区の女たちには嫌がらせとしか映らず、カトリーヌ・シリングを産褥に呼び入れることを実質的に強制する強圧的な行為ととらえられたのである。このことは住民の反発と嫌悪を一気に高めていったと考えられる。

一七八六年になると、不履行のままになっている助産婦に付与されている報酬と特権を求めてカトリーヌ・シリングと彼女を擁護している司祭たちから地方長官への請願も行われ、地方長官も再度これを擁護する決定を下した。この頃から「女房たち」は新たに別の女を選び直し、その女をストラスブールの無料助産術講習会に送ることを考えるようになり、派遣の許可を求めるようになる。(19) これに対しレーシュステッテールは村の女房たちがこれ以上不平を言わないようにするためにこの願いを受け入れ、次のような決定を下すことを地方長官に提案している。

請願者〔カトリーヌ・シリング〕は、別の決定が下されない限り、モーシュの村の誓約した助産婦としてその職務にとどまり、彼女の夫は彼女がその職務を続ける限り、夜警、衛兵、賦役の免除を受ける。ただしその村は別の臣民（une autre sujet）を選び、若い女房たち（les jeunes femmes）の費用でストラスブールの無料助産術講習会に送る。

彼女がその講習会の修了証書を手に入れた後で、しかるべき措置が地方長官によって決められる[20]。

これは村の歳入（revenu）を利用しないという留保付きではあるが、村の女房たちが望む別の女を講習会に送って資格を得させることを許可する提案である。その後、地方長官ガレジエールは一七八六年三月二二日の決定でこれを承認したため、ここに村の女房たちは自分たちの望む女を選び直してストラスブールに送る許可を正式に手に入れた。

**故ラルジェの娘の派遣と帰村**（一七八六年末）

さて、こうして受講生を送り直す許可を得た村の女房たちは、別の女を受講生に選び直したのであるが、彼女たちが選んだのは他でもない亡くなった前の産婆アンヌ・マリ・ラルジェの娘カトリーヌ・ボーヴァンリート（Catherine Bovenrieth）であった。レーシュステッテールの後の言葉を引用すると「彼女たちはラルジェの娘を多数決で（à la pluralité des voix）選び、村の費用でストラスブールへと送り出した」とあり、ボーヴァンリートはその後まもなくその年の秋の講習に参加するためにストラスブールへと旅立ち、講習を受けた。彼女の旅費は、決定の内容に反して、村の女たちの負担によってではなく村の歳入から工面されていた。またカトリーヌ・シリングのように賞を受けるほどの好成績を修めたわけでもなかったが、ともあれ一七八六年のうちにカトリーヌ・ボーヴァンリートはストラスブールの無料講習会を修了し、修了証を携えて無事に帰村した。

こうしてモーシュには、資格をもつ産婆が二人いることになり、それぞれが村の唯一の産婆であると主張してその職務に付与されている報酬や特権を求めた。また村の吏員や下層民、若い女房たちはカトリーヌ・ボーヴァンリートを正規の助産婦として承認するとともに、司祭やバイイの支持しているカトリーヌ・シリングの解任を求めてもいた。したがってバイイや地方長官がこれに対していかなる沙汰を下すかが大きな焦点となっていく。オフマンが書いていたように、渓谷はこの両者をめぐって「分裂」し、「渓谷の三分の一の住民が」この問題で「不満に沸き立って[21]」いくのである。

**故ラルジェの娘の承認とカトリーヌ・シリングの継続**（一七八七年一月二七日の決定）

こうした流れのなかで、村落住民はカトリーヌ・ボーヴァンリートの認可とカトリーヌ・シリングの罷免を求める内容の請願書[22]を作成し、村のほとんど全員が署名をした上でそれをゲブヴィレールのレーシュステッテールのもとに手渡しに来た。それを受けてレーシュステッテールは、一七八七年一月二七日、例によって地方長官に宛てて意見書をしたため、故ラルジェの娘ボーヴァンリートを村の助産婦として認可すると同時にカトリーヌ・シリングにもその職務を継続するよう次のような決定を下すことを提案している。

請願者〔カトリーヌ・シリング〕は、カトリーヌ・ボーヴァンリートと同様モーシュの村の役場で誓約した産婆としてその職務を遂行する。請願者には村と渓谷の共同の歳入から年一五リーヴルが、ボーヴァンリートにはモーシュの固有の歳入から同額が支払われ、彼女たちの夫は、彼女たちがその仕事を続ける限り、夜警、衛兵、賦役の免除を受けること[23]。

これは二人の助産婦をどちらも認め、渓谷と共同することにより、モーシュの村の金銭上の負担を軽減するために工夫された措置でもある。この決定はそのまま同年一月二七日の地方長官によって決定として命じられ、ここに二人の助産婦が正式に助産婦として認められ、その職務を遂行することになった。

〈第四段階〉

**国王法廷**（La Cour）**への上訴**（一七八七年一〇月二二日）**と出頭命令**（一七八八年一月九日）

しかしこの決定は、次なる動きを誘発していくことになる。なぜならモーシュ他三集落の女房たちと吏員たちは、カトリーヌ・ボーヴァンリートが教区の産婆として認められると同時に、カトリーヌ・シリングの解任を求めていたからである。二人を職務にとどめるという中途半端な措置には彼らは納得がいかなかったのである。それゆえバイイや地方長官の下した措置は、これらの村落共同体からは「不当な」決定ととらえられていくことになる。彼らはこの後、ボーヴァンリートの認可と合わせてカトリーヌ・シリングが助産婦の職務から解任させられないならば、国務会議に訴えると述べ、上訴も辞さない覚悟を見せるようになる。彼らは、一七八七年の初めにレーシュステッテールのところに村落住民の全員の署名を付した請願を持ち込み、カトリーヌ・シリングの解任を求めた。

その後、しばらくはこの件での動きはレーシュステッテールのもとには伝えられなかったが、村落住民はその年の秋、一七八七年一〇月二二日に、この件をとうとう国王のもとにまで持ち込み、国王裁定によって決着せんとする動きに出た。つまりヴェルサイユへの上訴が実際に行われたのである。二人の助産婦を職務にとどめるようにという地方長官の一七八七年一月二七日の決定が下ってからちょうど九ヶ月後のことである。

その際、国王の法廷（La Cour）へ訴状を届ける代表として村落共同体から選ばれ任命されたのは、モーシュの村長《むらおさ》（maire）の息子であるシリング（Schilling）と小商人シャピュイ（Chapuis）、それとサン・タマランの代訴人（procureur）の三名である。この国王の法廷への上訴は実際にヴェルサイユの国務会議の代訴人（procureur）のもとに届けられ受理されたようで、年が明けた一九八八年一月九日には、国王の執達吏がレーシュステッテールのもとにやってきて二ヶ月後に出頭するよう命じている[24]。

この出頭命令を前にしたレーシュステッテールは、その日のうちに急いで地方長官に意見書をしたためている。それが表1―2の鉛筆番号46の紙文書である。そのレーシュステッテールの書簡によると、この動きにはモーシュの村長シリングが関与しているのだという。その村長の息子が渓谷からパリに書状を届ける代表の一人に任命されていて、その息子が国務会議（Conseil d'Etat）に訴えたとある。(25) レーシュステッテールは執達吏が見せた上訴の書状の写しを見て、そこには「モーシュはおよそ八〇戸にすぎず、産婆（matrones）二人は多すぎる、一人でも多すぎるくらいだ」と書かれていたとも伝えている。上訴を行った村落住民の側の言い分としては、助産婦を二人置くのは多すぎるというのである。それをあえてさせようとするバイイや地方長官のやり方は不当である、と訴えていたという。レーシュステッテールは、さらにこれに続けて以下のように述べている。やや長くなるが、重要なことがいくつか述べられているので、以下にそのまま引用しておこう。

たしかにモーシュの村は八〇戸にすぎません。しかしボーヴァンリートと請願者〔カトリーヌ・シリング〕は、その村のためだけに任命されているのではなく、さまざまな村や小部落から構成されているモーシュの区域（mairie）の全体、加えてヴェッセリング（Wesserling）のマニュファクチュアが近いために多くの労働者がやってきて次々に結婚し、人口がかなり増えているサン・タマランの町やその近辺の他の村々のためにも任命されているのです。彼らはサン・タマランには助産婦がたくさんいると言っていますが、それは間違いです。〔いると言っても〕そこにいる者は誰一人として認可されていないのです。モーシュの女がほとんど全員、請願者〔カトリーヌ・シリング〕の解雇を望んでいるのは本当です。彼女たちは村長のシリングと夫たちにみな唆されているのです。彼らは富裕な請願者の夫が諸税役を免除されることを望んでいないのです。

請願者が乱暴なやり方をするというのはありうることですが、そのことをわたくしは確かめたわけではありません。彼女の証明書は彼女が産婆（matrone）の職業を行うのに適していると証明しています。彼女が女房たちを五人死なせたことにも証拠があるわけではないのです。ただシリングの息子が数週間前にパリから戻り、請願者に助産されて妻が亡くなったと言う農民たちの証言書をいくつも手に入れました。一人は請願者〔カトリーヌ・シリング〕が浣腸をしてその妻を殺したのだと断言しています。請願者がその妻のそばで補助的手術をしたと言う内科医や外科医の証明書も手に入れています。(26)

ここにヴェッセリングのマニュファクチュアに関することが言及されているが、このことは一連のモーシュの係争のなかで初めて出てきた叙述でもある。またこの文書からは、旧来の証明書をもっていない産婆なら他にも存在していたことや、カトリーヌ・ボーヴァンリートの助産によって妻を亡くしたと言う夫たちが証言者として聞き取りに応じたこと、またそれが文章化されて上訴の訴状と一緒にヴェルサイユまで持ち込まれたことも読み取れる。村落住民が問題にしていたのは二人は多すぎるということだけではなく、助産の中身そのものの問題に深く関わっていたと推察できる。

この最後の意見書（鉛筆番号46）は分量が最も多く、内容も盛りだくさんである。一月九日にレーシュステッテールは出頭命令を受け取ったのだが、その同じ時期にカトリーヌ・シリングも出頭を命じられていたことにも触れている。レーシュステッテールによると、カトリーヌ・シリングは、その家族が三〇〇リーヴルを支払って代理の検事と弁護人を立てることで出頭そのものを免れたという。この意見書（鉛筆番号46）と並んで、カトリーヌ・シリングの身内のものと思われる人物からの請願書（鉛筆番号44）もあり、そこには彼女をかばう親族からの嘆願が綴られている。その叙述には、カトリーヌ・シリングが「一万八〇〇〇リーヴル」(27)の資産を有するまことに富裕な家の平民であるとある。レーシュステッテールの意見書によると、彼女は「身を守るために」「欠席によって刑を宣告されることを選んだ」が、「たった一五リーヴルのわずかな報酬のためにこれほどにも甚大な被害を蒙ったのだ」と述べて憐れみ、カトリーヌ・

シリングには擁護されるだけの理由があると地方長官に訴えている。

またさらに特筆すべきは、その書簡においてレーシュステッテールが地方長官に自らの責任の立場を説明し、身の潔白を主張していることである。レーシュステッテールは、二人の女をその職務にとどめて「和解する」ことを命じたのは「貴殿の駐在所（office）においてであります、猊下殿」と詰め寄り、「貴殿はこの件をたいへん不公平に見ていらっしゃると敢えて申し上げたい」と述べ、吏員たちの訴えは「嫌がらせ」であり、自分は個別利害に加担した覚えなどない、ひたすら責務を果たしただけだと次のように綴っている。

> バイイ〔区長〕や司祭が請願者〔カトリーヌ・シリング〕を弁護しているのは本当であります。しかしだからと言ってわたくしが彼女〔カトリーヌ・シリング〕に味方したことにはなりません。それに一方の側の司祭にわたくしが味方すると申したこともありません。関連する訴えは、〔根拠のない〕嫌がらせにすぎないのです。一七八三年六月一二日の彼らの請願では、ラルジェがその職務を果たせなくなったときには、カトリーヌ・シリングがその職務に就くと彼らが自ら宣言していたのです。ですから、その点をご考慮いただければと思います。彼女は二年前に亡くなったのです。このすべての詳細において、猊下、わたくしは、あなたの二つの命令の正義を確かなものとして記録し、そこから発せられた要請が停止されることがないようにひたすらその責務を果たすことだけに責任を負っています。このようなわけですから、わたくしは、貴殿がご厚意によって請願者〔カトリーヌ・シリング〕にその要求を認めてやるだけの根拠があると判断しています。[28]

レーシュステッテールはこの意見書のなかで、村の女房や吏員たちがカトリーヌ・シリングは助産というものを「分かっていない（ignorante）」とみなし、「彼女がひどい処置をした（elle a mal traité...）」、「乱暴な扱いをした（elle a une grosse main)」と述べたという言葉も反復している。

### （3）モーシュの事例から浮上する謎

さて、こうしてモーシュ他三集落の事例から事件の経緯を辿ってみると、発端から結末までの動きのなかで、人の動きや紙文書のやりとりが鮮明に見えてくると同時に、いくつかの謎も浮かび上がってくる。その謎とは大きく分けると二つある。順々に見ていこう。

〈第一の謎〉

一つはレーシュステッテールの叙述に関してである。彼は一七八七年一月二四日付の地方長官宛て書簡（鉛筆番号42+43）でモーシュに起きていた紛争の原因についてこう述べていた。

> 請願者〔カトリーヌ・シリング〕は**法に適って**（**légalement**）助産婦の職務に就くには多数決で（à la pluralité des voix）選ばれていなければならないことを無視していたのです。(29)

ここにlégalementという副詞が挿入されていることに注意したい。つまりレーシュステッテールは、「法的な手続きに則って助産婦として選ばれるには」と述べているのである。つまりこの地域にはもともと「産婆を多数決で選ぶ」という前提が、掟として、約束事としてあったと認識しているのである。言い換えると、産婆を選ぶ際にここではもともと何らかの法慣習あるいは規則が存在していたが、このたびの選任においてはその前提や約束事が破られていた、無視されてしまっていた、という理解であり、それがゆえに争いが起きているのだと解釈しているのである。

ちなみに先にあげた二〇世紀初めの歴史家オフマンは、彼より一〇〇年以上後の人間であるが、レーシュステッテールの残したこの叙述に目を通しながらも、この点については慎重に断定を避けて、淡々と以下のように記している。

バイイであったレーシュステッテールによれば、「もしも司祭たち（curés）が**諸規則**（**règlements**）を遵守していれば、産婆が原因で諸村にこんなにも多くの騒動が起こることはなかったでありましょう」（一七八六年三月一八日付）と言う。

オフマンがここでレーシュステッテールの言葉として引用している「諸規則（règlements）」という語は、王令（ordonnance/ Édit）や法（loi）、決定（arrêt/ arrest）や宣言（déclaration）とは異なり、よりローカルな範囲で設けられている規則を意味する。しかしレーシュステッテールはこれを必ずしも慣習／慣習法（coutume/ droit coutumier/ us）というタームでは語っていない。ここでは「諸規則（règlements）」がレーシュステッテールの使っている言葉であるが、ではこうした語をレーシュステッテールは厳密にはどのようなものと考えて用いていたのか。そこに何が含意されていたのか。一般に「規則」と言ってもいろいろあり、領主が設定しているさまざまな制限や規定もあれば、守るべき掟、約束事として了解されているような必ずしも文書とはなっていない暗黙の慣例もある。彼はそうした日常的な、村落内部で共有されているような約束事とでもいうべき不文律、伝承によって継承される当事者間の取り決めのようなものも含めてそう記述していたのだろうか。これについてはこの記述からは識別できない。

オフマンの記述に戻ると、オフマンはたしかにこのレーシュステッテールの叙述に目を留めその文章を引用しているが、しかし彼はそれをそのまま鵜呑みにしていたわけではない。そのような「諸規則」が実際にあったかどうかについては触れず、「レーシュステッテールによれば」という限定のもとでこれを伝えているだけである。オフマン自身はなぜもめたのかというその原因についてはこう述べていた。「それはきっとそこを修了した受講生たちが農民の気に入らない要求をしたので、彼らがますます前の産婆を支持したからであろう」と。オフマンはここで「気に入らない要求をしたので」と述べ、規則の侵犯そのものに原因があるとは必ずしも述べていない。オフマンとレーシュステッテールの二人の認識や理解、視点の間には、微妙な差異があるように思われる。つまり何がこの事件の主要な原因であるかをとらえる観点、解釈、見るべきポイントが異なっているのである。レーシュステッテールは一七八六年三月一八日付の地方長官に宛てた書簡において次のように述べていた。

もしも司祭たちが諸規則（règlements）を遵守していたならば、貴殿はこれほどにも不愉快な思いをさせられはしなかったでありましょう。また産婆が原因で諸村にこんなにも多くのもめごとが起こることもなかったでしょう。ここに起きている事件はそのうちの一例を示しているのです(30)。

また一七八七年一月二四日付の地方長官への書簡のなかでは、モーシュの吏員たちの主張として、次のように述べている。

モーシュの村の吏員たちは次のように言い張っています。カトリーヌ・シリングはわたくしの前任者の故ミュンク氏によってストラスブールの助産術講習会に送られたのですが、その決定には司祭が関与していただけで、その場に若い女房たちは居合わせなかったのだと。司祭×××氏は、彼女〔カトリーヌ・シリング〕は前の産婆アンヌ・マリ・ラルジェと当地の元村長×××氏によって決められたのだと言っています。それはありうることですが、他の吏員たちにも同じように相談されなければならなかったのです。なぜなら助産婦を利用するのは彼女た

ちなのですから。(31)

つまり受講生を決めるときに、その決定の中心にいたのは司祭であり、その場には他に区長と前の産婆のラルジェがいたが、そこには教区の女房たちが誰も居合わせなかったことに大きな問題を指摘している。レーシュステッテールは、受講生を決める際に、吏員たちにも相談し、また産婆を利用する当事者である女房たちの意思を確認してから決めていれば、このようなことにはならなかったと考えているのである。そして彼は、「請願者〔カトリーヌ・シリング〕は法に適って助産婦として職務に就くのには多数決で（à la pluralité des voix）選ばれていなければならないことを無視していたのです(32)」とも述べて、教区の産婆を決めるに際しては、教区の女房たちの多数決で決めるべきであるという規則があったのに、それが守られていなかったという解釈を提示している。レーシュステッテールの思い描いている規則とは「産婆は教区の女房たちの多数決で決めるべきである」という慣習あるいは約束事である。

レーシュステッテールはまたさらに、モーシュにいま起きていることは、モーシュにのみ関わっていることではなく、こうした掟を有するこの地域全体にも起こりうることであり、現に起きているのだとも言い、こうした紛争はモーシュのみならず、どこにでも起こっていることなのだとも指摘している。つまりこのたびの紛争は、手続きの侵犯に起因し、どこにでも起こりえた、行き違い、諍いなのだと示そうとしている。

しかしながら、モーシュ他三集落に関する史料の叙述を読む限り、村人や教区民の最初の請願の段階では、「多数決による助産婦の選択（élection des sages-femmes à la pluralité des voix）」という表現は出てこない。また村人たちがそうした規則が無視されていたことをルール違反として問題にしているわけでもない。

## レーシュステッテールの解釈

ちなみに、数十年前にこの紙文書に出会い、初めてこの叙述を読み進んだとき、レーシュステッテールの語る叙述の饒舌さに驚かされたのを覚えている。彼の流暢なフランス語の文章は、当時の状況をより詳細に伝えてくれる貴重な手がかりにも思われた。彼の叙述に沿って経緯を探り出せば、ここで現実に起きていたことはかなりの程度まで詳らかになるのではないかと期待した。事実、彼の叙述は具体的で包括的であり、農民たちの請願に比べてはるかに読みやすく、違和感のないものであった。一方、C1114に含まれる「女房たち」「吏員たち」の請願書の文章は悪筆で読みにくく、訴願という文書の形式に縛られた、言葉足らずなものにも思われた。

当時はそうした叙述の背後に何があったのかがよくわからなかったために、レーシュステッテールの叙述を手がかりに、この地域にはおそらく以前からそうした慣習や約束事があって、それがこのたびの紛争を通じて明るみに出てきたのではないかと漠然と考えていた(33)。しかしいまあらためて読み直してみると、いくつかの解けない謎が浮かび上がってくる。たとえば、レーシュステッテールは「多数決で選ばれなければならないという前提を無視していた」と説明しているが、しかし司祭が「断固として申している」ことが本当なら、受講生を決めるときには少なくとも前の産婆ラルジェもそこに同席していたのであり、司祭の判断にラルジェも予め同意していたことになる。少なくともラルジェはカトリーヌ・シリングが司祭によって受講生に決められたときに、そのことを司祭から聞いて知っていたのである。ラルジェがもしも教区民の多数決で選ばれた教区の正式の産婆であったならば、自分の後任となることがかかっている受講生の決定に際して、ラルジェはその時点でそうした既存のルールがあることを主張できたはずである。受講生が司祭や区長たちだけの判断で決められてしまったなら、それがためにゆくゆく手続きの侵犯が問題になるだろう。そのことは容易に想像がついたはずである。予めルールがあったのだとすれば、ラルジェはその時点ですでにルール違反であることを申し立てることができたにもかかわらず、この時点ではラルジェは黙して語らず、また他の女房たちにそれを知らせようともしなかった。ラルジェは、この地域の産婆であると認知されるほど産婆の仕事をしていたのだとしても、教区の産婆として女房たちの多数決による選択を経て選任された産婆ではなかったと考えた方が妥当であろう。

**産婆ラルジェの位置**

ラルジェが行動を起こしたのは、カトリーヌ・シリングが自分に報酬が支払われることを求めて請願を行ったことを聞き及んでからのことである。ラルジェはこの教区で以前から多くの女房たちに産婆として知られ、実際に多くのお産にも関与していたから、取り上げた子どもを洗礼のために教会まで連れていくこともあったに違いない。だからこそ司祭はラルジェがこの地域の産婆として助産に携わっていることを認識していたのであり、受講生を決める際にも、彼女にも何らかの打診や相談を行ったのである。しかしだからといって、ラルジェが何らかの既存の手続きを経て選ばれ、すでに認可を受けた産婆として教会からも共同体からも認可された制度化された助産婦(34)であったわけではない。ラルジェは、第4章で述べるような司教の前で誓約をして公認された「誓約した産婆（sage-femme jurée）」というよりも、法的には何の認証も資格ももたない巷の産婆（matrone）であったと考えられる。

実際、ラルジェを擁護している女房たちも、ラルジェを自分たちが「多数決で選んだ産婆」であるとは述べていない。女房たちがラルジェを擁護し、カトリーヌ・シリングを拒絶する理由としてあげているのは、ラルジェがその地域で二〇年前から産婆の仕事をし、支障なく女房たちに受け入れられ、信頼を得ていたということだけであり、カトリーヌ・シリングの助産がそれにとってかわることはできない、受け入れられないと言っているにすぎない。女房たちは、カトリーヌ・シリングの助産を実際に見て知って、その上で実際に利用する助産者としてみなすことができないと判断していたのである。

いずれにしてもこの地域では、無認可の産婆（matrone）はいても、制度化され許可を得ている産婆はそれまで確立されていなかったのである。逆に言えば、「産婆を選ぶ」という事態は産婆の制度化という動きがまずあって、そこで初めて起こってくる選任の動きである。

## 多数決で選ぶとは？

ではレーシュステッテールが産婆を「女房たちの多数決で選ぶ」と言うときには、どのような選び方を想定して語っていたのだろうか。一八世紀後半のフランス王国の農村の場合、とくに王国のタイユ税が課され、王権の制度の内部で直接税が徴収されているような地域では、農村共同体の村総代（syndic）を決める際にはたしかに「多数決（à la pluralité des voix）」という選出原理が採用されていた。(35) 農民たち自身が「多数決」という言葉を口にし、それを必要な選択の原理として受容し、実践してもいた。そこには数原理による集団の意思決定の原則が了解され、実践されている。(36)

ちなみに「多数決」という言葉はもともとはローマ法に起源があり、西ヨーロッパでは中世以降、教会法を通じて浸透してきたものである。中世には、教皇や司教など高位聖職者の選任においても、ドイツ皇帝の選出に際しても、また修道院や教会の参事会の司教や司祭の選任に際しても用いられていた選出方法である。(37) その実践においては、実際には全会一致を理想とする当時の理解が幅を利かせてはいても、「多数決」による選任が当然のことと考えられ、広く受容されていた。また近世期のフランス王国では、ジャン・ドマ(38)（Jean Domat 1625–96）など王国の法学者によって「フランス法」(39) の確立がめざされ、ローマ法とキリスト教、慣習法を融合させたフランス独自の包括的な公法、民法の整備が行われていく。そのなかで社団の定義とともに「多数決」が集団原理の基本的な手続きとして再定義され、制度として位置づけられていく。(40) こうした法整備は従来の教会法に基づいて浸透してきた慣習的な実践を追認するものであると同時に、近代の君主国家の制度の枠内にこの原理をあらためて包摂し活用していくものでもあった。フランス王国では、一八世紀半ばにすでにこうした原理が選任の手続きとして受容され、村落のレヴェルでも実践されていたのである。(41)

とはいえ、アルザスの場合は王国に併合された後も直接税の徴税地域とはならなかった。また王権による司法行政も変則的な形でしか浸透していない。それゆえアルザスではもともと、この時代のフランス王国の直接税徴収地域の農村で考えられ実践されていたような厳密な意味での数原理による「多数決」が浸透していたとは考えにくい。

〈第二の謎〉

もう一つの謎は、ここでの紛争の異常な長期化と展開そのものの特異性に関わる。モーシュ他三集落の事例では、ラルジェの娘が女房たちに望まれて選び直され、講習会を受けて戻ってきた。前任者の娘がわざわざ選び直されていくことはそれ自体まことに興味深いところであるが、そのことはさておくとしても、このラルジェの娘が修了証明書を手にして必要とされていた要件、資格を満たすことができ、帰村後、正式に教区の産婆として認められていったことはまぎれもない事実である。これによって女房たちが助産に呼んでもよいと考える助産婦が法的に認可され確立されたことになり、この時点ですでに女房たちの求める助産婦が選択可能になったはずである。

ところが、その時点でも紛争は解決せず、さらなる段階へと突き進んでいった。村人たちの抗議はますます勢いを増し、最後には国王の裁決を求めて、ヴェルサイユへと使者を送り出すに至る。仮にレーシュステッテールが言うように、慣習の侵犯という手続きの不備、選び方に問題があったのだとしても、ラルジェの娘が女房たちの多数者の合意を得て選び直され、ストラスブールに送り直されて助産婦となることで、その「手続き問題」はすでに解決していたのではないか。それにもかかわらず実際にはこうした「仕切り直し」によっても問題は解決せず、依然として解決しえない何かが残り、ぶつかり、軋み、平行線を辿っている。

我々現代人から見ると、ボーヴァンリートとカトリーヌ・シリングの両方を職務にとどめようとした地方長官の最終的判断は、個別利害に影響されることなく、同じ資格をもつ者を原則的に認可するという法の原則に基づくものともとれ、必ずしも不当なものには思われない。その判断には、一見したところ、法原則の一貫性、衡平性が貫かれているように見えるからである。個別のパーソナルな利害や力関係によって「こと」が決まるのではなく、公共の利益という、より普遍的な価値のもとに資格の有無にのみその判断を委ねることは、司法の原則からすれば、決して不思議なことではない。そう考えると、地方長官が下した命令は、最初から最後まで一貫していたのであり、理屈が通っていたとも考えられる。

しかし、少なくとも、モーシュの女房たちや吏員たちにはそうは見えなかったのである。シリングを職務にとどめることはそれ自体が「不当である」と思われていた。彼(女)らは、ボーヴァンリートの正式承認と引き換えに、あくまでカトリーヌ・シリングの否認、罷免が果たされるべきだと考えた。そしてその論理に立って、村落共同体の住民は、最後まで突き進んでゆくことになる。彼らはなぜ「和解」に応じず、いかなる妥協や譲歩をも退けて、請願者〔カトリーヌ・シリング〕をその職務から退けたいと考えたのか。その背後にはいったい何があり、何と何がぶつかり、軋みあっていたのか。

モーシュの吏員たちが「不当性」の根拠として語っていることは、大きく二つある。一つは、助産婦を二人おく必要性に関する指摘である。吏員たちは、「モーシュは八〇戸にすぎないのであり、産婆二人は多すぎる」と述べ、二人をとどめることは現実にそぐわないとみていた。しかしこれに対してバイイは、ヴェッセリングの捺染工場の拡大によるサン・タマラン近辺の人口増を指摘し、二人を助産婦とすることにはそれなりに根拠があると主張して、吏員たちに反論している。モーシュ他三集落の吏員たちとバイイとの認識には明らかに差異がある。村落共同体の意識している区域とバイイの認識している管轄区域の範囲には明らかに齟齬がある。このことは何を意味しているのか。

吏員たちがあげているもう一つの不当性の根拠は、最初の助産婦の行った助産のまずさ、危険性にある。女房たちは助産婦の行った処置や施術の乱暴さ、痛さについて言及し、「助産を受けた産婦がほとんど助からなかった」とも証言している。「女房を死なせた」という夫たちの証言もあり、吏員たちは国務会議への訴願に際して「女房が助産を受けて亡くなった」という夫たちの証言をわざわざ集めて請願書に添付していた。つまり女房たち、吏員たちは単に共同体の規模からして不要であるというだけで罷免を求めていたのではない。女房たちは、最初に選任された助産婦の助産者としての技能のまずさに産婦の死因を見ていたのであり、最初の助産婦がその役割を果たしえないばかりか、その施術を受けることがまさに産婦にとって危険であるがゆえに、その助産婦を職務から遠ざけるべきだと主張しているのである。

しかし最初の助産婦の助産によって産婦が助からなかったというのははたしてほんとうなのか。つまりこの時代の助産は女房たちが言うようにそれほどに危険なものでありえたのかどうか、という問いが生まれてくる。またボーヴァンリートを選び直すことは、講習会のもたらす助産の内容をある程度受け入れることを意味する。だとすれば、彼女たちは「新しい助産」がまとう一定の内容を容認し妥協を示しつつも、それでも助産において譲れない、守り通さなければならないと考える何かがそこにあったことになる。そんな妥協をしてまでも守るべきものがあったのだとしたら、それはいったい何であったのか。紙文書が間接的に伝える彼女たちの嫌悪の言葉がさし示しているのは、死への恐怖や危険であり、身体的な拒絶ともいえるような、恐れの反応である。このような感情を呼び起こすほど、この時代の助産は危険なものであったのかどうか。つまりその「恐れ」にどれほどの根拠があったと言えるのか、という問いである。

実際、前作『さしのべる手』でも扱ったように、ノルマンディの半島コタンタンの外科医モケ・ド・ラ・モットの助産が知られるようになってから半世紀、一七世紀末から一八世紀に入る頃から助産のあり方は大きく変化しつつあった。モケ・ド・ラ・モットは男性の外科医であったが、母子のどちらかの命を犠牲にすることなく、ともどもに救うという倫理を身をもって示し、死すべき運命にあった多くの女や子どもに手をさしのべようとしていた。だとすれば、その倫理や技法はその後の助産にどのように生かされていったのか、生かされなかったのか。モケ・ド・ラ・モットの死後半世紀、助産の技術は依然として死と背中合わせのものでしかなかったのだろうか。また助産婦と外科医の関係はどのように変化しつつあったのか。

## 第3節　背景にある地域的特質

以上、事件に関わる紙文書から明らかになる経緯を辿り、そこから浮上する謎について詳述してきたが、その先の分析に入っていく前に、そもそもこの紙文書のなかに現れる諸集落モーシュ、マルメルスパック、ヴェルシュホルツが歴史的にどのような地域であり、どのような特質をもつ集落であったのかを明らかにしておく必要がある。この地域はもともと神聖ローマ帝国の辺縁部にあってドイツの皇帝のもとに緩やかに統合されていた地域であるが、三十年戦争を経て一七世紀のうちにフランス王国の領土となった地域でもある。地理的にも言語的にも、また制度的な秩序形成においても複雑な内実をもつ。ここでの紛争の謎を解明するには、この地域の現実を把握しておく必要がある。地理、言語、宗教、人口においてどのような特質を有し、併合後の王権統治の枠組みや村落共同体の現実において、この三集落はいったいどのような位置を占めていたのか。本節では、今後の考察に役立てるためにも、モーシュ他三集落の特質と制度的枠組みを整理しておくことにする。

### （1）地理、言語、宗教、言語の特質

〈アルザス南部ヴォージュ山中の渓谷〉

アルザス地方は、地理的にみると、南北に大きく二つに分かれる。ライン川の上流域を高地アルザス（Haut Alsace）、下流域を低地アルザス（Basse Alsace）と言うが、同時にそれらはオ・ラン（Haut-Rhin 高地ライン）、バ・ラン（Bas-Rhin 低地ライン）という行政的な区域にも対応している。紛争の中心に現れるモーシュ（Moosch/ Mosch）他三集落は、このうち高地アルザス、すなわちオ・ランにあり、アルザス南部に位置する。またアルザスの西半分はヴォージュ山脈の中腹にあり、緩やかな斜面に位置してもいる。第2節でクローズアップしたサン・タマラン渓谷のモーシュ他三集落は、チュール川（la Thur）の上流にあり、モーシュから数キロメートルほど下るとこの流域では最大規模の都市タン（Thann）に辿りつく。チュール川上流域で、タンより東北に位置する地域は、当時も現在も、通称サン・タマラン渓谷（la valée de Saint-Amarin）と呼ばれている。

この渓谷の北側には頂上の高さが一四二四メートルにも達する山「ル・グラン・バロン（Le Grand Ballon）」がそびえたち、この渓谷とゲブヴィレールのあるローシュ渓谷とを隔てている。[42] アルザスは他地域に比べて標高の高い地域であるが、コルマールが標高二〇〇メートルほどであるのに対し、モーシュのあたりの標高は約三八〇メートルであり、平野部との標高差が倍近くある。[43] モーシュからさらに九キロメートルほど上流のオドゥラン（Oderin）までさかのぼると、標高はさらに五〇メートルほど高くなり、夏でもひんやり感じられる。ここはヴォージュの山岳地帯に連なる山間部である。しかし現地に降り立ってみると、モーシュの集落あたりはなだらかな連山に囲まれた平坦な谷間にあり、むしろ盆地に近い景観をもつ。[44] チュール川の勾配も最上流を除けば比較的緩やかである。

その気候は、パリやノルマンディ、ブルターニュのような偏西風の影響を受けた比較的穏やかなフランスの西部地方とは異なり、典型的な大陸性気候であり、夏冬の寒暖差が大きい。夏には摂氏三〇度を超し、冬は零下三〇度近く

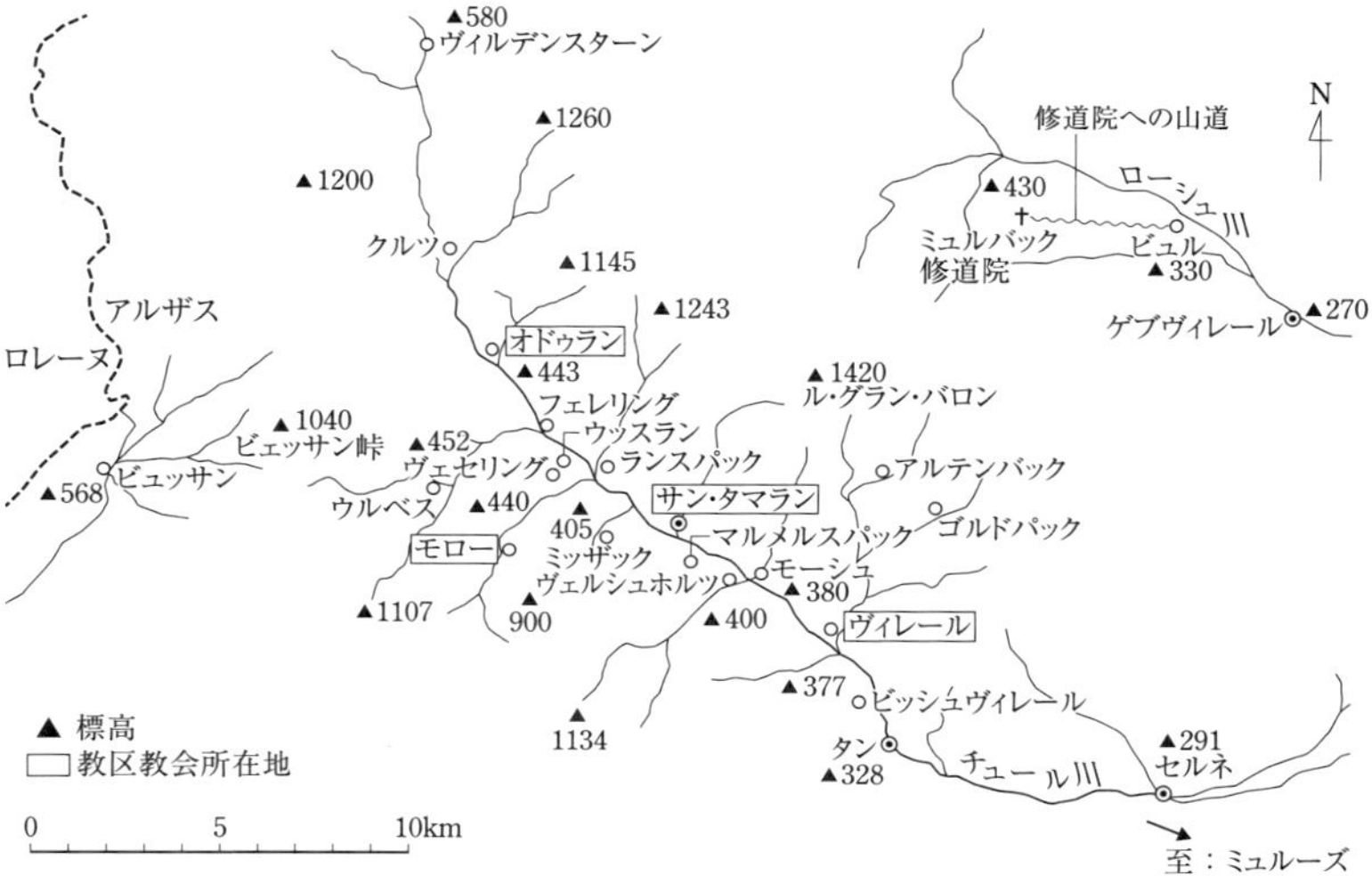


**図 1-2**　サン・タマラン渓谷（地図：筆者作製）

になることもある。しかし一方では、フランスの西側から運ばれてくる湿気を含んだ偏西風がヴォージュ山脈によって遮られ、そこでいったん湿気を含んだ雲が雨となってロレーヌ側に降り注ぐ。そのためアルザスの側は概して乾燥した湿気の少ない気候となる。夏の日照時間は長く、葡萄栽培にたいへん適した気候であり、古くから良質なワインの産地としても知られてきた。

Moosとはもともと古ドイツ語で湿地／沼地（marais）を意味し、一四世紀以降の文献にこの名称らしきものが確認できる[45]。フランスの県文書館ごとに出されているそれぞれの県内の各市町村についての詳細な辞書によると、現在モーシュと呼ばれている地域は、チュール川の支脈にあたる小川に散在する四つの小集落（hameux）に相当する。その四つとはチュール川の左岸（上流側から見た場合）にあるモーシュ、モシュバック（Mooschbach/Mosbach）と右岸のヴェルシュホルツ（Werscholtz）、ブラン（Brand）をさす[46]。このうちのモーシュのさらに奥に位置するモシュバックには古代ローマ時代に建設された道の跡が今も残っている。ガリア＝ローマ時代の貨幣や槍の穂先、壺などが近辺で出土していることからもローマ時代にすでに集落が営まれていたとされているが、それを論証しうる住居跡はみつかっていない。このローマ時代の道の跡は、右岸のマルメルスパック（Malmerspach）からつながっており、古代ローマの総督がそこまで出るために造らせた道であるとも言われている。チュール川を横切ってマルメルスパックからモシュバックに至る道がなぜ必要であったのかといえば、銀山などの鉱山の採掘と関係していたと考えられる。(47) この地域は古くから金（Fosse Aurore）や銀（Unterwerscholtz）、鉄（Glattssteg et Ruchrunz）の産地としても知られ採掘も行われていた。鉱物資源に恵まれていたことは間違いなく、一五世紀初頭にすでに銀の採掘が行われていたことを示す採掘場跡が残っている。(48) モーシュ住民は、古くから主として農耕と牧畜を営み、多くは森林を利用した仕事によって生計を立てていた。

モーシュ、モシュバック、ヴェルシュホルツは、それぞれに異なる集落であり、地図からも分かるように、チュール川の上流からみて右岸に位置するヴェルシュホルツ(49)は、左岸のモーシュからはやや離れている。しかしこれら三集落は互いに隣接する近隣の小集落であり、日常的にも関わりがあったと考えられる。この三集落は、サン・タマランの裁判管区や教区の枠組みからすればそのうちの一部にすぎない。

〈言語の特質——ロマンス語地域〉

言語についてはどうか。アルザスは神聖ローマ帝国の辺縁に位置する無数の領邦が集積した地域であり、アルザス語文化圏として知られている。実際、アルザスがアルザス語（l'alsacien）の話されている地域であるというその理解は、概ね間違っていない。とくに北部やライン川の辺縁にある平野部では、一九世紀までアルザス語が支配的であり、都市部でももっぱらアルザス語が話されていた。しかしながらヴォージュの山岳部とくにロレーヌ南部のヴォージュと接する地域は、ロマンス語を母語とする地域であった。この地域はロレーヌ南部のヴォージュ地域やフランシュ・コンテとも関わりが深く、またスイスからイタリアに至るルートのちょうど真上に位置することもあり、ラテン語から派生した古フランス語や地中海諸語のヴァリアントに触れる機会が豊富にあり、フランスの支配が及んでくるはるか以前からの古い言語の堆積の上にあるロマンス語が母語として連綿と受け継がれてきた。このことはアルザス南部がもともとフランス語と親和性の高い地域であったというコルマールの文書館長クリスチャン・ヴィルスドルフ氏の指摘と一致する。

〈言語の境界線に位置する多言語文化圏〉

ロマンス語とは、ラテン語や古フランス語に源流をもち、ケルト語やイタリア語、アレマン語などの入り混じった言語である。(50) 現在では標準フランス語がいきわたり、この言語を話す人はほとんどいない。しかし近世期にこの渓谷に生きていた住民は、生まれたときから両親や近隣住民とともにこのロマンス語方言を耳にして育ち、自然に話していたのである。市場や集会でもこの言語が飛び交っていた。この渓谷で話されていたロマンス語方言は、ドイツ語系のアレマン語の影響も受けているが、ドイツ語というよりもむしろ古フランス語に近く、ドイツ語方言のヴァリアントの一つであるアルザス語とは全く異なる言語である。

この地域の住民はアルザス語のヴァリアントにも耳から聞いて触れていたと考えられ、必要に応じてアルザス語のヴァリアントも使いこなしていた。ここはローマ時代からの塩の道に位置する交易の十字路にあり、間《あわい》にあるがゆえに可能となる複雑さと豊饒さを併せもっていたと考えられる。この地域からこうした「フランス語もどき」ともいうべきロマンス語方言が衰退し、標準フランス語に一元化されて、話し言葉が最終的に消失していくのは二〇世紀に入ってからのことである。(51)

〈レヴィによる言語境界線〉

言語学者による研究上の分類によると、ここはフランス語言語圏とドイツ語言語圏の狭間に位置し、どちらにも完全には与さない地域である。アルザス・ロレーヌの両方を視野に、言語境界線を記したポール・レヴィの包括的な地図(52)によると、言語の境界線はアルザス南部の場合、ロレーヌとアルザスの国境線にほぼ重なるようにして引かれている。これはヴォージュ山脈の自然の障壁に沿うものでもあり、レヴィによると、この境界線は革命期までほとんど変わらなかったという。

しかしレヴィの地図で興味深いのは、今述べたロレーヌとアルザスの言語境界線に加えて、もう一つ別の境界線が書き込まれていることにある。それは地名の語尾分布を調査して見いだされる境界線であるが、それによると、今述べた言語境界線の東側、つまりアルザス語の地域となっている領域の内部にも南北に入り組みながら走るもう一つ別の境界線があり、地名の語尾分布によってさらに二つに分かれる。すなわち村落や集落の名称、地名を意味する語で、その語尾にヴェイレール（weiler 中世ラテン語 villare に由来）を有する地名の分布地域と、エム（heim）を有する地域とで分かれるのである。ヴォージュの山肌からなだらかに傾斜する森林地帯では、……ヴェイレールが多く用いられているのに対し、チュール渓谷の下流、ライン川に至る平野部では、……エムが主流を占める。つまり平野部と山岳部とでは、地名の語尾に明確な差異が存在するのである。

事実、サン・タマラン渓谷のあたりの地名は、ゲブヴィレールやビッシュヴィレール、ヴァットヴィレールをはじめ、……ヴィレールという音を語尾にもつ地名がよく見られる。それらはフランス語の語尾とも異なるとともに、ドイツ語の語尾とも異なる。たしかにこの渓谷には……エムとなっている地名は一つもない。レヴィの地図の境界線によると、この地名の語尾分布の境界は、厳密にはちょうどタンのあたりにあり、タンの東からライン川方面に伸びる平野部と、タンを含んで西に広がるヴォージュの森林地帯とではっきり分かれる。サン・タマラン渓谷はまさにこの森林山岳地帯に含まれている。

ここで日常的に飛び交う言語は、アルザス語でも標準ドイツ語でもなく、また標準フランス語からも隔たりがあったが、それは二つの言語が融合しているとか、ある言語が訛っているという単純なものでもない。言語史的にみると、西ローマ崩壊の頃に生きていた俗ラテン語と古フランス語がまじりあってできあがった言語に由来し、中世に徐々に変容をとげ、受け継がれてきた言語である。言葉は生き物である。何か一つにとどまってはいない。常に他の言語との接触を通じて分化し変化していく。とはいえその変化には一定の法則もあり、むやみやたらと変化するわけではない。基本的には、基層となる古フランス語をベースにした言語であり、ドイツ語というよりははるかにフランス語に近いロマンス語方言の一つである。もともと多様であったはずのフランス語のヴァリアントの一つと言ってもよい。この言語の場合も、アルザス語と同様、一六世紀後半から一七世紀にかけて始まる標準フランス語の確立の運動に伴い、アカデミー・フランセーズなどが推奨する「正しい」フランス語との隔たりがしだいに大きくなっていった。表記や発音、文法についての諸規則が打ち立てられ、「正しい」フランス語が姿を現していったからである。それゆえ標準フランス語しか知らない話者からすると、ロマンス語話者の話している言語は同じフランス語であるとは思えない、奇妙なお国訛り《パトワ》（patois）とみなされた。

もちろんこのロマンス語方言の実態やその使用分布が、近世期に宗教改革や印刷術の普及から影響を受けなかったわけではない。王国の公文書については標準フランス語で記すことが命じられていたし、フランス語表記は一七世紀のうちにも徹底されていく。実際、フランス語表記の強制に対してストラスブールの市参事会が併合直後に大きな抵抗を示したことはよく知られている。(53) またフランス語による公文書や法的文書の増大とともに、公職に就く上で標準フランス語を習得し身に着けることが不可欠なものとなっていた。

しかしフランス王国はフランス革命に至るまで標準フランス語の使用を臣民全体に強制することはなく、アルザスに限らずどの地域でも臣民の日常の話し言葉には一切手を入れていない[54]。アルザスの地方長官ラ・グランジュ（La Grange, Jacques François 1643–1710 在職 1674–98）もその著書『アルザスについての覚書[55]（*Mémoire sur la Province d'Alsace*）』（一六九七）のなかで次のように述べ、任地でのフランス語使用の広がりに感心し期待を寄せていた。

この地方の共通語はドイツ語である。とはいえ、農村でさえ、多少なりとも教養のある人士ならば、自分のことを理解してもらうのにフランス語（le français）が十分話せないような者はいないし、だれもがみなわが子にはフランス語が十分理解できるようにさせてやりたいと一生懸命である。それゆえこの地方では近いうちにこの言語〔フランス語〕が共通語になるだろう……[56]。

ラ・グランジュの評価はかなり楽観的なものであるが、このような認識が生まれるのは、一つには、アルザスでも比較的身分の高い貴族や富裕な市民層においては実際にフランス語の堪能な者が多くいたからである。また併合以後、フランス語が王国官吏に登用される上で必要不可欠になり、努力して学ぼうとする人々も少なくなかった。そもそもフランス語はこの時期すでに国際的にも共通語になりつつあり、ストラスブールには以前からフランス語を学ぶ学校があった。ストラスブール大学はルター派プロテスタントの影響の強い大学ではあったが、アルザスのみならずスイスやドイツ、イタリアなど多様な地域から学生の集まる国際的な大学であり、「正しい」フランス語を学ぶことのできる数少ない大学として知られていた[57]。

〈レルミンの旅行記〉

サン・タマラン渓谷に話を戻すと、アルザスとロレーヌの言語史を包括的な視野で研究したポール・レヴィは、この地域の言語のなかには、「南仏的な要素（la partie méridionale）」があるとして、以下のような興味深い文献を掘り起こしている。一六七四年から一六七六年にちょうどこの地域を旅行したパリジャン、ラザール・ド・ラ・サル・ド・レルミン（Lazare de La Salle de L'Hermine）なる人物のフランス語で書かれた旅行記である。[58]レヴィはこのレルミンの記述を紐解きながら次のようなエピソードを伝えている。少し紹介しておこう。

レルミンの一行はロレーヌからアルザスに入るビュッサン峠を越え、国境近くのウルベスに着いたが、そこでロレーヌから同行していた「自分の道案内が幾人かの農民に道を尋ねたが、その道は聞いたことがないとガイドに返してきた」という。レルミンはそのやり取りを見ていて「ここではフランス語が通じない」と記している。[59]しかし農民たちは道案内の言っていることが全く分からなかったわけではなく、道を聞かれていることは分かったのであり、名前の音が識別できず、それについては聞いたことがないと考えて、そう返答したのである。要するにフランス語はいちおう通じているのである。ところがタンの聖ティボー教会に着いたときにレルミンは娘たちが「ドイツ語でロザリオの祈りを唱えていた」と記している。[60]レルミンは実はドイツ語については覚えがあり、五年ほどは全く使っていなかったが、そのとき俄かにドイツ語を思い出し、その少女がドイツ語を話していることを識別できたのだという。

さらにアルトキルシュ（Altkirch）からベルフォールに戻る際に、レルミンと彼の随行者たちはラング川を渡ってダンヌマリの西に出ようとして、その際、川の水に濡れてしまったため、避難所を探してそこから一里離れたリュトランと言われる場所にある老齢の農婦の家にやってきたが、レルミンはそのときそこでみた様子をこう述べている。「我々はドイツ語地域の外にある地域にいるのだが、このあたりのお国訛り《パトワ》は、一種のフランス語のようなものが話されているのだとしても、わたくしにはますます理解し難い」と。そして最後にこうも述べている。この地方の最南端には「レヴァンクールといういささか人間味のある村（bourg）があるが、そこではドイツ語と半ばフランス語に属するお国訛り（patois à demi-français）が話されていて、それがそこではロマンス語（le Roman）と呼ばれている」と。レルミンによると、この「ロマンス語」はベルフォールでも理解されているが「それはフランス語でもドイツ語でもないお国訛りであり、二つとも話されていながら、この二つは少しも一致していない。このわけの分からない言葉はロマンス語と呼ばれている。しかしこの変てこりんなちんぷんかんぷんな話し方（cet étrange baragouinage）にどうしてそんな立派な名前が付けられているのか、そのわけを誰も説明できない」と不満げである。さらに行った先でも彼は自分の話しているフランス語とこの言語との親近性を少しも理解できないまま「この手に負えないお国訛り（ce méchant patois）」などと述べ、苛立ちさえ覚えている。

要するに、標準フランス語をきちんと身につけてきた者にとっては、この地域の方言は、それがフランス語と根が同じものであると頭では分かっていても、文法上の規則や発音の「正しさ」に耳がとらわれているためすぐに聞き取れない、それゆえ驚き苛立ち、それ以上注意深く聞き取ろうとしない。最初の印象で難解きわまりない奇妙な言葉に思われると、それだけで怖気づいてしまうからである。だからこそレルミンは最初の出会いですぐさま自分たちの駆使しているフランス語では通じないと思いこんだのである。しかし彼らの話すフランス語は逆に当地の人々には意味の分かる言語であった。さらに言えば、異なる言語を話す人たちと普段から接してきた人たちは、少々不明な部分があってもそれが当たり前と思っているため苛立つこともない。根気よく耳をそばだてて理解しようとすることに慣れているのである。おそらくレルミンたちの話す言葉は、この地域の人々には、塩の道を通ってやって来る外部の人間の話している言葉の一つとして既知のものであり、了解済みであったに違いない。この地域の人々が自分たちの言葉を「ロマンス語」と呼んで自認していたのが本当なら、それ自体まことに興味深いことである。(61)

いずれにしてもこのフランス語系のロマンス語方言を日常語としてヴォージュの山肌に生きる渓谷住民は、近世期に標準フランス語を耳で聞いて内容を理解できたと考えられる。実際、交易などによって耳からフランス語を聞きとり、使う機会も比較的頻繁にあった。商人や運送業者などは、スイスや、フランシュ・コンテ、ブルゴーニュなど別のフランス語話者とも交渉する機会があり、差異はあってもそれなりに対応できたと考えられる。その場合、どちらも方言のヴァリアントである可能性があり、必ずしも「正しい」標準フランス語が飛び交ったわけではないが、標準など知らなくとも交渉は成り立つ。交易においては意味内容が通じればよいからである。商売には文書も用いられたが、それも定式化された表現や言い回しを習得すれば使いこなせた。

以上から、ジロマニやサン・タマラン渓谷はもとより、C1114-III の史料に登場してきた地域はみな、このロマンス語方言の地域に含まれていたことが明瞭になってきた。彼らは少なくともアルザス語よりもこの古いロマンス語系の言語になじみがあり、隔たりはあってもフランス語との親和性がアルザスの他地域よりも相対的に高かったのである。もちろんそのロマンス語も村や集落のある場所や川筋が一本違うことによっても微妙に異なり、発音やイントネーションにおいてさまざまなヴァリアントがあっただろう。しかしそれらはこの地域に生きて暮らしている人々には容易に察知できる差異であり、逆に外部からやってきて通過していくだけの「よそ者」(62)には決して聞き取ることのできない微妙な差異でもあった。

〈宗教に関する枠組み〉

アルザスはナント王令の発布以降もルター派が容認されていた地域であるが、モーシュ他三集落を含むこの渓谷の旧来の住民はすべてカトリックであった。この渓谷は全体がミュルバックの修道院の所領に包摂されているが、渓谷内部にはオドゥラン、モロー、サン・タマラン、ヴァットヴィレールの四つの教区が存在し、モーシュ他三集落はこのうちサン・タマランの教区に含まれる。この教会は聖アマラン（saint Amarin）を守護聖人として奉献しているが、聖アマランが守護聖人である教会はアルザスではきわめてまれである(63)。

サン・タマラン教会の起源は中世にまで遡るが、建設当初はミュルバックの修道院の保護下には組み込まれていなかった。もともとサン・タマラン渓谷には、修道僧聖アマランの尽力で建設された別の小修道院（六二五年頃建設）があり、サン・タマラン教会はその宗教共同体の開拓した地に、後から建設された教区教会である。[64] 一方、ミュルバック修道院は七二八年創設のベネディクト会派の修道院であり、サン・タマラン渓谷にあったその修道院よりも一五〇年以上も後に始まっている。当初はミュルバック修道院の影響力はもっぱらローシュ渓谷に限られていたこともあり、サン・タマラン渓谷の修道活動は、ミュルバックの修道院の動きとは別の自律的な動きとして存在していた。[65]

その後、七九三年にシャルルマーニュによってサン・タマラン渓谷の南半分がミュルバック修道院に寄進されると、この修道院の土地はこの時点でミュルバック修道院長のものとなるが、その所領管理が実際に及んでくるのは九世紀以降のことにすぎない。また渓谷の北半分はその時点では依然としてミュルバック修道院の所領には組み込まれていなかった。たしかに上流の渓谷北部も中世のうちに徐々にミュルバック修道院の所領に組み込まれていくが、オドゥラン（Oderin）などは複数の領主の所領が入り組んでいたこともあり、一五三六年に至るまでミュルバック修道院長単独の所領とはならなかった。サン・タマラン教会の建物は、一〇五〇年から一一〇〇年頃にミュルバック修道院長の出資により建設されているが、聖プリックスと聖アマランを奉献する聖堂参事会として建てられており、機構上、バーゼルの司教座聖堂参事会の管轄下に置かれていた。この教会の教会参事会員の聖職禄授与権もしたがってバーゼル司教の下にあった。[66]

その後、一二四〇年から一二六〇年にサン・タマランの都市の周囲に城壁が設けられ、教会の建物は城壁の外側に取り残されたが、この教会はそれ以前も以後も、サン・タマランの都市やその周辺のみならず、モーシュのように教会からやや離れたところに位置するいくつかの衛星集落を包摂する広い範囲を区域とし、その地域に居住する信徒の信仰生活や聖務の中心にあって宗教上の役割を果たしていた。またこの教会はローマ時代に作られた「塩の道」に位置し、この道がロレーヌやシャンパーニュ、スイスのみならず、イタリアからオランダをつなぐヨーロッパの交易の重要な往路となっていたこともあり、サン・タマラン教会は経済的に恵まれていた。事実、聖職禄保有者の数も多かったのである。それゆえミュルバック修道院長はこの渓谷の豊かさをうらやみ、渓谷全体への権限を広げることを願い、機会があればこの渓谷にある小修道院や礼拝堂、女子修道院など宗教施設をことごとく自らの権限下に置くよう画策していた。その結果、ほとんどの宗教組織がミュルバック修道院長の権限下に取り込まれていくことになる。しかしながらサン・タマラン教会の教会参事会員の力は他の宗教組織に比して強く、自立の気概もあり、この教会だけは、少なくとも一四世紀まではそうやすやすとミュルバック修道院長の権限下に取り込まれることはなかったのである[67]。

それが一三世紀になると、この教会の保護権をめぐってミュルバックの修道院長とバーゼル司教の間に抗争が生じてくる[68]。抗争は長期にわたったが、最終的にバーゼル司教が敗北し、一三五七年の和解によって保護権は完全にミュルバック修道院長の手に渡ることになった[69]。こうした修道院による宗教組織の保護権領有の動きは、中世にはしばしば見られた動きでありそれ自体珍しいわけではない。しかしこの教会について特筆すべきは、保護権が正式にミュルバック修道院長の手に渡ることが確定した後、これを不満とするサン・タマラン教会の教会参事会員がこぞってこの教会を去り、近隣の自由帝国都市タンに移転してしまったことである。皇帝から移転の許可が下りるまでには長い歳月を要したが[70]、参事会員たちは粘り強く請願を続け、やがてバーゼル司教の支援をとりつけて皇帝を動かし、一四四四年にとうとう移転の許可を得る[71]。その後、彼らは聖アマランの聖遺物を携えて一気にサン・タマラン教会を去り、タンに新たな教会を建設している[72]。

これは大きな出来事であった。深刻なのは、教会参事会員が聖遺物とともに消えたことにより、サン・タマラン教会がその機能を完全に停止してしまったことである。敷地は一四七八年になってサン・タマランの都市住民のための墓地に転用されたが、それもやがて見捨てられ、管理する者がいないために荒廃が進んだ。教会の建物はもぬけの殻となり巡回司祭もやってこない。以後二〇〇年以上にわたって教区民は教区教会を喪失したまま、便宜的にモローの教区教会に依存することになったのである。[73]

その後、三十年戦争後二〇年以上がすぎた後の、フランス王国への併合の近づいた一六七一年になって、ミュルバック修道院長の命により、ミュルバック修道院に保管されていたという聖プリックスおよび聖アマランの遺物が、厳かな儀礼とともにサン・タマランの教会に移し替えられ、サン・タマランの教区教会の形式的な再建が試みられた。[74] しかし実際に司祭が常駐し聖務がまともに行われるようになるのは、それから五〇年を経た一七二三年のことにすぎない。[75] 一八世紀の半ばには曲りなりにも司祭が常駐し、この教区でも聖務が行われるようになっていたが、しかしそれによってただちにこの教会が信者の信仰生活の中心となり、教区民のよりどころとなりえたかといえば、そうではなかった。数百年にわたる空白は大きく、一七四五年に火事で教会が損壊した際もそのまま一五年近くにわたって放置されていた。取り壊され建て替えが行われたのは一七五八年になってからである。

ではこの時代に、宗教上の霊的権威としてあったはずの修道院長や山の上の修道僧たちは、何をしていたのか。山中の修道院は、三十年戦争によって壊滅的被害を受けており、しばらく無人となっていたが、その後しばらく経って修道僧たちが徐々に戻り、山中での修道生活を再開していた。一六九三年には建物の一部の再建が試みられている。一七二六年から一七二九年にも一部の修繕が試みられている。しかし経済的な裏づけが得られないこともあり、修復はほとんど進まなかった。またより深刻なのは、この頃になると、ベネディクト会の戒律はもはや再建の見込みがないほど弛緩していたことである。たとえば一七一三年には、夜中に起きるのは健康に良くないとする修道院参事会主治医の判断で、夜中の祈祷の聖務は朝起きてから唱えられるようになり、その後、修道僧たちは禁欲と清貧の修道生活や共同生活に耐えられなくなったのか、山中の修道院から徐々に姿を消していった。[76] 修道院長についても、王権によって任命された修道院長フィリップ・エベラール・ジョゼフ・ロヴェンスターン・ヴェルテーム[77]（Philippe-Eberhard Joseph de Loewenstein-Wertheim 1657–1720）の在職中（一六八六―一七二〇）に、彼が王権の命を受けて試みた財政再建の試み（ガラス工場の誘致、モーシュ近辺での銀の採掘など）がことごとく失敗すると、一七二〇年頃には修道院を出てゲブヴィレールに新たに建設された城館に完全に居所を移していた。それ以降の修道院長もみなこれに倣い、山中での修道生活に戻ることはなかった。

修道院の通常の聖務はその後も建物に残るわずかな教会参事会員によって細々と続けられていたが、一七三八年に再び修道院の再建が問題になり、壊れていた身廊から部分的に工事を始める計画が立てられたまさにそのとき、ある決定的事件が起きた。修道院にあった聖遺物がすべて、前々から聖遺物をゲブヴィレールに移すことを求めていた参事会員の一派によって持ち出されてしまったのである。聖遺物はその後二度と山中の修道院に戻されることはなく、一七三九年には修道院の修復計画も完全に放棄され、二度と修復が試みられることはなかった(78)。

この時代になると、人里離れた森の奥での修道生活は、僧侶によってもすでに耐え難い過酷なものに映っていたのである。ローマ教皇クレメンス三世がミュルバック修道院長カシミール・ラトマアウゼンの強い願いに応じて、聖遺物の移転を正式に許可したのは、それから二〇年ほど経った一七五九年のことである。以後、修復のために集められていた建築資材もすべて山から運び出され、ゲブヴィレールのノートルダム教会の新設のために転用された。持ち出されていた聖遺物は完成したゲブヴィレールの礼拝堂（chapitre équestre de Murbach）にすべて移された。一七六四年に修道院の世俗化が正式に宣言されると、一七六八年以降、修道院の建物は近隣のバルシェンタルの教区教会に転用された(79)。知的、霊的中心となるべき修道院の実態はもはや退廃の極みにあり、修道院長をはじめ、霊性の向上を願い、信徒の信仰生活の模範となるべき修道僧はとうにいなくなっていたのである。サン・タマランの教区教会の保護権は引き続き修道院長の手中にあったが、これも一七八六年にはバーゼル司教の下に戻されている。

〈人口の回復の遅れ〉

この地域の一七—一八世紀の人口趨勢についてはどのようなことが言えるか。三十年戦争の疲弊からの復興は困難を極め、もともと居住していた住民は激減している。ミュルバックの修道院によって作成された、所領内の教区に関して残された記録によれば、一五五〇年にブルジョワ（bourgeois 継続的に居住を認められた住民）として記述されている教区民の総数は三三四であった。それが一六五〇年には一一九に、一六五四年には一六九と記録されている。(80)この数字は戸主の数であり、一戸に含まれる妻や子どもの数を平均して四—五人と仮定すると、一五五〇年には一五〇三人の教区住民がいたが、一六五〇年になると五三六人にまで落ち込んでいる。つまり三十年戦争の戦火が及んで来る一六三五年頃から一五年ほどの間に、この渓谷住民の三人に二人が消えたことになる。その後、一六五四年には七六一人いたという記録(81)もあり激減の後の急速な増加も見られるが、出生数の急増は食糧難を引き起こし、栄養不足から疫病の蔓延を招いて乳幼児死亡率も高まるため、すぐに死亡数の激増へとつながる。この時代に乳幼児が生き残ることは容易ではなく、一七世紀を通じて人口が戦前の状態に戻ることはなかった。

この地域の戦後の回復が困難であったのは、回復期に繰り返し別の戦争が起きたために漸次的な回復が阻まれたことによる。図1—3はアルザス北部の都市ベンフェルトと南部の都市アンメルシュヴィールの二都市の一六三二年から一六七六年の出生数の変動を示すグラフである。(82)これを見ると、どちらの都市も三十年戦争の戦禍が及んだ一六三〇年代半ば頃から一六四〇年頃に出生数が極端に落ちこんでいる。その後、北部のベンフェルトでは一六四〇年代に入る頃から出生数が少しずつ増加しているが、それも束の間、一六四〇年代半ば頃から再び段階を追って減少し、一六六〇年代半ばにボトムに達し、再び増加に転じている。

ただしその増加も長くは続かず、一六七〇年代初めに再び出生数はゼロにまで落ち込んでいる。この減少はこの時期にネーデルラント戦争(83)（一六七二—七八）が起きたためであり、それによってこの地域にも軍隊が駐留し疲弊が重なったことによる。もう一方の南部に位置するアンメルシュヴィールの場合も、一六三〇年代後半にいったん出生数がゼロにまで落ち込んだ後、まもなく一定数まで回復し、その後は増減しつつ停滞を続け、一六七〇年前後から徐々に増え始めている。その結果、戦禍が及ぶ一六三〇年代より以前にあった規模にまで人口数が回復し、さらにそれを超えるレベルにも達していたが、しかしそれも束の間、北部と同様、一六七二年をピークに一気に落ち込んでいる。その落ち込み方はベンフェルトほどではないにしろ、一時期好調に回復していくかに見えた人口が再び停滞へと引き戻されている。

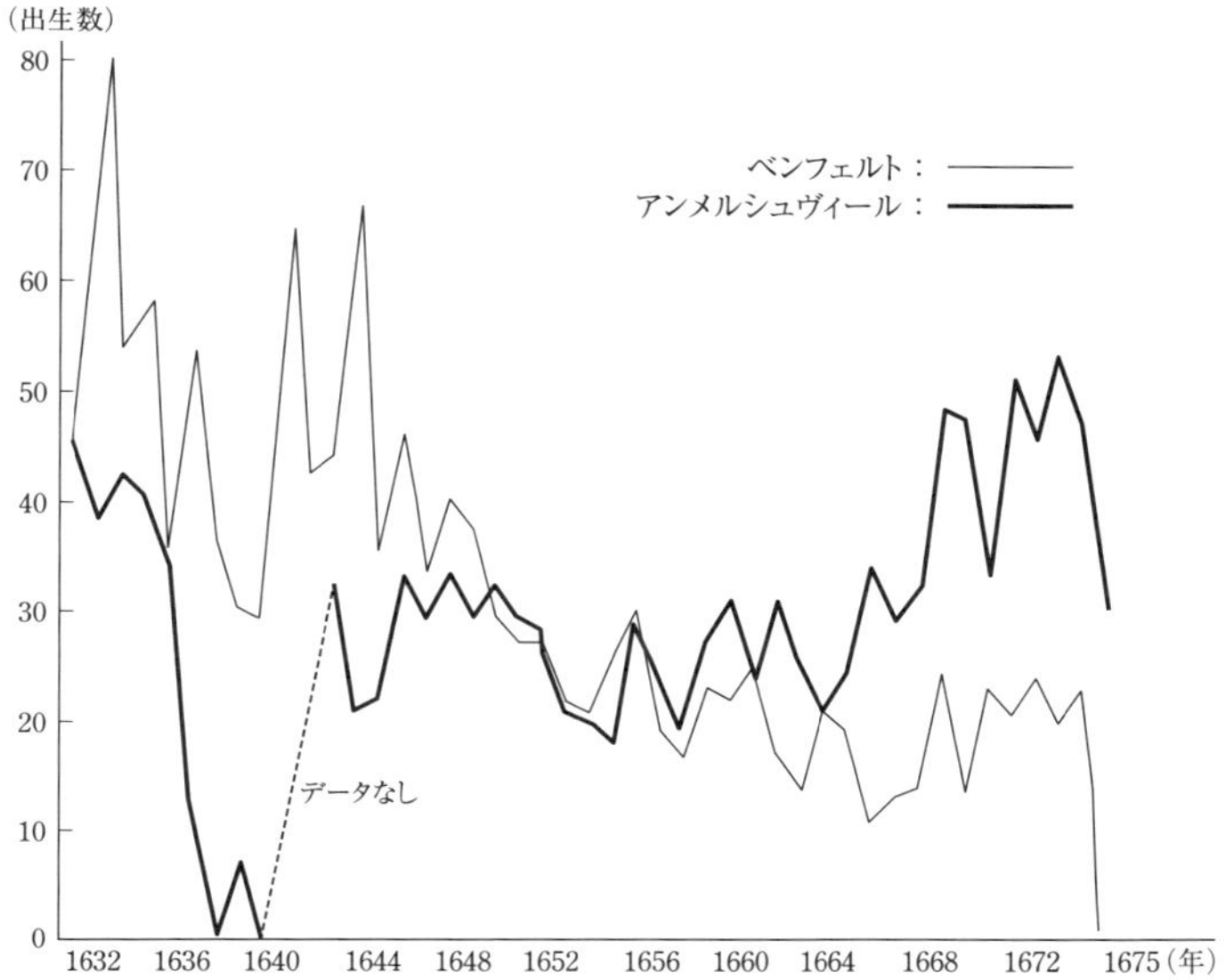


**図 1-3**　17 世紀のアルザスの出生数の変動 (1632–76). 北部都市 (ベンフェルト) および南部都市 (アンメルシュヴィール).

出典：Livet, *L'Intendance*, p. 285.

　フランスの他地域の場合でも一七世紀末まではなお出生率が死亡率を恒常的に上まわることはなく、人口が右肩上がりの増加に転じていくのは一八世紀の早くとも三〇年代以降のことである。とはいえ世紀末には経済の活況を取り戻しつつあり、一七世紀半ばにはフロンドの乱の被害はあったとしても、一八世紀の初頭には経済の全般的危機からは脱していく。経済の回復は人口にも影響を及ぼす。たとえばノルマンディなどでは、一六八一年以降一七三五年までの間にすでに乳幼児の死亡率はそれ以前に比べて半減している(84)。それに対しアルザスやロレーヌ、フランシュ・コンテといった東部国境地域ではこうした回復は期待できなかった。経済の停滞と生活環境の不安定さは他地域に比べて深刻であり、一八世紀の半ばに至っても戦前から居住する領民／教区民の人口数を取り戻すことができなかったからである。一七世紀の疲弊とその後の回復の困難さはロレーヌにも共通し、第3章でも触れるようにサンクトワの副司教管区の巡察記録やドン・ジェルマンの巡察記録からもそれを読み取ることができる。

旧来の領民の人口は停滞を続けていたが、併合後に王権によって任命されたロヴェンスターン修道院長の時期になると、渓谷上流のヴィルデンスターンにガラス工場が誘致され、モーシュ近辺でも銀の採掘が試みられ、外部から移民や鉱山労働者が流入するようになる。その結果、旧来の教区民の人口数が回復しないまま停滞し続けている一方で、外部からの移民によって居住者全体の人口数は増えていった。さらに一七三〇年代から一七四〇年代にかけて鉄の鉱山開発および鉄の精製のための溶鉱炉がヴィッシュヴィレール、ヴィレールに次々に設立され稼働し始めると、外部から坑夫や炭焼き、製鉄労働者として従事するよそ者がやってきて居住するようになり、一時滞在者も含めて渓谷の人口はさらに急増していった。また世紀後半の一七六〇年代になると、今度はビュッサン峠に近いヴェッセリングに捺染工場が設立され、この工場によっても外部からの流入者が増え、渓谷全体の人口増がますます加速していった。

流入者の増大と人口増については国王尚書のレーシュステッテールも言及していることはすでに見てきたとおりである。この変化がもたらした影響については、第5章であらためて検討するためここではこれ以上言及しないが、助産婦の選任をめぐる紛争の起きていた一七八〇年代には、人口という観点から見ても、この渓谷が外部からの流入者の増加によって無視できない大きな変動にさらされていたことを指摘しておきたい。

### （2）併合後の王権統治の枠組み

フランス王国の司法・行政上の枠組みについては、フランスの中世史や近世史に多少なりとも関心をもつ研究者ならば、それほど多くの説明を要しないだろう。しかしアルザスに関してはフランス史に詳しい研究者から見ても複雑であり、併合後の統治の性格も想像をはるかに超えるバロック的なものがある。この渓谷のローカルな紛争をよりよく理解したいと望むならば、この状況をまずはできる限り整理するところから始めなければならない。ここでは紙文書に現れる歴史的な制度的秩序の実態を理解するために、併合後の領土的な枠組みを概観した上で、地方長官や地方長官補佐の性格や位置づけを明らかにするとともに、法的な観点からアルザスおよびサン・タマラン渓谷の特質について検討しておきたい。

〈統治の変則性〉

領土という観点から見ると、アルザスはどのような性格を有していたか。アルザスは、中世以来、領主領や修道院領、さらには自治都市が無数のモザイク状態をなして存在する地域であるが、一八世紀末にもその状態は変わることなく強固に存続していた。アルザスは、ライン川とヴォージュ山脈に挟まれたドイツとフランスの中間地帯にあり、もともとはドイツのハプスブルク帝国の辺縁部にあった無数の領邦からなる。各領邦は、ハプスブルク帝国の支配下にありながらもそれぞれがかなりの自由を享受してもいた。アルザスがフランス王権のもとに組み込まれていくのは、三十年戦争後のウェストファリア条約（とりわけミュンスター条約）によってであるが、このときフランス領として確定し併合されたのは旧オーストリー領の一部だけであり、多くは依然としてハプスブルク帝国の影響下に残され併合から免れていた。ミュルバック修道院領が併合されたのも一六七六年になってからのことにすぎない。実際、フランスとハプスブルクのドイツ帝国の間で交わされたこのミュンスター条約の条文には曖昧な部分があり、条約締結後も併合がスムースに進んだわけではなく、その後も帝国の影響が根強く残存した。

〈紆余曲折に満ちた併合〉

そもそもアルザス最大の自由帝国都市ストラスブールが、ウェストファリア条約に際しては併合から免れており、皇帝下の自由誓約都市としてとどまり王国への併合に抵抗を続けていた。しかし長い時間をかけてじわじわと包囲され、やがてフランス軍による急襲、ライン橋の通行封鎖の強化など軍事的圧力の脅威のなかで屈服を余儀なくされ、一六八一年ついにストラスブールの都市代表はフランス陸軍卿ルーヴォワ（Lou-vois, François-Michel Le Tellier 1639–91）からの通告を受け入れて降伏条約に調印した(85)。ただし降伏したとはいえ、条約は市参事会側が起草したものであり市参事会側の要望がほぼ受け入れられる形で調印がなされている。しかも皇帝側もフランスによるストラスブールの領有を唯々諾々と認めたわけではなかった。その後のファルツ継承戦争（一六八九—九七）に際して再びフランスの領有を流動化せんとする動きもあり、市民もまた帝国に復帰することを夢見ていたのである。一六九七年に結ばれたライスワイク条約でも、皇帝および諸侯はストラスブールの皇帝側への返還を画策していた。しかしながら、結局、この条約によってフランスはライン川右岸のフライブール、ブライザハ、ケールなどを手放し、かろうじてストラスブールを死守することに成功し、ライン川を境界線とする仏独国境線が確定した(86)。

ストラスブールは、一六八二年以降、ヴォーバン（Vauban, Sebastien Le Prestre de 1633–1707）によって城塞が築かれ、人口二万五千人ほどの町に六千人ものフランス軍兵士が駐留していたが、一六九七年のライスワイク条約によってようやくストラスブール市民も皇帝側への復帰の希望を捨て、フランス王国の自由誓約都市として歩むことを受け入れていく。一方、ストラスブールに限らず、帝国内にあった地域でそれまでの諸特権を維持しようと画策する動きはその後も根強く命脈を保ち、王権がいくらこのアルザス全域に既存の領土と同様の諸制度を行きわたらせようと望んでいても、実現からは程遠く、形の上での併合を余儀なくされた。

加えて、都市国家ミュルーズのように、地域としてはアルザスにあっても、一五一五年以来スイスの連合王国と同盟を結んでいる自治都市もあり、ミュルーズの場合は一七九八年までフランス領となることはなかった。またフランスの主権を認めながらも土地はドイツの王侯貴族によって所有されている箇所もあった。一四世紀に都市同盟「十都市《デカポル》[87]（Décapole）」を結成してドイツ皇帝の直接の庇護のもとに置かれていたかつての「自由帝国都市」は、抵抗の末に併合されたものの、フランスの自由都市となった後も、それぞれの都市に帝国の役人が派遣されて常駐しており、アグノ（Haguenau）にその代表本部があった。

一方、ヴァル・ド・リエーブル（Val-de-Lièvre）のようなロレーヌとの境界に位置する地域は中世以来ロレーヌ公に従属しており、いくつかの村落は本来ならばコルマール補佐管区に属する範囲にあったにもかかわらず、結局のところ、ロレーヌ・エ・バール公国の併合（一七六六年）に至るまでアルザスの管轄下には服さなかった。さらに興味深いことに、ライン川の川べりの村ではその領域がライン川を挟んで向こう側にも及んでおり、川向こうの諸制度がライン川のこちら側にまで及んでいた[88]。

〈帝国の影響の存続〉

一六九七年にハプスブルク帝国のドイツ皇帝はアルザスでの諸権利を決定的に放棄したが[89]、その後も一八世紀を通じてドイツからの影響が完全に消失したわけではなかった。ライスワイク条約から八〇年近く経った一七七九年にも、ロレーヌから配置替えになりアルザスに派遣されたあの地方長官アントアーヌ・ショーモン・ド・ラ・ガレジエールが、この時期のアルザスに関して次のような記述を残している。

〔アルザスではたとえ〕立法権が国王にのみあるのだとしても、ストラスブールやスピールの大司教や、ダルムシュタットの皇帝直属裁判官、ヴュルテンブール公やドゥ・ポン公（Comté de Deux-Ponts）、ストラスブールの都市や王から特許状を得ている自由都市が、職能技芸共同体（les communautés des Art et Métiers）に関してさえ、依然として自分たちで法規（statuts）や規則（règlement）を設ける権利を享受していて、彼らはいつも〔そうした法規や規則を設けたことを〕公布間際になって地方長官管区に伝えてくる。(90)

またかつて帝国の自由誓約都市としてあった一〇都市は、すでに触れたように、古くから互いに「十都市《デカポル》（Décapole）」と称する同盟を結んで自律性を保とうとしていたが、それに関してもガレジエールは次のように述べている。

一〇ある諸都市がみな、次々と帝国の勅許状へと至る手段を得ており、まんまとそれ自身のすなわち市民、住民、都市の城外区や彼らに従属する住民のための、つまり家産としての裁判所を作り出すのに次々と成功している。〔ここでは〕こうした裁判権が行使されているのであり、同じように市の行政官でありかつ選挙によって選ばれた官吏によってもその権利が行使されている。諸皇帝は、各都市に自分の側に味方する役人を置いている。王もそれと同じことをしている。つまりかつて帝国都市であった都市のそれぞれに、彼らは王の裁決権をもつ行政官をおき、国王の司法行政官を任命し、その行政官が、行政官（Magistrat）の社団（corps）や、裁判（justice）や治安（police）、財務（finances）分野のあらゆる行政に関わる諸団体（corps）の長を務めているのである。これら一〇の都市はコルマールの司法評議会（la justice de Colmar）に属している。このようにして国王は〔皇帝がかつてそうしていたように〕それぞれ〔の都市〕に喜んで特許状を与え、一〇〇フランを超えない物品が対象のあらゆる訴訟については、その都市の〔上級〕裁判所で裁決できるようにしているのである。(91)

こうした記述からも分かるように、結局のところ、地方長官というフランス王の直轄官僚の大権をもってしてもアルザスのフランス化は容易ではなかったのである。一七世紀末に精力的にアルザスのフランス化に向けて尽力し、国王直轄官僚として有能であったことで知られる地方長官ラ・グランジュでさえ、その覚書のなかでこう書き残している。「二四年にわたるその在職期間中ずっと自分は必要と判断される限りアルザスの〈フランス化〉の担当官であろうとしたが、〔一方では〕アルザス問題には手を触れるべからずという金言を固く守り続けてもいた」と。(92)

〈徴税・財政上の枠組み〉

王国行政はいくつかのバイイ裁判管区（bailliage）を束ねた郡をさらにまとめて三つの財務局（bureaux des Finances）にわけ、この財務局が中心になって徴税を行っていた。この財務局という言い方は、一六九七年にヴォーバンの行った人口調査の際に用いられたものであり、一七世紀末から用いられている。しかしながら先にも触れたように、国王裁判管区の区分は、併合以前から存在する領主裁判管区と重なるようにして設けられていて、財務上の基盤を確保するにあたってもこの区域がそのまま利用された。この領主裁判管区の区域はもともと教区や村落が森林や草地から薪を伐採する際に領主が課していた貢租（paroisses ou communautés affouagées）の徴収のために設けられていた区分でもある。アルザスでは税徴収はあらゆる点でかなり例外的なやり方でなされていたのであり、一八世紀の後半になってもこの状況に変化はなかった。たとえば一七七一―七三年に当時まだロレーヌの地方長官であったガレジエールが、驚きをこめて次のような覚書を残している。(93)

アルザス地方は、王国の直接税とは相対的にまことに異なる特権を有している。間接税はない。塩税もたばこ税もない。入市税も全くないし印紙税も証書税もない。それ以外にいかなる関税も用いられていないのである。一言でいうと、財政上の取り扱いが王国の残りの地域の扱いとは全く異なっている……。しかし王国による歳入がわずかな広がりしかもたないこの地方では、歳入は相当に少ないのではないかと言えばそうではない。次のような収入の出所があるからである。

1. 土地資産を基礎にした直接税《タイユ》(taille) あるいは土地上納金の類

地方長官によって決定された直接税納税義務者の台帳が領主裁判所のバイイに送られると、それらは彼らによって諸村に配分される。そしてほとんどのところで、〔所領内の〕村の納税者自身がその配分を行う。都市ではそれは行政官によってなされ、企業からの直接税が付け加わる。

2. 二〇分の一税《ヴァンチエム》(vingtième)
3. 人頭税《キャピタシオン》(capitation)
4. 都市の物品入市税のうち書籍についての六ドゥニエ
5. 都市の成員と聖職者による無償の上納金 (le don gratuit)

ここではまさにバイイがその郡の税徴収者であるとみなされているのが観察される。郡長であるバイイのほとんどが同時に領主裁判所のバイイでもあるというのが実際である。地方長官殿がその保有官僚にそれらの郡を委ねたのは領主に対する敬意からであるが。

実際、アルザスでは至るところで、こうした領主のバイイ裁判所の長であるバイイと、地方長官やその地方長官補佐の権限に属する財政上の役人でもある国王裁判所の郡長バイイが、同一人物によって兼ねられているということが珍しくなかった。また同じ領主に属する管区が同じ郡長のもとにまとめられていたが、これも他地域では一般的なことではなかった。しかし道を維持する労役を組織するためにアルザスでたびたび行われた戸数調査は、通常、こうした既存の旧来の領主裁判管区がそのまま温存されてバイイ裁判管区の枠組みごとに行われ、そうした裁判管区からの役人からの報告をもとに作成された調査記録が残されたため、今ではこの記録文書が当時の人口を知るための貴重な史料の一つとなっている。

〈裁判機構〉

一方、アルザスには一六五八年に当時の地方長官コルベール・ド・クロワッシ（Caharles Colbert de Croissy 1625–96）によって、アンシセム（Ensisheim）に「アルザス最高法院（Le Conseil souverain d'Alsace）」が設置された。アンシセムは併合前には旧オーストリーの保護領（Régence）となっていた場所であるが、間もなくフランス王軍のライン川の防衛拠点であったブリザック（Brizach）にその本拠が移されている。ほとんどの村落がこの会議のもとに包摂され、[94] その議長は当初、地方長官に割り当てられていた。この会議は一六六一年からいったんメッス（Metz）の高等法院の管轄下に置かれ、一六七三年一一月の王令で再びアルザスの地方会議（Conseil Provincial）の地位に戻るが、その時点で地方長官はすでにその議長職から退いている。一六九八年三月の特許状でその本拠がコルマールに移されてそこに確立されると、以後この「アルザス最高法院」は地方長官の権限からは完全に切り離されていった。[95]

一八世紀には通常こうした各地方／州の最高法院に相当する会議は、高等法院と呼ばれ、ヴェルサイユの国王国務会議と直接につながり、王令の登録権と建白権を行使していた。また高等法院は王国の上座裁判所[96]（présidiaux）を有し、その下に王国の裁判管区（bailliages）が網の目のように張りめぐらされている。ところがアルザスの場合は、このような王国の裁判機構と呼べるような下位機構は存在しなかった。アルザス最高法院は、アルザスに包摂されたさまざまな地域の名士でありかつ国王代官としての官職（プレヴォやシャンスリエ）を有する代表議員等の集まりであったが、王国の司法行財政業務にはほとんどかかわらず、アルザスの問題に関わる地方会議としてその任務を遂行していた。一七八八年という革命間際になってから、ようやく洗礼と婚姻、埋葬の記録がここに二部提出されることになったが、[97]

他地域の状況と比べるとこれはきわめて変則的なことであった。

〈地方長官と補佐〉

併合後のアルザスは、王国内の他地域と同様に全体が一つの地方長官管区（intendance）となり、地方長官（Intendant）が派遣されていた。地方長官管区の機構はいくつかの補佐管区（subdéléguation）からなり、各補佐管区に地方長官によって任命された地方長官補佐（subdélégué）がいた。先に触れた戸数調査から明らかになる一八世紀の郡ごとの分布図によると、郡（bailliages de département）はコルマール補佐管区（subdéléguation）内に九つあり、ベルフォール補佐管区内に六つ、フェレット補佐管区内に五つあった。ゲブヴィレールはこのうちコルマール補佐管区に属する一つの郡であった(98)。

〈地方長官の派遣とその役割〉

この管区の中心地はストラスブールであるが、ここに駐在した地方長官はこの紛争においても重要な位置を占めている。地方長官制は、フランス近世期に設けられた王国全土に張りめぐらされた官僚システムの一つであり、地方長官はアルザス徴税管区全体の最高位にある命令主体であり、助産婦養成のための講習会の開催を決めたりそのための受講生の募集を要請したり、何らかの決定や命令を発する。この時期のアルザスの地方長官は、ロレーヌから配置替えとなったアントアーヌ・ショーモン・ド・ラ・ガレジエール（Antoine Chaumont de la Galaizière 1727–1812）である(99)。

地方長官は、もともとヴェルサイユ宮で行われる国王審議会（Conseil d'État privé du Roi）に列席する国務評定官（Conseiller d'État）の一人であり、これらの国務評定官のなかから国王によって選ばれ、任地を決めて地方に派遣される。つまり国王直属の直轄官僚（Commissaire）である。地方長官は司法・行政、徴税、治安等、その管轄区内のあらゆる領域において最高位の権限を有し、その裁決権を行使した。地方長官は、同じように最初は国王によって任命され地方に派遣されていた知事／総督（Gouverneur）たちが、そのまま在地化し、世襲化し地域特権と結びついて名士と化し保守化していったのに対し、パリと任地の徴税管区中心地および自身の出身地との三点を頻繁に行き来し、王権を中心とした凝集力ある国家統合、運営を可能にするために設置された官僚である。

任期は決まっていないが、問題があればいつでも国王によって罷免される。したがって派遣地に永住したり、在地化することはない。地方長官の任務は、積極的に地域の事情を把握し、地域のポリス全般に責任をもつと同時に、徴税を確実にし、国王の命令を地域に浸透させることにあった。国王および国王諮問会議と地方とを最短で結び、「こと」に即した機動力と瞬発性を求められた。この制度は一六世紀に誕生し、一七世紀以降全土に張りめぐらされ、時間とともにいっそう整備されていったものである。地方長官とは、したがって国王の中央集権的統合を地方社会の隅々にまで推し進めてゆく歯車であり、任地での徴税業務の円滑な遂行およびそのために必要な地域社会の平和と治安の維持に向けて、誰よりも大きな権限を有しその任務を遂行する。ただしアルザスでは他地域と異なり、王国の直接税としてのタイユ税は課されていない。したがって徴税業務に関する王国の機構やそれに関連する任務は存在しない。

〈補佐の性格と役割〉

どの地域でもそうであるように、地方長官は大権をもつとはいえ、在地で政策を実現するための独自の下部機構を与えられていない。つまりパリや出身地から部下を連れて来ることはできない。そのため地方長官は、派遣地において確実に任務を遂行するためにその補佐としての役割を果たす役人を現地で見いだし、任命する必要があった。それが地方長官補佐《シュブデレゲ》[100]（subdélégué）である。ベルフォールの補佐管区ではブロンドがそれにあたる。またミュルバック修道院の所領に関しての国王代理官である国王尚書《シャンスリエ》[101]（chancelier）は、厳密には地方長官補佐ではないが、プレヴォ（prévôt

国王判事）として地域と地方長官をつなぐ役割を果たしており、実質的には補佐の役目を果たしている。彼らは地方長官と直接会うことはめったにないが、ことあるごとに文書のやりとりを通じて連絡をとりあっていた。モーシュ他三集落のあるミュルバック修道院の所領は、全体がコルマールの補佐管区に含まれるが、ここでは例外的にコルマールの補佐を通さずに、ミュルバック修道院を管轄する国王尚書が直接に交信している。

地方長官の下部機構として抜擢された者はみな国王代理官としてその任務を遂行したが、そのほとんどが任地に古くから住む名士であり、一定の権威と教育、資格、知識を有し、地域社会の事情に精通している者のなかから選ばれた。彼らはほとんどが在地の領主や貴族に連なる家系の出身であることが多く、地域社会のなかですでになにがしかの官職を保有しており、それらの権限を行使し、地域社会に対して強い発言権と影響力をもっていた。またそうした地域の側の名士は、自らの権威と既得権をいっそう強化するためにも、こうした大権をもつ中央の直轄官僚と積極的に結びつこうとしていた。したがって地方長官補佐の意識や行動がヴェルサイユに連なる中央の命令系統に強く規律されたものになるか、あるいは地方的・身分的利害に理解を示し、その利害に規定されるかは、人によってもまた地域社会の状況によっても異なり、それ自体きわめてデリケートな問題でもあった。

〈アルザスの地方長官の性格〉

地方長官は大権をもつとはいえ、徴税や裁判権など旧来の領主特権がそのまま温存されたアルザスでは、大権を行使することはそれほど容易ではなかった。アルザス最高法院の代表のほとんどが在地の領主であり、最高法院は地域の領主や有力者の集まりと化していたからである。

しかし地方長官が在地の領主たちの言いなりになっていたかと言えば、そうではない。一八世紀前半には、地方長官の命令がアルザス最高法院の決定を覆すということもありえた。たとえば、塩の購入をめぐって、王権は、一七〇〇年前後の頃にフランス王国の塩倉庫からの購入を義務づけ、一定量以上のまとまった購入ができる者には小売価格での販売を許可する王令[102]を出していたが、自己の領地の領民に領主からの塩の購入を指定していた領主たちがこれに不服を表明し、アルザスの最高法院に訴え出て従来の特権を維持しようとした。そのときには、地方長官がこれを断固として退け、領主特権を抑える方向で命令を下している。アルザス最高法院は、領主側の主張を認めることが常であったから、アルザス最高法院の裁決の段階ではいったんは領主の願いが認められたが、少なくとも一八世紀の前半には、最高法院の決定が出された後で地方長官が後からその決定を無効とし覆すことがしばしばあったのである[103]。したがって地方長官の命令は、王権が新たに設けた規則や命令に関わる案件については、既存の領主の要望も法原則に照らして退ける方向で機能した。また機能する可能性があることがそうした決定を通じて示されていった。

しかしジャック・ピノ・ド・リュセ（De Lucé, Jacques Pineau 1709–64）が地方長官として派遣されていた世紀中葉になると、それとは逆の動きも起こっている。地方長官が地域の領主の特権維持の画策に対して、これを容認あるいは積極的に支援する決定が出されるようになるからである。たとえばゲブヴィレールの東一〇キロメートルのイルツフェルデンの村落共同体の吏員たちがタンにあった王国の塩倉庫から塩を購入していたことが発覚し訴訟となった際に、この地方長官リュセは調査をした上ではあるが「塩は領主のものである」と命ずる判決を下し、村落共同体の吏員たちに罰金を科している。これは領主に有利な、領主特権を温存する決定である[104]。地方長官の決定が領主特権を抑える方向で機能するか、擁護する方向で機能するかは、地方長官によっても、時期によっても異なり、時々の事情に左右された。リュセの時代には、サン・タマラン渓谷の森林をめぐる紛争でも領主に有利な決定が下されている。ただし助産婦の選任をめぐる紛争の起こる一七八〇年代は、リュセに代わってアントアーヌ・ガレジエールが地方長官として派遣されている。この新しい地方長官に対する地域住民の評価はなお定まっていなかったと考えられる。

〈ミュルバック修道院と併合後の王権との関係〉

モーシュを含むサン・タマラン渓谷に限って、とくに併合後の司法行政、財政上の王権の制度との関わりで見た場合、この地域はいかなる状態にあったのか。まず修道院領のあらゆる運営管理諸機構は、併合後、ゲブヴィレールに置かれた王国の国王尚書《シャンスリエ》の管轄下に置かれていたが、このシャンスリエとなる人物は、一方では修道院長によって任命されている修道院長の尚書でもある。領主領を管理監督している領主の代理役人が国王尚書を兼任することで、王権の機構と修道院の機構は連結されていた。

実際、シャンスリエとなる人物の選任に際しては、併合後も、まずはミュルバック修道院の修道院参事会によって選出が行われ、その結果が修道院長によって認証される。その後でフランス王に表敬し、しかる後に王国の国王尚書として任命される。また国王尚書となった者は、その後でアルザスの最高法院（Conseil d'Alsace）において誓約を行い、その会議の承認を受ける仕組みになっている。最高法院は、修道院参事会および修道院長の選出結果を否認する権限も制度上有していたが、ミュルバック修道院参事会の選んだ人物の承認を拒否した例はない。

ここで重要なのは、国王尚書となっている者が同時に修道院領の三つの裁判管区を束ねる郡長（bailli de departement）でもあったことである。彼らは紙文書のなかでは単にバイイと記されているが、ゲブヴィレール（Guebwiller）、サン・タマラン（Saint-Amarin）、ヴァットヴィレール（Wattwiller）の三つからなる郡（bailliage de département）を束ねる郡長でもある。その区域は併合以前からミュルバックの修道院の領内にあった複数の裁判管区と全く同じものであり、その起源は所領経営のために中世以来存在した領主の裁判管区にある。したがって国王尚書は、王権の制度機構と修道院の制度機構の境界上に位置し、その接点に立つ。つまりは王国の司法行政と経営体としての修道院の利害との間に立ち、両者をつなぐ仲介者である。

ミュルバックの修道院領にみられるこうした機構は、フランス王国の他地域の機構と比べるとかなり変則的なもの

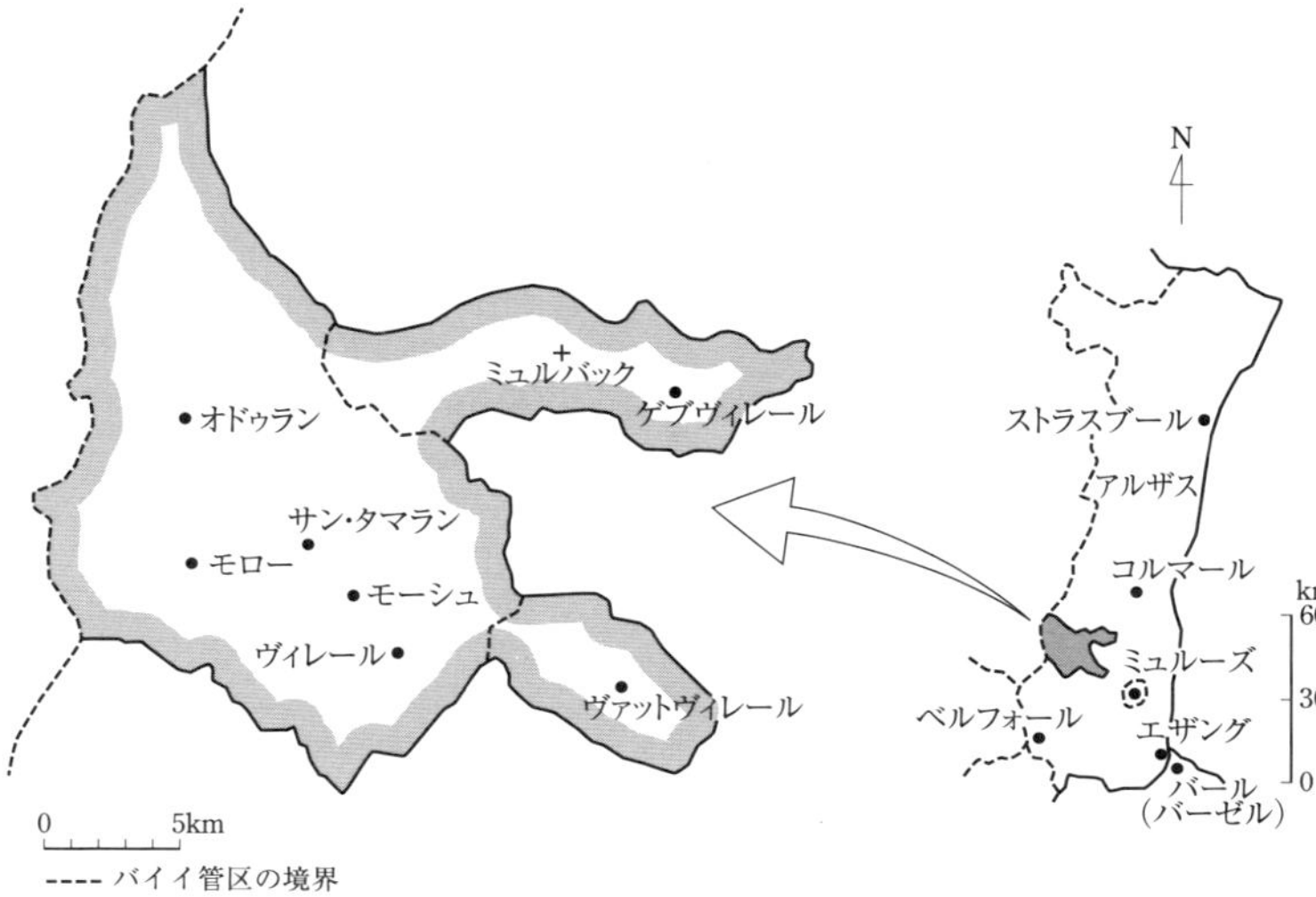


**図 1-4**　ミュルバックの修道院領（筆者作成）

である。フランス王国の中心地域では、この時代には国王裁判権と領主裁判権は切り離されており、通常はピッタリ重なることはまれである。とくに早くから併合され、フランス化の浸透している地域では、国王の裁判権は高等法院の下にある上座裁判所を上級審として、その下にある下部機構としてのバイイ裁判管区が下位の裁判法廷を開き、領主裁判権とは別に国王裁判の審理の場として機能していた[105]。少なくとも直接税徴税地域では、両者は別個の裁判機関として機能するべく位置づけられ機能していた。ところが、アルザスでは、既存の領主裁判権の機構の上に王国の国王裁判所の機構がアマルガムのようにかぶさる形で王権支配が及んでいる。ここでは領主制的区域としての裁判区域（mairie seigneuriale）が国王裁判所の裁判区域（bailliage）と完全に一致する[106]。

　王権の側からすれば、既存の枠組みを利用することでとりあえずの支配を確立し、王国の制度を時間をかけて徐々に浸透させていくことを考えていたのであろう。それゆえ既存の枠組みを尊重する形で在地の有力者にプレヴォ（prévôt　国王判事）の称号を与えて王国官吏としての権限を委ねることで、地域社会と王権との安定的なパイプを作り上げようとした。しかしそれによって、修道院領内部の既存の機構、諸関係はすべてそのまま温存される結果となり、ほとんど変化することなく継続していた。これは、国王主権を第一義に考え、王権の官僚機構を地域社会の隅々にまで浸透させて、王国官吏の在地化、地域利害との結託を避けて中央集権的な国家を建設しようとしていたフランス王国の支配／統治の理念からすれば、まさに特別地域の現実である。

ちなみに、ここで国王尚書／郡長《バイイ》（chancelier/ bailli）として登場するのは、紛争が起きてから間もなく亡くなったミュンク（Münk, Jean François Xavier Antoine 1731–83）であり、ミュンクに代わって途中からその官職を引き継いだレーシュステッテール（Reichstetter, Jean-François Antoine 1734–1807）である。一七七七年ストラスブールに派遣されてきた地方長官ガレジエールは彼らに直接書簡を送って地域の事情を報告させ、書簡（国王尚書の上申書）を通じてこの地域の詳細な事情を把握したガレジエールは、これを吟味して必要な命令を下している。通常、地方長官は事態を把握するためにさらに部下を現地に派遣して調査を行うが、この紛争の紙文書を見る限り、ガレジエールはいちいちそれ以上の独自の調査をしていない。彼はレーシュステッテールの上申書にある意見にほぼ従う形で命令を下している。

〈レーシュステッテールの来歴〉

本書の対象としている紙文書に登場する国王尚書レーシュステッテールは、この紛争事件の語り手であるが、一七八三年にミュンクが突如として亡くなってからは、この事件に応答しながら、その都度なにがしかの方向を打ち出していく隠れた主役でもある。このように几帳面な意見書を残し、控えを残し保存していたレーシュステッテールとはいったい何者だったのか。

レーシュステッテールは、一七三四年一〇月二〇日に王国公証人の長男としてゲブヴィレールに生まれている。ストラスブール大学の法学部(107)に学び、学士号を取得し、卒業後はアルザス最高法院の弁護士（avocat）として受け入れられている。フランス語は堪能であり法律の知識もある。大学卒業後は、一七六〇年、二六歳にしてゲブヴィレールの宮廷にいた国王尚書の公証人すなわち国王公証人（notaire royal）を務めていた父ジャン・クリスチャン・レーシュステッテール（一六九九―一七六五）の助手となるが、父はその五年後の一七六五年七月一五日に他界している。それゆえ彼は三一歳にしてその父の職務を引き継ぐとともに、ゲブヴィレール、サン・タマラン、ヴァットヴィレールの三つのバイイ裁判管区の主任公証人、およびローテンバックの領主も継ぐことになった。すでに触れているように、この時代の修道院は、修道院長も修道院参事会もすでに山から降り、その聖務と所領経営の中心はゲブヴィレールに移っていた。一七六四年には教皇によってミュルバック修道院の建物の世俗化が宣言されている。それに伴いミュルバック修道院の所領内の複数のバイイ裁判管区に関わる運営組織もすべてゲブヴィレールに集中し始めていた。公証人の業務は多岐にわたり多忙を極めていたと考えられる。(108)

紛争当初の国王尚書／バイイはまだミュンクであり、当時、裁判管区としてのゲブヴィレールのバイイはマチアス・アントアーヌ・フロラン・ヴァイネメールであったが、このヴァイネメールは間もなくアルザス最高法院の議員となりミュルバックを去ってしまう。そのためゲブヴィレールのバイイ職もこのときミュンクに委ねられた。レーシュステッテールはこのミュンクの傍らにあって、一人の部下としてまた国王公証人として、管轄区内の記録はもとより修道院財産に関わるあらゆる証書を管理、保管する任務を引き受けていたのである。(109) レーシュステッテールの家系は、ミュンクのようにバイイ職に就く家系ではなく、代々公証人としてその手腕を発揮してきた実務家の家系にすぎない。レーシュステッテールは、若いときからミュルバック修道院の運営の中枢にいて多様な文書を管理してはいても、ミュンクに代わって尚書になることを願ったことはなく、本来ならば尚書になる可能性などありえなかった人物である。

このレーシュステッテールの家系の先祖を辿っていくと、さらに興味深いことが分かる。レーシュステッテールの数世代前の祖先は、一七世紀前半には帝国都市コルマールの市民層に属していた平民である。当時コルマールの市参事会はルター派の貴族層によって牽引されていて、そのなかで彼の一族はカトリックであり、数少ないカトリックの都市市民層のなかの有力家系にすぎなかった。しかし一六七九年にコルマールがフランスに併合されると、カトリック教徒であったことが幸いして、フランス王国の新しい機構のなかで要職に就く有利な状況が生まれてきた。王権はアルザスでの行政機構を打ち立てるべく、在地のカトリックの有力者の間から有用な人材を募ったからである。一族は併合によってその頃から王国機構の要職に席を占めるようになり、その恩恵を十全に受けることになった。つまりレーシュステッテールの家系は王権支配の及んでくる当初から王権の側の制度と密接な関わりを有し、親和性があったのである。

一族のうち最初に王国の要職に就いたのは、ヴァランタン・レーシュステッテール（Valentin Reichstetter 1668–1734）であるが、その頃からミュルバック修道院にゆかりのある家系とも姻戚関係ができていく。一六九五年にヴァランタンは、やがてコルマールの市参事会員でありかつゲブヴィレールのプレヴォ（在職 一七一一―二六）やリュール修道院の管理官およびミュルバックの収入役（在職 一七二六―四〇）を次々に務めることになるフランソワ・アントアーヌ・バルトの娘と結婚し、それによって一族はミュルバックおよびリュールの修道院長たちや小都市ゲブヴィレールともつながりが生まれていったのである。(110) とはいえそれは古くからの修道院につらなる家系からすれば、新参の周縁的関係者である。

その後、このヴァランタンの次男ジャン・クリスチャン・レーシュステッテール（一六九九―一七六五）が、一七三三年から、叔父バルトの仲介によりミュルバック修道院長に仕えるようになり、ゲブヴィレールの都市およびバイイ裁判管区の書記職の地位を得るに至る。これが修道院とこの一族との直接的な関係が生まれる最初である。そのときから一家はゲブヴィレールに定住するようになり八人の子に恵まれるが、その長男こそ一七八三年にミュンクを引き継いでミュルバックの尚書となったあのジャン・フランソワ・アントアーヌ・レーシュステッテールである。(111)

ミュンクの死（一七八三年一一月一三日）から一ヶ月後、老齢の修道院長ラットサマウゼンがレーシュステッテールに国王尚書の職務を引き継ぐよう命じたが、ミュンクが生きていたら、彼に白羽の矢が立つことはなかっただろう。いくつかの事情が重なり、たまたまそうなったが、これは異例なことである。ラットサマウゼンはおそらく、長い間、国王公証人を務め、所領の事情にも精通しているレーシュステッテールならば、地方長官の覚えもよく、何かと力になると期待したのであろう。

レーシュステッテールにしてみれば、運命のいたずらか、この困難な時期に尚書の重職に就くことは災難としか言いようがない。ミュンクの傍らで、所領の状況をつぶさに見てきたレーシュステッテールにとって、この任務がどれほど困難なものであるかは予測がついていたに違いない。ミュンクの在職中に起きた森林問題はすでに紛糾を極めていた。さらに一七八〇年代に入ってからは助産婦の選任問題も生じていた。これにどう対処するべきかは大きな課題であっただろう。彼が事実関係を確認し、吏員たちの言い分にも耳を傾け、事態の文脈を詳細に言葉にしながら一字一句たがわず書き残そうとしたのも、この渓谷の状況が微妙なゆらぎのなかにあり、難しい局面にあることをよく承知していたからである。レーシュステッテールもまた先行きのわからぬ不安とゆらぎのなかで国王公証人として働いてきた経験をもとに国王代理官として自身の果たすべき使命を全うするべく、目の前の課題に薄氷を踏む思いで向かい合っていたと考えられる。

〈フランス法の未確立と慣習法の根強い存続〉

では法という観点から見ると、アルザスの南部はどのような地域であったのか。フランス王国では近世期にジャン・ドマらを中心に「フランス法」という独自の法体系の確立がめざされ、キリスト教の理念を基礎に、ローマ法を統治の技法として積極的に摂取しながら、しかも既存の慣習法をも視野に収めて統合していく王国独自の法整備が行われてきた。[112] しかしアルザスの場合は、もともとローマ法の影響が乏しく、併合後も王国の国王裁判所の機構が未確立であったこともあり、「フランス法」はほとんど浸透していなかった。

代わりにアルザスには無数の慣習法が存在し、それらが互いに重なり合いながら現実に影響を及ぼしていた。一八三四年にストラスブール大学に博士論文を提出したストラスブール出身の法学者アンリ・クリムラット（Henri Klimrath 1807–37）は、アルザスでフランス法[113]についての講義を確立するための礎を築いた人物として知られているが、[114] 彼は一八三七年に『慣習法についての研究（*Études sur les Coutumes*）』を出版し、その書籍の末尾の付録に、フランス全土の慣習法についての地図を載せている。この地図は現在でも参照に値するものとして知られているが、クリムラットがその著書のなかで、アルザスの慣習法について次のような記述を残している。

アルザスは、王令や地方会議の判例集という意味での地方一般慣習法というものをもたない地方である……。自治権や都市の特別な規則をもっていたストラスブールを除くと、いくつもの異なるとるに足りない慣習法があるにすぎない……[115]

クリムラットはこの引用の末尾でアルザスの慣習法を「とるに足りない」と述べているが、しかしこの理解は必ずしもアンシアン・レジーム期のアルザスの状況を言い当てているとはいえない。アルザスには当時、地域ごと、村ごと、都市ごとに無数の慣習や慣例、規則があり、アルザスはまぎれもなく豊かな慣習法地域だったからである。クリムラットのような誤解が生じたのは、地方長官ラ・グランジュの残した一六九七年の『覚書（*Mémoire sur la Province l'Alsace*）』に負うところが大きい。ラ・グランジュは、アルザス最高法院の議長ド・コルブロ（一六九六―一七六六）が「彼はいかなる教養もなく裁判官の地位を少しも経験したことがないし、アルザスの歴史を何も知らない」と酷評しているほどであり、アルザス地方長官管区の歴史学研究で名高い近世史家ジョルジュ・リヴェも、ラ・グランジュは「行動の人」ではあったが、アルザスへの理解や認識はかなり大ざっぱなものにすぎなかったと述べている[116]。

一方、アンシアン・レジーム期の法律家ゴーツマンの『アルザスの覚書』（一七六七）にはクリムラットとは異なる、かなり繊細な記述が見られる。ゴーツマンは次のように書いていた。

アルザス地方は、裁判所が多岐にわたるのと同様に多様な慣習法（coutumes）や慣例（usages）、規則（statuts）を有する地域である。そこではローマ法が普通法（le droit commun）になっているとしても、ローマ法には補足的にしか依拠せず、もっぱら法的な効力をもつと同時に局地的な法である慣習法や慣例、規則に頼っている。

また一七三七年に、アルザス最高法院の弁護士たちがパリ高等法院の弁護士ブッシェール・ダルジの行った調査に応えて提出した説明によると、次のようにある。

アルザスは、……地方慣習法を保ち続けている。それは、かつてこの地方が、小さな領邦国家（petits états）からなりたっていることに由来しているように見える。領邦国家のその行政官や土地所有者たちは、神聖ローマ帝国に属しているのである。司教や、都市国家（République）の形をもつ一〇ないしは一二の都市、伯領、その他の領主たちがいるが、いずれもみな帝国の領邦国家（États d'Empire）であった[117]。

これら二つの記述は、アンシアン・レジーム期に存在していたアルザスの古法の状況を簡潔ながら的確に言い当てている。実際、一五世紀から一七世紀には、十いくつもの土地の管轄に関する慣習法、三〇ほどの都市の慣習法や規則、さらにバイイ裁判管区や地方裁判所で生きている慣例（usages）があった。

〈ローマ法の影響からの隔絶〉

ローマ法は、一三世紀から一六世紀にかけて教会裁判所によってまとめられた法令集を通じてアルザスにも伝えられていたが、その後も実際にはほとんど影響力をもたず、限られた力しか有していなかった。一時、ストラスブールの教会裁判所でローマ法が摂取されたこともあったが、それも束の間のことにすぎない。たしかに中世には他地域と同様に法実務においてローマ法が参照されることはありえた。しかしあくまで局地法や属地法だけでは判断できない場合に補足的な法として参照されただけである。一五世紀の後半にはルネサンスおよび人文主義法学の影響を受けて、ローマ法が再び注目され摂取されたが、それも部分的なものにとどまっている。せいぜい遺言書における遺産相続の際の筆記手続きや相続の諸制度を一部取り入れた程度である。たとえばユスチニアヌス法の『新勅法（*Nouvelle*）』一一八および一二七にある「無遺言相続（ab intestato）」の規定を採用しているといった事例である。[119] この二つの規定によってなされた大きな改変は、故人の甥や姪の相続順位をかなり高くしていること、父方母方のどちらの親族の相続もかなり平等に扱っていることにある。[120] 要するに、慣習法のなかにある考え方がローマ法の規定に合わせて大きく整序し直されたというよりも、既存の慣習法に適合的なものだけをローマ法のなかから拾い上げて摂取しているのである。

〈夫婦平等性の強い婚姻法〉

アルザスで生きている法はしかしローマ法の影響が少ないだけでなく、ドイツ帝国内で受容されているゲルマン法に由来する法とも微妙に異なっていた。ドイツの諸都市ではローマ法が普通法として実務のなかに法源として導入され、曲がりなりにも影響を及ぼしていたのに対し、アルザスではローマ法は普通法としても届いていなかったからである。実際、婚姻法や後見人に関する法は、ローマ法の影響から免れていた。研究者ロラン・ガングホッファーによれば、アルザスの婚姻をめぐる法は、随所に例外があり、ヴァリアントも多く、ひとしなみには分類できないが、婚姻に関しては、大きく分けると三つに分類できるという(121)。一つはストラスブールなどの都市共同体において採用されていたものと、アルザス南部の夫婦間の共同的傾向をもつもの、そしてフェレットの慣習法のように必ずしも古い慣習法の影響を受けておらず、夫婦が結婚後に取得した後得財産は夫婦の共有財産とみなす夫婦共有財産制が確立されている場合である。

ガングホッファーによると、概して北部では父権が強く、南に行くほど夫婦の平等性、共同性が意識されていると言う。たとえば北部の都市ヴィッセンブールでは、夫が亡くなっても妻は財産分与が受けられなかったが、コルマールでは妻にも財産の相続権が規定されていた。またアルザス南部では、コルマールなども含め、妻は夫が生きていようが亡くなった後であろうが、変わることなくいつでも夫の協力者としての地位が与えられていて、契約を結んだり、家やその他の財産相続において、妻は夫と対等の存在とみなされていた。また寡婦となった母親（妻）への優遇的な配慮も損なわれていなかった。また子どもは最後に生まれた子が家に残り両親の面倒を見て家屋や財産を引き継ぐという慣習があるが、これなどはゲルマン法の影響による慣習法であると言われている(122)。

〈慣習法の根強い存続〉

このようにアルザスといっても内部は多様であり、例外も多々あり、ひとしなみに論ずることはできないが、アルザスの慣習法の内実が、フランス法ともゲルマン法とも異なっていたことは看過できない重要な点である。もちろん併合後は、地方長官の政策や裁決を通じて、フランス法の影響が徐々に浸透していったことは間違いなく、慣習法や慣例においても変化がなかったとは言えない。しかし一部を除くと、領主の既得権に関する規定はもとより、より日常的、私的なレベルでの慣習法や約束事は根強く生き続けており、それほど大きく変化したわけではなかった。

国王尚書のレーシュステッテールが「諸規則（règlement）」というときに、どのレベルのことをさして使っていたかは定かではないが、少なくともアルザスではこのように村落や都市レベルで効力をもつ法慣習や慣例、規則がさまざまに併存していた。レーシュステッテールが、助産婦の紛争に際してなにがしかの慣習、慣例の存在を思い浮かべ紛争の根拠としてあげたのも唐突なことではなく、地域の事情に通じている在地の役人からすれば、慣習の侵犯があったという説明はそれなりに説得力をもつものでもあっただろう。

### （3） 教区／村落共同体の特質

本節の最後に、ここでの紛争に現れる村落共同体の特質について触れておきたい。紛争の経緯からも分かるように、モーシュ、ヴェルシュホルツ、マルメルスパックの三集落の動きの背後には「女房たち」や「吏員たち」という言葉で言い表される教区／村落の住民が存在する。彼らはみな近隣の諸集落に暮らし、既存の諸秩序のなかで普段から利害を共にする住民であり、「こと」（出来事）に際して集まり合議しては、何らかの意思決定を行い、集団としての行動へと踏み出す。一方、紙文書から明らかなように、この共同体の周囲には村落共同体の住民に対して外部から働きかけ、なにがしかの規範や決定、法規則に基づいて命令を下す複数の権力主体が存在する。司祭や区長、バイイや地方長官といった存在がそれである。村落共同体の動きは、それら複数の権力主体との関わりのなかで生じ、こうした権力主体と対峙しつつ動いて変化していく。助産婦の設置や制度化の動きは発端としては彼らの自発的な願いや要望によるものではなかったが、村落共同体はこうした権力主体の側からやってくるあれこれの要請に応えて、その都度、合議し、何らかの意思決定を行い、可能なアクションへと踏み出すのである。では、モーシュ他三集落として結集したこの時期の村落共同体とは具体的にいかなるものであったのか。

〈徴税システムとの関係〉

一般に、アンシアン・レジーム期の教区／村落の住民による共同体は、租税であれ、十分の一税であれ、土地領主や君主、教会権力による土地をめぐる関係や税制システムがまずもって存在し、税徴収その他の必要な業務を円滑に推し進めるための運営組織として権力から必要とされることで生まれてきたものであり、秩序全体のなかに位置づけられて存立してきたものである。その起源は、近世期よりもはるかに遠い過去に遡る(123)。しかしそうした起源をもつとはいえ、権力主体からの制度的な要請を円滑にこなし、迅速に応答するためにも、村落共同体は、その内部の利害と平和を守る立場からしだいに自治的な性格を帯びるようになり、必要に応じてその存在を露わにしながら発展してきた。

一九世紀のブルゴーニュの歴史家アルベール・バボーによれば、アンシアン・レジーム期のフランスの農村共同体はいわば自然権（le droit naturel）に由来する権利を有し、いかなる成文法もそれを規定しているわけではないが、「事の成り行きから（par la force des choses）発展し、自らを認めさせるに至った(124)」ものだという。実際、アンシアン・レジーム期の農村共同体は、都市の参事会のように君主から何らかの認可を受けて成立する誓約団体とは異なる。また一九世紀末にあらためて法的根拠を獲得していく結社のような権利主体とも異なる。

この修道院領においても王権が到来する以前から、そこにあった領主権力や宗教権力との関係で、近世期に領主との間をとりもつ区長などの領主役人の存在を前提に成立してきたものである。サン・タマラン渓谷のモーシュ他三集落の吏員もまたこうした領主制度との関わりで必要に応じて成立してきたものである。区長について言えば、これは中世にはある時期までシュルトハイス（schultheis/ scultheiß）と呼ばれていた領主側の役人に相当する。シュルトハイスは、フランス語でいえば、プレヴォにあたる代理判事という意味であり、領主裁判所で定期的に行われる裁判法廷において、農民保有地や保有農民に関する問題を審議し判定する審判者でもある。その権限は区域全体に及び、特定の家系に世襲的に受け継がれる職務であるが、罷免可能な役人として領主から任務を委託されており、領主であるミュルバック修道院長の配下にある者が任命されている。それに対して吏員たちは各集落の代理人のようなものであり、区長を通じて領主制の機構のなかに束ねられている。(125)

併合後もこの枠組みは基本的に変わることなく続いていたが、特筆すべきは、この地域では、併合後もフランス王国の直接税（タイユ税）が徴収されなかったことである。シャンパーニュのような直接税徴税地域では、住民から選挙で選ばれた村総代（syndic）が、災害などに際して徴税に関する支障を伝え、軽減や免租に向けて中心となって動き、補佐を通じて書簡や請願を地方長官に宛てて送ることがしばしばみられた。地方長官による決定もそれらの情報を通じて下されている。ところがここでは、併合後、領民は臣民となったとはいえ、王権による徴税が行われないために、そのための王権による機構や制度は存在しなかった。あるのは相変わらず、領主制のみである。臣民と王／地方長官との間に何らかの関わりがあるとすれば、領主を通じてやってくる労役等（たとえば徴兵や道の整備）の要請に際してのみである。農民が徴税や免租、税の軽減、村総代の選任の報告などに関して地方長官と書簡をやり取りする回路は、少なくとも王権の側からは必要とされていなかった。

〈領主と領民の関係〉

モーシュ他三集落のある土地は中世以来すべてミュルバック修道院の所領であり、住民は土地を保有する領民である。三十年戦争に際して、こうした領主制のもとにある裁判機構も一時期、混乱を余儀なくされたが、戦後、領主裁判所も徐々に再建され、戦前の秩序がそのまま蘇り、継続していた。(126)しかしもともと零細な保有地しかもたない農民から租税を徴収するだけでは経営はなりたたない。ましてや疲弊した農民から搾り取れるものは限られていた。この時期、復興が求められながらも、その財源となりうるものは乏しかったのである。それゆえ領主がまず試みたのは、通行税[127]のような戦前から徴取されていた間接税を復活させることであった。[128]また修道院にゆかりのある家系との縁故関係を再建し、強めるとともに、スイスとのつながりや、連合を組んでいたフランシュ・コンテのリュール修道院との連携を回復することであった。[129]

一方、領民は保有民である以上は租税の支払いや賦役を義務とする領主制度にいやがおうでも規定されていたが、復興に際しては、領民の側でも、村落社会内部の紐帯など生きる上で必要な秩序や慣習の回復を求めた。それゆえ開放耕地制など中世からの農法や、集住型の居住形態が、記憶や伝承を頼りに想起され、再構築されていった。[130]

修道院の財政難はすでに一六世紀初頭にもみられたものであり、租税徴収の手を緩めない領主と領民の関係は必ずしも良好ではなかった。併合後、王権によって任命されたロヴェンスターン修道院長の時代になると、関係はさらに悪化していった。というのも収益の増加をねらう修道院長が、上流のヴィルデンスターン（Wildenstein）に外部からガラス職人の家族を迎え入れ、地元住民とは異なる優遇的待遇を示したことから、森林や入会地の利用をめぐって村落共同体の不満が蓄積していったからである。とはいえガラス職人の受け入れによる不満の蓄積はまだまだ関係悪化の序幕にすぎなかった。

一七三〇年代になりヴィッシュヴィレールに製鉄工場が設立され、間もなく鉄鉱石の精製のための溶鉱炉がヴィレールに建てられると、森林の樹木の大量伐採をめぐって領主と領民の対立は顕著になっていった。その頃、森林の樹木の不当な伐採に対するヴィレール共同体からの訴えがアルザス最高法院になされるが、結果的には示談が成立し、一部樹木の賠償が行われただけであっけなく終わっている。しかしこのとき修道院長は、別途、森林の所有をめぐって最高法院に請願を行い、一七四〇年九月一七日の最高法院の決定によって、森林の所有権は領主のものであるという「古の権利」についての法的確証を手にしていく。[131]それによってそれまでは緩やかな規制によって渓谷のすべての領民、村落共同体に許され黙認されてきた森林や入会地の利用が、法的に明確に禁じられていくことになった。[132]

このような領主による開発と森林の囲い込みは、この時代の至るところで見られたものである。入会地や森林を囲い込み、領民からその利用権を奪っていく動きは、日本の戦後の経済史においては「領主反動」として位置づけられてきた動きでもある。しかし法的な囲い込みがなされた後も、世紀の半ばまでは森林の監視は比較的緩やかで、工場近くの一部の集落を除けば、渓谷全体の領主と領民の関係はまだそれほど険悪なものにはなっていなかった。それが一七五〇年代の終わり頃から樹木の価格が高騰していくと、状況が大きく変化してくる。領主によって森林への立入りが厳しく規制され、監視が急速に強められていくからである。摘発も容赦なくなり、違反者が続出するようになる。農民たちはそれまでのように森林に豚を放牧したり、生活のために樹木を伐採したり、薪やたきぎを拾ったり、森林の生み出すさまざまな自然の恵みを享受することが、現実的に困難になっていった(133)。

一七六〇年以降は、訴えられ、罰金に苦しむ住民が目に見えて増えていき、森林をめぐるトラブルも顕著になっていった。やがてこうした対立的な状況を懸念した地方長官ジャック・ピノ・ド・リュセが立ち上がり、王国による森林の監視官の設置に乗り出すが、この動きは、これを余計な干渉とみた修道院長の画策により、森林監視官に鉄工所の工場長が就任するという完全に領主側の裁量に委ねられてしまう最悪の結果に終わる(134)。これ以降、修道院長と工場長による違反者の摘発はますます強化されていった。こうした状況のなか森林問題の最も深刻な影響を受けていた諸共同体を中心に、一七七〇年、渓谷の窮状を訴え、諸権利の回復を求めて国務会議にあてた請願が行われている(135)。この動きは当然ながらモーシュ他三集落の吏員たちとも無縁ではなかったと考えられるが、この時点では、モーシュ他三集落の領民がその請願の中心にいたようには見えない。

＊　＊　＊

以上、史料との出会いとその紙文書の様態を整理し、そのうち紙文書の数や叙述量の最も多く残るモーシュ他三集落の事例をクローズアップし、この地域の歴史的特質を明らかにしてきた。次章ではこの紛争の発端にある助産婦養成事業について明らかにする。その上で第3章以下の四つの章において、本章で浮かび上がってきた二つの謎を解いていくことになる。

# 第2章　地方長官によるストラスブールの助産術講習会の開設

第1章での考察を踏まえて、モーシュ他三集落の紛争から浮かび上がってきた二つの謎を解いていくことが本書の課題であるが、その前に、まずは、この紛争の発端となっているストラスブールの助産術講習会の性格について触れておきたい。この事業はいかなる背景をもち、どのようなねらいのもとで、どのように実施されたのか。紛争の背景にある社会の仕組みや秩序、特質をよりよく理解し、事件の意味を空間と時間のなかに位置づけて考察するためにも、まずはこのストラスブールで開催された講習会の実態を明らかにしておこう。

## 第1節　ストラスブールの助産術講習会

### (1)　国家による助産婦養成の始まり

地方長官が地方農村の女たちに助産技術を教え、助産術の専門家を農村に創出し、助産の場をよりよいものにしていこうとする動きは新しい動きであり、まさに一八世紀後半になって初めて起こってくる動きである。その大きな時代背景としては、この一八世紀が啓蒙思潮の只中に位置し、「公共善」あるいは「有用性」が為政者たちの関心事になっていたことがある。つまり宗教とは必ずしも直結しない形で臣民を把握し、国力の充実のためにその命に関心をもつ動きが生まれてくるのである。

人口史研究によると、フランスでは一七世紀までは多産多死により増減のバランスが保たれ停滞的な人口構造が支配的であったが、一八世紀半ばになると人口は至るところで漸次的に増加し始めていた。すなわち乳幼児の死亡率が確実に低下していくことで、出生率が死亡率を恒常的に上回り、人口は増加傾向へと転じていた。一方、為政者の間では、実際に起きていた人口増が意識されていたわけではなく、イギリスとの競争や対外戦争の影響もあり、国力の増強のためにむしろ人口を増やす必要が強く意識されるようになっていた。単に洗礼や宗教上の異端の撲滅という観点からだけではなく、出産時の子どもの死や乳幼児の死亡が、国政に関わる深刻な問題として憂慮され始めていたのである。

農村の女たちにも広く助産技術についての教育を施し、資格や証明書を与えることで助産婦を養成し確立することが必要だという考え方が現れてくるのも、ちょうど一八世紀半ばを過ぎる頃からのことである。助産婦の養成に国家が率先して乗り出すということはそれ自体が画期的なことであった。

一八世紀の前半にも助産婦がいなかったわけではない。とくに医学者たちの間では、助産婦こそ助産の担い手であり、女たちを教育して助産者として育てることが重要であると考えられていた。たとえば内科医フィリップ・エッケ(Philippe Hecquet)は、世紀初めにまだ助産婦の養成がそれほど意識されていなかった時代に、いち早く助産婦を育てることの重要性をはっきりと言葉にし、書物に著している。彼はパリ大学の医学部長を務めたこともある当時著名な医学者であったが、助産の場でますますプレゼンスを高めつつあった外科医への批判として『男が女を助産することの不適切さについて』(一七〇八)と題する匿名冊子を出版している。(1)

この書については『さしのべる手』のなかで詳しく検討したように、外科医への対抗という意図から書かれたものであるが、エッケはこの冊子のなかで女をこそ育てて助産婦にすることの必要性を力説している。エッケの時代にはなお国家による助産婦の組織的な養成は行われておらず、施療院など限られた場所で助産婦が養成されていただけである。それまでにも教会の司牧を目的とする司祭の代理人としての産婆ならすでにいたが、医療に関わる助産教育を受けた助産婦の養成は、一八世紀初頭までほとんど行われていなかったのである。

時代をさらに遡ると、中世からカトリックの影響下にパリの施療院（L'Hôtel-Dieu）では助産婦が存在し、その養成もなされてきたが、細々としたものであり、そもそも国家事業とは別にあった。施療院のように宗教組織に付随する機関では、助産婦が薬剤の処方や傷病者の手当てや世話など、あらゆる点で実践の中心にあり、助産においてももっぱら修道女たちが仕切っていた。そんななかで助産婦の養成を組織や制度として企図する動きは、一八世紀前半にはなお現実的ではなかった。フランス領内で言えば、一七二八年にようやくストラスブールのルター派の病院のなかに助産婦の養成学校が附設されている(2)。それは本格的な助産婦養成のための学校である。しかしこの学校はフランス王国の事業とは無縁であり、ルター派の根強いストラスブール市の独自の試みであった。

フランス王国全土に関わる制度的な枠組みとしては、ようやく一七三〇年二月二四日に王国の規則として助産婦になる資格要件が明確に打ち出されるが、そこには、助産婦となるためには教育を受け、パリの施療院に行って三ヶ月の見習いをし、三人の外科医と助産婦一人の前で三時間ほどの口頭試験を受けて認証を得ることで助産婦の資格を得ることができると規定されている(3)。こうした資格を有する助産婦が、一八世紀のパリには二〇〇人ほどいたと言われるが、この方法で助産婦になる者はほとんどがパリ近辺の場合に限られていた。地方の助産婦の大部分は、それぞれの地の規定に沿って、近くにいる外科医のもとで簡単な見習いをしたり、親から娘へと受け継がれる世襲的な伝承を経て、外科医の証明書を形式的に手に入れて資格を得るのがほとんどであった。首都近辺でも地方でも、一八世紀には少なくとも農村部では依然として何の資格ももたない、地域の相互扶助の延長上にあるいわゆる産婆（matrone）が助産に呼ばれるのが一般的な助産の姿であった。

王権がこうした状況を憂い、助産婦の養成に乗り出すきっかけを作ったのは、マダム・デュ・クードレである。彼女は本名をアンジェリック・マルグリット・ブルシエ・デュ・クードレ（Angélique Marguerite Boursier Du Coudray 1712–91/92）といい、一七一二年クレルモン・フェランに生まれ、一七三七年、二五歳のときにパリに出て助産婦の見習いをしている。一七三〇年の規定に従って三九年に免許を取得し、四〇年二月に誓約した助産婦として受け入れられ、最初はパリで開業した。しかし一五年後の一七五五年、たまたま地方の教区に雇われて赴く機会があり、そこで彼女は「いかに多くの産婆（matrones）の過ちが横行しているか」を目の当たりにして強い衝撃を受けたという。それを契機に彼女は、無知な農村の女たちのところに自ら出向いて、近隣の農村の女たちを集め、無料の講習会を開き、助産の技術と知識を教える活動に乗り出した。彼女は徐々に居住地から遠く離れた地域にも赴くようになり、一七五八年に、故郷のクレルモン・フェランを発った後は、絶え間なく旅を続けるようになっていった。この地では三ヶ月、あの地では六ヶ月というように各地に滞在し、繰り返し農村の女たちに助産技術の講習を行ったのである。その結果、彼女の活動はやがて全国に知られるようになっていった。一七五九年に著書『助産学概論』（初版）も出版している。(4)

一七六〇年代の半ば過ぎ、それはルイ一五世の統治下であるが、王国の為政者の間では、外科医らの批判もあって、王国全土に無知な産婆がはびこり、それがゆえに子どもの死が増えているという危惧が強まっていた。そのとき俄かに浮上し、期待が寄せられたのが、このデュ・クードレの私的な活動だった。王国は、一七六七年八月一六日、彼女に特許状を授け、年間八〇〇〇リーヴルの手当を支給することを決め、彼女の巡回講習会の続行を支援することを決定した。(5) かくして助産技術の無料講習会は今や個人の善意を超えて、王国の後援のもとに展開されていくことになった。

それまでは王国の比較的中心部をめぐっていたデュ・クードレであるが、一七六九年に新版『助産術概論』(6)（彩色銅

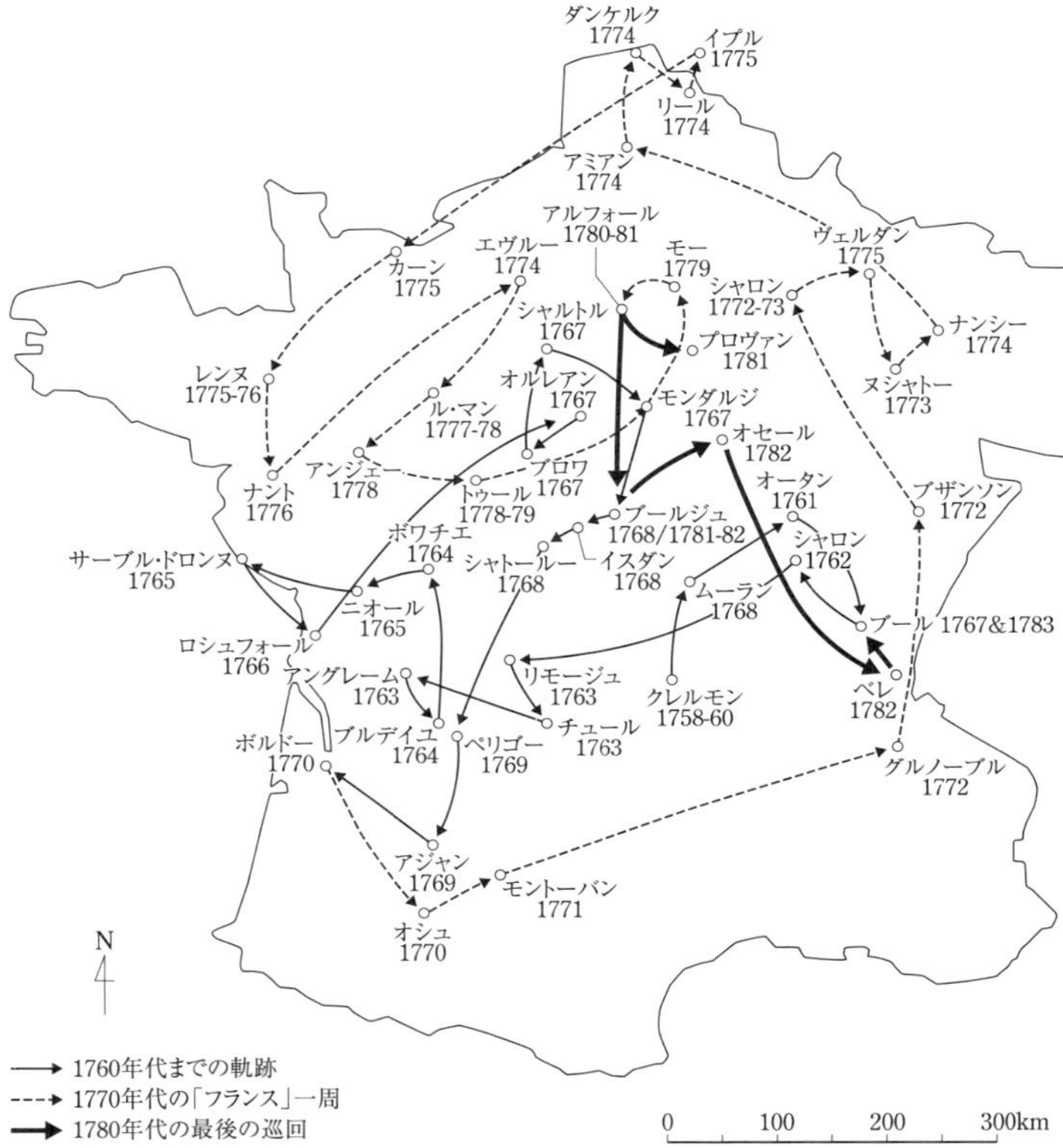


**図 2-1　マダム・デュ・クードレの巡回講習会**

出典：Gélis, J., *La sage-femme ou le médecin, Ibid.*, p. 120.

版画による挿絵入り）を出版した後、一七七〇年にボルドーを発ってからは、フランス領内のさらに周縁部にも大きく円を描きながら巡回していくようになる。その「フランス一周」はストラスブールには至らなかったが、一七七三年にロレーヌまで到達している（図2—1参照）。デュ・クードレは一七八三年のボルドーでの最後の講習会を終えるときまで、アルザスを除く全国のほとんどの徴税管区中心地を訪れ、一七九一—九二年頃に亡くなっている。(7)

### （2） 地方長官ガレジエールの到来

アルザスは、マダム・デュ・クードレの訪問を受けなかった数少ない管区中心地の一つであった。なぜここには訪問が行われなかったのか。すでに触れたように、一八世紀の初めまではパリの施療院を除くと助産婦を養成する学校はどこにもなかったが、このストラスブールにだけは一七二八年以来プロテスタントの医者によって助産技術を教える養成学校が設置されていたからである。ストラスブール市の市参事会がデュ・クードレの訪問を受け入れなかったのも、ここが根強いプロテスタントの町であり、助産においても先進的な試みをすでに行っていたことと無縁ではない。

そのプロテスタントの先駆的な医師とは、『お産椅子への旅』でも触れたように、お産椅子を改良し、椅子からベッドへの転換を可能にしたあのジャン・ジャック・フリート（Jean-Jacques Fried 1689–1769）である。彼はストラスブール市の認可を得て、ストラスブールの市立病院のなかに独自の助産方法を教える養成学校を創設し、独自の考えに基づいて助産婦の養成に取り組んでいた。フリートはプロテスタント家系の出身であり、父は内科医にして市参事会のメンバーでもあった。また母親は助産婦の師範としてこの方面でのヴェテランでもあった。フリートは、当時ヨーロッパで唯一解剖を教えていたことで知られるパリの施療院にも研究のために滞在し、解剖実践を学んでいる。フランス語にも堪能で、当時よく知られていたモケ・ド・ラ・モットの助産技術を絶賛し、わざわざモケ・ド・ラ・モットの著作をドイツ語に翻訳させ、その助産婦養成学校の教科書に用いている[8]。詳細は『お産椅子への旅』に触れているのでここでは繰り返さないが、この町には、プロテスタントの家系出身の医師フリートの開いた養成学校があり、しかも内科医と外科医そして産科医の技術を融合した新しい方向性をもつ助産術が実験的に採用され、地歩を築いていたのである。

プロテスタントの影響の根強いこの町では、マダム・デュ・クードレの訪問は、ただでさえ、王権側からのカトリック化、および王権支配の一環であると受け止められる土壌があり、加えてこうしたより先端的な試みを実現している都市としての自負もあった。したがって都市参事会がデュ・クードレの訪問を快く思わなかったことは容易に想像できる。一八世紀を通じてしだいに地歩を奪われつつあったとはいえ、依然としてルター派プロテスタントの牙城であったストラスブール市では、王権の事業を受け入れることへの抵抗は想像以上に大きかったと考えられる。

そうした地に一七七七年、アントアーヌ・ショーモン・ド・ラ・ガレジエール（Antoine de Chaumont de la Galaizière 1727–1812）は地方長官としてストラスブールに派遣されてきたのである。彼は国王の下にあるヴェルサイユの国務会議（Conseil d'État）のメンバー、すなわち国務評定官でもある。ガレジエールは、次の第2節で触れるように、その前任地であったロレーヌ地方徴税管区においてナンシーの南西六〇キロメートルに位置するヌシャトー（Neufchâteau）においてマダム・デュ・クードレを招きその実演講習会を成功させている。布製の人体模型を用いて分娩の過程をシミュレーションしてみせるデュ・クードレの方法は、一八世紀初めにスウェーデン人によって考案されたものであるが、巡回講習会の過程でこの教授法は、フランスではマダム・デュ・クードレの人体模型として知られるようになっていた。(9) デュ・クードレの訪問に大いに刺激を得たガレジエールは、彼女が去った後、ロレーヌでも助産婦養成の無料講習会を恒常的に開催することを提案し、ナンシーに近いヌシャトーに年二回の講習会開催を実現していた。

しかしそのロレーヌでの試みが始まったばかりの頃、彼はアルザスに配置替えとなり、ロレーヌを去っている。ガレジエールは、ロレーヌでの実施とその顚末を十分見届けることなくアルザスに異動になったが、彼はすぐさまロレーヌでの試みをアルザスにも移植していった。こうした事業は当時、地方長官の政策的な手腕を発揮してみせる一つのツールともなっていたのであり、彼は「啓蒙的」な試みとしてすでに各地で定評を得ているこの事業をアルザスでも実現するべく、この東部国境地域にもこの政策を適用しようとしたのである。ストラスブールに赴任したガレジエールは、ロレーヌでの経験を生かし、迷うことなく、全く同じやり方で助産婦養成の講習会を開催した。

ガレジエールがロレーヌで推し進めていたような「フランス化」をこの地域でもめざし、王国への統合を少しでも推し進めるために派遣されていたことはまぎれもない事実であった。アルザスは、ロレーヌよりもさらに辺縁部に位置し、フランス王国の標準的な統治の浸透した地域と比べて、ロレーヌに勝るとも劣らぬ変則的な統治が残存し、容易には凝集力を生み出すことができなかった。しかしアルザスは地理的にも軍事面から言ってもロレーヌ以上にはるかに重要な前線地帯にある。王権の支配という観点からみたときにこの地域を例外として放置したままにしておくことは得策ではなかった。アルザスは王国にとって無視できない重要な防衛拠点であり、広大なフロンティアでもあった。そうしたなかでガレジエールは、王国官吏としてその有能さを認められたがゆえにこの地に派遣されたのであり、その手腕を発揮するためにもフランス化の困難なストラスブールに乗り込んだと考えられる。

### (3) ストラスブールの助産術講習会の性格

では、この講習会は、どのように実施され、どのような助産者の養成をめざしていたのか。

〈講習会の実際〉

講習会はストラスブールの陸軍病院のなかで毎年二回夏と秋に開かれた。第一回は一七七九年六月一日から始まっている。[10] そこにはこの講習会のために「一〇台の寝台が用意され」たという。また講習の方法はデュ・クードレが巡回講習会で用いて話題となった「人体模型」を使うのみならず本物の妊婦を使った実演講習も行われていたという。その際、妊婦たちは「高地アルザス（Haute Alsace）の奥地にまで行って連れて」こられた「気の毒な」女たちであった。[11] この実演講習を含め、講習会全体を取り仕切っていたのは陸軍病院の助産学教授であったシルベラン（Silbering）という男性の内科医である。この人物は一七四九年に内科医の学位を取得し、モルセム（Molsheim）で開業していたが、やがてストラスブールの陸軍病院の嘱託医となり、一七七九年の講習会開催に際して主任に抜擢され、助産を教える教授として迎えられている。その後、一七八四年には、同病院の副院長にまで昇進している[12]。この講習会の目的は、地方長官の以下のような「告示」にもあるように、難産への具体的対応処置を教えることにあった。この「告示」は、残存する紙文書のうち時間的に一番早いものはドイツ語で出されているが、やがてフランス語とドイツ語の両方で出されるようになっている。

授業は単なる説明には限られない。難産の際に起こりうるあらゆる危険に対して、それを防ぐ多様なやり方が受講生に教えられる[13]。

上記の文面からも、この無料講習会が難産の場合のさまざまな処置、対応を教えることをめざしていたことが分かる。一方、デュ・クードレの教えていた助産は、外科医中心というわけではなく、外科医や内科医との連携を強く意識していたとしても、依然として助産婦の扱う領分が大きく残されていた。しかしその後のこの地方長官主導の助産術講習会では、助産はいっそう外科医中心の助産へと向かい、外科医による医学的な介入がスムースに行われることを可能にするものへと変化していった。この無料講習会で講習を受けた助産婦は、自分一人の判断で自ら道具を駆使することは許されておらず[14]、教えられた手順、技術を行使するためには、原則として外科医や内科医といった男性医師の立ち合いを必要とした。つまり、この講習会で養成された助産婦は、いざというときに地方農村の女たちを説得し、分娩のその場に男の専門家をよりスムースに招き入れ、外科的な処置を施すことを可能にする媒介者であり、農村の「無知な」産婦たちを都市の外科医へと橋渡しする仲介役を期待されていた。

それまでにも何らかの教育を受け、外科医や産科医の認証を受けて、助産婦として資格をもつ産婆がいなかったわけではない。実際、一七二八年の法令は、助産婦になるための認証システムを確定した法令であり、何よりも医師による認可を必要とすることが命じられていた。つまり無資格の産婆と「正しく」認可を受けた助産婦とを分け、両者の間にはっきりと線をひいていく命令でもある。この命令は一方で巷の外科医にもはっきりとした認証を必要とすることを示唆しており、それまでは床屋や指物師が兼ねることもあった、キャリアや素性の曖昧な経験的外科医を、しかるべき教育を受けて資格を有する外科医から切り離し、はっきりと差異化することをめざすものでもあった。要するに、一八世紀に入ると、それまで野放図に放置されていた巷の助産従事者を、法律によって規制し一貫した認可制度のもとにおき、特定の能力や技術をもつことが吟味された者だけに「正しき」専門家としての認証を与え、選別がなされていくのである。

とはいえ、こうした制度的枠組みがすでに一八世紀前半に出てきていたとしても、当時助産婦の多くは、ストラスブールのフリートの設立した学校は別としてほとんどの場合、医師から直接に手ほどきを受け、なにがしかの指導を受けていたわけでも、助産技法に関する認識を共有していたわけでもない。この当時、フランスで助産婦の資格を得るには二つの道があった。一つはパリの施療院に行って学ぶことであり、この施療院に三ヶ月通って学び、しかる後に医師の面接や試験を受けて免状を得るという道である。またいま一つは、地方の資格をもつ助産婦のところに二年間見習いに入り、助産のたびにつき従って、見よう見まねで現場での経験を経た後に、その地方の医師の面接試験を受けて認可を受ける道である。しかしどちらの場合も実際の現場で助産技術を教えているのはすでに資格をもっている助産婦であり男性の医師ではなかった。

したがって彼女たちは、ほとんどの場合、同性の助産婦の姿を模範とし、彼女たちとともに時間を過ごし、現場を一緒に経験することで助産というものを知り体得していた。もちろん原則として何かあった際には外科医や内科医を助産の場に呼び入れることが教えられており、そうすることが任務として前提となっていた。しかし大方の助産にはその必要がないこともあり、外科医を呼び入れることはまれで、また危険が予想されるときにもできる限り医師を呼び入れない道を模索することに力が注がれた。少なくとも軽々しく外科医を呼ぶことは滅多になかったのであり、そうしたことが現場の暗黙の了解となっていたのである。

実際、パリの施療院の助産は、中世以来、助産婦の師範の強い権限と責任の下にあり、外科医の介入を許さないのが原則であった。施療院に学んだ助産婦の師範は、男性の臨床医を安易に呼び入れることなく、自分たちの手で助産を無事に終わらせることに助産婦としての責任と誇りを感じていた。一八世紀半ばに農村の子どもの死を嘆き、自ら助産術の教育に乗り出し全国を行脚したマダム・デュ・クードレも、こうした認可制度の下で資格を得た助産婦の師範であったが、パリの施療院で教育を受けた彼女は、依然として助産婦としての高い自負と誇りをもち続けていたのであり、助産婦こそが助産の中心にあることを強く意識していた。

しかしそうした自負とは裏腹に、助産婦中心の助産はしだいに助産婦を外科医の補助あるいは助手として養成し、外科医や産科医の監督のもとにおく助産の体制におきかえられていく。一八世紀は、たしかに助産婦の養成が始まる時代であるが、その体制が整えば整うほど、助産婦中心の助産はその地歩を奪われていくのである。外科医との関わりが大きく変化し、世紀の後半になると、モケ・ド・ラ・モットが生きていた時代とは、大きくさまがわりしていくことになる。(15)

次にもう一つの特徴、教育の仕方が近代の学校制度のそれに近いという点について見ておこう。幸い、当時の地方長官が発した受講生募集の通達、いくつかの講習会の際の受講生の名簿(16)や会計帳簿(17)が残存している。この名簿には、受講生の名前、出身地に加えて、それぞれの年齢、既婚・未婚の別、助産経験の有無、読み書き能力の有無、1～4の四段階の数字による能力評価、宿泊所への入所日、退出日、滞在日数が記されて一覧になっている。残存する文書は第五回と第八回のものである。残念ながらモーシュの二人の女が受講した回のものではないが、講習会の実施に関するさまざまな情報を伝えてくれる。実際、講習会が毎回それほど異なる形式をとったとは考えられないのであり、これらの文書資料からもその実態について、ある程度の像を描くことができる。

それによると、まず講習会はストラスブールの陸軍病院において無料で行われており、履修生たちが受講料を負担する必要はなかった。講習会の開催されている期間は、ストラスブールに滞在し、宿所をあてがわれてそこに暮らす。しかし食費に関しては全く無料というわけにはいかなかった。講習会は年に二回開催されており、最初は夏、五月または六月に始まり、次は一一月に始まっている。冬場に零下二〇度をさらに下回る寒さの厳しいアルザスのことである。春が来て多少なりとも暖かくなる時期をねらって、また小麦や葡萄の収穫に人手のいる農繁期を避けて設定されたものであろう。名簿からすると、毎回、四十数名の女たちが集められており、実技を含む二四回の講義がなされていた。クラスは一つだけであり、二つに分けられていた痕跡はない。

では、そこにはどんな受講生が集められていたのだろうか。地方長官の受講生の募集を知らせる以下の通達をみると、受講生の要件として「比較的若い」ということが求められていたことが分かる。

> 講習には比較的若い受講生だけを選ぶことが肝心である。というのも若い者の方が概して教育を受け入れやすく、また長期にわたって仕事に就くことができるからである。(18)

第五回と第八回の受講生の名簿(19)には、年齢や既婚・非婚の別が記されている。そこから履修生の年齢構成を調べてみると、ほとんどが三十代からせいぜい四十代であり、二十代と、五十代以上はまれであることが分かる。その大半が「読むことだけはできる（qui ne sait que lire）」者であり、三割から四割が「読み書きのできる（qui sait lire et écrire）」女たちであった。またほとんどが既婚者でもある。以前から産婆の経験をもつ女は数人にすぎない。既存の産婆は必

**表 2-1　既存の産婆／助産婦の年齢構成と平均年齢**

| 年齢 | 無資格 | 医師の証明書あり | ストラスブールの無料講習会修了 |
|---|---|---|---|
| 70–79 | 1人 | 0人 | 0人 |
| 60–69 | 7 | 11 | 7 |
| 50–59 | 14 | 17 | 30 |
| 40–49 | 9 | 18 | 45 |
| 30–39 | 2 | 3 | 37 |
| 20–29 | 0 | 0人 | 4 |
| 合計 | 33 | 49 | 123 |
| 平均年齢 | 55歳 | 51歳 | 44歳 |

出典：コルマールの地方長官補佐管区　1786年12月24日付受講生一覧表．Archives de la Société Royale, l'Acadénmie de Médecine, Paris, SRM 85dr）より．筆者作成．

ずしも優先的に選ばれてはいないのである。

年齢的にはどのような層が履修生として派遣されたのだろうか。表2―1に示した受講生たちの年齢構成と平均年齢をもとにもう少し踏み込んで検討してみよう。この表は、一七八六年の産婆に関する全国調査に際して、コルマール補佐管区について作成された一覧表をもとに作成したものである。

ちなみに、もともとは当時各教区の司祭にアンケート調査を依頼して回収された書簡をもとに制作されていたその一覧名簿には、産婆の名前、出身地のみならず、備考欄に教育経験の有無が記されていて、経験がある場合には誰からどんな教育を受けたのかといったことも書き添えられている。司祭からの書簡に記述があれば、それがそのまま書き添えられたものと考えられる。ただし、一覧の頁の下端は欠損しており、正確な全体数を知ることはできない。そのため、ここでは、年齢と教育経験の有無がはっきり読み取れる二〇五名の産婆についてのみ取り上げて平均値を出している。ちなみにこの一七八六年の全国調査に関しては、ジェリスの網羅的な研究があるが、そこではなぜかアルザスは除外されている[20]。この一覧表はジェリスの扱っていないアルザスのデータによるものであり、コルマール補佐管区（ここにサン・タマラン渓谷やゲブヴィレール補佐管区は含まれる）の産婆の年齢構成を記す表である。ここにモーシュから送られたストラスブール帰りの二人の助産婦についても記録されている[21]。

この表を見ると、どうやら「若い方がよい」といっても、十代や二十代の未婚の娘たちが集められたわけではなさそうである。経産婦であることは要件になっていないが、履修生の一番多くは四十代であり、三十代から五十代がほとんどを占めている。しかしまたこの表が示している重要なことは、ストラスブールの講習会の受講生たちがそれまで農村で助産者としてみなされてきた産婆とは異なり、総じて低い年齢層によって占められていることである。また、無資格であれ、有資格であれ、すでに助産経験のある女たちの平均年齢はいずれも五十代であり、受講生の平均年齢より一〇歳ほど上にある。この世代はほぼ出産可能な時期を終えており、自分自身が妊娠、出産することはまれであるが、当時の平均出産数からすると、彼女たち自身が何度も出産を経験している。

授業の中身はどんなものであったのか。まず講義は何語で行われたのか。第七回の講習会開催の通達には「講義はフランス語で行われる、それゆえ生徒たちはフランス語の用いられている共同体に限って選ばれる必要がある」とある。一方、第九回の通達では「このたびの講義はドイツ語で行われる、それゆえ生徒たちはその言葉が分かることがどうしても必要である」と記されている。また一七八六年の通達では「このたびの講義は二言語で説明される」とある。つまり最初はフランス語でのみ行われたが、回を重ねるうちにドイツ語でも行われるようになっていったのである(22)。アルザスでは言語の問題は深刻である。実際、連絡の不備もあったのか、フランス語でしか行われない回にドイツ語（アルザス語）しか分からない履修生が送られ、その生徒はさっぱり意味が分からずすぐに戻ってきてしまったという報告もある。また一七八六年一一月三〇日付のディルランスドルフ（Dirlansdorf）の共同体の報告には、フランス語の講義者の傍らにいてドイツ語に通訳する者がいたことが記されている。つまり講義の主軸はフランス語であるが、ドイツ語の通訳が置かれるようになったのである。だが、ドイツ語に訳しさえすれば、アルザス語話者にもそれで十分理解できたのかどうか。その点は実はよく分からない。また講義のみならず「修了証書もドイツ語に翻訳されたものを取得した」という記述もあるので、まずはフランス語で修了証書が作成され、やがて修了証書もドイツ語に訳されたものが交付されるようになったと考えられる(23)。

では講義に際して何か特別な教科書が受講生に配付されたり、あるいは貸与されていたのだろうか。一七八二年一

**表 2-2**　第 8 回助産術無料講習会

| 費　用 | リーヴル | ソル | ドゥニエ |
|---|---|---|---|
| シュザンヌ・シュナイダーの見積もり | 1366 | 4 | 〃 |
| 埋葬の計算書 | 27 | 12 | 〃 |
| シルベラン氏への謝礼 | 400 | 〃 | 〃 |
| 外科医 | 24 | 〃 | 〃 |
| 薬剤師の計算書 | 20 | 14 | 〃 |
| 褒賞のための費用 | 88 | 17 | 〃 |
| ベッドのためにシデル氏に | 116 | 6 | 8 |
| ローラン氏の助産の教科書の印刷代（後払いとして） | 450 | 0 | 〃 |
| 合　計 | 2493 | 13 | 8 |

出典：A.D., Bas-Rhin, C 399 より．数字表記は史料上の表記のまま．

○月一日から始まった第八回無料講習会の生徒名簿(24)には、さらに表2—2に示したような会計報告書が付随しており、それを見ると、全費用の五分の一にあたる四五〇リーヴルもの大金が教科書の印刷代にあてられている。この回だけなら生徒の数はせいぜい四〇人程度である。一人に一冊ずつ支給するのにこれだけの費用がかかっていたのだとすれば、一冊に約一〇リーヴルを超える費用がかかっていることになる。毎回これだけの高価な教科書が受講生に無償配付されていたのだろうか。「後払いとして」とあるので、仮にこの額がこれまでの第一回から第八回に至るすべての回のために必要になった教科書の印刷代金だったとしても、一冊の印刷費が一リーヴルを超えていることに変わりはない。書籍の印刷にはこの時代、相当の費用がかかったと考えられるが、それにもかかわらず、これだけの出費が見込まれているのは特筆に値する。このことは教科書を用いた講義にかなりの重きが置かれていたことを物語っている。

いずれにせよ、ここでの学習と教育はエクリ（書かれたもの）が重要な位置を占めていたのであり、読み書きの習熟の度合いは人によってまちまちであるとしても、文字の全く読めない生徒が学ぶことは容易ではなかったと考えられる。受講生に最低限の読み書きができることが求められていたのもこうした教科書を使った教授法による。

ちなみに婚姻証書の自筆の署名率をもとに行われてきたこの時代のフランスの識字率のデータをみると、一八世紀後半には前世紀に比べ識字率は全体に上昇しており、女性の場合も一七世紀末に比して確実に上昇している。ただし残念ながら、フランソワ・フュレとモナ・オズーフの古典的な識字研究においてはアルザスは調査対象になっていない(25)。これはアルザスの言語や制度的特殊性による。ノルマンディやシャンパーニュのように教区記録を基にした地方全体のより網羅的なデータはアルザスについては期待できないが、しかし特定の地域の限定されたデータから識字率を個別に割り出すことは不可能ではない。たとえば、アルザス南部について言えば、本書第3章で触れるベルフォールの補佐管区の村ジロマニの女房たちの請願書から署名している女房たちの自筆率を割り出すと、自筆の署名数は七四名のうち二九名であり、三九％が少なくとも自分の名前は書けたことになる。つまり全体の四割近い女たちが自分の名前を書くことができたのである(26)。

とはいえ、署名ができることが必ずしも読み書き能力全般を推し量る指標とはなりえない。書物や文章が読めるということは単に字面を追って声に出せるというだけを意味しない。文字を通じて意味を受け取り、それをわが物とすることが必要であり、それにはある程度の読書と文字による学習経験がいるだろう。ここで求められている読み書きが正確にどのようなレベルのものであるかを確定することはできないが、少なくとも文字に触れ、文字を通じて学ぶ習慣がなければ、この講習会の内容に自信をもってついていくのは難しかったのではないか。

ところで、表2―2の筆頭にシュザンヌ・シュナイダーという女性の名があるが、彼女は何者であったのか。受講生のリストの方は全四頁で、第五回のリストと同様に最後にシルベランの署名と、一日一二ソルの計算で二、二七七日分が必要であった証としてシュザンヌの文字の横に十字の印が添えられている(27)。シュザンヌはこの費用の執行に責任をもち、見積もりや運営に関わった責任者と考えられる。その金額として計上されている一、三六六リーヴル四ソルは、一日一二ソルの計算で延べ数が二、二七七日という添え書きをもとに計算してみると、ピッタリその金額に相当する(28)。またその会計欄の下には、外科医バルビエ・ド・ティナン氏（M. Barbier de Tinan）のストラスブールでこれを確認したことを示す署名（一七八三年一月二〇日の日付）に加え、アルザスの財政受領官（Receveur des finance d'Alsace）であるドゥムージュ氏（M. Demouge）がその外科医に二、四九三リーヴル一三ソル八ドゥニエを費用として支払ったという記述があり、文書の最後にストラスブールでなされたガレレジエールの署名（一七八三年一月二七日付）がある。したがってこの全費用の半分を占める一、三六六リーヴル四ソルは、おそらく履修生たちの食事や宿所のための費用であり、シュザンヌはその世話役であったと考えられる。シュザンヌは受講生の宿泊や食事に関わるすべてを取り仕切り、采配し、財務官に報告していた人物であり、最後にこの決算書を確認したのであろう。

この講習会の最大の利点は、宿所と食事が用意されていた点にある。さまざまな家にホームステイする形で分散されたのか、あるいは同じ一つの施設に収容されたのかは定かではないが、時代を考えると前者の可能性は高い。ストラスブールまでの往復の旅費は教区や村の費用で賄われていたのだから、履修生は身の回りに関することだけを考え、工面すればよかったのである。

また表2―2から分かることとして埋葬の費用が計上されていることである。病院に収容された妊婦が助産に際して、あるいはその後で死亡する場合もあったからであろう。そのことは生きた妊婦を使って実演や実地が行われていた可能性を物語っている。当時は病院で出産することは異例のことであり、病院にいたのは、慈善をかねて収容されていた身寄りのない女や貧しい浮浪者がほとんどであり、彼女たちの出産が実践の練習台になったのである。

こうして最終日まで脱落せずに全講習を終え、修了までこぎつけた受講者には、シルベランの署名の入った資格証明書が手渡された。この証明書は残念ながら残っていないが、この証書の発行者として署名しているシルベランは、もともとは一七四九年に学位を取得した内科医で、モルセムで開業医となっていたが、やがてストラスブールの陸軍病院の嘱託医となり、一七七九年から産科学教授となっている。ここでの任務が評価されたのか、一七八四年には病院の副委員長に昇格している(29)。

この修了証書という紙文書は、それを持ち帰ることで、受講者がたしかに講習会を受けたことを証明することのできる文書であるが、(30) これは助産婦の資格証明書でもあり、免許証のようなものである。しかしこうした紙切れ一枚が助産者の技能を証明するなどということは、それ自体が、新しいことでもあった。何もかもが資格に基づく現代社会からすれば、この修了証書はそれさえあればどこででも通用する非常に便利なものであるが、この時代にはまだ、とくに農村では理解され難いことであった。

しかしこの講習会の教授法のなかでさらに興味深いことは、こうした受講生の能力を判断するために、つまりは教えられたことを正しく習熟できたかどうかをその習熟の度合いによって四段階に分けてその能力評価がなされたことである。習熟と学習の達成度に関して評価がなされることは、彼女たちの意欲を引き出すための配慮であり、そのことは予め伝えられていた。また成績優秀者のなかのとくに優秀な履修者には、最後に賞が与えられた。向上心や努力が報われるよう結果が形となって表されたのである。賞をもらった女性は毎回数名であっても回を重ねるうちに口伝えで広く知られていったであろう。ただし賞がもらえるかもしれないという期待がはたしてこの時代の農村の女たちの心に学ぶ意欲やインセンティヴを生み出したかどうかは分からない。

## 第2節　地方長官ガレジエールとロレーヌの現状

第1節でみてきたように、ストラスブールでの助産術無料講習会は、地方長官ガレジエールのストラスブール派遣後に開設された王権による助産婦養成事業であるが、この講習会は、ガレジエールがロレーヌの地方長官としてあったときに開催にこぎつけた講習会であり、ストラスブールでの開催はその講習会を下敷きにして行われている。それゆえストラスブールの講習会の特質をよりよく理解するには、その前史としてあるロレーヌでの講習会について考察することが不可欠である。彼はロレーヌで地方長官としてどのようにこの事業に携わり、開設へとこぎつけたのだろうか。本節ではまず、この地方長官ガレジエールがいかなる地方長官であり、また彼が派遣された時期のロレーヌの助産の現状について探ってみよう。

## （1）ロレーヌでの地方長官ガレジエール

助産術講習会を開設した地方長官アントアーヌ・ショーモン・ド・ラ・ガレジエールは、官僚として有能であったのか、一七四六年にパリ高等法院の評定官（Conseiller au Parlement）となり、四八年にはその訴願審査官に就任し、一七五六年に三一歳にしてモントーバンの地方長官に任命されている[31]。ロレーヌの地方長官に任命されたのは、その二年後の一七五八年のことである。以後一七七七年まで一〇年近くその職務にあった[32]。ロレーヌのフランス王国への併合は正式には一七六六年のことであり、彼がロレーヌの地方長官としてその任務に就いたのは、スタニスワフ・レシチンスキ[33]（Stanislaw Leszczynski 1677–1766）の生前のことである。

ちなみに彼の父アントアーヌ・マルタン・ド・ショーモン・ド・ラ・ガレジエール（Antoine-Martin de Chaumont de la Galaiziere 1697–1783）もまた地方長官の経験をもつエリート官僚であり、一七三七年に始まるスタニスワフの統治時代にはロレーヌの司政長官《シャンスリエ》を務めていた[34]。したがってここに登場するアントアーヌ・ショーモン・ド・ラ・ガレジエールは、父の代からの官僚の家に育ち、広大な土地や貴族の称号をもつ富裕な家系の出身であった。しかしさらに一世代遡ると、祖父アントアーヌ・ショーモンは穀物商人であり、その妻マルグリット・ラミはレース編みを専門とする婦人服の仕立て屋であり、ともに平民であった。ところが戦争によってこの一家は莫大な利益を得て、短期間のうちに巨万の富を得る。スペイン継承戦争に際しては国王への莫大な戦費調達を行い、その後はその調達と返済を約束した証文を盾に国王からの恩恵をとりつけ、土地や貴族の称号を次々に手に入れていった。さらには息子を王国の官僚として育て上げ、押しも押されぬ直轄官僚、司政長官の地位にまで至らしめている[35]。要するに、ルイ一四世の時代に一代で平民から富裕な大貴族になりあがり、息子や孫の代に一族から国王直轄官僚を輩出するまでに至った、典型的な新興貴族の出身であった。

アントアーヌ・ガレジエールが評定官としてあるいは訴願審査官としてどんな手腕を発揮したのか、どんな資質や要素を備えていたのか、具体的なことは何も分からない。確かなことは彼が、父よりもやや若くして地方長官に任命されていることである。しかしこのガレジエールが併合後に地方長官としてロレーヌに派遣されたのは、単に官僚としての能力を買われたというだけではなく、父の縁故やこの土地に邸をもっていたこととも無縁ではない。いまだ混沌としたロレーヌには、ある程度土地勘の働くと思われる人材を派遣する方が任務を果たしやすいと考えられたからでもあろう。

ロレーヌに派遣されたアントアーヌは、併合間もないこの東部国境地帯の辺縁の領土で、有能な地方長官として機動力ある優れた政策を示し、エリート官僚としての手腕をいかんなく発揮することが強く求められていた。レオポルド一世による短い統治の後、依然としてフランスの諸制度の確立の遅れていたロレーヌで、国王から委ねられた大権を駆使して「フランス化」のミッションを果たすというこの課せられた使命を、彼は間違いなく自覚していた。

### （2） エタンの補佐による現状報告

では彼が派遣されてきたとき、助産の領域においてロレーヌはいかなる現状にあったのか。ロレーヌはアントアーヌ・ガレジエールにとって全くなじみのない土地ではなかったが、助産については調査が必要であった。ロレーヌは、正式に併合される以前である一七三八年からすでに全体が三七の補佐管区（Subdélégation）に分けられ、その区分が併合後にも引き継がれていた（図2―2参照）。アントアーヌはそれらの各管区の補佐に命じて、助産についての現状報告をさせている。(36) ロレーヌでも地方長官補佐は、地方長官の直属の部下となって働く王国役人であり、管轄地域の事情

▨ メッスの総徴税管区
□ ナンシーの総徴税管区
▫ 総徴税管区の主邑
○ 地方長官補佐管区の主邑

周辺管区
西部・南西部：シャルヌ・シュル・マルヌの総徴税管区
南　　　部：ブザンソンの総徴税管区
東部・東南部：アルザスの総徴税管区

パリ地理学地図製作センター（C.N.R.S.）&歴史学研究センター（E.H.E.S.S.）製作（1966年）

**図 2-2　フランス革命直前のロレーヌ　補佐管区**

出典：Cabourdin, Guy, *Les temps modernes: 2 De la paix de Westphalie à la fin de l'ancien régime*, Édition serpenoise, Nancy, 1991, p. 215.

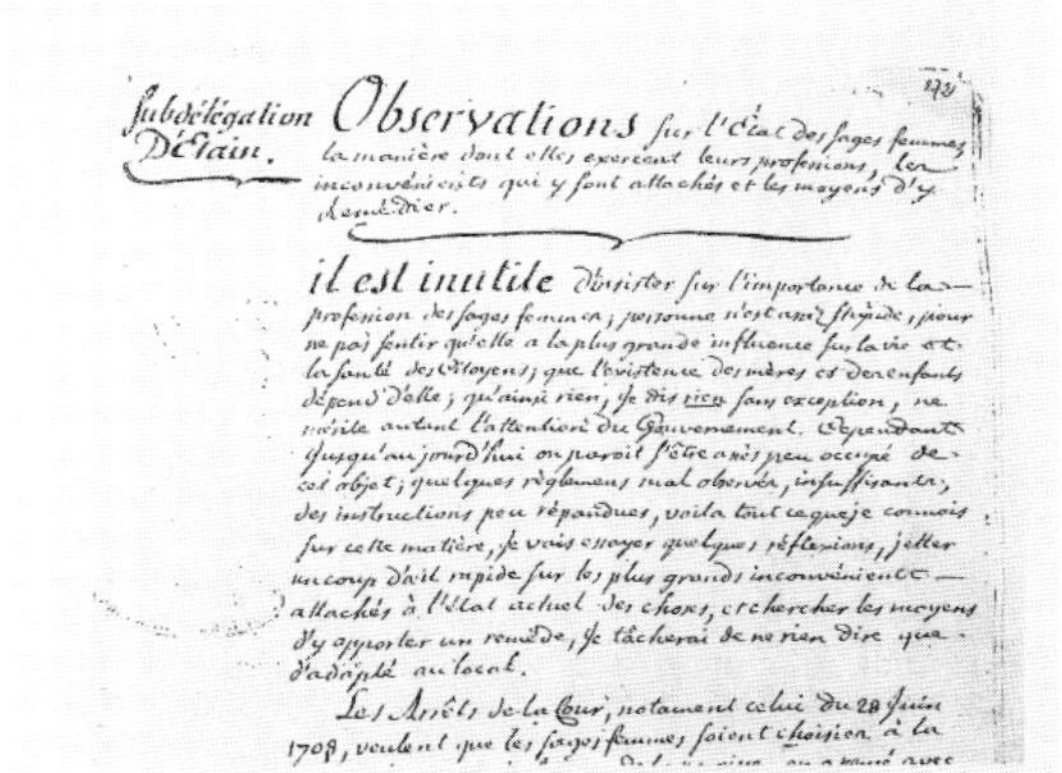
Subdélégation d'Etain. Observations sur l'état des sages femmes, la manière dont elles exercent leurs professions, les inconvénients qui y sont attachés et les moyens d'y remédier.

il est inutile d'insister sur l'importance de la profession des sages femmes; personne n'est assez stupide pour ne pas sentir qu'elle a la plus grande influence sur la vie et la santé des citoyens; que l'existence des mères et des enfants dépend d'elle; qu'ainsi rien, je dis rien sans exception, ne mérite autant l'attention du Gouvernement. Cependant jusqu'aujourd'hui on paroit s'être assez peu occupé de cet objet; quelques réglemens mal observés, insuffisants, des instructions peu répandues, voila tout ce que je connois sur cette matière, je vais essayer quelques réflexions, jetter un coup d'oeil rapide sur les plus grands inconvénients attachés à l'état actuel des choses, et chercher les moyens d'y apporter un remède, je tâcherai de ne rien dire que d'adapté au local.

Les Arrêts de la Cour, notament celui du 28 juin 1708, veulent que les sages femmes soient choisies à la

**図 2-3**　エタンの地方長官補佐の「意見書」

出典：Archives départementales Meurth-et Moselle, Nancy, C 314, p. 1. 冒頭部分のみ.

に通じている在地の有力者から選ばれる。地方長官の命令はまずこの補佐に伝えられ、この補佐からさらに住民共同体を代表する村代表や司祭に伝えられる。そして、地方長官からの要請に応えるのが補佐の仕事である(37)。

図2―3の書簡は、そうした調査の過程で残された文書であり、ある補佐が地方長官に宛ててしたためた報告書の控えである。それは、文面によると、エタン（Etain）の地方長官補佐（Subdélégué）が地方長官アントアーヌ・ド・ラ・ガレジエールに宛てて書き送った「意見書(38)（Avis）」である。エタンは補佐管区の主邑であり、この補佐はそこに在住し、ナンシーにいる地方長官に宛ててエタンの現状と助産婦の養成についての意見を書き記している。ここから当時のロレーヌの農村の助産者の現状と補佐の認識を読み取ることができる。その内容を検討してみよう。

「意見書」の表題は「助産婦の確立状況についての考察――その職務の従事法とそこに結びついている支障とその改善方法(39)」とある。この手稿文書には日付がないため、正確な作成日や発信された時期については不明である。書き手は、一七三〇年発布の王国の外科医についての規定には不満であると述べる一方で、この地の助産婦について報告することを一七七〇年六月二九日の命令によって要請されたと明記しているので、こうした文面からすると、この書簡が執筆されたのは、一七七〇年六月二九日より以前ではない。またこのエタンの補佐は、本章第1節でも触れた一七七三年八月のヌシャトーで行われたマダム・デュ・クードレの巡回講習会や、その後一七七八年にサン・ディエで行われた第一回目の助産婦養成講習会開催の試みについては一切言及していない。こうしたことから総合すると、文書の執筆時期は、一七七〇年六月末より後であり、どんなに遅くても一七七三年八月より前のはずである。

全体は七頁ほどの文書である。ここには当時のエタンの補佐管区内の助産婦・産婆に関する状況が述べられており、そこに生じていた不都合／支障とそれらをどのように解決していけばよいかについての方策が具体的に提案されている(40)。同様の報告書が他の補佐からも提出されていた可能性は高いが、今のところこの種の報告書はこれ以外にみつかっていない。そこでとりあえずは、このエタンの地方長官補佐の報告に立ち入ってその内容を詳しく分析してみよう。エタンはロレーヌの北部にあり、メッスの北西約八キロメートルに位置する。ドン・ジェルマンからは距離的にかなり隔たりがある。

文書は最初の頁の左肩にエタンの地方長官補佐からのものであると記され、表題は本文よりも大きく書かれている（図2―3参照）。冒頭の文章は助産婦という職務が母と子の命にとってまことに重要であり、統治者の注意を引くに値するものであると述べることから始まり、しかしこの職務はここでは十分に確立していないと嘆いている。また一七三〇年に発布された王国の助産婦に関する規定七七によると、助産婦職に就くものは試験を受けるために教育を受ける必要があり、その際、試験による判定がないとしても何らかの見習いをしていれば通常の誓約を行うことで助産婦として受け入れられるとあるが、エタンではそうした見習いによる教育を受けた助産婦も一人としていない。農村では女は教育を受けることも試験を受けることもできないと述べ、現状を嘆いている(41)。

〈女房たちの多数決による選択の広がり〉

続いて彼は、さらなる地域の実情の説明に入っていくのだが、最初に述べているのは、半世紀前のロレーヌ・エ・バール公国の時代に公国の最高法院によって下された一七〇八年六月二二日の決定に関してである。それは、教区の女房たちの多数決で選ばれた女が教区の産婆になることが命じられている。この選択方法があるために、この地域では女房たちに一番気に入られている者がその教区の助産婦に選ばれる仕組みになっているのだと補佐は言う。そして「それはそれで非常によいことであるし、理のあることでもある」と肯定した上で、しかしそのために「外科医の学校で選ばれた者や大都市の助産婦のように教育を受けた助産婦を教区に設置できないのだ」と言う。「深刻なのは、最も有能で正直で賢い者が選ばれていないことである」とも言い、「票（voix）を得るのに成功するよう策を弄するのがうまい者が選ばれている」ともある。(42)

このロレーヌでの最高法院の判決については本書第4章においてあらためて取り上げるためここでは詳細は省くが、ここからわかるのはエタンの補佐管区では一七七〇年代にも教区の産婆／助産婦がその教区の女房たちの多数決で選ばれていたことである。

エタンの地方長官補佐は、こうした選任のルールが存在することを指摘しつつ、同時にこうした女房たちの選択にだけ任せておいては「不十分である」とも指摘している。その理由は、こうした選任の仕方では、この職業に村や教区の最も貧しい者たちしか選ばれないからである。なぜ選ばれないかというと、この仕事の給金がわずかであり、報酬も十分支払われないため、極貧の女しかこの仕事に就きたがらないからで、「助産に手を貸している貧しい女たちは、気の毒なことに、しばしば自分自身にも欠損のある可哀そうな人たちなのだ」とも述べる。しかもそうした極貧の女たちは、「女房たちの秩序に屈服しやすいため、その求めることにやすやすと従い、ぞっとするような不快な仕事にも利用されやすい」と説明している。補佐によると、富裕な階層の女はこの仕事に就きたがらないのであり、それは「仕事が不快でとても嫌気がさす」からであり、「下着や布を洗うことを強いられて、一片のパンしか報酬がない」からだという。つまり報酬が低いがゆえに富裕な者のなり手がいないというのである。(43)

補佐はまた次のようにも述べて、産科学の知識が重要であることを力説している。

助産の技術はまことに骨の折れる仕事であり、ディオニやモリソ、ウィーンスローのたゆまぬ研究対象となっている。教育も規律もないのに、偶然なっているだけでそれが行使できるはずがない。身体や体内の胎児の形成、位置についていかなる概念ももたないでそれについて考えることはできない。そこからあらゆる事故や奇形の子が生まれ、倫理に反する体つきの人間や愚かで頭の悪い人間のすべてが生まれてくるのである(44)。

ここでは外科医のフランソワ・モリソ（François Mauriceau 1637–70）やディオニ（Pierre Dionis 1643–1718）、ウィーンスロー（Jacques Bénigne Winslow 1669–1760）の名前があがっていることに注目しておきたい。モリソは、一七世紀末には名声を確立し、妊婦の病や難産の具体的な対処法を理論的に解き明かした助産学の祖としてヨーロッパ中に知られていた。パリの外科医ピエール・ディオニは王立植物園に勤務した解剖の権威であり、ウイリアム・ハーヴェイの血液循環説の擁護者であるとともに、巷では王妃マリー・テレーズの主治医として知られてもいた。ウィーンスローとは、同じく王立植物園の教授であり、パリで解剖学の教授として活躍したオランダ人内科医ジャック・ベニーニュ・ウィーンスローのことである。彼らはみな、一七世紀後半から一八世紀前半の外科医であり、当時広く知られていた権威ある助産に関する外科医や内科医である(45)。エタンの補佐は少なくともこうした一八世紀前半までの著名な産科学者について知識をもっていたと言える。

しかしこの時代の外科医たちの行う助産については必ずしもよいと考えていたわけではなく、外科医たちが何が何でも施術をしたがることで、母子を死に至らしめていることを、次のように述べて憂いている。

啓蒙の光を信じる諸村の外科医も、無知ゆえに同じくらい危険で助産婦よりももっとひどいことを多くしているのを認めなければならない。……助産婦はたまたまなっているだけで何の規律もないのは確かだが、彼女たちは自然に逆らわない限り、働きかけてやればいつでも賢いものである。逆に外科医たちは何が何でも施術をしたがり、自分たちの知識を利用しないではいられない。その結果、彼らは母と子を殺してしまう(46)。

結局のところ、このエタンの補佐は、女房たちが多数決で助産婦を決めている現状が、それだけでは十分ではないと指摘しつつも、既存の方式をすぐさま撤廃し、外科医の助産に委ねてしまうことを求めていたわけではない。彼は「彼女たちは自然に逆らわない限り、働きかけてやれば、いつでも賢いものである」と述べて、女房たちに期待するところもあり、「何ら秀でたところもなく、何の配慮も与えられていない」この職業の社会的地位を高め、より裕福な階層の女たちによってこの職業が占められていくようにすることが必要だと認識している。彼は、既存の選任のルールそのものをただ批判しているのではなく、職業の地位が低いことに問題を見ていたのであり、助産婦の地位を高めることで、貧しい者たちが自然にこの職業から閉め出され、出産の場が質的に改善されていくと考えていたのである。

### (3) 多数決による選任との折衷案の提案

こうした現状認識から、このエタンの地方長官補佐が改善策として提案しているのは、次のような教育プログラムの設定であった。まずは、一七七〇年に印刷出版されたロッタン氏の助産に関する書物を、村の費用で備えることを命令によって義務づけること。助産婦となる女は、それゆえ「読み書き」のできる女でなければならない。司祭や地方長官補佐あるいは地方長官は、回状を通じて女たちの受けた初歩的レッスンを報告させ、いくらかの教示を行った後で、その女を内科医や外科医の第一人者のいる管区中心地に送る。そして彼らの前で、女にその本について説明させるという(47)。

またこうも述べている。その教区の女房たちの選んだ女には、その眼の前で解剖を行い、内科医と外科医に一ヶ月間の講習を行わせ、その際、すべての助産婦がその講習に一―二回は出るように義務づける。内科医と外科医がその女は大丈夫だと判断したら、良質な装丁の資格証明書を彼女たちに与える。それを地方長官補佐に見せることで登録がなされる。それから司祭のところにも行かせて、文書記録課に登録させる。彼女が亡くなったときにそれを地方長官補佐に報告するのは村総代であり、その後任を埋めるのは司祭であると。またこうした教育システムに必要な費用のすべてを負担し創出された新しい助産婦に見合った報酬を支払うのは、村や小教区であると(48)。自分が提案しているようなやり方で「〔女房たちの〕選択が認証される」なら、こうした由々しきことは防げるだろうと言う(49)。何とも事細かな説明であり、彼は真剣に実践のための道筋を縷々考えて具体策を提案しているのである。

またエタンの補佐はさらにこうも提案している。助産婦が亡くなった後にも、再び別の産婆がその仕事に就くことがないように、常に二人選んでおいてはどうかと。一人はすぐに職務に就くが、もう一人は年齢の若い女を選んでおき、最初の助産婦が亡くなったらすぐに仕事を引き継ぎ、彼女の下で教育を受ける女をまた一人選ぶ。こうすれば産婆（matrone）が不在になる危険を防ぐことができる、そうすれば多数決だけで能力も資格もない女がこの職務に就くような不都合にさらされることもなくなるだろうというのである。

結局のところ、このエタンの地方長官補佐にとって、問題は多数決による産婆の選択の原理が定着していることそのものにあるのではなく、選ばれている者が何の教育も受けていないことにあり、それゆえ彼はこの選択原理で選ばれた者に、その選択の後に必要な教育を受けさせ、試験もして、十分な育成を図り、同時に地位も高めていくことで、この制度を引き継ぎながら、よりよい方向へと改善していけると考えていたのである。つまりこのエタンの地方長官補佐はレオポルド一世の作り上げた秩序に一定の理解を示しているのであり、それに対して必ずしも敵対するわけではなかったと言える。そしてこれこそが在地に生きる、現場を多少なりとも理解していた地方長官補佐の考えであった。

ただし、この補佐が理解していないこともあった。彼は選ばれた産婆が教育を受けていないのなら、後から教育を施せば問題は解決すると考えていた。また貧しい女しか産婆のなり手がいないことが問題なので、貧しさゆえに彼女たちが教区の女房たちの言いなりになり、よからぬことやぞっとすることにも手を染めると見ていて、そうならないように、産婆の地位をひきあげ、報酬も十分出して、富裕な者がこの職業に就くようにすればよいのだと述べ、現状をわりあい楽観的に見ている。しかし彼はその「よからぬこと」や「ぞっとするようなこと」の中身については一切立ち入っていない。あるいはまた教区の女房たちに気に入られている産婆とはどのようなものかについても、貧しいがゆえにやすやすと女房たちの言いなりになる、とか、「策を弄して」票をうまく集めた者が産婆になっているなどと表層的に非難するだけで、その背後に何があり、どういう問題が潜在していたのかには全く想像が及んでいないのである。補佐は、自分が提案しているようなやり方で「〔女たちの〕選択が認証される」なら、こうした由々しきことは防げるだろうとも言う(50)。要するに、産婆になるものは無知なので、教育を施し地位をあげていけばもっと質の良い女が産婆に就くようになり、それで問題が解決すると見ていたのである。

しかし実際には、助産の場の現実はそれほど単純なものではなかった。第4章で扱うロレーヌ南部ドン・ジェルマンの事例でも触れるように、その背後には、未洗礼死産児の埋葬の問題が横たわっていたからである。また難産で、母子ともに危なくなったときには、母親の命だけでも助けようと、暗黙の裡に子どもの命が犠牲にされることがあった。こうしたことにも理解を示し、いざというときに果敢に対応してくれる者こそ、女房たちが必要としていた助産者であり、それは教会で誓約し、ただただ教会の教えに忠実なだけの産婆には期待できないことだったのである。

## 第3節　サン・ディィエの助産術講習会の開設に向けて

さて、今見てきたエタンの地方長官補佐が、助産の現場の何をどこまで知っていたのかは定かではないが、彼は、少なくとも地域の事情をある程度尊重する立場から、この地域に広がっている多数決による産婆の選択方法が容易に無視したり廃止したりできない根深いものであることを彼なりに察知していた。だからこそ、今やレオポルド一世の統治期に法として認証され普遍的な規則となってもいるこの選出方法を、無下に否定するのではなく改善し維持する方向で生かした方が得策であり、現実的であると考えたのであり、これを踏まえた提案を行わなければうまくいかないだろうと認識していたのである。おそらく在地に生きる役人の感覚とはそのようなものであったと考えられる。

では、こうした在地の地方長官補佐が提出した現状認識や提案を、地方長官ガレジエールは十分に理解し、多少なりとも受け入れる可能性はあったのだろうか。答えは否である。それは未洗礼死産児の問題を温存することになるという宗教的な理由からだけではなく、より政治的な判断に基づいていたと考えられる。というのもこの産婆を女房たちの多数決で決めるという原則はレオポルド一世の統治時代に判例として規定されたものである。後に詳しく見ていくようにより多数の女房たちの選んだ産婆の正当性を認証した一七〇八年の判決は、王国の側から見て、この時点ではもはや過去の遺制にすぎず、尊重するに値するものとは考えられていなかったのである。フランス王国はフランス法を練り上げるに際して、地域慣習を尊重していく方向性をもっていたが、ロレーヌやアルザスの内部に存在する慣習に対しては、ほとんど目を向けなかったというのが実情である。それはこの地域に対する理解が浅いこともあるだろう。また慣習法を摂取しつつ普遍化していくには、この地域が王国の他地域とあまりに異なっていたからでもある。おそらく有能なエリート官僚であるガレジエールがそうした地域的な慣習法の存在を全く知らなかったはずはない。しかしエタンの地方長官補佐の認識がどれほど現場に即したものであったとしても、それを受け入れることはこの地域のフランス化を画策する立場からは、むしろ受け入れがたいものでもあり、補佐の認識をにわかに共有することはできなかったのである。

ただしフランス王国の「フランス法」確立の基本原則がこうした既存の地域法や慣習法を十分に理解した上でそれらをフランスの普遍的な法として吸収し練り上げていくことにあったのだとすれば、こうした遺制もまたより包括的な視野に立ってフランス法として練り上げ包摂していくことを、少なくとも検討する余地はあったのではないか。しかしこの地方長官アントアーヌ・ガレジエールは、そうは考えなかった。ガレジエールがこのエタンの補佐の報告を読んでいたとしても、こうした選出方法を尊重することは、地域内部に潜在する古い慣習を温存することになり、ただでさえフランス化の難しい地域であるがゆえに、こうした現状に存続の可能性を残すことは、できれば避けたいと考えたであろう。ましてやレオポルド一世の存命中に出された判例が判例集として印刷されて残されている以上、これに与し、その存続を許すとすれば、レオポルド一世の統治下の他のあらゆる法令にも生き延びる余地を与えてしまう。ガレジエールとしては問題の重要性がわかるがゆえに、ここには手を触れないことがベターであると考えたに違いない。

### （1）王立外科学校の外科医たち

ガレジエールは助産術の無料講習会の開設を急務と考え始めるが、方法についてはなお暗中模索であった。エタンの地方長官補佐の報告は助産婦の養成の必要性をますます確信させはしたものの、彼の提案をそのまま受け入れることはできなかった。大きな手がかりとなったのは助産婦の師範マダム・デュ・クードレの全国巡回講習事業である。デュ・クードレの全国行脚については、すでに本章第1節において概要を触れているように、彼女の巡回が王国の支援のもとで動き出すのは一七六七年であり、それがロレーヌにまで到達したのは、それから六年後の一七七三―七四年のことである。地方長官ガレジエールはおそらく、国王の許可のもとに全国を巡回してきたデュ・クードレを受け入れ彼女の実演講習会の開催に協力し支援するなかで、ロレーヌでの独自の講習会のイメージを得ていったと考えられる。

まず、ロレーヌの外科医について見ておくと、ナンシーにはもともと施療院と王立の外科学校があったが、王立の外科学校ができたのは一七七一年のことである。学校の置かれた場所はレオポルド一世統治下の一七二七年以降「感化院」としてあった施療院で、そこには放蕩娘や浮浪者（男も女も）が収容されており、なかには梅毒患者や身寄りのない妊婦もいた。それが一七七〇年にルイ一五世の命により「王立浮浪者収容所」となり、翌年そこに王立外科学校が置かれたのである。そこは患者に事欠かない。外科医や産科医にとっては施術の経験を積むことのできる格好の場所でもあり、後に王立外科学校の主任外科医となるスタニスワフ・リシャール・ピエロ（Stanislas Richard Piérot 1727–73）もここで一七七一年から一七七三年に実際に助産を行っている。一方、ヴェルサイユの特許状により、一七七〇年に助産婦の受け入れに関する規則が、翌一七七一年一一月二〇日には王国の外科学校一般に関する規定が、ロレーヌにも適用されることになった。外科学校の規定はフランスではすでに一七〇一年から一七三〇年の間に交付されていたものであるが、正式に併合されるまではロレーヌには適用されていなかった。それが遅ればせながら、ロレーヌにもようやくもたらされたのである。したがってこの一七七一年という年は、ロレーヌの外科医が王権の下に組み込まれていく転換点でもある。

これを受けてこの時期、デュ・クードレの訪問以前であるが、一七七一年にナンシーに設けられた上述の王立外科学校において、上記の主任外科医ピエロにより助産婦および外科医を対象にした助産術講習会が計画されていた。しかしこの講習会は、講習を受ける生徒が自己負担で一〇―四〇リーヴルもの高額な授業料を支払わねばならず、不人気で生徒が集まらずうまくいかなかった。規則もかなり拡大解釈して行われていたようで、本来は二年間の見習い期間のはずが、実際には二ヶ月足らずで修了していた(51)。助産婦の教育が思うように進まない状況を、この時期、地方長官も憂慮していたようで、ピエロが一七七三年五月三一日に亡くなると、地方長官ガレジエールはついに、助産の無料講習会の開設を本気で考え始めるようになる。デュ・クードレがやってきたのはちょうどその頃のことであった。外科学校の助産婦講習会が本格的に稼働するのは、デュ・クードレの訪問を経た後の一七七四年になってからのことである。

ちなみにこの王立外科学校の外科医たちはデュ・クードレの講習会に協力的であった。それは当時この外科学校での講習会が軌道に乗らなかったからだけではなく、この学校の外科医と王権との間にすでに密接な関わりができていたからでもある。というのも、この外科学校の主席外科医ニコラ・ディドロ（Nicolas Diderot）が、一七七〇年に『自然出産および難産において女を助産するための、助産婦に向けての教育あるいは確かな方法』と題した助産婦向けの書籍を出版しており、これを地方長官ガレジエールに献呈していたからである(52)。外科学校の外科医と地方長官ガレジエールとの間には、このときからすでに緊密なつながりができていた。このディドロの書は、妊婦に産前産後の備えについての謬見を正すということよりも、助産する側にある助産婦に助産の仕方を教える指南書であった。ディドロは序文で「私が、その悲しい光景にしばしば居合わせたことのある、限りない不幸への改善策を思いついたのはまさに助産の実践を行っているときである」と述べ、さらに「ここ〔自分の著書〕には、モリソのような（un Moriceau）、ラモットのような（un Lamothe《sic》）、ディヴェ《ママ》ンテール（un Diventer《sic》）のような、ルヴレ（un Levret）のような、そういった人たちの筆によるものは何も出てこない。そのような有名な不朽の著者たちは外科医たちのために書いたのだが、私は女たちのために、村の女たちのために書いている」とも述べている。ディドロはまた自分の書いた書物が外科医に向けてではなくロレーヌの助産にたずさわる助産婦たちに向けて書かれていることを強調し、農村にはびこる助産婦の無知と蒙昧を繰り返し指摘してもいる。したがって地方長官がこれを読んで、外科医ではなく助産婦の現状をますます憂慮したことは十分に考えられる。

この書物はいったいどのような内容をもっていたのだろうか。その後、ガレジエールの下で開催された助産術の無料講習会にもロレーヌの産科医たちが加わっているので、このディドロとその助産術の中身についても少し見ておきたい。

ディドロは、レオポルド一世の死後ポーランド王でロレーヌ・エ・バール公を継承した故スタニスラスの主治医を務めていたことがあり、出版当時はブリュイエール病院の主任外科医でもあった。専門は必ずしも産科ではなかったようで、後に骨の病気であるカリエスについての研究報告で一七七三年八月三一日に外科学校の教授に迎えられている。彼の同時代には、他にも優れた外科医がいた。[53] そのなかには、後に他の都市で助産の講習会を開いた者もいる。しかしデュ・クードレの訪問の前後に、助産そのものの領域でこうした書物を残した者は、ディドロと後に触れるソースロット・ニコラ（Saucerotte Nicolas 1741–1814）をおいて他にはいない。ディドロはパリの王立協会のメンバーであったわけでも、彼自身がパリで学んだわけでもないが、その著書のなかには体内の胎児を描いたユニークな挿絵もあがっており、助産に関わる書物の出版という点では、ロレーヌでの数少ないパイオニアということになる。そこでディドロの叙述を少し見ておくと、ディドロは上述の『助産婦に向けての教育』の序文において次のように述べていた。

もしも助産婦が思慮に富み外科医兼助産医に教育を受けているならば、子どもの体の腕が出てきたときにそれらを引っ張ったりはしないし、それでは生まれないことがわかるだろう。子がその位置にある女を生ませることができないと分かったときには、その助産婦は外科医を呼ばせるだろう。だが、許しがたい無知のゆえに、その腕を力いっぱい引っ張って生ませるよう促され、その動きによって出産をいっそう難産にしてしまう。むなしい努力の末に子どもを切断し殺めてしまうのである。彼女たちが母親をこの上もなく危険な状態にしている……。[54]

ディドロのねらいは、これまでの助産婦がいかに誤った偏見や思い込みから間違った助産をしてきたかを明らかにすることにあるが、言っていることは、すでにモリソやモケ・ド・ラ・モットがさんざん主張してきたことと変わらない。ディドロの著書はいくつかの章に分けられていて、その叙述のねらいは、出産の徴候から始まって妊婦の扱いや、出産の過程を説明することにあり、内容はきわめてわかりやすい。しかし、わかりやすい分、既存の知見をかなり粗雑に簡略化しているという印象も免れえない。たとえば、ディドロの書物の第五章には、以下のようなことが書かれている。「もしも頭がはさまれていて、つまり産道にひっかかっているならば、Tenette anglais とか Forceps と呼ばれる道具を使わなければならない」、「他方、後産が先に出てきたら子は死んでいる」「出血が多量なら、四肢を切断することが重要である」、「体の震えについては、それはしばしば子どもの死に原因がある。だからそのための方策として分娩の方法が考慮されている」等々。ここで「Tenette Anglais とか Forceps」とあるのは、この時代にヨーロッパ中に流布しつつあったスメリやルヴレの鉗子をさしている。(55)

ディドロがこの時代の助産術として広く知られていた方法やさまざまな知見に通じていたことは間違いない。彼は助産や産科学の先人たちの書物にも触れ、そこから多くを学んでもいただろう。その結果、ディドロの書はパリの王立外科学協会などが推奨していた助産についての考え方や知識と何ら変わらなかった。既存の知見の簡略版のようなものでもある。だからこそ逆にガレジエールはディドロの書を違和感なく受け止めることができたのであり、また歓迎すべきものともとらえたのであろう。

もう一人だけ、上述のソースロット・ニコラ（Saucerotte Nicolas 1741–1814）にも触れておきたい。ソースロットは、デュ・クードレの訪問の後であるが、一七七六年に『妊婦についてのいくつかの偏見や誤謬についての考察』（以後『偏見や誤謬』と略す）を上梓している。(56) これは三つのパートからなり、第一部では、お産を軽くするために助産婦が妊娠中の女にしてきたさまざまな助言、たとえば腹帯や妊婦の腕や足になされる瀉血、嘔吐や下剤、浣腸や湯浴み、護符、食事や手触り、際限のない運動や歩行といった方策がすべて迷信であることを述べている。第二部では、今度は産後の女にされてきたさまざまな助言を同様に蒙昧として批判している。第三部では、月足らずで生まれた子にするとよいとされてきた、顔をこね回すことやあまりに迅速な出産、金目当ての乳母、産着（maillot）の誤謬、聖石（omphalocele）の皮膚への縫合といったふるまいを同様に誤謬として批判している。これらはすべて助産婦が流布させているものとして語られ、助産婦の無知蒙昧が論難されているのである。[57]こうした批判は、すでにモケ・ド・ラ・モットの時代からあり、アンドレ・ルヴレに至るまで繰り返されているものでもあり、決して新しいわけではない。

ただしソースロットは輝かしいキャリアをもっていた。ソースロットは一七四一年六月一〇日、国王塩税の徴税請負人を父に生まれ、エピナルのイエズス会の学校に学んだ後、パリに行き、一七六〇年から一七六二年まで当時の王立外科学協会の著名な産科医アンドレ・ルヴレの下で「鉗子の用い方（Manuel de Forceps）」についての実演講習を受けている。その後、一七六二年、二一歳になるかならないかの頃に外科学の師範の資格を得て間もなくポン・タ・ムソンの学部で修士号も取得している。その後、一七六四年になるとスタニスワフの主任侍医に任命され、翌年リュネヴィルで年金付き外科医の身分となる。一七六六年三月八日にスタニスワフが亡くなったときにもその検屍を行い、所見を王立外科学校に送っている。一七七三年八月三一日にはパリの外科学協会のメンバーに「優秀準会員（associé regnicole）」の資格で受け入れられ、また一七七五年一二月一九日付でナンシーの王立外科学校の名誉会員にも任ぜられた。そして一七七六年に上述の書物を出版している。ソースロットは一方では切石術で名を知られた外科医でもあるが、同時にパリのルヴレの傍らで学んだことのある鉗子分娩の専門家でもあったことは特筆に値する。このことはこの外科学校の外科医たちがすでにパリの外科学協会や産科医らと密接なつながりをもっていた証であり、助産の技法や知見をそこから摂取していたことを示している。

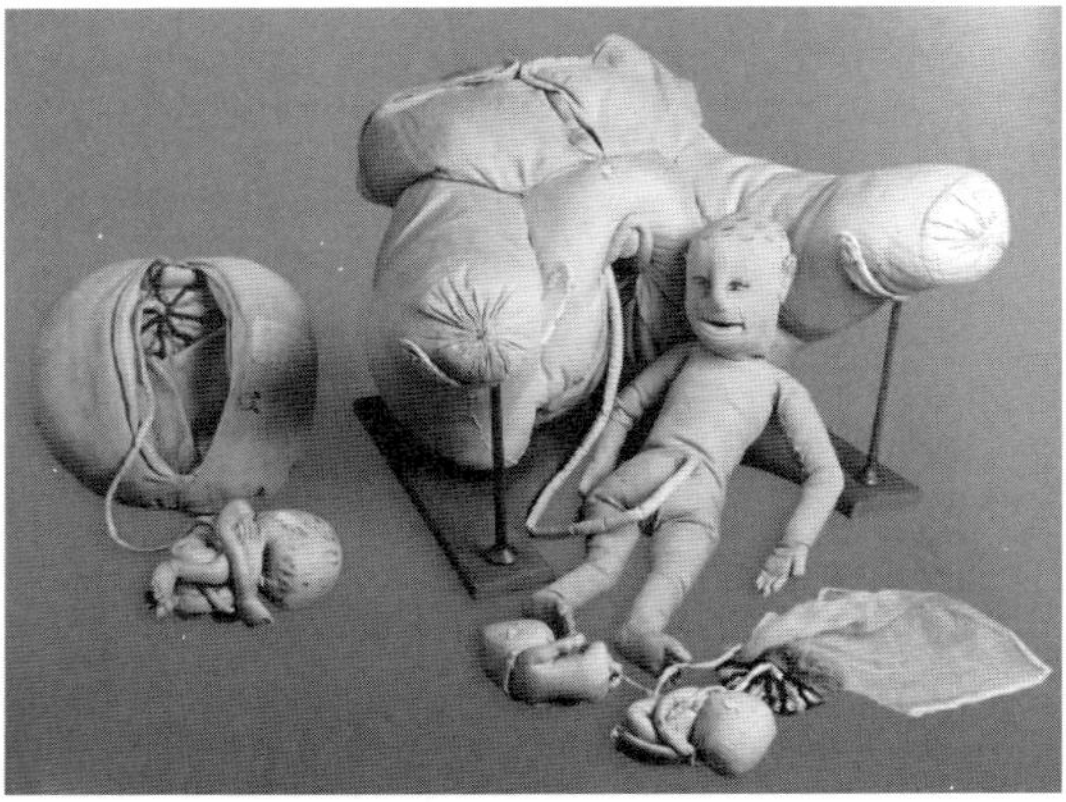

図 2-4　“幽霊”――マダム・デュ・クードレが巡回講習会で用いた人形模型

**（2）マダム・デュ・クードレの巡回講習会の受け入れ**

デュ・クードレは、王から特許状を得てからはいつも二人の外科医に伴われるようになっていたが、彼女の授業は斬新な実演講習によって進められ、そのやり方はユニークで好評を博していた。というのも彼女は「幽霊（fantôme）」と呼ばれた布製の模型（図2―4）[58]を作り、その人形を使って、産婦の身体の一部と体内の胎児の姿をシミュレーションしつつ視覚的に分かりやすく説明する講義を行っていたからである。これによってデュ・クードレは、助産の理論や知識を言葉で語り文字で読むだけではなく、人体模型を使って実際の助産の様子を見せながら講義を行った。[59]

この人体模型による実演授業の方法はもともと彼女が発明したものではなく、一七三〇年代にすでにグレゴワールという産科医が外科の生徒に教えるために考案していたものでもある。デュ・クードレは、農村の女たちに教えるのに知識や理屈だけではうまくいかないことを経験的によく知っていて、よりよく教えるにはどうすればよいかと模索していた。そんな折、一七五五年に自ら一念発起し近隣の女たちに助産の奥義を教えるようになってからのことであるが、ふと、このグレゴワールの方法に思い至りこれを利用することを思いついたという。模型を使って教えれば、それまで産婆が見習いや経験を経なければ体得できなかった助産の奥義をヴィジュアルに見せながら教えることができるだろう。また思い浮かべるだけでなく、実際に一人一人にもやらせてみて、手の用い方や触診のイメージについてもリアルに疑似体験させながら、必要な助産術を手に覚えさせ、その施術を身をもって体得させることができるとデュ・クードレは考えた(60)。

現在その人体模型はルーアンのフローベール医学史博物館に保存されており、実際に目にすることができる。それを見ると、顔や胴体、腿から下の両足のない局部だけをクローズアップした産婦の膣口部の模型と、そこから出てくる赤ん坊の姿を模した模型の二つの部分からなり、膣の開口部から今まさに子どもが出てこようとする瞬間を動的に示すことができる。この子どもの模型は中から外へと取り出せるので、膣口や子宮の様子、子どもの動いていくさまをこれらの動きに合わせて動かし、リアルに示しつつ説明できる。またもう一つそれとは別に、羊膜と胎盤をつけたまま両手で頭を押さえてうずくまっている子宮内にいる胎児の姿を模した模型もあり、へその緒を介して胎盤とつながり、羊膜のなかにどのようにして胎児がいて育ってきたかを、これまたリアルに想像させうるような模型もある。素材は、どちらも麻布と絹のタフタが用いられ、丈夫でしなやかであり、皮膚は肌色になっている。人形とはいえ、よくできた模型である。製作者の側に、解剖学の知識や人体内部のメカニズムへの深い理解と洞察があることが見てとれる。

この人体模型はムーランで行われた講習会の覚書にも素晴らしい装置であると絶賛された(61)。この人体模型はロレーヌでの実演に居合わせた関係者に大きな反響を呼び起こしたようで、ナンシー王立外科学校の教授陣もこれを高く評価し、一七七三年、この「幽霊」を他の道具と一緒に九九リーヴルの高値で購入している。それほどにこの教授法は斬新であり、助産技術の神髄を的確に教えるに足る装置と判断されたのである。

ロレーヌでの最初の講習会は、ヌシャトー（Neufchâteau）で一七七三年八月から行われた。それは二ヶ月にわたって行われ、エピナルにまで及ぶ近隣農村からたくさんの女たちが集められた。講習会は翌年にはナンシーでも場所を変えて行われ、これも成功を収めた。そのため、同年中にさらにもう一回開催されている。地方長官ガレジエール自身も、農村から二〇人ほどの助産婦が参加してきているのを実際に目にしている。生徒たちは人体模型を使って学び、練習し、その後にそれぞれ順に実際に生きた生身の女の助産を体験したのである。講習会の参加者のなかには、自分の助産術を完璧なものにしたいと願う何人かのロレーヌやバロワの外科医も混じっていたという。地方長官は、貧しい外科学生には移動のための費用を出すことも決めていて、[62]その年、講習会に協力したナンシーの王立外科学校の予算から宿泊所や交通費として三三〇リーヴルが支払われている。[63]この王立外科学校では、このため一七七四年に総額一二〇七リーヴル五ソルもの出費が記録されている。[64]

講習会に参加した生徒はどうやって選ばれていたのだろうか、どんな女たちが集められていたのだろうか。講習会は当時、ヌシャトーやナンシーで行われたが、そこに滞在するのに必要な宿泊費や食事代など生活費はすべて出身の村に工面するよう任されていた。そのため農村から送り出されてくる人数は限られていた。[65]また仮にヌシャトーやナンシーの近隣に住んでいたとしても、農村の女が二ヶ月もの間、家を留守にして、別の都市にわざわざ足を運び滞在することはそもそも一般的なことではなかった。講習会はしたがって、結果的には、十分に人が集まったとは言えず、既存の産婆の再教育にも、また新しい産婆の養成にも、現実的な成果をあげるところからはほど遠かった。ただし、助産婦の養成を模索していた地方長官や行政官、外科学校の関係者にとっては、助産技術の教育を行うための手がかりを与えたことは確かであり、ロレーヌ独自の講習会を後に開催するためのヒントを提供したのである。

### (3) サン・ディエでの無料助産術講習会の実際

デュ・クードレの実演講習会は参加者こそ多くはなかったが、開催にあたって協力した関係者からは好評を得て終焉を迎えた。一七七三年に先立つ数年前に彼女の訪問が決まった頃から、地方長官ガレジエールは、意欲のある外科医にデュ・クードレの講習会に参加するよう呼びかけていたが、それに応じて熱心に講習会に出ていたサン・ディエの外科医ジョルジュ・ノエルは、講習会が修了した後に、デュ・クードレから次のような証書を与えられていた。

下記に署名を付しましたわたくしは、パリの助産婦の師範でございますが、フランス中に助産技術を実演して示すために国王から特許状および手当をいただいております。只今地方長官殿のご命令により、ヌシャトーにいますが、所属するすべての方々に以下のことを証明させていただきます。すなわち、サン・ディエの外科医で師範であるジョルジュ・ノエル殿は、わたくしの助産講習会を正確に受け継いでおられます。正しく診断ができるだけでなく、難産の場合にまことに成功裏に手術を行い、わたくしがその実演に用いた人体模型の助けを借りて、通常の場合の処置であれ、異常な場合の処置であれ、あらゆる処置を実演して示すことができるよう上達いたしました。

この証明書を彼に送りましたことをここに誓います。

一七七三年一〇月二九日ヌシャトーにて

デュ・クードレの署名(66)

デュ・クードレは、自分が去った後もノエルが彼女に代わって独りでも教えられるほど実演講習の仕方を習得し上達したと認証しているのである。ここでは手技による助産の奥義を助産婦の師範であるデュ・クードレが、外科医に実演して伝授している。ここでは手を用いる助産を外科医が習熟できたことをデュ・クードレが審査し評価する立場に立っているのである。このことを確認しておこう。つまりこの時代には助産のその場に呼ばれるのは出産経験のある女房たちであり、こうした手技を体得していたのも女の助産婦たちだったのである。外科医たちはこうした手技には精通していなかったという証でもある。

少なくともこの時点ではなお助産婦の助産における役割は大きかったということでもある。モケ・ド・ラ・モットのような外科医は依然としてまれであり、こうした伝授が必要であると考えられていたのである。実際、誰でもが教えられたわけではない。教えてよいわけでもなかった。それを他の人が代わって教える場合にはデュ・クードレによるお墨付きが必要だったのである。人体模型はいわばその教えの継承性、正しさをさし示す象徴でもあり、このようなものを残していかなければならないほど、当時は助産術の奥義を教えることは難しいことだと考えられていたのである。ここにはまだ、助産は女の仕事であり、女の方が上手にできる、それを伝え教えることも女によってなされうるという認識が共有されていた。

一方、先にも触れていたように、王立外科学校の主任外科医ピエロの後任で、一七七三年七月二〇日の国王特許状によってその職務を引き継いでいた外科医のジャン・バチスト・ラムルー（Jean-Baptist Lamoureux）も地方長官ガレジエールの呼びかけに応じて彼女の実演講習会に出席していた。デュ・クードレの去った後は、このラムルーがしばらくヌシャトーでの助産講習の授業を引き継ぐよう命じられ、その運営を任されていた。しかしヌシャトーはヴォージュの森の奥深くにあり、交通も不便で、そのためやむなくもう少し便利なところにあるラムルー自身の自宅で講習を開くこともあった。いずれにしても若い娘が参加しにくい状況にあり、講習会も開かれたり開かれなかったりで軌道に乗らず、これは結局のところ長くは続かなかった(67)。

こうしたなかで地方長官ガレジエールは、やがてサン・ディエに場所を改め、無料の助産術講習会の開催へと踏み切る。サン・ディエは国王裁判所のある裁判管区の中心地であるが、この地が講習会の開催地に選ばれたのは、地方長官ガレジエールの兄であるバルテルミ・ルイ・マルタン・ド・ラ・ガレジエール（Barthélmy Louis-Martin de Chaumont de la Galaizère）がこのサン・ディエ司教区の司教を務めていたことにもよる。この司教区はトゥールの司教管区が広すぎることから三つに分割されたうちの一つで、一七七七年にできたばかりの新しい司教管区でもあった(68)。その初代司教にガレジエールの兄が就任していたのである。兄バルテルミは講習会の開催を全面的に支援し、ロレーヌ内の他の司教たちにも協力を要請し、ロレーヌ全土に向けてこの講習会の開催を知らせる通知を送っている。管区内の末端司祭がこれに応え、見習い志願者の決定に携わった。生徒の選出は各小教区司祭に任されていたので、その手順はまちまちであったが、ミサの後で教会に来ていた女たちの間で選ばせたり、司祭が勝手に話をつけて決めている場合がほとんどであった。その際、司祭たちには、一七〇八年のレオポルド一世統治下で出された判決が知らされたり尊重するよう促された形跡はなく、この点が後にさまざまな問題を引き起こす要因となっていく。旅費は村の歳入から賄われたが、それには返済が約束されていた。六週間の宿泊費と食事代は無料であった(69)。

このサン・ディエの講習会で授業を任せられたのが、デュ・クードレからお墨付きをもらっていた先のジョルジュ・ノエルである。この名医ノエルは、勤勉にして知的でもあったらしく、短期間に一一二人もの生徒に授業を行い、地方長官の信頼に値する有能な人物であることを証明した。授業では「あらゆる隠語や方言が飛び交っていた」がノエルは、フランス語でもドイツ語でも教えていたとある。講習会は司教座聖堂参事会員のバロン・デュアールやサン・ディエの地方長官補佐のプチマンジャン、および叙任司祭のドゥルアールに「称賛をもって支援され、成功裏に運営され、秩序をもって進められた」という。途中で帰った生徒は全体で一〇名だけである。食事は授業の行われている司教座教会の神学校で一緒に食べ、生徒たちは二人ずつに分かれて、サン・ディエの都市市民層の家に寝泊まりするよう手配されていた(70)。

一日のスケジュールはこうである。朝七時に集合し、まずは主任助祭が祈りの言葉を発し、続いて生徒たちがミサを行う。八時までに実演教室に入り、正午までそこで学ぶ。一三時に授業が再開され、講義は一六時まで続いた。教授は各生徒に番号を割り振り、それによってほんのわずかな差別や依怙贔屓もなく、生徒は順にレッスンを受け、訓練され、教えられた(71)。

またライバル意識やインセンティヴを引き出すために、サン・ディエ司教は授業の初めに、最もすぐれた学生たちには賞が四つ用意されていて、授業の最後に授与されると告げていた。この褒美を授けるのは、地方長官の補佐プチマンジャンである。

ノエルの覚書によれば、最優秀賞はランベルヴィルから来ていたニコラ・フォルジェの妻マルグリット・ペディルで、人形模型を使っていちばん上手に実演ができたというのがその理由である。しかし講習が始まったときから彼女は、どんな名誉ある卓越化も自分は放棄すると予め宣言していたので、最優秀賞はレミルモン近くのアドルのマリ・カトリーヌ・デュボアに与えられた。何とも素晴らしい心がけである。次の賞はブザンソンの司教管区内のダルネの裁判管区のレニュヴィルに住むジャック・エメの寡婦ジャンヌ・トリーヴに、三番目の賞は、サン・ディエの裁判管区のフレズに住むマルグリット・プチパンに、そして最後の賞はシャテルの裁判管区のレアンクールに住むジャン・バチスト・ブリアーの妻カトリーヌ・バーイに与えられた(72)。これらは競争意欲を引き出すためであると同時に、職業としての誇りを高め、また他者への宣伝の効果も狙っていただろう。司教や地方長官は、何か褒賞が用意されていれば、彼女たちはやる気を出し、教育効果が高まると期待していたのである。出身地に帰ってからも講習を受けたことに誇りをもち、また周囲から羨望と尊敬を集めることで、助産婦になりたがる女が増えていくことが期待されていた。

第一回めが開催されたのは、一七七八年二月一六日のことである。地方長官ガレジエールは、このときすでに一七七七年五月から配置換えになっていてアルザスの地方長官として拠点をストラスブールに移していた。そのため実際に開かれたときには、地方長官は、後任のジャン・フランソワ・ムーラン・ド・ラ・ポルト（Jean-Baptiste-François Moulins de La Porte）に引き継がれていた。しかしこの講習会を準備したのがガレジエールでありその兄バルテルミであったことはまぎれもない事実であった。ここでの開催方法がそっくりアルザスにも持ち込まれたことは、ロレーヌでの実践と、本章第1節で言及したストラスブールの無料助産術講習会（一七七九年）の生徒募集方法や講習会の実際を比較してみれば明らかである。

この講習会は効果をあげたのであろうか。ここでの講習会も教区や村落にさまざまな不和を呼び起こす原因になっている。この講習会を修了した生徒たちは、出身地に戻っても教区の女房たちからは受け入れられなかったのである。アルザスでの反応とほとんど変わらない反応がここでもすでに起こっていた。地方長官ガレジエールは、しかしその結果を見ぬまま、あまりにも早くにアルザスに移ってしまった。そのため講習会がもたらす不和や農村の困惑を十分理解しないまま、同じことをアルザスでもやろうとしていたと言える。

エタンの地方長官補佐が述べていたように、ロレーヌ地方では、産婆を多数決で選ぶという選択方法、そして教区の女房たちの多数の支持を得た者こそが助産婦として承認されるという助産婦選択の原則が一八世紀を通じて生き続けていた。一九世紀になってナンシーに附設された助産婦の養成学校でも、そこで学んだ女たちのなかには、出身地のやり方に従って、居住地の女房たちの多数決で選ばれ、産婆をしていた者が何人か含まれている(73)。この選出方法は時代が変わっても途絶えることなく、連綿と受け継がれていったのである。女房たちの選択をまずは尊重し、彼女たちに選ばせた後に教育を施して農村に戻すという道こそ、あのエタンの地方長官補佐が構想していたものでもあったが、ロレーヌの現状から言えば、それが可能な最善の道であったかもしれない。しかし地方長官ガレジエールの王国への統合という野心はそれを許さなかった。ロレーヌの遺制や女たちの現状に目を向けないまま走り出したプロジェクトは、こうした地域内部に潜在する慣習的前提、実際の日常性のなかで生き続けていた地域法とぶつかり、軋み、その浸透と定着を阻まれていたのである。

＊　＊　＊

以上、地方長官アントアーヌ・ガレジエールのロレーヌでの模索と実践を考察するなかでわかってきたのは、ロレーヌ地方ではレオポルド一世の死後も多数決によって産婆を選ぶ慣習が根強く命脈を保っていたこと、にもかかわらず地方長官はそうした慣習には無頓着であり、あるいはレオポルド一世の時代の遺制には冷淡であったことである。ロレーヌでの講習会はもともとはマダム・デュ・クードレの巡回講習会にヒントを得て始められたものであり、王権の支援のもとで国家事業の一環として展開されたが、ロレーヌではさらに王権とも密接な連携のもとにある王立外科学校の医者たちが中心となって、外科医を中心とした独自の講習会を開設していったことがみえてきた。ロレーヌでの開催と相前後してロレーヌで開設された講習会が、ガレジエールによってそっくりそのままアルザスにも持ち込まれていったのであり、アルザスに開設された講習会は、このロレーヌで行われた講習会の性格を踏襲している。

一方、アルザスには『お産椅子への旅』でも詳細に見てきたように、ストラスブールの市立病院に付属する助産婦学校があり、そこで一八世紀前半からルター派内科医ジャン・ジャック・フリートによって助産婦の養成が行われていた。お産椅子からベッドへという流れにも見られるように、それは家庭出産のための助産婦養成というよりも、病院中心の助産を念頭においたものであり、農村の女性たちへの助産教育はほとんど構想されていなかったと言ってよい。しかし産科学や助産のめざす考え方や実践としては、お産椅子を用いたことを除けば、一八世紀前半のフランスの産科学の認識や実践とそれほど大きな違いがあったわけではない。またこの助産婦教育のための付属学校の場合は、内科医が中心にいて、彼らが外科医からも柔軟に学ぶ姿勢をもっていた。その教育内容はモケ・ド・ラ・モットの著作をわざわざドイツ語に訳して助産婦教育の教科書として利用しようとしたように、解剖経験を重視し、手技を用いる外科医の実践にも真摯に学ぶ姿勢に貫かれていた。解剖実習は都市参事会の反対にあって実現はしなかったものの、市立病院に助産婦のための学校を付設するにあたっての構想案の段階では、助産婦にも解剖を実践体験させるべきだという主張が盛り込まれていた(74)。ストラスブールの実践は、フランスで確立された助産とは、助産婦の位置づけという点で微妙に異なる性格を有していたのであり、そこにはフランスの産科学が学ぶべき実践もありえたにちがいない。

しかしながらガレジエールは、こうしたルター派の都市ストラスブールに蓄積されていた経験には何ら学ぼうとはしなかった。在地のルター派医師たちからの協力を求めることなく、ナンシーの王立外科学校を中心に企図されたフランス産科学の実践をそのままアルザスに持ち込んで確立しようとしたのである。ガレジエールの講習会は、アルザスへの王権の影響力を確立せんと画策していた王権のフランス化の試みであり、フランスの標準的な価値をロレーヌやアルザスにも届け、定着させていくことを企図したものである。そこで教えることを求められたのは、徹頭徹尾フランス王国で積み上げられてきた外科医を中心とする助産方法であって、この時期の王国の産科学者たちの認識や実践に依拠したものである。

ではこの一八世紀半ばから後半にあったフランスの助産技法、施術の中身とは具体的にはいかなるものであったのか、これについては最後の第6章であらためて問い、より包括的視野のなかで詳細に検討していきたい。

# 第3章　隣接事例との比較1
## ――ベルフォール補佐管区の場合

さて、第1章では、数ある紛争のうち関連文書の比較的豊富なモーシュの事例に絞って事件の経緯を示してきたが、そこから二つの謎が浮上していた。一つは「多数決による産婆の選択」という慣習がはたして以前からこの地域に存在していたのかどうかという謎である。また存在していたのだとしたら、それはいかなるものであったのかという謎でもある。本章では、この最初の謎を念頭に、受講生の決定過程や受講生の帰村後の動き、およびその後のさらなる展開について、同じアルザス南部のモーシュ以外の事例を取り上げ、それらと比較検討することで、モーシュの事例のもつ展開の普遍性と特殊性についてあらためて検証してみたい。

### 第1節　受講生選択の経緯

まず最初に講習会に人が送られる際に、受講生となるべき女がどのように選ばれ、また送られていたのかについて検証してみよう。レーシュステッテールの解釈によれば「産婆を多数決で選ぶ」という手続きが以前から存在したにもかかわらず、その手順が守られていなかった、だから揉めているのだと記しているが、はたして本当にそう言えるのかどうか。そうした手続きが予め存在したのかどうか、そして紛争の一番の原因がその手続きの侵犯にあったのかどうかという問いでもある。

ここでは事件をより立体的にとらえるためにC1114-IIIに含まれるモーシュ以外の地域の紙文書と、C1114-IIの文書群のなかに含まれる受講生選択に関わる文書をも紐解きながら、類似した事件の経緯をモーシュの文書と突き合わせつつ吟味してみよう。モーシュ以外の諸村でも同じ無料講習会の開設を契機に類似するもめごとが生じていたからである。それらはどれもモーシュの紛争と同じ助産婦養成事業に端を発しているというだけで、互いに直接には関わっていない。それぞれ異なる村落の異なる助産婦や産婆を核に請願や異議申し立てが生じているのである。モーシュ近辺の村落住民との間に相互に連絡や合議があったわけではない。しかしそれらは根を同じくする事件であり、展開においても類似性がみられる。それらの事例はモーシュ他三集落の紛争の発端や諸状況を理解する上で、途切れた闇を埋めていくのに貴重な情報源となりうる。

**（1）ラシャペル・ス・ルジュモンの事例**

まず受講生はどのように選ばれていたのか。そもそも誰が助産者となるかがそれほど重要であったならば、なぜ女（妻）たちの合意の得られていない女が講習会に送られてしまったのか。レーシュステッテールが言うように、「多数決で選ばれていなければならない」という手続きや決め方が周知のものとしてすでに存在していたのだとすれば、なぜ司祭は最初から教区の女房たちに選ばせようとはせず、合意を得ていないまま受講生を決めてしまったのか。

この点については当時アルザスの地方長官の管轄下にあった副管区ベルフォールに関しての教区司祭の報告書（A. D. Haut-Rhin, C1114-I & II）が参照できる。それらを見ると受講生を選び出す際にすでにその時点で教区や村の女房たちの間で諍いが生じていたことがわかる。たとえば、以下にあげるラシャペル・ス・ルジュモンの事例である。ラシャペル・ス・ルジュモンはベルフォールの東二〇キロメートルほどに位置する。この教区では、最初に選ばれた女に教区の女房たちから反対が起こると同時に、新たに別の女を選び直す許可を求める請願書（図3―1）が作成されている。

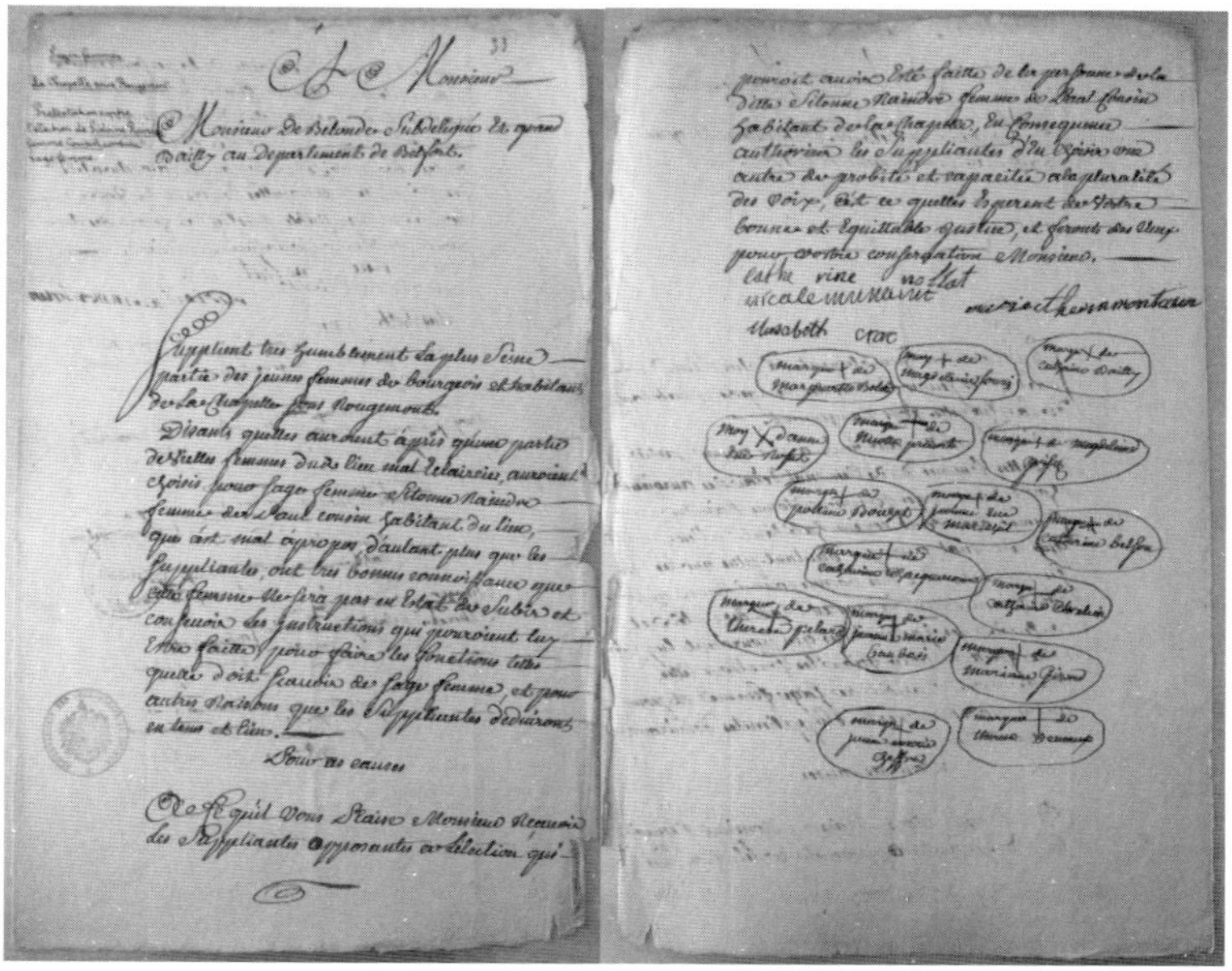

**図 3-1（1）**　ラシャペル・ス・ルジュモンの女房たちの請願書（原文写真）
出典：A. D., Haut-Rhin, C1114-III, 33: Lachapelle-sous-Rougemont. 筆者撮影.

こうした複数の女たちが集まり合議して作成した請願が残存していることはまれであり、それゆえこの請願書の文面に少し立ち入って内容を検討してみたい。

請願書の宛先はベルフォールに駐在する補佐のブロンドである。冒頭は「恐れながらラシャペル・ス・ルジュモンの村民にして住民の若い女房たち（jeunes femmes）のうちまことに良識ある者たちが、謹んで請願をさせていただきます」とあり、女房たち（femmes）がこの訴願の主体であることが明確に示されている。ちなみに、ここに出てくる jeunes femmes あるいは femmes という表現は、モーシュ他三集落に関する事例にも出てくる言い方であるが、子どもを産む年齢にある既婚女性を意味し、未婚女性（filles）とは明確に区別されている。本書ではそれゆえ請願書に主体として現れる femmes を一貫して「女房たち」と訳している。

ラシャペル・ス・ルジュモンの「若い女房たち」は、これに続けて次のように述べ、なぜ選ばれた受

*Sages-femmes*
*La Chapelle-sous-Rougemont*

*Protestation contre*
*l'Election de Sitonne Raindre*
*Femme Cousin comme*
*Sage femme*

A Monsieur

Monsieur De Blonde subdélégué et grand
Bailly au Départemen de Belfort

Supplient très humblement la plus seine partie des jeunes femmes du bourgeois et habitants de La Chapelle-sous-Rougemont.

Disants qu'elles auraient apris qu'une partie de vieilles femmes dudi lieu mal éclairées, auraient choisis pour sage-femme Sitonne Raindre femme de Paul Cousin habitant du lieu,
qui est mal à propos d'autant plus que les suppliantes ont très bonnes connaissance que cette femme ne fera pas état de subir et concevoir les instructions qui pouraient lui être faitte pour faire les fonctions telles quelle doit savoir de sage femme et pour autres raisons que les suppliantes déduiront en temps et lieu.

Pour ces causes

Ce qu'il vous plaîse Monsieur recevoir les suppliantes opposantes à l'élection qui pourait avoir été faite de la personnne de la ditte Sitonne Raindre femme de Paul Cousin habitant de la Chapelle, en consequence authoriser les suppliantes d'en choisir une autre du probité et capacité à la pluralité des voix, c'est ce qu'elles espèrent de votre bonne et équitable justice, et feronts des voeux pour votre conservation, Monsieur,

*cath rine noelat*
*Nicale merien?*　　*marie catherinemontain*
*Elisabethe Crac*

Marque + de Marguerite Balat
Marque + de Magdéleine Souri
Marque + de Calepino Bailly
Marque + d'Anne Eve Nuset
Marque + de Nicole Presents
Marque + de Magdéleine Pinot
Marque + de Pauline Boiequt
Marque + de Jeanne Eve Mardesut
Marque + de Catherine Bebon
Marque + de Catherine Jacquescard
Marque + de Catherine Charlion
Marque + de Therese Pelard
Marque + de Jeanne Marie Gou Bois
Marque + de Marianne Girard
Marque + de Jeanne Marie Geffre
Marque + de Therese Demaux

**図 3-1（2）** ラシャペル・ス・ルジュモンの女房たちの請願書（現代表記文）
出典：A. D., Haut-Rhin, C1114-III, 33: Lachapelle-sous-Rougemont. 筆者作成.

講生が受講生としてふさわしくないかを説明している。

> 当地の見識に乏しい年配の女房たちの一部が、当地の住民ポール・クーザンの女房ジトンヌ・ランドルを助産婦として選んでいたのですが、それは適切なものではありません。請願者たちはその女が助産婦について知るべき教育に、ついていくことも理解することもできないことがよく分かっているからです。また請願者たちはしかるべき時と場所で、なぜ適切でないかについての他の理由も詳述することができます。

これによると、若い女房たちが一部の年配の女房たちの選択に反対している理由は、その女が助産婦として教育を受けることが難しいからだと言う。また具体的には語られないが、反対するにあたっては別の理由もあるのだと示唆している。残念ながらその別の理由については開陳されていないが、さらに読んでいくと、請願者たちは最初に選ばれていた女とは別の女を選び直すことを求めて以下のように述べており、そこからわずかながら、彼女たちの判断の根拠が垣間見られる。

> こうした理由から猊下が、ラシャペルの住民ポール・クーザンの女房ジトンヌ・ランドルになされていた選出に請願者たちが反対していることをご理解くださり、その結果として、それとは別の誠実で能力ある者を多数決で選ぶことを、請願者たちにご許可いただけますように。このようなわけでありますゆえ、貴殿の良識ある衡平なる裁きを期待し、また〔その裁きの結果を有効なものとして〕維持管理していただくことをお願いする次第です。

ちなみに、この請願書は末尾に二〇名の女性の氏名が列記されており、そのうち一六は代筆による。自筆率は二〇％である。後に触れる近隣のジロマニの女房たちの請願書に見られる自筆率（三九％）と比べると、はるかに低い。しかし女たちはみな自ら名を名乗り、この請願書の内容に認証を与える主体として、自分の手で署名ないしはその印を付している。イニシャルは用いられず、すべてフルネームである。最初に四名の自筆者が書いた後、文字の書けない者が代筆により十ないしは×印を付している。代筆の場合、本人の十字が「……の印（marque de）」の間の余白に刻まれ、代筆された氏名ごとに一つ一つ円で囲われていることに特徴がある。これに類似した形象をもつ代筆署名は、後に改めて触れる近隣の村落共同体ラリヴィエールの男性吏員たちによる請願書（図3―2）にも

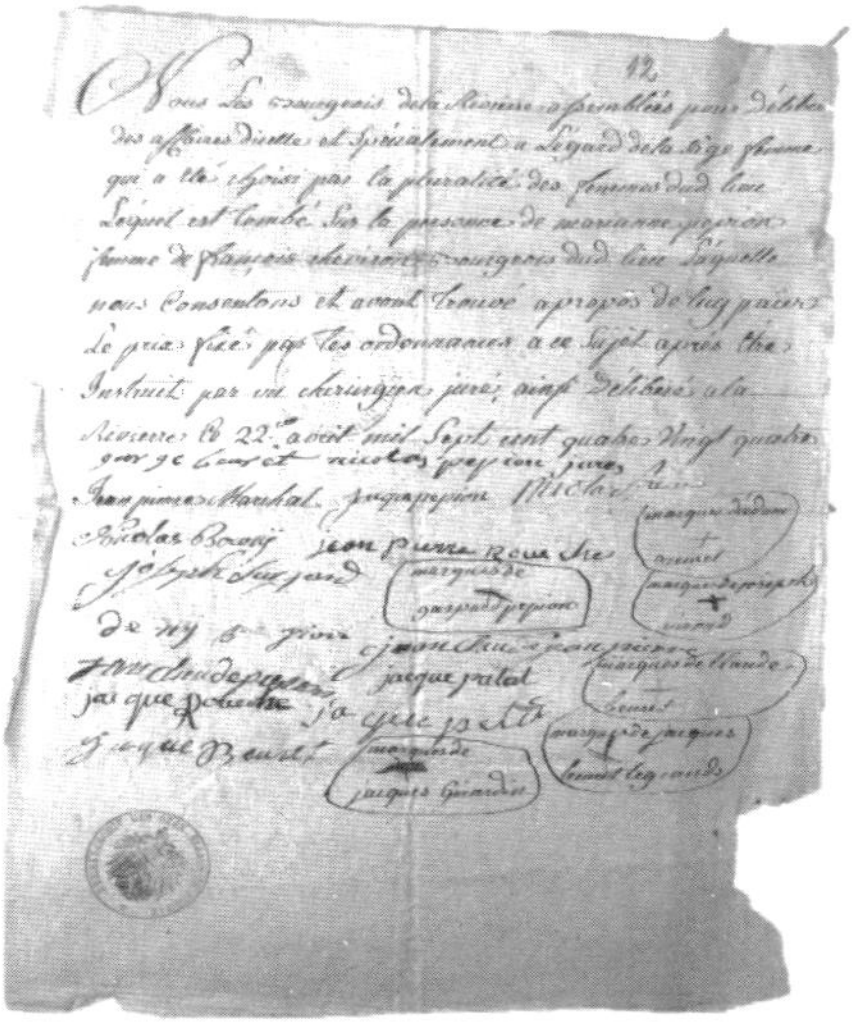

**図3-2**　ラリヴィエールの村落共同体の請願書
出典：A. D., Haut-Rhin, C1114-II, 12: Larivièrre. 原文写真．筆者撮影．

確認でき、こうした署名の記し方が女性に特有のものではないことがわかる。代筆する手順やスペースを考えれば、理解可能な記し方でもある。

このラシャペル・ス・ルジュモンの女房たちの文面を読む限り、請願者たちは、まだ誰とは言っていないが、別の者を多数決で選び直したいと望んでいることがわかる。最初の者よりも「誠実で」「能力ある」女を産婆に選びたいと願っている。つまり彼女たちが問題にしているのは人柄であり、彼女たちとの関係性であり、同時に助産の技術や助産そのものに関わる能力、技能でもある。

この小教区に関しては、C1114-I の文書群のなかにそれ以前の教区の産婆の確立状況に関するブロンドの報告書も残っているため、それらを突き合わせてみると、一七八二年の段階でこの小教区にはそれまで決まった産婆がいないと教区司祭がブロンドに報告していたことがわかる。(1) それゆえストラスブールの地方長官から一七八四年六―七月に開かれる講習会に受講生を派遣するよう求められた際に、その教区司祭が「最もふさわしい女性である」として一部の女房たちの合意を得てジトンヌ・ランドルを受講生として選んだが、しかしこのときになって教区の多くの女房たちから反対が起こったのである。この請願書を読むと、仮定法過去で「選ばれていたであろう」という言い方がなされている。そのことからも分かるように、その選択にはこの請願者たちは居合わせていなかったのであり、ここに集まった女房たちは、司祭がジトンヌを送ろうとして派遣が分かった段階で初めて受講生の選択が行われていたことを知らされたのである。女房たちはそれゆえ上記にあげたような請願書を作成してブロンドに送り、別の女を「多数決で (à la pluralité des voix)」選び直すことができるよう許可を求めた。

この請願書には日付がないが、派遣前の一七八二年の春、おそらくは五月の出来事である。結局、この教区の場合は、こうした経緯によって「多数決で」より多くの支持を得た別の四七歳の女が選び直され、彼女がストラスブールに送られている。その女は一七八二年八月一日付の修了証を携えて戻り、この教区の助産婦となっている。その後でもめたことを示す文書は残っていない。

## （2）ラリヴィエールの場合

ラリヴィエール（Larrivière/ La Rivière）というこれもベルフォールの補佐管区に属する小教区では興味深い展開がみられた。この共同体に関係するいくつかの文書を総合すると以下のような経緯が確認できる。まずこの村にも村で確立された助産婦はいなかった。しかし前の産婆が亡くなったので、司祭がある女を送ろうとしたところ、他の女房たちからの反対に遭い、本人も行くのを嫌がった。女房たちは、その代わりに、フランソワ・シュヴィロンという当地の村民の女房マリ・アンヌ・ペピヨンを女たちの多数決で選び直したので、司祭はそれに反対できず、そのペピヨンをストラスブールに送ることに同意した(2)。ところがこの回の講習会はドイツ語でのみ授業が行われていたため、ペピヨンはストラスブールの講習会の場所まで行ったものの授業についていくことができず、すぐに送り返されてしまった(3)。地方長官ガレジエールの派遣要請の書簡には何語で行われるかが明記されていなかったのである。ペピヨンはこの地域の言語であるロマンス語話者(4)であり、フランス語なら耳で聞いて理解できるがドイツ語ではよくわからなかったのである。

しかし興味深いのはその後の村落共同体のとった動きである。彼らは、村の産婆を確立するのに必ずしもストラスブールに送って学ばせる必要はないと主張し(5)、送り返されたそのペピヨンにあらためて外科医による認証を得させて、その上で村の助産婦として雇用したいと請願しているのである。そのことを記した文書が、図3—2にあげたラリヴィエールの村落共同体による一七八四年八月二二日付の請願書である。吏員たちは、女房たちが多数決で選んだペピヨンを自分たちも承認していること、そのペピヨンに誓約した外科医の認証を得させ、その上でペピヨンに決められた報酬が支払われることが適切であると述べている。

つまりここでは、教育を受けた資格をもつ助産婦はいなかったためガレジエールからの受講生派遣の要請を受けた司祭は一人を選んで送ろうとしたが、前からの産婆も健在であった。それゆえすぐには受講生を送らなかったが、その産婆が亡くなった直後に受講生を選んで送ろうとした。しかしそのときになって女房たちの反対に遭い、司祭に指名されていたその女も女房たちから反対が起きたために、ストラスブールに行くのを嫌がった。そうこうするうちに村落共同体は、女房たちの間で受講生を選び直し、その人物をストラスブールに送ることになったのである。しかし前述したようにその女はフランス語しか理解できないため、ドイツ語の授業を受けることができず送り返された。吏員たちは、次の回のフランス語での講習会に送り直すこともできたが、彼らはもう一度送り直すことはせず、ベルフォールなど近隣の外科医のところで認証を得させて、彼女を村の産婆として確立する道を求めたのである。

この当時、助産婦の資格を得る方法として知られていたのは、近くの都市の外科医のところで数ヶ月間見習いをし、その後で助産婦資格を得るという方法であり、この方が一般的でもあった。ラリヴィエールの村落共同体の吏員たちにしてみれば、それでどうしていけないことがあろうか、というわけである。都市ベルフォールは近くにあり、認可を受けている誓約した外科医（chirurgien juré）なら複数いた。わざわざストラスブールまで送り出す必要がどこにあるのか。もう一度ストラスブールに送り出すとすれば、村の費用も余計にかかる。司祭はこの提案に不満がないわけではなかったが、結局、補佐ブロンドからの助言もあり、これを受け入れている。その後、共同体が作成した文書によると、ペピヨンが外科医のところで教育を受け、必要な要件を満たしたため、一七八六年八月一五日付の書簡でペピヨンを教区の産婆として承認したとブロンドに報告している。(6)

### （3）その他の事例

このように送られる前の段階で教区の女房たちが派遣に強く反対している事例は、残存史料の関係上、ベルフォールの補佐管区に限られてはいるものの、他にも多数散見される。たとえば、同じく一七八二年の六月からの講習会に際しての事例であるが、アンジョ（Angeot）の司祭によると、二人送りたいと考えているが教区内でもめており、何度も女房たちが集会を開いている、無事に送り出せることを願っているのだが、とある[7]。またフォンテーヌでも司祭は派遣に際してもめ、二人送ろうとしたが、住民たちは前からいる産婆を教区の産婆として認めることを求め、二人送ることに反対していた[8]。おそらく司祭は最初に決めた受講生とあとから教区の女房たちが連れてきた女の両方を送ろうとしたのだろう。住民がこれに納得しなかったと推察される。受講生を送る前ではあるが、モーシュ他三集落で起きたのと同じように、二人とも雇用することへの反対は強いのであり、その点で構図としては似ている。

一七八四年五月から開催の講習会に合わせて自分の教区から受講生を派遣するよう要請がなされた際も、ルジュグット（Rougegoutte）の小教区司祭がその要請に応えて、講習会開始に合わせて自分の教区から受講生を送り出そうとした。若く読み書きのできる女はそうそう多くない。やっとのことで四六歳の要件を満たす女を探し出し、そのための往復の費用（旅費と滞在費あわせて三六リーヴル）を教区内のいくつかの村に分割して負担させようとした。しかしそのことを知った関係する村の女房たちがこれに反対したのである。ここでも司祭が送ろうとしていた女は教区の多くの女房たちにとって気に入らなかったとみえ、ルジュグットでもそれゆえ何度も女房たちの話し合いが行われ、最初に司祭によって選ばれていた女より「もっと信頼できる女」が選び直されるに至っている。その女は幸いにして、若く、文字を読むこともできたため、受講生の要件を満たしていた。それゆえに、司祭はその選び直された女を送ることに同意している。司祭は最初に選んでいた女はストラスブールには送らない、別の女を送ると地方長官に報告している[9]。

さらに後の一七八六年五月からの講習会でも、同じくベルフォールの補佐管区のエチュフォン（Etueffond）の司祭が一人受講生を送ろうとしたが、その女は教区の多くの女房たちから信頼されておらず、教区住民の強い反対に遭っていた[10]。またラップ（Rappe）の司祭も前からいる産婆ではなく若い女を送ろうとして、教区の女房たちの全員の了解を得られず反対に遭っていると伝えている。[11]

一方、一七八七年一一月からの講習会に関しては、紛糾に関する報告の記述は、少なくとも残存する文書のなかにはみられない。女房たちが集会を開いて一人候補者を選んだという報告書が存在するだけである。それらはベルモンやシュヴロンといった共同体の事例である。[12] おそらくこの頃になると、紛糾している近隣の状況が近隣一帯に知れ渡っていた可能性もあり、司祭も受講生を選ぶ際に、勝手に選ぶのではなく、予め教区の女房たちの多数の賛同を得られる人物を選ぶよう配慮したのではないか。

### （4） 多数決で選ぶことの重要性

こうしてみてくると、ストラスブールの助産婦講習会は、それまで助産婦のいなかった教区に助産婦の任免と配置を迫るものであり、司祭が勝手にあるいは一部の女房とだけ相談して受講生を決めて見切り発車していたことに紛争の一つの原因があったことがわかる。その結果、往々にして、司祭の選んだ受講生は教区のより多くの他の女房たちからは気に入られず、女房たちの同意が得られなかった。[13] 講習会の開催を契機に、助産婦となる者を探し出さなければならないことになった際に、司祭の裁量で教区の女房たちが集められ、受講生が決められたが、その選択に後から反対が起こったのである。教区の女房たちは、そのときになって教区の産婆としてふさわしい人物は誰かとあらためて吟味してみたとき、彼女たちがなってほしいと思う人物は司祭がふさわしいと考えていた人物とは異なることが常であり、両者は一致しなかった。だからこそ紛争が生じ、こうした文書も残っているのである。

共通してみられるのは、女房たちが集まって話し合い、合議して「多数決で」選び直すという動きであり、それによって女房たちの多数の同意が得られる人物が選び直されていくことである。この点だけをみると、たしかにレーシュステッテールが言うように、最初から産婆を教区の女房たちの多数による同意を得て選んでいれば、紛争は起きなかったとも言える。しかしどうやって教区の助産婦を決めるかという決め方の明確な規則が予め確立されていなかったことも確かであり、だからこそ、司祭が女房たちの多数の同意を得ないまま、自分の判断で受講生を決めていたのである。

つまりルールが予めあったのに破られたというよりも、ルールがなかったから同意の得られる人が選ばれないということが「こと」の真相である。つまり助産婦の制度化という事態が生じてきて初めて、助産婦を選ぶ、選任するという事態も必要になってくるのである。それによって初めて決め方のルールが必要となり女たちの意思も明確に立ち上がってくる。ここで重要なのは、教区の女房たちの多数の同意を得ることなしには、制度としての助産婦は決められなかったことである。誰が公認の助産婦となるかは、女房たちにとって無関心ではいられないきわめて重要なことであった。誰がなってもいい、誰かいればいい、というような簡単なものではなく、他人任せにはできない重要な問題だったのである。

## 第2節　帰村した助産婦への反発／嫌悪

以上のように、受講生を決める段階で生じてきた請願書を読んでいても、選び直すことに重要な意味があったことがわかる。また人を選び直さなければならないのはなぜかといえば、選ばれた人物がいずれ助産の場で産婦に密接に関係してくるからである。しかし、受講生選択の過程での紛争事例からは、司祭の選んだ候補者ではなぜいけなかったのか、その理由については今一つよくわからない。そこで本節では、さらに受講生帰村後の異議申し立ての事例を取り上げ、女房たちや村人たちが異議申し立ての理由としてあげていることを検討してみよう。

## （1）「産婆を選ぶ自由」の喪失

モーシュでも見てきたように、ストラスブールで助産技術を習得した新しい助産婦への反対は、まずはその新しい助産婦が自分に支払われるべき報酬を求めて請願を行ったことに端を発していた。なぜ報酬の要求がそれほど大きな問題になるのか、まずはこの報酬について吟味してみよう。

〈報酬を求めることの不当性〉

モーシュ他三集落の事例でも、カトリーヌ・シリングが自分に約束されていた報酬を求めたことがきっかけとなり、女房たちの合議が始まっている。新しい助産婦は、受講生として送られる時点で、その仕事と引き換えに報酬が約束されていたのであろう。これはガレジエールが受講生を募集するときに文書として規定していたことではないが、予め受講生に約束されていたのである。つまり公認の助産婦として認証され、報酬やそれなりの優遇措置や免税措置が約束されていたのである。そのため本人は、帰村後、職務に就いても村落共同体からいっこうに報酬の支払いや特権の付与などが不履行のままであることに不満を抱き、約束が違うと、助産婦の側からその執行請求が出される。

その報酬の内容はどのようなものか。たとえば、アルトキルシュのバイイ裁判管区に属するイルザング（Hirsingue）では、「どんぐり拾い」ができることや租税の三分の一の控除が求められている。また一例だけであるが、フェレットのバイイ裁判管区に属するブロッツェム（Blotzheim）のように、助産婦のための住まい（loge）が要求されていたところもある。こうしたC1114-IIIに含まれる共同体の文書に現れる、帰村後に助産婦たちが求めた報酬は、村落や教区によってまちまちであるが、およそ以下の四つほどにまとめられる。

（1）一年分の報酬として一二―三六リーヴル
（2）助産に呼ばれるごとに謝礼として支給される四〇ソルあるいは二〇ソルとパン

（3）　共有地の森林の入会権または暖房用の木炭や薪

（4）　助産婦本人や夫の夜警（guét）・賦役（corvé）・衛兵（gardé）の免除

こうした金品や税の免除といった報酬は村落共同体から見た場合、どの程度の財政的な負担だったのだろうか。モーシュの場合、共同体の歳入額は九〇〇リーヴルを超えていたとレーシュステッテールが後に意見書のなかで語っている。だとすれば、命令にしたがって一人に年間一五リーヴル、二人で三〇リーヴルを支払うことになったとしても、それで法外なものと言えるかどうかは疑問である。夫の夜警、賦役、衛兵の免除にしても、助産婦が年間に携わるお産の数や、昼夜を問わず出かけて行って助産に関わる労働の質量を考えれば、家を留守にしなければならないこともあり、夫に賦役の免税がなされているのもそれなりに理由があってのことである。助産婦の仕事は、家の仕事との両立を考えると、そもそもなり手を見つけるのが難しい激務でもあり、少しでも仕事をしやすいように便宜を図ろうとした配慮ともとれる。またそれまで個々の家が産婆を頼んだときに心づけとして手渡していた謝礼を村が肩代わりし、頼みたくても頼めない状況にある貧しい者に少しでも助産婦を呼びやすくする配慮ともとれる。農家の農作業の片手間にお産を手伝うという従来の産婆のあり方に代わって、これをより専門的な資格ある職として確立し、助産にのみ専念することができるようにする措置ともとれる(14)。

そのように考えれば、報酬や特権、夫の賦役の免除にはそれなりの根拠があり、助産婦を村の費用で産婆として確立するという事業自体は、公共の福利や安寧という観点から見て、誰も反対する理由などなかったとも思われる。実際、その点に関しては、教区の女房たち、吏員たちが不満を述べているわけではない。産婆など必要がないと言って、地方長官の試みそれ自体に異議申し立てをしている文書は一つも存在しない。村落共同体と女房たちが請願のなかで問題にしているのは、雇用制度やそれに伴う報酬の支払いそのものではなく、論点は、助産に携わるのに適切ではないと思われる者がその職務に就いて報酬を得ることであり、そのことの「理不尽さ」にある。

〈フスマーニュの事例との比較〉

たとえば次に示すフスマーニュ（Foussemagne）の共同体の返書の文面からも理不尽であるという意識が如実にみてとれる。これは、一七八二年にストラスブールで助産技術講習会の授業を受けて帰村した助産婦が、隣村の助産婦として雇われた際に、助産料（droit d'accouchement）の支払い要求をしたのに対して行われた村落共同体吏員からの抗議の請願書である。

> フォンテーヌで任命された助産婦エレーヌ・ティス（Hélène This）の請願書へのフスマーニュの村からの返書
>
> 上記のエレーヌ・ティスが自分の呼ばれていない分娩について、〔自分に〕金銭の支払われることを求めて上訴していることは、まことに驚くべきことであります。助産婦という職務に就いていさえすれば、それだけで他の所で出産したいずれの女に対しても〔自分が〕貢献したと主張することができるのでしょうか。そうだとすれば、バイイ裁判管区の外科医は、彼が手当てしていない病人の誰からでも支払いを請求する権利があることになります。それでは産褥にある女房たちの産婆を選ぶ自由（la liberté de choisir）を奪うという、前代未聞の屈辱（vexation inouï）です。[15]

ここに出てくる金銭とは助産婦の職務に伴う報酬であるが、興味深いのはこうした呼ばれもしていない助産婦に報酬が支払われなければならないとしたら、それは「産褥にある女房たちの産婆を選ぶ自由」を奪うことにつながると強い調子で主張していることである。フスマーニュの返書には、さらに続けて次のようにある。

> 上記のティスは、〔村の〕女房たちが産婆を一人選んで教育を受けさせるまで、とりあえず利用するように私た

ちの村にさし向けられていたにすぎないのです。わたくしどものところには産婆が一人いますので、わたくしたちは地方長官殿に次のようにご決定下さいますようお願い申し上げます。……助産に呼んでいない女房たちに不当な要求を繰り返している上記のティスは、出身地〔フォンテーヌ〕に送り返されますように。さらに、上記の村で女房たちの全員一致で選ばれた、フスマーニュのジャック・ボディックの妻エリザベット・ジェスト（Elisabethe Gest）がその後を引き継ぎますように。請願者〔女〕たちは彼女〔ジェスト〕を支持していますので、繰り返し訴え続ける覚悟でございます。

七名の署名(16)

このフスマーニュという地域は、隣接するフォンテーヌ（Fontaine）とフレ（Frais）の三つの集落が一緒になって一つの共同体を形成していた。ここではフスマーニュの住人であるエレーヌ・ティスがストラスブールに送られ、帰村後彼女が助産婦として職務に就くと、ティスを雇用するために必要な報酬がこの三つの集落に分担され、支払うことが義務づけられたのである。そのため住民はそれを不当であると考えた。つまり認めてもいない助産婦の報酬負担を強いられるくらいなら、もう一人別の女を新たに自分たちの手で選び直して、自分たちの共同体の産婆として職務に就かせたい、その方が理に適っていると考えたのである。それゆえこの共同体では、女房たちがエリザベット・ジェストを全員一致で選び直し、この女性を助産婦として雇用することを求めた。その村では、特定の産婆が雇用されていたわけではない、したがってそれまでは特定の人物を産婆として呼んでこなければいけないという縛りはなかった。村による産婆の雇用は、そうしたもともと存在していた選ぶ自由に制限をかけることを意味した。そうであるならば、最低限、それまであった「選ぶ自由」を可能な限り守るべく、その集落の女房たちが実際に呼んでもいい、呼びたいと思える産婆を選びたいと考えたのである。

ここで起きていたことはみな、モーシュ他三集落に起きたことと重なる。新しい助産婦を受け入れることへの強い反発は、村落共同体に報酬の支払いを求める助産婦の請願を契機に表に現れ、請願に異議を唱えるなかで、それまでその地域で産婆として親しまれていた産婆《マトロン》（matrone）が前に押し出されてくるのである。しかしその申し立てはそのままでは通るわけではない。そのため、その過程でその村落共同体の女房たちや吏員たちによって、別の女に同じ資格を得させようとする動きが生じてくるのである。女房たちの合議は報酬の支払いが命じられるという事態に至ってからそれを契機に起こってくるのであり、その時点で選び直すという動きも起こってくる。ここでは全員一致で（unanimité）という言葉が出てくることにも注目しておきたい。

報酬を村落共同体の歳入から支払うことは、どうでもいいことではなかったのであり、報酬の支払いが現実的な問題になってきたとき、この問題は黙ってやり過ごすことができない問題となっていったのである。報酬の支払いが義務づけられておらず、ただ単に助産婦が個人的に産婆業を開業し始めたというだけなら、話は違っただろう。村の費用を使って雇用するということが義務づけられ、制度化されているがゆえに、これは個人の選択の問題ではなく、村落共同体全体の利害の問題になる。また村落共同体の成員にとっては、特定の人物が村の費用で雇用されるということは、その人物の利用が半ば強制されたことを意味する。もしもその女が女房たちの気に入らない助産婦であったら、それは女房たちの選ぶ自由を奪い、自由を制限していくことになる。実際、難産で助けが必要なときに、呼びたくもない、信頼のおけない助産婦を産褥の場に呼び入れなければならないとしたら、それは産婦にとって大きな苦痛であり、不安を呼び起こすだろう。

### （2）ジロマニの事例

しかし報酬の問題以外に嫌悪や拒絶の原因があるとすれば、それは何だったのか。なぜストラスブールから帰村した助産婦はそれほどにも嫌悪されたのか。この点を明らかにするために、モーシュ他三集落の場合のように、帰村後

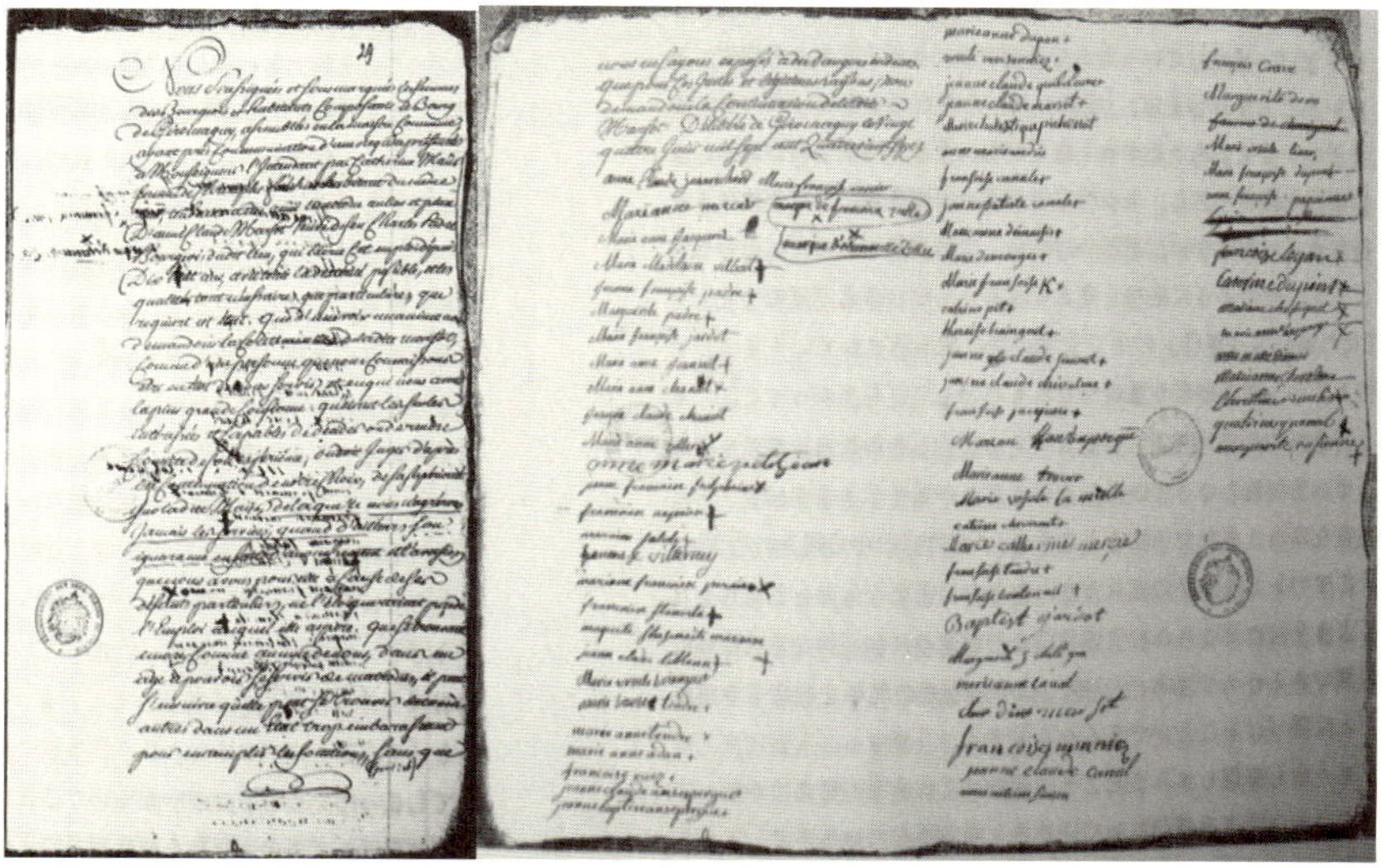

**図 3-3（1）** ジロマニの女房たちの請願書（原文写真）
出典：A. D., Haut-Rhin, C1114-III, 29: le 24 juin 1787. 筆者撮影.

に生じている紛争の中身にもう少し深く立ち入ってみよう。

　たとえば、ベルフォール管区のジロマニ[17]（Giromagny）の事例は数少ない比較可能な事例である。ジロマニはベルフォールの補佐管区内の教区であるが、ここでは先にみたラシャペル・ス・ルジュモンと同様、女房たちの請願書が残存している。ここでも村落住民の複数の女房たちが村落共同体の寄合所に集まり、合議したことが記され、その叙述の主体として女房たちが前面に姿を現してきている。それゆえこの事例に立ち入ってその叙述を検討してみよう。

　ジロマニの女房たちの請願書（図3—3）は、一頁めの紙が裏側の署名部分のインクでにじんで読みにくいものになっているが、筆記はいたって流暢であり、一定の書式を踏まえていることがわかる。代訴人ないしはこの種の請願の形式を熟知し文章作成に慣れた者がしたためていたと考えられる。その叙述は以下のように始まっている。


　わたくしたち以下に署名および印を付しました（nous soussignées et sousmarquées）ジロマニの村（bourg）を構成している住民の女房たち（les femmes des bourgeois et habi-

Nous sousignées et soumarquées les femmes
des Bourgeois et habitants composants le Bourg
de Giromagny, assemblées en la maison commune
ayant pris communication d'une requête présentée
à Monseigneur l'Intendant par Catherine Maür
femme de Christophe Fréchis, habitant du même
lieu, tendante à être recue matrone au lieu et place
d'Anne Claude Marsot veuve de feu Charles Padre
Bourgeois dudit lieu, qui exerce cet emploi depuis
dix-huit ans, avec toute la déxtérité possible, et les
qulités tout nécessaires, que particulières, que
requiert cet état. Que d'une voix unanime nous
demandons la continuation de ladite Marsot
comme d' une personne que nous connaissons
être en état de nous servir, et en qui nous avons
la plus grande confiance; qu'étant les seules
intéressées et capables de décider ou de rendre
compte de son expérience; on doit juger d'après
la continution de notre Choix, de la supériorité
Sur ladite Maür, de laquelle nous n'agrérons
jamais les service, quand d'ailleurs son
Ignorance en fait d'accouchement et l'aversion
que nous avons pour elle à cause de ses
Défauts particuliers, ne l'éloigneraient pas de
l'emploi auquel elle aspire. Que se trouvant
encore comme aucune de nous, dans un
âge à pouvoir se servir de matrones, il peut
s'ensuivre qu'elle peut se trouver de temps à
autrés dans un état trop embarrassant
pour en remplir les fonctions, sans que
nous ne soyons exposé à des dangers évidents.
que pour ces justes et légitimes raisons, nous
demandons la continuation de ladite
Marsot. Delibéré à Giromagny le vingt
quatre juin mil sept cent quatrevingt sept.

**図 3-3（2）** ジロマニの女房たちの請願書（現代表記文）
出典：（本文のみ） A. D., Haut-Rhin, C1114-III, 29: le 24 juin 1787, Giromagny. 筆者作成.

tants）は、寄合所（la maison commune）に集められ、この地の住民クリストフ・フレシの女房カトリーヌ・マユール（Catherine Maür）が地方長官殿に提出した訴願（requête）について知りました。それは、この地の故シャルル・パードル（Charles Padre）の未亡人であるアンヌ・クロード・マルソ（Anne-Claude Marsot）に代わって、彼女が産婆として受け入れられることを主張するものです。マルソは一八年前から、この職業が必要としている、並はずれた者たちと同じだけの器用さ（déxtérité）と優れた質（qualité）をもって、できる限り上手にその仕事をして参りました。上記のマルソはわたくしたちのお産を助ける能力をもつ唯一の者であります。それゆえ、わたくしたちは全員〔満場〕一致で、われわれを介助できることがよく分かっている者であり、わたしたちが大きな信頼をおいている上記のマルソの継続を求めます。(18)

ここでは叙述の主語が「わたくしたち」「ジロマニの村民の女房たち」となっている。先にあげたラシャペル・ス・ルジュモンの場合は、「請願者たちは」と三人称複数で書かれていたが、こちらはより直接的に「わたくしたちは願う」という複数一人称で綴られ、女房たちがより直接的に主体として存在を前に押し出し、自らの語りとしてその意思を表出している。

モーシュの事例も、カトリーヌ・シリングの立場をレーシュステッテールや親族が代弁して請願書が作成されていて、主語は「請願者は」とあり、カトリーヌ自身が「わたくし（Je）は」と一人称で姿を現すことはなかった。ジロマニの請願書も村落共同体の名のもとに吏員たちとともにであるが、吏員たちが代弁すれば済むところを、ジロマニではわざわざ女房たちが「Nous（わたくしたち）」と叙述主体を明確にしているところに特徴がある。

ラシャペル・ス・ルジュモンと同様ここでも合議に集まった女房たちが全員で署名を残しているが、その数はラシャペル・ス・ルジュモンよりもはるかに多い。署名数は全部で七四あり、二頁にわたって列記されている。そのうち二九名が自筆である。自筆の署名率は三九％である。フランス王国のこの時期の女性の平均署名率にほぼ匹敵する。残りの四五名は代筆で、その筆跡はみな同じである。右側に添えられた十文字はラシャペル・ス・ルジュモンの場合と同様、本人であることを示す認証あるいは誓いの印である。(19)

日付は一七八七年六月二四日とあり、この請願書には同年同月付の村の吏員数名による署名の付された短い文書も添えられている。女房たち自身の合議の結果を示す請願書と吏員たちの判断を示す請願書とが一緒に作成され、訴願として提出されたと考えられる。この請願書の叙述を読む限り、村の女房たちは村の寄合所（la maison commune）に集まり、そこでマユールが報酬を求めて請願書を提出したことを吏員にあたる男たちから知らされたのであろう。女房たちはこの合議の結果、マユールを共同体の公認の産婆／助産婦として認めることはできないと判断し、以前からその地域にいた産婆マルソを擁護する方向で考えがまとまり、マルソの産婆継続を求める全員一致の合意ができあがった。ここまでは受講生選択の過程でも見られた「選び直す」動きと同じである。

しかしさらに読んでいくと、ジロマニの女房たちはマユールを拒否する理由として、いくつか重要なことを指摘している。以下は本文の一六行めからの qu'étant les seules intéressées et capables de décider ou de rendre compte de son expérience に始まるくだりである。

わたくしたちは、当事者〔女〕であり、その経験を判断したり考慮したりすることのできる唯一の者どもでありますます。それゆえ、上記のマユールよりも〔マルソが〕優れているというわたくしたちの〔行った〕選択をそのまま継続することで決定がなされるべきなのでございます。そのマユールからの介助を受けることをわたくしたちは決して認めないでしょう。わたくしたちは、彼女が分娩について知らないことや、特有の欠陥があるがゆえに彼女に嫌悪を抱いているのですが、嫌悪しているからというだけでわたくしたちが彼女を彼女が望んでいる仕事から遠ざけようというのではありません。彼女は、わたくしたちの誰もがそうしているように、互いに産婆の役割をしあえるような年齢にはないため、その結果、彼女〔マユール〕はしばしば、その場でどうしたらいいかわからなくなってしまい、わたくしたちは必ず危険にさらされます。こうした公正かつ法にかなった根拠に基づいて、上記のマルソが産婆を続けていくことを求める次第でございます。

一七八七年六月二四日ジロマニにて討議された。

ここで女房たちがマユールの助産を受け入れない理由として語っているのは、要するに、マルソの方が産婆としての「器用さ」や「必要な能力」があり、その点でマユールよりも優れているという点に尽きる。またマユールは、年齢的に他の女房たちと異なり、「自分を産婆として用いる（se servir de matrones）」つまり互いに産婆の役割をしあって助けあえる年齢ではないとも言っている。年齢的に若すぎるために、どうしたらよいか分からないがゆえに、自分たちが危険にさらされるともある。このジロマニの訴願を読む限り、ストラスブール帰りの助産婦は助産に関して無知であり、その技能や経験においても女房たちの納得できる能力を持ち合わせていないと判断されている。それが彼女たちの反対の理由である。助産婦への嫌悪や反発は、受講生の決め方や選び方そのものにあるというよりも、助産における経験と知恵、実践的な能力についてであり、その点で何かが欠けていると考えられていたのである。

こうした叙述に現れる語彙は限られているが、ジロマニの事例にもあるように、ここでは「年齢」や「経験（expérience）」とか、「巧みさ（dextérité）」とか「誠実さ（probité）」とか「信頼（confiance）」等々、といった技能に関わることが問題になっている。それらがどこまで施術そのものの問題なのか、どこまでは人間としての資質や繊細さに関わるのか切り分けはむずかしいが、おそらく両方が合わさった包括的な能力・資質の問題であろう。これまでの産婆やその産婆の行っていた助産とストラスブールの講習会を経た助産婦やその助産婦によってなされる助産との間には、何かしら大きな違いが横たわっていたことが推察できる。

### (3)　モーシュ他三集落の事例との比較

〈モーシュ他三集落の事例との共通性〉

こうした叙述とともに表明されている重要な共通性は、誰に助産をしてもらいたいかを「決めるのは女房たちである」という認識であり、そのことが叙述のなかでも確認されている。「当事者である自分たちだけが判断できる」という言葉や、だからこそ、その当事者である女房たちの選択／判断に基づいて決めなければならないという主張は、他のどの教区でも表明されていたことである。

またジロマニの場合にも、吏員たちの添えた文書があり、その末尾にはこう書かれていた。

ただし彼女〔カトリーヌ・マユール〕は、先の助産婦〔アンヌ・クロード・マルソ〕が死亡したり、高齢によって仕事ができなくなったときには、彼女が産婆になるが、だとしてもそれはもしも彼女の助産が女房たちに受け入れられるならばである。女房たちが産婆の技術について討論して決めるからである。(20)

つまり、前からいる産婆が生きている間は、とりあえずこれまで通りその産婆を続けていく。その産婆が亡くなったら、そのときにはまたあらためて女房たちで話し合って決めると言っているのである。吏員たちも女房たちも、今の産婆が亡くなったら自動的にマユールが村の助産婦として認められるとは言っていないのである。これまで利用していた産婆が亡くなったとしても、そのときにはまた女房たちが集まって合議し、誰が教区の助産婦となるにふさわしいかを話し合って決める、だから、今は先のことは決められないと言っているのである。

この点はモーシュの事例と全く同様である。モーシュでもラルジェが亡くなった場合には別の者が助産婦となる可能性について言及しているが、必ずしも自動的にカトリーヌ・シリングを受け入れるとは一言も書かれていなかった。モーシュでも女たちはラルジェの死後にも無条件にカトリーヌ・シリングを受け入れるとは一言も約束していないのである。モーシュの場合、吏員たちが残した請願書の原本は失われており、後に書き写された写しが残っているだけであるが、その写しからもこの点は明確である。バイイや司祭は、ラルジェが亡くなった後にカトリーヌ・シリングが受け入れられることを期待していたのであろうが、モーシュでも女たちはもとより吏員たちも、ラルジェが亡くなってもカトリーヌ・シリングを無条件に受け入れるとは必ずしも記してはいなかったのであり、そのつもりもなかったのである。なぜなら女房たちは、すでにその時点でカトリーヌ・シリングの助産に疑問を抱いていたのであり、時間が経ってもその判断は変わらなかったからである。

ラルジェの死後、モーシュ、ヴェルシュホルツ、マルメルスパックの女房たちがあらためて受講生を選び直していくのは、帰村した助産婦の無知とその技法に懸念を抱いていたからである。彼女たちは、シリングではなく、ラルジェの娘をわざわざ選び直していくが、それは女房たちがラルジェが亡くなったらもう一度話し合って自分たちの判断で次の助産婦を選ぶと考えていたからである。なぜラルジェの娘がよいと考えたかであるが、この時代の産婆の場合、親から子にその奥義が伝授されていることは十分考えられ、ラルジェの娘ならその母親の能力を受け継いでいると考えたからであろう。問題はその奥義とは何かであるが。

〈モーシュ他三集落の事例との差異〉

とはいえ、ジロマニの事例とモーシュの事例を比較すると、そこには大きな違いもある。ミュンクの残した文書の写しには「彼女によって助産された女房たちのほとんど誰も死から救い出されていない(21)」とあり、カトリーヌ・シリングの関与した産婦の多くが難産で亡くなっていることが記されている。ジロマニの場合は、実際の助産を見て判断していることは確かであるが、助産を受けた産婦の死までは語られていない。またすでに見てきたように、モーシュの吏員、住民の作成した後の請願書には、最初から次のような叙述があった。

請願者たちは次のように指摘しております。請願者の女房たちは、上記のシリングの助産にたいへん大きな反感を抱いていますと。なぜなら彼女によって助産された者の多くが、シリングがとてもひどい処置を試みようとし

たと思ったからなのです。(22)

この「ひどい処置」というのがいったいどのような処置なのか、詳細は書かれていない。しかしモーシュでは、ラルジェが亡くなった後にも、この「〔カトリーヌ・シリングが〕ひどい処置を行った」(23)という文言がレーシュステッテールの書簡のなかで繰り返し現れ、それゆえにカトリーヌ・シリングの助産は女房たちから受け入れられていないのだと語られている。第四段階に作成されたレーシュステッテールの書簡になると、モーシュの住民が、ヴェルサイユの国王に宛てた訴状の中身に関連して、カトリーヌ・シリングから助産を受けたことのある女房やその夫たちが、「彼女は乱暴なことをする（elle a une grosse main）」「女房を五人死なせた（elle a fait mourir cinq femmes）」と言って非難しているという証言も現れる。

ここに出てくる une grosse main とは何か、いかなることを意味していたのか。直訳すれば「太い手」「ごつい手」「でかい手」と読めないわけではない。しかしここで言わんとしているのは、そうした手のサイズや形、質感といった目に見える物質的な形状というよりも「施術」の中身そのものであり、「手技の不器用さ」や「手を用いる技のまずさ」「粗雑さ」を言い表している。これは産婆がまさに産婦の身体に直接触れて難産に対処する際に、手を使ってどのようなことをするかに関わる評価である。残念ながら、これだけの叙述からはその中身の詳細は明確にはできないが、ここでは助産者としての能力（capacité）が「手」の技の問題として語られ、表象されていることを確認しておきたい。

## 第3節　鎮まらぬ紛争――モーシュ他三集落の事例の特異性

### (1)　モーシュ他三集落の展開の特異性

新しい助産婦への反発は至るところで生じていた。それは事実である。しかしながらモーシュ他三集落の場合は、他の事例の示している状況とは異なる部分がある。つまりモーシュ他三集落の事例は、他の事例と似たような性格をもちながらも、やはりある種の特異性を帯びているのである。一つは、洗礼拒否にまで至る司祭の行動である。二つめは前の産婆の娘を受講生に選び直して実際にストラスブールに送り直し、認可を得るところまで行っていること、そして三つめは、助産婦への拒絶や嫌悪が、実際に死者が出たことと結びつけられて語られ、その証言が集められ、その証言をもとにヴェルサイユの国王のもとにある国務会議にまで請願が行われたことである。このような事例は、後にも先にもモーシュ他三集落をおいてほかにはない。

〈司祭の行動〉

そもそもここでは、受講生を選択する時点で、司祭と区長が村落共同体の意向を十分聞き入れることなく、その合意を得ないままに、カトリーヌ・シリングをストラスブールに送り出してしまっている。その時点で、村落共同体に打診をしていれば、その女がふさわしくないという女房たちの意思が表出されていたかもしれない。そしてカトリーヌ・シリングも出発を見合わせていたかもしれない。司祭は、ラルジェがいることを知っていたのであり、彼女が亡くなってから派遣を考えても遅くはなかったはずである。にもかかわらず、ラルジェがまだ生きているうちに、カトリーヌ・シリングを送り出してしまっている。

おまけに司祭は、別の産婆が連れてきた子どもに洗礼を拒否するという極端な行動にも出ている。この教区すなわちサン・タマランの小教区にはそれまで助産婦が一人も雇用されていなかったが、洗礼のために子どもを連れてくる産婆は複数いて、ラルジェもまたその一人であった。司祭は通常なら、聖務上、教区民であれ、教区民でなくとも、どの産婆が連れてきても、親であろうと祖父母であろうと、誰かが生きた子を教会まで連れてきたなら、その子の洗礼を拒否することはできないはずである。実際、サン・タマランの教区の区域は広く、ラルジェだけが産婆ではなく、資格のない産婆は他にも存在した。そのことはレーシュステッテールの書簡にも書かれていたことである。

おそらくそれまでは、どの産婆が連れてこようと、司祭は洗礼を行っていたにちがいない。しかしこのカトリーヌ・シリングを擁護していた司祭は、ラルジェが亡くなった後になっても、カトリーヌ・シリングがいっこうに教区の産婆として受け入れられないのを見て、シリング以外の産婆が連れてきた子の洗礼を拒否するまでになる。レーシュステッテールはしかしこの司祭の動きは行き過ぎた行為であったとみており、カトリーヌ・シリングが呼ばれないのは彼女を呼んだ産婦に痛い処置を施したからだと説明した上で、それにもかかわらず司祭が別の産婆が取り上げて連れてきた子に洗礼を施すことを拒否したと厳しく批判している。(24) 司祭が洗礼拒否をするに至ったのが正確にはいつからなのかはっきりしないが、一七八六年三月の書簡で、「最近」とあるところからすると、その書簡の書かれた直前である。それはちょうどモーシュ他三集落の女房たちが別の女をストラスブールに送ろうと考え始める時期とも一致しており、司祭の洗礼拒否が女房たちのカトリーヌ・シリングや司祭への反発や嫌悪をさらに掻き立て、事態をいっそう紛糾させていく契機になっていた可能性がある。

〈産婆の娘を選び直すこと〉

またモーシュ他三集落の場合の、もう一つの特異性は、村の女房たちが自ら受講生を選び直し、村の費用でストラスブールの講習会に送る動きに出ていることである。これは地方長官の許可を得てのことであるが、前の産婆の娘に修了証を得させ、資格ある助産婦として必要な要件をそろえた上で、自分たちの産婆にしようとしたことである。つまり村の助産婦の選任の仕切り直しに出ているのである。

すでに受講生が帰村し助産婦が一人確立された後になってあらためて別の人物を選び直し、ストラスブールに送っている事例はそれほどあるわけではない。ジロマニの場合のような他事例は存在するものの、最後まで貫徹して要件をみたすところまで行って、実際に確立するところまで行きついた事例はまれである。受講生を決める初期の段階では、司祭の選択に対して、至るところで反対が起きていたことは事実であり、別の人物を選び直す動きも多数確認できるが、しかし、実際にストラスブールの講習会にその人物が送られて帰村し助産婦として雇用されたことが確認できる事例はほとんどない。事実、コルマールの副司教管区全体では、講習会によって一二〇名の新しい助産婦が創出されたが、何らかの騒動に至ったことを示す文書記録が残っているのは、そのうちのほんの数件であり、ましてやこの種の仕切り直しをしているところは他に存在しない。

〈産婦の死と国王への直訴〉

またモーシュ他三集落の事例のように、施術を受けた産婦の死がはっきりと語られている事例は他にはない。ましてや妻を彼女の助産によって亡くした夫たちの証言まで集められた例は他に存在しない。この事例には、ある独特の熱気と険しい不穏な空気が感じられるのである。たとえば、整理番号36の前半に書き写された、カトリーヌ・シリングの言い分を伝えるレーシュステッテールの地方長官宛て書簡の控えであるが、ここから垣間見えるのは、司祭や区長とカトリーヌ・シリングへの女房たちおよび吏員たちからの強い嫌悪であり、拒絶である。たとえば、以下は、一七八六年の段階でカトリーヌ・シリングを擁護する立場から書かれた匿名の書簡であるが、この請願書はレーシュステッテールが、本人ないしは関係者に聞き取りをした上で作成した文書の控えである。この請願の原本は地方長官への書簡に添えられて送られたため残存しないが、例によってレーシュステッテールによる控えが残存する。

村の若い女房たちは請願者〔カトリーヌ・シリング〕への嫌悪を巧みに吹き込まれていまして、彼女らの選んだ者〔女〕をストラスブールに送って見習いのための講習会を受けさせる許可を貴殿から得るに至りました。こうした歩みによって、請願者は彼らの敵意(animosité)の犠牲になっており、彼女が払った犠牲や獲得した知識のゆえに当然受けるに値する諸権利と諸税役の免除が彼女から奪われんとしています。彼女は、日々受けているひどい扱い(mauvaise traitement)と悪口(invectives)を黙ってやり過ごしていますが、次のことは貴殿にお見知りおきくださいますようお願い申し上げます。すなわち、彼女は今も生きている七人の子の母親であり、その職務に関わる知識や彼女の役目(ministère)に頼るべき状態にある者たちの信頼を得るのにできうる限りの努力をしたということを。しかしその努力はこうした状況のなかで村の何人かの人たちの悪意(mauvaise intention)によって無駄になってしまったのです(25)。

その請願は、カトリーヌ・シリングの立場や置かれている境遇が目下どのようになっているかを伝えるために書かれ、一七八六年六月三日に作成されてガレジエールに送られたものである。冒頭には「恐れながら、ジャック・ミューラの女房であり、ゲブヴィレール郡サン・タマラン渓谷モーシュの産婆として是認され誓約を行った助産婦カトリーヌ・シリングは謹んで請願させていただきます」という文言に始まっている。この時期は亡くなった産婆の娘ボーヴァンリートがストラスブールの講習会を経て戻ってきた後であるが、ここには「敵意(animosité)」という言葉や「悪意(mauvaise intention)」という対立的な関係を示す言葉が出てくる。

この請願文が求めていたのは、一七八四年九月二二日と一七八六年三月二二日の地方長官の命令をそのまま維持することであり、カトリーヌ・シリングがこの教区の産婆を続けること、そのための報酬を得ることができることである。レーシュステッテールはこれを受けて、地方長官ガレジエールに宛てて書簡を書き、カトリーヌ・シリングをそれ以後もこの地の助産婦としてとどめることを求めた。それを受けてガレジエールは、一七八七年一月二七日に命令を下し、これと同じ内容の決定書を送り返してきた(26)。

## (2)　国王への直訴

この一七八七年一月二七日の地方長官の命令は、二人の助産婦を同時に職務にとどめることを命じたものでもあるが、この決定こそがモーシュ他三集落からのヴェルサイユへの訴願の引き金となっていくのである。モーシュ他三集落の吏員たちは、二七日付の決定書が届いた直後の一七八七年一月二九日に請願書を作成し、レーシュステッテールの館に持ち込んだのである。この村落住民による請願書は、残念ながら残存しない。しかしレーシュステッテールの書簡が語るところによれば、そこには村落「ほとんどすべての住民の」署名がなされていたという。それは地方長官宛てのものである。レーシュステッテールはその請願書が持ち込まれると、その日のうちにも書簡をしたため、二九日付の書簡で次のように述べてこの動きを禁ずる命令を下すよう地方長官に求めている。

　この請願書はその村のほとんどすべての住民によって署名されています。これは、少なくとも家から家に持ち運ばれるか、あるいはすべての住民が集められるかしなければ、なされうるものではありません。それはわたくしに許可を求められたものではなく、また許可を与えたものでもありません。ですので、その二つのうちのどちらかのやり方でなされたものであり、いずれにしても非難されるべきことであります。……こうした陰険なやり方は、不幸にもすでにあまりに動揺させられているその渓谷の人心を鼓舞するばかりだからです。それゆえわたくしがお送りした意見書〔一七八七年一月二四日付〕が貴殿のお気に召すならば、モーシュの吏員たちには許可なく住民を集めることを、またその他のいずれの者たちにもつまらない書き物を家から家に持ち運んで署名をさせることを、どちらも法に違反するものとして禁じる命令を下していただけますようお願い申し上げます。(27)

レーシュステッテールはさらにまた次のようにも伝えていた。

わたくしはこうした精神状況を鎮め、事態を収拾しようといたしました。わたくしの意見書が遅くなったのは確かですが、農民たちの一部を引きつける手立てがなかったのです。彼らはたいへん苛立っておりまして、もしも請願者〔カトリーヌ・シリング〕に暇を出さないならば、国王の宮廷(28)に訴えると言って脅かしています。(29)

レーシュステッテールのこの報告を読んだ地方長官がこれにどのような返信をしたかは、文書が残っていないため不明である。地方長官ガレジエールは、レーシュステッテールのこの書簡を読んでモーシュ村内の不穏な動きを考慮して命令を撤回する余地もありえたのだろうか。人心を鎮めるために、あえてカトリーヌ・シリングを職務から降ろすという選択はありえなかったのだろうか。ガレジエールは、結局のところ、一年後の一七八八年二月一八日、レーシュステッテールがヴェルサイユへの出頭を求められた後にも、二人の助産婦をその職務にとどめる命令を下している。

なぜモーシュ他三集落では、助産婦の選任をめぐる紛争が、そこまで至ってしまうのか。モーシュ他三集落の場合にだけこれほどの熱意と執拗さがみられたのはいったいなぜだったのだろう。その原動力、エネルギーは何に起因していたのか。

*　*　*

以上がアルザス南部の紛争に即して紙文書を通じて明らかになったことである。助産婦の選任をめぐる紛争は、至るところで起きていたのであり、その展開には、女房たちが自ら選び直していくことなど、一定のパターンが見られる。教区の女房たちは、受講生や帰村した助産婦が気に入らないときには、集まって合議し女たちの多数決で選び直すという動きに出ているのであり、女房たちの合議とその判断がこの問題で重要な位置を占めている。それは、特定の助産婦がいなかったときにはありえた「産婆を選ぶ自由」が奪われたからであり、その自由を回復するために選び直すという手続きがとられているのである。選び直すことは、女たちの選ぶ自由を守ることを意味していた。レーシュステッテールが語っていたように、予め確立された規則として「多数決で選ぶ」という手続きがあったわけではなく、むしろこうした異議申し立てを通じて、教区の助産婦を決めるというその共同的な手続きが生まれてくるのであり、当事者である女房たちの意思決定が前に押し出されているのである。

しかしながらモーシュ他三集落に見られた紛争の場合は、他事例にはない展開がみられ、独特の熱気、執拗さもある。そこでは助産婦やその施術に対する嫌悪や危機感に関して、「死から救い出されたものがほとんどいない」「女房を五人死なせた」といった直截な言葉が残されており、産婦の死と新しい助産の施術とが結びつけて語られている。そして最終的には、バイイや地方長官の決定に不満を抱いた吏員たちによって、前の産婆の娘を選び直し唯一の正当なる助産婦とするために、国王にまで直訴を行っているのである。彼らはなぜ前の産婆の娘を選び直してまで、自分たちの気に入っている者を唯一の公認の助産婦にしたいと考えたのか、彼女たちが求めていた助産とはいかなるものであり、ストラスブールの講習会を経た助産婦には何が不足し、その何が受け入れられなかったのか。はたして新しい助産婦の助産は死者が出るほど危険なものでありえたのかどうか等々、さまざまな問いが生まれてくる。

# 第4章　隣接事例との比較2
## ――ロレーヌ南部ドン・ジェルマンの場合

本章では、一八世紀後半のアルザス南部の教区の助産婦選任をめぐる紛争と比較を試みるために、教区の産婆の選任をめぐって起きていたロレーヌでの紛争事例を取り上げ、アルザス南部の一八世紀後半の事例との比較検討を試みる。第1節でまずドン・ジェルマンでの助産婦をめぐる係争事例を伝えている判決文を考察し、その紛争の経緯を辿り、そこで問題になっていた産婆の性格を明らかにする。その上で、第2節では、この判決文に登場する産婆やその選任という事態がどのような歴史的背景をもつ出来事であったかを概観する。第3節ではそれらを踏まえ、もう一度このドン・ジェルマンの紛争事例について、その背景にある地域の諸事情について考え、この動きがアルザスの事例と比較した場合に、どのような類似性と差異があるかを検討する。

## 第1節　一七〇八年の判決にみる紛争のパターン

### (1)　判決文の性格と内容

この紛争について残る史料は、ロレーヌ・エ・バール公国の最高法院[1]（La Cour souveraine de Lorraine et de Bar）の下した一七〇八年六月二二日の判決文である。この判決については第2章第2節のエタンの補佐の「意見書」の箇所でも短く触れている。当時、この公国は、一六九七年のライスワイク条約によって、それまでの長いフランス王国による占領状態を脱し、国際的承認のなかでロレーヌ・エ・バール公国として国を再建することが認められ、亡命先のウィーンから戻ったロレーヌ・エ・バール公レオポルド一世(一六七九―一七二九)のもとで再建に向けた法整備が試みられていた。この時期に発布された法令や判例は、後に印刷されて公国全体に伝達されることになる。またレオポルド一世の亡くなった後に、この時期のさまざまな判決文や命令文、規則や法令のすべてを一堂に集めて編纂された『レオポルド一世公治世の法令集成』(2)(一七三三)が出版されるが、その際、この助産婦の選任をめぐる判決文もそこに収録され、今に残されている。表題に「助産婦が教区の女たちの多数決で選ばれなければならないことを規定した一七〇八年六月二二日の最高法院の決定」(3)とあり、一行あけて判決文が続いていく。

ここで問題になっているのはドン・ジェルマンという小教区であるが、ドン・ジェルマンは、トゥールの司教管区の司教座のあるトゥールの南西約七キロメートルに位置する。現在もDomgermainと綴るコミューンが存在する。この地域一帯は、一八世紀以来、葡萄栽培および葡萄酒の産地として知られており、ドン・ジェルマンもそのなかの一つであった。ドン・ジェルマンには、常駐する司祭はいなかったが、モーシュとは異なり、ここは村が一つの教区をなしていた。このように一つの教区でありながら、そこに常駐する司祭がいないことは、この時代には決して珍しいことではなかった。レーモン・オブリの調査『フーとその周辺』(4)(一九三五)によれば、一七一〇年に九三人の教区民(paroissiens)がいたことが確認されている。

〈判決の語る紛争〉

この判決文の記述から分かるのは、一七〇七年一一月以来、なぜか二重の選択が行われ、教区ないしは村の産婆が二人選ばれてしまい、どちらの産婆を村の産婆とするかをめぐって村内が分裂していたことである。五一名の女房たちは、ドン・ジェルマンの小教区の葡萄栽培農民キニュ・マトランの女房バルブ・アンリを選んだが、他方、一四―一五人の女房たちは、ジャン・バルダンの未亡人マンシュエット・ジルベールを選んでいて、どちらも一歩もひかずに、それぞれの選んだ人物を教区の産婆にしたいと望んでいた。

この二重の選出はさまざまな裁判を生み出すことになったが、バルブ・アンリは、ドン・ジェルマンの村落共同体の多くの女房たちから気に入られていて、村落共同体は彼女に味方すると表明したという。バルブ・アンリはその村落共同体と協力して、裁判所から自分にとって好都合な判決を手に入れているともいう。共同体が擁護しているのが多数者の側であるが、一方、少数者の側のマンシュエット・ジルベールも、フーのプレヴォ裁判所からその職務にとどめられるべきだという三月二二日と六月一五日付の命令を得ていて、法的に有効な認証を受けている。したがってマンシュエット・ジルベールが教区の産婆として受け入れられれば、このような悶着は起こらなかったのであるが、その教区の多くの女房たちはみな、マンシュエット・ジルベールに助産されるのを拒んでいる。

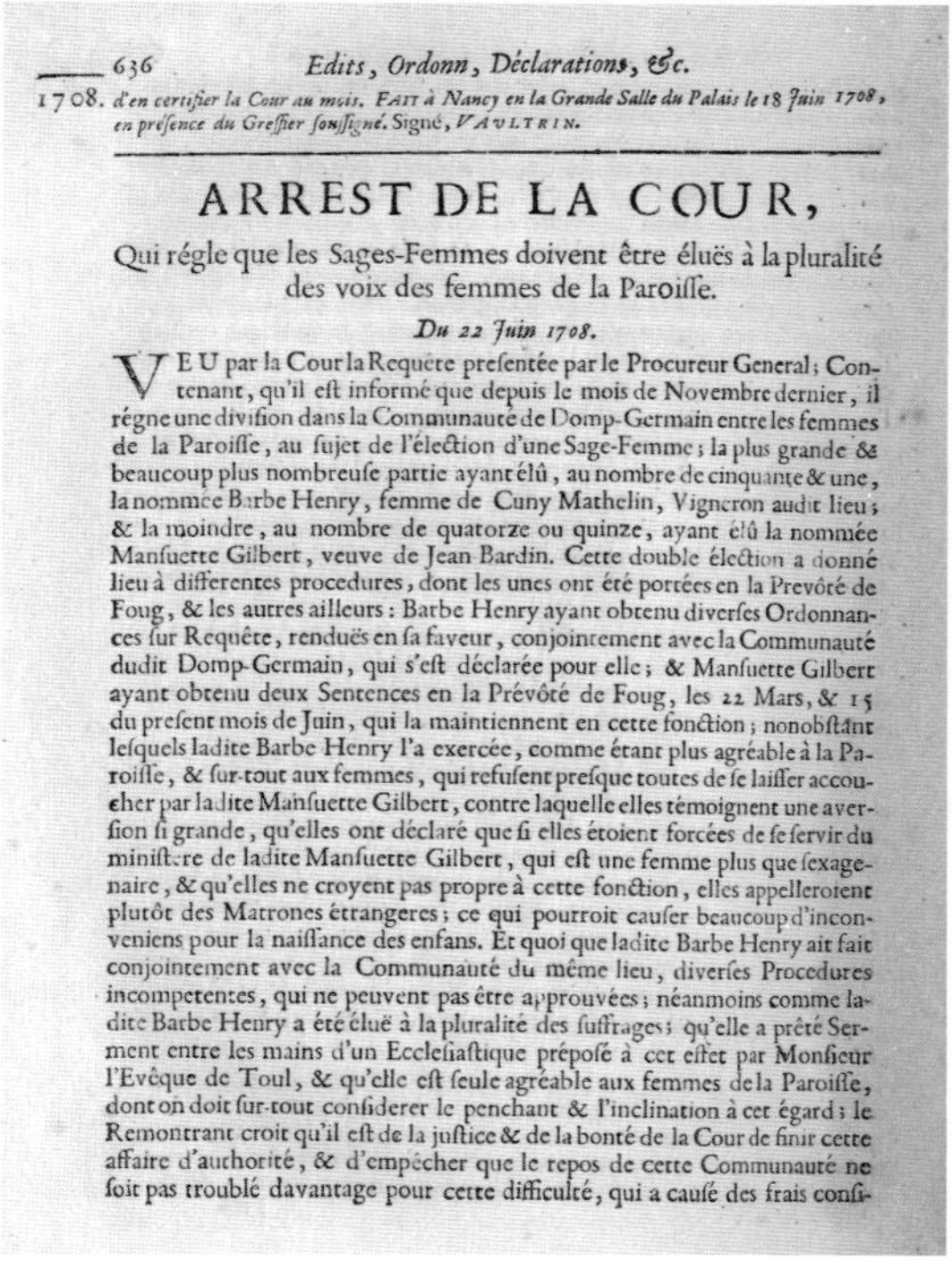

636　*Edits, Ordonn, Déclarations, &c.*

1708. *d'en certifier la Cour au mois. FAIT à Nancy en la Grande Salle du Palais le 18 Juin 1708, en préſence du Greffier ſouſſigné.* Signé, *VAULTRIN.*

ARREST DE LA COUR,

Qui régle que les Sages-Femmes doivent être éluës à la pluralité des voix des femmes de la Paroiſſe.

*Du 22 Juin 1708.*

VEU par la Cour la Requête preſentée par le Procureur General; Contenant, qu'il eſt informé que depuis le mois de Novembre dernier, il régne une diviſion dans la Communauté de Domp-Germain entre les femmes de la Paroiſſe, au ſujet de l'élection d'une Sage-Femme; la plus grande & beaucoup plus nombreuſe partie ayant élû, au nombre de cinquante & une, la nommée Barbe Henry, femme de Cuny Mathelin, Vigneron audit lieu; & la moindre, au nombre de quatorze ou quinze, ayant élû la nommée Manſuette Gilbert, veuve de Jean Bardin. Cette double élection a donné lieu à differentes procedures, dont les unes ont été portées en la Prevôté de Foug, & les autres ailleurs: Barbe Henry ayant obtenu diverſes Ordonnances ſur Requête, renduës en ſa faveur, conjointement avec la Communauté dudit Domp-Germain, qui s'eſt déclarée pour elle; & Manſuette Gilbert ayant obtenu deux Sentences en la Prévôté de Foug, les 22 Mars, & 15 du preſent mois de Juin, qui la maintiennent en cette fonction; nonobſtant leſquels ladite Barbe Henry l'a exercée, comme étant plus agréable à la Paroiſſe, & ſur-tout aux femmes, qui refuſent preſque toutes de ſe laiſſer accoucher par ladite Manſuette Gilbert, contre laquelle elles témoignent une averſion ſi grande, qu'elles ont déclaré que ſi elles étoient forcées de ſe ſervir du miniſtere de ladite Manſuette Gilbert, qui eſt une femme plus que ſexagenaire, & qu'elles ne croyent pas propre à cette fonction, elles appelleroient plutôt des Matrones étrangeres; ce qui pourroit cauſer beaucoup d'inconveniens pour la naiſſance des enfans. Et quoi que ladite Barbe Henry ait fait conjointement avec la Communauté du même lieu, diverſes Procedures incompetentes, qui ne peuvent pas être approuvées; néanmoins comme ladite Barbe Henry a été eluë à la pluralité des ſuffrages; qu'elle a prêté Serment entre les mains d'un Eccleſiaſtique prépoſé à cet effet par Monſieur l'Evêque de Toul, & qu'elle eſt ſeule agréable aux femmes de la Paroiſſe, dont on doit ſur-tout conſiderer le penchant & l'inclination à cet égard; le Remontrant croit qu'il eſt de la juſtice & de la bonté de la Cour de finir cette affaire d'authorité, & d'empêcher que le repos de cette Communauté ne ſoit pas troublé davantage pour cette difficulté, qui a cauſé des frais conſi-

**図 4-1**　ロレーヌ・エ・バール公国の最高法院による1708年6月22日の裁決（文頭部分のみ）

出典：*Recueil des édits*, p. 636.

村落共同体とともにある多数の女房たちは、マンシュエット・ジルベールに「非常に大きな嫌悪を抱いて」いるが、その理由は、女房たちが、ジルベールを「六〇歳を超えて」いるがゆえに「その仕事にふさわしい」と思えないからであるとある。女房たちはそのジルベールの助産を「強制される」くらいなら、むしろ他所の産婆を呼ぶつもりだと言っていることが引用され、そうなったら「子どもの出産に多くの支障を生み出すだろう」と懸念が表明されている。判決文は、それゆえバルブ・アンリは「ドン・ジェルマンの共同体と協力して効力なきさまざまな訴訟を行おうと、それは是認されない」と前置きをした上で、バルブ・アンリが「多数決で（à la pluralité des voix）選ばれている」ことと、「トゥールの司教殿からそのために任じられた聖職者を通じて産婆となるために必要な誓約を行っている」こと、そして「彼女だけがその教区の女房たちから気に入られている」ことをあげ、「こうした女房たちの好みや性向を考慮する必要がある」と明記している。

そして判決文は、このように述べた後で、「この騒動を断固として終わらせ、共同体の安寧がこのもめごとでこれ以上かき乱されないようにすることが、最高法院の正義であり、慈愛であると信じる」、「この問題はかなりの訴訟費用を費やす原因になってきたが、多数決で選ばれ、女房たちの望んでいる女をその職務にとどめなければ、将来もっと大きな騒動が生じるだろう」と述べて、「バルブ・アンリについて多数決でなされた選択がその通り執行されることを求め」、「彼女ただ一人がこの小教区の産婆の職務に就く」と結論づけている。最後には、マンシュエット・ジルベールがバルブ・アンリの妨害をすることを罰をもって禁じることも付け加えられている。

この判決は、村落共同体の五一名の女房たちが「多数決で」選んだバルブ・アンリこそ教区の唯一の産婆であることを認証し、マンシュエット・ジルベールに対しては、その職務から降りることを命じており、第1章でみたモーシュ他三集落の場合に下された最終的な結論——二人ともその職務にとどめる——とは異なる結論に達している。こうした結論に至った理由としてあげられているのは、そうしなければ「ここでの紛争に終止符を打ち、平和を回復すること」ができないと判断されたからである。

この判決文で興味深いのは、同じ教区のうちマンシュエット・ジルベールを選んだ女房たちが冒頭では一四―一五人いたと述べられていたにもかかわらず、後半では、「バルブ・アンリだけが気に入られている」という表現になっている点である。少数者はジルベールを選んでいるのだから、当然ジルベールを気に入っている者もいたと思われるが、それについては触れられず、「ほとんどの女房たち」と表記され、バルブ・アンリを気に入っているというだけでなく、「彼女〔バルブ・アンリ〕だけが気に入られている」という表現もなされている。またなぜ二重の選択が行われなければならなかったのかについては一切説明がなされていない。教区の多くの女房たちはその産婆を嫌悪し、その女には助産されたくないと訴え、自分たちの望む別の産婆を認めさせようと訴え出ていることや、「強制されるならば」という言葉から分かるように、順番はともかく、少数の女房たちの支持するマンシュエット・ジルベールが教区の産婆となり、それがその他の女房たちに押しつけられるという事態が生じているのである。バルブ・アンリが最初からこの教区の産婆として誓約していたのかどうか文面からは分からないが、彼女もまたトゥールの司教に任ぜられた聖職者の手で誓約も済ませており、少なくともこの時点では彼女も同じ資格を有する誓約した産婆である。一方、マンシュエット・ジルベールが誓約した産婆であることは叙述のなかでは明記されていないが、プレヴォ裁判所が産婆として認めているからには、彼女もまた誓約した産婆であることは間違いなく、この教区では二人の誓約した産婆をめぐってその唯一性をめぐる争いが起きていたのである。

こうした対立のあり方は、アルザス南部の紛争で見てきた対立の構図と類似している。ドン・ジェルマンの事例に現れるマンシュエット・ジルベールは、モーシュ他三集落の事例に出てくるカトリーヌ・シリングであり、バルブ・アンリに相当するのが、前の産婆アンヌ・マリ・ラルジェあるいはその娘カトリーヌ・ボーヴァンリートである。カトリーヌ・シリングは最初に司祭に選ばれてストラスブールに送られ、講習会を受講して帰村し、教区の産婆となったが、他方のボーヴァンリートもまた村落共同体によってストラスブールに送られ助産婦として必要とされている資格を備えていた。村落共同体の多くは後者のボーヴァンリートを唯一の正式の助産婦とすることを求めていたにもかかわらず、バイイも地方長官もそれを受け入れず、どちらも助産婦／産婆としてとどまるという折衷的な決定を出していたために、紛糾が収まらなかったのである。結末は違っているが、よく似た対立がここでも起きていたのである。こうした紛争、対立は、助産婦／産婆を制度として教区や村落が雇用し、恒常的に設置しようとする動きが出てきたときに起きてくる対立であり、助産婦の制度化をめぐって起こってくる紛争と言える。したがってこの種の紛争は、助産婦の制度化の動きに伴い、その選任をめぐってどこにでも生じうるものだったと考えられる。

〈数原理の重要性〉

しかしながらこのロレーヌ・エ・バール公国判決文で興味深いのは、数の多寡への言及があり、数の原理を重視していることである。ここでは、大雑把に多数と少数という理解ではなく、数字に依拠してその多寡を厳密に提示している。数の差を問題にし、そのことを強調しているのである。アルザス南部の事例では、こうした数が問題にされることはなかった。しかし、ここでは意見の相違があることを言うのに、数量が問題にされ、少なくとも冒頭では、どういう規模の少数と多数なのかが明確に打ち出されている。多数者の数は五一であり、少数者の数は一四―一五で、全部合わせると六五―六六であるから、多数者が全体のうちの過半数を占めていることは明らかである。数が多い側の意思が全体の意思となるという意味では、多数決の原理を前提とした判定である。ただしその五一をもって後半部にあるように「ほとんどすべての」と言えるかどうかには疑問が残るのであるが。

### （2）　産婆の制度化と二重の選出

この文書は、今で言えば、裁判機構の上級審にあたる最終判決に相当する。この文面のなかにもあるように、ここに至るまでにもそれぞれの陣営はフーにある裁判所などでそれぞれに請願や申し立てを持ち込み、その立場を訴え出ている。それらの結論がどのように下ったかは明確ではないが、フーの裁判所にも複数の訴訟が持ち込まれていて、それぞれに許可や認証を得ようと動いていたことが分かる。ここではこうした複数の訴訟や裁判が行われても、どちらの産婆も要件を満たしているがゆえに、どちらかだけに唯一性を認証し、他方を排除することができないでいたのである。判決はこれに最終的な結着をつけることをねらいとしていた。

産婆を誓約させて公認して教区に置く制度は、パリ近辺では中世末から存在した。しかしロレーヌのような東部国境地域では、三十年戦争の荒廃により教会の巡察や司牧が遅れ、一八世紀の初頭になっても誓約した産婆は十分に確立されていなかった。誓約した産婆の確立は、司教巡察が定期的に行われる地域ではよく浸透し、比較的早くから確立されつつあった。司教巡察に際しては、どの司教区も調査項目がリスト化されており、その調査項目の一つとして「誓約した産婆がいるかどうか」という問いが含まれていることが珍しくない。教区司祭の報告によって未だ決まった産婆が確立されていない教区には、速やかに確立を実現するようにとの指導が司教によって行われた。すでに確立されている教区では、その産婆が司教の前に姿を見せ、司教の質問に答えることが義務づけられていた。

しかし司教巡察がめったに行われない地域では、公認の産婆がいないことが珍しくなかった。司教巡察は二年に一回行うことが義務づけられてはいたが、司教が勤勉であるかどうかにも関わり、行われない地域は多く、地域差が大きかった。とくに一七世紀末のロレーヌの場合、戦争による荒廃がはなはだしく、戦後の復興も遅れている地域では、司教巡察はまれにしか行われなかった。

産婆の制度化と選任はしばしばこうした紛争の火種になったと考えられる。なぜならこの判決文のなかにもあるように、共同体の多数の女房たちから支持を得ているバルブ・アンリも「トゥールの司教殿からそのために任じられた聖職者を通じて誓約を行っている」とあり、ここでは二人ともが産婆としての要件を満たしているからである。教会の規範から見れば、どちらの産婆も要件を満たしているのであり、どちらも認めないわけにはいかない。ここでも二人ともを認める判断がありえた。

〈判決の論理〉

この判決文には、しかしそれにもかかわらず、五一名の女房たちは、後者のバルブ・アンリだけが教区の産婆となることを求めていたとある。その理由はマンシュエット・ジルベールが老齢でかつ助産のことをわかっていないからだという。教区の産婆となる上で必要な「能力」を測る基準は「誓約の有無」にあるが、教区の女房たちはそうした規範を前提としながらも、なおかつ産婆としての資質や能力を別の角度から判断していたのであり、女房たちから見た上での判断基準が説明されている。その詳細はこれ以上分からないが、判決はこの多数の支持を得ているものを正当であるとみなし、そちらの産婆だけが職務を継続することを結論的に命じている。

その際、判決文は支持が多数であることを根拠にそちらに認証を与えるものであり、数の多い側の女房たちの判断を尊重することを命じているのである。最高法院は、これによって教区内の分裂、紛争に一つの決着をもたらそうとしたのだと言う。つまり「多数者の意思が全体の意思となる」という「多数決の原理」がここで理にかなった判断として採用されているのである。最高法院は、この埒の明かない際限のない二重の選出による紛争に分け入り、その「裁決権」を行使して、争いに終止符を打とうとしている。判決によると、「断固としてこの訴訟を終わらせ、この問題でこれ以上、共同体の安寧が乱されないようにすることが、正義であり慈愛であると信じる」とある。

多数であることが正しいとする論点としては、「彼女〔バルブ・アンリ〕ただ一人が教区の女房たちから気に入られている」からであり、「これら女房たちの好みや性向がそのために考慮されなければならない」(5)という。そして「女房たちに望まれている彼女〔バルブ・アンリ〕をその職務にとどめることでこのことに配慮しなければ、将来もっと大きな困難が生じるだろう」ともある。しかしではなぜ女房たちがバルブ・アンリをこそ気に入っているのかについては何も語られていない。つまりそこから先の助産の実践の中身の質や優秀さについては教区の女房たちの判断に委ねているのである。中身を判断するのはあくまで当事者である女房たち自身であり、最高法院ではない、より多数の女房たちが判断しているのであれば、彼女たちの判断にまかせ、これを尊重しようというのである。つまり女房たちの判断に従うことがよりよい選択であると結論しているのである。これは同時に多数の支持にこそ正しさがあると価値づけていることにもなる。

〈二重の選出と裁決権の行使〉

誓約した教区の正式の産婆を選任することはどこの教区でも求められていたことであり、その際には、このドン・ジェルマンに限らず、このように二重の選出が起こる可能性があったにちがいない。どちらも譲らず、その結果、際限のない争いが起きるということも、珍しいことではなかっただろう。産婆をめぐってこうした争いが起こるのは、近世になって、誓約した産婆を選任し制度として確立する動きが強まってくるからでもある。

したがって紛争は至るところで生じていたであろう。ドン・ジェルマンのように二重の選出という現象も決して珍しいことではなかったと考えられる。産婆の選任に限らず、二重選出による対立や紛争は古くから存在する。中世においては、教皇や司教の選出はもとより、皇帝の選定においても、しばしば集まった者たちによる全会一致の選出が行われ、そうした集会がもう一つ別に行われて、そこでもまた別の選出が全会一致で行われてしまうことがあり、結果的に二人の人物が別々の選挙で選ばれてしまうということがしばしば起きていた。そうした場合に、一方が譲らず、両者があくまでその正当性を主張し続けると、紛争はいつまでも終わらない。場合によってはさらに大きな紛争の火種となっていく。それを避けるためにあるいはそれを避けることを口実に、しばしば権威をもつ第三者がそこに割って入り、裁決権を行使するということが起きていた。そうした採決権を行使しうる者は一定の権威と権能を有する者であるが、逆に仲裁に入り裁決を行うことで、第三者の権威や影響力を高める機会にもなるため、権力者はしばしばそれをねらって紛争に介入した。それゆえこうした混乱に乗じて影響力を拡大しようとする動きを避けるために、中世の間にも選任方法に関するさまざまな制度規定の模索が行われてきた。有権者の資格を明確にすることはもとより、集会参加者の数が有権者の三分の二以上であることを要件とすることなどが規定としてもうけられるようになり、こうした二重の選出とその混乱を避けることがしだいに求められていった。

しかし助産婦／産婆の選任に関しては、この職務制度が新しいだけに、選任のルールが確立されておらず、二重の選出が行われてしまったのである。この争いを終焉に導くためには、有力な権力者がそこに介入し、採決する以外に道はないが、ここではその裁決の役割を担ったのがレオポルド一世統治下の最高法院である。再建間もないロレーヌ・エ・バール公国の最高法院が最終判決を下し、この二重の選出による争いに終止符を打つことが重要だったと考えられる。

### （3）女房たちの意思の尊重

この法院の判決は、しかし単にけんかの仲裁に入ったというだけではなく、新しい認識や価値基準を付け加えている。これまでは教区の産婆となるための要件はもっぱら教会が提示してきたのであるが、この判決はそこに新たな選択基準を付与したのである。判決は、教会の規範を無視しているわけではない。司教あるいはその代理人の前でその産婆が誓約していることを前提としながらも、教区内のより多数の女房たちから気に入られている者であることをその要件に加えているからである。ここでは数原理が判断基準になっているが、同時に産婆の能力を判断するのは実際に出産する当事者である女房たち自身であるという選任主体の原則も明示されている。紛争を解決し、共同体の平和を維持、回復することは為政者の重要な任務であり、再建間もないロレーヌ・エ・バール公国が平和の再建に向けて乗り出したことは不思議ではない。特筆すべきは、その際に女房たちの判断の重要性を明確に規定していることであり、法として認証を与えていることである。

この判決は、産婆の資格を推し量る基準や規範が教会によってのみもたらされてきたそれまでの現実に対して、それを従来通り尊重しながらも、新たに産婆の資質を判断するのは産婆を利用する女たち自身であるというもう一つの価値基準を創出し、付け加えている。女房たちの多数に気に入られている者こそが正当なる産婆であるとあえて結論することはそれ自体新しいことであり、思い切った改変でもある。俗権である最高法院が、こうした新しい価値判断を付与し、教区の多数の女房たちの選択が正当性をもつと結論することは、ある意味では、宗教上の問題に俗権が分け入ることを意味するからである。誓約した産婆は、後に詳しく触れるように、女の平信徒の出産時の子どもの洗礼に密接に関わってくる存在であり、この領域で、女房たちの多数が選んだ産婆こそが唯一の産婆であると主張することは、教会の求める規範を否定することにもなりかねない。こうした裁決権の行使は、教会の権限をふまえつつも、その意思決定の主体を世俗の側に引き寄せようとするものでもある。ここには、女房たちこそが産婆の質を判断しうる主体であるという価値基準があり、前に押し出され、意識化されているからである。これはそれまで明示的には示されてこなかったことでもある。

もちろんその判断基準の中身、産婆の資質、技能の問題には最高法院は一切立ち入っていない。彼女たちの意思を尊重しなければ出産に「支障が生じる」とは述べているものの、その「支障」の中身については何も語っていないからである。女たちの判断基準を無視することは「支障」を生み出すことになるだろうと述べるにとどめることで、そこから先は女たちの判断に委ねよと主張しているのである。「助産の中身の判断は女たちにさせろ」という主張でもある。

一方、助産者の質を判断する主体は教会のみならず教区の女たち自身にもあるというこの判決には、同時に「数の論理」も織り込まれている。それもまたこの判決文の重要な価値基準であり倫理である。説明にもあるように「バルブ・アンリが当地の村と結託してさまざまな訴訟を行おうとも、それは効力のないものであって是認されえない」と述べて最高法院の判断が数の多い側の村人の勢いや情念に数で押し切られたわけではないと断りつつも、判断する主体が誰かという法理の前提に、それまでにはなかった「女たちの多数による判断」という新しい価値を創造し、浮かび上がらせているのである。

〈多数決へのこだわり〉

しかし、なぜこれほどまでに多数者に正当性を与えることにレオポルド一世の法廷はこだわったのだろうか。どちらの産婆も求められている要件をすでに満たしている以上、教会の求める要件については満たされているのであり、既存の規範を尊重することを前提にするならば、どちらも認めざるをえないと考える判断もありえたはずである。判決文の公判で、「バルブ・アンリただ一人が気に入られている」という文言があるが、冒頭の数字が正しければ、一四一一五名の女房たちは少なくともマンシュエット・ジルベールを評価していたのであり、多数の側の産婆が教区全体の産婆になれば、少数の側が今度は呼びたくない産婆を呼ぶことを強制されることになるのではないか。「女たちの意思を尊重する」ことと、「多数者の意思を全体の選択とする」こととの間には、依然として埋められない溝があるようにみえる。

二重の選出による紛争という側面だけみれば、アルザス南部の場合にも共通している。しかし、最高法院によってこの紛争が取り上げられ、二重の選択による紛争に最終的な決着がもたらされている点で、ここにはアルザス南部の事例にはない側面がある。これは紛争の果てにある決着であり、アルザス南部の事例にはなお書き込まれていない部分である。こうした決着がなされたのは、ロレーヌ・エ・バール公国の主権者であるレオポルド一世とその最高法院がこの紛争に介入し、紛争を終わらせることに大きな意味を見いだしていたからだと考えられる。つまり裁決者となることで平和を回復し「正義であり慈愛」を示すことに意味があったからである。判決文はその結論をもってここに新たな選択規則を浮上させているのであり、それを裁可し肯定していくことにねらいがある。そうした最高法院の決断を「正義」と価値づけていることにも注目しておきたい。これはロレーヌにおける世俗の法秩序の形成の試みであり、その意図的な表象行為でもある。そこにこの判決の大きな特徴がある。

## 第2節　誓約した産婆の選任

ここで問題となっている「誓約した産婆」とはどのような存在だったのだろうか、ここではその性格について考えてみよう。このドン・ジェルマンの教区で問題になっている「助産婦／産婆（sage-femme）」は、同じように sage-femme という言葉で言われてはいても、その意味するところは、ストラスブールの無料講習会で要請される「助産婦」と同じではない。彼女たちの場合も、講習会から帰村して村の産婆として認可される際には、教会の規範に沿って誓約を行っていた。こちらの産婆は、教会での誓約は行ってはいるが、助産技術の講習を受けてはいない。

アルザスの一八世紀後半の助産婦は、助産の技術を学んだ助産婦であり、近代医学の発展の黎明期にようやくその確立が求められるようになった助産者であった。読み書きができ、場合によっては外科医を産褥のその場に呼んできて、臨床医学への橋渡しをする助産婦である。しかしこの一八世紀初めにはまだそうした助産婦はほとんど存在していなかった。この時代に認可され村落共同体が何らかの形で恒常的に雇用している助産者が存在しているとすれば、それは「教会で誓約をした産婆《マトロン》（sage-femme jurée）」をさしていた。他方この判決文のなかにも出てきたように「もし強制されるなら他所の産婆《マトロン》を呼ぶつもりだ」という言葉に記されている産婆《マトロン》とは教会で誓約を行っていない産婆のことである。両者を隔てるメルクマールは、誓約をしているかどうかにあり、誓約して教区で認証された助産婦には、村落や教区の負担で何らかの報酬や特権が与えられる。

### （1）産婆／助産婦

このドン・ジェルマンの事例に現れる sages-femmes jurées について、ここで採用した日本語訳について少し触れておきたい。本書では、一七〇八年の判決文を訳出する際に、この sages-femmes jurées を「誓約した助産婦」とはしないで一貫して「誓約した産婆」としている。それはなぜかというと、一つには、sages-femmes jurées は、教会での誓約も行っていない無認可の産婆《マトロン》とも異なるが、同時に外科医や産科医から助産教育を受けている「教育を受けた助産婦」からも区別されなければならないからである。

一方、この時代にはなお至るところに「産婆《マトロン》」とだけ呼ばれている助産者がいて助産に呼ばれていた。彼女たちは、制度化されていない産婆であり、教会制度の手続きに従って誓約しているわけでも、外科医や何らかの教育制度に沿って教育を受けていたわけでもないが、おそらくは助産経験の豊かな女房たちの一人であり、ことに際して度胸もあり、長い経験を経て助産についての経験的な技や知識があり、奥義に精通しているために他の女房たちから頼りになるヴェテランと目されていた存在である。難産に際して人々から頼みの綱とされ、しばしば産褥の場に呼ばれる。

日本で言えば、「腹抱き」「産ませ」「お母さん」「上手」などさまざまな呼称で呼ばれていた存在であり、その多様な名称やふるまいについては柳田国男らの民俗学調査によって地域ごとのさまざまな記録が残されている。(6) フランスでも同様のことが確認でき、こうした助産者の呼称として、「ファム（femme 女房／妻）」、「ボンヌ・ファム（bonne femme 良妻）」、「サージュ・ファム（sage-femme 賢女）」、「ボンヌ・メール（bonne mère 良母）」、「ルヴーズ（leveuse とりあげ女）」、「ルヴァンディエール（levendière もちあげ女）」、「ラマスーズ（ramasseurse 拾い女）」、「マトロンヌ（matrone 年配の婦人／お産婆さん）」などがあげられる[7]。

本書では、それゆえ誓約や教育というような過程を経て公的認証も得ていない巷の助産者を「産婆《マトロン》（matrone）」と訳し、sages-femmes jurées を「誓約した産婆」とし、sage-femme instruite を「教育を受けた助産婦」とした。

ちなみに、モーシュの紛争に出てきていた前の産婆アンヌ・マリ・ラルジェは、紙文書のなかに「誓約した産婆」とはどこにも書かれていないため、誓約もしていなければ、教育を受けていたわけでもない、ただの産婆であったと考えられる。たしかに司祭が講習会の受講生を決めるときにラルジェに打診をしていることからすると、教区の「誓約した産婆」としてすでに以前から制度的に認知されていたかのようにも見える。しかし「誓約した産婆」とは、制度的には通常はその司教区の司教の前で行う誓約であり、少なくとも司教に代わってその任務を命じられた代理の聖職者が行わなければならない。しかしこのミュルバックの修道院の場合、サン・タマラン教会の保護権はミュルバックの修道院長にあり、バーゼル司教はこの教区の運営には全く関与していない。そもそもこの修道院領に「誓約した産婆」を設置するという動きが及んでいたのかどうかも疑わしいのである。おそらくラルジェは、生まれた子を洗礼のために教会に連れて行くことがあり、以前から教区司祭とも何らかの接触や交渉があったと考えられる。しかしそうした関係があったとしても、このサン・タマラン教会の「司祭の前で誓約する」ということがありえたのかどうかは疑問である。実際、レーシュステッテールも書いているように、ラルジェの他にもこの教区には何人も似たような産婆《マトロン》がいたのであり、彼女もそうしたただの「産婆《マトロン》」の一人であったと考えるのが妥当である[8]。

### （2）「誓約した産婆」の役割

ドン・ジェルマンの事例に話を戻すと、ここで問題となっている「誓約した産婆」は、そもそもどのような存在であり、どんな役割を期待されていたのか。これは中世以来、カトリック教会が各教区に設置を求めてきた特殊な役割をもつ産婆である。教会は子どもが生まれてすぐに死んでしまう場合に備えて、洗礼を受けずに子どもが逝ってしまわないように、緊急時に司祭に代わって、その場で洗礼を施すことのできる代理人を必要としていた。それは何よりもまず女でなければならず、同時に敬虔なキリスト教徒であり、かつ「良俗」を体現するモラルに忠実な人物でなければならなかった。司教は各司教区の司祭に教区の女たちのなかからそれにふさわしい女を選ばせ、その女に司教の前で、たとえば嬰児殺しのような犯罪に関与することなく任務を遂行することを誓わせた。またその女には教区の負担で報酬を与え、恒常的に任務が果たせるようにすることが義務づけられた。

産婆の誓約は、近世期に入ると宗教改革との関連でカトリックへの再改宗や信者の内面からのキリスト教化が求められるようになり、一五世紀末あたりからしだいに増えていく傾向にあった。とくに異端に対するカトリックの教義の防衛と信徒の「良俗」の維持、「不良行為」の矯正、司祭と信者の間の規律の回復をめざしたトレント公会議（一五四五―六三年）の決定は、司教による管轄区域内の巡察を司教の任務として重視した。それゆえトレント公会議の後は、しだいに司教巡察が以前よりも真面目に行われるようになり、巡察の行われた地域では、誓約した産婆が置かれるようになっていった。ただし司教巡察は原則的には二年に一回という頻度で規則的に行うことが義務づけられていても、実際にはそれほど頻繁に規則的に行われることはまれで、記録も必ず残っているとは限らない。広い管轄区域の全部を歩いて回ることはそもそも難しく、しばしば巡察は司教本人によってではなく、副司教やそれ以外の高位聖職者に任せられた。

通常、各司教区はそれぞれに巡察の調査項目一覧を用意していて、そのなかに「産婆はいるか」という項目が含まれている。[9] すでに誓約した産婆が選任されている教区では、巡回してきた司教の前にその産婆が姿を現し、教区の事情や任務の現状を報告したり、司教からの質問に答えることになっていた。またそうした産婆がまだいないと分かった教区に対しては、その教区でも速やかに産婆を選び教区の産婆を置くように司教が命じている。

〈一五世紀末のジョザスの副司教管区の事例〉

誓約した産婆の選任の動きは、パリ周辺では早くから起きていたことが明らかになっている。たとえば、中世史の研究者アニー・ソニエ[10]は、パリの近くにあるジョザスの副司教管区に関して、一五世紀という早い時期についての誓約した産婆の選任事例を紹介している。ソニエは、一四四〇年頃ジョザスの副司教管区の副司教となったジャン・ムシャールが、一四五八年から一四七〇年にかけて巡察した際に残した記録[11]をもとに、この管轄区域の諸教区の誓約した産婆の選任状況を分析するとともに、まだこうした産婆が未確立な教区に対しては、巡察吏がその教区の聖職者たちに産婆を「選び」「任命」するよう促していること、しかもその巡察記録の残る十数年の間に教会で誓約した産婆のいない教区が徐々に減少してきていることを明らかにしている。[12]

ジョザスの副司教管区はパリの南西約四〇キロメートルにある地域であるが、ソニエによると、巡察の行われた一四九の教区のうち、七四の教区に産婆（Obstétrice）が一人ずついたという。またアルパジョンやモンレリー、ヴェルサイユのような比較的大きな都市の教区では、それぞれに二人ずついたともあり、パリ近辺の選任が早くから盛んに進められていたことが分かる。また、産婆がいると報告されているところは、大方が川や道の要所にあり、とりわけ東をセーヌ川、南をイヴェットを境界とするパリから一〇—一二キロメートルの地帯と、アルパジョンの周辺約五キロメートルのパリからモーやシャルトルに向かう地帯に集中しているともいう。[13]

ソニエは、ムシャールの巡察によって残された教区民の数から人口と産婆の有無との関連を分析しているが、それによると、戸数が二〇を超える教区ではたいてい産婆が一人か二人いて、それ以下の教区にはほとんどいないことから、教会で誓約をした産婆の選任とその教区の人口規模との間には一定の相関性があることを示そうとしている。また人口の少ない教区では、財政上の理由から、その負担を軽くするために、いくつかの教区で協力して同じ一人の誓約した産婆をおくようにしていたり、あるいは代わる代わる順番に産婆をおいていたりしているのが確かめられるという。そして誓約した産婆の有無は、村の財政的な条件にも左右されていたと結論づけている。(14)

しかし誓約した産婆の選任は、人口規模や村の財政規模の発展の単なる従属変数であったわけではなく、何よりも教区民のキリスト教化というはっきりした宗教上の目的のために、教会によって推進され、働きかけられた結果でもある。たとえば、ソニエも述べているように、巡察吏らが産婆を選ぶように促す際には、いついつまでと具体的に期限が申し渡されたわけではないが、要請を受けた教区の司祭と教会財産管理委員会は、そのことを教区民に、正確には教区の女（妻）たちに知らせ、とにかく「迅速に」選択を行わせなければならなかった。その際、許されている遅れは、せいぜい二週間ほどであり、それ以上遅れると罰金が科せられるだけでなく、要請を受けた聖職者たちはしばしば遅延のために破門されることを怖れてもいた。(15)

こうして選ばれた産婆はジョザスの教会裁判所か、例外的にはパリの教会裁判所において、その職務についての誓約を行い、その地位を認証する書状や委任状を得なければならなかった。もしもこうした書類を提出することができなければ、その産婆は不良とみなされ、規定に従うよう仕向けられなければならなかった。また産婆が宗教上の儀礼、たとえば復活祭の祝いを行わなかったり、聖体拝領を怠ったという理由でも、産婆に罰金が科せられ、あるいは叱責が行われている例がある。(16) 教会はこうした誓約した産婆を選任し、その産婆を通じて出産を監視することで、教区民の意識や行動をいっそうキリスト教会の求める方向へと導き教化することを望んでいたのである。誓約した産婆にはしたがって普通の信徒以上に厳しい目が向けられていたと考えられる。

ちなみに、ムシャールの記録にはその産婆の選択がどこで行われたのかについては書かれていないが、司祭が誰を産婆にするかを考えるときに、女房たちと出会うことのできる場所としてまず思い浮かべるのは、日曜日のミサのあとの教会の入り口か教会に面した広場であっただろう。信徒たちが集まる教会で、女房たちに産婆を選ぶように告げ、予め司祭がよいと思っていた女が産婆となることをそこに集まっている女たちに承認させ、決めさせるのがいちばん確実な手順である。誓約した産婆を置くように司教から要請を受けた司祭は実際に設置に取り組み、選択がたしかに行われたことを裏づけるために、誰によって選ばれたか、「責任のもてる」教区の女たちの名前をリスト・アップしなければならなかった(17)。

〈ロレーヌの場合〉

ロレーヌでも一七世紀のうちにこうした誓約した産婆の選任が徐々に進みつつあった。たとえば、ピエールフェットの教区記録をみると、一六六八年までは洗礼記録に産婆や助産婦（matrone/ sage-femme）の名前がめったに出てこないのに対し、それ以降になると洗礼記録に助産婦あるいは産婆の名がしばしば現れるようになる。彼女たちは洗礼に際して子どもを連れて一緒に教会にやってきた。興味深いのは、彼女たちがいずれもみな文字が読めず書くこともできなかったことである。洗礼記録に出てくる名前は司祭の手の筆跡による。また教区記録には、彼女たちが教会で誓約を行ったことそのものを記しているものもある(18)。この時期以降ロレーヌでも、教会が公認する特定の産婆あるいは助産婦が選任されつつあったことは間違いない。

一方、ツールの司教管区では、一六世紀にヴォーデモンの枢機卿シャルル・ド・ロレーヌ（Caharles de lorraine Vaudémont 司教在職 1580–87）が司教区の公会議の決定を出版し、司教巡察を重視していた。しかし司教巡察の試みは短く終わっている。一七世紀初めにはジャン・デ・ポルスレ・ド・マヤン（Jean des porcelets de Maillane 司教在職 1607–24）が典礼定式書を出版している。枢機卿補佐シャルル・クレチアン・ド・グルネー（Charles-Chrétien de Gourney 司教在職 1637–57）は神学校の設立に向けて努力したが、これも三十年戦争とフランスによる占領によってしばらく中断させられてしまう。以後しばらくは司教の不在が続き改革の推進そのものが困難になる[19]。

神学校の設立は司祭を養成しその質を高める上で重要な役割を果たすが、ロレーヌに神学校が設置されるのはアンドレ・デュ・ソッセ（André du Saussay 司教在職 1655–75）の在職期の終わり、一六七三年になってからのことである。次のジャック・ド・フィウ司教（Jacques de Fieux 司教在職 1676–87）の時代になって初めて聖務日課表やミサの典礼書所が出版され、教区会議も制度化され、徐々に聖職者の養成や典礼の統一、一般信徒の宗教的・倫理的生活の改善に向けた組織的な働きかけが始まっていく。一七世紀の終わりはこうした試みがようやく実を結び、徐々に動き出そうとしていた時期でもあった[20]。

こうしたことは、しかしパリ周辺の司教管区ならすでに一世紀も前に始まっていたことばかりである。ロレーヌは聖職者の養成が遅れており、したがってトレント公会議の決定が、一般信徒はおろか、教区司祭のレベルにも十分には降りていかなかったのである。たとえば、トゥールに近いクサントワの副司教管区で一六八七年に行われた巡察記録を分析したミッシェル・ペルノの研究[21]によると、六八教区の報告のうち二五教区にはどのような産婆も存在していなかった。また残りの何らかの産婆がいると報告された四三教区についても、誓約した産婆とそうでない産婆とが混在しており、その区別も曖昧であった。誓約した産婆のいる教区は、したがってその数字よりもはるかに少ないと考えられる。結局この地方では、そもそも産婆への関心が、信者の側にも司教たちの側にも稀薄だったと言える。

### （3） カトリック改革と洗礼の厳密化

判決文に出てくるドン・ジェルマンの女たちは、少数の女房たちが選んだ女性を他の女房たちが拒み、別の女を選んで教区唯一の誓約した産婆とすることを求めたが、彼女たちは、なぜ「少数の側の」支持する誓約した産婆を嫌がり拒んだのか。そこにはどんな懸念や不安が呼び起こされていたのだろう。前章でもすでに述べたように、ドン・ジェルマンにはもともと誓約した産婆がいたわけではないと考えられる。誓約した産婆が教区の産婆として設置されようとしたとき、多数の側の女たちはいったい何を恐れたのだろうか。判決文には、なぜ「分裂」したのか、その理由は一切記されていない。なぜバルブ・アンリでなければならないと思ったのか、その点もあまり十分な説明がなされているとは言えない。おそらくこの判決に至るやり取りの過程には女たちの反発の理由も語られていたに違いない。しかしその言葉や声は残存する文書には残されていない。

これをどのように考えればよいだろうか。この背後には「子殺し」や「間引き」の問題が隠されていたのだろうか。最初はそうも考えた。犯罪への関与が誓約した産婆の介入によって明るみに出されることを教区の女たちの多くが恐れたからではないかと想像したからである。闇から闇に葬られるべき村や家族の秘密が、誓約した産婆の出現で隠しきれなくなることを懸念し、苦肉の策として女たちにとって「融通の利く」別の女を選び直して認可をとりつけ、司祭や教会への密告を防ごうとしたのではないかと。

しかしながら、ナンシー大学の近世史研究者ラペルシュ・フルネルらの研究(22)によれば、この時期に故意の子殺しの事例を示すデータは想像以上に少ないことが分かる。もちろんことの性質上、文書が残りにくいため、文献記述が少ないのは当然だが、それでもやはり非合法な結婚や強姦などによる望まれない出産のゆえになされる子殺しや、貧困による間引きのためにやむなく行われる故意の嬰児殺害は、それほど日常的なことではなかったと考えられる。乳幼児死亡率が依然として高い時代であり、人口史研究の成果に照らしても、故意に行われる子殺しはまれだと考えたほうが妥当であろう。

実際、子殺しは古くから教会法上の罪であり、厳しく罰せられてきたが、この時期には宗教改革との関連でその規範はいっそう強まっていたと考えられる。また近世初期になると世俗権力の側からも子殺しを犯罪として罰する法令が出されるようになる。たとえばアンリ二世は一五五六年に妊娠および出産を隠すことは子殺しと同一視できるとして、未婚の娘も寡婦も妊娠した者はいずれもみな世俗および教会当局の機関のもとに出頭してその状態を届け出なければならないと命じていた。本書が扱っている時代のロレーヌはフランスとは異なる別の君主国家ロレーヌ・エ・バール公国として再建されつつあったが、三司教領の管轄範囲では少なくとも司牧の面ではフランスのガリカニスムの影響下にあって、当初からこの法令が適用されていた。またレオポルド一世は、こうした環境のなかにあって、一七一一年にフランスの法を模倣した「妊娠届け出令」[23]を出している。これによってロレーヌでも未婚の女や寡婦は妊娠した際にはみな予め届け出ることが義務づけられ、出産時に子が亡くなると犯罪への関与がまずもって疑われるようになっていった。一七五六年二月一日にはこの命令が再度繰り返し出され、アンシアン・レジームの末期に至るまでロレーヌの全域で効力をもち続けた。

こうした法的規範が効を奏したからかどうか分からないが、現実問題として子殺しを指し示す記録はまれで、故意に殺すことはやはりこの時代には想像以上にまれであったと考えられる。そもそもこの時代の人口構造からしても、故意に嬰児を間引くことはそれほど一般的なことではなかった。というのも、一七世紀のロレーヌは、三十年戦争による疲弊が甚だしく、人口は激減しており、回復も他地域に比べ相対的に遅かった。それゆえ乳幼児死亡率は、貧富の差に関わりなく、一八世紀の初頭になっても依然として高かったのである。こうしたことからすると、少なくともこの一七世紀から一八世紀に至る時期には、意図的な子殺しを試みるまでもなく、多産多死の現実のなかで嬰児は生きて生まれても長くは生きられなかった。このような現実を前にするとき、人々は子どもを間引くよりは、むしろその命を何とかして生き存えさせることに気を配ったのではないかと思われる。

ただしこの時代に「間引く」あるいは不義密通の隠匿のために行われる故意の嬰児殺しがまれであったとしても、

難産などで母子が危険な状態に陥ることはあり、その際に母の命だけでも救おうとやむなく子どもを犠牲にしなければならない場合は一定の割合で存在した。母を救うために子殺しに関与する助産者も、見つかれば子殺しの罪に問われた。教会や世俗の規範からしても彼女たちは常に「悪魔的な」イメージで描かれた。そうした「犯罪」に関与すると考えられた女性は、古くから「魔女産婆」などと命名され、「魔女」というレッテルをはられ、摘発の対象になっていた。たとえば中世末の一五世紀末から一七世紀の初めにかけては、こうした助産者は「魔女産婆」として訴追の対象となった。たとえば、『魔女の鉄槌』（初版一四八六）は、一六六九年までの約二〇〇年間に三四回版を重ね、とくに一七世紀から後半にかけて実際に魔女裁判の手引書としても用いられたが、そのなかには、「魔女産婆（sages-femmes sorcières）」と題した項目があり[24]、彼女たちがいかにして子どもに危害を加えたかについて、以下のように記されている。

バーゼルの司教管区内にあるタンという町で火あぶりになったある魔女は、生まれたばかりの子どもの頭のてっぺんに針を突き刺して、四〇人の子どもを殺したと告白した。またストラスブールの司教管区にいたもう一人の魔女も数えきれないほどたくさんの子どもを殺していた。この魔女は次のような次第で逮捕された。彼女はある女のお産をたすけるために、ある町からある町へと呼ばれた。彼女が仕事を終え、家に戻ろうとして市門が開かれたそのとき、たまたま彼女のエプロンのなかから嬰児の片腕が出てきて地面に落ちたのである。門の所にいた者たちがそれに気がついて、彼女が通り過ぎた後で傍まで行き、肉の塊だと思っていたものを拾い上げ、近くで見てみると、それは肉塊などではなく、関節のある子どもの腕であることが分かったのである。彼らが上司に相談し、調査したところ、洗礼を受けずに死んだ子どもに腕がないことが分かったのである。そこで彼らはその魔女を捕まえ、問い質し、その罪を暴いた。こうして彼女は無数の子どもを殺してきたことを認めたのである。

冒頭に出てくる都市タンはサン・タマラン渓谷の下流にある自由帝国都市である。この項目で「魔女」として表象されている女は、実際には「魔女」ではないし、故意に嬰児を殺したわけでもない。ここでは「魔女産婆」とレッテルをはられている女が市門から出ていくときに、子どもの腕をうっかり落としていったという事実がおどろおどろしく描かれているが、これも十分理解可能な出来事である。彼女は難産に際して呼ばれた「産婆」である。難産のためにどうにも子どもが出てこられなくなったため、そのまま放置すれば母子ともに死んでしまうと判断され、それがゆえに母親だけでも何とか助けようと子どもの命をあえて犠牲にして体内から胎児を引っ張り出したのである。

その際、体内の子の身体を引き裂いて出すことが余儀なくされたであろうことは想像に難くない。むごいことではあるが、そうしなければ母親まで死んでしまう。産婆のみならず、この時代の難産に関与した助産者は、ときにこうした荒療治を行わねばならない宿命があり、そうした修羅場を生きなければならなかったのである。しかし、教会はこうした助産者を近世初期にはひとしなみに「魔女」として断罪し、排斥した。誓約した産婆は、こうした子殺しに関与しない助産者をこそ創出しようと願っていたのであり、母の命を助ける術が他になかったにもかかわらず、母の命を守ることには目をふさいだまま、出産に際してこのやむなき子殺しには厳重な監視を行ったのである(25)。

しかし教会が本当に気を配っていたのは、殺人の罪を犯さないようにさせるためというよりは、むしろ救霊を確実に行わせるためであり、何よりも子どもが洗礼を受けずに死んでいくことを恐れていたからでもある。どこの司教管区でも一七―一八世紀になると、洗礼の重要性をあらためて信徒に意識させようと積極的な働きかけがなされるようになっていく。たとえば次にあげるような司教区の会議の決定が頻繁に出されるようになっていった。

我々は新生児に速やかに洗礼を受けさせることを命じる。生後三日以上が過ぎても新生児を教会に連れてこられない場合には、破門の罰に処する。教会があまりに遠くて時間がかかるときに、途中で子どもが死んでしまう危

険があるならば、子どもを連れてくる者は途中で洗礼ができるよう、壺に水をもって来るように。(26)

つまりこの決定は、生まれた子を三日過ぎても洗礼に連れてこなければその親は破門にされると言っているのである。この時代の司教区会議は、「速やかに」洗礼を受けさせることを末端の信者たちに再三求めていたのであるが、この文面を読むと、命そのものを救うことよりも洗礼を受けずに死んでいくことがより重大な問題として懸念されている。このような命令が繰り返し出されたのは、逆に言えば、早期の洗礼の重要性が信者によく理解されておらず、徹底されていなかったためでもある。つまり信徒たちの間では一般に、洗礼はもっと後にしてもよいと大ざっぱに考えていたのであり、洗礼をめぐる教会側の認識と人々の実践感覚との間には大きなずれがあった。この時代の多くの信徒は、子どもの洗礼については、少し時間が経って子どもが生き存えらえることが分かってからでよいと考えていたのである。農村では教会は近くにはないことが普通であり、遠ければ遠いだけ、そんなにすぐに洗礼に連れて行くことはできなかった。季節にもよるだろうし、農作業のスケジュールや病人や老人、乳幼児がいるかいないかなど、家族の諸事情にもよる。

たしかに原則的には、洗礼を受けていない死体は教区の神聖な墓地には埋葬できないことになっていたから、いずれ洗礼を施すことは、誰もが必要だと考えていたにちがいない。洗礼はそれ自体決して複雑な儀礼ではなかった。額に水をたらし、「神と子と聖霊の御名により、アーメン」と祈りの言葉を捧げさえすればそれでよいからである。誰にでもできるし、水さえあればどこにいてもできた。先述の命令に「壺に水を入れてもって来るように」とあることからも分かるように、途中で息を引きとりそうな場合には、洗礼を行えという意味である。緊急時の措置としての「仮洗礼」は広く容認されていた。だから誓約した産婆など教区に一人もいなくても、それほど困るわけではなかったのである。それがこの時代の一般信徒の現実であっただろう。多くの信徒たちは、場合によっては、すでに息を引き取ってしまった嬰児に対しても、簡単な洗礼を施すなどして、あるいは洗礼を施したことにして、墓地への埋葬を行うこともあった。それでどうしていけないことがあろうか。洗礼という儀礼はありがたいものではあれ、それほど厳密でなければならないとは考えられておらず、おおらかに受け止められていたのである。

ところがこの時代になると、司教区会議の決定として、「死体には洗礼を施してはならない」という命令が頻繁に出されるようになる。教会は洗礼の重要性を声高に語るだけでなく、厳密な手続きでもって洗礼を行うことを信徒に要請するようになる。それまでは曖昧に放置されていた洗礼の仕方が問題になり、洗礼が生きているうちになされたものか死後になされたものかが吟味のポイントとなっていく。それによって、死体の墓地への埋葬が、しだいに難しくなっていくのである。墓地に柵が設けられ、家畜や人の出入りが禁じられ、聖なる空間として囲われていくのもこの時代である。それまでは墓地は亡くなった親族や知人に再び出会う聖域であり、土地に生きる人々の共同性の確認の空間でもあった。そこでは家畜も人も自由に出入りし、生者と死者が出会うことができた。こうした教義の厳密な適用、認識の矯正によって、未洗礼の者は不浄なる身体として忌み嫌われるようになり、もはやどのような抜け道も失われて、埋葬そのものができなくなっていったのである。死んでからではもう遅いのである。だからこそ少しでも息のあるうちに嬰児に洗礼を施すことこそが大切だ、という強迫観念も徐々に広がっていく(27)。

誓約した産婆は、こうした一般信徒の間にある教義の無理解、実践の不徹底から一線を画し、教会の規範に照らして「正しい」と判断される道へと信者を連れ戻し、教義に忠実に洗礼がなされるよう人々を諭し導いていくためにあった。それは本来は司祭が行うべき仕事であるが、助産の現場に入ることができるのは通常は女だけである。誓約した産婆は、司祭に代わって現場に駆けつけ、死にかけている子に、息のあるうちに速やかに洗礼を施す教会の代理人である。このような産婆を村に恒常的におくことは、敬虔な信徒からすれば、一見、ありがたいことにも思われる。なぜなら出産のその場にまで救霊に来てくれて、司祭の代理人となって死ぬ間際の子に洗礼を施し、神の国へと導いてくれるからである。

ただしこの論理が通用するのは、教義に厳密な方法で救霊することが何より重要で大切だと心底思い、息を引き取る前に何としてもその子に洗礼を施してやり、魂の平和を得させてやりたいと願う敬虔な信者の場合である。つまり命よりも教義の遵守を選ぶかどうかということである。この時代のロレーヌの一般信徒がとりわけ敬虔さに欠けていたというのではない。しかしこのような厳密な意味での教義の実践が課せられると、女房たち、産婦たちは、命を選ぶか救霊を選ぶかの二者択一に直面させられる。キリスト教や洗礼そのものに反対しているわけではないとしても、瀕死の状態にある女やその家族は、大事な働き手を失ってまで教義を遵守することにしばられていたとは思えない。

ロレーヌ地方の一七世紀の現実を思うとき、戦争による疲弊や貧困は想像を絶する規模にあり、現実には生き延びるだけでも大変な時代である。洗礼という宗教儀礼の厳密な理解も、ロレーヌでの聖職者や現実的な働きかけの脆弱さを思うとき、相対的に遅れていたことは間違いない。信徒の意識としては、どんなことをしてもまずは母親の命だけは助けたいと願っただろう。しかしまた同時に、やむなく返した子についても聖なる場所にそのからだが埋葬されて天国に召されればと願ったに違いない。

このような現実のなかでは、信徒たちは規範や教義を全く知らないわけではないにしろ、必ずしも教義に忠実であったわけではない。ところが規則通りに役目を果たすのに一所懸命な、融通の利かない女が難産の場に介入してきたらどうなるか。女は自分自身が犯罪に加担したとして罰せられることを恐れて、息を引き取った嬰児には、断固として洗礼を施すのを拒絶するだろう。体内の子どもに洗礼を施すことを優先するあまり、産婦である母体の命やからだを守り生かすことよりも、子どもの命を優先することにもなりかねない。この時代には、表立っては言えないとしても母体を守るためにやむなく胎児を犠牲にすることがあったし、それはときに避けて通れない現実でもあった。誓約した産婆は、司祭に代わって救霊をもたらすありがたい救済者であるが、その一方で、難産に際しては、教義の遵密な順守に向けて目を光らせる監視者であり、教会の規範を厳密に守らせる見張り役となる。つまり、一般信徒からしてみれば、ただただ教義に忠実で、司教や司祭の教えに従順に従うだけの「誓約した産婆」は、母体の救済を遅らせ、死産児の墓地への埋葬をも不可能にする憂慮すべき存在でしかない。

キリスト教の司牧の歴史は古く、教会が建てられ、住民が洗礼を受けて生活全般がキリスト教の枠組みや規範のなかに組み込まれていくのは初期中世から一二―一三世紀のことである。しかし教義や規範が農村部の一般信徒の一人一人にまで浸透し、平民の日常生活や心性のレベルにおいて深く内面化されていくのはカトリックの宗教改革以降のさらにずっと後のことである。とくに宗教戦争や三十年戦争を経て疲弊したロレーヌでは、信徒への働きかけはしばらく途絶え、放置されていた。聖職者たちは一般信徒たちの意識とのずれ、規範に対する理解の立ち遅れを強く意識していただろう。ロレーヌはトレント公会議によるカトリック改革の理念の浸透が半世紀以上遅れた地域でもあり、司牧の観点からすれば、意識的な改革に向けた運動が積極的に推し進められねばならない遅れた地域でもあった(28)。

かくしてこの時代には、ロレーヌでも教会が一般信徒の意識やふるまいの矯正に力を注ぎ、厳密な教義の遵守を執拗に求めるようになるが、それにつれて一般信徒の側では、それまであまり教義に深く関わることもなく自由に放置されていた時代に比べ、柔軟な解釈による死産児への洗礼がしだいに不可能になっていった。その結果、「未洗礼死産児(des enfants morts nés sans baptême)」は確実に増えていき、教区の墓地への埋葬ができないまま放置される死産児も増えていったのである。これは先祖伝来の土地に生きる農村住民にとっても、きわめて深刻な問題でもあった。

〈教会の修復をめぐる紛争〉

一方、紛争とどの程度、密接に関係していたかは定かではないが、この判決文に登場するドン・ジェルマンの教区がもっていた個別具体的な状況にさらに探査の目を向けていくと、ここには誓約した産婆をめぐる紛争の起きていたちょうどその時期に教会の修復をめぐって以前から教区民である農民たちと、巡回司祭マンジャンおよびデシマトゥール（décimateur）と呼ばれる者たちとの間に、軋轢や対立が生まれていたことがわかる。デシマトゥールとは、教区民に古くから義務づけられている「十分の一税」を徴収し受領する人たちのことである。ここではサン・テーヴの修道院とトゥールの教会（maison de dieu）および神学校の三者がそれに相当する。

ドン・ジェルマンには中世に建てられた小さな教会があり、それは隣接するショロワの村との間の、どちらかと言えばドン・ジェルマン寄りの葡萄畑のなかに建てられていて、そのすぐそばには墓地もあった。この教会は中世に建てられたものであるが、すでにかなり以前から壊れており、全面的な修復が必要になっていた。しかしこの教区の聖務に責任を負っている巡回司祭のマンジャンおよびデシマトゥールたちは、この古い教会を建て直すのではなく、ドン・ジェルマンの村の中心にあったこれまた古い小礼拝堂を修復し、そこでミサを行わせていた。この礼拝堂は、戦争の際には兵士の攻撃から守るための頑丈な壁が張りめぐらされていた(29)。しかし農民たちはこの礼拝堂よりも葡萄畑のなかにある古い教会に愛着を抱いていたのである。

本来、教会の修復や維持はデシマトゥールと教区民との両方に義務づけられており、とくにジャック・ド・フィウ司教（Jacques de Fieux 司教在職 1676–87）の時代になってからは、司教区会議において、祭壇部（autel）にあたる内陣（sanctuaire 本殿）はデシマトゥールが、身廊（nef 信徒席）については信者が受けもつという形でその負担の責任が分担されていた。これはアンリ・ド・チアール・ド・ビシー（Henri de Thiard de Bissy 司教在職 1692–1704）の時代に出された規定にも明記されている。しかしながらこの時代のデシマトゥールは一般に教会の修復、再建には多大な出費が必要となることから大掛かりな修復を渋ることが多く、代わりに日常のミサや儀礼のための間に合わせの礼拝堂を建てたり、既存の建物を整備して代わりにすることで出費を最小限に抑えようとする傾向があった(30)。ドン・ジェルマンのデシマトゥールたちもこの小教区のわずかな教区民のためにはそのような出費は必要ではなく、古い礼拝堂を整備するだけで十分であるとみなし、葡萄畑のなかに建っている古い教会の修復には着手しなかったのである。

トゥールの都市の近辺の諸教区は、三十年戦争の際の軍隊の通り道からは外れており、建物の毀損も戦闘や略奪によって破壊されたものではなく、むしろ老朽化によるものが多かった。しかしながら、ドン・ジェルマンの古い教区教会は、建物の傷みが激しく、実際に足を運んで調査した巡察官の報告書(31)によれば、その教会は「ほとんど完全に壊れて」おり、「屋根はみな窪んで腐食して」いた。「壁は身廊と翼廊の一部にしか残っていない。内陣の円天井はさらに崩れる危険があり、教会は山からの水にさらされていて、条件の悪いかなり難しい土地にある、盗賊や瀆信行為にもさらされている(32)」とある。典礼定式書や司教管区の会議で決められた、必要不可欠な備品や調度品、新設備が備えられていなかったことは言うまでもない。近くの墓地には杭や柵による囲いはなく、家畜や人が始終気ままに出たり入ったりしている、周囲には人家はなく、洗礼に必要な水路も引かれていない、このような状況では、仮にこの教会が修復されたとしても必要な備品や施設を教区民に維持・管理させることはもとより、そもそもそれらを備えさせることは難しいだろう、ともある(33)。こうした判断が司祭およびデシマトゥールたちの一致した考えであった。

ところが教区民の多くは、整備された、より頑丈な礼拝堂よりもむしろこの葡萄畑のなかにあった古い壊れかかった教会に執着していたのである。彼らは教区司祭が不在で定期的にはやってこないにもかかわらず、寄合所としてそこを日常的に利用していた。報告書の記録によると、そこは葡萄畑に働く者たちの避難所《アジール》(asile)となっており、しばしば「瀆神的行為」が行われていたという(34)。司祭やデシマトゥールたちから見てそれがどのような行為であるかは詳しく述べられていないが、しかし教区民たちはこの教会こそが自分たちの教会であると考えていた。また先祖の眠る墓地であることから、この教会に強い愛着と離れがたい感情を抱いていた。信徒たちはここで日常的に憩い、飲み、食い、ときに踊ったり歌ったりしては戯れて、ともに時間を過ごすなかでお互いの理解と共同性を育んでいたと思われる。

教区民および教区民の側に立つ村長は、あれこれの理由をつけて教会の修復を渋るデシマトゥールたちに対して、教会会議の規定を盾に、デシマトゥールの義務として、彼らに葡萄畑のなかにある教会の内陣部の修復を求めていた。そのため、この小教区では何年も前から、この問題をめぐって係争が続いていたのである。実際、報告書からもこの巡回司祭マンジャンへの反発があったことが窺える。マンジャンは、教会会議で禁じられていたにもかかわらず、教区民の埋葬に際して金銭の支払いを要求して、教区民から顰蹙を買っていたとも記されている。

こうした十分の一税の使い道や司祭の対応への不満に基づく教区内の紛争は、この時代のロレーヌにはよく見られたものでもあった。この教会の修復をめぐる紛争については、ここでこれ以上立ち入ることはできないが、少なくともこの小教区では、誓約した産婆の選択に関わる対立に先だって、壊れた教会の修復をめぐる対立が生じていた。一七〇七年に寡婦マンシュエット・ジルベールが教区の多数の妻（女）たちから強い反発をもって迎えられたのも、こうした潜在する問題と無縁ではなかったのではないか。

## 第3節　未洗礼死産児の洗礼と埋葬

関連して、この時代には、興味深い儀礼も流行していた。「サンクチュエール・ア・レピ（Sanctuaire à répit）」と言われる儀礼である。これは洗礼を受けずに亡くなった子どもを再生させ、洗礼を施す儀礼である。こうした風変わりな、奇妙な儀礼が流行する理由も、宗教改革や戦争による疲弊などによって生み出されてきた諸変化と密接に連動している。誓約した産婆をめぐる教区の紛争と、この儀礼の流行は、同じ時代の産物である。そこで次に、この儀礼について、やや立ち入って考察してみよう。

### (1) サンクチュエール・ア・レピの流行

この儀礼は、基本的には、ロレーヌのみならずヨーロッパの至るところで行われていたものであり、中世末から近世期に流行し一九世紀の初めまで命脈を保ったと言われている。それは死んだはずの子どもが生き返るという束の間の蘇生を信じ、それを前提に行われる奇跡儀礼である。つまりいったんは息を引き取り、埋葬もされていたはずの嬰児が息を吹き返すとみなすことで成立する儀礼である。「生き返る」とか「甦る」というと語弊があるかもしれない。より正確に言えば、死体に何らかの生体反応が現れることをもって、そこに「命の徴候(signe de vie)」を読み取ろうとする儀礼である。

人々は、子どものからだに束の間の「命の徴候」を読み取ると、それは進みゆく死が中断されたと考え、それゆえこのときばかりは子どもが命を取り戻し、生きている状態に戻る、だからこの瞬間に洗礼を行えば、生きている子に洗礼を施したことになると考えたのである。それはほんの束の間であってもかまわない。その束の間の瞬間をとらえて洗礼を施せれば、子どもはもはや未洗礼のままではなくなり、不浄や不面目から免れることができると希望を託した。いったん死して埋められていたわけだから、その死者のからだに息が戻ることは、現実にはほとんどありえない。したがってこれはどう考えても奇妙な、ありえない神秘を前提とした儀礼なのである。これはキリスト教の本来の教えには存在しない考え方であり、キリスト教以前の死生観の残滓、あるいは澱のようにも見える。この儀礼を支える観念、考え方の背後には、生の世界と死の世界を分かつ二元論的な心性があり、単線的で不可逆的な時間を生きるキリスト教の教え、考え方とは全く相容れないはずのものでもある。

そもそもこのサンクチュエール・ア・レピとは、いかなる儀礼だったのか。近世社会史家のジャック・ジェリスによれば、これは一四―一九世紀にフランドル、ピカルディ、アルザス、ロレーヌ、ブルゴーニュ、サヴォワ、プロヴァンス、オーヴェルニュなどに存在したことが確認されている民間慣行である。ここにアルザスも含まれていることに注意を喚起しておきたい。一八世紀終わりのアルザスでも、事情はおそらくロレーヌとそれほど違わなかったと考えられる。

ジェリスによれば、一九世紀末以降は急速にその実践は衰退し忘れられていったが、これまでに確認されているだけでも、その痕跡が残っている場所が、フランス全体で二六〇ヶ所あり、ベルギー、南ドイツ、ライン地方、スイス、オーストリー南部、イタリアにもそれぞれ数十ヶ所あるという[35]。ナンシー大学の近世史研究者フィリップ・マルタンによれば、ロレーヌ地方には多数の聖地があり、こうした儀礼の痕跡もあちこちに確認されている[36]。おそらくこの慣行・儀礼は、ローマ教会の影響下にあるカトリック圏なら、至るところで行われていたものだと考えられる。ジェリスは、この頻繁さは「ヨーロッパの民衆宗教(la religion polulaire)の最も持続的で、最も奥の深い、また最も内に秘められた顕れの一つである[37]」と述べている。ジェリスのいうこの「民衆宗教」がキリスト教との連関においてどのような位置を占めていたのか、この点について、それほど詳しく述べられていない。しかしそれは単なるシンクレティズムやアマルガムでもない。この時代の宗教をめぐる環境の変化を物語るものであり、より複雑で錯綜した信徒の側のイマジネールな世界からの応答でもある。

### (2)　ロレーヌの場合

ロレーヌの場合には、とくにこの儀礼に関わる奇跡をもたらす聖所と考えられたのは、ノートルダム、ヨセフ、キリストの名を冠した礼拝堂や彫像、谷あいの小さな礼拝堂や隠修者の家などである。シオン(Sion)やアヴィオット(Avihoth)のような比較的大きな有名な巡礼地はよく知られていたが、それは無数の聖地の氷山の一角にすぎない[38](図4—2参照)。なぜロレーヌには多く痕跡が残されているのか。ここでは、フランスへの遅い併合(一七六六年)によりガリカニスムの影響を相対的に遅くまで免れていたことや、従来の慣習が保たれる一方で三十年戦争などによる荒廃のために、そもそもローマからのカトリック司教の働きかけが困難をきわめ、宗教改革の影響や規範の浸透、組織的再建の動きが相対的に緩慢であったことがあげられる。もちろん単一の原因をあげることはできないが、この地域の地理的、政治的、宗教上の特殊性、中間地帯による錯綜した状況が密接に関わっていたことは否定できない。それは同時に、他地域では衰退し見えにくい現象がこの地域ではよりはっきりと見いだせるということでもある。

サンクチュエール・ア・レピについて一般に知られているのは、以下のようなことである。ジェリスの記述によると、まず子どもの親が子どもの死体を衣に包み、かごや木箱や紙箱などに入れて近くの聖所に運ぶ。場合によっては、いったん埋葬され土に埋められた後、何日かして——それどころか二週間経っている場合もある——から掘り起こされ、それからおもむろに聖所に運ばれる。図4—2に示したような比較的大きな有名な巡礼地が居住地からやや離れていても、それ以外にも聖所は至るところにあり、居住地から二〇キロメートルも歩けばみつかる。日帰りのできる距離である。二〇キロメートルというのは当時の人々にとっても決して近いとは言えないが、半日もあれば歩ける距離ではある。歩いても四—五時間、場合によっては聖地はこうした比較的近隣の誰でもが知っている、行こうと思えばいつでも行くことのできる圏域の内部に存在していた。聖所に着くとまずは奇跡像の足元や祭壇の上に、あるいはその傍らに子どもの死体が置かれる。死体は当然ながらすっかり生気が失せており、土気色になっているが、祈りを捧げ、根気よく待つと、やがて聖人や聖母の加護、とりなしによって、数時間のうちには、からだのいずれかの場所に微かな「命の徴候」が現れる。奇跡が起こるのである。

では、この「命の徴候」とは何か。それは、たとえば舌が動いたり、顔に赤みが差したり、動脈がピクリと動いたり、体が温かくなったり、尿、鼻や耳に流れる血など何らかの体液が流れ出ることである。子どもの手が一瞬、微かに動いて、指が顔やからだに何度も触れたり、ふっと瞼を開けることさえあったと言う。こうして「命の徴候」が現れたなら、今度こそ決定的な死が訪れる前に、すかさず、速やかに洗礼が施されなければならない。ではそのときに

**図 4-2　ロレーヌ地方の巡礼地**

出典：Martin, Philippe, *Pèlerins de Lorraine*, p. 8.

は、いったい誰が洗礼を行っていたのか。司祭、助任司祭、隠修士、教会財産管理人はもちろん、父親、産婆のこともあった。人々が見守るなかで、厳粛に、そして滞りなく洗礼が行われれば、テデウムがうたわれ、鐘が鳴らされ、奇跡が起きたことが周囲に告げられる。巡礼地なら、その場に居合わせることのできたことを喜ぶ巡礼者の感動の言葉が口々に表明される。その後、子どもは生地に再び運び戻され、教区の墓地に埋葬される。

ここでは死はいったん「宙づり」にされている。ジェリスの表現を借りれば、「かくして時間は、束の間、逃れ難い識閾（seuil）を乗り超えて逆方向に向かう」[39]。

ここでは進みゆく死がいったん中断され、その歩みを止める。サンクチュエール（sanctuaire）とは「聖域」のことであり、répit は「中断」「小休止」「休息」「休憩」を意味する。ラテン語の respectus（後ろを眺めること）から来ている。したがってサンクチュエール・ア・レピとは、直訳すれば「休止状態にある聖域」という意味になる。子どもはたとえ死んで生まれてきても、聖人や聖母の加護、とりなしによって一時的に死を免れ、命を取り戻し、洗礼を受けることができるというのである。

〈教会の対応〉

サンクチュエール・ア・レピというこの奇妙な儀礼に対して、教会はいかなる態度をとったのか。最初は曖昧であったが、やがて奇跡を装った誤謬、虚偽の証言の濫用にもつながるという理由から強く警戒し、高位聖職者の司教たちからは忌々しき慣行とみなされ、嫌悪されるようになっていく。そして一七世紀後半にはすでに、教会会議がこの儀礼を「幻想である」「ペテンである」と断定し、繰り返し禁令を発するようになるのである。

しかし現実には、度重なる禁令にもかかわらず、この実践は途絶えることがなかった。たとえば、トゥールの教会裁判所の記録に次のような事件が伝えられている。

……ある女の行った洗礼に疑いがかかり、調査が始まったが、その結果、二人の代母が数ヶ月も前に死んだ子どもの骸骨に洗礼を施していたという証言が得られた。その地の墓掘り人も、教会の回廊の庭にある「花園」と呼ばれる場所に少なくとも二〇の子どもの躯を埋めたと証言した。しかも堪えがたいほどの強い汚臭を除けば、その躯にはいかなる「命の徴候」もみられなかったという証言もあった。このような教会の摘発は跡を絶たず、禁令によっても収まることはなかった……。(40)

こうした摘発は強まったが、ある場所で禁止が強化されれば、別の場所へと移り、そちらに実践が集中する、という具合で、言うなれば「モグラたたき」状態にあり、いくら禁じても人々の慣行は、別の方向に移動するだけであり、とどまるところを知らなかった。

やがて一六五八年トゥールの司教は、乳児の埋葬には正しく洗礼の行われたことを示す少なくとも四人の署名入りの証明書が必要であると命じた。そして二〇年後のジャック・ド・フィウ司教の時代には、この儀礼は完全に禁じられてしまう。一八世紀に入ると、いよいよこれは迷信的慣行であるとして貶められ、これに加担した聖職者は聖職禄停止の厳罰という処分を受けるようになった。しかしここで興味深いのは、当初は、この儀礼に聖職者も寛容な姿勢を見せ、黙認のみならず、それに加担し、一役買うということさえあったことである。この時代には、現代の人間とは異なり、奇跡など起こるはずがない、とは誰も思っていないのである。

### (3)　アヴィオットの司教ドロテルの覚書

ロレーヌでは、この儀礼に関してまことに興味深い事例が残されている。というのも一七世紀にこの儀礼に携わったある司祭によって、それについての記録が発見されていたのである。その稀有な文書が後に偶然発見されたおかげで、本当なら、文字に残されることなく消えていったこの稀有な儀礼の実践を、詳細に垣間みることができる。すなわちロレーヌの北端、アヴィオット[41]のノートルダム教会に司祭として在職したジャン・ドロテル（Jean Delhotel 在職1636–82）の覚書《Bref Recueil》である[42]。几帳面さのゆえにか、あるいは慎重さのゆえにか、はたまた誤謬を恐れて逡巡したがゆえにか、その在職期間の数十年の間に、ドロテルは儀礼が行われるたびに逐一それらを帳簿に記録し、帳簿を保存していた。その文書はその後、教会の倉庫の奥深くにしまわれ、そのまま誰にも知られることなく忘れられたが、二〇世紀初頭に偶然、発見され、ある種の衝撃とともに、現代の研究者の前に姿を現したのである。

**図 4-3**　アヴィオットのノートルダム教会前景
注：Philippe Martin 撮影.

そこで本章の最後にこのドロテル司祭の覚書の内容を見て考察しておくことにしよう。一六六八年にアヴィオットのノートルダム教会（図4―3）の現状について書かれた覚書《Bref Recueil》とそれに付属する二つの補足である。執筆の動機は、三十年戦争で疲弊したこの地域の、教会にまつわる古くからの言われ、歴史、現状を書きとめることで、その歴史を広く信者に知らしめ、この教会の守護聖人である聖母マリアへの巡礼者への献身を集めることにあった。具体的には、聖母マリアとその祈りの意味、施療院の歴史と現状、ブローの領主と教会の関係、戦争による被害の状況、アヴィオットの名前の由来、聖母マリアの加護による未洗礼死産児の洗礼の実践、および「命の徴候」の重要性、教会建立の経緯やお布施、寄付その他の収入のこと、日々の祈りや祭日、鐘やオルガンのこと、住民への祈りの勧め、司祭や助任司祭、収入役や管理人の務め、奇跡、恩寵に関わることなど多岐にわたる。この覚書に付随する二つの補遺に、サンクチュエール・ア・レピによって洗礼を受けた子どものリストと、一二三七―一六六八年の間の歴代司祭の略歴、事績が記されている。

ドロテル（一五九七年頃　アヴィオット生）は、一〇歳のときに母と死別し、学費を得てルーヴァンの学校に学んでいる。一六二三年にこの教会の財産管理参事会の会員となり、一六二五年には収入役を務めている。そして一六三六年に前任の司祭が亡くなると、ブローの領主の推薦を受けてこれを引き継ぐようになる。それはちょうど三十年戦争に巻き込まれていく悲惨な時期でもあり、彼の任務は戦争によって疲弊した教会とその活動を再建し、復興させることにあった。失われた教会の規則や教会法、慣習法を記憶や聞き取りによって復元し、曖昧になった土地の標石を建て直すことにあった。

記録されている奇跡の事例は、一六二五―七三年の五〇年間で一三八例である。必ずしも多いとは言えない。洗礼は慎重に行われたのだろうか。一六五六年までは、全部合わせても年間一〇件を超えていない。翌一六五七年はフランス軍がモンメディエを占領した年であり、ピレネー条約によって、以後この地が正式にフランス領に入る。その後は比較的安定した時期であり、一六七八年までは年平均七―八件　多くても一二を超えていない。運ばれてきた未洗礼死産児のすべてに奇跡がなされたのだろうか。奇跡が起こらなかった場合については記録されていないので、洗礼にまで至った死産児が、運ばれてきた死産児のなかでどのくらいの割合を占めていたのかは分からない。しかし運ばれてきた子どものすべてに「奇跡」が起きたわけではないだろう。

ドロテルの記録から運ばれてきた死産児の出身地を見ると、この教会にはその近隣からだけでなく、比較的遠距離の地域を含む各地から運ばれていたことが分かる。アヴィオットはよく知られた巡礼地であった。ここに到着した死産児は、教会内部のノートルダムの奇跡像の足元に、季節に関係なく裸にして置かれた。鐘が鳴らされ、運んできた人や他の巡礼者も一緒にそれを見守る。全員が祈りを捧げ、サルヴェ・レジーナ(43)（Salve Regina）が全員で歌われた。そして聖母マリアに捧げる連禱がそれに続く。ドロテルのリストに記されている「命の徴候」は、顔の紅潮、瞼の開閉、体温の上昇、唇の赤み、排尿や血液、体液、汗の流れ、鼓動や静脈の震え、手や足の動き、鼻の両脇の赤み、額の紅斑、四肢の震え、肌の赤み、自然な肌色……とさまざまある。しかしどうやら声を発するところまでは求められていない。

洗礼が終わるとすぐに徴候は消え、死体はアヴィオットの墓地に埋められた。運んできたのは、子どもの父親、母親、居住地が近隣の女、産婆などである。産婆がいつもいたわけではない。たいていは母親の居住地近くの知り合い

**図 4-4**　円柱に描かれた洗礼
注：アヴィオット，ノートルダム教会内（筆者撮影）.

の女であり、なかには自分の洗礼の有効性を信じてもらえないがゆえに連れてきたと述べた者もいた。この場合、連れてきた女は誓約した産婆ではなかったが、自ら教会に連れてくることで、その仮洗礼の認証を得ようとしたのである。

ここで問題になるのは、洗礼を施す者が誰かということである。これは原則的には司祭の仕事だが、ドロテルの書き残したサンクチュエール・ア・レピの記録を見ると、ドロテル以外の者がその代理を務めている場合もあり、ドロテルがいつも行っていたわけではないことがわかる。たとえば、洗礼を施しているのは、アヴィオット在住の教会財産管理人や隠修士であることもあるし、その子の父親や連れ添ってきた女（産婆かどうか不明）であることもあり、またアヴィオットの村の女や産婆と称する者であることも多い。とくに一六六三―七四の一一年間は、アヴィオットのアリソン・ピエロンという名前の産婆が頻出（二四件）している。ピエロンは洗礼の仕方を教えたり、指示をしたりもしていた。またもう一つ見るべきポイントは、埋葬地がどこかである。奇跡による洗礼を施された子どもはすべてアヴィオットに埋葬されている。[44]

サンクチュエール・ア・レピが広汎に行われた背景には、トレント公会議以降の教会の習俗の矯正、教義の内面化というカトリックの改革運動の積極的な働きかけ、禁令の強化があることは疑いえない。出産時やその数日後に亡くなった子どもに洗礼ができなくなり、未洗礼死産児が村や教区の墓地にそれまで通り埋葬できなくなったことが、直接的な原動力になっていると考えられる。三十年戦争による生活全般の疲弊は、人々の救霊への願いを強めていたかもしれない。しかし彼らが求めていたのは、純粋に子どもの救霊はもちろんのこと、それと同じくらい子どもが墓地に埋葬されることではなかったか。たしかにアヴィオットでは、未洗礼死産児は遠くからも運ばれてきていたから、洗礼後は生地に戻されずにそこに埋葬されている。しかしこれはアヴィオットのような巡礼地の場合であり、多くは居住地近くの聖地に連れて行かれ、洗礼後は居住地の墓地に埋葬されたと考えられる。アヴィオットの例は、無数の奇跡による再生儀礼・洗礼の氷山の一角である。

結局、「未洗礼死産児」とみなされる死産児の増加は、この時期の厳密な教義の適用を求める教会の教義の徹底に向けた働きかけの結果であり、サンクチュエール・ア・レピとは、まさにこの時代に増加した「未洗礼死産児」の洗礼を実現し、墓地への埋葬を可能にするための儀礼だったのである。この儀礼の流行の原動力となっていたのは、救霊を求める心性であると同時に、教区の墓地への埋葬ができなくなり、死体が民家や墓地ではない場所に埋められ放置されることへの恐れや不安でもあったと考えられる。

誓約した産婆は、出産時に生死の瀬戸際にある子どもに仮洗礼を施すために送り込まれた司祭の代理人である。死んで生まれた子を墓地に埋葬できるかどうかは、まさにこの介在者の判断にかかっていた。彼女が教会の教義や教えに忠実な存在なのか、村の暗黙の慣例を「理解し尊重しうる」存在なのかは、こうした時代状況とも関わり、無視しえない大きな関心であり、受容しうるか否かの大きな分かれめとなったに違いない。そしてこれはこの一八世紀初めのロレーヌのみならず、アルザスにも共通してあった前提でもあろう。

＊　＊　＊

このロレーヌ南部のドン・ジェルマンの事例から言えることは、助産婦の制度化という動きがまず存在することである。とくにそれまで公認の助産婦がいなかった教区で、新たに誓約した産婆を女房たちの選択を無視して勝手に教区や村落の費用で選任しようとすると、教区の女房たちが誰を選ぶかに敏感に反応し、それまであった「産婆を選ぶ自由」を守ろうと、その選任に待ったをかけ、選任への参与を求めるのである。その際、教区内の女房たちが独自に産婆を選び直す動きに出ると、教区内は分裂し、互いに別々の女を公認の産婆にすることを求めて紛糾する。二重の選出に至ると、両者の対立は収まらず、どこまでも続いていく。ドン・ジェルマンに限らず、他にもそのような教区があったに違いない。にもかかわらずドン・ジェルマンの事例だけがこうして判例として残されたのは、それがたまたまロレーヌの最高法院で取り上げられ、多数決原理によって解決がなされたからにすぎない。それ以前にもそれ以後にも紛争は至るところで起きていたと考えられる。

この事例を考察することであらためて言えることは、この時代には難産に際しては、宗教上の教義を遵守したうえでなおかつ母子の命を助けることがいかに難しかったかということである。教会で誓約した産婆を教区や村落共同体で公認していく動きは、キリスト教の規範を遵守させて、巷の産婆や助産者による子殺しのまかり通っている現状に歯止めをかけようとしたものである。しかし現実の助産の実態からすると、この点がまさに大きな問題となる。難産に際して当時は、現代のように母子の命を救う有効な手立ては存在せず、この時代には子どもが体内にとどまって出てこなくなると、母子ともに亡くなることも少なくなかった。危険があるときには、女たちは、まずは産婦の命を助けることを考え、優先した。その場合には、子どもの命をあきらめたのである。子殺しはそのために行われた。

このことは前作『さしのべる手』でモケ・ド・ラ・モットの生涯を辿るなかでも分かってきたことである。この時代には、宗教改革により、教義の厳密な適用が求められるようになり、洗礼も命のあるうちになされることが以前よりも重視されていった。誓約した産婆の選任もその流れのなかで推し進められてきたものである。教義をただただ守ろうとする司祭や助産婦がそばにいると、難産に際して分娩が遅れ、そのために母子もろとも亡くなるという危険が増していた。(45) 難産に際して教会の司牧がそこに介在すると、教義や原則の遵守に拘泥するあまり、母子ともに助けられなくなるのである。命を救うことを誰もが重要だと考えながらも、洗礼による救霊を重視しなければならないという要請もあり、助産者はそのダブルバインドに引き裂かれる。少なくとも農村の出産経験ある女房たちはそのことをよく分かっていたのである。それゆえ女房たちは、誓約はしていても、できるだけその事情を理解し、産婦の命を助けることを考えてくれる産婆、しかもその「技能／奥義」を知り、体得している経験豊かな産婆を公認にしたいと望んだのである。

女房たちは、その産婆が好きか嫌いかで判断していたわけではない。そこには根拠があり、その根拠は、こうした助産の現場の瀬戸際の判断、決断、可能な手立てを知りうる者だけが判断しうることでもあった。それゆえこの種の紛争は、公認の産婆を設けるという動きが起こってくるときには、いつでもどこにでも起こりうるものであったと考えられる。アルザス南部の場合は、サン・タマラン渓谷の場合のように、国王への直訴にまで発展したが、ベルフォール管区の事例を見る限り、それ以外の紛争の現れ方はもっと原初的である。このドン・ジェルマンの事例は、おそらく他の多くの事例よりも二重の選出とその正当性をめぐる執拗さという点で、モーシュ他三集落の事例に共通するものがある。しかし産婦の死が直截に語られ、また君主への直訴が行われた点で、やはりモーシュ他三集落の事例は、このロレーヌ南部の事例とも異なっている。

# 第5章　渓谷の変容
## ――境界のゆらぎ

本章では二つめの謎について考える。すなわち、なぜモーシュ他三集落の「女房たち」「吏員たち」は、二人の助産婦を同時に教区公認の助産婦としてその職務にとどめることを不当だと考え、最初の助産婦の罷免を断固として訴え続けたのかという謎である。この点に関わってバイイ（レーシュステッテール）は地方長官に宛てたその書簡のなかで、モーシュの吏員たちが国王への請願書に「モーシュはおよそ八〇戸にすぎず、産婆二人は多すぎる。一人でも多すぎるくらいだ」と記していたと伝えていた。これに対してバイイは次のように反論していた。

たしかにモーシュの村は八〇戸にすぎません。しかしボーヴァンリートと請願者〔カトリーヌ・シリング〕は、その村のためだけに任命されているのではなく、さまざまな村や小部落から構成されているモーシュの区域（mairie）の全体、加えてヴェッセリング（Wesserling）のマニュファクチュアが近いために多くの労働者がやってきて次々に結婚し、人口が著しく増えているサン・タマランの町やその近辺の他の村々のためにも任命されているのです(1)。

モーシュの吏員たちとバイイの認識には明らかに食い違いがある。吏員たちはわずか八〇戸の集落に二人は多すぎる、一人でも多いと言っている。つまりバイイや地方長官たちは必要もないのに余計な助産婦を職務にとどめようとしていると思われていたのである。しかしこれに対してバイイはカトリーヌ・シリングはモーシュの区域のみならず、もっと広い範囲に及ぶ助産婦として必要であるがゆえに任命されている、二人を職務につかせるという判断は間違っていないと主張する。こうした理解のずれはどこから生じてきたのか。バイイはここで「ヴェッセリングのマニュファクチュア」に初めて言及し、そのために「サン・タマランの町やその近辺の村に」は「多くの労働者がやってきて次々に結婚し、人口が著しく増えている」ことをその根拠としてあげている。この両者の間の認識の差異を検討するためには、こうした判断の背景にある現実を明らかにする必要がある。

まずこの「ヴェッセリングのマニュファクチュア」とは何か。バイイが二人を職務にとどめる根拠としてわざわざ地名まであげその近辺に生じている人口増について触れている箇所は、バイイの残した書簡のなかでもこの最後の最後にしたためられた一七八七年一月九日付の書簡においてのみである。しかしこれは重要な記述であると考える。なぜならこの時期、何らかの理由で外部から人が流入し、教区内に居住する外部者すなわち「よそ者」が増えていたのだとすれば、モーシュ他三集落の周囲には、旧来の教区民／領民とは異なる異質な他者がいて、住民たちは彼らと日々接しながら生きていたことになる。流入者の出現によって、彼らの日常性そのものが、何らかの変化にさらされていた可能性がある。吏員たちとバイイの認識の齟齬には、こうした共同体の内と外の境界に生じているゆらぎ、内と外の関係の変化が横たわっていたのではないか。

そこで本章では、この渓谷に生じていた外部と内部の関わりに目を向け、旧来の教区民を取り巻く環境が外部者の流入によってどのようにゆさぶられ、ゆらいでいたのかを考えてみたい。またそれがこの教区の住民の意識や行動にどのような影響を及ぼしていたかを探ってみよう。

## 第１節　教区の内と外の境界

バイイの言う「ヴェッセリングのマニュファクチュア」とは、サン・タマランの都市から三キロメートルほど上流に位置するヴェッセリングの捺染工場のことである(2)。捺染とはインド更紗のことであり、フランスでは通称アンディエンヌ(indienne)と呼ばれていた(3)。その製造工場がこの渓谷に到来し操業を開始したのは一七六二年のことである。

捺染綿布の製造工場がこの渓谷に出現したのは、世紀前半に鉄鋼会社が渓谷にやってきたときと同様、渓谷の内側から起きたものではなく、外発的なものである。ただし鉄鋼会社の場合とは異なり、捺染工場の場合、王権の関与は間接的なものでしかなく、もっぱら渓谷の外にいた野心的な企業家たちの働きかけによって始められている。しかしこれら二つの工場の到来によって、渓谷は外部からの流入者を多数抱え込むことになった。その結果、渓谷の旧来の住民は、一八世紀を通じてますます増大する異質な他者との遭遇、隣接という、いまだかつてない変化にさらされていくことになった。この時期に起きていた変化とは具体的にはどのようなものであり、渓谷の教区／村落住民はそれをどのように受けとめていたのだろうか。またこうした変化にさらされるなかで、旧来の住民の意識や関係はこの時期どのように揺れ動いていったのだろうか。

### (1)　サン・タマラン渓谷への流入者の急増

フランス王国ではナント王令の出された翌年から国内産の繊維産業を保護するために捺染綿布の輸入・製造・着用が禁じられていたが、英国との国際競争の圧力が高まるなか、一七五九年にその禁令がようやく解かれると、国内各地に堰を切ったように捺染工場が出現した(4)。ヴェッセリングの捺染工場もそのうちの一つである。アルザスは、捺染製造に早くから着手し発展していたスイスやミュルーズの諸都市に近く(5)、またバーゼルやリヨンを介した国際交易の

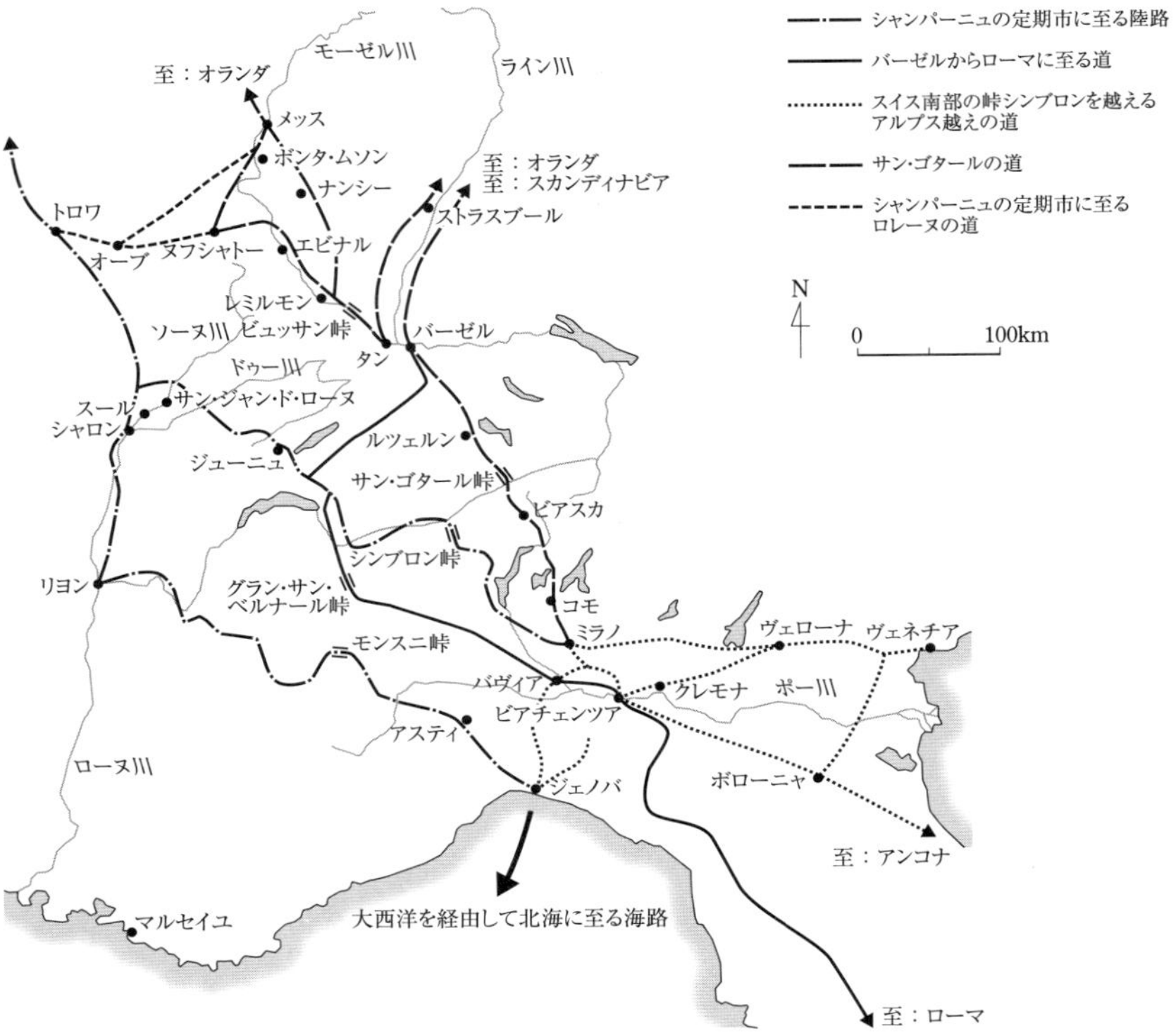


**図 5-1**　ロレーヌ経由でイタリアからオランダに抜ける道　14 世紀

出典：Racine, P., «D'Italie au Pays-Bas: les routes lorraines（1280–1350）», p. 210 より.

地の利もあり、フランス領内への製品の輸送コストを削減できることから、アルザスのヴォージュの渓谷沿いに捺染工場を建てたいと企図する企業家は少なくなかった。[6] それゆえ製造解禁の直後から、アルザス各地で雨後のタケノコのように捺染工場が立ち上がった。[7] そのうちの多くは財政面や技術面でつまずき間もなく消えていったが、サン・タマラン渓谷のヴェッセリングに創設された捺染工場は運よく生き残り、一七六〇年代後半には徐々に軌道に乗り始めていた。

　ヴェッセリングに白羽の矢が立ったのは、この渓谷が「塩の道」[8] にあり、原料や製品の輸送に必要な交通路に恵まれていたことや（図5—1参照）、広い草原と染色に必要な豊富な水が得られたことによる。しかしここに工場をおくメリットは他にもあった。周辺農村に良質な糸を紡ぐ農村の家内手工業の伝統があり、紡糸紡織のために地元の労働力を活用できると期待されたからである。[9] もう一つ、これは偶然ではあるが、ヴェッセリングにはマニュファクチュアに適した格好の小城がすでに存在していた。一八世紀初頭のあの修道院長ロヴェンスターンの気まぐれで建てられた贅沢な庭園をもつ小邸である。[10] 要するに、ヴェッセリングはこの種の工場立地に必要な条件をすべて兼ねそろえていたのである。コルマールやミュルーズ、スイス出身の野心的な企業家がこれを見過ごすはずはなかった。[11]

創業当初は、順風満帆というわけではなかったが、創業者マティアス・ザンデール[12]（Jean-Mathias Sandherr 1708–66）の奮闘もあり一七六〇年代の終わりには徐々に軌道に乗り始めていた。ザンデールの突然の死によって経営が傾き、一七七〇年代初頭に会社はいったん倒産に追い込まれるが、一七七三年にミュルーズの企業家ニコラ・リスラー[13]（Nicola Risler 1718–87）によって経営が引き継がれ、工場は急速に規模を拡大していった。サン・タマラン渓谷への外部からの流入者の居住が急増していくのもちょうどその頃からのことである。バイイの指摘は嘘や誇張ではなかった。

〈工場の拡大と雇用者の急増〉

問題はその規模である。流入者全体の人数は分からないが、捺染工場に関して残る機材の目録や後の会社側の雇用者に関する記録からすると、一七七〇年代後半から急速にその雇用者数が増えている。たとえば、一七七三年に作成された備品目録に現れる印捺作業机の数はわずか一〇台ほどで、工場に働く工員は全部合わせても一〇〇人を超えることはなかった。それがリスラー社に経営が移ってから一気に拡大していく。リスラー社も、ザンデールのめざした理想を受け継ぎ、農村家内労働を活用した紡糸紡織に力を入れた会社である。リスラーは当初は工場に綿花をもちこみ農村の紡糸に携わる部分の組織化に力を入れていたが、一七六六年に火事で工場の建物が一部が焼けた後、建物を購入し、損傷を受けた部分を修復するだけでなく、作業場を増やし、工場での捺染製造の規模を拡大していった。一七七七年の時点で三〇台の机があり、熟練職人や技術者をミュルーズから連れてきて、以前にもまして大掛かりなマニュファクチュアを稼働させていった。

その後も机の数は増え続け、一七八八年七月七日の工場監察官の報告書によれば、一七八八年に作業机は一八八台あったとある。同年八月には二〇〇台に達している。ヴェッセリングの工場に関係する雇用者数は、その時点で家内労働を含めて一四〇〇人いたと記録されている。(14) その前の一七八五年にすでに二〇〇〇人いたという言及もある。また会社側の記録では、一七八六年に一八〇〇人という数字もある。そうした数字が誇張でないとすれば、一七八五年をピークに雇用者数は徐々に減少していたようにも見える。しかしこれは実は、一七八二年にタンに姉妹工場ができ、そちらが軌道に乗り始めたことが影響している。事実ヴェッセリングの工場にいた労働者の一部がタンの姉妹工場に移っている。タンの工場にも一七八八年の時点で七七八人の労働者がいた。両方合わせると、渓谷やその周辺で二〇〇〇人を超す規模の人間がこの会社に関わり、雇われ、賃金を得ていたことになる。結局、この助産婦をめぐる紛争が継続していた一七八〇年前後から八〇年代後半にかけての時期は、捺染工場の雇用者がますます増加し続けていた時期と重なっている。

農村を巡回する紡糸親方の数は、同じく一七八八年の記録によれば、全体で二〇人ほどいたという。毎日巡回したのか、半日ずつ巡回したのか、詳細はわからないが、二〇人の紡糸親方が、仮に一人一日一〇軒ほど担当していたとすれば、一日に二〇〇軒を巡回できる。週に三日、別の農家を回るとすれば、五〇〇―六〇〇軒の農家に綿花を配っていたことになる。(15) 在宅で糸を紡いでいたのは、女や子どもであり、既婚／未婚の女性のみならず、一五歳以下の子どもや寡婦などで、老人もかなりの数で含まれていた。(16) 一方、布を織っていた織布職人はもっぱら男である。これは織布職人としての熟練の有無や織機を有しているかどうかにも関わり、地元の織布職人の数は限りがあり容易には増えないとしても、織布工程においても地元の潜在する職人の労力が期待され活用されていた。

〈サン・タマラン渓谷の戸数変動〉

工場ができたことで、この時期に渓谷に居住する人たちの数はどれぐらい増えていたのだろうか。多くの工員は徒歩で昼間この工場に通ってくる。サン・タマランの裁判管区の住民ならば、わざわざ引っ越してまでサン・タマランの裁判管区内に引っ越してくることはなかったはずである。ヴェッセリングはちょうど管区の真ん中に位置している。

**表 5-1**　18 世紀チュール川流域の人口増

| 年 | 上　流 | 下　流 | 合　計 |
|---|---|---|---|
| 1720 | 138 戸　(621) | 292 戸 (1,315) | 430 戸 (1,936) |
| 1745 | 235　(1,057) | 571　(2,569) | 806　(3,626) |
| 1762 | 269　(1,210) | 605　(2,722) | 874　(3,932) |
| 1780 | 383　(1,723) | 968　(4,356) | 1,351　(6,079) |
| 1790 | 3,183 人 | 4,806 人 | 7,189 人 |
| 1802 | 3,882 人 | 7,661 人 | 11,543 人 |

注：(　) 内は想定人口 (＝戸数×4.5　小数点以下切り捨て)

出典：J.-M.Schmitt, *Aux origines de la révolution industrielle en Alsace*, p. 13 より.

五—六キロメートルの隔たりなら徒歩でも一時間ほどである。しかしもっと遠くから職を求めてきている労働者もあり、バイイが言うように彼らのなかには結婚して工場近辺に住む必要があった。また工場の中枢を担うデザイナーはもとより、染色の専門技術者や熟練職人などはほとんどがミュルーズやスイス出身の外国籍をもつ労働者であり、彼らもまたここに居住する必要があった。そうした流入人口の規模はどのくらいだったのか。

表5—1は、一八世紀のチュール川全体について上流と下流の二つの地域に分けて、その戸数や人口を記した一覧である[17]。上流と下流の境目はタンにあり、タン自体は下流に含まれる。この表で「上流」とあるのがサン・タマラン渓谷に相当し、ヴィレール、オドゥラン、モロー、サン・タマランの四教区を含む。裁判管区でいえばサン・タマランのバイイ裁判管区とヴィッシュヴィレールのバイイ裁判管区の両方をさす。この表5—1作成の基礎となっているデータは後に示す表5—2の表作成の際に利用したオ・ランに関する教区および村落の事典の依拠しているデータと基本的には同じ

**表 5-2** C1114-III の関係地——18 世紀の戸数・人口

| 教区名／共同体名 | 1720–88 年（戸数） | | | | | | 革命後（人口） | | |
|---|---|---|---|---|---|---|---|---|---|
| | 1720 | 1751 | 1760 | 1763 | 1766 | 1788 | 1789 | 1790 | 1793 |
| Altkirch | 91 | 161 | 208 | 154 | 230 | 318 | 1,134 | 1,496 | 1,814 |
| Blotzheim | 155 | 47 | 162 | 210 | 210 | 220 | 1,717 | 1,612 | 1,329 |
| Durlinsdorf | 58 | 78 | 69 | 77 | 77 | 103 | 555 | 538 | 560 |
| Doran | 26 | 33 | 38 | 28 | 27 | 40 | — | 134 | — |
| Feltbach | 11 | 38 | 37 | 41 | 42 | 60 | 317 | 300 | 299 |
| Folgensbourg | 57 | 85 | 70 | 69 | 69 | 95 | 471 | 463 | 494 |
| Fontaine | 30 | 51 | 25 | 30 | 32 | 38 | — | 248 | — |
| Foussemagne | 12 | 32 | 13 | 16 | 17 | 30 | — | 190 | — |
| Frissen | 26 | 62 | 45 | 58 | 55 | 98 | 474 | 510 | 511 |
| Giromagny | 96 | 220 | 212 | 130 | 118 | 244 | — | — | — |
| Hirsingue | 99 | 86 | 76 | 81 | 81 | 92 | 810 | 728 | 1,793 |
| Lachapelle-sous-Rougement | 29 | 60 | 62 | 40 | 38 | 60 | — | 320 | — |
| Moosch | — | 62 | — | — | — | — | — | — | — |
| Malmerspach | — | 16 | — | — | — | — | — | — | — |
| Werschholtz | 単独データなし | | | | | | | | |
| Brand | 単独データなし | | | | | | | | |
| Reguisheim | 81 | 147 | 152 | 146 | 111 | 200 | — | 1,200 | 1,166 |
| Soppe-le-B | 30 | 70 | 141 | 67 | 60 | 78 | — | 429 | — |
| Rouffach | 392 | 712 | 631 | 360 | 616 | 800 | — | 4,042 | 4,080 |
| Soultzmatte | 219 | 398 | 481 | 240 | 386 | 560 | — | — | 2,200 |
| Suarce | 39 | 59 | 63 | 48 | 56 | 95 | — | 515 | — |
| Feltkirch | 24 | 40 | 32 | 30 | 46 | 45 | — | 273 | 294 |
| Heimsbrunn | 43 | 97 | 96 | 78 | 72 | 104 | 595 | 542 | 397 |
| Guebwiller | 265 | 410 | 372 | 438 | 316 | 280 | 2,800 | 2,890 | 3,005 |
| Saint-Amarin | 292 | 79 | 222 | — | 605 | 486 | — | — | — |
| Thann | 350 | 545 | 545 | 437 | 402 | 693 | — | — | — |
| Colmar | 1,877 | 1,616 | 1,279 | — | 1347 | — | — | 13,214 | 13,000 |
| Belfort | 363 | 520 | 360 | 241 | 203 | 900 | — | 4,144 | — |

注：1789 年以前は徴税帳簿上の戸数.
Moosch は革命暦 4 年に 542 人（Sifferlen によると 692 人）.
Malmerspach は革命暦 4 年に 168 人とある.
Guebwiller 以下の都市人口／戸数は参考のために表示.
出典：*Paroisses et communes de France: Haut-Rhin*（1994）より. 筆者作成.

である。[18] つまり革命以前の数値の基礎は、領主の側が徴税等のために各裁判管区ごとに作成し把握していた領民の戸数（戸主の数）であり、革命後の数値は市町村や政府の下で行われた人口調査の記録であり成人の男女と子どものすべてが含まれる。[19]

この表を見ると、一七二〇年から一七八〇年まで六〇年間に流域全体で人口が約三倍に増えている。上流での戸数（人口）増加は、鉄鋼会社が活動を拡大していく一七四五年に至るまでの時期と、一七六二年以降の捺染工場が到来して以降の時期に顕著であることがわかる。この点は下流も同様である。上流はもともと下流ほど人口が多くなかった地域であるが、一七二〇年の人口と比べると、一七九〇年までに五倍程度に増加している。しかしさらに驚くべきは、上流の人口が、一七八〇年以降一七九〇年までのわずか一〇年間に、一四六〇名増えており、一七八〇年の段階の人口の二倍近くに増えていることである。下流もこの時期、増えてはいるが、四五〇名の増加にとどまっており、増加幅が少ない。同じ時期の下流の人口増がせいぜい三倍であるのと比べると、その人口の増加の速度は上流のほうがはるかに上回っていた。

〈モーシュ他三集落の戸数〉

ただしモーシュに限ってみた場合、戸数増加は緩慢である。モーシュ他三集落についての個別のデータは断片的にしか残されていないが、表5―2にも記したように、『オ・ラン――教区および市町村事典』には、モーシュとマルメルスパックの一七五一年についてのデータがあがっている。それによると、モーシュ（六二戸）、マルメルスパック（一六戸）とあり、二つ合わせると七八戸となる。[20] モーシュの吏員たちは一七八六年の段階で「モーシュは八〇戸にすぎない」と言い、レーシュステッテールもそれを否定していない。吏員たちの言う「八〇戸」は概数であるが、複数の集落を代表して書かれた請願のなかの言葉であるため、この「八〇」をモーシュ他三集落全体の戸数の概数であったと仮定すると、一七五一年の段階から戸数はほとんど増えていないことになる。

比較のために作成した表5―2を参照しながら、サン・タマランの都市の戸数の増加をみると、サン・タマランのデータは、一七五一年の数字が少なすぎることや一七六三年のデータに欠落があり、注意が必要ではあるが、一七二〇年の数字二九二と一七八八年の数字四八六を比較してみると、戸数が二〇〇戸ほど増えているのがわかる。(21) サン・タマランの戸数は一七二〇年の時点でも、モーシュ吏員が一七八六年に述べた数値「八〇」の三倍近くある。サン・タマランはそもそも大きな人口を抱えていた都市であるが、一七八九年の革命間際になると、両者の戸数の開きは六倍になっている。このことから少なくとも、モーシュあたりの集落での戸数増加よりも、サン・タマランの都市の戸数増加の方がはるかに急激であったと言える。逆に、モーシュ近辺の戸数増加はサン・タマラン近辺に比べて相対的に緩やかで、外部から流入して領民となった者の数も相対的には少なかったと考えられる。

〈戸数に反映されない人口の増大〉

しかし、土地台帳上に現れる戸数の増加が緩慢に見えたとしても、外部から流入して居住する「よそ者」がそれとは別に存在した可能性がある。戸数として現れる数字は、領主制の裁判管区の徴税その他の業務のために必要となる土地台帳をもとに算出されているため、保有農ではない領民や、一時的に到来する外部者はその数字には反映されないからである。たとえばモーシュ他三集落の革命期の人口数七二〇という数字を仮に四・五で割ってみると、想定戸数は一五〇から一六〇戸となる。(22) 革命間際の一七八七年のモーシュ吏員たちの証言戸数「八〇戸」と比べると、その数値の間には倍近い開きがある。

念のため、先の表5―2にあげたモーシュ以外の他の関係教区/村落の革命期のデータについてもその数値を四・五で割ってみると、どの教区／村落でも、それぞれ革命間際の時期の戸数との間に大きなギャップがあることがわかる。たとえばアルトキルシュの場合、一七九三年の人口数の値は一八一四であり、これを四・五で割ると想定戸数は四〇三戸となる。革命間際の一七八八年の戸数三一八と比較すると、一八五戸の開きがある。ジロマニについてはデータがないが、そこから南三キロメートルにあるイルザングの場合、革命以前にはほとんど戸数に変化がないが、革命期の人口数の数値一七九三を同じように四・五で割ってみると想定戸数三九八戸となる。革命以前の戸数九二戸と比べて優に四倍以上の開きがある。こうした急上昇の理由は一世帯の家族数の増加や革命期の人口増だけでは説明ができない。[23]

以上から言えるのは、まず渓谷上流では、一八世紀に急激な人口増加が起きていたこと、とくにサン・タマラン渓谷を含む上流は、一七六〇年以降に人口増が顕著であったことである。また戸数増のみならず、戸数に反映されない流入人口も革命以前から進行しており、相当数存在したと考えられる。

### （2）製鉄労働者の場合――棲み分け

問題はこうした外部からの流入者がモーシュ他三集落の教区／村落住民との関係においてどのようなものとして立ち現れ、旧来の教区住民が彼らとどのように接し、どのような存在として受けとめられていたかにある。ただし流入者の急増は、この捺染工場の到来によるものが初めてではない。世紀前半にも、鉄鋼／製鉄会社の工場が到来し、多くの労働者が引き寄せられ、流入していたし、それは世紀後半にも続いていた。鉄鋼／製鉄会社の製鉄所や溶鉱炉はヴィッシュヴィレールやヴィレールにあり、モーシュ他三集落からの隔たりは二キロメートルほどである。ここでは比較のために、まずは鉄鋼会社の引き寄せた流入者の特質とその領民から見た場合の関わり、受けとめ方を見ておこう。

〈製鉄会社の労働者の特質〉

製鉄会社の場合、雇用されていたのは、ほとんどが渓谷の外からやってきた外国国籍の労働者であり、渓谷内部の住民が雇われることはほとんどなかった。かつて一六世紀にモーシュやヴェルシュホルツで行われた銀採掘の場合、連れてこられた労働者は、ジロマニやプランシェール・レ・ミンヌといった近隣の鉱山地帯や、ティロル（オーストリー）やザクセン（ドイツ）、ボヘミア（チェコ）といった大きな鉱山地帯から集められた坑夫がほとんどであったが、そうした労働者の移動の流れは、三十年戦争によって途絶えていた。そのため一七三〇年代に始まったサン・タマラン渓谷での鉄鋼会社の設立に際しては、当初は、すでに「定着している」外国国籍の労働者によりよい条件を提示することによってヴィッシュヴィレールやヴィレールに連れてきていたのである。そこには数世代前にアルザス南部の鉱山に外国から働きに来て採掘に携わってきた出稼ぎ労働者の家族の二世、三世も含まれる。しかし彼らはみな外国国籍をもつ外国人労働者である(24)。

表5―3は、一七三四年の鉄鋼会社の創業から一七九五年に至る約六〇年間に鉱山および製鉄所に雇用されていた賃労働者のうち、教区記録に名前の出てくる四一九人についてのデータから作成された出身者の内訳である(25)。ただしこの表の基礎となっている労働者のデータは、全体のなかの一部であり、マジョリティではない。なぜなら名前が記録に残るのは、彼らがそこに来てから結婚したり、親になったり、名づけ親になったり、立会人になるような場合に限られるからである。独身のままであったり、記録が残るような宗教上の秘跡に関わりなく過ごした者については一切名前が出てこない。すぐに別の工場や鉱山に移動していく賃労働者も少なくない。このデータは、その教区に滞在する期間に、たまさか何らかの機会に遭遇して教区記録に名前の残った、どちらかと言えばマイナーな部類の労働者のデータである。

この表を見る限り、この渓谷に鉱山開発、製鉄所の関連で押し寄せた移民のピークは一七六〇年代にある。雇用さ

**表 5-3**　鉱山・製鉄会社の賃金労働者の出身地と時間的分布

| 出身地 | 坑夫 | 炭焼き | 鍛冶工 | 製錬工 | 総数 | 1734–39 | 1740–60 | 1761–81 | 1782–95 |
|---|---|---|---|---|---|---|---|---|---|
| ベルフォール（ブリスクール，ベトンヴィエール，ロップ等々） | — | — | 7 | 6 | 13 | 1 | 8 | 6 | 4 |
| ボヘミア（チェコスロバキア北西部地方） | 7 | — | — | — | 7 | — | 5 | 4 | 1 |
| ブリスガウ＆シュヴァルツヴァルト（ライン川東部地域） | 2 | 2 | — | — | 4 | — | 1 | 2 | 2 |
| フランシュ・コンテ* | 4 | — | — | 2 | 6 | — | 2 | 5 | — |
| ジロマニ＆その地域（オセル，ルピュイ，プランシェールの銀鉱，銅鉱） | 11 | — | 4 | 5 | 20 | 1 | 13 | 8 | 4 |
| グランヴィヤール（モルヴィヤールの製鉄所＆線引き工） | — | — | 12 | — | 12 | — | 10 | 8 | 4 |
| ファルツ選帝侯領＆ナッサウ・ザールブリュック | 6 | 3 | — | — | 9 | 2 | 8 | 2 | — |
| ロトー＆その地域（バン・ド・ラ・ロッシュの鉄鉱） | 16 | — | 10 | 4 | 30 | — | 16 | 14 | 9 |
| ザックス（エルツビルジュの西側斜面） | 12 | — | — | — | 12 | 5 | 6 | — | 1 |
| スイス（カトリックのカントン＆バールの司教領） | — | 8 | 2 | — | 10 | 1 | 9 | — | — |
| ティロル，シュヴァツの鉱山 | 31 | 7 | — | 6 | 44 | 5 | 36 | 22 | 3 |
| ヴォージュ（ロレーヌの斜面） | 10 | 8 | — | 4 | 22 | 1 | 15 | 10 | 4 |
| 地元出身（サン・タマラン＆マズヴォ渓谷，ゲブヴィレール生） | 43 | 30 | 30 | 15 | 118 | 2 | 19 | 26 | 95 |
| 出身地不明 | 46 | 37 | 11 | 18 | 112 | 15 | 41 | 30 | 16 |
| 合　計 | 188 | 95 | 76 | 60 | 419 | 33 | 189 | 137 | 143 |

注：*ただしプランシェール・レ・ミンヌについてはジロマニに分類．

出典：J.-M.Schmitt, *Aux origines de la révolution industrielle en Alsace*, p. 317 より作成．
1734–39（マッコーのブリュンク社）；1740–60（アンテスのバルト社および 1751–61 年のウルベス銅山を含む）；1761–81（アンテス兄弟社）；1761–81（ステーランのローラン社および 1762–78 年のアンテス兄弟社によるビュル鉄鉱坑夫を含む）．

れた労働者のほとんどが渓谷の旧来の教区民とは別の、外部からやってきた移民やその子孫たちである。ここにあがっているうちの六分の五は、いずれもドイツやアルザス北部、チェコなどの出身者であり、フランス語方言はもとより、アルザス語も意思疎通には使えない者たちがほとんどである。アルザス北部からの移民についてはたしかにアルザス語を解したであろう。しかしそのアルザス語も南部のアルザス語とは抑揚や語彙などの点で隔たりがあった。残りの六分の一は、ベルフォールやジロマニなどアルザス南部のロマンス語、フランス語系の方言のヴァリアントを母語とする地域からの移民である。しかしそうした地域の出身ではあっても、彼らは移民労働者やその次世代であり、南部のロマンス語系のフランス語方言を母語として話せたわけではない。

彼らはどういう働き方をしていたか。一七四〇年から一七六〇年に到来した労働者について言えば、その三分の二以上がヴィレールやヴィッシュヴィレールの製鉄所や溶鉱炉で働き、それ以外は鉱脈のある採掘現場や炭焼き小屋での労働に従事していた。「坑夫」は地下の坑道にもぐり、「炭焼き」は渓谷の森の至るところに散住し炭焼き小屋の近くに寝泊まりしてその近くの森林から切り出した樹木を使って炭を焼いていた。一方、製鉄所の工場内に働く労働者はみな工場近くの工場が用意した家屋のなかに居住し、それ以外のところでの居住は許されていなかった。この表にあがっている四一九人のうち七九人を除くすべてが配偶者ありで世帯をなしているが、(26) これは、世帯をなしていた者がデータに残りやすいということにすぎず、労働者の多くが世帯をなして居住していたことを必ずしも意味するわけではない。また彼らが婚姻して一家を構えていたとしても、必ずしも領主から土地を得て居住していたとは限らない。ましてや村落共同体の一員として教区／村落共同体から迎え入れられたわけではなかった。

特筆すべきことは、鉄鋼労働者たちの雇用年数の短さである。製鉄会社に従事した鉱山労働者の場合、一つの場所に長く定住することはない。ひとたび大きな会社に雇われると、会社の鍛冶親方のネットワークを通じて別の作業場へ移動させられるのが常だったからである。したがってここに家族がいるとは限らない。この表に出てくるいずれの賃労働者も雇用期間は二—四年と短く、配偶者がいて世帯を築いていたとしても、そのままずっと同じ場所に雇用されていたわけではない。同じ人物が渓谷の外の別の場所にある別の鉱山会社に移動して数年雇用され、また渓谷に戻ってくることもあった。逆もありえた。それゆえ別の地域に本拠となる居住地があり、家族がいても、この時期にのみ単身でこちらに働きに来ている場合もある。そのような労働者についての記録はここにはあがってこない。要するに、鉄鋼関連の労働者はその働き方の様態としては基本的に出稼ぎ状態にあり、関連会社の間で移動を続けていたというのが実態である。(27)

こうした労働者の生活が決して恵まれたものではなかったことは言うまでもない。彼らは彼らで土地を得て屋根のある自分の家に住むことを夢見ていた。病気や怪我も頻繁で、中枢部の管理職を除くと寿命は短かった。

製鉄会社の労働者が旧来の住民から嫌悪された理由は主に森林問題にある。森林問題の原因は領主だけでなく、製鉄会社にもあると考えられていたからである。しかし製鉄会社の労働者への反発は、それだけが原因ではなかった。彼らと旧来の住民との間に、言語や文化、生活習慣の違いが明瞭に存在していたからでもある。言語について言うと、第1章でも触れたように、渓谷の古くからの住民は、ロレーヌやフランシュ・コンテと接する山岳部ではケルト語やラテン語、ゲルマン語やフランス語の入り混じった独特のフランス語方言（ロマンス語）を母語としており、それらは村ごとに異なってもいた。彼らの話す言葉は、ベルフォールやロレーヌの国境近くで話されているロマンス語方言のヴァリアントであり、ベルフォールやグランヴィヤール、ジロマニ出身の主に鍛冶工親方や製錬工親方の話すフランス語方言のヴァリアントとは近く、互いに意思を通じあえた。しかしこの時期に増大する移民労働者の多くは、スイスのドイツ語圏の方言やライン川近辺のブリスガウ地域の方言に近いドイツ語であり、この地域の近隣で話されているアルザス語とも異なっていた。ましてやザクセンやボヘミア出身の労働者の話し言葉は、何を言っているのかさっぱり分からなかったに違いない。(28)

宗教に関して言えば、居住許可を得るためにやむなくカトリックに改宗したザクセンやファルツ出身の何人かを除くと、多くはプロテスタントであった。カルヴァン派ではなくルター派が多い。ミュルバックの所領では、カトリック教徒でない、宗派の異なる者は定住を禁じられていた。それゆえ鉄鋼会社の労働者は工場近くの特定の場所に建てられた住居に居住するよう指定されていた。ただしヴィレール近辺に居住している労働者でも、カトリック教徒であれば、居住地の教区教会で秘跡を受けることができた。またタンに礼拝所のあるフランシスコ会が司牧のために訪問することがあったようで、一七五八年からはカプチン会の修道士もやってきていた。そのためもともとはプロテスタントでありながら、洗礼を求めて表向きカトリックに改宗する労働者もいた。

しかしカトリックに改宗したとしても、依然として村落共同体からは孤立した状態にあった。労働者は結婚して子どもが生まれても、代父や代母はもとより婚姻や埋葬の立会人などは、いずれもみな改宗した数少ない労働者の間で互いに人を探しあって間にあわせていた。彼らが閉じた労働者の世界から出て地元の教区民のなかに溶け込むことはまず期待できなかった。結婚も坑夫は坑夫の娘と、炭焼きは炭焼きの娘とする、いわゆる同族婚《エンドガミ》がほとんどである。(29)

〈居住の様態と労働条件、共同体との関係〉

要するに、製鉄会社が引き寄せた労働者は、言語も生活スタイルも異なり、そもそも滞在が短い出稼ぎ状態にあり、領民となることはきわめてまれで、それゆえ旧来の住民が彼らと直接には接する機会はほとんどなかった。具体的な問題で農民と鉄鋼会社の労働者が直に交流する機会は全くなく、両者は完全に棲み分けられていたのである。

しかし一七七〇年代になると、そうした労働者のなかにも、一時的な居住ではなく、わずかながらも菜園や家をもって定住したいと望む労働者も現れてきた。彼らは既存の集落の近くに家を建てる許可を領主から得たいと望むようになり、認められた者は戸数の一つとなって記録にも現れたであろう。定住願いは、結婚した労働者の夫婦からのものであったり、今よりも快適な空間を手に入れたいと願う扶養家族の多い父親たちからのものであったり、あるいはまた決まった時間に毎日工場に勤務できなくなったときのために菜園があれば生き延びることができると夢見た老齢の労働者たちからのものでもあった(30)。

しかし問題は、「定住」と「同化」を望む流入者が、そうした居住の許可を村落には申し入れず、もっぱら領主にだけ願い出たことである。労働者も村落の共同体にその区域への居住を申し出ても反対されるに違いないと懸念していたからである(31)。実際、村落共同体は村落の区域内へのよそ者の出入りにはきわめて敏感である。中世以来、それぞれに厳しい入村規定を有し、たとえば土地を保有し「一年と一日」その土地に住んでいることなど、いくつかの了解を必要とした。村落共同体の成員は、ささやかではあれ、保有地をもち、領民として先祖代々その土地を受け継ぎ、必要な税を払って暮らしている住民である。領主の所領という前提がある限り、村落共同体の入村規定もまた形式的なものではなかった。その利害を守る目的から、「よそ者」である新参者の居住を受け入れてよいかどうかを十分に吟味する必要がある。居住者が村落共同体の一員として既存の掟や慣習を共有し、ともに利害を守る立場に立つことが前提である。したがって「よそ者」である鉄鋼労働者を、何の吟味もなく村落共同体の一員として迎え入れることはまず考えられなかった。実際、革命間際になるまで労働者と村民の娘との通婚はほとんどありえなかった。何より教区民である農民たちの両親がそれを望まなかったからである。

ミュルバックの修道院長はここでも共同体の意向を少しも確かめることなく、労働者たちの願いを自らの判断でのみ許可し、しばしば優遇的な処遇を行っていた。領主の許可を得て定住した労働者は、生活のために森林の樹木を切り、豚を放して餌をやり、入会地にも無断で侵入した。その点で、彼らはヴィルデンスターンに誘致されたガラス工場の職人家族たちと同類であり、村民から見れば、許しがたい存在であった。要するに、鉄鋼会社の労働者とは混じり合うことも、言葉を交わすこともなく、嫌悪が先だち、隔たりが埋まることはなく、我慢に我慢を重ねて棲み分けるしかなかった。

### （3） 捺染労働者の場合——近接と協働

では捺染工場によって流入した人口はどれくらいいて、鉄鋼会社が引き寄せた流入者と比較して、どのような差異や類似性があったのか。捺染会社による人口の急増は、旧来の住民との間にどのような変化をもたらし、それによって渓谷の住民たちはどのようなゆらぎや緊張にさらされていたのだろうか。

〈捺染会社の労働者の特質〉

このことを考えるためには、まずヴェッセリングに到来した捺染会社に働く労働者の特質を知っておく必要がある。この渓谷での捺染製造の大きな特徴の一つは、すでに触れたように、捺染そのものを行うマニュファクチュア（工場制手工業）の部分と、綿花から紡糸紡織を行う農村の家内労働（家内制手工業）の部分との二つがあり、両者が接合されているところにある。前者は工場に労働者が集められてそこで分業して製品を作るが、後者は農村の自宅家内で家事の合間に綿花を糸にし、織布職人もまた自分の仕事場で布を織る。後者には紡糸親方がいて、農家を一軒一軒回っては女房たちに綿花を配り、撚られた綿糸を回収して近くの織布職人に届け、織り上がった綿布を工場へと持ち帰った。

こうした農村家内労働を活用したマニュファクチュアは当時新しいものであった。紡織工程の機械化が進む一八世紀末には終焉を迎える過渡期の生産形態であるが、経済史では「プロト工業化」と呼ばれ、資本主義生産の原初的な生産形態として注目されてきた(32)。どちらも手を使う作業であるが、二つの労働形態は大きく異なる。一ヶ所に人を集め、分業／協同による製品の製造がマニュファクチュアだとすれば、農村での紡糸紡織はそれまでにも行われていた問屋制家内工業の方法に依拠したものである。企業家から見れば、この新旧の二つの生産方法を結びつけ、効率よく製品を作り出すことは、きわめて合理的で理想的なものに思われた。地域の眠っている労働力を安い人件費で動員することは、単純に利潤をあげるためだけではなく、貧しい農村を活性化しながら調和的に資源を共有していくことができるからである。渓谷住民からしてみれば、単価は低くても、現金収入を得ることができ、生きていくのに必要な食糧や必需品を手に入れることができる。しかしそれは同時に、外から流入する外部者と在地の農民出身の内部者との接触、近接、つまりは異質な他者と混じり合うことを余儀なくするものでもあった。加えて、家内の糸紡ぎのみならず、工場内の捺染工程の至るところに女性が多く雇用され、女が現金収入を得ることは新しいことであったし、家から外へ出て工場に働きに出ることも、かつてない大きな変化であった。

〈鉄鋼会社との違い〉

製鉄会社の労働者と、捺染工場の労働者とを比べてみると、そこには根本的な差異があった。まず製鉄会社の労働者がもっぱら男性であるのに対し、捺染会社は男女混淆である。その点は何よりも大きな違いである。

中枢部の熟練技術者と労働者の関係構造からすれば、たしかに構造としては共通した枠組みがあった。中枢部の主要なスタッフはどちらもすべて男性である。またヴィッシュヴィレールの製鉄会社の場合、工場の建物内に男の熟練労働者、鍛冶親方や製錬親方たちが勤務し、全体を統括していたが、捺染製造工場の場合もそれと同じように捺染工場の作業全般を監督し指導する専門の技術者や職人親方たちがいて、工場の建物内に常駐し、図柄の考案や染色の複雑な作業など事細かに統括していた。どちらの上層部の熟練技術者も渓谷の外からやってきた「よそ者」であり、しかもプロテスタントである。また製鉄会社の場合、工場の建物とは空間的に離れた別のところに炭焼きや坑夫がいて良質な鉄の製造に必要な材料や燃料を工場にもたらしていたが、それと同じように、捺染綿布の製造会社の場合にも、紡糸・紡織を担う労働力が農村の至るところに散在して基盤となる綿布製造を支えていた。したがって両者は、工場の屋内と屋外の二つに分かれて、一つの製品を生み出していたのであり、原料から製品になるまですべての工程を細かな分業体制で作り上げていた点では似たような構造をもっていたのである。

しかし労働者の性格や、渓谷住民との関わりにおいて、両者は根本的に異なっていた。何が一番異なるかと言えば、旧来の領民と外部から流入した労働者との間の空間的、心理的な隔たりであり、関わり方である。製鉄会社の労働者の場合は、専門技能を有する熟練職人にしろ、坑夫や炭焼きにしろ、いずれもみな外部から渓谷にやってきた「よそ者」だけで構成されている。渓谷の領民や地元の熟練職人が坑夫としても炭焼きとしても雇われることは一切なかった。外部の「よそ者」と内部の領民は混じり合うことが全くなかったのである。製鉄会社の労働者と旧来の共同体の住民の間には、住む場所だけでなく、言語、宗派においても明確な違いがあり、その違いは歴然としていた。森林問題もあり心理的にも嫌悪が先に立った。その境界は、最初から越えがたいものがあり、鉄鋼会社の労働者のなかから土地を得て領民となることを望む者が増えていくにつれて、懸隔はさらに深められていった。棲み分けは完璧であった。

〈捺染労働者の場合〉

ところが、捺染工場の流入者の場合には、それとは異なり、さまざまな場で、外部から来ている流入者と内部の領民が混じり合い、互いに間近に接し、目を見て言葉を交わす機会があった。たとえば、農村の家内にあって綿花から糸を紡いでいた女房たち、娘たち、子どもたちは、綿花を配り糸を回収するために巡回してくる紡糸親方と定期的に会い、言葉を交わしていた。その担当者は創業当初は、地元の人間であったが、リスラー社に経営が移ってからはもっぱらスイスのベルン出身の男性ジャン・ロドルフ・エリスマンが担当していた。エリスマンはミュルーズに居住するリスラー社の社員である。エリスマンの話す言語はフランス語であるが、宗派はプロテスタントで国籍も異なる。

言語の差異や隔たりはすぐに感知されただろう。しかしロマンス語を母語とする女たち、男たちにはエリスマンの言葉が分かり、会話が成り立った。また工場内の労働者についても言語の障壁はないわけではないが、壁は相対的に低かったと考えられる。工場に雇われた労働者は男女ともにほとんどが通いでやってくる近隣集落の出身者である。彼（女）らはもともとロマンス語話者でありカトリック教徒でもある。もちろんもっと遠くからやってくる「よそ者」もいたし、同じ裁判管区の教区民でないばかりか、ミュルバックの修道院領の領民ですらない場合もあった。実際、工員のなかには、職を求めてやってきて、この渓谷に定住するためにカトリックに改宗した未婚女性や寡婦もいた(33)。

捺染工場による流入者が均質な他者であったとは到底言えないが、しかしコミュニケーションはいずれにしても可能であり、相対的には近い他者である。工場の場合はとくに、そうした異質ではあるが近いと思える他者が混じり合う場所であり、マニュファクチュアの作業を通じて協働することで日々近接し、言葉を交わす空間である。それが平和で調和的な交流であった保証はないが、少なくとも農村の男女にとっては、家や集落、教区、共同体といったいくつかの境界線を越えて、外部の人間と関わりをもつ機会を提供していた。しかもその混じり合う空間は、男女混淆である。世代や村内での地位、経験を超えて、老若男女のすべてに開かれている。これはいまだかつてない状況であり、教区／村落住民が「教会」や「領主」と向き合うときのような上下の関係や、権力的で威圧的な関係とは異なる関係性が生まれつつあった。外部の他者との近接性と交錯は、同時にその異質性や微妙な差異を繊細に察知しあう関係でもある。近いがゆえに逆に自らの内部と外部に向きあうことも余儀なくされる。その経験は、目に見えないゆらぎをもたらし、彼我の差異や境界線への意識を高め、自己の存在やアイデンティティへの自覚を促したと考えられる。

〈流入する労働者の居住の増加〉

居住についてはどうか。捺染会社は当初は労働者のための特別な住居を設けていなかった。労働者の多くが通いだったからである。しかしやがて工場近くに住居を借りて住む外部からの流入者も増えていった。とくに中枢部の技術者や熟練職人はヴェッセリングの小城そのものに寝泊まりするには限度があり、また家族で来ていることもあり、近くに家を借りて居住することが不可欠だった。問題はしかし彼らがプロテスタントであったことにある。とくにリスラー社の場合、中枢を占める多くの捺染技術者や労働者はほとんどがカルヴァン派のプロテスタントであった。修道院はカトリック以外の信者の居住を認めていなかった。そのため会社はことあるごとに修道院側から何かと嫌がらせを受けている。

たとえば、先にあげた仲介人のジャン・ロドルフ・エリスマンも当初ヴェッセリングに隣接するウッセリングに居住していたが、領主からの同意を前もって得ることを怠ったとして、サン・タマランの裁判管区の財政担当者から立ち退きを命じられている。その際、修道院長と修道院参事会から、今後計画されている工場のために連れてこられる外国人労働者についても同じように処すると申し渡された。

これは捺染会社の中枢部とミュルバック修道院の修道院長および修道院参事会との対立の始まりであり、氷山の一角でもある。ミュルバック修道院の修道院参事会の頑な姿勢に直面したリスラーは、しかし全く動じず、これに巧みに応戦した。ニコラ・リスラーは、エリスマンに退去命令が下るとすぐ、部下に命じて修道院長に宛てて書簡を送りつけ、「外国人労働者の居住はすでに王国政府によって許可されていますから」と訴えさせた。その書簡には「織布職人、漂白職人、掘り絵師(版画師)、染織職人、印捺職人といった親方職人たちを受け入れることが必要であり、ヴェッセリングの城から近い村々に彼らの住居を手に入れなければなりません」(34)と明確に伝えさせていた。また「部下たちに命じて労働者を静かにさせます」とも書き添えさせ、社員の居住の必要性を訴えさせている。

リスラーたちミュルーズのカルヴァン派企業家は、王権の法や命令がもつ力を熟知していたのであろう。この種の交渉には長けていて周到でもあった。リスラーは、修道院長と修道院参事会を説き伏せるために、書簡の最後にこう付け加えさせている。「周知のことながら、リスラー殿は、二年前からこの貧しい地域に一万五〇〇〇リーヴル以上のお金をもたらしています。この〔労働者用の〕施設はこの渓谷に後々幸福をもたらすでしょう」と。その後、この「王国政府」への言及と収益にからむ説明が功を奏したのであろう、リスラー社はその後一七七七年二月二五日に、渓谷内のあちこちの村にニコラ・リスラー社に勤務する労働者の住居を建設する許可を得るに至っている。(35)

流入者の居住という点では、鉄鋼会社の場合と同様、捺染会社もまた多くの労働者を渓谷に引き寄せていた。その住居は、まずはヴェッセリングとサン・タマランの都市周辺に散らばっていたと考えられるが、居住は野放図にどこにでもできたわけではなく特定の場所に限られていた。また当初から村落共同体にも配慮をし、勝手に共有地に入ったり樹木を伐採することはなかった。(36)そもそも捺染は木炭を必要とせず、樹木を大量に伐採することがない。ヴェッセリングはもともと耕作には向かない荒れ地であり、無駄に建てられた小城が有効に活用されているのはむしろ好ましいことでさえある。居住者は豚を森に放したり、勝手に菜園を作ったりはしなかった。(37)村落共同体としては、捺染工場が到来することで、物質的に失うものは何もなかったのである。したがって捺染会社との間に大きな対立や軋轢、支障はほとんど起こらなかった。捺染会社と教区／村落住民との間に居住をめぐる緊張が全くなかったわけではないとしても、それは鉄鋼会社に比べれば、はるかに小さかった。領主であるミュルバック修道院長との関係においても、鉄鋼会社は修道院参事会と結託しているとみなされたのに対し、捺染会社は修道院側と常に強い緊張関係にあった。それゆえ教区／村落住民と捺染会社の経営者は、この点で利害をともにしていた。

しかしながらモーシュの教区／村落住民が、このプロテスタント系の企業家の経営する捺染会社の渓谷への定着を心から歓迎していたかどうかはわからない。捺染会社の中枢部や外部から流入した住民は居住はしても、領民になることはなく、農民たちが領民として受けている屈辱や不安、困窮を共有しているわけではない。捺染会社は独自の利害に基づいて動く経営体であり、その存在の基盤は異なり、どこまで行っても彼らは「よそ者」であり外部からの流入者である。近接し協働し、しばしば利害をともにしうる他者ではあっても、それゆえにまた内と外のさまざまな境界に触れてくる他者でもあり、目に見えない不安や緊張、不協和音を呼び起こす。

## 第2節　ジェンダー役割、労働空間、宗派の境界

他者との遭遇、異質な経験が呼び起こす不安や緊張、ゆらぎは、別の領域でも起きていた。一つは、ジェンダーに関わるゆらぎである。森林の利用がますます困難になるなかで、生存基盤そのものが崩壊しつつあったそのときに、従来の経済基盤に入れ替わるようにして現れたのが捺染工場である。この工場は、樹木を大量に伐採して木炭を作ったり、共有地を荒廃させることがないばかりか、逆に賃金収入をもたらし、渓谷住民の生存を支えるオールタナティヴとして機能し始めていた。それは生き延びるのに必要な頼みの綱であったが、一方でそれは、従来の労働のあり方をゆさぶり、秩序の根底をゆるがしていくものでもあった。とくに男たちが牧畜や林業による職を失い、一家を支える手立てを喪失していったときに、女たちが賃金を得て働くようになったことは、ジェンダーの境界をゆさぶり、男性たちの誇りを傷つけ、目に見えぬ危機感や不安を呼び起こしていたと考える。これを検証するために、本節では、この時期の教区／村落住民が、ジェンダーの観点から見たときにどのような変動にさらされていたかを考察してみたい。

### （1）　生活基盤の喪失

まずは森林や草地の利用が困難になることが、どれほど深刻なものであったかを確認しておこう。三十年戦争による疲弊は、一七世紀末はもちろん、一八世紀になっても完全に回復したわけではなかった。併合により王権の配下に

置かれた後も、状況は好転したわけではなく、停滞は続いていた。十分な復興がなされないまま、一七三〇年代に入ると今度は製鉄・鉄鋼工場の進出によって森林の樹木が奪われ、共有地が荒らされ、森林や草地の利用に関する法的根拠さえ失われていき、生活の基盤そのものがますます脅かされていった。

〈零細な土地と森林／草原の重要性〉

もともとこの地域は山岳地帯にあり、耕作地が零細であったこともあり、ここでは牧畜が生計を支える根幹にあった。住民のなかには伐採や樹木の運搬、木材加工などに関わり森林の樹木を維持、管理しながら仕事をしている農民も少なくなかった。それらの労働の中心にあったのは言うまでもなく男たちである。農村の家々はそれぞれに牛や山羊、豚、羊を飼い、放牧のために教区や村落の境界を超えて家畜を移動させることが共同体の間で相互に認められていた。羊たちを移動させるのは男たちの仕事であり、共有地の利用をめぐって集まり、合議し、取り決めをするのも戸主たち既婚の男たちである。

この地域では、サン・タマラン渓谷に限らず、山の高い斜面には広々とした草地があちらこちらに遍在している。それらの大部分は領主たちの所有地であるが、以前には耕作地と同様、チーズ製造に従事する比較的富裕な小作農民《マルケール》(marcaire)に保有地として貸し出され、これも複数の共同体の間で管理されていた。(38)夕方になると、昼間のうちに太陽の下で十分に草をはみ、良質な乳でその乳房をいっぱいにした山羊たちが、牧人に導かれてふもとに戻ってくるのが眺められた。(39)少なくとも三十年戦争によってこの地域が壊滅的な打撃を受け、疲弊するまでは、男たちの力を不可欠とする牧畜と森林を基盤に営まれている生活があり、つつましくも平和な暮らしが続いていたと考えられる。

森林は、草原とともに、食糧を得るための貴重な空間であり、恵みの大地でもあった。樹木も枯れ枝も草も、木の実や果実、シャンピニオンも、湖や小川の水、泉の湧水、鳥獣・魚その他の動植物等々も、それらすべてが住民たちの生活の糧となる貴重な資源である。牧畜に依存する農民はもとより、貧農、日雇いにとっても、資源に満ちた森林は日々を生きるのに不可欠なアジールでもある。森林や草地は、元をただせば、領主の所有地であり所領の一部であるが、中世以来、緩やかな規制のもとにあり、領民が享受する当然の権利として共同体にその利用が委ねられてきた。(40)

この時代には、山羊の乳からチーズやバターを作るのは、女たちの家内での重要な仕事であった。女房たちは山羊の乳を搾り、攪拌し、バターやチーズを作る。子どもたちも母のそばにいてその仕事を手伝う。攪拌からできるバターは、模様の彫られた木枠に入れられ、適当な形に成形される。またチーズは長期保存の熟成用に塩水に浸され、あとは自然の発酵に委ねられた。塩はロレーヌのセイユなどの塩泉で精製され、運送業者によってビュッサン峠を越え「塩の道」を通って運ばれてくる良質なものである。(41) バターやチーズは一家が冬に生き延びるための保存食となるだけでなく、市場に売りに出すこともできる重要な換金商品であった。(42)

〈修道院長の摘発の強化と画策〉

ところが一七四〇年九月一七日、アルザスの最高法院によって渓谷上流の「いにしえの権利」の復活を求めるミュルバックの修道院長の要求が承認されると、こうした暮らしは徐々に成り立たなくなっていった。第1章第3節（3）でも短く触れたように、「領主」である修道院長はこれまでの慣習は適用されないとし、村落住民がそれまでのように森林や共有地へ入ることを禁じ、あからさまに「違反者」の摘発を始めたからである。一七四〇年以降、ヴィレールに溶鉱炉が設けられ、製鉄に必要な木炭を作るために大量の樹木が伐採されるにつれて、違反者の摘発は日々現実のものとなっていった。

とはいえ一七六〇年頃まではなおその監視の目は緩く、抜け道もあり、摘発の動きもいったん収まったかに見えた。それが変化していくのは、一七六〇年代に入る頃からである。それは樹木の価格が高騰し始めたからで、森林の樹木を共同体に奪われまいとする修道院側の対応が厳しくなっていったからでもある。この頃から、日に日に摘発された「違反者」の数は増え、裁判にかけられて有罪となる者が続出するようになる。罰金や賠償金に苦しめられ、困窮する領民も増えていった。また「違反者」の急増に不安を抱き、事態を憂慮した地方長官が森林の監視に乗り出すも、結局はミュルバック修道院長と製鉄所の所長に「森林監視役人」の職務が独占される結果に終わり、森林の囲い込みはいよいよ強化されていったのである。

〈生活基盤の喪失〉

こうした修道院長の周到な囲い込みの画策に、領民は生活を成り立たせる道がふさがれていった。地方長官も無力である。それどころか領主と結託している。もはや地方長官リュセに期待できることは何もないと渓谷住民は判断した。その結果、ヴィレールの村落共同体住民を中心とする渓谷の諸共同体は一七七〇年三月一〇日、ヴェルサイユの国務会議に直訴を行っている。その一七七〇年の国務会議への請願書の一部を少し読んでみよう。

一七四〇年、一七六六年、一七六八年の三つの命令は、修道院が請願者たちの裁判管区のかなりの地で行っている略奪を許可するという、とてつもなく、そして甚だしい不正でございます。たくさんの家畜を森林に送り込み、そのついでに共同体の森林や草地を利用して、〔共有地を〕荒廃させている連中に、修道院長は、四〇〇アルパン以上の樹木を賃貸しているのです。共同体の所在地にある、納屋や厩舎、庭園のある二三の家を、修道院は永代賃貸契約で貸し与えています。また修道院長は木樵や炭焼きを森林に住まわせていますが、そこで労働者たちは家畜を飼い、それによって森林を荒廃させています。修道院長は共同体の森林で〔渓谷上流だけでも〕一七四〇年以来、四万二四六八トワーズ〔一トワーズは一・九四九メートル〕もの樹木を伐採しましたが、そのうちの一本も共同体は受け取っていないのです。また修道院長は共同体の森林で莫大な量の材木を切り、サン・タマランの教会に与えました。修道院長は自分の役人を雇い、仕事を請け負わせて、共同体に属する諸権利に損害を与えたり、そこから利益を得ています。修道院長は、住民に暖房のための樹木や建物の修復のための木材を得させることを拒否しているのです。(43)

この農民たちの訴願から聞こえてくるのは、たくさんの家畜が勝手に森林や草地に連れてこられ、共有地が荒廃していくさま、共同体の敷地のなかにある納屋や厩舎、家屋までが奪われ、木樵や炭焼きが勝手に森のなかに住んで森林を荒廃させているさま、大量の樹木が伐採されても共同体には何ら見返りがない理不尽さ、暖房や住居の修繕すらままならなくなっている困窮の様子である。(44) 繰り返し述べられているのは、森林や共有地の利用ができなくなっていくその事実であり、共同体住民は「貧窮（misère）」という言葉だけでは足りず、「略奪（saccage）によって修道院は豊かになっている」とまで述べて、この深刻な事態を国王に伝えようとしている。(45) 彼らは国王に向けて「これからは正義を獲得し、共同体住民は断固として、自分たちを苦しめている深刻な抑圧から自らを解放して参ります(46)」とも書簡のなかで述べている。

興味深いのは、農民たちが国王の裁決に大きな期待を抱いていたことである。この理不尽な状況を国王なら理解してくれるに違いない、その衡平なる裁きによって正義を回復し、あるべき秩序を取り戻してもらえるに違いないという期待。農民たちにとって国王は「正義」の体現者であり、直訴は「解放」のための最後の切り札でもあった。

要するに、この一七七〇年の時点ですでに森林をめぐる対立はピークに達していたのであり、村落共同体からしてみれば、国王への直訴以外にはもはや手立てがないというところまで追い込まれていたのである。王権の代理判事として一度は衡平な立場から介入のそぶりを見せながら、実際の森林監督権を易々と領主や会社側にあけわたしてしまう地方長官リュセへの失望が、ヴィレール共同体の直訴への引き金になっている。地方長官との交渉の回路がそもそも稀薄なアルザスの臣民にとって、もともと地方長官への信頼や期待が確固としてあったわけではない。しかしこの時期になると、村落共同体の側にも、地方長官の果たすべき使命についての認識はあり、国王への直訴は、最後の有効な手段であると考えられていたのである。領民たちは、まさに生存の危機に直面していたのであり、彼らにできることはもはや国王の裁きに訴えることでしかなかった。

## (2) 生計を支える女たちの増大

興味深いことは、この頃からの一〇年ほどの間に捺染工場が軌道に乗り、一七七〇年代に大きく発展していったことである。とくにリスラー社に経営が移る一七七〇年代の半ば以降に、捺染工場はその規模を一気に拡大し、この時期以降、この捺染会社に雇われて働く賃労働者が急増していった。特筆すべきは、この会社が捺染工程に関わるマニュファクチュアを稼働させただけではなく、周辺農村に眠っていた労働力を活用して、既婚／未婚の女たちに家内で綿花から糸を紡がせ、その糸でもって地元の織布職人に綿布を織らせて白布を製造し、原料から製品まですべてをこなすことをめざしていた点にある。その結果、この会社は、森林の囲い込みにより困窮しつつあった地元農村に、ささやかながらも賃金収入をもたらし、彼らの生存を支えていくことになる。捺染会社は一七六〇年代、七〇年代、八〇年代と時間を経るなかで領民の日常生活の内部に深く浸透していった。

この会社は農村の家内にあった女性たちを家の内外の労働に従事させることになったが、それによってそれまでの日常の暮らしや男女の労働の区分線、関係性にも大きな変化が生まれていた。この時期に女性たちはどれくらいの規模で、またどのような形で捺染製造に関わっていたのか。ここでは女たちの労働の中身についても検討し、この変化が人々の関係性や意識にもたらした影響を考えてみたい。

〈家内で糸を紡ぐ女たち〉

糸紡ぎについては、この時期、二一人の紡糸親方（maître fileur）がいて、サン・タマラン渓谷に一〇人、ロレーヌの山肌の斜面に一一人が配備されていた。彼らはあちこちに居住する無数の紡糸農家をめぐり、綿花を届け、紡がれた糸を回収しては織布職人の家に糸を届け、織布を委託する。すでに織りあがっている白布があれば、それらを回収して工場に持ち帰った。渓谷の内側で言えば、ミッザックに三人、オドゥランとガイスーズに二人、サン・タマランとモロー、ゴルドバックにもそれぞれ一人ずつである[47]。紡糸親方の移動経路や回収の頻度はわからないが、二〇人の紡糸親方が、一日平均一〇軒の農家を訪問していたとすれば、一日に二〇〇軒の農家に綿花が届けられていたことになる。週に三回巡回するだけでも五〇〇―六〇〇軒にはなる。モーシュ他三集落にもこうした巡回人が来ていたと考えられる。

糸紡ぎとはいったいどのようなものであったのか。作業は、原料の綿花に含まれる不純物を除去するために綿花を打つバタージュ（battage）に始まり、繊維を解きほぐすカルダージュ（cardage）が続き、最後に櫛のようなもので梳いて繊維を引き出し、複数の糸を一本の糸に紡いでいく整経作業に至る[48]。一見したところ簡単そうに見えるが、手間のかかる仕事である。不純物を丁寧に除く必要があり、除去が足りないと糸の白さに違いが出て品質が落ちる。しかし「たくさんの娘たちが上手に糸を紡いでいる」という評価も残されており、企業家たちの思惑通り、この谷あいの貧しい集落の農家に紡糸を委託することで必要な糸が生産されていた。

紡糸自体は、女性が祖母や母親から結婚前に教えられ身に付けておくべき大事な手仕事であり、日常のなかにあった作業である。七―八歳の子どもの頃から手伝いしながら覚えていくことでもあり、なじみ深いものである。それほど広いスペースも必要としない。したがってこの労働はそれほど抵抗なく、このあたりの農家に浸透していったと考えられる。新しいのは海外から輸入されてくる綿花を扱うことである。外部からそれも遠いインドから運ばれてきた綿花を手にし、叩いたり、ほぐしたり、綿の繊維を引き出しては撚っていく作業は、おそらく新しい経験であったに違いない。この新しい素材を手にすることで女たちは在宅のまま家事の合間に手仕事に携わることができ、現金収入を得て家計を支える可能性が生まれてきた。この仕事に就いて、少しでも賃金を得たいと思う女性たちは少なくなかっただろう。

〈工場内の労働〉

では工場内には女性はどれぐらいいたのだろう、またどのような性格の労働に従事していたのだろうか。一七八八年七月七日の工場監察官の公的記録によれば、ヴェッセリングとタンの工場の両方合わせて一四〇〇人が従事していたという。この時期の仕事の内訳を見ていくと、当時、ヴェッセリングの建物内に、木版作業のための彫り師の席が二八あり、印捺作業机が一八八台（間もなく二〇〇台に）、銅製の印刷用ロール式のローラーも五台置かれていた。八〇年代も末になると、印捺工程の最初の部分はヴェルサイユ郊外のオベルカンプの工場のようにロール式によって機械化されつつあったが、筆描きや浸染などの工程は依然として手作業であり、細かく分かれた分業による作業は続けられていた。当初から捺染の最重要部分を担うのは専門技能をもつ熟練の技術者（男）であったが、その一方には、男性の茜や藍に布を浸す作業員、補助員、雑役夫もいて、サテン（光沢）仕上げをしたり、アイロンをかけたり、布を整えたり、さらには道具類や作業机、建物を維持、清掃、整備する労務員も雇われていた。(49)

一方、操業からなお日の浅いタンの姉妹工場でも、この頃すでに七二四人が雇われ、同様の分業に従事していた。タンの工場でも、近辺の農村の家内労働による紡糸に加えて、工場内だけでも四〇〇人のパンソトゥーズ（筆描き彩色女工）が捺染に従事し、加えてデザイナー（図案家）四人、版画師二〇人、印捺工一〇〇人、繰糸工一〇〇人、光沢仕上げ工一〇〇人、それに煮沸係や野原係《ジャン・ド・プレ》〔乾燥や梱包の作業員〕といった労働者が従事していた。(50)

〈筆書き女工の重要性〉

注目したいのは、工場に従事する工員のなかでの女性の占める割合の高さである。たとえばタンの工場の場合、七四二人中、四〇〇人にも上るパンソトゥーズと呼ばれる彩色女工がいた。彼女たちが筆を使って綿布に色を入れたり蠟を塗って防染したりしていた。

捺染は彩色や媒染を繰り返し、色の化学変化を利用して発色していく複雑な染色であり、その手順や工程は、工場によっても異なり、デザインや文様の配置、色の濃淡や筆使いの使い分けによって複雑に変化する。その工程や技法についての知識は外に漏らすことのできない企業秘密でもあった。そのため詳細な手順を正確に把握することは難しいが、同時代の他の捺染工場や当時描かれた版画などをもとに推察すると、捺染の染色作業とはおよそ次のようなものであったと考えられる。

まず作業は工場の屋外で行われるものと屋内で行われるものに分けられる。しかし、一つの捺染綿布ができあがるまでには、何度も屋外から屋内へ、屋内から屋外へと移動して、作業が行われる。その作業工程は、たとえば、モニク・ドゥロッソンが東インド会社経由の文献からまとめたおおよその作業工程によると、基本的には表5―4にあるような過程であったと考えられる。(51) 最初に基調となるモチーフの線や輪郭を、鉄やアルミニウムの媒染剤に浸した筆で綿布に型紙にある輪郭線にそってなぞっていく。これがまず筆描き彩色女工の仕事である。

この布を茜に浸すと線は化学反応を起こしてそれぞれに色が変わる。これを媒染という。この表ではモチーフの最初の輪郭線を引くのに、もっぱら筆が用いられているが、一八世紀後半のヴェッセリングや他のフランスの捺染製造ではこの工程に木製の版型が用いられている。また木版による型押しは最初だけでなく、その後の工程にある彩色作業でも用いられる。木版による印捺は主として男性の作業である。印捺に木版が用いられたのは、版型を使って型押しすれば、複雑な輪郭線が均質に同じ圧力で速く描けるからである。ただし版型による印捺は、単純な線や模様には

**表 5-4　捺染の染色工程**

| 段階＋A4:C13 | 作業工程 | 作　業　内　容 |
|---|---|---|
| 1 | 準備作業 | 漂白していない生の綿布にまずは仕上げを施して使えるようにし，水牛の糞や乳の微粒子といった収斂効果のある脂肪性水溶液に浸す．この作業は布に媒染剤をつけたときに布の上から媒染剤が「溶けて」流れ出ないようにするためであり，また色がキレイに出るようにするためでもある．模様の輪郭線を紙の上に引いて，十分平らにした綿布の上にその型紙を置き，**模様の輪郭を描いていく**．綿布の媒染は塩化鉄と塩化アルミニウムの2つの金属を使って行われる．鉄の媒染剤は，鉄を含んだ天然の鉄鉱石を，数日間，酸化したココヤシ酒に浸して用意する．アルミニウムの媒染剤はミョウバンをベースにする． |
| 2 | 1回目の媒染 | 模様を手で描く作業員の出番である．**手に筆をもち**，求められている色を守ってそれに従って布の上に線をひいていく．**鉄の媒染剤に筆を浸して描くと布に含まれている収斂剤と触れて黒い線が出る．アルミニウムの媒染剤を染み込ませると，茜で染めたときに赤くなると予想できる色が現れる．** |
| 3 | 1回目の茜染 | 媒染した綿布を洗って乾かしたら，「シャイの筋（茜）」を粉上にして用意した最初の染料桶に布地を浸し煮沸する．布地は冷えるまでそこに置いておく．茜の桶に浸すと，黒い線はいっそう黒くなり，赤い線はもっと赤くなる．媒染されていない地の部分が一瞬赤く染まるが，ついた色を落とすために洗浄効果のある「山羊糞」でよく洗うことが必要である．牛糞（ブーズ）の桶に浸し，広げて太陽にあてて乾かす作業を交互に繰り返し，地色が十分白くなるようにする． |
| 4 | 藍の桶に浸す | 茜とは逆に，藍は綿布に直接染める．藍は最初は白っぽい状態になるが，酸化が進むにつれて徐々に青色が現れてくる．青く染めてはいけない模様の細部は蠟で防染する．その部分は全面単色なら小さな棒で，より繊細な部分は**筆を使って蠟を塗る**．その布片を発酵させた藍の桶に浸す．しばらく空気にさらし，乾かして，必要とされている青の濃さが得られるまで何度も浸す．最後に熱い湯桶のなかで繊維をすすぎ，蠟を取り除く．ふたたび洗浄し藍による発酵の工程を終える． |
| 5 | 2回目の媒染 | 再度，赤の媒染〔アルミニウムの媒染剤〕を使って**〔筆で〕模様を描く**．そうすることにより中心となっている模様を洗練させる．ウコンを混ぜて鉄やアルミニウムの媒染を希釈し求められている半濃淡の色を出す． |
| 6 | 2回目の茜染 | 布を茜の二番目の桶に浸す．それから媒染を定着させるために牛糞を溶かした液体に浸す「ブザージュ」を再び行う．ぬるい石鹼水のなかでこすって洗う．最後に新鮮な水で洗い，また乾かす． |
| 7 | 最終段階の塗染 | 媒染によって固着できない色を**筆で塗っていく**．これは「塗染」と言われる基本的には黄色の塗料で，野菜の成分から煎出したものから得られる．青いところに添えると緑になり，赤いところに添えるとオレンジの色調になる．この黄色染料によってかなり褐色のオークルにすることができる． |

出典：*Le coton et le monde*, pp. 94–96．筆者作成．表中の**ゴシック体**は筆者による．

適するが、[52] 印捺によってできる作業や色彩は限られていた。

一方、筆を使う手作業によって一つ一つの文様に色を入れたり重ねたり蠟防染して色を残す作業は、もっぱら女性に任されている。媒染を見越したこうした彩色作業は多岐にわたり、版型を用いた印捺と筆による手書きの彩色作業とを複雑に組み合わせて行われる。蠟による防染は筆や小さな棒を使って特定の部分に蠟を塗っていく作業であり、手先の器用さと注意力を要し、これは女性の手が適していると考えられた。そのためこの仕事はもっぱら女性に委ねられた。またすでに出ている色の上に染料を重ねて別の色を出したり、藍の色を希釈して微妙なグラデーションを出すような場合にも手作業が必要であり、これも女性にしかできない緻密な作業とみなされた。ヴェッセリングでは木版による型押しと筆描き彩色の両方を用いており、順々に布を移動させて、徐々に複雑で多様な色や線、濃淡を出していった。

ちなみに、表5―4にあげた七つの工程のうち、1の漂白洗浄や乾燥、3、4、6の浸染と洗浄、乾燥といった作業は屋外で行われた。これらは主として男性の仕事である。屋外では、染色に至る前の予備的な作業のみならず、茜や藍に布を浸したり、煮沸したり、牛糞で洗ったり、乾かしたりといったいくつかの重要な作業が行われる。洗った布は風通しのよい戸外で太陽にあてて干され、天気の良い日には草地一面に大量の綿布が敷き詰められた。また竿で組んだ櫓にもさまざまな染色工程の綿布がつるされ、干されて、色鮮やかに風になびいた。工場には、綿花はもとより白布や完成した製品が保管されている。それらを倉庫から出し入れし、綿花を農村に運び、できあがった捺染綿布を梱包して荷造りし、工場の外へと運ぶ作業も行われていた。これらの力仕事はもっぱら男に任せられた。

屋内の作業は大きく三つに分けられる。一つは、デザイナーの考案した図案や文様をもとに、木版に模様を彫って印捺のための版型を彫る作業である。この作業には熟練の彫り師たちやそのための道具類の世話をする見習い作業員が配置されている。次が、彫られた版木を使って白布に模様を印捺する作業である。この作業には木版に塗る媒染液を作る作業員とその媒染液を版型に塗りつける補助員、実際に印捺する作業員など、机ごとに数人の作業員が配置されている。三つめが、パンソータージュ（pinceautage）[53]、すなわち手に筆をもち媒染剤に浸して筆で模様の線をなぞったり線と線の間を塗ったり、あるいはまた筆や小さなめん棒のようなもので蠟防染を施す作業である。媒染によっては出せない別の色を最後に塗り入れる作業も行われる。この作業には大勢の手描き彩色女工が配置され、筆を使って手作業で色を重ねたり、色を薄めてグラデーションをつけたり、最後の仕上げに媒染では固着できない色を植物性の染料を使って入れていく。

こうしてみると、筆で描く作業にもいろいろなタイプのものがある（表5―4ゴシック体参照）が、このパンソータージュの作業に携わるのはすべて女性である。そこには既婚者も未婚者も入り混じっている。工場は夜明けに始まり、日没とともに終わる。工場に雇用された女性たちは、毎朝、二―三キロメートル、あるいはもっと遠い集落からも歩いて通ってくる[54]。

それに対して、屋外で行われる漂白洗浄、媒染、煮沸、乾燥作業は、季節や天候によって中断されることもあった。とりわけ草原に布を広げて陽の光にあてて干すような作業は、一日のうちにも突然の雨や風、霧によって中断される。捺染綿布は媒染剤に布を浸しその都度煮沸や洗浄を繰り返すため大量の水を必要とし、どこの工場も川や湖の近くに設置された。そのため戸外はしばしば霧に包まれる。またこの地域では冬は氷点下になるため、一日中フルに作業ができるのは春や夏、秋の、比較的、日の高い間だけである。戸外で働くために雇われている作業員の数もしたがって季節によって変化した[55]。戸外の作業は屋内以上に不規則であり、雇用を待ち家で待機している者もいた[56]。

一方、屋内の工房には、彫り師のための作業机、印捺用の作業机、彩色用の作業机と、サイズはさまざまだが、どの部屋にも作業用の机が複数置かれていた。彩色作業のための作業机は、長さ三・〇―三・五メートル、幅三・〇―四・〇メートルといった比較的大型のものである[57]。印捺用の作業机には、一机に印捺専門の作業員と補助者が一人ずつ配置されるが、筆を使った彩色作業の場合には、一つの作業机の周りに六―八人ずつ筆描き彩色女工が椅子に坐り、作業机ごとに同じ模様や同じ作業の彩色に従事した。最も難しい文様の彩色には腕のいいヴェテランの筆描き彩色女工が配置され(58)、より経験の浅い見習いは簡単な部分の彩色や防染作業に従事した。各部屋には男性の技術指導員がいて、男性のデザイナーや彫り師なども常時その出来栄えを確認するために出入りする。どの部屋にも印捺や筆入れのための媒染剤、染色剤の準備をする手伝いや、周辺の清掃等に携わる労務員がいる。みな男性である(59)。

工場に雇用された女たちの多くは近隣の集落から通ってくる地元の既婚・未婚の女たちである。彼女たちは、夜明け前にやってきて、夜明けとともに作業を開始し、日暮れとともに帰宅した。朝が早いため、工房にはまだ十分に陽の光がさしていないこともある。手元が暗いことが女工たちの不満の種でもあった。光が乏しいと、輪郭も遠近もとらえにくいため、正確に線をなぞることができない。間違って染みができると洗って元に戻すことが求められ、欠陥品になれば、その分の作業に賃金は支払われなかった。品質を落とさぬようすべてに厳しい監視の目が向けられていた(60)。ちなみに同時代のヌシャテルの捺染工場の事例であるが、女工が朝の手元の暗さを工場長に訴え、ろうそくを手元に置いてくれるように求めたという記録がある。ヌシャテルでは工場長は、品質が落ちることを恐れてこの申し出をしぶしぶながら認めている(61)。

〈デザインの洗練と筆描き女工の増加〉

この筆描き彩色女工の数の増加は、実はこの時期の捺染のデザインの洗練とも密接に関わっていた。印捺作業は力仕事でありもっぱら男性が担当していたが、印捺机が一机増えてもそれほど男性の職人や印捺作業員が増えるわけではない。ところが筆で色を入れてぼかしたり、色を残すために蠟で特定の色のあるところを防染する筆描き、色入れの作業は、文様が複雑で繊細になればなるほど、作業工程も一つ一つの文様の彩色にかかる時間も多くなる。効率を上げるためには、いっそう机を増やしていく必要がある。この時期、筆描き用の作業机が急激に増えていったのも、量産のためだけではなく、文様の色や形、デザインがこの時期からいっそう複雑になっていったことと関係している。

　ヴェッセリングの工場で製造された更紗で残存するものは、図5—2にあげた製品のように、一七八〇年頃、一七八五年頃のものばかりである。この時期はこの工場が急激に拡大していた時期でもある。それ以前の時期の製品でこの工場の製品であると特定できるサンプルがないため、初期のものとの比較は難しいが、ここにあげたものを見る限り、木版による印捺に加えて、媒染や蠟防染を施し、媒染や濃淡をつけることで何色もの色にぬり分けて繊細な模様を描いていたことがわかる。鳥や花、草木のみならず、幾何学模様や矢を駆使した斬新なものもある。[62] デザインは他の会社や既存の製品、輸入品の単なる模倣ではなく、既存の製品の図柄にヒントを得ながらも独自に考案され編み出されたものばかりである。

**図 5-2　ヴェッセリング捺染工場製造の更紗**

上段「組まれた花のあるリボンと矢の縁飾り」(1785 年頃)
右下「バラと水仙とヒヤシンス」(1780 年頃)
左下「花咲く枝と鳥の散らし模様」(1785 年頃)

　この時期にヴェッセリングの捺染工場がこうしたオリジナルで洗練された文様の製品を送り出すことがで

きたのは、この時期に雇われていた色付け師ジャン・アンリ・リージェ（Jean Henri Riegé）の才能による。リージェは一七七八年一二月から一七八三年四月まで四年半にわたって、ヴェッセリングの工場長を務め、他の職人たちを指導していた(63)。この時期リージェが雇われていたのは偶然ではない。彼を雇ったのは企業家ニコラ・リスラーであり、リスラーは、会社の成功にはデザインと品質の向上が不可欠であると考え、図柄のデザインや染色技術の洗練、作業に必要な機材への出資を惜しまなかった(64)。

ちなみにこのジャン・アンリ・リージェは、一七三九年ハンブルクでルター派の家系に生まれ、「捺染製造の達人」と言われた父に捺染の達人となるべく育てられたプロテスタントである。若い頃は各地の捺染工場を回って腕を磨き、三十代の半ばにちょうどハンブルクに戻ってきたところでロジェルバック社のオスマンに誘われ、一七七五年からしばらくコルマール郊外のロジェルバック社の工場長となっていた。しかしリージェは職人肌であるだけでなく、創造的なアーティストでもあり、オスマンのめざした派手な大衆受けするデザインには満足せず、デザイン面でオスマンとは意見が分かれた。その結果、オスマンから辞職を勧められるに至り、リージェは最初、辞職には強く抵抗したが、解雇料を得ることでこれに同意した。リージェがヴェッセリングにやってきたのはその直後である。ちょうど一七七六年二月の火災で焼けて、部分的に傷んだ小城が修復されて間もない一七七八年一二月頃のことであった(65)。

こうして見てくると、筆描きの色入れや防染作業は捺染製造の根幹に関わる重要な作業工程であることが分かる。単純な労働のようでいて、慎重さや正確さ、集中力も必要になる。その作業に男の手ではなく女の手がよりふさわしいと考えられたのは、それまでにも家庭内で刺繍や縫物、編み物など、手を使う細かな仕事に女性が従事してきたからである。その種の手作業は女に向いているとみなすジェンダー観の顕れでもある。結局のところ、工場での労働も、家内での紡糸と同様、女性たちがそれまであたりまえのように行ってきた家内での労働を組織し、活用したものだと言える。しかし、こうした製品の重要な作業工程に女が必要とされ活用されたことは、結果的には、女たちの労働の需要と有用性を高め、女たちが家の外に働きに出て自らの手で賃金を稼いで家計を支えていく新しい経験を生み出していくことになった。

## (3)　男たちの雇用不安とその外部

男たちの場合はどうか。男たちはこの工場にどれくらい、どのような形で雇われていたのか。

〈地元の織布職人(男)の雇用と外部〉

捺染会社は、農村の織布職人に織布を依頼し、綿布を製造させていたが、職人はすべて男性である。織機を有している職人に織布を依頼すれば、設備の点でもコストが抑えられる。しかし織布職人は熟練を要する職人であり、誰にでもできるという仕事ではなかった。自家消費用ならともかく、できる限り質の良い綿布が必要である。腕に覚えのある熟練の織布職人でなければならない。地元の織布職人はどのような規模で、どのような状況のなかに置かれていたのだろうか。

一七七八年の会社関係者ジャン・フレデリック・ストールが作成した織布職人名簿によると、(66)この地域に関係する五つの裁判管区全体の織布職人の数は、一七七八年に六二人であった。裁判管区別にみると、一七七八年の段階では、サン・タマラン裁判管区二〇人、ヴァットヴィレール裁判管区ゼロ、マズヴォ裁判管区九人、タン裁判管区二五人、セルネー裁判管区八人である。(67)工場の外で雇用されている織布職人は、ミュルバック修道院の所領内の裁判管区を超えて散在しているが、主として、タンとサン・タマラン裁判管区の二つの地域に集中していることが分かる。

一七七八年の段階のサン・タマランの裁判管区内の分布に限ってみると、工場に近いフェレリングに四人、ヴェッセリングに五人、マルメルスパックに一人、ミッザックに二人、モローに一人、工場から少し離れたモーシュおよびヴェルシュホルツに合わせて一人、サン・タマランとヴォゲルバックに四人、ウルベス二人といった具合である。(68) モーシュやマルメルスパック、ヴェルシュホルツといった助産婦の選任をめぐって生じた紛争に際して結集し、請願を行った集落のあたりにも合わせて二人いたことになる。

しかし一七八八年の会社側の記録によると、その数はその後かなり変化している。全体の数は一二二人であり、一〇年間で全体の雇用者数は倍増している。しかし裁判管区ごとにみると、サン・タマラン裁判管区二三人、ヴァットヴィレール裁判管区三人、マズヴォ裁判管区二人、タン裁判管区六四人、セルネー裁判管区八人であり、極端に増えている地域とそうでない地域との間に歴然とした差異がある。(69)

極端に増えているのは、マズヴォの裁判管区とタンの裁判管区である。それぞれ九人から二〇人、二五人から六四人と、どちらも倍以上に増えている。一方、サン・タマラン渓谷で雇用されている織布職人の数は、全体で三人増えただけで、ほとんど増えていない。ミュルバックの所領内全体で言えば、ヴァットヴィレールのように一七七八年の段階では一人もいなかった裁判管区に一七八八年に三名現れているが、増えたのはそれだけである。逆にマルメルスパックに一人いた織布職人は一七八八年にはいなくなっている。モーシュおよびヴェルシュホルツにいた二人も一人に減っている。ミュルバックの所領全体ではこの一〇年に五人増えたことになるが、所領の広さやタンやマズヴォでの顕著な増え方から考えると、この増加は微々たるものである。

では、ミュルバックの所領の外にあるタンやマズヴォの裁判管区で、織布職人の数が急増し、領内では増えなかったのはなぜか。タンやマズヴォの場合、増えているのはほとんどが外から移住してきた織布職人である。移住は特定の村に限られていて、マズヴォ渓谷ならブルバック・ル・バで四人から一九人に、タンに近いロドゥランでゼロから一六人である。(70) これらの数字はこの集落に外部から移り住んでき織布職人の数である。この時期、経営が拡大し、捺染綿布の白布製造量を増やすことが急務となったが、地元の職人の織る織布だけでは製造が追いつかなかった。そのため会社としては外部から織布職人を連れてくるしかなかった。募集により、腕に覚えのある力のある職人たちがこの地に引き寄せられてきた。外部から熟練の織布職人を連れてくることはザンデール社の時代から行われていたことである。しかしリスラー社の時代になると、それがますます顕著になっていった。

サン・タマランやヴァットヴィレールといったミュルバックの所領内の裁判管区での雇用数の伸びが少ないのは、この所領内ではカトリック教徒以外の居住が原則的に許されていないからである。その結果、外部から流入する職人の数は抑えられていた。外部から来ている織布職人はみなミュルーズやスイスから来ている外国出身者であり、ほとんどがカルヴァン派信徒であった。

結局のところサン・タマランの裁判管区では、雇われている地元の織布職人は決して多くはなかった。在地の熟練の織布職人の数には限りがあるからで、織布の場合、近隣の農家に委ねるとはいっても、外部から来て居住するようになる新参の織布職人が数を増していく傾向がみられ、その点で糸紡ぎの場合とは大きく異なる。織布職人の数の増大は、工場での雇用だけでなく、地元職人がそれまで得ていた工場以外の仕事とも競合していく可能性があり、在地の織布職人は、一方で雇われることを望みながらも他方では雇用不安を抱くようになっていったと考えられる。

〈工場の雇用とその不安〉

工場での労働は地元の男性の雇用を増大させていたのだろうか。

まず労働者のうち、常にヴェッセリングの建物内部や中枢部にいて全体の動きを統括している少数のデザイナーや版画師、印捺や染色の知識をもつ技術者などはすべて男性であり、他に比べて報酬も圧倒的に多く、労働者というよりも管理職である。それ以外は、版画作成や印捺、媒染に携わる個別の技能をもった熟練職人であるが、彼らもみな男性である。

熟練職人にもいろいろあり、木版彫り職人の親方、印捺職人の親方、親方でない印捺職人、さらには染色に関わる技術者や熟練の職人などがいたが、これらの熟練職人親方や熟練を有する職人のなかに、地元の職人はほとんど含まれていなかった。たとえば、ザンデール社の時期（一七六二―六八年）の名前の特定できる一七人の熟練職人のうち、地元出身者が二人いたが、その二人はどちらも親方ではない。残りの一五人はすべてスイスやミュルーズから来ている職人や職人親方である。(71) それがリスラー社に経営が移ってからは、名前の特定できる二一人のなかには地元出身者は一人も含まれていない。(72) どの種類の職人もすべてベルンやミュルーズ出身者である。その後、革命期から一九世紀に至る長い時間をとってみると、ロール式の印捺機が現れ機械化が急速に進むためか、印捺職人に占める地元出身者の割合が増えていく。(73) しかし増えているとしても親方層への参入はほとんど進んでいない。

熟練以外で、男性の従事する仕事は、ほとんどが戸外で行われる作業員である。染色剤の準備や媒染された布の洗浄やアイロンがけ、干したり、光沢仕上げをしたり、出荷のための荷づくりをする仕事であり、これらは主として地元の男性が日雇いで携わっていた。また錠前屋や大工、石工、車大工など工場の維持に必要な職人や運送屋、日雇人夫が工場には出入りしていた。彼らは地元男性の可能性がある。また厨房もあり、一部の熟練職人や版画師、技術者のための食事を用意したり、住居部分の掃除や洗濯などに従事する者、庭師だとか馬や厩舎の世話をする厩舎馬係(palfreniers)もいて、これらの仕事には地元の男女が雇われていた。

以上から言えるのは、捺染工場は、渓谷の地元男性にもさまざまな雇用をもたらしていたが、捺染工場の中枢部を担う熟練職人や染色技術者として雇用されている労働者は、ほとんどが外国出身者であり、地元出身の男性は、より単純な作業に従事していたということである。男の仕事は戸外での作業が多く、ほとんどが天候に左右される日雇いである。屋内で筆描きに従事する女性が増え女の手仕事が重要性を増していく一方で、男性の雇用は雑用が多く、それほど増えていない。ここでは男女混淆とはいっても、仕事の内容によって男女は分けられ、男性はもっぱら単純な力仕事を担っていたと言える。男性の従事する未熟練労働は、同じように未熟練労働ではあれ、より繊細な手仕事が割り当てられていた女性の労働とは裏腹である。

〈宗派の異なる男性労働者の存在〉

捺染工場がもたらした変化として、宗派が異なる男性労働者が工場内はもとより、渓谷のあちこちに姿を現していったことは、それまでにはなかった新しい体験であっただろう。スイスやミュルーズから来ている職人たちは、ほとんどがカルヴァン派の信徒である。そのうちの何人かは、居住のため、あるいは洗礼を受けるために改宗したが、多くは改宗しないまま、近隣に居住していた。年齢は二十代から三十代が多く、妻帯している者も少なくない。若くて子がない場合にはその妻も工場で働いていることが珍しくなかった(74)。また先にも触れたように、単身で働きに来ている未婚者や寡婦もいて、居住のためにカトリックに改宗した女性たちもいる。要するに、工場の到来によってもともとカトリックしかいなかったこの地域にカトリックではない信者がやってきて居住を始めていた。ルター派ではなくカルヴァン派が多かったことも特徴である。

領民はもともとカトリックであり、こうした宗派の異なる人々をどのように見ていたのだろうか。領民は、ミュルバックの修道院長や修道院参事会がしたように、あからさまに牽制したり、嫌がらせをすることはなかった。雇用されているという現実のなかで、少々の違和感はあっても、そのことによってすぐに対立に至るわけではない。宗派の違いはそれほど、農民にとって大きな壁や境界線にはなりえなかったように見える。

ただし一七六九年に渓谷の七二人もの職人が結集して形成された「織布および製織職人兄弟会(75)（Confrérie des tisserands et tailleurs d'habits de la vallée de Saint-Amarin）」は、信徒会の形をとっており、その兄弟会の規約には「カトリックによるキリスト教の普及と異端の追放」という宗教的非寛容を思わせる規定が盛り込まれてもいた(76)。実際には、この信徒会のメンバーの多くはザンデール社に雇用されている職人であり、後にリスラー社に経営が変わるとその多くがリスラーの会社にも雇われている(77)。この兄弟会は、一方では外国人を受け入れないことを前提とするものであり、渓谷の地元職人の雇用を守るための結集というところに主眼がある。この時期はちょうどザンデールの会社が創始者の死によって急速に傾きつつあった時期でもあり、先行き不安が増していたこともある(78)。要するに、職人たちは、プロテスタントの企業家によって経営されている捺染会社に雇われることを心から求めながらも、外部から宗派の異なる職人が次々にやってきて彼らによって職が奪われていくことに大きな不安を抱いていたのである。

そうした懸念はすでにザンデール社の頃からあったが、リスラー社に経営が移るとますます明瞭になっていく。拡大期に入り、必要となる白布の量も増えていたからである。コンフレリ(兄弟会)の結成は地元職人の不安とともに強まった内部と外部の境界への自覚の表れであり、工場への優先的な採用を促すことでその利害を守ろうとしたものである。森林が囲い込まれ生存の基盤がしだいに失われていくときに、捺染会社はまさに生活の資となるオールタナティヴを提供してくれていたが、その雇用がそのまま安定的に続く保証はなかった。どのような職人であれ、外部からやってくる職人数が増加して定住すると、内部の職人と競合することは目に見えていた。

コンフレリとは中世から存在するカトリックの信徒団体である。彼らが信徒会という形で結集したのは、おそらくそのような形でしか、自分たちの立場を表明することができなかったからであろう。当時は、いわゆる職業団体というようなものはこの渓谷には存在していなかった。しかし地元職人のなかから、工場に雇われて下請けとなって布を織る者が現れると、雇われている者と雇われていない者との間にも格差が生まれてくる。都市のようにギルドのようなものが予めあれば、雇用にあたってもそれが介在することになっただろうが、この渓谷の農村にはそのような組合は明確な形では存在せず、地元の内部でも互いに牽制しあう可能性が出てきたと考えられる。この信徒団体は、こうした現実の変化に対応して、地元の職人たちが集まり、その利害を守ろうとしたものであり、それまで緩やかなつながりしかなかった製織、織布の繊維職人が渓谷の広がりのなかでネットワークを作ろうとしたものである。これは渓谷の職人層の自己意識の高まりを示すとともに、内部と外部の境界に男性職人たちが敏感に反応した証でもある。

よそから来た織布職人に職を奪われるという懸念は、その後も消えたわけではなかった。たとえば一七七六年の火事で地元の仲介人ジャック・メニが負傷したときも地元の別の人間を後任に採用することができたはずである。しかしリスラーは、その冬からベルン（スイスのカントン）出身で数年前からミュルーズに住んでいたプロテスタントのジャン・ロドルフ・エリスマンに、家内紡糸および織布の仲介業を任せている。リスラーもエリスマンも、織布職人の雇用を、この渓谷の内側だけに限るつもりはなく、必要とあればいつでも外部から職人を連れてきた。渓谷への居住がカトリック以外難しいなら、居住可能な近隣集落に職人を連れてきて住まわせればよいと考えていたのである。外部のプロテスタントの職人に職を奪われる危険、懸念はその後も消えることはなかった。

## 第3節　中間役人のゆらぎ

この時期、捺染工場の出現による変動、ゆらぎと並行して、もう一つの重要なゆらぎが生じていた。それはこの渓谷の秩序を支えていた中間役人の位置づけやその表象イメージがゆらぎ始めていたことである。ここで言う中間役人とは、一つには、領主に任命され、領主の側にあった区長であり、もう一つは、領主と王権、王権と臣民をつないでいたバイイ（ミュンク）すなわち国王尚書である。彼らの立ち位置、秩序や制度における表向きの役割やその表象イメージが、実は一七七〇年代後半になると、大きくゆらぎつつあった。彼らはここでの秩序や構造を支える膠のような役割を果たしていた中間の媒介者であるが、それがここに至って本来の職務の権限の枠組みからはみ出し、あるいはその境界を乗り越えていく動きを見せ始めるのである。それによって秩序の不安定さが露呈し、ここでの力関係は根底からゆらぎ始めていた。最後に本節では一七八〇年前後の、まさに助産婦をめぐる紛争が起こってくる直前の時期に目を向け、これら中間役人の動きとそのゆらぎとモーシュ他三集落の「女房たち」「吏員たち」の背景にあった秩序の混乱、地殻変動を考えてみたい。

### （1） 領主役人の解任と離反

一七七〇年代の半ばになると、領主役人である区長がその職務から次々に解任されていった。これは領主であるミュルバックの修道院長によって任命されていた領主役人が、その本来の役割を放棄し、領主の命令や利害に背いてでも領民の立場に立ち、その利害を守る側に回ったからである。これは領主制の前提を根底からゆるがす大きな出来事であり、モーシュ他三集落の吏員たちの結集にも影響を与えていく。

〈区長の解任〉

すでに第1章第3節（3）の村落共同体のところでも触れているように、それ以前から修道院長と修道院参事会は、森林への監視体制を強化し、いっそう徹底した囲い込みに突き進んでいた。それゆえタンからビュッサン峠に至るまでの渓谷上流の農村住民たちは、表立ってはもはや森林の禁止区域に入ることができなくなっていた。監視の目をかいくぐってやむなく森林に家畜を入れる住民は跡を絶たなかったが、その結果、容赦なく摘発され告訴され、罰金の支払いや負債に苦しめられる領民が日に日に増えていた。区長（maire seigneurial）とは領主の代理役人であり、本来ならば、違反をとがめ、違反者の摘発に協力することが任務である。しかしヴァットヴィレールの区長はもとより、サン・タマランの区長も、住民たちの惨状を見かねて、森にひそかに家畜を入れ樹木を伐採する領民たちの「違反」を知りつつ黙認を続けていた。

黙認がいつからなされていたかはわからないが、修道院長はこうした区長らの黙認の事実を知ると、深く動揺し、区長らの怠惰、離反を厳しく非難した。そして一七七五年についにヴァットヴィレールの裁判管区の区長（maire seigneurial）ジャック・ウォルターを違反に加担したことを理由に解任し、代わって自分に忠実なピエール・ルデルを区長職に就けた(79)。この時期になると修道院長は自分に忠実なゲブヴィレールの幾人かの都市民だけが頼みの綱となりつつあった。ルデルはまさにそうしたなかの一人である。ルデルは領主の設けた規則を領民に守らせようと、「違反者」の摘発に力を注ぎ始めた。

ウォルターの解雇に続いて、今度はサン・タマラン裁判管区の区長ジャック・シリングも、ミュルバックの教会参事会がその権利を要求している森において「非合法なる」伐採がなされるのを知りながら黙認していたという廉で、五〇〇リーヴルの罰金を申し渡されている。そして、ヴィレールの区長と同様に区長職から解任された。代わって同じ裁判管区の収入受領係であったフランソワ・ジョゼフ・ブルーノに区長職が置き替えられた。一七七五年のことである。こうして長らく領主側の代理官を務めてきた役人が次々に領主から離反し、その職務から遠ざけられていったのである。

〈領主役人の離反〉

領主に任命された領主側の役人である区長は、この渓谷ではもともと、領主制の区域のなかの徴税やその他の業務を円滑に行うために任命されている所領経営のための役人である。彼らは領主と領民をつなぐ中間に位置するが、教区や裁判管区の区域内の住民によって選ばれているわけではなく、その責務を住民の選挙で委任されているわけではない。シリングの家は代々世襲的に区長（maire seigneurial）を輩出してきた家であり(80)、平民ではあるが、領主から一目置かれ、半ば世襲的に区長職を続けてきた。ジャック・シリングもそうした環境のなかで育ち、一七六〇年に前任者を引き継いで修道院長から区長に任命されていた。ところがこの古くから領主と関わりをもち、領主制秩序の守り手として職務を果たしてきた役人が、領主の命令に背き、いよいよ解任されたのである。

この所領で区長がどのような位置を占めていたかは、フランスの他地域の場合と比較してみるとわかりやすい。シャンパーニュやブルゴーニュには、この時代、「村総代 (syndic)」と呼ばれる、村落共同体によって選ばれ村落共同体の利害に関わる責務を果たす代理人が存在していたが、アルザスには「村総代」に相当する者はいない。区長と村総代とでは性格が全く異なる。なぜなら「村総代」の責務は王国の直接税徴税地域において、その徴税を円滑に推し進めるためにあり、そのために王権からも必要とされてきた責務であるが、とはいえ村総代は国王に任命されて報酬を得ている王国の役人ではない。彼らはタイユ税など王国の直接税の徴税帳簿に名を連ね、選挙資格をもつその徴税区の村落住民の集まりで三年ごとに多数決で選ばれる。つまり上から任命された役人ではなく、その有権者である住民から選出され、責務を委任されているのである。彼らは共同体の構成員から委任された代理人であり、王国の制度の枠内にあって王国の要請に向きあうとともに、委任した構成員の利害を代弁するために存在する。

これに対してミュルバック修道院の修道院長によって任命された「区長」は、もっぱら領主の代理役人として存在してきた。また区長は併合後も王権とは何ら直接的な交信の回路をもっていない。領民を監督し、命令する領主の代理人にすぎない。ここでは「有権者」や「選挙資格」という概念は存在しないのである。ましてや「多数決による選任 (à la pluralité des voix)」という選任の手続きも確立されていない。

同時代のシャンパーニュやブルゴーニュの村総代であれば、地方長官補佐を介して地方長官と請願書や報告書でもってやり取りし、租税の免除や賦役の軽減などを訴え、構成員の利害を代弁しつつその責務を果たす回路が存在していた。彼らは国王の制度の枠内に位置づけられてはいるが、終身職ではなく国王から報酬を得ているわけでもない。村総代はまさに王国と臣民をつなぐ中間に位置する中間的存在ではあるが、役人ではなく、あくまで住民の立場を代弁

することに主眼がある。(81)

ところがこの渓谷では、区長は依然として領主の代理役人であり、領主によって任命／罷免がなされ、領主の利害を守ることにその任務がある。村総代が存在しないのは、すでに述べてきたように、ここに王権の徴税機構が入り込んできていないからであり、王権と臣民をつなぐパイプとなるはずの村総代が存立基盤をもたないからである。ここでは依然として領主の徴税機構があるばかりであり、それゆえ区長はもっぱら領主の利害を代弁し、領主の利害を守るために働く。

そうした前提のなかにあった区長たちである。それが、一七七五年になると、領主役人としての責務を怠り、村落共同体の住民の利害を擁護する側に立とうとしているのである。黙認という消極的な手段によってではあれ、領主役人としては任務を放棄すること、これは領主への無言の批判であり、抵抗でもある。解任後、区長は別の者に置き換えられたが、その新しい区長は外部からその場しのぎにあてがわれた区長であり、それまでの区長のように領民のなかに地縁的な足場をもっていない。要するに、領主と領民の間の膠となることのできない形ばかりの区長である。シリングのように長らく忠誠を誓ってきた家系出身の領主側の役人が、領主に歯向かい、領民の側に着いたことは、それ自体秩序の根幹に触れる大きな出来事である。修道院長にしてみれば前代未聞の恐るべき事態であり、足元から秩序がゆらいでいく不安の始まりでもあった。

〈区長ジャック・シリングの解任とモーシュ他三集落の結集〉

この区長の解任という出来事は、しかし、その後の渓谷の動揺と混乱の始まりにすぎなかった。修道院長は区長たちを解任した後、不安もあってか、ますます勢いに乗り、一七七八年に森林の新しい境界設定に関する長々しい規則を設け、修道院領の侵入禁止地域に放されている家畜の強制退去や、違反者への罰金の規定を含む厳しい措置を可能にした。これに対してサン・タマランの諸共同体は一七七九年に地方長官に宛てて請願を行い、二万リーヴルに達していた裁判費用を領主側に賠償させるべく修道院長への莫大な課税を要求した[82]。しかし一七七八年に領主によって設けられた規則は、その後、アルザスの最高法院に提出され、登録され、執行に至っている[83]。ここに至って、森林の利用をめぐる領主と領民との対立はいよいよピークを迎えていた[84]。

それまでにも渓谷内の共同体の吏員たちが、アルザスの最高法院や、国務会議や地方長官へ請願を行うということがなかったわけではない。すでに第1章第3節（3）でも触れたように、製鉄所や溶鉱炉のあるヴィレールの教区／村落共同体が、製鉄工場が稼働し始めた一七三八年にアルザス最高法院に訴えを起こしている。一七七〇年にも渓谷の複数の共同体が国王への直訴に踏み切っている。しかし一七三八年の訴えはヴィレール共同体が単独で行ったものであり、一七七〇年の国務会議への訴えも、渓谷の複数の共同体によってなされたものであり、必ずしもモーシュ近辺の集落が中心になっていたわけではない。サン・タマランの裁判管区でも同じように森林や共有地が荒らされ、領民の利用が阻まれていたから、森林問題はモーシュ他三集落の吏員たちによっても無視できない問題であったが、この三集落がとくにその請願の中心にあったわけではない。

しかしいまやサン・タマランの区長は解任された。彼はヴェルシュホルツの住民である。これはあくまで仮説ではあるが、この頃からモーシュ、マルメルスパック、ヴェルシュホルツの近隣集落は、このシリングのもとに結集し、その凝集力を増しつつあり、裁判管区の正規の枠組みとは別に、またヴィレールなど近隣の共同体とも別に、その結集を明確にしていったのではないか。

そのように考えられるのは、実は、ジャック・シリングについての言及がレーシュステッテールの文言のなかにもあり、彼がこの集落の交渉の動きの中心にあったことが推察できるからである。その部分を以下に引用してみよう。これはレーシュステッテールが王の執達吏から出頭命令を受け取った直後の書簡（一七八八年一月）のなかに現れる叙述であるが、そこで彼は次のように述べている。

……猊下は、両方ともその職務にとどめることを望まれ、請願者〔カトリーヌ・シリング〕はその町と渓谷から年一五リーヴルを受け取り、ボーヴァンリートは同額をモーシュの特別歳入から受け取ることを命じられました。この賢明なる一七八七年一月二七日の決定は、両者を和解させるはずだったのです。**ところが、モーシュの村長《むらおさ》（maire）でありかつ請願者の敵でもあるシリング氏にはそれができませんでした。**彼が、渓谷の代表となってパリに行っていた自分の息子に、この決定と先の〔一七八六年〕三月二二日の決定について国務会議（Conseil d'état）に異議申し立てをするよう関わりあいにならせたのです。[85]

〔太字による強調は長谷川による〕

ジャック・シリングは助産婦の選任をめぐる紛争のなかでその交渉の中心にあったと考えられ、区長職を解任された後、モーシュの吏員たちと利害をともにしていたと考えられる。ジャック・シリングがヴェルシュホルツに生まれた住民であったことは重要な意味をもつ。シリングの一族は比較的富裕な層に属し、領主制度の内側で代々なにがしかの役割を受けもってきた家柄であるが、集落の吏員たちとも地縁的つながりがあった。ジャックは洋服の仕立て職人でもあり、森林や入会地の利用ができなくとも困窮することはないが、熟練職人としての自負や誇りもあり、この渓谷の現状に満足していたとは考えられない。

奇妙なのは、助産婦としてストラスブールに送られたカトリーヌ・シリングもヴェルシュホルツの住民だったことである。カトリーヌ・シリングが富裕層に属することはレーシュステッテールの叙述からも確認できる。[86] おそらくヴェルシュホルツにはシリングを名乗る氏姓の家が複数あり、シリングの一族が古くからここに住み着いていたのであろう。実際、レーシュステッテールもカトリーヌ・シリングとジャック・シリングの関係を「実のいとこ (cousin germain) である」と短く触れている(87)。この二人が助産婦の選任をめぐって争うことになったのははたして偶然だったのだろうか。残念ながらこれについてはこれ以上踏みこんだ分析には至りえず、臆測の域を出ない。

しかしいずれにしてもこの元区長にして現村長のジャック・シリングがこの紛争の展開になにがしかの役割を果たしていることは間違いない。ジャックが、禁を破って森に家畜を放す住民や吏員たちの動きを黙認という形で擁護し始めたのがいつからなのかははっきりしないが、一七七五年よりもはるか以前に遡るに違いない。樹木が高騰し領主による「違反者」の摘発が厳しくなっていく時期、とりわけ地方長官が王権の側の監視官を置こうとして失敗した一七六五年以降、ジャックがこの渓谷の住民の窮乏と惨状を見かねて、ミュルバックの修道院長のやり方に疑義を抱き、しだいに批判的な目で見るようになっていったとしても不思議ではないからである。

〈ジャックの息子ジョゼフ・シリング〉

ちなみに、このジャック・シリングの息子ジョゼフ・シリングは、バイイの書簡にも触れられているように、一七八七年一〇月にモーシュ他三集落の吏員たちが国王に直訴の訴願を届けようとした際にその代表として選ばれ、小商人シャピュイとともにヴェルサイユに向かった一人である。ジョゼフはこの時期に少なくとも三回は首都を訪れている(88)。このジョゼフ・シリングがヴェルシュホルツに生まれたのは一七六〇年一〇月四日であり、ちょうど父のジャックが区長に任命された頃である。ジャックが区長を解任された一七七五年、ジョゼフは一五歳になっていた。その後、ジョゼフは父ジャックの教育方針により「ブルジョワ的な」教育を受けて育てられたと言われ、パリに二年ほど遊学している。パリでの足取りの詳細は今のところ分かっていないが、ジョゼフはロマンス語を解するだけではなく「フランス語で話し、読み、書く」ことができた(89)。

モーシュ他三集落が一つの共同体としての凝集力を高めていったのが正確にいつかは分からないが、助産婦をめぐる紛争も契機となって、長らくサン・タマランの裁判管区という領主制の枠組みによって存在してきた区域とは異なる独自の集合体としてプレゼンスを増し、領主とあからさまに対峙し始めていたと考えられる。ストラスブールの無料助産術講習会が開設され、地方長官からの受講生の派遣の要請が司祭のもとにもたらされたのは一七八三年春のことである。司祭や区長がなぜこの派遣要請に応えようとしたのか、また他にも候補はありそうなものなのになぜわざわざヴェルシュホルツの富裕農民の女房を受講生に選んで送ろうとしたのかは不明である。しかし受講生の選択に関わったのは、ミュルバック修道院長の強い影響下にあるサン・タマラン教区の司祭ムレと、徹頭徹尾、領主の立場に立って違反者の摘発に力を注いでいた新区長ブルーノである。カトリーヌ・シリングが選ばれたことは偶然だったとしても、こうした状況からすれば、カトリーヌ・シリングが戻ってきて公認の助産婦となることが決まり、しかも前の産婆ラルジェに取って代わり報酬や特権、租税の免除まで求めて請願したことは、それだけでもモーシュ他三集落の「女房たち」「吏員たち」から反発、嫌悪を引き出すのに十分な根拠となりえただろう。

### (2) バイイ(国王尚書)の動揺

興味深いのは、こうした一七七〇年代末になると国王尚書でありバイイであったミュンクが、にわかに動揺を示し始めていたことである。[90]「違反」のものすごい再燃の事実を伝え聞いたミュンクは、これを領主への「反逆」の徴とみなし、激怒した。そして彼はなんと違反者をヴェッセリングの捺染工場の敷地に招集しその「横柄な」態度についての釈明を求めたのである。[91] こうしたバイイの行動は、あからさまに領主側の利害に立つ感情的、強圧的なものであり、国王の代理官である国王尚書としては何ら命令を受けていない個人的な判断でなされたものである。助産婦の紛争で司祭が激怒し洗礼拒否に至ったのと同様、国王尚書までがここで感情に任せて法的には何ら担保されない強圧的な姿勢に出ている。それだけミュンクの動揺が大きかったということでもある。

国王尚書とは、そもそも国王の任命した代理判事であり、国王によって派遣されている地方長官との間のパイプ役となるプレヴォ（国王判事）である。国王と地域の臣民をつなぐ仲介役人でもある。国王尚書は、本来ならば、領主の利害に立つのではなく、それとは別に、国王直轄官僚の地方長官のもとにあって、地域の治安を守るために、領主の利害にとらわれない衡平な判断を行わなければならない。しかしミュンクは、修道院側の利害にべったりと飲み込まれていて、領民の離反に動揺を隠せない。もはや冷静な判断力や自制心を失っているのである。

このミュンクの見せた行動は、尚書が領主の側の修道院尚書としてのみあった一七世紀半ばまでならありえたかもしれない。併合以前なら、修道院尚書は領主の利害を守ればよかったからである。しかし併合から一〇〇年、一八世紀末のバイイは、国王から代理人として任務を任せられている王国のプレヴォである。ここではミュンク自身が二つの相矛盾する責務の間で引き裂かれ、その立ち位置を見失っているのである。領民の目から見れば、ミュンクはその中間的な立場をかなぐり捨てて、領主の利害を守ろうとする、ただの領主役人にすぎない。そのことをいよいよ露呈してしまったのである。

ミュンクの動揺は修道院長のカシミール・フレデリック・ラットサマウゼン・ヴィボルセム（Casimir-Frédéric de Rathsamhausen-Wibolsheim 1698–1786）にも波及した。この頃、森林検査官補佐のジャン・ブレマンが伝えていたのは、以下のような渓谷の領民たちの貧窮の姿にすぎない。

〔共同体のためにあった〕放牧権、どんぐり拾いの権利そして樹木が奪われてしまったのです。住民たちにはもはや、彼らの動物の飼育やエサのための資源がありません……、住居のためにも、租税を支払うためにも、もはやその資源がないのです。(92)

しかしミュンクからこのブレマンの報告を含むこうした一連の状況が修道院長の耳に伝えられると、修道院長はとてつもない不安に襲われた。それまではただただ強気で森林を囲い込み、区長を次々に解任し、周到に法的根拠を固める一方で、農民の困窮にはほとんど聞く耳をもたなかった修道院長である。それが今度ばかりはさすがに不安を覚えたのである。その直後の一七八〇年、修道院長はサン・タマラン渓谷のすべての臣民に、銃の携行を禁じ、各裁判管区のバイイのところに銃をさし出すよう命じている(93)。

領民たちがこの命令に従ったかどうかは分からないが、この時期、村落共同体の吏員たちはあきらめず裁判を粘り強く続けていた。彼らはおそらく武器をもって修道院長に立ち向かい暴力に訴えて蜂起しようなどとは少しも考えていなかったに違いない。農民たちが武器を手に武力でもって領主に歯向かったことなど、時間をどれだけ遡ってもそれまで一度もなかった。共同体吏員たちは自分たちの窮状を少しでも打開しようと、可能な道筋は何かと考えて、しだいに学習していっただけである。冷静に考え、王権のシステムを受け入れ、尊重しながら、それに則って動くことを選択し、その結果、国王直轄官僚である地方長官や国王のもとにある国務会議に向けて請願を送り、正義に訴えようとしただけである。平和裏に事態を改善していく道は、それ以外にはもはや残されていなかったからでもある。

結局のところ、法的な根拠を示すことの重要性を教え、農民たちをそこまで追い込み、鍛え上げていったのは、逆説ながら修道院長と修道院参事会である。教区住民は一七八〇年というその時期にも、まさに「ことの次第によって(par la force des choses)」動かされ応答していたにすぎない。ヴェルサイユの国王による上級裁判権に訴えることは、平和裏にその生存の権利を回復していく最後の頼みの綱であった。つまり教区/村落住民は、国王の法廷が民の平和と安寧の維持のためにあり、「正義」を取り戻すことを可能にしうる最後の手段であると信じていたのである。法の衡平性とそのもちうる力や可能性を信じようとする、その理解が正しかったかどうかはさておくとして、この考えに基づくなら少なくとも国王は法に基づいて判断し、不正を糺し、正義を体現する「君主」でなければならない。フランス

**表 5-5　紛争の経緯**

| 年 | 日付 | 出　来　事 |
|---|---|---|
| 1779 | 年初 | 地方長官ガレジエールのアルザス派遣着任 |
| | 6.1 | 助産術無料講習会 第 1 回講習会開催 |
| 1780 | — | 動きなし |
| 1781 | 8〜9 月 | CS：ストラスブールに派遣され第 6 回講習会履修 |
| | 10.3 | CS：修了証を携えて帰村 |
| | 9.29 | LA：職務継続の請願 |
| 1783 | 5.9 | INT：CS を助産婦とする命令 |
| | 6.1 | MO：LA 擁護の請願 |
| | 10.25 | INT：同様の資格証明書の提示命令 |
| | ? | LA：死亡 |
| | ? | CR：CS 以外の連れてきた子の洗礼を拒否 |
| | 11.3 | MK：死亡 ➡ RCH の国王尚書（バイイ）就任 |
| 1784 | 9.22 | CS：報酬の支払い請求の請願 |
| | 11.22 | INT：CS への報酬の支払い命令 |
| 1785 | ? | MO：依然として CS への報酬の支払い拒否 |
| 1786 | ? | CS：報酬の支払い請求の請願書 |
| | ? | MO：別の女の派遣許可の請願 |
| | 3.22 | INT：別の女の派遣許可と別の決定が下るまで CS の継続命令 |
| | 7〜8 月 | MO：BR をストラスブールに派遣 第 15 回講習会履修 |
| | 9 月初め | BR：帰村 |
| | ? | MO：BR の承認と CS の罷免を請願 |
| 1787 | 1.27 | INT：BR のみならず CS も同時に公認する命令 |
| | 10.22 | MO：上訴決行 |
| 1788 | 1.29 | 王の執達吏員到着：RCH & CS の出頭命令受領 |

BR ：前の産婆の娘ボーヴァンリート　　LA ：前の産婆ラルジェ
CR ：司祭ムレ　　MK ：ミュンク（国王尚書／バイイ）
CS ：助産婦カトリーヌ・シリング　　MO ：モーシュ他 3 集落の共同体吏員
INT：地方長官ガレジエールの命令書　　RCH：レーシュステッテール
出典：筆者作成.

王国のめざしたこの国王主権による法の支配についての農民たちの理解は、この一八世紀を通じて「領主」と向きあうたびにいやがおうでも深められ、鍛えられていったと考えられる。

### (3) ミュンクの死とその後任

以上のようなゆらぎのなかで、さらにここでの秩序と機構のゆらぎを象徴する決定的な出来事が起こる。中間役人であったバイイ（国王尚書）のミュンクが動揺の果てに、一七八三年、突如として亡くなったことである。ラルジェが亡くなり、いよいよカトリーヌ・シリングが共同体にも受け入れられるのではないかと司祭たちは期待していたが、吏員たちは依然として報酬の支払いを拒否し、カトリーヌ・シリングを受け入れようとしなかった。膠着のなかミュンクは心労がたたったのか、五二歳にしてあっけなくこの世を去る（表5—5参照）。

この一七八三年という年は、助産婦をめぐる紛争の始まりの年であるとともに、もう一つの大きな転換点でもある。というのも、ミュンクとその後任であるレーシュステッテールとの間には、同じバイイ（国王尚書）とはいえ、その姿勢に大きな差異があったからである。レーシュステッテールはたしかに、ミュンクの在任中の書簡や残された地方長官の命令書を忠実に掘り起こし、それを継承する形で任務を引き継いでいる。しかしそれはレーシュステッテールが自分自身の責任を明確にするために、前任者のときの出来事の事実関係を正確に把握することが必要だと考えたからである。記録を残すことで、自らの立ち位置やふるまいを後で証明できるよう記録にとどめておきたいと考えた可能性もある。

レーシュステッテールがもともと尚書を引き継ぐような家系の出ではなかったことは、第1章第3節でもすでに触れている。彼は常に法的な原則性や根拠を説明することに気を配り、王国の有能な能吏として姿を現そうとしている。何よりも彼は、地域の事情を冷静に見つめ、司祭の洗礼拒否についても批判的な目で見ていた。モーシュの「女房たち」「吏員たち」がラルジェの娘をストラスブールの講習会に送る許可を求めたときも、それをすんなり認めている。彼はこの状況を冷静に自覚していたのであり、吏員たちの願いを聞き入れることで、和解の道を求めた。

実際、レーシュステッテールは、司祭や区長とは違って、必要以上にカトリーヌ・シリングの利害に加担することはなく、地域内部の特定の利害から慎重に距離をおき、平和裏に解決する道を模索していただけのようにも見える。少なくとも王の執達吏が目の前に現れるまでは、冷静さを保っていた。王国尚書として事態をより客観的に見つめ、より衡平な立場から最良の解決策を探し求めていたように見える。

結果的には吏員たちの反発を招いたとはいえ、レーシュステッテールは、自分が二人の助産婦を職務にとどめる方向を打ち出したのは、一方の助産婦はモーシュ近辺の集落のためだけではなく、裁判管区全体の助産婦としてであり、人口流入による必要性からその職務にとどめるべきだと考えを述べている。一見したところその説明にはそれなりの合理性と説得力があり、必ずしもその場しのぎの出鱈目な弁解であったとも思えない。レーシュステッテールの判断や決断は、領主の側の一方的な利害を守ろうとする立場からというよりも、原則に照らして可能な道を模索するものである。

結局のところ、ミュンクの死はそれ自体偶然ではあるが、言ってみれば「修道院尚書の死」である。この死によってバイイがレーシュステッテールに代わることで、バイイの王国尚書としての立ち位置もようやくあるべき道を見いだし、軌道を取り戻してゆくのである。つまり領主の利害にべったりの、バイイの皮をかぶっているだけの修道院尚書から、名実ともに王国官吏としてあるバイイへのシフトであり、仕切り直しである。実際、レーシュステッテールは、司祭ムレや前任者ミュンクとは異なり、この難しい状況のなかでもそれほどの狼狽や動揺をみせることなく、淡々と書簡をしたため、王国の中間役人としての役割を果たそうとしている。レーシュステッテールは徹頭徹尾、王国役人としてその任務を全うしようとしていたのである。

〈バイイの交代と期待／失望〉

問題はこのミュンクの後任をモーシュ他三集落の教区／村落住民がどのように受け止めていたかにある。助産婦をめぐる紛争のなかで、ラルジェの娘の派遣を求めたときに、それを認め許可することを地方長官に上申したのはレーシュステッテールである。おそらく「女房たち」「吏員たち」はこの決定の時点では新しいバイイに多少なりとも期待をかけていたに違いない。今度のバイイは少なくとも住民の声を聴くことができるのではないか、とそう思っただろう。しかしラルジェの娘が帰村しても、結局は二人をとどめる命令が出されるだけであり、そのことが判明してから「女房たち」「吏員たち」は、国王尚書レーシュステッテールにも、そして派遣間もない地方長官ガレジエールにも再び失望していく。

レーシュステッテールがこうした折衷的な道を選んだのは、どちらか一方に加担するのではなく、衡平性に配慮し、無難な、和解の道を模索したからである。(94) 捺染工場による人口増は事実であり、だからこそもう一人助産婦を置く、という説明はそれなりに説得力をもつ。ただし最初からそのつもりであったならば、その根拠をモーシュ他三集落の「女房たち」「吏員たち」にも語り、もっと以前にそのことを伝えるべきではなかったか。レーシュステッテールは農民の力におされて彼らの主張に従ったと見られるのを恐れたのだろうか、あるいは繰り返し請願の出されているカトリーヌ・シリングの側からの願いを無視することにより、修道院長から批判されることを依然として恐れていたのだろうか。彼の意図が何であれ、いずれにしても、サン・タマラン近辺の人口流入に対処するためという折衷案では、「女房たち」「吏員たち」を納得させることはできなかった。

＊　＊　＊

かくして一七八〇年前後の渓谷は、さまざまな対立と混乱の真っ只中にあり、教区や村落共同体の境界、ジェンダーの境界、さらには中間役人の立ち位置をめぐる境界など、既存の秩序の境界線にゆらぎが生じ始めていた。これらのゆらぎは、目に見えない無意識にも訴えながら人々の内と外の境界や自他および男女の区別への感度を高めてもいた。助産婦をめぐる紛争においてモーシュ他三集落の「女房たち」「吏員たち」があくまで前の産婆の娘ボーヴァンリートの唯一性にこだわり、とことんまでその「正当性」の認証を求めて突き進んだのも、こうしたゆらぎのなかで生まれる不安や緊張に突き動かされていたからである。また共同体の存立基盤である旧来の権利や自由――森林や共有地の利用権、産婆を選ぶ自由――を取り戻すことに、生きるための最後の希望を託していたからではないだろうか。

# 第6章　助産技法の変化と助産婦の制度化
## ——場・仕方・人間の関係の再編

第5章を通じて、サン・タマラン渓谷の事例に即して、この地域の個別具体的な諸事情と紛争との関わりを考察してきた。そこから明らかになったのは、一つには、併合後に始まる開発のなかで、森林や入会地の利用をめぐる修道院長と村落共同体との軋轢、対立が激化していったことであり、もう一つは、一七六二年に設立された捺染工場の定着と拡大のなかで、渓谷住民の日常性のなかに潜在していた「教区」やジェンダー、「領主」と「領民」の境界線がゆらぎ、大きくゆさぶられていたことである。助産婦の選択をめぐる紛争が起こる一七八〇年代は、そうしたゆらぎが頂点に達していた時期であり、潜在していた問題がいよいよ明瞭になり、大きな山場を迎えていた。こうした渓谷の状況があればこそ、「女房たち」「吏員たち」は国王への直訴という妥協なき「正義」と「正当性」獲得のための運動へと突き進んでいったのである。

しかしながら謎はまだ残されている。サン・タマラン教区の村落とくにヴェルシュホルツやモーシュ、マルメルスパックの村落の女房たちは、亡くなった産婆の娘を受講生として選び直しストラスブールの講習会に村の費用で送り出し、わざわざ修了証を得させた上で彼女が教区の唯一の助産婦として公認されることと、最初の助産婦が罷免され職務から遠ざけられることとの両方を地方長官とバイイに求めた。ではそうすることで、女房たちは結局のところ何を守ろうとしていたのだろうか。

モーシュ他の紛争に関わる文書から聞こえてくるのは、「死から救い出された者がほとんどいない」「施術（opération）

をして妻を死なせた」「女房を死なせた」等々の断片的な言葉である。これは国王尚書にして地方長官の補佐としてあったバイイのレーシュステッテールが彼らの声として伝えている言葉であるが、これらの女たちや男たちの発した証言に基づく限り、外科医の処置はしばしば悲惨な結果に終わったように見える。女房を亡くした夫たちからも聞き取りが行われ、それらは証言としてまとめられてヴェルサイユにまで届けられている。施術によって女房たちが何人も死に至っていることを吏員たちは事件の核心にある重大な出来事と見ていたのであり、請願の根拠として前に押し出している。「女房を死なせた」というその言葉はそれ自体重いものであり、衝撃を与えるのに十分である。だからこそレーシュステッテールもその言葉をそのまま伝えている。

しかし、この時代の助産とは、そもそもどのようなものであり、ストラスブールから戻ったカトリーヌ・シリングは、この渓谷でいったいどのような施術を行っていたのか。これについてはなお十分解明されたとは言えない。女房たちの間に生じていた不安や嫌悪は、どのような根拠に基づくものであったのか。そのことを助産技法や助産婦の性格の変化との関わりで、もう一度、確かめてみたいと思う。

この時期、地方長官によってストラスブールで開設された助産術の講習会は、第3章でも触れたように、デュ・クードレの巡回講習会の方法に影響を受けたものであり、そこからヒントを得ながらロレーヌの王立外科学校の外科医たちが組織したものでもあった。そしてその助産はパリで確立されていた外科医中心の助産を理想とし、そこから学んだものである。そこで本章ではこの時代のパリで確立されていった外科医による助産技法を明らかにし、その技法の確立に伴って生じていた助産婦の性格の変化、外科医との関わり、産婦の蒙る危険性の有無について考えてみたい。

手順としては、第1節でまず、パリで名医として知られ、一八世紀半ばからフランスの産科学の確立に貢献した産科医アンドレ・ルヴレ（André Levret 1703–80）の記述をもとに、彼の確立しようとしていた助産技法の中身を具体的に探っていく。

その上で、第2節では、このルヴレの推奨した助産技法と関連して一八世紀の間に外科医と助産婦の関係がどのように変化していったかを三つの段階に分けて考えてみたい。一八世紀と一口に言っても、ルヴレの時代に至るまでに、助産婦と外科医の関係は大きく変化してきているからである。たとえば、一八世紀前半のその書物を通じて外科医の実践に広く影響を与えていたモケ・ド・ラ・モット（Guillaume Mauest de La Motte 1655–1737）の助産婦との関わりと、一八世紀半ばに始まったマダム・デュ・クードレの巡回講習会で教えられていた助産や助産婦と外科医の関わりには大きな違いがある。またその後、ルヴレが確立した産科学に基づく助産での外科医と助産婦の関係も、デュ・クードレの助産の単なる焼き直しではなかった。それら三つの助産の差異を明らかにし、地方長官の開設した無料講習会が助産婦と外科医の関わりにおいてどのような関係を制度化しようとしていたのかをあぶりだしてみたい。

最後に第3節では、さらにこうした技法や関係性の変化と産婦の死との関連を考えるために、パリ大学の内科医たちの残した産婦の死に関する報告書について考察する。パリ大学の医学者たちは、この時期に施療院などで増加し猛威を振るっていた産婦に特有の病に目を向けていた。それがどのような性格のものであったかを探り、この時代の産婦の死と助産技法との関わりを考える。

## 第1節　アンドレ・ルヴレの著作と難産への対処法

一八世紀の後半にフランス中に広がっていった外科医による施術の内容を知るには、この時期に産科学の確立に貢献したアンドレ・ルヴレの営みを知る必要がある。一九世紀前半に編集された人名事典(1)によると、ルヴレは「助産の名医」として知られルイ一六世の母后の出産に立ち会ったとあるが、外科医ではなく「産科医（accoucheur）」であると記されている。実際、ルヴレは生前に多くの著書を出版しており、後進に助産についての講義を行い、産科医たちの資格認定試験にも立ち会っている。彼の著作には、授乳に関する考察や子宮や咽喉、鼻腔内の腫瘍の治療に関する研究も含まれているが、大部分は難産に際しての対処法や分娩技法に関わっている。(2)ルヴレは外科医から専門分化していく過程で産科医が生まれてくる嚆矢となった人物でもある。

ルヴレも最初は、床屋兼外科医の時代にこの職業に入り、最初の手ほどきを受けている。しかし床屋兼外科医の社団は、一八世紀の前半から半ばにかけて、この時代に大きな転換期を迎えていた。その背景には、一つには一七世紀以降、鬘師や風呂屋など隣接業種が興隆しそれらもまた自らを「床屋(barbier)」業であると詐称したこともあり、床屋兼外科医のアイデンティティが脅かされていたことである。また厳しい徒弟制度とギルド規制に基づくガラスの天井もあり、次世代の再生がしだいに困難になりつつあった。(3)またもう一つは、床屋兼外科医の一部の間で、人体解剖を通じた人体の内側への関心が急速に高まるなかで、それまでの人体についての認識や関わり方に変化が生じていたことである。そうした変化を背景に、一七三一年にはパリ王立外科学校が設立され、一七四三年には「床屋兼外科医」から床屋業を切り離すことを命じる国王宣言(Déclaration royale)が出され、質的、制度的な再編が行われていった。これによって中世以来、床屋が外科医を兼ねているようにみえる曖昧な名称が打ち捨てられるとともに、床屋が外科医業を営むことが法的に禁じられていく。外科医社団は、床屋業種から自らを切り離すとともに、解剖学を梃に外科学を「純然たる科学」として高め、中世以来長らく大学の知の権威を独占してきた医学者たちとも肩を並べることを公然とめざすようになっていった。

床屋兼外科医の社会的上昇にあたっては、医学の中身の管轄領域の争いもあった。というのも女の病や発生学、分娩はもともとは医学者たちの知的関心領域であった。しかし血の穢れもあって内科医は外科的処置は行わず、出産に際しても産褥の場には立ち入らなかった。内科医は分娩に関してはもっぱら助産婦を通じて関わるだけであった。ところが床屋兼外科医は、一七世紀以降、その空隙に助産婦に代わるものとして参入し始め、とりわけフランソワ・モリソ（François Mauriseau 1637–1709）やモケ・ド・ラ・モットなど先達たちの実践的な功績もあって、出産とくに難産に際しての経験的な知識をもとに急速にその地歩を築いていったのである。こうした変化がますます明瞭になってきた一八世紀初めに外科医となったルヴレは、先人たちの蓄積を踏まえ、かつそれらを踏襲するだけではなく、解剖学の新しい認識の上に立って助産実践を一つの専門分野として分化させ、学問としての「産科学」の確立に力を注いだ。

### （1）二つの書物と論争の存在

ルヴレの著作のなかで注目すべきは、一七四七年に出版された『いくつかの難産の原因と事故に関しての考察』とその四年後の一七五一年に出版されたその続編『続・いくつかの難産の原因と事故に関しての考察』である。一七四七年の著作には、出版後二年たったときに学術雑誌『ジュルナル・デ・サヴァン』を通じて匿名の人物から批判が出されたため、ルヴレはこれに反論するために、その二年後、同じ学術雑誌に論文を投稿してそれへの反論を行い、さらにその二年後の一七五一年に、その反論をさらに敷衍した書物を、前作と同じタイトルの続編（*Suite*）として出版するに至る。これら二冊の著作もまもなく合本としてまとめられ、一冊の書籍としても出版（一七五九年）されるようになり、その版が出てから二〇年ほどの間にそれが何度も版を重ねていくのである。ルヴレのこの二冊の書物は、出版から数十年の間に広く流布し、読者を得たと考えられる[4]。

〈一七四七年の書物〉

一七四七年の『いくつかの難産の原因と事故に関しての考察』はルヴレが四四歳のときの処女作である。王国の検閲を受けて認可を得た合法の書物でもある。ルヴレは当時すでに王立外科学協会の会員として助産術の授業を担当し、新しい外科医の養成の中心に立っていた。この書はその前半生の経験と知見のすべてをつぎ込んだ集大成であり、渾身の一冊でもあった。

一見したところ、その叙述は平明で、事例も豊富な症例分析に見える。全体は、第Ⅰ部、第Ⅱ部、第Ⅲ部と大きく三つに分けられる。第Ⅰ部は「体から離れて子宮内に残った子の頭の摘出についての所見」、第Ⅱ部は「子の頭が産道で止まり体がほとんど子宮から出て一部のみ膣のなかに残っている場合に、その分娩を終わらせる方法について」、第Ⅲ部が「子どもの頭が産道に挟まれている場合にどうしたら無事に分娩を終わらせられるか」である。症例に基づく分かりやすい表題が付けられ、難産のいくつかの事例に際しての具体的な対処方法が記されている(5)。

ただしここでは、難産に陥る原因や対処法のすべてを網羅的に体系的に記そうとしているのではなく、扱われているのはある特定の難産の場合に限られる。たとえば第Ⅰ部は、何らかの原因によって子の頭部が身体からすでに離れて母体の体内に取り残され、それゆえすでに子が亡くなっている場合である。逆子など足から先に出てきてしまう難産の場合、出てきた身体を無理に引っ張り出そうとすると恥骨に阻まれ、勢いあまって体だけが抜けてしまう。その場合、子の死産はすでに確定しているが、そのまま放置しても頭部は自然には出てこない。そのままにすればやがて母体の命まで失われてしまう。それゆえルヴレはそのための有効な手立てとして自ら改良を施した「鉤の手」と「鉗子」を用いることを推奨しているのである。

第Ⅰ部の前半では、こうした難産の場合にこれまでどのような手立てが考えられ実践されてきたかが詳細に紹介され、それらの方法の危険性と限界が示されていく。後半では、そのためのより有効な対処法としてルヴレの考案した「鉤の手（crochet）」と「鉗子（forcep）」の形態と構造、使い方が紹介されていく。ルヴレの考案した鉤の手は、既存のものとは異なり、先端に鋭いひっかけがあり、二本の金属棒で挟んで摑むことができた。また、鉗子も改良された形態をもち、子の頭を挟んで摑むために枝部分がしゃもじのように湾曲している。これら二つの道具の文字による説明は懇切丁寧で、誰もがそれを読めば同じものを製造できるのではないかと思われるほど、そのメカニックな構造が詳しく示されている。

ここにあげた図6―1はそうした道具を図示した一覧であるが、この図版は一七四七年当初の最初の本には挿入されておらず、一七五一年の続編に綴じ込まれたものである。しかし一七四七年の著作においても、叙述は挿絵があることを前提にａ、ｂ、ｃ等の記号を使って進められているため、読んでいくと、図はどこにあるのかとやや肩透かしを食ったような印象を受ける。しかもその形態についての説明は、もっぱら第Ⅰ部の頭部が切断されて子宮内に残ったときの頭部の摘出に関しての説明の箇所になされているため、この道具が用いられるのは頭部がもげて体内に残されているような、すでに死産の確定している場合にのみ用いられるものだという印象を受けてしまう。しかし第Ⅱ部の最後まで順々に読んでいくと、この鉗子は死んだ胎児の頭部の摘出だけを想定した道具ではないことが分かる。つまり骨盤位（逆子）にあり自然に子が出てこない場合にも有効な道具であると記されているからである。図版には逆子でまだ生きている子に適用されていることをイメージさせる図が含まれているため、一七四七年にそれが省かれていなかったなら、これが死産の場合だけの道具であると受けとめられるような誤解は避けられた可能性がある。それゆえ続編ではこの入れるはずであったのに省かれていた図版をあらためて添付し、一七四七年の書物に内在していた意図を示すことが必要となったのである。

〈一七五一年の続編〉

一方、一七五一年の『続・いくつかの難産の原因と事故に関しての考察』の構成は前作とは全く異なっている。こちらは序文に続く本文が細かく一四項目（Article I–XIV）に分けられていて、症例ごとに分けられてはいない。ただしそのうち難産の原因について述べている第Ⅰ項（五セクション、全三九頁）とその補足としての第Ⅱ項（七セクション、全七七頁）だけで、分量が全体の四分の一を占めている。残りの第Ⅲ項から第ⅩⅣ項は、バラバラな項目の列記のようにも見えるが、そこにはルヴレの考案した鉤の手や鉗子の有用性についての事例紹介（第Ｖ項、第Ⅳ項、合計五一頁）と、何よりも鉗子の歴史（第Ⅶ項、第Ⅷ項、第ⅩⅢ項の計一八九頁）について多くの紙幅が費やされている。それ以外は、帝王切開や出血、腫瘍などについての項目であるが、それぞれ二十数頁ほどと短い。結局のところ鉗子の有用性や歴史についての記述だけで書籍全体（四二九頁）の優に半分以上が占められている。一七四七年の著作では、鉗子そのものへの言及はまだ不十分であったが、一七五一年の著作では、道具の有用性とりわけルヴレの改良した「湾曲した産科鉗子」の有用性が読者により包括的かつ厚く示されているのである。

〈一七四七年の著作に寄せられた批判〉

では、そもそも一七四七年の著作に向けられた匿名の批判とはどのようなものであったのか。一七五一年の著作の序文には、一七四七年の著作の出版後に、ある学術雑誌に掲載された匿名の人物からの批判が列記されていたことを述べるとともに、その批判の内容を列記し、それへの要約的なコメントを紹介している。余白に小さな活字で「最初の批判点（Article premier de la Critique）」あるいは「著者からの反論（Réponse de l'Auteur）」とわかりやすく見出しが添えられている。ルヴレによるこの要約的な批判とそれへの反論の内容を表にしたものが、表６―１である。結局、匿名の人物からの批判は全部で七つあがっている。

ここからわかるのは、この匿名の人物がオランダ人内科医らしいという想定になっている。批判のポイントは、表６―１に列記した通りであるが、たとえば産科鉗子はフランスの発明ではないのにルヴレはフランスの発明であるかのように書いている、鉤の手がこれまでにも頼みの綱としてあるのにどうしてまた産科鉗子が必要なのか、イギリスの産科鉗子だって同じことができるのになぜまた産科鉗子の数をいたずらに増やすのか、痛みを伴う以上その有効性を納得できない、描写だけで図が添付されていないのは何かを隠している証拠ではないか等々。要するに、ルヴレも指

**表 6-1**　批判と反論の要約

| 項目 | 匿名の人物からの批判の要約 | ルヴレの反論の要約 |
|---|---|---|
| 1 | 自分はオランダの地方の出身者で戦争もあってフランス人との交流が全くなかったが，ロンドンにいたときに，ルヴレ氏とも書簡のやり取りをしていた 3 人の学者（Layard, Unter, Faucaud）からこの外科医［ルヴレ］の発見について聞かされた．本も貸してくれたので読んでみた．その後，オランダを経由しアムステルダムに寄ったときドクター・ラスローに会い，彼から子宮を広げて迅速に分娩を終わらせるロジェ・ルーンヒュイゼン（Roger-Roonhuysen）の秘法について知った．ルヴレ氏がもしこの道具のことを知っていたら，鉗子の歴史のくだりでそれについて言及しただろう．彼は鉗子は 26–27 年前に自分が発明したものだとしてフランス人の発明だとみているが，この道具はロンドンで別の世紀にすでに非常によく知られていたものだ．その後，自分はわが地に戻り，ルヴレ氏の著作をパリから取り寄せじっくり読んだ．それで学術雑誌に批判を執筆する気になったのである． | 匿名の人物のあげているロジェ・ルーンヒュイゼンについてわたしは知らなかった．知っていたらそれについて言及していたし，その方法がどういった理由で信頼されているかを論証してもいただろう．鉗子をフランス人が発明したかのようにわたしが言っていると疑われているが，それは根も葉もないことである．わたしがこの道具の最初の発明地としてあげたのは，ジル・ル・ドゥーとパルファンの住むイープルやガンであり，それはフランスの都市ではない．わたしの著書では，イギリスの外科医チャップマンの翻訳したボメール（Boehmer）の著作からの抜粋を 89–90 頁に引用したが，それだけでもわが国民への偏見をすべて打ち破るのに十分である．とくにハイスターがパルファンの名を鉗子に認めているのを見れば十分である．公明正大な読者はこの点でわたしを妥当だと思うと考える．批判者は，あまり学識の深くないわたしよりさらに洞察力がない．新版からも批判者は何も得ることはないだろう． |
| 2 | ルヴレ氏の理論は十分に根拠があり，彼の道具は創意工夫に富んでいて，よりよく描写されているが，著者やその同僚が信じているほど果たして有用なのか．それは証明すべきこととして残されている．現在までのところ，子宮内に子の頭だけが残っているのを引っ張り出すのに，鉤の手はよくできているし，巧みな操作ができ，それこそがまことに大きな頼みの綱であるというのに． | 匿名の人物はわたしの提案した方法がいっそう創意工夫に富んでいて，よく描かれていると褒めておきながら，鉤の手こそ「頼みの綱」だと言うのは矛盾している．わたしの道具の有用性（utilité）と良質さについてのわが同僚たちからの賞賛に関しては，批判者の抱きうる疑いよりも勝っているに違いない．分娩の技術において最も経験ある人たちの苦しみも，批判者の苦しみより勝っているのではないか．しかしどちらが勝っているかは明晰な公衆に決めていただこう．わたしはただ次のように言うにとどめたい．わたしの道具は，同僚からはよく知られ十分認められているのだが，まだ一般には 1 度も利用されていない．この［同僚からの］承認が，パリの外科医のなしうる最大の賛辞である．その道具が必要ないくつかの場合が示されればそれは利用されるだろう．批判者は祖国愛がこうした考え方を抱かせていると思っているが，わたしがこうした考えを抱いた動機は正義感によると請けあおう． |
| 3 | わたしが疑問に思ったのは第 2 の事例である．子どもを取り出す際に頭が動くにつれて痛みが生じる，したがってこの学者（Académicien）があげている理由をどれほど尊重するとしても，痛みがある以上は説得力をもたない．この道具が幸運をもたらすとは思えない．同様に彼が与えている痛みを避けるための諸注意も納得できない．この道具がそんなによいとは思えないし，よりよいものを提供できるとも思えない． | この産科医がわたしの根拠を疑うのは自由だが，わたしはこうした常軌を逸した懐疑論に関わりあうつもりはない．なぜならわたしの道具の有用性を確証するには，わたしが著作の初版の 67–69 頁と本書 70 頁以降にあげたことを指摘すれば十分だからである．この批判者が，皮肉交じりの口調で最後に述べていることに感謝したい．というのもそれによってわたしはなんら呵責も後悔も感じる必要がないからである． |

**表 6-1 つづき**

| 項目 | 匿名の人物からの批判の要約 | ルヴレの反論の要約 |
|---|---|---|
| 4 | ルヴレ氏はまことに熱心に，数日前から出てきている子の頭をその閉じ込められた状態から取り出すのに，自身の頭部牽引器（Tire-tête）を利用したいと望み，それに成功したが，しかしイギリス鉗子を用いても，同じようにいくのではないか．なぜ必要もないのにその存在を増やす必要があるのか． | イギリス鉗子でも同じように使えるという批判者の憶測に答えると，この主張は完全に間違っている．これは事実をねじ曲げている．わたしは，必要もないのにその存在を増やそうとしているのでは全くなくて，わたしの鉗子なら［この道具が利用できる］あらゆる場合に有用であることを述べようとしているのである． |
|  | チェンバレン博士の鉗子は，すでにチャップマン博士によって改善されている．パリでは何よりもグティエール技師のところで改良が施されていて，他ではあまり見たことがない，軸があちこち動くものが見られる．しかしルヴレ氏に大きな栄誉が与えられているのは，それがうまくいったとすればだが，ルヴレ氏がこの道具に新たな湾曲を施したからである．それは母親のからだと子の頭にぴったり沿うようにくりぬかれている．子の頭が前にあるときに頭をいっそう確実につかむためである．つまりボメール氏が指摘しているように，子をあまりにもしばしば殺し，打ち砕き引き裂くだけの鎌（フォーク）の恐ろしさを和らげるためである．しかしどうしてルヴレ氏はその湾曲した鉗子の形態を我々に図示しなかったのか．それはまだアイディアにすぎないのか．彼の追記はその点に疑念を抱かせる． | 著者は，わたしが鉗子に施した出来栄えに賞賛を与えているにもかかわらず，非常に毒を含んだ言葉を放っている．彼は動く軸についてはよく知らないと告白しているが，わたしの湾曲した鉗子を高く評価した後で，その成功を疑い，この道具は単なる見かけ倒しではないかと訝り，そうした疑いに根拠がないわけではないと感じさせるために，わたしの著作の 160 頁にある追記を引き合いに出してそれを主張している．たしかにわたしは鉗子について描写するだけで図はあげなかったが，もともと王立外科学協会で発表したときには図版は大部分が木版に彫られ，印刷されていた．著作で省略しただけなのだ．このような些細な省略がこれほどまで顕著な批判を招くとは思いもよらなかった．いずれにしてもわたしが公明正大で真実から隔てられていないことを知っていただくために以下の証明書をご考慮いただきたい．〔1747 年 2 月 2 日付のパリ王立外科学協会の記録の引用〕 |
| 5 | 子の頭が産道に現れているさまざまな事例について，この研究者は見分けがつくように示すことを拒否している．それなのに，新しい道具を用いれば，ルヴレ氏が望むような結果が得られると結論しているのである．ここに彼が自分でも疑いをもっていると思うだけの理由がある． | (1) たしかに子の頭が産道に現れたさまざまな場合を見極められるようにはなっていないが，通常の大きさの胎児が骨盤の隙間にある場合を示すことで，さまざまな場合を示している．<br>(2) わたしはどんな場合にも同じことができるとは結論していない．著作の 125 頁でそのことを予見している．そこではわたしは饒舌であることを避けているし，事実を見極められるよう読者に投げ返しているのである．わたしはさまざまな姿勢について判断し認められるようにそれにふさわしい徴候を 159 頁で示している．批判者の言っていることは正確さに欠けている．それらを省略する意図はなかったのだ． |
| 6 | 子宮の壁への胎盤の固着に関しては，わたしは全く彼の主張とは異なり，デーヴェンテルの主張の方がもっとましに思われる．わたしが実践講習の際に考察したことのいずれにも一致する． | すでに初版で検討している真実にすぎないが，これについてはたくさんの例と結果をあげることができる．驚いたのは，批判者であるこの博士が，ド・グラーフやスレヴォギティウス（Slevogtius），フールニウス（Hoornius），シュークス（Suecus），ビリュンナー（Bilunner），ハイスター（Heister）および多くの著者たちが，胎盤は子宮のさまざまな壁面に固着することを発見しているのにそれを知らないことである． |

**表 6-1 つづき**

| 項目 | 匿名の人物からの批判の要約 | ルヴレの反論の要約 |
|---|---|---|
| 7 | ロンドンに滞在したときに，レイヤード氏，ウンター氏，フォコー氏以外にも，分娩技術でたいへんな名声を得たあるドクター＊＊＊と会ったが，彼と話したことをお知りになるとよろしい．このドクターによると，この種の新しい発見が語られるようになったのは，ルヴレ氏の本が問題になっているからだという．そのイギリスの学者はルヴレ氏がロンドンの王立外科学協会に送った手書きの論文をわたしに見せてくれ，わたしに次のように言った．協会はそれを検証し証明するためにその論文をルヴレ氏に送り返したと．その論文タイトルは「最初に子の頭が現れたときにそれを引きちぎってしまう通常の原因とあまり知られていない原因について」である．これをルヴレ氏の本の翻訳にわたしが付け加えても支障はなかろう．それが第Ⅳ部となる．そのドクターにその論文をどう思ったかと聞いたところ，次のように答えた．道具の形態は巧みに描かれていたが，ルヴレ氏は子の頭を引き抜くのにこの道具を使おうとしているのであって，子どもの頭を苦心して回転させようとはしていない．ルヴレ氏はパリの王立外科学協会のメンバーなので，ロンドンの協会よりもパリのそれに重きを置いている可能性がある．ルヴレ氏がほんとうに論文を送ったのかどうかパリの王立外科学協会に書簡で確かめたところ，送っていると返事があった．ルヴレ氏は論文を送ることで世界中にこの代物が知られることを願っているのではないか．ロンドンの協会はいかなる敬意もその論文に払っていない．したがって非難もしない． | わたしが1747年にロンドンの王立アカデミーに送った論文についての意見を述べてくださったことに感謝しよう．わたしはこの学術協会に次のことを証明することができる．すなわち，わたしがその小論文を送ったかどうか知るために外科学協会に手紙を書いた人物は真実を語っていないのであり，その人物は，わたしがロンドンに送った道具と私が考案した新しい頭部牽引器とを意地悪く混同しているのである．なされた批判とは，およそこのようなものであり，それについてのわたしの行った反論もおよそこうしたものである．わたしは外科学協会の資格証明書を添付するだけである．その証明書は，こうした非難が誤りであることをはっきりと証明している．最後にこう言うことが許されるだろう．この批判は，初めから終わりまで，気晴らしの絵空事にきわめて似ていると． |

出典：Levret, *Suite des observations*, 1751 の序文より．筆者作成．

摘しているように、匿名の人物は鉗子の有効性や危険性そのものを吟味するというよりも、ルヴレが思いもよらなかった些末な誤解や誤読、歪曲によってあれこれケチをつけているのである。ルヴレが要約している批判者の論調は辛辣であり嘲笑的であり挑戦的でさえある。ルヴレの紹介の限りではあるが、この匿名の人物はルヴレの最初の著作の叙述を十分理解しようとはせず、ルヴレやルヴレの著作を論難して貶すことに主眼を置いている。

〈デーヴェンテルへの批判的トーン〉

匿名の批判者はオランダ人内科医デーヴェンテルの胎盤固着に関する議論を擁護しているが、このデーヴェンテルについては、もともと一七四七年の著作でルヴレも言及していた。たとえばその第Ⅰ部では、子の頭部の摘出についての対処法のところで、先人たちの方法を吟味するために、モリソやモケ・ド・ラ・モットの記述とあわせてデーヴェンテルについても列記している。[6] そのくだりを読むと、モリソは一種の鉤の手を用い、モケ・ド・ラ・モットは特殊な小型の「自分のメス（mon bistouri）」を用いて頭部を切開し脳内に自分の指を入れて手で子を引っ張り出していたが、デーヴェンテルの場合は、子の頭部を切開するのに、特殊な道具ではなく普通のナイフや鑿《のみ》や篦《へら》を用い、しかる後に指を脳内に入れて子の頭部を引っ張り出したとある。ルヴレは「著者によれば」「著者の言うところの」と、本人たちの著作での記述を随所に引用しつつ紹介しており、その限りで実証的な印象を受ける。しかしこれらを全体として読むと、先達のモリソやモケ・ド・ラ・モットたちにしても一定の難産に際しては手だけでなく何らかの道具を使用していたことが明確になるとともに、デーヴェンテルの用いた道具が彼らよりもいっそう粗野で乱暴な野蛮なものであったという印象を受ける。婉曲ながら、さりげなく、先人たちの道具使用を強調し、デーヴェンテルに対してはさらに批判的なトーンをしのばせているのである。匿名の批判者はしかしこの箇所には触れていない。匿名の批判者は、ルヴレが第Ⅲ部で言及した胎盤固着に関する議論を取り上げて、そこでデーヴェンテルを引き合いに出し、デーヴェンテルに依拠して、ルヴレを批判しているだけである。

ところでこのデーヴェンテルとは、前作『お産椅子への旅』のなかでも触れていたあのヘンドリック・ファン・デーヴェンテル（Hendrik Van Deventer 1651–1724）のことである。彼は、お産椅子の考案に携わった一七世紀末の内科医の一人で、その著作『分娩についての重要な考察』（初版オランダ語版、一七〇一年）の第二六章に「助産婦が都市および農村で持ち運ぶべき用具」としてお産椅子についての詳細な説明を行っていた。そのため、前作『お産椅子への旅』でもその部分を取り上げて言及している。デーヴェンテルとは何を隠そう、お産椅子を推奨し、この道具を助産婦に持たせていっそう普及させようとしていたオランダの著名な内科医であり、既存のお産椅子の背もたれの傾きを蝶番によって変え、必要に応じて産婦の背を垂直から後ろにしだいに傾けていくことができるようお産椅子の構造に改良を加えた人物である。

デーヴェンテルの著書はもともとオランダ語で書かれていたが、一七三三年にはイタリア人のジャン・ジャック・ブリュイア・ダブランクールというボローニャ大学の内科医の編集によってフランス語に訳された版があり、一八世紀半ばにはフランスでも広く読まれていた(7)。デーヴェンテルはその著書のなかで、胎盤は子宮の奥の特定の位置にしか付着しないと主張していたが、ルヴレは一七五一年の著作で匿名の批判者への批判を行うなかで、胎盤がほぼいつも子宮の奥に付着すると考えるデーヴェンテルの主張に真っ向から異議を唱えている。

続編であるルヴレの一七五一年の著作の第Ⅱ項はすべてこの胎盤の付着する位置についての多様な可能性について論じたものであり、匿名の批判者とデーヴェンテルへの反論として書かれている(8)。分量にして九五頁にも及ぶ。この項でルヴレは、さまざまな症例、ギュイヨ（Guyot）など当時の他の床屋兼外科医たちの主張も取り上げながら、胎盤が子宮の側壁にもまた子宮口の入り口にさえ付着することがあることを論証している。つまりデーヴェンテルの胎盤付着の位置をめぐる考えには論争があり、その評価が両者の立場を分かつ大きな分かれめになっているのである。『お産椅子への旅』で明らかにした内科医と外科医の対立の構図は、ここでも争点を変えて現れている。この争点は、受胎のメカニズムの理解に関する学問上の「真理」の認識に関わっているがゆえに、知の権威をめぐるより本質的な性格を有していたと考えられる。

〈内科医との対抗〉

そう思ってさらにルヴレの一七五一年の著作を読んでいくと、他にも前作『お産椅子への旅』のなかで言及していたディヌアールやハイスターの名前も現れていることが分かる。司教ディヌアールとは、サン・ブノワ神学校およびローマのアルカード・アカデミーの参事会員であるが、ディヌアールの一七六六年の書物にはデーヴェンテルの椅子がそっくりそのまま転載されていたにもかかわらず、その椅子はその書中では「デーヴェンテルの椅子」とは呼ばれず、なぜか「ハイスターの椅子」という名称で紹介されていた。(9) このディヌアールの著作(10)の初版は、ルヴレの一七五一年の著作よりも後に出ているので、ルヴレはこの本を参照したのではなく、ディヌアールのそれ以前から出ている別の著書を参照していると思われる。一方、その「ハイスターの椅子」として椅子の呼称として出てくるフランクフルトのローレンツ・ハイスターの名が、一七五一年のルヴレの書中では産科鉗子を「パルファンの鉗子」と呼ぶ論者として産科鉗子の歴史の項に現れる。

〈内科医と外科医の知の権威をめぐる争い〉

道具の呼称はさまざまであったとしても、当時、お産椅子にしろ、鉗子にしろ、助産のための道具に向けられる関心は高く、論争も国境を超えて存在し、そのなかで道具の改良もさまざまに試みられていた。ルヴレもそうした思潮あるいは論争空間のなかにあって、まさに鉗子や鉤の手の形態の改良に意味を見いだしていった外科医の一人である。ルヴレはこうした潜在する対立の磁場と自身の役割を明確に意識していた。ルヴレは内科医との対抗を重々承知の上で鉗子の改良へと駆り立てられていたが、しかし一七四七年の著作の段階では、わざわざ喧嘩を売るつもりはなく、抑制のきいた婉曲な叙述でその立場を表明していたにすぎない。ところが匿名の批判者の登場によってその批判への明確な反論を余儀なくされ、つまりこうした成り行きのなかでルヴレはいっそう明確に自説の優位性を強く押し出さざるをえなくなった。

内科医と外科医は当時、こうした知の権威をめぐる闘争の磁場のなかで、それぞれが「真理」と思う認識、よかれと思って考案した「よりよい」道具を掲げながら互いに一歩も引かずにせめぎあっていた。お産椅子を推奨する内科医と、産科鉗子の使用を推奨する外科医（産科医）の対立があり、内科医がお産椅子の改良に力を注ぐ一方で、外科医は鉗子の改良に力を注いでいた。事実、お産椅子の改良への努力も、フランスだけなくこの時期のドイツやオランダ、イギリスでも見られたものである。『お産椅子への旅』でも触れたように、一八世紀前半にすでにストラスブールの内科医ジャン・ジャック・フリートが、数あるお産椅子のなかから、とくにデーヴェンテルの描いたお産椅子にヒントを得ながら、背もたれを水平にまで傾けることのできる分娩台の萌芽とも言うべき形態を考案していた。(11) 助産の領野での臨床医たちの助産技術への関心はますます高まっていたのであり、一八世紀も半ばになると、外科医の側からも今度は産科鉗子の改良という新しい次元、対象がつけ加わり、対立は至るところで目に見えるものになっていた。

ここで特筆すべきは、内科医からの外科医への批判が匿名で行われていることにある。モケ・ド・ラ・モットの時代には、前作『さしのべる手』でも詳しく見たように、一八世紀の初頭にもパリ大学の内科の医学者フィリップ・エッケが、医学部の面目躍如と社団の権威の維持・存続を求めて、外科医集団全体に批判を投げかけるために、外科医への批判文を書いていた。エッケは一七〇八年に匿名でそのための小冊子を出版している。一八世紀半ばのこのルヴレに投げかけられた批判が、本当にオランダ人によるものかどうかは分からないが、ここでも内科医の立場を代弁する匿名の人物が批判者であり、イギリスやオランダという国際的な内科医集団の存在と権威を背後にちらつかせつつ批判を展開している。

ちなみにエッケが匿名であったのにはそれなりの理由があった。エッケの場合は、当時のパリ大学の置かれていた状況や彼のジャンセニストとしての立場が微妙に関係していたからである。しかしエッケは一七三七年に他界しているので、ここでの匿名の批判者はエッケとは別人である。ならば、この一八世紀半ばにルヴレの批判に立ち上がった「匿名の批判者」はいったい誰であり、なぜ匿名でなければならなかったのか。またなぜこうした匿名文書が『ル・ジュルナル・デ・サヴァン』ほどの権威ある学術誌に掲載されえたのか。この点については謎が残る。

しかし一つだけ言えるのは、内科医からの外科医への嫌悪や苛立ちは、外科医がそのプレゼンスを増せば増すほど、ますます高まっていたことである。内科医の間では、彼らの管轄領域が脅かされているという危機感が日に日に強まっていたからである。彼らは外科医集団を常に高みから監視し、その動静を窺い、機会があればこうした学術雑誌の誌上という公共空間に、叙述でもって一石を投じ、外科医たちの営みを論難し、嘲笑や揶揄をもって批判を投げかけようとしていた。それは内科医たちがそれだけの社会的権威を依然として有していた証であり、かつまた外科医たちの目覚ましい活躍に危機感を感じ、苦々しく感じていた焦燥感の現れでもある。

〈論争の磁場〉

ただしその批判の内容は、ただただ真理を探究しようという純粋なものではなく、明らかに外科医の営みにケチをつけ、論難することにある。高名な学術誌に言説をもって働きかけるというそのやり方は、学術の世界の基本的な作法であり、彼らはそうした学術界の慣習を踏まえて論争をしかけている。なぜならそうした作法を踏まえて批判することが、この学術の世界に後から参入し、そこで地歩を築こうとしている外科医社団にダメージを与えるのに最大の効果を発揮するからでもある。

したがってここでの匿名の批判者の叙述は、一個人の素朴な批判、助言と言うよりも、内科医集団全体に共通した感情に支えられたものであり、ルヴレ個人にというよりも外科医の社団全体に向けられた批判でもある。

道義的に考えると、責任主体を曖昧にした匿名の論者の批判には、応答する必要はなかったと思われる。しかしルヴレとしては、それがどのような内容であれ、広く読まれている学術雑誌に名指しで掲載された以上、これを黙ってやりすごすわけにはいかなかった。なぜなら売られた喧嘩ではあれ、これはルヴレ個人への攻撃という問題ではもはやなかったからである。ルヴレはその反論において、一個人の側からの応答という身振りを言葉では見せながらも、実際には自らのよって立つ社団の利害を代表し、その合法性、優位性をこそ示そうとしている。実際、ルヴレはこの一七五一年の著作に自分が王立外科学協会の会員であることを示す資格証明書をこれみよがしに転載している(12)。これはまさしく知のヘゲモニーを打ち立てるための戦いであり、活字による再領土化である。

〈ルヴレの反論〉

ルヴレはしかし賢明であり、またエネルギッシュでもあった。ルヴレはこうした批判をむしろ自己を映し出す鏡とし、自説をさらに敷衍するための格好の機会ととらえた。彼は真正面からこれに立ち向かっていった。一七五一年の著作の表題に反駁や反論を意味する言葉はなく、前作の続きであることが示されているだけであるが、実際にはそれは一七四七年の著作への批判に応えるために周到に準備されたものであり、前作では十分に展開できなかった部分を補強し、鉗子の来歴や歴史などにも十分な理解をもちえていることを示しながら、より包括的な議論を打ち出している。また一七五一年の続編には今度こそ二枚の木版イラストも綴じ込まれた。これらの図版を添付することで、その形態や用途の曖昧さを払拭し、読者の疑念や誤解に応えようとしたのである(13)。

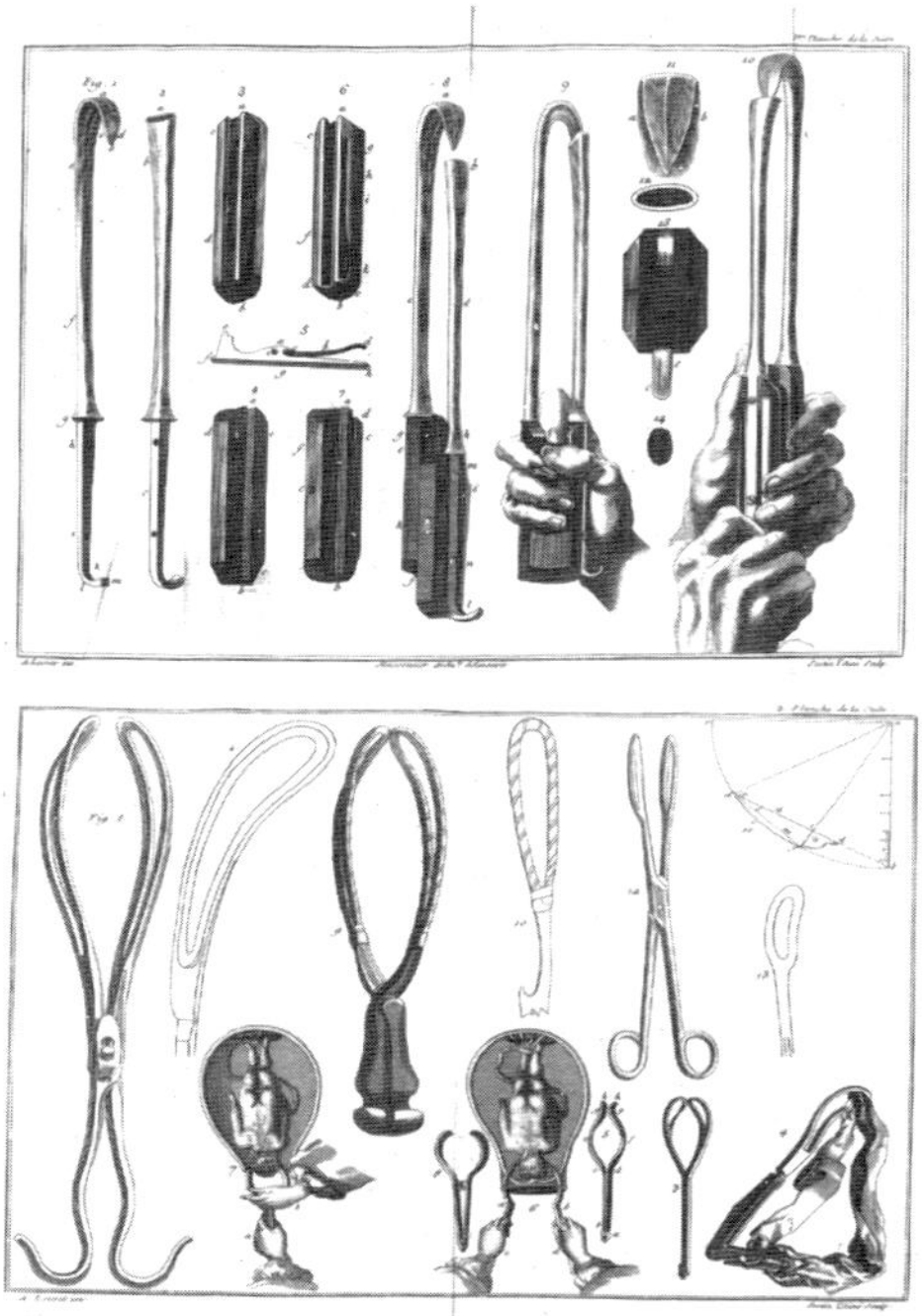

**図6-1**　ルヴレの著作（1751）に綴じ込まれた挿絵
注：ルヴレの改良した「鉤の手」（上）と「湾曲鉗子」（下）.
出典：*Suite des Observations*, 1751/1770, 巻末.

　この一七五一年の著作に綴じ込まれた挿絵（図6―1）の下図（Planche 2）には、鉗子による分娩を示す子宮内の胎児の描かれた図が二つあがっているが、それらは頭部だけが体内に取り残された死産の場合の図ではなく、頭位つまり頭が先に降りてきていてまだ生きている子の娩出の場合に鉗子を使用していることを示す図である。ただしここに描かれた図の性格は、鉗子が頭位にある胎児に使用されていることは示されていても、その使用法のプロセスは示されておらず、体内の頭部に鉗子をあてがったときのその一点だけをとらえたものにすぎない。それゆえこれを見ただけでは、そもそも鉗子はどうやって扱われて挿入されるのか、挿入後にどうやって動かせばよいのか、鉗子を使うとなぜ胎児の首を絞めることなく無事に娩出できるのか等々、その実践のリアルなプロセスや扱い方までは分からない。つまり施術の実際の過程を詳細に伝えるために描かれた説明図ではなく、動かない一点だけをとらえた静止画である。これはスコットランドの産科医ウイリアム・スメリ(14)（William Smellie 1697–1763）が『解剖図表と産科の実態』（一七四七）のなかで示した産科鉗子の使用時の断面図の詳細さに比べれば、はるかにデフォルメされた概略図である。

〈王立外科学協会の一員として〉

注目すべきは、一七五一年の著作が分量的に一七四七年の著作の倍以上あり、単なる応答というにはその域をはるかに超えていることである。相手を小物と思えばここまでしなくてもよかっただろう。しかし、すでに述べたように、この論争の背景には、それだけの精力を注がなければならない強い対立の磁場が存在していた。ルヴレはこの時期ようやく確立されつつあった王立外科学協会の一員として、その面目躍如たる堂々たる反論を提示しなければならなかった。そこに彼は強い使命感さえ感じていた。すでに述べたように、彼は書物の最後に、王立外科学協会の発行した資格証明書を掲載し、自分が何者であるかをその認可証をもって明示している。水戸黄門の印籠のごとく、王権の認可を経て存在する外科医社団の認証こそ、彼のメチエの「錦の御旗」であり、存在証明であった。しかしまたそれは外科医社団の地位の確立がいまなお途上にあり、こうした言説の戦いを通じてまさにその地歩を築き上げていかざるをえなかったという証でもある。

〈反論を梃に理解を広める〉

ルヴレが続編で示したかったのは、鉗子の有用性についてであり、それを広く世間に知らせ、鉗子を扱う外科医がいかに助産の領域ですぐれた技法をもっているかを明瞭に示すことであった。一七四七年の著作は誤解を受けやすい書き方になっていた。彼自身もそのことを重々承知していた。すでに述べたように、一七四七年の著作での産科鉗子の紹介の仕方では、鉤の手とともに、すでに頭がもがれて子宮内に残っている頭部を摘出するためだけの道具と読まれてしまう。頼みの綱として鉤の手があるのにどうしてまたさらに道具の数を増やすのかという匿名の批判者の指摘も、そうした誤解が背景にある。図版が掲載されていればまだ理解もしやすかったが、一七四七年の著作に図版は挿入されていなかった。それゆえ一七五一年版には一七四七年にはなかった二枚の図版が今度こそ綴じ込まれているのである。ルヴレによると、自分の考案した鉗子の図は、王立外科学協会での口頭発表の際にすでに木版で彫られて配布され聴衆に示されていたものであり、一七四九年の著作の出版に際してはたまたま紙幅の都合で省略されたにすぎないと述べている。ルヴレは一七四七年の著作の不備を承知していたからこそ、匿名の人物からの批判を受けたとき、これを渡りに船とばかりに欠落を埋めるチャンスと考えたのである。

一七四七年と一七五一年の著作は、それゆえ相互に補完しあう関係にあり、両方合わせて読まれる必要があった。実際、それから一〇年もしない一七五九年には、この二冊を合本にした改訂版が出版されている。その合本は短期間のうちに版を重ね、一七七〇年には第四版に達していた。一七八〇年にはさらにその改訂版も出されている。そして一七五一年以降の版には必ず一七五一年の綴じ込み図版と同じイラスト二枚が巻末に綴じ込まれるようになる。(15) ルヴレの改良した鉤の手と鉗子は、一八世紀の後半になると多くの外科医や産科医に知られ、学ばれ、実際に製造され、用いられた。この時代のフランスの王立外科学協会に結集する公認された外科医の社団も、ルヴレの改良した「新しい鉤の手」と「湾曲した産科鉗子」を公認し、産科医の基本的な装備一式として学生たちに教え推奨していった。かくして一八世紀の後半には、鉗子の使用はすでに始まり、ますます浸透しつつあったと考えられる。

### (2) 産科鉗子の歴史とフランスへの浸透

フランスでの普及はイギリスやオランダに比べるとやや遅れた始まりであったが、ではなぜフランスでは普及が遅れたのか、ルヴレ以前には鉗子はどのように受けとめられていたのか。

〈チェンバレンの産科鉗子〉

分娩に用いる鉗子は、よく知られているように、もともとはイギリスのチェンバレン家が一六世紀に発明したものである。初代のピーター・チェンバレン(Peter Chambelen 1560–1631)は、弟も甥もともにピーターを名乗るイギリスの産科医の一家で、彼はジェームズ一世、チャールズ一世の王妃の出産にも立ち会い、その過程で彼は産科鉗子を発明していた。しかしこの道具はその後もチェンバレン家の秘伝の道具として一〇〇年以上にわたって秘蔵され、産科医となった弟(1572–1626)および甥(1601–83)だけがその道具を利用し、代々秘密を守ることで産科医としての名声を維持していた。その後、弟のピーターの孫にあたるヒュー(Hugh Chamberlen 1630–1720)の代になったときに、金銭的な理由からこの秘蔵の道具をヒューがフランス王国の政府に売りつけようと画策し、一六七〇年に一度フランスに渡ってきて売却の交渉をしている。

そのときはパリの施療院において助産に携わっていたフランソワ・モリソが、その道具の評価を委ねられている。モリソはその際、その道具の有効性を検証するために、ヒューに実際にその道具を使って助産を実演してみせることを求めた。そこでヒューはモリソの前で、骨盤の形がいびつなために難産になっていた三八歳のある産婦の助産にこの道具を用いて助産を実演してみせようとしたが失敗してしまう。しかもその産婦は出血多量のため亡くなってしまったのである。その結果、モリソはこれをきわめて危険な有効性のあやぶまれる道具であるとみなし、フランスに持ち込むことを拒絶したのである。こうした経緯もあって、フランスにはもっと早く入ってくる可能性がありながら、この時点ではチェンバレンの産科鉗子は権威ある産科医の認可、お墨付きを得るには至らなかった。一八世紀初めに豊富な助産経験を掲載したモケ・ド・ラ・モットの『分娩についての完全なる概論』（初版一七一五年）にも、鉗子についての言及はない。

ヒューはその後、アムステルダムに渡り、同じ道具をロジェ・ルーンヒュイゼンに売り、またアムステルダムの医学薬学学校にも売りつけている。二年後、この道具は何者かによって世間に公表され、この頃からチェンバレンの産科鉗子が、アムステルダムを経由して徐々にドイツやその他の地域にも伝えられ知られていくことになる。ただしその時点で図示されていたのは把手と鉗子柄の片側部分だけにとどまっており、チェンバレンの産科鉗子がその正確なイメージでもって知られていくのは、一七三四年にイギリス人エドワード・ホディによってその全体図がイラストに描かれて以降のことである。つまりフランスの多くの外科医はその存在を聞き知っていたとしても、その形の詳細や使い方まではよくわからないというのが実情であったと考えられる。

〈フランスへの浸透〉

それゆえ産科鉗子は、少なくとも一八世紀初めまでは、フランスではほとんど実際には用いられていなかったと考えられる。しかしルヴレの一七四七年の著作を批判した匿名の著者によると、「チェンバレン博士の鉗子はチャップマン博士（Docteur Chapman）によって改善され、パリの人々はグチエール技師のところでこの道具の両枝部分に改良を施して」いるとある。そのパリで改良された鉗子は「軸があちこち動く」鉗子であり、他ではあまり見たことがないものだとも言う。ここに出てくるグチエールとは、ルイ一六世の治世下でヴェルサイユ宮や小トリアノン宮の室内装飾に従事した室内装飾家かつ彫刻家でもあったピエール・グチエール（Pierre Goutière 1732–1813）の一族のことである。ただしここで出てくるのは時間的にはおそらくこのピエール・グチエールの一つ前の世代であろう。こうした王家に仕える専門技師が、王侯貴族の出産に際して用いる鉗子の鋳造や金属部分の加工、改良に携わっていたことはありそうな話である。この時期に実際にその鉗子がどれだけ巷に普及していたかは分からない。しかし一八世紀半ば頃には一部の産科医が改良した特定の形態の鉗子が密かに製造されていて、実際の助産にも実験的に用いていた可能性は十分にある。とはいえ一八世紀半ばまでの一般の利用は限られたものでもあった。それをルヴレが一七四七年および一七五一年に相次いで著作を出版しその全体像を詳らかにしたことで、鉗子の形態や構造、使い方が一挙に詳細に知られるようになり、模倣によって製造が可能になり、鉗子を使った分娩の実践も広がっていったと考えられる。

一方、イギリスはもとより、オランダやドイツでは、ラスローやルーンヒュイゼン以降、最初のチェンバレンの産科鉗子に改良が加えられていき、やがて一八世紀の半ばにはスメリの鉗子もその著書『解剖図表と産科の実態』の詳細な挿絵によって知られるようになっていく。これは奇しくもルヴレの著作と同じ年に出版されている。ちなみにスメリの著書の印刷部数はわずかに一〇〇部ながら、そのうちの三部が長崎の出島にも到達し、一七七〇年頃にはそのうちの一部が江戸まで運ばれている。スメリのその本には三九枚もの詳細なイラストが付されていたこともあり、日本の蘭漢折衷医たちに、鯨髭を使った鉗子具（垂龍器／奪珠器）の考案など多くの着想を与えることになった(16)。

かくしてスメリの鉗子はパリの産科医たちにはすでに世紀半ばまでには知られていたと思われ、ルヴレの改良もこうした流れの上にある。ルヴレは鉗子の歴史を語るのにかなりの紙面を割いているのである。たとえば第Ⅵ項の「新しい鉗子の有用性について」やそれに続く第Ⅶ項の「さまざまな鉗子の歴史（Histoire des différents Forceps）」は、お産用の鉗子の歴史、その過去と現在に関わり、第Ⅶ項ではまさに「イギリス人スメリの鉗子について」と題して論評を加えている。第Ⅻ項では、さらに「鉗子の歴史の新たな追加」として自身の鉗子を中心に最新の状況を紹介している。頁数はすでに触れたように、合計すると、この四項（Ⅵ～Ⅻ、ⅩⅢ）だけで一八九頁にも及ぶ叙述を残している。ルヴレは、この一七五一年の著作では、自分の営みを、オランダやイギリスといった国境を超えた産科鉗子の広がりと改良の試みの動きのなかに位置づけ、スメリの鉗子についてもその形態を批判的に検討するとともに、それにさらなる改良を施していったと記している。

ルヴレがこれほどまでに既存の産科鉗子の説明と改良の試みの歴史の紹介に力を注いだのは、一つには、一七四七年の著書への批判――もともとルヴレが発明したわけでもないのにあたかもフランス人が考え出したかのように書いている――にきちんと応える必要があったからである。しかしまたルヴレは、この批判に応答し分娩のための鉗子の起源や変遷、形態変化を詳しく述べることによって、鉗子というものがこれまで国際的にいかに多くの外科医、産科医の注目を集め、さまざまに改良が試みられてきたかを示そうとしている。そして自身の試みもまたそうした連綿たる営みの上にあって、いまや最良のより「完成された」最良の道具に至りえたことを読者に伝えようとしている。

〈鉗子の時代の到来〉

実際、この時代以降、鉗子の存在はますます重要になっていく。産科医たちは、既存の産科鉗子に学び利用しつつ、経験的にその形態を微妙に変え、より使い勝手のよいものに改良していくことに大きな関心とエネルギーを注ぐようになる。[17] 次頁にあげた図6―2は、一九世紀前半にドイツで描かれた産科鉗子のイラストの一覧図である。この細かく列記された見事な一覧を見ると、何よりもまずその「差異への意志」に驚嘆の念を禁じえない。ここでめざされているのは、理念としては、同じものが繰り返されることをよしとする円環的な時間の流れではなく、単線的で一方向

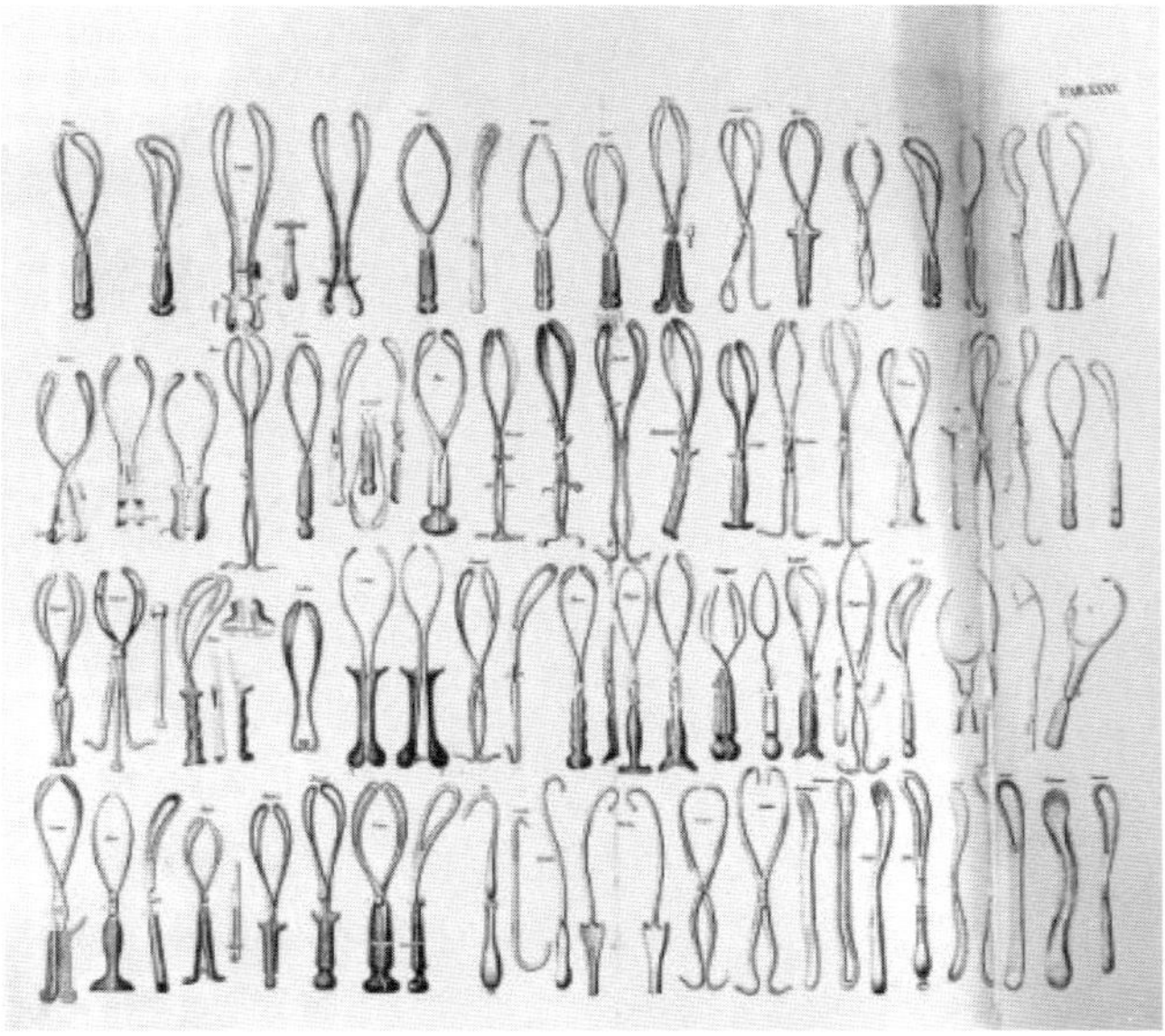

**図 6-2**　産科鉗子の形態一覧（19 世紀前半）

出典：Kilian, H. F., *Geburtshulficher*, 1835–44, Fig. XXXV. より.

に伸びていく時間、前よりも道具がよくなっていくことでよりよい助産が可能になると信じる「進歩（pro-grès）」という想念であるが、しかし実際には、この時期以降、一見したところいったいどこをどう改良したのか分からないほど微妙な差異を求めてさまざまな鉗子が考案され、それらが併存していく。

こうした動きは、イギリスやドイツ、オランダ、フランスの首都のみならず地方都市にも及び、それぞれに微妙に異なる多種多様な産科鉗子が考案され、学術雑誌を通じて広く知られていった。そうした学術上のネットワークがすでに国際的に存在していたことも手伝って、この時代以降「よりよい助産」をめざすという名目のもと、メカニックな道具の形態の改良が産科医たちの関心事となり、重要視されていく。よりよい助産とはよりよく改良された道具の形態によって可能になり体現される。ルヴレの著作に通奏低音のように流れているのは、こうした「改良」へのゆるぎない信念であり、手から道具への移行に「進歩」を見いだす「差異」への意志である。

### （3）　ルヴレの湾曲鉗子――手から道具への移行

かくしてこの時代に鉗子は、あれこれの既存の鉗子を模倣しながら、至るところで改良が施され、一八世紀のうちにもフランスのみならずヨーロッパ中に普及していった。ではフランスで流布したルヴレの鉗子とはいったいどのようなものであったのか。

〈身体に添う形態の改良〉

ルヴレの鉗子は産科学史のなかでも必ず言及されるほど有名な鉗子であり、そのオリジナリティは、把手の部分に「子の頭部と母体の身体にピッタリ沿うように」配慮された特殊な湾曲が施されているところにある。子の頭部への器具の圧迫を軽減するためにしゃもじの部分がくりぬかれているのは、ルヴレが最初に考えたことではなく、すでに先行するイギリス鉗子にも見られたものである。新しいのはまさに湾曲していることであり、ルヴレも叙述のなかで「わが湾曲鉗子（mon *Forceps courbe*）[18]」と何度も繰り返している[19]。

その湾曲は、子の頭部と子宮内の身体のラインに沿うよう配慮されたものでもある。痛みに対する配慮がどれだけあったかは述べられていない。それゆえ匿名の批判者もルヴレの著書に痛みについての言及がないことに鋭く批判を投げかけていた。ルヴレの頭のなかでは、痛みについて考えていなかったのではなく、おそらく身体のラインに沿うことで痛みを軽減し、娩出をより容易に迅速にできると見込んでいたのであろう。ちなみにこうした身体のラインに沿わせるという改良は、お産椅子の形態改良にも見られたものであり、お産椅子の場合は身体の側の心地よさへの配慮にその特徴があった。しかし、ルヴレの改良は、道具を身体のラインに合わせるという点ではお産椅子と共通しながらも、そこにあるのは心地よさ、快適さだけではない。ルヴレがよりこだわっていたのは、むしろ二つの把手を一本ずつ順々に膣のなかに挿入し、その後で継手のところで二つの金属具をカチリと結びあわせる、そのメカニカルな

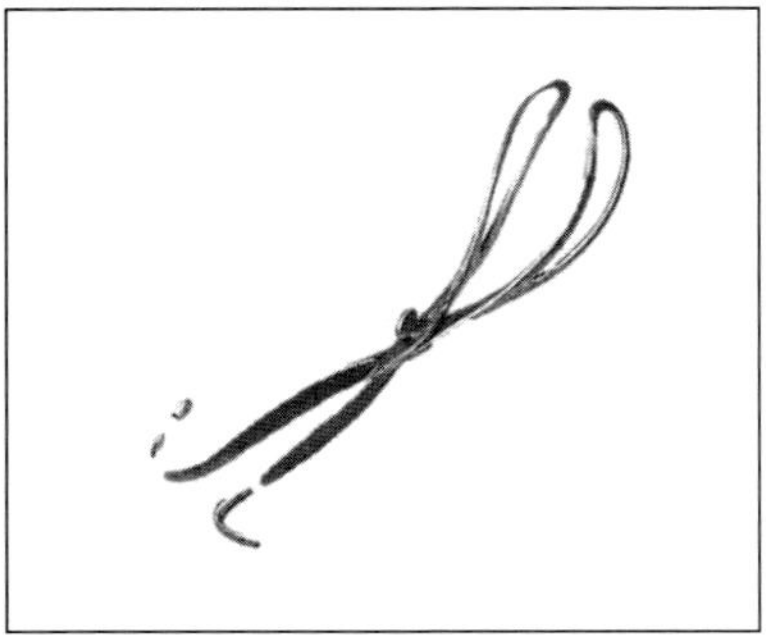

**図 6-3**　ルヴレの湾曲鉗子
出典：*La « Machine » de madame Du Coudray*, p. 22.

構造である。組み立てから扱い方までルヴレの説明は詳細であり、それは部品の組み立て方を厳密に示した取り扱い説明書のようにも見える。鉗子とはまさに一つの精巧な金属具であり、物理的かつ力学的な構造をもち、操作手順に沿って正しく取り扱われる必要のある高度な知の結晶体である。さらに言えば、その材質はこの時代に鋼鉄の精製技術の発展により鉄の質が向上し、より繊細な加工が可能になったことに支えられてもいた。

〈湾曲鉗子の用い方〉

では、この道具はいかなる難産に際して、実際にはいつどのように用いられたのか。これについてルヴレは、一七五一年の続編の著作において第Ⅵ項「湾曲鉗子の有用性について」として、たとえば以下のような症例をあげて説明している[20]。少し見ておこう。ルヴレは何らかの症例をあげ、その所見から説明していくのだが、要約するとこんな具合である。

一七四八年八月七日の朝六時のこと、助産婦のデストゥーシュ夫人にモンマルトル街の鋳造所に来て三五歳の気の毒な女を助けてほしいと求められた。その女は妊娠していて最初の子の出産のちょうど予定日にあった。二四時間前から陣痛が始まり、羊水が全部流れ、陣痛が完全にとまってしまってから一二時間が経っていたという。触診したところ、子の頭は見えてきているが、ほぼ産道の半ばまできて挟まれたまま止まっている。ルヴレは子の頭蓋泉門（fon-tanelle）の位置が骨盤に向かっていることから、頭が上方に向いていると判断し、子どもを回旋させようとしたが頭を押し返すのはあまりに困難で、それゆえ子に洗礼を施し分娩の続きを加速するために瀉血させた。患者に触ると固い便がいっぱいつまっているのが分かったので、直腸を空にするために浣腸させるようにと命じたという。その後、ルヴレはその場を助産婦に任せていったんそこから離れるが、午後三時頃に戻り、助産婦から「便がたくさん出たこと、血を鍋に三杯分抜いたが分娩はそれ以上進んでいない、陣痛が来ても間遠である」との報告を受ける。ルヴレはそれで、「この気の毒な女に技（Art）による分娩を勧めた[21]」という。

女がそれに同意したので、ルヴレは同僚のデュクロ氏にこの仕事を手伝ってくれるよう求め、氏が到着すると子の位置についての自分の考えを彼に伝えた。デュクロ氏も母親を触診し、ルヴレの考えに同意した。ルヴレは「湾曲鉗子を使わねばならない[22]」という見立てをデュクロに伝え、その湾曲鉗子が「他のいずれの道具よりも優れている」理由を伝えたのだという。そしてその後、どうやってその湾曲鉗子を使ったかについて次のように書かれている。

彼〔デュクロ氏〕は自分の計画に同意してくれた。それで自分は患者を同様の事例の場合にふさわしい位置に置き、鉗子の枝の一方を子宮と子の間に挿入した。頭が左側からよりも右側から締めつけられているのが認められたので、摘出に際して右側に置かれるべき鉗子を通したのは左側からである。左側からの方が鉗子をいっそう容易に半回転させられるからである。そして、その最初の鉗子を通したのと同じ側からもう一つの鉗子も通し、子の頭を適切に抱握するためにそれらを十分に子宮のなかに沈めて交差させ、両枝をそのために用意されている補助具〔接合部〕のところで一つに結びあわせた。その後は慎重に気遣いながら、頭と一緒に続いてすぐに子が出てくるようにそれぞれの方向に引っ張るだけであった[23]。

さらにルヴレは、この「手による施術（l'opération）」が大量の出血を伴い、それから「胎盤も引き剝がされて全部出てきた」「子は切断されずに済んだが、その体はとても白く頭は黒く見えるほど紫色になっていた」と述べた後で、子は「三重に巻かれたへその緒によって窒息させられ産道に引っかかっていた」そして「そのことが陣痛がとまったときに子が死んだ原因」であり、「出血は胎盤からへその緒が引き剝がされるときに生じたもの」だと説明している。[24] つまり死因や大量の出血はあったが、その原因は鉗子の使用によって生じたものではないと読者に説明しているのである。

この後の所見でルヴレは、骨盤に頭が挟まって指も手も入らないようなときには、鉗子が使えないことや「まっすぐな鉗子（le *Forceps* droit）」ではうまくいかないこと、胎盤が別の場所に付着している場合には鉗子の挿入位置が変わってくること等々、あれこれの事例について仔細に言及しながら、鉗子を用いる場合の症例ごとの用い方を細かく紹介している。そして、どんな場合にも鉗子が利用できるわけではないこと、慎重に状況を見極めることの重要性を説き、鉗子が適用できる場合がどういう場合かを具体的に示していく。症例のなかには、鉗子を使って子どもを生きて摘出することのできた事例についての報告もあり、たとえば以下のように、先人たちの用いた方法にも言及しつつ、ルヴレは「自分の湾曲鉗子の方が母子を助けることができる」よりよい方法であると述べている。

〔鉗子を用いることで〕挟まっている子の頭をうまく外すことのできた七つの所見のうち、三つについては子どもを生きたまま摘出できた。このような場合、モリソやプー、モケ・ド・ラ・モットやそれ以外の多くの者が用いた方法よりも、鉗子の方がどんなに好ましいかが分かる。というのも彼らの手法では、死にかけている母親を救おうとして子を死なせてしまうからである。我々の方法はそれとは異なり、その状況にある場合にはどちらもいかなる危険にもさらされることがない。[25]

〈形態改良の重要性〉

またルヴレは、第Ⅵ項を終えるにあたってこうも述べている。匿名の人物が言っているような母子の身体が傷つけられるという批判は鉗子の形態に問題があるからである、つまり「まっすぐな湾曲していない鉗子（Le *Forceps* droit）」によって引き起こされるものであり、自分の考案した湾曲した鉗子にはそれは当てはまらないのだと。つまりうまくいかないのは形態がよくないからだというのが、ルヴレの考えである。

しかしまた一方では、続く第Ⅶ項で、オランダでは、ラスローやルーンヒュイゼンらが産科鉗子のことを秘密にしていたにもかかわらず世間に広まり、安易に濫用されたために不幸が起きるようになり、そのためオランダでは資格なしに鉗子を利用することが法律で禁じられたと述べ[26]、安易に濫用されることの危険性を力説している。この道具を使いこなすには、外科医自身がその使い方に習熟する必要があり、産科鉗子は誰でもが気軽に使える道具ではなく、経験と習熟を要する。そのことをルヴレは深く認識していたと考えられる。ただしルヴレはここで産科医自身にそれを習熟させ身に着けさせるのに何か特別な教育や講習会を行うことを提案しているわけではない。

結局のところ、ルヴレの力点は、形態改良の重要性にあり、第Ⅷ項では、イギリスのスメリの鉗子を取り上げ、その利点と問題点を詳細に論じている。スメリの鉗子は有名だったのか、すでに触れたように、一七五一年の続編に添付した図版（図6―1の下図：Planche 2）にもスメリの鉗子をあげている。ルヴレによると、スメリの鉗子は、小ぶりで嵩も小さく、持ち手が木製で表面に皮革がはってあり、接合部には刻みがつけてある。ルヴレによると、それによっていくつかの利点もあるが、必ずしも新しいわけではなく、また小さな頭しか抱握できなかったり、濡れるとぐらつくなどさまざまな欠点があると言う。こうした論述を通じてルヴレは、自身の考案した湾曲鉗子（le *Forceps* courbe）こそ、その使用法に沿って用いられれば既存のどの鉗子よりも有用であり、よりよい助産が可能になると繰り返し述べている。

〈助産婦の補助の必要性〉

こうした叙述のなかで注目すべきことは、鉗子を用いるのには、一人では不可能であり、その施術を手伝い補助する他の外科医や助産婦など複数の人間の存在が不可欠だとルヴレが考えていたことである。補助する人はデュクロのように別の外科医や、傍らにいる助産婦である。助産婦は単に外科医を呼びに行って連れてくればそれでこと足りというのではなく、実際に鉗子を操作する際に外科医の傍らに寄り添い、外科医の施術や手術を補助する必要があった。助産婦は、そうした道具を駆使する産科医を補助する補助者として必要となっていくのであり、助産婦の養成が必要になっていくのもこうした道具の使用と密接に関わっていたと考えられる。

## 第2節　助産婦と外科医の関係性の変化

以上に見てきたように、一八世紀の後半になると産科学が外科学の専門分野として確立されていき、イギリスやオランダに比べて普及の遅れていたフランスでも、急速に産科鉗子が難産に対処する有効な手段として普及していった。この時代には、こうした技法の変化と同時に、助産婦と外科医の関係にも変化が生じていたが、それは技法の変化とも密接に関わっている。この時代の助産の場や人間の関係の変化を探るために、ここではまずルヴレの先達にあたるモケ・ド・ラ・モットの時代の外科医と助産婦の関わりを考察し、それと一七五〇年代に始まった助産婦の師範マダム・デュ・クードレの巡回講習会における助産婦と外科医との関わりを比較し、この世紀半ばから後半にかけて助産婦と外科医の関係にどのような変化が生じていたか、具体的な対処法において助産婦の役割や位置づけがどのように変化していったかを考えてみたい。その上でさらにルヴレの産科鉗子がいっそう普及していく一八世紀後半に、ストラスブールの助産術講習会を通じて確立されようとしていた助産婦と外科医の関わりを検討し、講習を受けて帰村し助産婦となった女たちが、どのような助産を農村の出産の場にもたらしたかを考えてみよう。

## (1)　モケ・ド・ラ・モットの手技と助産婦

まず、ルヴレの先達にあたるモケ・ド・ラ・モットの時代には、助産婦と外科医はどのような関係にあったのか。

### 〈モケ・ド・ラ・モットの逆子への対処法〉

モケ・ド・ラ・モットは自分の行った助産について「ポケットからハンカチを取り出すほど簡単に」子どもを取り出すことができると語り、手を使うある技法を用いれば、独りでも容易に難産に対処できしかも子を生きて娩出できると繰り返し記している。ではその方法とはどのようなものであったのか。現代の産科学の専門書を紐解いてみると、難産への対処法にはさまざまな方法があるが、そのなかの一つに逆子(骨盤位)に際して用いられる、古くから知られている方法として「内回転術」および「骨盤位牽出術」と呼ばれる手技がある[27]。モケ・ド・ラ・モットの手技は、これら二つの施術を組み合わせた施術に似ており、これらとほぼ重なるのではないかと考えられる。

まず「内回転術」とは、子宮内の胎児を人為的に足から首まで引き出す方法である。まず片手を挿入し胎児の両足を探し、揃えてつかんだらその両足をもって子宮口の側に両足を引き寄せ、そのまま子宮口の外に引き出し、首から先の頭部だけが子宮内に残っている状態にもっていくのである。とくに体内の子が横位にある場合に試みられる術であるというが、通常の頭部からの娩出が困難であると判断された場合にやむなく行う施術である。これによって体内の位置が悪く分娩できなくなっている子を頭部だけが子宮内に残る態勢に人為的にもっていくことができ、その位置から「骨盤位牽出術」と呼ばれる逆子の娩出術に移ることが可能になる。

「骨盤位牽出術」という語は現代産科学における用語であるが、現代の産科学の教科書によると、この術には①Bracht

法、②肩甲・上肢娩出法、③後続児頭娩出法の三つの方法がある。このうち③が図6―4に図示されているような、子の頭部を手を使って娩出する方法であり、現代産科学の教科書では「ファイト・スメリ法」または「モリソ法」などと呼ばれている。[28]「内回転術」とこの「ファイト・スメリ法」に近い手技を組み合わせれば、頭位以外の一定のケースに迅速に対応できる。そしてこの方法こそ実はモケ・ド・ラ・モットの行っていた手技であったと思われる。この「骨盤位牽出術」とは、図6―4にあるように下向きになっている子の胴体を掌と手首、腕に乗せるようにしながら支え、救いとりながら、その手の指（中指）を口唇内にかけて他の指で下顎を支え、もう片方の手で上から子の首を守るようにして支えながら、ゆっくりと胎児を回旋させながら顎から頭部を引き出していく術である。[29]

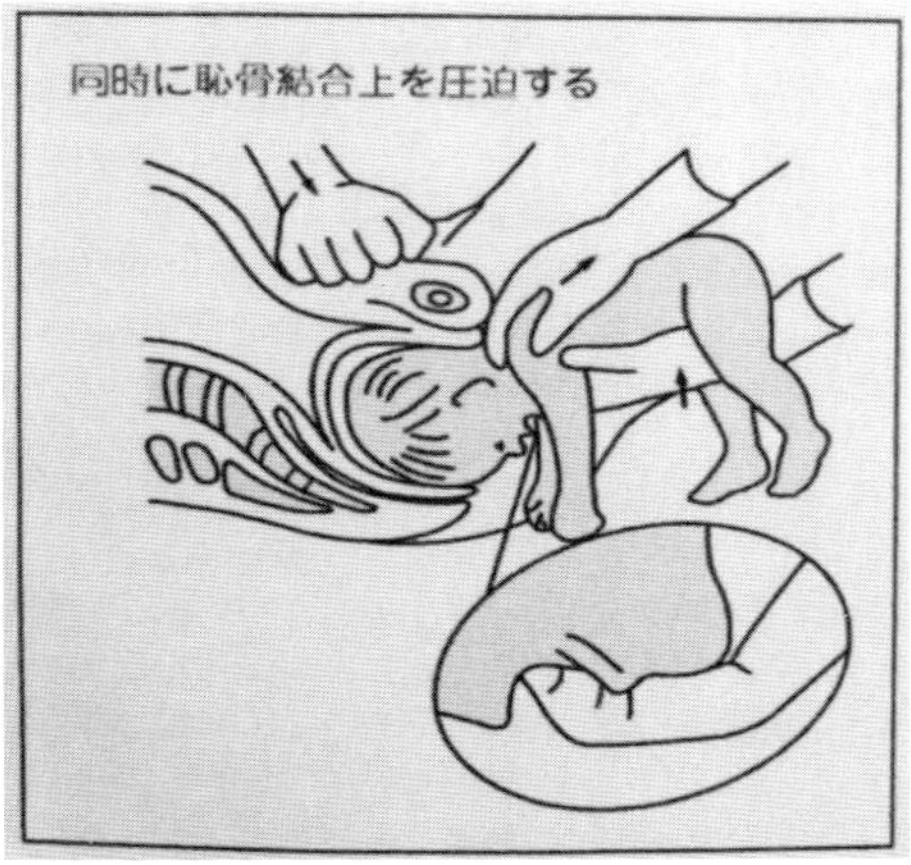


**図 6-4**　骨盤位牽出術

出典：（後続児頭牽出法）竹田，96 頁より．

「内回転術」も「骨盤位牽出法」も、どちらも現代産科学の教科書に記されているよく知られている方法であるが、内回転術が実際に行われることは今ではまれである。しかし古くから知られている方法でもあり、産科医なら誰もが知っている基礎知識としてある。ただし前作『さしのべる手』を執筆していた段階では、わたくし自身の産科学の基礎知識の不足もあり、モケ・ド・ラ・モットがこの二つを組み合わせて助産していた可能性についてほとんど思い至ることができなかった。[30] この顎に手をかけて引く手技はフランスの産科学の教科書でも「モリソ法」という名前がついていることからも分かるように、モリソがその文献のなかで記していた分娩法でもある。モケ・ド・ラ・モットがこの方法に子の口に指をかけ、顎をもって回旋させて引き出す施術に言及している箇所は前作でも取り上げていた。この方法についてはモケ・ド・ラ・モットもモリソの著作から概要を知り、自らの実践を通じて経験のなかで試行錯誤しながら習得していったものと考えられる。しかし内回転術をその後の顎に手をかけて引き出す手技と一体となっている一連の動きとして説明されることはなく、この二つの施術を行い、これと組み合わせてさまざまなケースに対応していたことについてモケ・ド・ラ・モットは明瞭には説明していない。

またモケ・ド・ラ・モットが内回転術についてもモリソの文献から知ったのかどうか、その点についても依然としてよく分からない。内回転術に相当する手技は、解剖学の知識があれば理解しやすいものであるかもしれない。パリで解剖実践を学んだモケ・ド・ラ・モットであれば、この方法に辿り着くのは容易であったかもしれない。しかしこの方法は、解剖の知識がなくとも産婆や助産婦たちの間でも古くから経験的に獲得され伝承されていた可能性がある。モケ・ド・ラ・モットが実践のなかでこれら二つの操作を組み合わせて連続した一連の手技として用い、その手技に熟達していたのは、何よりも彼が多くの症例に当たり、試行錯誤を重ねることができたからであり、パリで学んだからというよりも、経験のなかで習得していった技である。モケ・ド・ラ・モットは、これによって難産に迅速に対応し、すでに死んでいる子を摘出するだけでなく、生きている子にも施し、すべてではないが、実際に子を生きて分娩させるのに成功している。

実際、この二つの施術を組み合わせれば、一定のパターンの難産には迅速に対処することが可能になる。なぜなら、子が通常の頭位ではなく、逆子や横位、子宮口の外の産道の方に手や足から先に降りてきてしまい、簡単には外に出てこられなくなっている場合にも、子宮内にある胎児が頭部を下にするまでひたすら待つのではなく、人為的に頭部を骨盤の位置にまでもってくることができる。そこまでくればそれに続けて間をおかずに骨盤位牽出術に移ることが可能になるからである。

もちろん子宮内で手探りだけで両足を間違いなく探し出すのはそれほど容易ではない。モケ・ド・ラ・モットも指摘しているように、手を子の身体に這わせるなどして慎重に探し出し、経験を積んで、その動作に習熟していることが必要である。またこの方法を行うには子宮口が完全に開いていることや子の身体がある程度小さいことが条件としてある。いつでも可能というわけではなく、そのことをモケ・ド・ラ・モットも重々理解しており、そのことを指摘している。しかし条件さえ満たされればみすみす子の命を無駄にすることなく子宮内に取り残された頭部を産道から摘出することができる。これは道具を使わずとも手だけでできる処置である。つまり鉤の手などによって母子の身体を傷つけることなく、子を生きて取り出す可能性を秘めた方法であり、当時としてはまさに「助産の奥義」とも言うべき人間の叡智の賜物だったのである。

〈道具使用への危惧〉

モケ・ド・ラ・モットの助産の特徴は、極力道具を使わないことにあった。それはこの時代に流布していた鉤の手を使った道具による助産がしばしば悲惨な結果を招いていたからである。モケ・ド・ラ・モットがこうした見解に至ったのは、パリの施療院での足掛け五年の修業を終え、故郷ヴァローニュに戻り、床屋兼外科医として開業してからの豊富な臨床経験による。[31] 彼は当初、助産の専門家ではなく外科医兼助産医と自称し、頼まれれば助産にも携わっていただけであったが、難産で頻繁にお産に呼ばれるようになって、当時の外科医による助産の現状を目の当たりにし、強い危惧を抱くようになる。そこから母子を傷つけずにどうしたら生きて分娩を終えられるかを考えるようになったのが独自の助産技法を習得していったきっかけである。以下は、一六八〇年代の開業間もない頃の事例であるが、彼が呼ばれていった先で見た外科医の助産の姿を、「自然に背いたお産（l'Accouchement contre nature）」として次のように記している。

## 所見一八二　OBSERVATION CLXXXII

この町のあるブルジョワズ〔市民権を有する女性住民〕が難産で助産婦に来てもらった。助産婦が到着すると間もなく子宮口が開き、破水し、子どもの腕が見えてきた。それゆえ助産婦は助けを求めた。その結果、その町の最も経験豊かとみなされている外科医が二人やってきたが、彼らは子どもがまだ生きていようがいまいがおかまいなしに、まず見えている腕を引っ張ることから始めた。それに続いて見えてきたもう一方の腕も同じだけの強さで引っ張った。その後、彼らは鉤の手を子どもの肋骨にあてがい、子どもを引き出そうとした。二度三度そうしたが果たせず、最後には肋骨に鉤の手を突き出して二人がかりで引っ張った。その結果子どもは二つになった。この後助産婦が後産〔胎盤を出すこと〕をさせて分娩を終わらせた。このあらん限りの苦痛にもかかわらず、その女はその後も長く生きながらえた。

## 考察　REFLEXION

子どもにとっても母親にとっても、これほど残酷な手術が見られたことがあっただろうか。母親はとんでもなく傷つけられ、子どもは八つ裂きにされている。このあとに続いて生じた苦痛は、それ以上ないほど大きなものであったが、その女は長い間たってから健康を取り戻し、再び子どもをもうけることができるという幸運を得た。(32)

ここに出てくる外科医はともに彼よりも前からその地域の名医として知られていた外科医（maitre chirurgiens）であり、しかるべき免状をもっていた資格を有する外科医である。鉤の手を使う助産は当時の外科医によって行われていたごく普通の方法であったが、モケ・ド・ラ・モットは、「こうした鉤の手の暴力さえなければ、こんなことにはならなかった」と憂い、これこそ「残酷きわまりない無知の所業」であり、「なぜもっと子どもの命を絶ち切らずにすませられる別の方法をとろうとしないのか。外科医は結局、罰せられることなく殺人を犯しているのではないか」と嘆いている。子どもが生きているかどうか確かめもせず、まだ生きているのに、無理やり傷つけて命を断ち切るのはどう考えてもおかしいし「それは神が赦さないだろう」とも言い、そういう乱暴が赦されるのは「陣痛が来てからさらに三日も四日も苦しんだ後のことだ」と添えている。

当時、鉤の手は外科医の重要な道具となりつつあり、それがゆえに外科医が最後の頼みの綱と目され、助産に呼ばれれば使用されるようになっていたが、それが一般化すればするほど、杜撰なやり方に陥り、それがゆえに起こる悲惨な結果から、外科医は女性たちからは嫌悪され恐れられていた。

モケ・ド・ラ・モットは、こうした経験から巷で流行している道具の使用を極力避ける方向で助産を行うことをめざしたのであり、道具よりも手を使う方法を重視し、そのための手技を極めていった。モケ・ド・ラ・モットは、自分の同業者に対しても容赦なく厳しい批判を投げかけていたところに特徴がある(33)。

〈助産婦への批判〉

しかしその批判精神は、巷の外科医のみならず、助産婦や産婆、女の助産者に対しても同じように向けられ、助産婦の存在に対しても大きな危惧を抱いていた。彼はその著書『助産についての完全なる概論』(一七一五年初版)のなかで、助産婦に対する手厳しい批判を随所で行っている。実際、彼が呼ばれて産婦のところに行くときはその前に助産婦が来ていることが普通で、すでに何らかの処置や助言が助産婦によってなされた後であることが多い。あれこれ手をつくした後にどうにもならず、それでも産婦の命だけでも助かればと、最後の頼みの綱として外科医が呼ばれていたからである。しかしモケ・ド・ラ・モットによれば、助産婦や産婆など女の助産者によってなされた処置はほとんどが間違った判断に基づくものであり、それによって難産がさらに悪化し、うまくすれば生きながらえたであろう母子が人為的に窮地に陥れられていると映っていた。

たとえば、呼ばれて行ってみたら、陣痛が間遠ではあっても順調である、にもかかわらず、助産婦から産婦は「絶え間なく姿勢を変えるように言われて動き、息つく間もなく繰り返し触診されるので、それによって疲れ果てていた」と述べ、助産婦の助言と破水との関係を暗に関連づけている。そして助産婦に「あなたが患者にさせたことはみな有害なのだ。助産はわたしがうまくできることを産婆に分からせなければならなかった」とも述べている。またモケ・ド・ラ・モットは助産婦の「貪欲さ（avarice）」を問題にし、助産婦が金目当てや報酬欲しさに働いているだけの浅薄な存在であり、少しでも早く助産を終えることだけを考えている有害な存在としても描き出している。また難産で助けに入った複数の女性たちが子どもを引っ張り出そうとして悲惨な状況に陥っていた事例もあり、そのときには二〇人ほどの女たちが見守るなかで、到着したモケ・ド・ラ・モットが体内に残った体の一部を取り出し体内に何も残っていないように十分きれいに後始末をしてみせたことなどが、誇らしく紹介されていたりもする(34)。

要するに、モケ・ド・ラ・モットから見た巷の女たちによる難産の現場はことごとく悲惨なものであり、助産婦の無知や浅薄さと外科医の乱暴な鉤の手使用によって、何もしないよりもさらに悪い状態に置かれているとみていたのである。それによって産婦も子どもも限りなく不幸な目にあっている、これを何とかしなければ、というのがモケ・ド・ラ・モットの懸念であり、立場である。まれに彼の助産に居合わせ、助力をした助産婦も出てくるが、それらは失敗例であることがほとんどで、彼女たちがいて助けられたという話は一つもあがっていない。モケ・ド・ラ・モットは助産婦をことごとく危険なものだとみていたのであり、助産婦など必要ないとさえ考えていた。そのためモケ・ド・ラ・モットの発想からは、助産婦を養成しようという考えは決して生まれなかった。

〈助産婦への嫌悪の背景〉

ではなぜモケ・ド・ラ・モットは助産婦をここまで嫌悪し、助産に不要な存在とみなしていたのか。それは彼の時代に助産に呼ばれてそこで出会う産婆の多くが無資格の産婆であり、その技法はさまざまで、人によってまちまちであったこと、しかも彼女たちが外科医を非常に恐れていたからでもある。モケ・ド・ラ・モットの時代には、内科医や外科医に最後に認証を得て資格をもっている助産婦もいたが、そうした産婆も実際の助産の奥義は産婆のところで見習いをして学んでいる。彼女たちにもさまざまな技法があったし、経験的に体得している知識もあったが、モケ・ド・ラ・モットのように解剖学の知識がないことはもとより、人体に関する理論や知識は欠けていた。また彼女たちは極力外科医には頼らずに女たちの間でことをすませようとする傾向があり、男の外科医を産褥の場に入れることには躊躇いもあり、難産を自分たちで切り抜けることに使命感と誇りさえ抱いていた。パリの施療院で助産婦の資格を得た助産婦はもちろんのこと、こうした見習いによって実践のなかで技能を覚えていった助産婦は、助産の場は女たちの手で営まれる場所であると経験的に教えられていたのであり、自分たちの手で難産を切り抜けることが必要でありまたそれが任務であると考えていたから、よほどのことがない限り、外科医を呼びに行くことはなかった。

〈内科医の補助としての助産婦〉

加えて、外科医と助産婦の関係が良好でなかったのは、助産婦が内科医の配下にあることが多く、外科医よりも内科医の指示に従っていたからでもある。実際、一七世紀までの資格をもつ助産婦は、基本的には内科医を補完する代理と考えられていた。内科医たちは中世以来、血のタブーもあり、自ら直接に産褥の場に入り産婦や女の体に触れることができなかった。そのため内科医は助産婦たちにお産椅子をもたせるなどして、道具を通じて間接的に助産の領域に関与し、その影響を及ぼそうとしてきた。しかし実際にはその実践は助産婦たちの領域として助産婦たちの裁量に委ねられてきた。それに対して外科医は、この助産婦の守っていた領域に入りこみ、自分たちの管轄領域として地歩を築いていったのである。助産婦たちからしてみれば、外科医は自分たちの管轄領域に侵入してきた部外者であり、外科医の進出を快く思ってはいなかったのである。外科医は外科医で内科医との対抗意識もあり、内科医と組んでいる助産婦は、内科医の傘のもとに立ちはだかる御しがたい存在でもあった。そうした関係が前提になっている以上、外科医と助産婦は協力的な関係を築くことができず、外科医が出産の場に進出し、そのプレゼンスを増せば増すほど、助産婦からの嫌悪も増し、そこに軋轢が生じていたのである。

〈単独の助産、孤高の助産〉

モケ・ド・ラ・モットは、分娩に際して何もかもすべてを取り仕切り、最初から最後まで単独で処置を行っていたという。彼の手技は「ポケットからハンカチを取り出すほど簡単な」技法であり、ほかの誰の助けも必要としていなかった。では誰かにその単独での技法を実践のなかで伝授しようとしたかというとそれも行っていない。たしかに著書にその方法を書いてはいるが、その技法を他の助産婦や外科医に日々の実践のなかで教えようとは全く考えていなかった。

たとえば、自分の技法を見よう見まねでやってみようとしたある助産婦についてこんなエピソードを残している。モケ・ド・ラ・モットの叙述によると、その助産婦は「〔自分が〕最初に足を探し難なくそれを外に引き出してすぐにお産を終えてしまったのを見て、自分もそうすることができると思ったので、自分の娘にそれを適用し同じようにやってみようとした」が、「逆に母体や膀胱を傷つけてしまい、裂傷胎盤がもとで大量の出血を引き起こした」という。その助産婦は自分の娘が死にかけているときになってようやく自分を呼びに来たが、「出血のために相当に弱っていて、分娩を終わらせるまで命がないとすぐにわかった」、それでも何とか「ポケットからハンカチを取り出すのと同じくらい苦もなく分娩をさせた」が「子どもはすでに死んでいて……後産が膀胱と同様に完全に引き裂かれていて……結局その娘は四時間後に息を引き取った」と淡々と述べている。そして最後にこう締めくくっている。「これが助産婦のやることである。それは先にあげた所見で述べたようにそっくりそのまま外科医のやっていることであるが、助産婦が外科医と同じ過ちには陥っていないとみなすのは間違いである」と。要するに、外科医もひどいが、助産婦がそれよりましかというとそうではないと乱暴な外科医と同じ穴の貉として断罪しているのである。彼の著書では助産婦の所業の浅はかさが繰り返し語られるばかりで、その出来事を教訓に自分の技法をきちんと産婆たちに教えてやろうという考えは決して生まれなかった。

〈モケ・ド・ラ・モットから見た助産婦のイメージ〉

モケ・ド・ラ・モットがなぜ助産婦をここまで目の敵にしていたかといえば、彼が学んだパリの施療院での経験が深く影響を及ぼしている。当時、資格をもつ産婆は限られていたが、パリの施療院は資格をもつ助産婦の師範を養成する唯一の場所でもあり、修道女たちが当然のごとくすべてを取り仕切っていた。施療院の修道女たちは誇り高く、助産は自分たちの管轄領域であると考えていたから、極力外科医や内科医をその産褥の場に呼ばずに助産を終えることをその使命と考えていた。モケ・ド・ラ・モットにはそれが不満であった。彼は『分娩についての完全なる概論』の序文で、パリの施療院がどれほど助産の学べる場所であると言われていても、実際には助産は修道女たちに握られており、男の外科医が学ぶ機会は彼のいた足掛け五年の間、ほとんどなかったと嘆いている。実際、モケ・ド・ラ・モットが助産者として技を学んだのは、帰郷して開業したヴァローニュでの経験による。一七世紀までは、助産の領域に外科医が進出してきたとはいってもこの領域は依然として女性の領域としてあり、そこに男性の床屋兼外科医が参入することは容易ではなかったのである。

一般に、施療院のようなところでは、こうした修道女や助産者として心得のある女性たちが、同時に薬剤を管理し、病棟や患者の世話に関するすべての仕事を取り仕切っていた。それゆえ彼女たちを差し置いて助産に介入し、それまでのやり方を変更することは難しい状態にあった。彼女たちは彼女たちでプライドが高く、自分たちの管轄領域を容易に外科医に明け渡すことはなかったからである。外科医と施療院の助産婦たちとの間には根深い確執があった。

一方、内科医は何かと修道女たちを頼りにしており、助産においてはとくに助産婦は内科医の代理という意識もあり、修道女もまた外科医よりも内科医に従うという意識が根強かった。というのも内科医たちは、分娩に関わる領域に限らず、薬の処方箋は出しても、実際の薬剤の管理や薬の投与、病人の世話などはほとんどを修道女の仕事として女たちにまかせていたからでもある。自宅で行われている助産についても、ルネサンス以来、内科医たちはお産椅子を考案し、それらを助産婦にもたせて、間接的に統御し影響力を増そうとしていたが、内科医たちが分娩のその場に立ち入ることはなかった。助産婦と内科医はそうした棲み分けを前提に関係を構築していたのであり、その限りで、中世以来、両者は相対的に良好な関係を築いてきた。

しかしながら外科医はそうした秩序の外にあって、比較的最近になってこの領域に進出してきた新参の侵入者である。外科医たちはまた、一七世紀になると、モリソのように積極的に助産の領域に進出し実践の場で積み上げた経験を書物に著し影響力を増しつつあった。外科医の進出は、修道女たちにしてみれば、その管轄領域に不当に割って入ってきた侵入者であるが、外科医からすれば、パリの施療院の助産婦のように助産の技術に長けた助産婦の師範らは、彼らの前に立ちはだかる厄介な障害と映っていた。とくにモケ・ド・ラ・モットが施療院にいた一七世紀後半の時期は、外科医たちが助産や分娩という領域に新しい地歩を築きつつあった時期であり、彼らがそのプレゼンスを高めていけばいくほど、外科医と助産婦との確執は深まっていた。

さらにモケ・ド・ラ・モットたち外科医は、中世以来、大学の医学部を中心に大きな権威をもち影響を及ぼしていた内科医たちへの対抗意識もあり、内科医とも対立を深めていた。その対立の構図は、この一七世紀末からしだいに明瞭になり、一八世紀の前半に至る半世紀の間にそのピークに達する。モケ・ド・ラ・モットが出版した書物には、巷の外科医への批判のみならず、助産婦への批判も満載されているため、助産婦の無知や蒙昧がこの書物を目にした者の脳裏に焼きつけられていくことになる。一八世紀前半は、こうした言説が流布することで助産婦への批判が高まる時期でもある。

### (2) デュ・クードレと外科医

では一八世紀の半ばすぎに始まったデュ・クードレの場合は、どのような技法を助産婦に伝授し、外科医とどのような関係を結ぼうとしていたのか。すでに見てきたように、デュ・クードレの巡回講習会の実践は、各地方管区の地方長官たちに恒常的な講習会創設のヒントを与えていった。そこで何が教えられ、助産婦と外科医や内科医との間にどのような関係性が構築されていたか。これを検討しておくことは、その後の講習会で教えられていく施術の中身や助産婦と外科医との関係性を考える上で不可欠である。

〈デュ・クードレの手技〉

マダム・デュ・クードレの講習会は、すでに第2章でもみてきたように、人体模型を使ったわかりやすい実践的な教育であった。デュ・クードレは、巡回講習会に参加した農村の女たちを対象に助産を教えていたが、その内容は基本的には、助産婦が難産に際してとりうる処置である。その技法は手を駆使したものであり、難産を手による施術によっていかに無事に切り抜けるかを教えることに主眼が置かれていた。鉤の手や鉗子のような金属具は使わない。彼女はその著書において「手による触診」の重要性を説いていた。また図6—5はデュ・クードレが助産の悪しき例としてあげているいくつかの事例のうちの二つであるが、腕や足が先に出てきた場合に無理やり引っ張り出そうとすることをよくない処置であるとして厳しく批判していた。この図はデュ・クードレの『助産術概論』（一七五八）の初版ではなく一七六九年以降の新版に挿入されたものではあるが、この教えは当初から彼女の講習会の重要なポイントでもあった。農村では、無知な女たちが無理に「引っ張り出す」誤った処置を行っていると彼女が強く危惧していたからでもある。このことは図解をしてでも農村の女たちにしかと教えなければならないことであった。

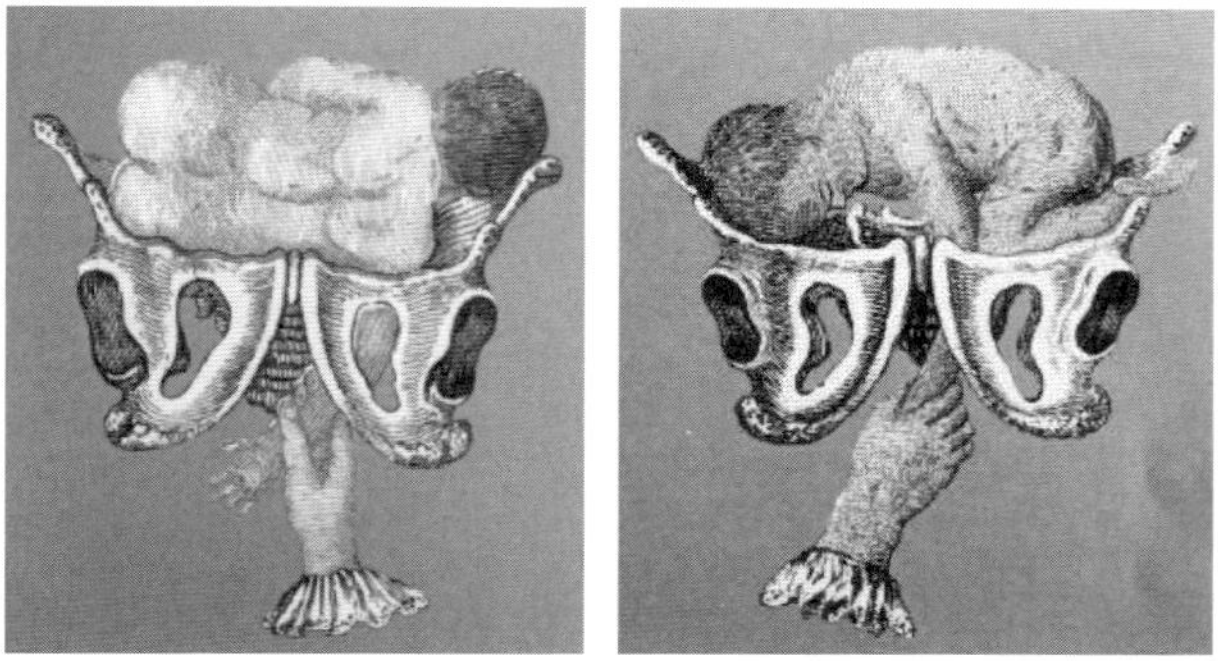

**図 6-5**　間違った助産

出典：デュ・クードレの『助産術概論 新版』〈1769〉の挿絵より．

こうした乱暴な対処法に代わって、彼女は、逆子の際に行う助産の奥義として、図6―6にあるような方法を推奨していた。この図もデュ・クードレの著書の新版に掲載されるようになった挿絵である(35)が、この図を見る限り、この体の向こう側にある手の位置や動きは胴体に隠れて見えないため、どの

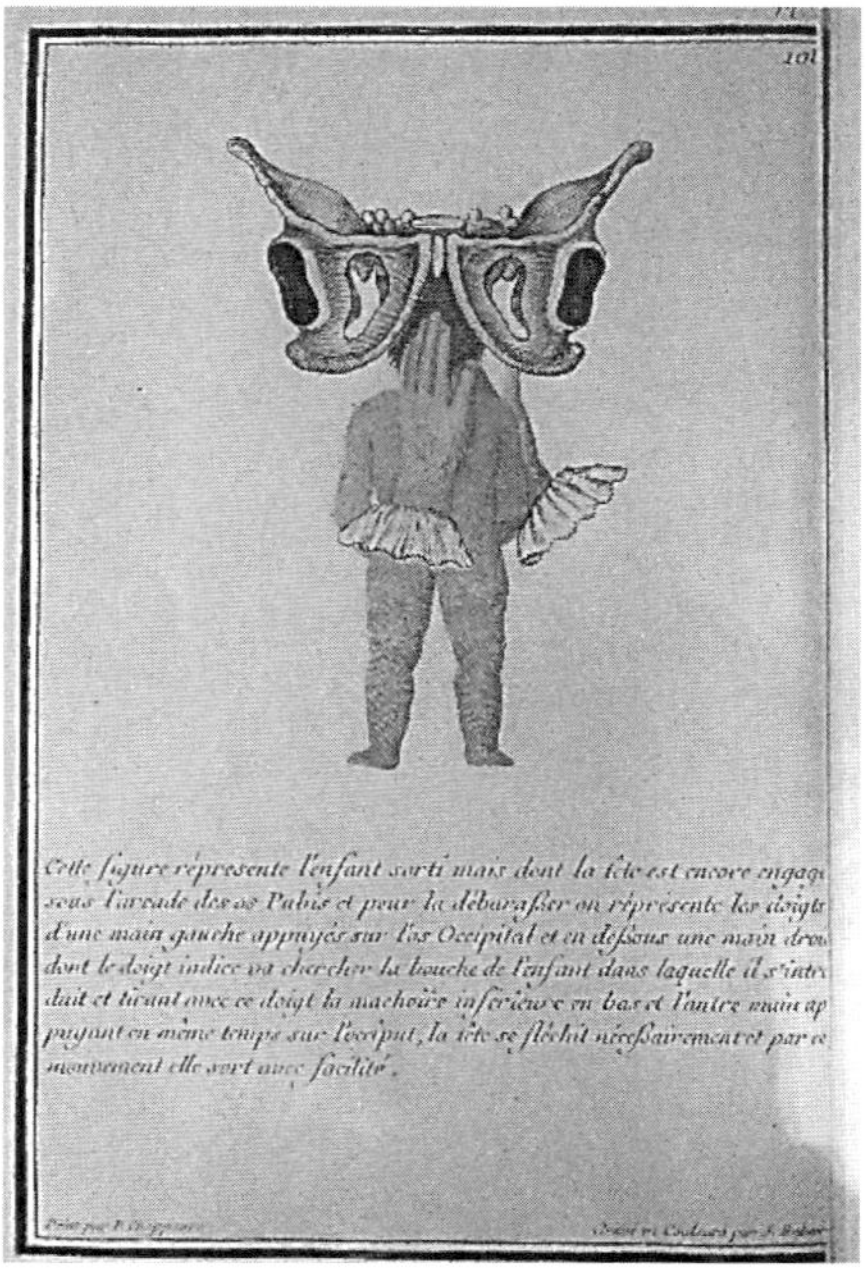


**図 6-6**　デュ・クードレの逆子に対処する手技

出典：Du Coudray, *Abregé de l'art des accouchement*, 1769, Entre pp. 106–107.

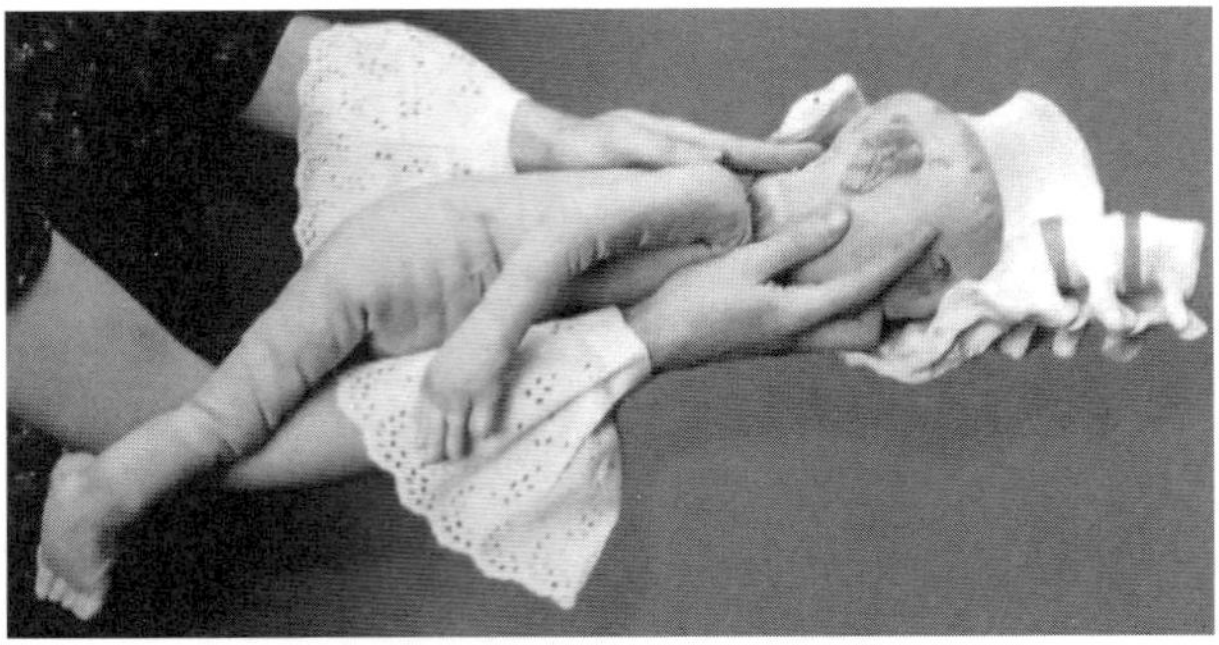

**図 6-7**　デュ・クードレの人体模型を用いた手技

出典：再現写真 *La « Machine » du madame Du Coudray*, p. 41 より.

ように手をおいているかが今一つはっきりしない。しかしイラストの下方に添えられた文には、見えない向こう側の、助産婦の手がどうなっているかが詳述されている。つまり左手で後頭骨を支え、下方にある右手で子の体をもちあげながら口を探し、指を口に入れて下顎をその指で引くという動作である。この手技は実は図6—4に示した「骨盤位牽出術」に相当する術と同じものである[36]。モケ・ド・ラ・モットがたびたび行っていた二つの手技のうちの一つでもある。

この図は、施術者が実際の施術に際して上から見下ろしたときに目に映る光景をそのまま上部から描いている。つまり施術者の目線で描き出された実地に即した図である。現在の産科の図解（図6—6）は、施術者の視点ではなく、施術をみている側の第三者の視点で描かれており、手の動きを見せるために施術を横から眺めた場合の透視図になっている。その結果、描く際の視点が異なるため、一見したところ両者が同じ動きを表現しているようには思えないが、実は同じ施術を説明しているのである。

この体勢と手技の奥義は図6—7のように、模型を使って説明すれば、もっとはっきりする。これはフローベール医学史博物館が制作したマダム・デュ・クードレに関する展示品の図録に掲載されている写真である[37]。これは博物館員が専門家の協力を得て、まさにデュ・クードレの人体模型を使ってその手技をシミュレーションし再現したものである。口唇に中指をかけていることに注目したい。人形模型があることによって、いかにこの複雑な動作が分かりやすく目に見えるものになることか。人体模型は何のためにあったのかと言えば、つまりは難産に対処するあれこれの技、手の置き方や動きをリアルに動的に見せて教えるためにあったのである。

この逆子の娩出術は、すでに触れたようにモリソが教えていた方法でもある。しかし一八世紀半ばには、助産婦が身につけるべき技法として教えられている。デュ・クードレが自分で編み出したものではなく、秘伝として伝えられてきたものである。この方法は、モケ・ド・ラ・モットの書物によっても流布しただろう。モケ・ド・ラ・モットはこれを女たちに教えようとはしなかったが、デュ・クードレはこれを農村の女たちにも教え、助産婦の秘儀を普及させることで難産による死を減らそうと考えていた。

〈デュ・クードレと外科医の関係〉

デュ・クードレの助産は、助産者である女にこの手技を身につけさせ、助産婦の裁量で、道具を使わずに対処できるようにすることに主眼があり、その点では、助産婦の実践的な技能を高め、その自立性と主体性を高めていく方向性をもっていた。モケ・ド・ラ・モットのような男性の外科医にこの技法を委ねてしまうのではなく、助産婦を養成し、難産に際しても外科医を呼び入れることなく、彼女たちを中心に助産をやりとげるための技法を教えようとしていたのである。その意味では、デュ・クードレの助産はなお女たちによる助産に比重を置き、それを維持する方向をもっていた。

しかしながら、デュ・クードレの人体模型ももともとは外科医が考案したものであり、またその巡回も常に外科医に伴われていたのであり、すでに外科医の監督と協力のもとに置かれている助産である。彼女の教える手技によっても解決できないような難産の場合には、外科医が呼び入れられることが前提になっている。

しかもデュ・クードレの巡回講習会の行われた時代は、すでにルヴレの湾曲鉗子が知られ、鉗子の時代が到来しつつあった時代である。実際、デュ・クードレの講習会では、モケ・ド・ラ・モットが頻繁に行っていたような内回転術は教えられていない。つまり子宮内に手を挿入するような手技は助産婦の取るべき処置ではないと考えられている。

膣や子宮の奥深くに手を挿入するような内回転術が助産婦の手技の奥義から外されているだけでなく、内回転術そのものが外科医の手法からも外されているのである。ルヴレはモケ・ド・ラ・モットが行っていたような手技よりも鉗子の方が確実であると考え、鉗子の優位性を説いた。ルヴレによって、外科医の仕事は手技にではなく、鉗子など金属具を駆使して難産に対処することにあるとの理解が、あらためて打ち立てられていくのである。

かつてモケ・ド・ラ・モットが生きていた頃の助産婦であれば、必要なら内回転術に限らず、手を挿入する手技を行っていた。とはいえ、彼女たちもまたやみくもに手を挿入していたのではなく、モケ・ド・ラ・モットと同様に経験のなかからなにがしかの技法をコツとして習得し実践していたと考えられる。しかしモケ・ド・ラ・モットは自分が習得した助産術を「ポケットからハンカチを取り出すほど容易な方法」として誇り、何かすばらしい手技を自分で見つけ出したかのように書いているが、それ自体は古くから秘儀として知られていた手技の一つにすぎなかったのではないだろうか。しかしデュ・クードレの時代になると、内回転術のような手を挿入する技法は一切教えられず、骨盤位の牽出術に相当する顎に指をかける逆子の牽出方法だけが助産婦の管轄領域として位置づけられていく。これによって助産婦の手技の範囲が明確になる一方で、それ以外の手技の行使は禁じられていくことになる。つまり、デュ・クードレの助産講習会では、助産婦の役割をここまでだと規定し、可能な手技の行使を明確にし制限すると同時に、それ以外の施術をすべて外科医の管轄領域として規定し、その関係性と秩序が教えられていったのである。それによってそれまで曖昧であった助産婦の管轄領域と外科医の管轄領域が明確に分けられ、助産婦には行使できない部分が明確にされると同時に、そこに外科医が参入するという技法における棲み分け、再編が行われていったのである。

〈助産婦と外科医の管轄領域の再編〉

これは、それまで難産に対処してきた助産婦の存在が、外科医の補助として限定されていく過程であり、助産婦の施術に限界が設けられていく過程でもある。デュ・クードレのような外科医の監督下にある助産者には、できることとできないことが明瞭に画定されていたのであり、講習会は何をしてはいけないか、何はできるかを教える場であり、助産婦の管轄領域はここまでであるという原則を明示することに主眼がある。しかし手を体内に挿入できないとなれば、多様な形で起こりうる胎児の体位の異常を必ずしも骨盤位の娩出のできる位置までもっていけるとは限らない。そうなると、助産婦の手技だけでは解決できない難産はそれ以前よりもはるかに多くなるだろう。外科医が呼び入れられる頻度は確実に高まるのである。そして外科医が呼ばれたなら、道具に依拠するのが基本であり、外科医はためらわず、最先端と考えられていた道具を駆使した。

たしかに産婆や無資格な女たちの助産においては、子が助からないと分かったときには、母だけでも助けようとやむなく子を犠牲にすることがあった。母体だけは何とか救いたいと願ったからである。そうした助産においては、子は亡くなっても、産婦の身体の内側が傷ついたり、その結果、後遺症が残ったり、命を落とすことになることはそれほど多くはなかった。しかし外科医が来て、鉤の手や鉗子が使用されると、母体の内部が傷つく可能性は高い。手技が助産婦の仕事として位置づけられている以上、道具使用は外科医の領域であり、任務でもある。呼ばれたからには外科医が道具を駆使することは必然でもあった。もはやモケ・ド・ラ・モットのように手技に長けた外科医は存在しないからである。一八世紀前半までであれば、可能な道具は鉤の手であったが、後半になるとルヴレが示したような、より身体に添う改良形態の鉤の手や鉗子がよりよい道具として流布していた。すでにデュ・クードレが巡回に出た一七六〇年代前後の頃にはアンドレ・ルヴレの鉗子が広く知られ、流布し始めていた。彼ら外科医は、鉤の手しかなかった半世紀前よりはるかに自信をもって改良された道具を使用し、その職業倫理にかけてもその任務を全うしようとしただろう。

〈助産婦の養成〉

しかしモケ・ド・ラ・モットの時代には、助産婦を蔑視し、その無知をあげつらうだけの関係であったものが、一八世紀の半ばからは、助産婦を育てるという時代がやってくる。助産婦にしかできない手技の領域を確立し、それ以外を外科医の領域とすることで、両者は棲み分けられ、相互に平和的に補完しあうという関係が構築されつつあったのである。少なくともデュ・クードレの巡回においては、両者は協力的な関係を築き、相互に補完しあうことがめざされていた。この段階では、限定されてはいても、手技の領域は助産婦の領域としてなお残されている。助産婦の手技が依然として重要なものとして位置づけられており、外科医を呼ばなくても難産に対処することができるように助産婦の技能を高めることが求められていたからである。デュ・クードレの営みは、農村の女性たちにその奥義を教え、女の助産者による助産をあらためて確立していく試みであった、限定された範囲ではあるが、助産婦の管轄領域が画定されたことで、一定の手技による助産の中心的な担い手として助産婦はその存在理由を確立することが可能になる。それは、限定付きではあるがモケ・ド・ラ・モットが流布させたような助産婦の悪しきイメージを払拭し、外科医からその手技の一部を奪い返し助産婦の存在意義を確認しその尊厳を高める試みでもあった。

実際、デュ・クードレの人体模型を使った手技の伝授は、外科医たちにとっても新鮮な驚きを与えていた。それは教え方が巧みであったからだけではない。彼らは骨盤位牽出術に相当する手技をモケ・ド・ラ・モットの書物を通じて知ってはいても、実践としては十分に経験として身につけていたわけではなかったからである。講習会に参加した外科医たちも、講習を通じてその奥義がまさにヴィジュアルに示されたことで、それらがどのような手技であったかをようやく理解できたのである。デュ・クードレの巡回講習会はしばしば外科医の反発を受けることもあったと言われるが、それは、助産婦の権限、管轄領域をあらためて画定する動きだったからであり、外科医たちが自分たちの領域であると考えていた手技の領域に助産婦が進出してくることに恐れを抱いたからでもある。モケ・ド・ラ・モットの著書の読者であれば、それらの手技は外科医の技として書かれている。彼らがわざわざ大金を払って人体模型を購入したのも、助産婦の養成を行うのに必要だと考えたからだけではなく、外科医自身がその奥義を学び、体得していくのに役立つと考えたからでもある。デュ・クードレはすでに一七世紀の助産婦とは異なり、外科医の監督下にいっそう組み込まれていた一八世紀の助産婦であるが、しかしそれでもなお、彼女は書物と実践のなかで培った手技による奥義を外科医たちに教える側に立っていたのであり、またそうすることができたのである。

### （3）ストラスブール帰りの助産婦と外科医

では、こうした変化の果てにある、地方長官ガレジエールの無料助産術講習会は、外科医と助産婦の間にどのような関係を構築する試みだったのだろうか。

〈男性中心の助産への移行〉

ストラスブールの無料講習会で人体模型が使われたかどうかは分からない。会計報告のなかには教科書の費用はあがっていたが、人体模型を購入したという記録はない。またストラスブールの講習会の場合には、デュ・クードレのような女性の師範が教壇に立って教えていた形跡はなく、もっぱら男の外科医ないしは内科医が女性たちに教科書を使って教えていたと考えられる。つまり農村の女たちのロールモデルとなる女の助産者がこの講習会にはいなかったのである。このことは決して小さなことではない。デュ・クードレが教えていたときには、横に外科医がついていたとしても、履修生たちは女性である助産婦の師範の語る声や表情、身体を通じて学ぶことができた。男性の外科医や内科医がその場に居合わせたとしても女の先生が語り教える中心にあることに変わりはない。男たちは一歩下がってその授業を見守っていたのであり、それに上から口出しをすることはない。教える中心にいるのは自分たちと同じ女である。その姿は助産の中心が何よりも女であることを身体を通じて教えていたのであり、女性の手で人体模型が扱われ、手が駆使されることで、講習を受けた女性たちは、助産が依然として女性の場であり、手を駆使する職務であることを学び、感じ取ってもいた。デュ・クードレの講習会では、女の手や指を使って女の身体を扱うことの重要性が示され、難産であっても、女の手で切り抜ける可能性があることとその覚悟を学んだのである。

しかしながら男性が教える場合には、手技に関してはもともと経験がないため、どうしてもその部分を教えることが文献中心になる。手技の実践を示すよりも教科書を使った講義が中心となる。この講習会で読み書きができることが重視されたのも、教科書を開いて読むことが重要な意味をもっていたからである。こうした教育の場の実践の仕方においても、助産婦の手を駆使した管轄領域の重要性は縮小され、位置づけを変えていった。デュ・クードレの講習会では、助産婦の主体性、その手の重要性が明確にされ、助産婦の及ばない部分に外科医が道具をもって補足的に関わることがその助産の全体像であったが、ストラスブールの講習会は逆に、外科医の及ばないところに助産婦を配置し、外科医を呼び入れる橋渡しとなることの重要性がいっそう強調され、外科医主導の助産へとさらに一歩シフトしていくことになった。助産の経験のない履修生たちは、男性外科医の口からそのように教えられれば、その通りと思い、結局のところ「外科医は助産婦よりも上手に分娩する」という、あの百科全書の言葉通り、よりよい助産は男性の手でなされるという教えを身体の経験として学んでいったのである。

〈実践経験の乏しさ〉

ストラスブールの講習会でも彼女たちに逆子牽出のための手技が教えられていた可能性がないわけではないが、しかしそれを実践として学ぶ機会はほとんどなかった。六〇日という短い講習日程の最後には実習も含まれていたから、生身の産婦を相手にすることもなかったわけではない。陸軍病院に収容されているのは男性の兵士であるから、彼女たちが練習台として向きあったのは施療院や貧窮院に辿りついた身寄りのない女性の分娩であるが、そこで必ず逆子の処置に向き合うことになるとは限らない。彼女たちは一定の手技を教科書では教えられてはいても、その経験が十分でないままに帰村し、すぐさま実践に向かった。彼女たちは難産で呼ばれても、最後まで自分で解決しようとはせず、外科医を呼び入れることを少しも厭わなかった。自信のもてないまま待つよりも、男性の外科医の施術を受けた方がはるかに安全に母子を助けられると信じていたからである。

ストラスブールの講習会も、助産婦の行う助産の領域を明確にし、できることとできないことを画定して外科医の管轄領域との棲み分けを明確にしていくことや、それによって敵対関係ではなく、相互に補完的な関係を構築しようとしたという点では、デュ・クードレがめざしていたものとそれほど変わらなかった。しかし彼女たちが助産婦として自立し、自らの手で難産を乗り越え、よりよい助産の中心を担う存在としてその誇りや自負を養うという点では一歩後退を余儀なくされ、外科医の補助としての位置におしやられていった。これは女性たちこそが助産の中心であり、そうあるべきだと考えられてきた長い伝統の終わりを告げるものであり、外科医への助産婦の従属の始まりである。自律的な助産婦の時代の終わりでもある。助産婦の管轄領域はいっそうきりつめられ、その固有の意義を失っていくのである。

## 第3節　産褥熱による死と内科医社団の認識

以上から、一八世紀の間に外科医社団にも助産婦にも変化が起こり、両者の関係も変わりつつあったことが見えてきた。ストラスブールの助産術講習会を通じてアルザス南部の辺縁部の農村にもたらされようとしていたのも、こうした一八世紀に進行していた助産技法の変化と人間の関係性の変化の果てにあった助産である。外科医と内科医の、そして助産婦と外科医の知のヘゲモニー、管轄領域の再編の果てに立ち上がりつつあった助産でもある。できることが限定された新しい助産婦がやってくることで、単独では解決できない難産が確実に増えていった。それによって外科医の呼び入れられる頻度も増し、金属具の使用の機会が増えていった。

しかしながら、金属具の使用が増えると産婦の死が増えるということが、はたして言えるのかどうか。金属具の使用によって、助かる母子が増えていたなら、女房たちの死がこれほどに問題になることもなかっただろう。金属具の使用と産婦の死との間にはどういう関係があったのか。この点についてはさらなる吟味が必要である。これについては、モーシュやジロマニに残された証言だけからは吟味が難しいが、別の角度から探ることができる。実はこの時代は「産褥熱」という病が発見されていく時代でもあり、ちょうど一八世紀の半ば以降に産後の熱病による産婦の死が急増しており、この熱病の流行と鉗子の普及とは密接に関係していたと考えられるからである。ここでは最後に、この道具による技法の普及と産婦の死の増加との関わりを考えるために、一七八〇年前後に出されたパリの内科医社団の産褥熱に関する報告書を紐解き、この時期の産婦の死の増大と内科医たちの認識について検討してみたい。

### （1） 内科医社団の認識

この時代にパリ大学を中心とする医学部社団の内科医たちの頭を悩ませていたのは、産後の産婦の死が急激に増加していたことである。この時期になって、これまで特別な名前をもたなかったこの女の病にイギリスで「産褥熱」という名前が与えられ、内科医たちの研究の対象となっていった。本節では、一七八二年にルーヴル宮で報告されたパリ大学医学部の産褥熱に関する報告書（図6—8）を取り上げて、内科医たちの認識と実践を検討し、これがどのような病であり、これに内科医たちがどのように対処したかを探る。

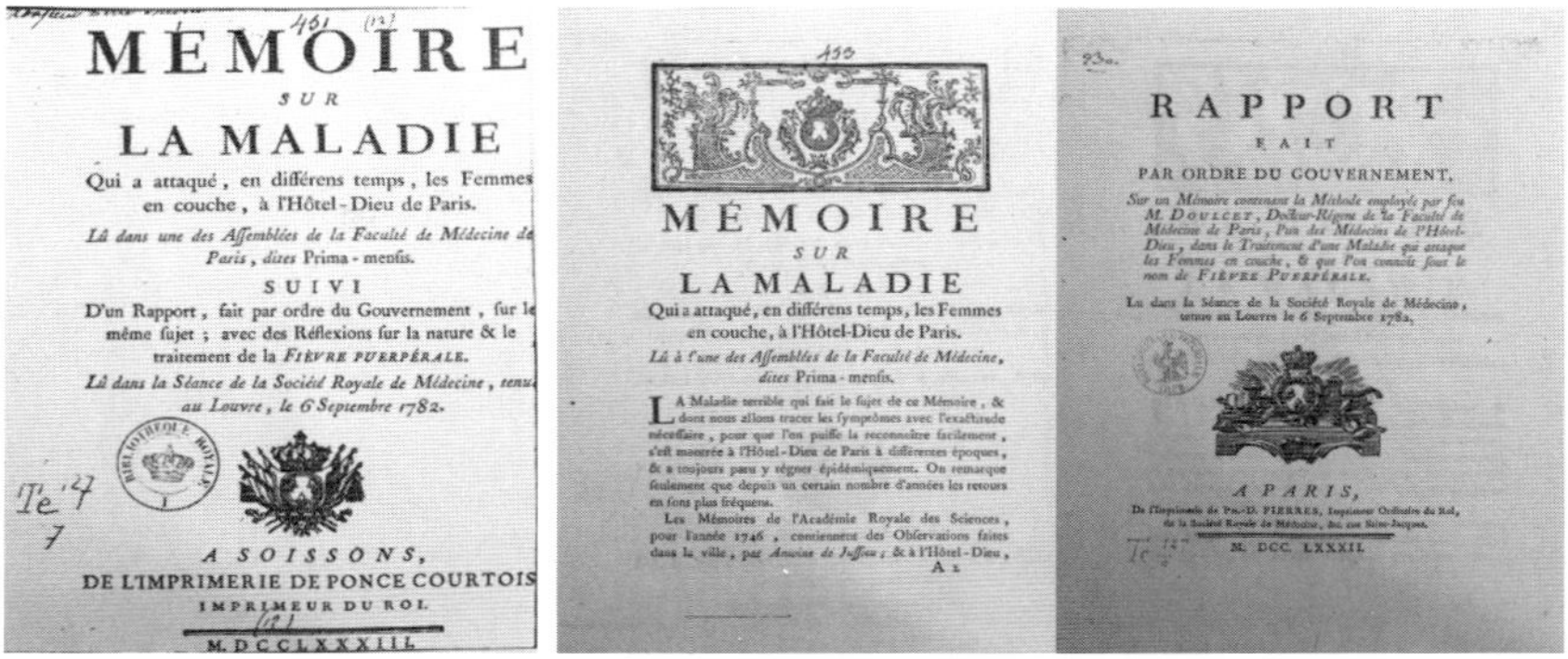

**図 6-8**　パリ大学医学部の産褥熱に関する報告書
出典：左側① 1783 年付と，右側② 1782 年付　*Mémoire sur la maladie*, 1783（①），1782（②），BN 所蔵.

〈医学部社団の報告書（一七八二年）〉

この報告書は「パリの施療院でさまざまな時期に産褥にある女を襲った病についての報告書」と題された冊子で、一七八三年にソワッソンの王立印刷所で印刷されている。総頁が二八頁の小さな文書である。[38] 現在は文書館の保管作業の一環として他のさまざまな小冊子とともに一束にまとめられ、手書きの通番（pp. 452–478）もふられているが、もともとは（1）から（28）の頁数が印字されている小さな冊子である。またそもそもこの小冊子は実際には以下の二つの小冊子が結合されたものでもある。一つは、一七八二年九月一六日月曜日にPrima-mensis《プリマ・マンシ》[39]と称されていた医学部社団の月例集会で読み上げられた論説《メモワール》（四―一五頁）である。[40] 読み上げられた文章の後に施療院に年金を取得して勤務している医師八名の署名があり、そして続く結語の後に医学部長フィリップと医学部のメンバーと思われる四名（マジョル、ローランベルク、デゼッサール、クタヴォ）が署名している。

この報告書を①とすると、それに続く後半の報告（一六―一八頁）書は、時間的には①に一〇日ほど先立つ日付になっていて、「一七八二年九月六日にパリ総督府の命令によってルーヴル宮にある王立医学協会の会議で読みあげられた同じ主題についての論説」とあり、①と同じ産褥熱に関するものであると記されている。これを②とすると、この②の最初の頁の表題にはさらに「パリの医学部の学術博士《ドクトゥール・レジャン》（Docteur Regent）であり、かつ施療院《オーテル・デュー》

（L'Hôtel-Dieu）の内科医の一人でもあった故ドゥルセ氏（M. Doulcet）が用いた、産褥にある女たちを襲った病すなわち今では産褥熱（Fièvre puerpérale）と呼ばれるようになった病の、その治療に関する報告を伴う」とある。ここから②が①に先立ってなされた報告ではあり、①の参考資料として添付されたものであることが分かる。

ドゥルセという医師は教授資格《レジャン》を有する権威ある医学博士であり、かつ施療院の医者を務めていたが、この時点ではすでに亡くなっている。しかしこのドゥルセ博士は、本文からも分かるように、一七七四年頃から施療院に産褥熱が蔓延し始めた際にこれに取り組み、その際に博士がとらえた所見と自分の試みた治療法についての報告書を書き残していた。その報告は、ドゥルセの行った処置が目に見えて効を奏したことを伝えていることから、この報告が注目されたのである。産褥熱の蔓延している状況のなかで、このドゥルセの方法を全国の臨床医に広く知らせて、対応を徹底すべきだと彼らは判断し、ドゥルセの記録をもとに報告文を作成し、ルーヴル宮で読みあげたものと考えられる。

両冊子は活字にして増刷され流布させられる際に一つにまとめられ、翌一七八三年に合本として印刷出版された。この二つの論説の関係は次のようになる。まず②すなわちドゥルセの治療法についての報告がルーヴル宮内の王立医科学協会の会議で九月六日に読みあげられ、八日にルーヴル宮の終身秘書官ヴィック・ダズールがそれに目を通して署名した。その後一六日になって今度は医学部の会議でもこの件があらためて報告され、その際に①が作成された。①の最後にある記述から、この医学部の会議において、首都および全国の地方の内科医にこの病に関する知識とドゥルセの方法を伝え、臨床の現場で役立てることが合意され、それが王国の秘書官によって署名されることで、認可されたことが分かる。①②は内容的に重複して繰り返している部分もあるが、②にしか記されていない部分もある。それゆえ参照可能なように②も添付し、一年後に両方まとめた合本を大量印刷して全国に配布した。この冊子は、全国の臨床医にこの病気への認識を共有させ、有効と思われる対処法を早急に周知徹底するために作成された学術報告書である。この小冊子が全国に流布したのはそれゆえ一七八三年以降のことである。産後にかかる熱病が「産褥熱」という病名で呼ばれ始めるのもちょうどこの頃からのことであったと考えられる。

〈産褥熱への経験的認識〉

この冊子を読んで分かるのは、この病と同じものと思われる症例が観察され所見が報告されることは以前からあったが、それらは他の熱病や胃腸の病気と同等に扱われ区別されていなかったことである。それがようやく最近になってイギリスの内科医たちによって「産褥熱[41]（Fièvre puerpérale）」という名称を与えられ、産後の産婦に特有の病として特定の特殊な病として識別され注目され始めていた。①の書き手は次のように述べている。

> この病は施療院でもしばしば観察されていたし、とりわけここ数年よく観察されている。この施設のなかだけで生じていたものと考えてはならない。一七四六年[42]にパリでこの病を経験したアントアーヌ・ド・ジュシューについては今しがた述べたばかりであるが、それに加えて、観察は多数なされている。パリ市もそこから免れてはいないし、この病はいつも同じように多数の命を奪ってきた。施療院の内科医によるごく最近なされた観察はと言えば、パリでお産をした三人の女が、乳のめぐりが起きるときになってこの病に侵され、瀉血を受けるために施療院に運び込まれ、三人部屋に別々に置かれた際になされたものである。だが彼女たちについての観察について語らずとも、それ以外にもさまざまな時期に集められた考察を引用することができる。たとえばこの病気をうまく識別しうる施療院の内科医による考察や産褥にある女の病について書いてきた著者たちの考察、さらには下腹部から乳〔状のもの〕の流出によって同じように引き起こされる病に「産褥熱」という名称を付けたイギリスの内科医たちによる考察をである[43]。

ここにもあるように、この病に関わる報告や著述は以前から多数あったが、しかし①の書き手は「フランスではこの病についてあまり注意を払ってこなかった」とも言い、その理由を以下のように説明している。

一つは〔フランスでは〕患者の死体解剖が一般にまれだからである。またもう一つは、産褥にある女の傍らに呼ばれるのは医学者でない者たちばかりだからである。つまりこの病の特徴をうまくとらえられる立場にある者が呼ばれないのである、とくに初期の数日に呼ばれない。しかし死はいつも遅くとも七日めまでにやってくる。助産婦（sages-femmes）や産科医（accoucheurs）の大多数がこの病を普通の下腹の膨張とみなしてきたのには十分な理由がある。事実、下腹部の膨張については大まかな報告がいくつもなされており、下腹部の膨張に際しての治療、すなわち瀉血をしたり清涼飲料を飲ませたり湿布剤などが用いられることにより、貴重な時間が失われてきた。このような救急処置に信頼が置かれているがゆえに、病をよりよく理解できる者たちがこの種類《ジャンル》の病の女〔患者〕をもっと効果的に研究することが遅れたのである。女〔患者〕たちはと言えば、たちまち病に屈してしまい、救われたいとひたすら夢見る間もなく死んでしまう(44)。

ここからこの病で亡くなった患者の場合、死体解剖がほとんど行われておらず、また産科医はいても患者の傍らまで来て病気を直接観察することがまれであったことが分かる。また患者が他所から運び込まれる場合には、分娩後時間が経ってからのことであり、下腹部の痛みとなって病が発症してからである。それゆえ施療院では患者の訴えに従ってそれをただただ下腹部の膨張とだけみなして対応し、それゆえ下腹の膨張という見立てに基づいて、瀉血だの湿布だのと通常の処置を施しているうちに患者は亡くなってしまうのである。要するに、この病の性格や特質を十分見極めることができないまま、治療の方針も見えず、有効な治療法が分からずに右往左往していた。現代なら産褥熱と言えば、これは細菌性の感染症の一種であることが分かっている。消毒や抗生物質などで予め十分な予防が行われ、仮に発症したとしても有効な処置によって治療可能であり死に至ることはほとんどない。しかし当時は細菌学も予防学も確立されていなかった。

この叙述に続いて①の筆者は、これまでになされてきた既存のさまざまな考察をもとに、この病を「病の描写（Description de la Maladie）」「病の進展（Progrès de la Maladie）」「死体解剖（Ouverture des Cadavres）」と太字斜体の小見出しを設けながら分節化し、六頁にわたって「ドゥルセ氏によって指摘された、とても好結果の続いている適切な治療（Traitement indiqué par M. Doulcet, suivi du plus heureux succès）」へと筆を進めていく。彼らがこの病をどうとらえていたか、どんな治療に有効性を見いだしていたかを知るために、以下にかいつまんで各節の叙述の中身を見ておこう。

「病の描写」(45)の節では、「この病に侵された女は、妊娠中にも、分娩の後にさえその病は全く表に現れないし、その分娩もそんな深刻な結果がやってくるとは思えない。普通なら安産の出産であり、三日後までは何もかもが首尾よく過ぎていく。三日めは非常に憂慮すべき徴候の現れる運命的な時期でもある」と言う。この「三日め」というのも、「実際にはもっと早い場合もあり、場合によっては分娩後数時間で現れることもある」とも添えられている。そして「それらを見極めるのに決まって見られる共通した徴候は何か」を列記していく。

すなわちその徴候とは突如として現れる「はっきりと分かる熱（une fièvre sensible）」であり、その熱は「依然としてそれほど高くはないとしても、脈拍数は少ないが強く、少し早くなっていく。乳房は、本来ならその時期に達するはずの嵩を増す代わりに、すぐさま生気を失い、腹は膨れ、とてつもなく痛む。悪露の量は減ることなく、流れ続ける。病の本質的な徴候とはこのようなものであり、それがいずれの女にも共通していて、これに体力の衰弱を付け加えることができる」という。また、加えて、差異はあるものの、次のような徴候がこれに続くと言う。

（1）規則的に現れる、精粗の差はあれ激しい震え。
（2）緑状あるいはやや黄色がかったものの吐瀉、およびそれより頻繁に生じる嘔吐を伴わない単なる吐き気。
（3）乳白色の非常に悪臭のする下痢。
（4）眼が見えなくなる。
（5）顔が蒼白になる。
（6）最後に舌は通常は白い泥土で厚く埋め尽くされていて、その舌の色はしばしば下部が黄色くくすんで緑がかっている。

「病の進展」(46)の節では、以上のような徴候が見られたら、それはまさに治療を施すべき瞬間であり、数時間後ではもはや手遅れだと言う。そして「最初の数時間はこうした徴候に付け加えるものは何もなく、それらが急速に増幅していくことだけが観察される」と言う。つまり「脈拍数はますます少なくなるが一回一回が強く、乳房はたるんで、乳の循環が全く起こらない。下腹部の痛みは、その引きつりが激しくなり、耐え難くなっていく」のである。しかし「まもなく、病の二日めの終わりか三日めの間に痛みは減り、しばしば全くやむ」が、これは「油断のならない静けさ！」なのだと言う。「冷たいべたつく少量の汗がそれに続き、大便や汚物の排泄が耐え難い悪臭を放ち、脈拍はかすかになって、絶望的で、意識はなく、患者は病三日めの終わりか四日めの初めに、抵抗の果てに壊滅する」。それより前に死ぬことはまれでしばしばもう少し後のこともあると言う。

「死体解剖」(47)の節では、「この病気に侵された者が効果ある治療を受ける前に動物代謝（l'économie animale）に有害な結果が生じ、下腹部の冷えと精粗の差はあれ変質した物質の流出を経験する事例が多い」と述べ、その流出物がどのようなものであるか、所見結果を以下の七項目に分けて列記している。

（1）その流出物は見たところ乳状の性質からなる。
（2）不透明な乳脂肪という以上にふさわしい比喩が見いだせない。
（3）ものすごい悪臭がする。多少の差はあれ量が多く、しばしばその量は二―三パイント(48)〔＝約二―三リットル〕に及ぶ。
（4）それは腹部の固有の窪みのなかにある。
（5）凝固していて通常非常に白いが大きな塊で絶えず浮遊しているのが見られる。
（6）体内の表面にそれが大量に固着しているのが見つかる。
（7）しかし結局のところ子宮は完全にもとの状態にある。

これらは解剖して目に見えたものを順々に列記したいわゆる観察記録である。

〈これまでの対応〉

ではこうした認識からこうした熱病らしきものに、当時の医師や施療院はどのように対応してきたのだろうか。①の報告によると、これまでにも施療院ではありとあらゆる方法を用いてきたが、治癒には至らず、それらの方法を詳述しても無駄であると言う。実際、施療院の在院内科医の間でも医学部の博士らの月例会プリマ・マンシでも、この耐え難い病についてはしばしば診断の対象になっていたが、いつも結果は報われなかった。その際、吐根（ipercacuanha）が、それ自体実際の治療の根幹をなしていて、一七七四年から投与されていたが、成功はしなかったのだと言う。しかしそれがやがて何らかの効果をもちうることが分かってきたのだと言う。吐根とはブラジル原産のアカネ科の植物の根および根茎で、その根は古くから催吐剤やアメーバ赤痢の特効薬として知られていた。一八世紀にはフランスでも軍隊などで用いられ、救急に際して利用されていた。①の書き手はこれまでの治療の虚しさを次のように述べている。

道理にかなった内服薬が厳密に投与されたのであり、またこの絶望的な状況のなかで、湯浴みや腕や足の瀉血、発泡薬、吸角(ventouses)による瀉血、ヒル(sangues)を使った瀉血、当たり障りのないハップ剤、強壮薬、気付け薬、消毒薬、授乳、乳を出させるための子犬による乳頭の吸引、下腹部への冷水シャワー等々の外側からできると思われる治療が試みられた。しかし結局のところ治癒には至らず、みな等しく死んでしまった。死ぬ以外なかったのである。というのも、この下腹部の窪みにある液上の浸出物は、人がどんなに手を尽くしても吸収できないからである。ましてやそこに豊富に見いだされるチーズの塊のようなものも取り除くことはできない。(50)

①の書き手はこれに続けて一七五三年に亡くなっている外科医プゾー(Puzos, Nicolas 1686–1753)を引き合いに出しつつ、その認識が間違っていることをさりげなく示しながら、近年の施療院での試みが一定の効を奏したことをこう述べていく。

そのことについては著名な産科医プゾーによってすでに考察がなされている。プゾーはこうした状況で、我々の語っているのとよく似た病で亡くなった若い女を解剖したが、彼はその原因をその若い女の抱いた恐怖(frayeur)に帰し、幾人かの内科医や外科医の診断について語っている。そのなかにはあのモラン(Molin)もいた。診断後、プゾーも他の者たちと同じように足に瀉血をしている。それを見るとおそらくプゾーはこの病のことをよく分かっていなかったのだ。彼はこの凝固した浸出物について、自分の言葉で次のように述べている。「かくも急速な浸出を予防できる、人間による方策（moyens humains）はない。また循環経路の外に凝固した乳状の塊を溶解させることは、それを予防すること以上に難しいだろう」と。〔プゾーが言うように〕このように凝固した乳状の物質を溶解させることはおそらくできないだろう。しかし昨年末から施療院で非常に多くの女たちについて繰り返されてきた所見によると、避けがたい状態に至る前にみな死から救い出されている。そのことは浸出が予防でき、いずれの技法もこれを予防することにあると証明している。(51)

興味深いのは、ここでも内科医たちは、プゾーが病の原因を「女の抱いた恐怖」に帰したと述べて、外科医や産科医の認識をさりげなく貶めていることである。と同時に、彼ら内科医の参照していた文献が、臨床の現場にあった産科医たちの残した文献であり、依拠すべきデータの多くが外科医のそれと重なりあっていたことも分かる。

〈一八世紀後半の施療院での流行〉

この①の報告には、ヒポクラテスの『女の疾病（*Morbis mulierum*）』以来、近年に至るまでさまざまな著者がこの病について叙述を残してきたとあり、(52)著者名をいくつもあげているが、そこにあがっているのは、せいぜい一八世紀半ば頃からの人物ばかりである。たとえば一七四六年に施療院にいた医者コル・ド・ヴィヤールおよびフォンテーヌや、アントアーヌ・ド・ジュシューであり、また一七五〇年にリヨンの施療院にいたプトーなる医者の残した叙述である。それらはプー（Peu）やプゾー、ルヴレといった半世紀前の外科医たちの「論集（Mélanges）」に出ている「似たような叙述」だとも言う。(53)そしてそう述べた後で今度はイギリスの動きに触れて、次のように記している。

イギリス人がこの病により詳しく注意を注いだのは、ほんの数年前からである。一七六八年とそれに続く数年の間、ロンドンおよびイギリスのいくつかの地方都市でこの病が流行り、その際にイギリスの内科医たちがこの病に「産褥熱（*Fièvre Puerpérale*）」という名を与えたのである。その際にこの病が、デヌマン、ジョンソン、ミラー、マニング、ホーム、キルクランドおよびバトラーの著作や、とりわけホワイト、ヒュルム、リーケの著作、さらにはジョンストンとスローターによってエディンバラで提出された学術論文のなかで、長々と叙述されたのである。(54)

そしてイギリスの医者たちは、フランスの内科医よりずっと遅くからしか取り組んでいないというのに、「産褥熱」の命名をし、論文が多数出されており、明らかに先を越されてしまったと①の書き手は嘆いている。またこのイギリスの状況にただただ学ぶだけではまずいとばかりに叙述は次のように続いていく。

これらの著者たちの叙述に我々はさらに、一七七七年にシゴ医師がパリの医学部のプリマ・マンシで報告しその帳簿に記録した所見も加えてまとめて一書にしよう。当時シゴ医師はパリの施療院で患者を観察し治療していたが、その被害の証言者であるソリエ氏が〔シゴ医師の〕所見を帳簿に書き込んだのである。ドゥブレ医師も同様にパリの医学部に属し、一七八一年一一月から今日までにヴォージラールの病院で同様の性格のいくつもの事実を観察してきた。ラ・ロッシュやジュネーヴの医者も王立内科医協会で産褥熱についてのまことに学術的な論文を読み上げた。我々が祖国の事例をあげるのには理由があるのだ。(55)

その理由というのは、フランスの報告は、症例の観察が豊富で、細部においてイギリスでの知見とは異なる部分があるからであり、また何よりも早い段階で吐根を服用して嘔吐させることで治癒に至っているからだと言う。

こうした一連の説明から見えてくるのは、いずれにせよ、この一八世紀半ばには、イギリスでもフランスでも産褥熱が目に見えて増えてきていたという事実であり、とくに七〇年代、八〇年代の後半になると無視できない規模で増加していたことである。だからこそ内科医たちはこの事態に特別な注意を払い、対処することを余儀なくされていたのである。それによって初めてこの病が普通の熱病とは異なり、出産後にやってくる特殊な恐ろしい病であるとの認識が生まれつつあった。

〈ドゥルセ博士の治療法〉

さて、ではドゥルセの治療法とはいったいどのようなものだったのか。ドゥルセの治療法も実は吐根をベースにしたものであるが、①の書き手は以下のように語り、病が発症する初期段階で吐根を服用させて嘔吐を繰り返させることで結果的に患者を救い出すことができたという。

ドゥルセは、ある日、分娩したばかりのある女がその病の最初の発作に苦しみ吐き気を催し、病の兆しを迅速に感じ取ったまさにそのときに、すぐさま一五グラン(56)（grains）の吐根を二回に分けて服用させ、嘔吐させた。翌日にもう一度嘔吐させた。それから症状が顕著に小康状態にあるのを見てとった後、ドゥルセは、紅安鉱（kermès minéral）二グランを加えた油を含んだ水薬で、この二度めの服用によって生じた排出を持続させ、蓄積物の形成される危険を防いで患者を救った(57)。

一五グランというのはかなりの分量であるが、病の徴候が出てきたらすぐに吐根を大量に服用させ、嘔吐させているのである。吐根はもともとブラジル原産で、トゥピ族の言葉で「吐き気を催させる草」という意味をもつ「イペカキュンナ」に由来し、その名の通りこの植物の根には催吐作用のあるケファリン、エメチンなどのアルカロイドが含まれている。これらは窒素を含む塩基性の植物成分でアメーバ赤痢に効き特効薬として用いられていた。実際『医学大辞典』によると吐根は劇薬であり、去痰薬、催吐薬とあり、気道分泌亢進作用、抗ウイルス作用、抗赤痢アメーバ作用、免疫応答阻止作用があると記されている。また同辞典には、吐根アルカロイドはエメチンが主成分で、胃粘膜に直接刺激作用を発揮し、反射的に嘔吐中枢を興奮させることにより嘔吐を惹起させる。また少量で気道分泌を促進する作用があり去痰薬としても有効だという[58]。

吐根は一八世紀後半のフランスではよく知られていた薬剤である。たとえばピエール・バイヤン（Pierre Bayen 1725–98）は七年戦争初期のミノルカ島の海戦（一七五六年）で従軍薬剤師として活躍し後に王国の薬剤師として抜擢され出世した薬剤師であるが、彼が作成した傷病者および熱病、梅毒患者のための治療に必要な薬剤の膨大なリストにも吐根が含まれている。実際、バイヤンはマルセイユ中の薬局を歩き回って、テリアク、アルケルメス、ヒアシンス、キナノキ、水銀、スキヌ、サルサパレイユ、ヴィネガー、セイヨウネズとともに、吐根を船団に載せて戦地に送っている[59]。吐根が早めの服用で産褥熱に効いた可能性は十分にある。

①の書き手によると、ドゥルセはこの結果に学び、意を強くするとともに、すぐにこの治療薬を患者に迅速に服用させられるよう施療院の助産婦の師範にこれをもたせて処置を委ねることが必要かつ不可欠だと認識したという。①の書き手は、ドゥルセの叙述をそっくり引用しながら、助産婦の師範たちを「非常に技能に長け、聡明であり、最大の賞賛に値するし、この種の病の侵入について一生懸命学ぶ[60]」と褒めちぎっている。当時なお施療院では、内科の医者はめったに患者の前には現れず、助産婦こそが患者と直接交渉する助産の担い手でもあった。それゆえ患者がその症状が悪化して内科医の前に現れてからでは手遅れになる。だからこそ患者と接している助産婦たちにこの薬をもたせて臨機応変に患者に服用させることが不可欠だとドゥルセは考えたのである。ドゥルセは特別に助産婦の師範に「病

が発症していなくても病の初期症状の顕れた女にはすべて吐根を、昼間であれ夜中であれ、いつ何時でも服用させよ」(61)と命じた。

ここで注目しておきたいのは①の書き手がこの病を疫病《エピデミ》（*épidémie*）とイタリックで記していることである。「この疫病は猛威をふるい、助産婦の師範は数ヶ月にわたって休む間もなくずっと患者を見守り、疲労と闘わねばならなかった」と。当時はこの病は大気を介して広がる流行病と理解されていた。しかしドゥルセ博士のやり方で施療院に運び込まれた二〇〇人以上の女が救われたともいう。「亡くなったのはわずか五—六人」であると。その亡くなった女たちは「ドゥルセの治療を受けたがらず、どうにも説得のできなかった者たちである」とも添えられている。また亡くなった女を解剖した結果、彼女たちの体のなかには凝固した乳状のものがみられ、それはそれ以前のこの疫病と同じ症状であったという。治療を素直に受けた者は助かっていることから「ドゥルセの治療法には効果がある」と判断されたのだという。そして最後に「ドゥルセの方法をうまく成功させるためには、疑い深い者や妬み深い者たちからどんなささいな疑問でも取り除いてやる必要がある」と締めくくられている(62)。

### （2）瘴気（miasme）説の根強い存続

産褥熱は、創傷に腐敗物やばい菌が接触することによって引き起こされる感染症の一種である、と現代なら簡単に説明することができるが、しかしこの時代には、すでに見たように、流行病であるという理解が支配的で、それを前提とした接し方が広く共有されていた。流行病であるがゆえに、瘴気によって伝染するのを怖れて解剖もめったに行われなかったというのが実際である。一九世紀半ばになってもその認識はほとんど変わらなかった。

〈レイ博士の報告書（一八二四年）〉

たとえば元パリ大学医学部の医学博士J・D・レイは、一八二四年に産褥熱についての報告書(63)を書き、印刷冊子として流布させているが、そこでは産褥熱を腹膜炎（péritonité）の一種とみなしている点では一見新しいように見えるものの、予防に関する認識は皆無で、処方箋として参照されているのはドゥルセの示した吐根の服用と嘔吐による処置だけである。

実際、レイ博士の冊子は一七八三年の冊子の吐根の服用に関する叙述の部分をそのまま引用してあげているだけで、病そのものに関しての理解や治療内容について新しいことは何も述べていない。冊子に書かれている説明によると、レイ博士は従軍外科医としてイタリアやアルプスにいた経験をもち、シャティヨン・シュル・シャラロンヌの病院で内科医として勤務したともある。冊子出版当時は、アン県（ローヌ・アルプ地方北部）の農業協会の会員であった。レイ博士はパリ大学の医学部時代の経験から吐根による治療についてよく知っていたのであろう。しかしドゥルセの治療法が一八二四年になっても唯一の有効な治療法として参照されていたのだとすると、産褥熱についての認識と対応はこの時点でも革命以前とほとんど変わっていない。

〈エストーの博士論文の認識（一八一二年）――器具との関連〉

またストラスブールの医学部に提出された一八一二年の学位論文三三件のうち、一件は産褥熱を扱っている。それはジョゼフ・エストーなる医学生による『鉗子によって終えられ、その後、胃に粘膜性の産褥熱が生じた分娩についての所見(63)』と題された論文である。この博士論文は産褥熱を鉗子分娩に続いて起こる病として特化し、症例を分析している点で注目に値する。エストーはこれまでの産科医の実践には批判的であると同時にまた生理学者の怠慢にも批判的である。彼は産科医たちは必要もないのに頻繁に鉗子を用いていると言い、臨床の現場にある産科医たちが出産

（parturition）を分娩（accouchement）と取りちがえていると言う。また生理学者も出産を産科学者にすっかり委ねてしまい、関与することを放棄してきたと言って批判している。(64)

ちなみにこの博士論文の書かれたのは革命後であり、この頃には革命期に出された社団の廃止令（一七九一年）によって医学部社団もいったん解体され、一九世紀の大学医学部は内科と外科を総合し一つの学部として再編されていた。そのため、革命以前のような内科医と外科医との対立は表立ってはなくなっていたが、革命前に教育を受けた内科学教授や外科学教授たちが革命以後にも大学に籍を占め、その弟子筋もいて学位審査に携わっていたことから、革命以前の分断や対立はそのまま継承され、水面下に潜在し続けていた。

エストーはここで鉗子やその他の器具を用いることを全否定しているわけではない。彼は、鉗子の利用は胎児を傷つけないために必要不可欠な方法であると述べ、その上で、スメリなどの鉗子分娩のやり方を文献に基づいて引用しながらさまざまな場合について吟味している。そこから産婦を仰臥の状態でしっかりと固定しなければならないと注意を促し、鉗子使用にあたって器具は厳密にどのように用いるべきかを指南し、瀉血はこれまで必要もないときにもなされてきたのではないかと問いながら、分娩の仕方そのものについての細かな吟味を行っている。(65) エストーがこのような題材を博士論文の主題として選んでいるのは、彼自身が産褥熱に対処したいという思いを抱いていたからでもある。また器具の使用と産褥熱の蔓延との間に何か関係があるのではないかと直感していたからでもある。エストーはここで産褥熱を理解するにあたって人間の生理的な働きへの配慮が欠けていることを憂い、それによって生理学の重要性をあらためて主張している。

しかし、産褥熱の症状や解剖結果についての観察報告は記しているものの、その原因についての真正面からの調査分析は行っていない。鉗子分娩に続いて起こる産褥熱が単なる胃炎とは異なることを主張するばかりである。実のところ、産褥熱は一九世紀の半ばになっても長らく瘴気（miasme）による流行病とみなされ、その対策にはせいぜい環境衛生の整備や貧困対策が考えられていただけである。瘴気とは腐敗物から発生するガスのことで、大気中に存在する有毒ガスをさし、それが伝染病の原因であるとする考え方である。そのため一九世紀になっても医師は感染の危険があるために産褥熱に感染した死体を解剖してはならないと言われていた。産褥熱で亡くなった女の死体には何か特殊な固有の病毒があり、それが他の人間にも空気を通じて伝染すると考えられたからである。実際、施療院や大学病院などで解剖数が増えると産褥熱も増えていたため、その考えは広く共有されていた。

〈ゼンメルワイスの試み〉

それに対して一八四七年、若くしてウィーン大学の医学部に勤務していたブダペスト生まれの医者イグナス・フィリップ・ゼンメルワイス（Ignaz Philipp Semmelweis 1818–65）が、偶然、単なる創傷に起因する創傷熱と産褥熱の症状が類似していることに気がつき、産褥熱は実は特殊な病毒による伝染病ではなく、分娩に際して何らかの創傷を負い、産後に何らかの病毒がそこから接触して産婦の体内に入って発症した創傷熱の一種なのではないかと考えるに至った。

ゼンメルワイスはこの仮説を証明するために、妊婦を診断する全学生に塩素水に手を浸し、さらに指の爪をブラシで洗うことを命じた。なぜなら単純に手を洗うだけでは病毒はとれず、爪の間などに残ると考えたからである。この手の洗浄の効果は覿面に現れ、産褥熱の発生率は数ヶ月で一八・二％から三・〇四％に激減した(66)。ゼンメルワイスはその後の調査も経て、産褥熱が感染症であり、予防には塩化石灰水で手を洗う方法が有効であることを確信した。

しかし残念なことに、その時代にはまだ病原体の感染によって疾病が発生するという考え方はなく、死体や排泄物に病毒があり、それが傷から感染するというゼンメルワイスの考えはかなり突飛な考えと受けとめられた。またゼンメルワイスは当時まだ若く未熟な医師であると見られていたこともあり、彼の仮説は、瘴気説に固執していたオーストリーやドイツの医学界では相手にされず、ほとんど受け入れられなかった。ゼンメルワイスは失意のなか、故郷のハンガリーに戻り、ブダペスト大学の聖ロック病院に勤務することになるが、そこでも実績を上げ、自説にますます確信をもつようになった。そこで産褥熱の予防法を示し、消毒の重要性を国際的に認めさせようと一八六〇年に『産褥熱の原因、概念および予防法』と題した著書を出版している。しかし彼の主張は当時の学会の認識からは受け入れがたいものであり、非難され、妨害され、異端視された。彼はそれでも産褥熱によって亡くなる産婦を減らそうと果敢に自説を主張し、頑迷な医師たちに公開状を書いたり、政府に働きかけたり、また街頭にも立って人々に直接語りかけ予防医学の重要性を説き続けた。しかし当時の学界ではついに認められることはなく、晩年には過労もあって敗血症にかかって亡くなっている。(67)

〈瘴気説の根強い存続〉

ちなみに一八六〇年前後の頃にヨーロッパの医学界で産褥熱に関する研究で知られていたのは、ルードルフ・ルートヴィヒ・カール・フィルヒョウ（Rudolf Ludwig Karl Virchow 1821–1902）という病理学者であるが、彼は産褥熱は瘴気が原因であるという説を唱えて学界を制していた。彼は鋭い論客でもあり、ヨーロッパの医学界きっての大権威でもあった。一方、ゼンメルワイスは多くの医学者に公開状を送り、自説を伝え、検証を促していたが、面目をつぶされることを懸念した関係者は少なくなく、彼らはほとんどがゼンメルワイスつぶしで一致団結し、ゼンメルワイスの主張を無視したり、彼を産褥熱の学会に招待しないようにするなど、あの手この手でゼンメルワイスの声を抹殺しようとしていた。

そんななかでただ一人ハイデルベルク大学のウィルヘルム・ランゲがこれに立ち向かい、ゼンメルワイスの予防法を検証実験し、顕著な成果が出たことを報告した。しかし、フィルヒョウはこれを即座に粉砕した。彼はランゲの報告を十分に吟味することもなく、自分の病理学説に矛盾することを根拠にゼンメルワイスの予防法は全く取るに足らぬ謬論であると断言した。無理が通れば道理が引っ込むで、これ以後、ゼンメルワイス説は完全に息の根を止められ、学界から抹殺された(68)。かくして産褥熱の予防法はゼンメルワイスによってすでに一八六〇年頃には見いだされていたにもかかわらず、こうした医学界の硬直した権威主義が原因で広がらなかったのである。それほどに瘴気説は命脈を保っていたということでもある。

〈産婦の死の原因の解明〉

その後、一八六〇年代から七〇年代になると、ルイ・パスツールが微生物研究により牛乳の低温殺菌法を考案し、また蚕の病気研究から病原菌を発見し、そこから予防法が徐々に認識され始める。さらにパスツールによる牛の炭疽菌研究がヒントになって、一八七六年にはロベルト・コッホが炭疽病の原因が細菌によるものであることを実験によって証明した。コッホは一八七九年に「創傷感染症の原因について」という論文も発表している。ゼンメルワイスの著作から二〇年近くが経っていた。コッホはその後も結核菌(八二年)やコレラ菌(八三年)を次々に発見し、彼のもとで細菌学が徐々に姿を現し始める。しかしこうした細菌学や伝染病研究が広く認知され国際的に確立していくのは、一八八八年のパスツール研究所の設立や一八九一年のベルリンでの伝染病研究所の設立以降のことである。

この頃になると病気やその原因についての認識はいよいよ変わらざるをえなくなっていた。そしてこうした細菌学研究の進展により、ゼンメルワイスの主張した病原物質についても化膿性の病原菌であることが実験によって明らかにされていった。ゼンメルワイスの学説——病原物質は人々の手指はもとよりあらゆる物質に付着して存在し、それらが空気感染ではなく創傷に接触することで創傷熱等の感染症が発生する——はすべて間違っていなかったことが確認されたのである。かくして産褥熱による死は、一九世紀の終わりに予防法が確立されていくことによってようやく激減していった(69)。ゼンメルワイスの業績は、パスツールやコッホとも並ぶ、細菌学研究の先駆けとも言うべき重要な発見であったが、不運な顛末も影響して、ゼンメルワイスは産褥熱の研究にのみ結びつけられ、その後の医学史のなかでは存在すら忘れ去られてきた。

### （3）産婦の死と紛争との関わり

以上から明らかなように、瘴気説の支配的な一八世紀の後半には、「産褥熱は伝染病である」という認識を誰も疑わなかった。当時は創傷からの病毒の感染という考えは存在せず、残念ながら産褥熱を未然に防ぐ手立てはなかった。つまりこの時期の施術に金属具が安易に持ち込まれると、母子の命を救うどころか、かえって感染症によって犠牲者を増やす結果になった可能性が高いのである。とくに金属具を使った助産は身体を傷つけやすく、また十分な消毒もなく使い回された可能性があり、鉗子や鉤の手を有用な道具とみなして使えば使うほど、産褥熱の感染源となっていた可能性が高い。

もちろん産褥熱それ自体は鉗子その他の金属具の使用以前にも生じていたにちがいない。ヒポクラテスの指摘にもあるように、難産に続いて生じる病であることを誰もがうすうす察知していた。産褥熱は、創傷への病原菌の接触が起こればいつの時代にも誰にでも起こりうる病である。事実、ゼンメルワイスは自家感染についても言及している。消毒を怠れば外陰部や悪露等に繁殖した病原菌がたまたま上部産道の創傷部に接触して感染するということが十分起こりうる。しかしゼンメルワイスの報告でも言われているように、こうした自家感染による発病者は少なく、概して軽傷であった。

一方、施療院のように、大勢の産婦を相手に器具を使い回すような環境の場合には、実際、施療院にいたがためにかえって感染してしまうということがあった[70]。先の一七八三年の冊子でも触れられていたように、自家感染の患者で症状が重くなってから運び込まれてきて亡くなっているケースもあるが、それは瀉血を受けるためにやってきた患者であり、むしろ例外的なものである。この時代の施療院は現代の病院とは違って、入院患者は通常は身寄りのない貧民や行き場所のない女性たちであり、彼女たちがやむなく辿り着く場所でもあった。産褥熱が貧困と重ね合わせて理解されたのも無理からぬことであった。

一八世紀後半になって施療院で大量に産褥熱が発生したのは、出産数それ自体が増えていたこの時期には、施療院で出産をする女性の数も増えていたことと無縁ではない。しかしまた、それに加えて器具や手からの感染が放置されたことも無視できない。創傷への十分な配慮がなされぬまま、また感染への予防もないままに、無防備に手や道具が挿入されると、施療院のようなところでは、次々に細菌に感染していく可能性が高い。一八世紀後半に産褥熱が頻繁に起こり猛威をふるうようになるのは、産科医や助産婦の介入が頻繁になり、鉄製の金属具が用いられたり、手が挿入される機会がそれ以前よりも増えていたことによる。つまりこの時期から産科医は、ルヴレなどの推奨もあって鉗子や道具を使用することが一般化していき、難産であればあるほど母体が産褥熱に罹患する確率が急速に高まっていったのである。

〈ストラスブール帰りの助産婦の助産と産婦の死〉

モーシュやヴェルシュホルツ、マルメルスパックの女たちの声として残されているのは「ひどい治療／処置をした」「乱暴なことをした」「外科医が立ち会って施術を行った」「女房を五人死なせた」といった断片的な言葉だけである。しかしこれらの言葉からも、それまでの教区の女たちが経験したことのない予想外な処置が行われ、産婦が理不尽に命を落とす結果がもたらされたことへの衝撃と怒りが読み取れる。文献史料を読む限り、鉗子の使用が行われたとはどこにも書かれていないが、しかしこの紛争の根底にはやはりこうした助産技法の中身に関わる問題があり、モーシュ他三集落の女房たちや共同体の訴えのなかでは最初からこの助産のやり方が問題になっていた。ここでは、当初からその助産を受けた者が「ほとんど助からなかった」ことを伝えていた。また医者の立会いのもとで行われた施術の後、亡くなった妊婦がいたことは、レーシュステッテールの書簡からも伝えられている。要するに、単なる妄想や思い込みで嫌悪したのではなく、実際に助産を受け、施術を目の当たりに、また耳にした女たちが、この助産の実態に衝撃を受け、心から恐れ、嫌悪したのである。それがことの始まりである。

以上の考察を踏まえて考えると、産婦の死は、道具の使用と密接に関連していたと考えられる。改良されたルヴレの鉗子や鉤の手、あるいはそれに類する金属具が胎児の娩出のための処置に用いられた可能性は高い。たしかにカトリーヌ・シリングは、講習会で教えられた通り、忠実にその職務を果たそうとしただけである。しかしそれまでこの農村では、どんなときにも産婆によって難産は切り抜けられてきたのであり、外科医が助産に呼ばれることはほとんどなかった。その技能を当てにして呼ばれた産婆は、手を使う助産を行い、子どもを犠牲にしてでも胎児を引き出し、母体を守ることに力を注いだ。したがって子どもはやむなく死産になることはあれ、産婦までもが出産によって命を落とすケースは、あったとしてもきわめてまれであったと考えられる。それがカトリーヌ・シリングが職務に就いてからは、頻繁に外科医が呼ばれるようになり、外科的な施術が行われたのである。教区の女たちにしてみれば、何よりもまず外科医を安易に呼び込むことにそもそも違和感があっただろうし、また結果としてその施術によって産婦まで亡くなってしまうことには大きな衝撃を受けたであろう。そしてその噂はすぐに渓谷中をかけめぐったに違いない。しかもそうした産婦の死は、比較的、短期間のうちに何度も起きていた。女房たちからしてみれば、新しい助産婦が橋渡しとなって呼び込んだ施術と産婦の死との間に因果関係があることを疑う余地はなかった。彼女たちは、その原因について、道具の使用とそれによる創傷感染にあると、そのメカニズムまで認識できていたわけではもちろんない。しかし新しい助産婦の到来と産婦の死は、そのよくわからない施術への恐れもあって、容易に結びつけられていったと考えられる。

〈助産の場・人間の関係・仕方の変容と命の危険に直面して〉

新しい助産への嫌悪は、しかし、単純に技法の問題だけではなかっただろう。出産の場はそれまで教区の出産経験をもつ既婚の女房たちによって担われていたのであり、難産に際しても産婆がそれに最後まで関わり対処していた。次に産婆となる者は、前の産婆について見習いをしながら、難産への対処法を学んでいったのであり、さまざまな技法を駆使して、何よりも母の命を救う術を身に着けていった。必要なら産婦の命を助けるために手を子宮の内部に入れ、子どもを犠牲にすることもありえた。旧来の産婆と目された女たちは、呼ばれたからには経験を駆使して、自力でこの難局を切り抜けることをめざしていたのであり、そのための手技は暗黙の裡に行われる秘儀でもあった。それゆえどんなに危険な状況でも、産婆は気丈に対処したのであり、滅多なことでは外科医が呼ばれることはなかった。ところがカトリーヌ・シリングは、経験も乏しく、子宮の内部に自ら手を挿入することはそもそも教えられていない。したがってせいぜい逆子の娩出を試みることはありえても、それ以上のことは一人ではできない。逆子の娩出も万能ではなく、いつでも適用できるわけではない。彼女の学んだ技法は、限られた難産にしか対応できない。彼女はしたがって、どうしたらよいかわからなくなることがしばしばあり、あぶなくなると、自分の力で何とか子どもを摘出することをあっさりとあきらめ、外科医を呼んでくることを躊躇なく選び、後は外科医の道具を使った施術に産婦の身を委ねて、切りぬけようとした。

ルヴレの産科鉗子が普及したことや、この時代の外科医たちがこぞって鉗子や道具に対する信頼を深め、それまで以上に自信をもって道具を駆使しただろうことは、すでに見てきた産科学の確立の動きからもみてとれる。しかし農村の助産においては当時めったなことでは外科医は呼ばれなかった。彼らが実際に農村の家々に赴き、施術に携わるためには、彼らが農村のとりわけ子どもを産む可能性のある女たちから呼ばれ、頼りにされなければならない。しかしそのような現実は存在しなかったのであり、彼らがそこまで赴くためには、産褥のその場に呼び入れることを促し、説得する仲介者、橋渡しとなる者が必要であった。それがまさにこの講習会で養成された助産婦だったのである。新しい助産婦は、この新しい技法を駆使する外科医を農村に呼び入れる媒介者の役割を果たしたのであり、外科医の施術を手伝い、補助する助手でもあった。

鉗子はメカニックで進歩的な道具であり、その後も時間とともに改良が加えられ、病院出産が支配的となる二〇世紀半ばに至るまで、助産の不可欠な道具、手段として位置づけられ、利用されていった。しかし鉗子は、少なくとも一九世紀の半ばに至るまでは、母子の命を救う上でほんとうに有用であったのかと言えば、必ずしもそうではなかった。この時期には、むしろそれ以前の助産よりも危険でさえあったのである。すでに見てきた通り、金属具を用いることで母体が傷つけられ、外科医の施術によっても、産褥熱の罹患者は増加していたからである。この病に産褥熱という名称がつけられ、病が病として特定されていったのも、この時期に鉗子分娩が広まり、金属具によって母体が傷つき、そこから感染して産褥熱にかかり、亡くなる犠牲者が増えていたからである。消毒や予防という概念が存在しない時代に、難産に際して鉤の手や鉗子などの金属具が使用されれば、子宮内や膣、産道に創傷ができ、そこに手指が接触しただけでも、そこから細菌が入る可能性が生まれる。器具の洗浄や保管がどのようになされていたかも大きく関係するだろう。手技しか用いられなかったときには、金属具を挿入する場合に比べて、母体の内粘膜が傷つけられる可能性は相対的に低い。この時期の助産婦の制度化は、それまでの産婆、地域にいた女の助産者がその助産者としての主体性を喪失していく過程であり、また、女を媒介にしながら、外科医が助産の中心へと進出し、その施術を行使していくことが可能になっていく時代である。養成された助産婦は、学んだことに忠実であり、優秀であればあるほど、外科医を呼び入れる橋渡しとして機能したのである。

〈産婦の死と村落共同体の対応〉

もちろん五人の「女房たち」がどのような処置で亡くなったか、その詳しい理由は残された紙文書には書かれていない。当の処置を受けた産婦が亡くなってしまっている以上、産褥の場で何が行われたのか、同じように処置を受けながら死を免れた女からの聞き取りによってしか知ることはできないが、それはかなわない。この時代には出産時に難産で命を落とす危険が常に何％かは存在した。しかもこの時期は急速に人口が増えていたのであり、死者の数も増えていただろう。とくに捺染工場の到来によって人口が急激に増えていたこの渓谷にあっては、出産の数それ自体が増えていたのであり、出産時の死者の数もそれに比例して増えていただろう。だから五人という数字が出産数全体からみて以前より割合として多いと俄かに断言することはできない。しかしこの場合に重要なのは、五人か一〇〇人かという数の多寡ではない。死は、生と死の狭間にある、まがまがしい境界の徴であり、それ自体がイマジネールな想念の源となる。教区の女房たちは時間の推移のなかで新しい技法に忠実なだけの助産婦をますます危惧するようになったと考えられる。

折しも、森林問題ではすでに教区民たちは困窮の極みにあり、生存の危機に直面していたことは見てきた通りである。捺染会社から支払われる賃金がかろうじて教区民の生活を支えていたときに、その伴侶たちが助産を受けて、その後、ほとんどの産婦が助からなかったことは、大きな衝撃を呼び起こしただろう。

# 結　論　「選ぶ自由」の承認と慣習の形成

以上の考察を通じて、最初に抽出した謎はどれだけ解明されただろうか。まず最初の謎に関して明らかになったことは、多数決で選ぶという助産婦の選任のルールは予め存在していたわけではないことである。はっきりしているのは、この紛争の中心には必ず女房たちがいて、彼女たちが当事者の目で見て、助産婦の資質や能力を判断していることである。彼女たちは、助産に必要なことは何か、誰であれば助産婦の仕事を果たすことができるかを自らの経験から吟味し評価している。また女房たちは教区／村落共同体の吏員たちの支援を得て合議し、助産婦を選ぶ主体は自分たち「当事者」であることを再確認するとともに、自分たちの求める産婆の継続、選出を求めて請願へと向かった。それは女房たちからすれば、本来ありえたはずの産婆／助産婦を「選ぶ自由」を取り戻す運動であり、外部から新しい要件や資質が助産婦の基準としてもちこまれたときに、その判断や選任の基準に加えて、「女房たち」自身の判断を組み込み、女房たちの選択が新しい制度のなかでも尊重されていくことを可能にするための運動でもあった。

このことは、この時代の女房たちには助産者の資質や能力を見極め、誰がより優れた産婆であるかを判断できるだけの経験や知恵があり、教会や国家が必要なものとして押しつけてくる資格や知識とは異なる判断基準をもちえていたことを意味する。助産についての経験と知恵がなければ産婦は必ず危険にさらされると彼女たちは信じていたのである。その具体的な中身については、紙文書にはほとんど書き残されていないが、間違いなく女房たちは「当事者」にしかわからないことを知っていたのであり、女房たちの判断や意思が無視され、ないがしろにされることに対しては激しく抵抗したのである。

モーシュ他三集落やドン・ジェルマンの教区に共通して見られたのは、二重の選出による対立という係争の構図である。ロレーヌでは、ドン・ジェルマンでの紛争の果てに最高法院の下した判決をもって「教区の女房たちの多数決による選任」が一つの手続きとして公認されていく。この事例と照らしてモーシュ他三集落の場合を見るならば、モーシュ他三集落の紛争の場合は、二重の選出という点では共通している。しかし国王への直訴が行われ、その結果、地方長官の決定の正当性についての調査が始まってはいても、国務会議の最終的な判断を見るには至っておらず、紛争半ばにして結末を見ないまま終わっている。

しかしどちらの紛争でも、対立を通じて一つのルールが立ち上がってくる点は共通している。女房たちはそれまであった自由、産婆を「選ぶ自由」の回復を求めて立ち上がったのであるが、紛争を通じて紛争を解決するための一つのルールが姿を現していく。すなわち「多数決」による選任である。しかもそれは集まった者の総意ではなく、全体のなかの多数者の選択が全体の集団の意思となるという、より厳密な意味での多数決原理である。ここでの紛争は、結局のところ、当事者である女房たちがその本来もっていたところの「選択の自由」を守るために、衡平な参与のためのルールを打ち立てていく運動でもあった。

ロレーヌ南部のドン・ジェルマンの紛争に対してなされた最高法院の判決が、アルザス南部の教区に伝えられていた可能性も考えられないわけではない。地理的な近さや交易の頻繁さもあり、伝播も十分ありえたからである。しかしロレーヌの場合も、判決が流布したから慣習が確立されたと言えるのかどうか、判決など知らなくとも、その都度、紛争を通じて女房たちの選任への関与の重要性が認識されていった可能性もあるからである。実際、ベルフォール補佐管区の事例でもサン・タマラン渓谷の事例でも以前から選ぶルールが伝播されていて慣習として確立されていたというよりも、司祭の選択や洗礼拒否による強制に承服しかねた女房たちが前の産婆や別の女を選び直すという過程を通じて、その運動のなかで新たな選任のために必要な手続きが浮かび上がってくる。何が重要かということがまさに運動を通じて確認されていくのである。

この紛争はそれゆえ、一つの慣習や約束事が、動的な交渉を通じて創造され生成されていく過程である。教会や国家、領主と当事者である女房たち、吏員たちの間の相互交渉のなかで、女房たちの参与の必要性が認識されていく。こうした運動を通じて女房たちの意思決定を尊重することが不可欠であることが理解され共有されていくのである。それまで助産婦を選ぶルールのなかったところに「助産婦は教区の女房たちの多数決で選ばれていなければならない」というルールがいままさに立ち上がらんとしている。紛争は、新たな規範がもたらされるなかで、当事者である女房たちが選任に参与し、意思決定しうる回路を確立していく過程であり、紛争それ自体が新たなルールの生成の場だったと言える。

もう一つの謎についてはどうか。すなわち教区の女房たちは新たな受講生を選び直し、その女に資格を取らせて正式な助産婦として認めさせるところまで至るが、認めさせた後にも女房たち、吏員たちは最初の助産婦の罷免を求め続ける。最後には国務会議にまで訴えを起こすが、それほどまで徹底して自らの論理を貫徹させようとしたのはなぜだったのか。モーシュ他三集落の女房たち、吏員たちがそこまでして何が何でももう一方の助産婦を職務から遠ざけなければと考えた理由は何であり、それによって結局のところ彼らは助産における何を守ろうとしていたのかという問いでもあった。

これについて本書が明らかにしてきたのは、モーシュ他三集落に見られた動きには他地域にはない特異な内容が含まれていたことである。この事例分析を通じて言えることは、紛争の強度は、その時代の当該地域の蒙っていた諸変化、変動と密接に関わっていることである。女房たち、吏員たちがあくまで前の産婆の娘ボーヴァンリートの唯一性にこだわり、もう一方の助産婦の罷免を求めてとことんまで突き進んだのは、地域内部に潜在する変動とゆらぎのなかで生まれる不安や緊張に突き動かされていたからでもある。この渓谷の共同体は、存立基盤である旧来の権利や自由――森林や共有地の利用権――が、この時期に至るまでに徐々におびやかされ、生存の危機に直面していた。生きるために必要な資源の利用を禁じられ、利用すれば罰せられ訴えられるという状況はすでに異常な事態であり、そのような状況を生み出している領主への不満や怒りはこの時期いよいよ高まっていた。そのような状況のなかで助産婦をめぐる紛争において二人を職務にとどめるという決定がなされたとき、モーシュ他三集落の吏員たちには、バイイと地方長官が司祭の側に不当に加担していると思われたのであり、領主への批判と領主とバイイや地方長官への批判が深く重なりあっていたのである。領主の利害への王国役人たちの不当な加担を糺すことと、助産婦の選任における不当性を糺すことが意識のなかで深く結びついていったのである。ここでは紛争を前へと推し進めていくだけの原動力が地域の側にあり、それがあったからこそ、この紛争はとことんまで推し進められていったと考えられる。領主による森林や入会地の囲い込み、違反者の摘発や訴えは、すでに以前からなされていたが、領主に対して向けられた批判は、同じようにバイイに対しても向けられ、バイイと結託し、地域利害に加担しているとみなされた地方長官にも向けられたのである。

また、単純な因果連関では説明できないが、一七八〇年前後の渓谷は以前にもまして対立と混乱の真只中にあり、モーシュ他三集落の村落住民もいまだかつてない大きな変動にさらされていた。森林問題のみならず、工場での雇用を求めて流入する人口はますます増大していた。それによって他者と近接し協働するといういまだかつてない経験がもたらされる一方で、外部からやってくる熟練職人によって地元の職人の雇用機会が失われていくという雇用不安も生まれていた。森林や入会地の利用がますます阻まれて、深刻さの度合いを増していた。彼らは違反を覚悟で森に入る以外になく、それが常態化していたのであり、生活基盤そのものを喪失しつつあった。とは言え、この時期、男性の仕事には不安定さがつきまとったが、逆に女性たちは、家内においても家外の工場においても手仕事を活用した女性労働がますます必要とされ、賃金を稼ぐ機会は増えつつあった。それによって女性の手仕事によってもたらされる賃金が、いまや零細農家の家計を支える頼みの綱となっていた。

モーシュ他三集落を取り巻くこうした社会変動は、教区や村落共同体の境界、労働におけるジェンダー役割、さらには中間役人の立ち位置にも目に見えないゆらぎをもたらしていた。日常性の変化は、領民たちの無意識にも訴えながら、彼らのなかに共有されてきた従来の自明性をゆさぶり、内と外の境界を不安定なものにし、自他の区別への感度を高めていく。外部からの人口流入は旧来の領民とそれ以外の居住者との間の差異をあぶり出し、緊張を生み出していたのであり、こうしたことのすべてが重層的に積み重なり、それらがモーシュ他三集落の人々の意識に深い影響を及ぼしていたと考えられる。

実際「モーシュは八〇戸にすぎない」から助産婦が二人は多すぎると主張する吏員たちの言葉を見る限り、彼らの意識のなかには、領民と流入者の間に明確な区別があったと考えられる。サン・タマランの近辺で所帯をもって暮らし始めた外部からの流入者の利害を考えることは、村落共同体の住民の視野には入っていない。しかし彼らが心配していたのは、助産婦の雇用にかかる費用の負担の大きさではない。モーシュ他三集落の負担は後から選んだ助産婦の費用に限定することで軽減されていたはずだからである。軽減されていたにもかかわらず、モーシュ他三集落の吏員たちにはバイイの決定は正義に反するものと映っていた。ここで問われていたのは、財政的負担の多寡ではなく、まさに正当性の問題であり、目的は「正義」の回復にあったと考えられる。

というのも、「女房たち」が最初の助産婦は助産の能力がないだけではなく、危険であるとはっきり認識していたからである。だからこそ職務から遠ざけなければならなかったのである。彼女たちは助産によって産婦が死んだことに強い衝撃を受けており、最初の助産婦の施術のあり方に疑義を抱いていた。助産に際して難産に苦しむ産婦の誰一人として助けられなかった女がそのまま認可されて仕事を続けることは、それ自体が不当なことであり、理不尽なことである。それにもかかわらず、なおも職務にとどめようというバイイらの決定は、許しがたい不正であり、正義に反すると考えられたのである。

実際、第6章でも詳しく検証したように、この時代には産科学の確立とともに、鉗子があらためて難産のための有効な道具として推奨されるようになっていたが、鉗子の普及は、産婦の身体を傷つけ、確実に産婦の死を増加させていた。一八世紀半ば過ぎに産褥熱が発見され、施療院などで猖獗を極めたのも、まさに鉗子の普及に原因がある。十分な消毒もなく、安易に使い回される鉗子は、産婦の身体を内側から傷つけ、死へと至らしめる。鉗子の産褥熱の関わりについて、当時の人々はまだ誰も認識していなかった。しかしモーシュ他三集落の女房たちは、新しい助産婦の行う施術の危険性をすぐに察知したのであり、これほどにも無知で危険な助産婦を職務にとどめる決定を下すバイイや地方長官は、それ自体が不当であり、個別利害に加担していると思われたのである。和解はありえなかった。

かつてモケ・ド・ラ・モットは、鉤の手などが外科医によって安易に用いられることで産婦が死に追いやられていることを憂い、道具を用いずに行う手技を推奨し自ら実践していたが、一八世紀半ばからは、逆に道具に依拠する助産こそがよりよいものであるという認識が生まれてくる。金属具やメカニックなものへの期待や信頼も高まり、かつて以上に安易に金属具が用いられてもいた。また道具の推奨は助産婦の教育の必要性とも結びついていったが、それは結果的に助産婦の管轄領域を奪い、手技を禁じるとともに外科医の補助としての役割に助産婦を位置づけ、貶めていった。無料講習会で彼女たちに教えられることは限られていた。それまでの産婆は、どんな難産でも産婦の命を助けるためにできることは何でもしたが、新しい助産婦は、何かあればすぐに外科医を呼び入れ、その手助けなしには助産を行えない。モケ・ド・ラ・モットの時代、デュ・クードレの時代、ルヴレの時代と時間を経るごとに外科医と助産婦の関わりは変化してきたが、助産婦から手技が奪われていき、助産婦が外科医の補助としてのみ関わることをめざす男性中心の助産が到来しつつあった。この時代に助産を取り巻く世界は大きな転換期を迎えていたのである。

それまでの産婆は、難産に呼ばれて産婦の死が察知されると、子どもを犠牲にしてでも母親を助けようとし、手による施術を行って、子どもを取り出していた。それによって子どもは亡くなっても、産婦の命だけは助けられていたのである。それが新しい助産婦によって外科医が呼び入れられ、鉗子が用いられると、産婦が助かる見込みはさらに低くなる。モケ・ド・ラ・モットはかつて、生きている子以外に洗礼を行ってはならないとする教会の教義や禁令を順守しようとして、しばしば必要な処置が遅れ、産婦が亡くなってしまう現状を憂い、命あるうちに体内洗礼を行いしかる後に子どもを犠牲にして母の命を助けようとしていたが、時代は大きく変わりつつあった。鉗子が推奨されたことで道具使用の危険が免罪され、道具に頼って生きたまま子どもを取り出すことにますます力が注がれるようになった。それによって安易に金属具が使用され、母体が傷つけられ、産婦が命を落とす危険は確実に高まっていた。母体にとっての冬の時代の到来である。ここでの女房たちの結集は、身体の危機を悟った女房たちの警鐘であり、悲痛な叫びでもある。

＊　＊　＊

最後に、モーシュ他三集落やサン・タマラン渓谷のその後の動きについて補足しておこう。バイイのミュンクの死後、レーシュステッテールを尚書に任命した修道院長ラットサマウゼンはすでに老齢であったため、一七八六年には職位を退いている。その後はブノワ・フレデリック・ダンドロー・オムブール[1]（Benoit-Frédérique d'Andlau-Hombourg 1761–1839）に引き継がれるが、この新しい修道院長は再編されたアルザス地方会議の代表となり、続いてコルマール＝セレスタ区の代表に就任すると、その任務のためにほとんどいつもゲブヴィレールには不在であった。そのため修道院領の管理運営はもっぱらレーシュステッテールの手に委ねられることになった。

一七八〇年代後半になると、王権が選挙による諸身分合同の市町村庁（municipalité）の確立を画策した時期でもあり、同じ命令がアルザスにも適用される。それに伴い従来の行政官たちはその職務の停止を要請され、尚書なども地方権力としての実権を徐々に失いつつあった。山の上のミュルバック修道院は、すでに述べたように一七五九年以来、小教区の教会に転用され、一七六〇年代以降は教皇による世俗化宣言により、その宗教的権威は完全に失墜していた。サン・タマラン教会の保護権も一七八六年にバーゼル司教のもとに戻されている。それゆえ一七八〇年代後半になると、この渓谷に残っていたミュルバック修道院長の実質的な影響は、ほとんど土地領主としての権限に切り詰められてきていたが、それにもかかわらず、ミュルバック修道院長は森林の利用においては依然としてその所有権を主張してひかず、住民と激しく対立していた。

第5章でも触れたように、生活の糧を奪われ困窮していた住民に生きるためのオールタナティヴを提供していたのは、ヴェッセリングの捺染工場であり、その経営者たちであった。一七八〇年代後半になると会社名はニコラ・リスラー社からドリュフス社、ゼン・ビダーマン社と移り変わっていくが、リスラーの拡大したこの捺染会社は、ミュルバックの領主反動に抗する村落共同体にとって、ますますその利害を共にする力強い擁護者として立ち現れていた。

彼らは意識的にも教区民の側に立っていたのである。それは、もちろん会社が教区民によって成り立っているからであるが、それだけではなかった。たとえば、森林監視官ジャン・ブレマンは教区民から領主の抑圧の象徴として怨恨の標的となっていた人物であるが、このブレマンの義兄が修道院の収入役であり、ヴェッセリングの捺染工場にとってもブレマンたちの動きは何かにつけて経営の前進を阻む足枷と映っていた。つまりこの渓谷の村落住民と捺染会社の経営陣は、それぞれの論理によってではあるが、この時期、利害を共有していたのである。

ちなみに森林監視官のジャン・ブレマンが作成していた違反者リストの数は、一七八八年一〇月の時点で一〇七人に達していた。(2) 監視はますます強められつつあったが、そのリストのうちのほとんどが各村落共同体の吏員に相当する人物たちである。吏員たちももともとは領主制の枠組みのなかにある集落代表のようなものであるが、すでに述べたように、吏員たちは教区の村落住民たちのみならず元区長らとも一緒になって、理不尽な秩序からの解放を求めて、違反を承知で歩み出していた。

こうした状況のなか、一七八九年五月の市町村庁の代表選挙に至る時期になると、不思議なことが次々に起こり始める。ヴェッセリングの工場に隣接するウッセラン（Husseren）やウルベス、シュトルケンゾーンなどを含む小教区モローの教区司祭プロジェ・マリ・ストロメイエールが、修道院長が教区民に森林の樹木の伐採を禁じていることを重々知りながら、森林監視官ブレマンの教区民に対する横柄な態度を見かねて一七八八年一〇月、ついに彼もまた教区民の側に立って領主と敵対するようになったのである。さらにサン・タマラン教会の副司祭アンギ（Henggy）も同様である。彼はやがて説教壇から修道院長への不服従を説くようになる。そのため裁判管区の収入役のルドラーがバーゼル司教に書簡を書き、小教区の司祭たちがバイイ裁判管区の問題に立ち入るのをやめさせていただきたいと訴えている。(3)

やがて一七八九年七月一四日にパリでのバスチーユ襲撃が起き、その知らせがやや遅れてこのアルザス南部の山岳地方にも及んでくると、渓谷はにわかに騒然となった。一七八九年七月二七日、サン・タマランのバイイ裁判管区に居住する五〇〇人近い農民が続々と山を越えてゲブヴィレールに詰めかけたのである。彼らがまず向かったのは領主の館、すなわち修道院長のいた城館である。その際、森林監督官のブレマンは日頃から憎まれていたこともあり、最初の標的となり、暴行にあっている。ただし殺されはしなかった。詰めかけた教区住民は屋敷のなかに押し入り、破壊や狼藉を行い、高価な物品の略奪にも加担した。(4) しかし彼らが領主館に詰めかけたのは、略奪が目当てではなかった。また領主側の役人をむやみやたらに傷つけたりもしなかった。彼らの求めていたのはチュール渓谷全域に関する諸特権の記された土地文書や裁判文書を廃棄し焼却することであった。このとき多くの書類が燃やされている。

興味深いことにこの蜂起の中心にあったのは、当時、ヴェッセリング捺染工場の工場長となっていたジャン・ジョアノ（Jean Johannot）という人物である。なぜ工場側のジョアノが中心にいたのか。ジョアノは一七八六年に前任者のドルフュスに代わってヴェッセリングの工場長になった人物である。もともとはジュネーヴで紙のマニュファクチュアを経営していたプロテスタント一家の生まれであり、一七七五年にジュネーヴで繊維の販売会社を立ち上げていた。ところが一七八一年にジュネーヴで起きたブルジョワ市民層による蜂起が(5)翌年敗北したためにブリュッセルに移り、そこでビダーマンと出逢い、ビダーマンによって後にヴェッセリングの工場長として派遣されたのである。ジョアノは領主による規制の撤廃を自らの意思で強く求めてもいた。それどころか、吏員たちを支援し、罰金や訴訟費用で嵩んだ共同体の財政負担をひそかに支えてもいたのである。

ちなみに修道院長は幸か不幸かそのときも憲法制定会議の仕事でパリに出ていて不在だった。修道院参事会のメンバーは、蜂起を察知して前夜のうちに慌ただしくゲブヴィレールの街から姿を消していた。その教区民たちの要求に促されてミュルバックの特権廃止の証書に署名をしたのは、他でもない国王尚書のレーシュステッテールだったのである。(6)彼こそまさしく最後の尚書である。この時期レーシュステッテールは依然として王国役人でもあったから、さしあたってはその役職と権限がやり玉にあがることはなく、その後もそのまま職務にとどまることになる。実際、一七九〇年には政府の要請に応じてレーシュステッテールが徴兵宣誓書を作成したり、王国の税徴収の遅滞に関する叱責を受領したりと、王国役人としての任務を遂行し続けた。修道院の旧領主権力はすでにこの時点で完全に崩壊していた。ミュルバックの所領との関係で存在した裁判機構や特権もこのときには潰えていた。ゲブヴィレールのバイイ職もその修道院領の管理運営機能とともにすっかり終焉を迎えた。

かくしてレーシュステッテールは、立憲王制下で裁判機構が再建されてゆくまで、その移行期に淡々と職務を果たし続けた。法を遵守し、社会の移行をうまく成し遂げることに配慮する一人の賢明な能吏、法実務家として、地方公証人として、必要な職務を全うしたのである。レーシュステッテールは、すでに触れたように、もともと修道院の尚書職を受け継ぐ家系の出身ではなく、彼が尚書に任命されたのは偶然にすぎない。レーシュステッテールは、コルマールに起源をもつ実務家の家系であり、ゲブヴィレールに生まれ育ったとはいえ、ミュルバックの修道院長と一蓮托生というわけではなかった。レーシュステッテールは、まさに「境界」に立つことを余儀なくされた男であり、それゆえにか、この困難な変わりめにあっても、微妙な立場とはいえ、それほどの窮地に追いこまれることもなく生き延びていく。実際、一七九〇年には、一七八九年に新しくできたばかりの行政区分のなかで県の下位にあるコルマール郡《ディストリクト》（district）の議長に選出されている。

コルマールに一七九一年にジャコバン協会（La Société Jacobine de Colmar）が設立された際には、さすがにレーシュステッテールもこれに入会することは拒み、同時にコルマール郡の議長職も辞任している。レーシュステッテールはこの時期、他の修道院関係者や修道院参事会員たちが露骨に革命に対する反感や嫌悪を露わにしたのとは反対に、慎重かつ冷静にふるまっていたと言える。(7) しかし政治に背を向けたのかと言えばそうでもなかった。レーシュステッテールは当初からゲブヴィレールの市町村庁の動きからは距離をおいていたものの、ロベスピエールを中心とする政府が崩壊すると再び穏健派市民として政治の舞台に姿を見せ始める。この頃になるとかつての諸特権の一部も回復されていく。やがてブリュメール一八日のクーデターによって総裁政府が崩壊し執政政府の時代が来ると、レーシュステッテールはすでに六五歳になっていたが、あらためて県の仕事に就くことを期待され、郡《アロンディスモン》（arrondissement）の会議に代表として出ていくようになる。革命暦九年のオ・ラン県の名士リストにも名前があがり、短いながらコルマール郡の議長になっている。一九世紀になるとゲブヴィレールの市町村庁会議でも小郡《カントン》（canton）会議でも議員を務め、市民病院の管理職も兼任していた。こうしてレーシュステッテールは激動の革命期を生き延び、一八〇七年二月二六日、享年七三歳で亡くなっている。

一方、元区長の息子ジョゼフ・シリングは、革命期になると、一七九〇年の地方選挙でサン・タマラン教区の代表として区長に選出されている。総裁政府下では短期間ながらベルフォールの総裁政府議会のメンバーになり、さらに新しい行政区分としてカントンが設けられ一七九五年にカントンごとの議会選挙が行われた際にもジョゼフはタン地域の代表に選ばれている。一八〇〇年にオ・ラン県の知事によってモーシュ、ヴェルシュホルツ、マルメルスパック合同のコミューン（市町村）の設立が決定されると、ジョゼフがその最初の村長に任命されている。このときまさに三つの集落が「モーシュ」として独立し、一つのコミューンとして歩み出した。その後ジョゼフはいったん政治生活から隠遁し製粉業者としての仕事に就いていた時期もあるが、一八二三年から一八三一年には再びモーシュのコミューン代表議員を務め、一八三五年に他界している。

# あとがき

本書を終えるにあたってこの時点で思うことを少しだけ書き添えておきたい。この研究対象に出会った初期の頃、研究会等々に呼ばれてここでの事件の経緯や概要をまとめて報告をさせていただくと、そのとき決まっていただいたコメントの一つは、結局のところここで起きていたのは、修道院の領主支配に対する農民の「代理戦争に過ぎなかったのではないか」という問いであり感想だった。それに対してわたくしは、当時、うまく反論ができなかったのを覚えている。しかし当時もその後も史料を実際に読んでいるなかでずっと思い描いていたのは、それとは別の歴史像であった。女房たちは常に助産の際の助産婦の姿勢や対応、技法をこそ問題にしていたのであり、ある種の危機感のようなものを感じ取っていることがそこから伝わってきたからである。

しかしこれを実証するためには、この地域の人々が直面していた生存の危機の実態や彼らが日常的に抱いていた認識、感受性に深く分け入るとともに、女たちの側にあった知の枠組みを理解し、新たにもたらされた助産の実態とそれがどのようにぶつかり、不協和音を奏でていたかを突きとめなければならないと思った。そうしなければ、いただいた問いに説得力ある形で反論を行うことはできないと考えていたからである。

それゆえわたくしがまず着手したのは、ロレーヌ南部に起きていた隣接地域の紛争事例と比較し、出来事の背景や根拠を探ることであった。ロレーヌ南部のヴォージュ地域は、山を隔ててはいるものの商業的交渉もあり、フランス語の話されている地域でもあり、この事件に関してもなんらかの影響関係があったのではないかと考えた。またもう一つ着手したのは、アルザス南部の社会経済史的な研究成果を渉猟し、そこから真摯に学ぶことであった。この紛争を扱う際に焦点化したサン・タマラン渓谷の事例は、まさに中世以来権勢を誇ったアルザスでも屈指の修道院の所領に位置し、一八世紀にあっては鉄鋼と捺染という、この時代の花形ともいうべき産業開発の舞台となっていく地域でもあった。こうした周辺事情を理解し比較検討することなしには、ここでの紛争の意味を深く読み解くことはできないだろうと考えていたからである。

さらに「代理戦争にすぎなかったのではないか」という問いに答えるためには、上記の問題とは別に、一方で、この時代の助産のあり方をトータルに把握することも避けて通れないことに思われた。助産の中身については、講習会に直接関係する文書だけからは、詳細が分からなかったからでもある。また助産技法の問題はここでの事件にどこかでつながっているという確信もあった。バイパスながら、この時代の助産の技法や助産婦をめぐる制度や関係性の変化を近世とくに一八世紀の大きな流れの中で理解し明らかにしていくことは、一見遠回りのように見えてとても重要なことに思われた。わたくしがこれまでお産椅子の歴史や一七世紀末のコタンタンの外科医モケ・ド・ラモットの生涯をとりあげ、そこに焦点を合わせながら、この時代の通奏低音ともいうべき論争空間や制度的変化に着目してきたのはまさにそのためである。

こうしたバイパス的な研究調査のおかげで、ようやくこの一八世紀末に地方長官によって行われた助産術講習会の意味も、時間と空間の中に位置づけてとらえることができるようになった。フランス王国の助産をめぐる実践の世界は、この世紀を通じて大きく変化しつつあった。それは外科医と内科医の間の熾烈な知のヘゲモニーをめぐる争いと密接に絡み合いながら進行したのである。と同時に人体に関する認識やジェンダーをめぐる関係性などあれこれの中世以来の知の枠組みや絆の前提が大きく塗り替えられていくなかで、段階を追って変化していったのである。ここでの事件は、こうした歴史的な変化の果てにあり、互いに深く連関しているのであり、まさに相互の連関のなかに位置づけて考察していく必要があった。序論で前作の研究がこの事件を読み解くアリアドネの糸となったと述べたのも、そうした理由による。

このように本書は、幾重ものバイパスを見いだし、あれこれの補助線を引いて、一見ばらばらに生起していたかのように見える諸事象の間を架橋しながら、その都度大きく旋回しては守備範囲を広げてきたわたくしの研究成果であり、最終的にたどり着いたひとつのゴールである。これで問題のすべてが詳らかにできたかどうか不安がないわけではない。しかしながらとりあえずのまとめではあれ、ここにその成果を発表することができたことは、何よりの喜びである。

研究との関連で重要と思われることを、さらにあと二点ほど、書き添えておきたい。一つには、この研究を進める中で、近世期フランスの法のあり方をあらためて考えなおすことができ、この時代に法のもちえた意味を一層明確にできたことである。当初はレーシュステッテールの言葉を検証するためにアルザスの慣習法に着目し、それが何を意味していたのかを探ろうと法の現実に分け入ったのであるが、「多数決による選択」という方法あるいは原理について、ローマ法や学説彙纂、ユマニスト法学さらにはジャン・ドマの業績に至るまでを考察し、フランス法が慣習法を取り込んで編纂されていったことを知るなかで、「女たちが多数決で選ぶ」というその意思決定行為の歴史的な意味もより明確になっていった。加えて近世期フランスにおけるローマ法やキリスト教、慣習法さらには自然法のもちえた意味も改めて深く理解できるようになった。バイイの複雑な立ち位置や、「吏員たち」の期待と失望もこうした広い文脈のなかで、法の歴史を踏まえることで初めて理解できるものがある。

もう一つは、アルザスに関する認識そのものが広がったことである。アルザスはこれまで一般に、アルザス語を話す地域であると理解されてきた。また第二次世界大戦期のコラボの問題や、アルザス・ロレーヌの資源としての鉄や鉄鋼開発、産業化という経済史的側面に光が当てられ、そうした方向での研究は少なからず生み出されてきた。しかしアルザスといっても北部と南部ではちがいがあり、ひとくくりにはできない。この地域がフランス王国とハプスブルク帝国とのはざまにあって独特の文化を形成してきた地域であることは自明のことであるとしても、ここで扱った地域は、ロマンス語を話すアルザスの中でもさらに特殊な地域であり、しかも地中海、イタリアからアルプスを抜け、ロレーヌ、シャンパーニュさらにはオランダへと抜ける交通の要所にあって、常に多様な文化や言語にさらされ、異なる人間がぶつかり合ってきた境界地域でもある。加えて亡命ユグノーの末裔たちの国境地域での活躍など、スイスに近いアルザスであるがゆえに見えてきたことは少なくない。この研究に取り組んだことで、法の問題に限らず、アルザス及びフランス近世期の社会についての認識や理解力も大きく広がってきた。歴史学のおもしろさを改めて感じ取った貴重な旅路であった。

＊　＊　＊

この研究に着手してから本書をまとめあげるまでの長い歳月の間に、多くの方々からのお力添えをいただいた。とくに名古屋大学時代に指導教官を務めてくださったイギリス近代史研究者の近藤和彦先生からは、歴史学研究の基礎的な方法や考え方をご指導いただくとともに、研究者になるにあたっての必要な手続きを整えていただき、その後においても言葉にできないほど多くのご教示と励ましをいただいてきた。本書の出発点となっているアルザスの助産婦をめぐる紛争事件に初めて遭遇し、歴史学の学術論文として『思想』に論稿を発表させていただいたのもそのご指導を受けていた二十代の頃のことである。プロになる覚悟を決めることができたのも、まさに歴史学のおもしろさを教えてくださった近藤先生のおかげである。

また近藤先生を通じてその頃に出会うことのできた二宮宏之先生を初めとする歴史学研究の多くの先達からは、さまざまな成長の機会、考える手掛かりを与えていただいた。その後、就職し、最初の勤務先となった三重大学では、同僚であった中国古代史の東晋次先生に研究と教育の両面から深く支えていただいた。女性の教員や研究者がほとんどいない職場で、子育てのみならず病にも翻弄されて、このまま研究を続けていけるのかと不安を抱えていた未熟な駆け出し教員であったわたくしが、あの頃なんとか生き延び、研究を続けてこられたのは、一重に東先生の信頼と励まし、忍耐のおかげであったと思う。

その後、わたくしは三十代の半ばにしてその三重大学も去り、五歳の息子を連れて二人東京にやってきたが、それはそれで新たな試練の始まりでもあった。しかしここでも歴史学部会やフランス科、地域文化研究専攻等の誠意あふれる同僚たちに恵まれ、歴史学はもとより隣接分野のさまざまな研究者と交流させていただき、実に多くを学ぶことができた。充実した研究環境があり、研究を糧とする同僚たちに囲まれて過ごせたことは、研究を日々新鮮な思いで続けていく上でこの上なくラッキーなことであったと思う。

また何より学生の存在は大きく、講義や演習で学部生や大学院生たちに向けて語ることで、いちばん勉強になっていたのはわたくし自身である。「教えることは希望を語ること、学ぶとは誠実を胸に刻むこと」という言葉は、レジスタンス詩人アラゴンの残した「ストラスブール大学の歌」の一節である。ここでの学生たちとの関わり、教育活動はすべてが自分に跳ね返ってくる貴重な機会であり、常に謙虚に自己を振り返り、新しい風を吸収しながら冒険し、たゆまず成長していくことが求められてきた。

時間はかかったが、悠々とマイペースで、あれやこれやと模索しながらここまでやってこられたのも、こうした周囲にあって力を与えてくださったみなさまのおかげである。関わりのあった方々のお名前をすべてあげることはできないが、お力添えくださったすべての方々にまずはこの場を借りて心から感謝の言葉を捧げたい。

本書の内容との関連でいえば、在外研究員として滞在したナンシー大学では、フランス近世期の宗教社会史の第一人者ルイ・シャトリエ先生、巡礼や書物の社会史の近世史研究者フィリップ・マルタン先生、歴史人口学研究のラペルシュ・フルネル先生、古文書学のヴィアール先生などに温かく受け入れていただき、地域史に腰を据えた歴史学の探求に、深い愛情と情熱を注いでこられた先生方の真摯な姿に感動を覚えるとともに、本書の構想に至るさまざまなご助言やヒントをいただくことができた。心から御礼を申し上げたい。

言うまでもなく、パリのフランス国立図書館や文書館、アルザス、ロレーヌ、シャンパーニュ、ブルゴーニュの文書館のアルシヴィストや文書館員のみなさまにも心からの敬意と感謝の気持ちを捧げたい。本書の探求は、ここ半世紀の地方史研究の充実した質の高い研鑽と編纂の成果から多くを学んでいる。また文献のディジタル化が進み、探索や閲覧が容易になったことでようやく出会うことのできた地方のマイナーな稀覯本からもしばしば助けられている。一方、産科学の専門家ではないわたくしにとっては、一八世紀の医学や産科学の専門的な著作を理解する際に何かと想像が及ばず戸惑うことも少なくなかったが、現代産科学の知見からも真摯に学ぶことで教えられ、過去の理解を深めることができた。本書はあくまで歴史学の研究書であるが、こうした関連する他領域の研究蓄積からも大いに助けられてきたことをここに申し添えておきたい。

さらに近年では、歴史学研究会の大会シンポジウム（二〇一一年）に発表者の一人としてわたくしを招き入れ、報告の機会を与えてくださったメキシコ／スペイン史研究者の安村直己先生や、その大会の壇上で中国史の領域から「身体の内と外」という言葉を用いてたいへん刺激的なコメントをして下さった岸本美緒先生にも心からの御礼を申しあげたい。また十年ほど前からわたくしを科研のメンバーに加えて下さり、それ以来共著の執筆はもとより、国内外の様々な企画にお誘い下さり、学ぶところの多い貴重な旅へとわたくしを誘って下さった早稲田大学の甚野尚志先生にも心より感謝の言葉を贈りたい。

加えて、駒場の古くからの同僚でありわたくしを初めて捺染の本場、インドへと誘ってくれた南アジア近現代史研究者の井坂理穂先生、数年前に赴任して以来古代ローマに関する知識や文献情報を含め隣室からいつも貴重な助言を送ってくれた若手の古代ローマ史研究者の田中創先生にも心からの感謝の気持ちをお伝えしたい。そして本書の完成にいたる過程で校正作業等において力を貸してくれた東京大学大学院総合文化研究科（地域文化研究専攻小地域フランス）の大学院生のみなさん（太田亨さん、貝原伴寛さん、齋藤由佳さん、山下雄大さん）にも心から御礼の気持ちを伝えたい。みなさん、どうもありがとう。

＊　＊　＊

本書の基になっているのは、二〇一六年に東京大学大学院人文社会系研究科に提出した博士論文である。審査に際して主査および審査委員の労を引き受けてくださったのは、姫岡とし子先生（東京大学名誉教授）、勝田俊輔先生（東京大学大学院人文社会系研究科准教授）、深沢克己先生（東京大学名誉教授）、池上俊一先生（東京大学大学院総合文化研究科教授）、長井伸仁先生（東京大学大学院人文社会系研究科准教授）である。お忙しいなかわたくしの拙い論文のために多くの時間を割き、誠心誠意、審査に向き合ってくださった先生方に、この場を借りて心からの感謝と御礼の言葉を捧げたい。

末尾ながら、度重なる空手形にもめげず、本書の完成を信じて気長に待ち、最後まで丁寧にお付き合いくださった東京大学出版会と編集部の山本徹さん他みなさまにも心からの御礼を申しあげたい。

本書の出版にあたっては、二〇一七年度の日本学術振興会科学研究費助成事業の研究成果公開促進費「学術図書」の交付を受けた。記して感謝を申し添えておく。

二〇一七年一二月七日　駒場にて

長谷川まゆ帆

**著者略歴**
現　在　東京大学大学院総合文化研究科教授，博士(文学)
1985 年　名古屋大学大学院文学研究科博士課程満期退学
1987 年　日本学術振興会特別研究員
1988–1994 年　三重大学(助教授)勤務（3 月まで）
1994 年　東京大学大学院総合文化研究科(准教授)着任．現在に至る
専門　フランス近世史研究

**主要著書**
『お産椅子への旅――ものと身体《からだ》の歴史人類学』（岩波書店，2004 年）
『女と男と子どもの近代』（山川出版社，2007 年）
『さしのべる手――近代産科医の誕生とその時代』（岩波書店，2011 年）
『境界を生きた女たち――ユダヤ商人グリックル，修道女受肉のマリ，博物画家メーリアン』（共訳，ナタリー・Z・デーヴィス著，平凡社，2001 年）

近世フランスの法と身体
――教区の女たちが産婆を選ぶ

2018 年 2 月 23 日　初　版

［検印廃止］

著　者　長谷川《はせがわ》まゆ帆《ほ》

発行所　一般財団法人　東京大学出版会
代表者　吉見俊哉
153–0041 東京都目黒区駒場 4–5–29
http://www.utp.or.jp/
電話 03–6407–1069　Fax 03–6407–1991
振替 00160–6–59964

印刷所　研究社印刷株式会社
製本所　牧製本印刷株式会社


ISBN 978–4–13–026157–9　Printed in Japan

# 索　引


**あ　行**

アイデンティティ　259, 302
アヴィオット　227, 231–234
アグノ　91
アジール　264
アナール学派　2, 6, 7, 12, 16
アバンスール，レオン　10
アリアドネの糸　21
アルカード・アカデミー　311
アルザス　i, v, 17, 78, 87, 89–91, 98, 124, 226, 227, 235, 237, 241, 264, 286, 288
アルザス語　74, 81, 252, 253
アルザス最高法院　95, 98, 102, 106, 107, 288
アルザス地方会議　381
アルザス南部　1, 21, 23–26, 31, 72, 75, 105, 109, 163, 195, 207, 250, 252, 349, 376, 383
アルザス北部　252
アルトキルシュ　79, 174, 249
アルパジョン　211
アレマン語　75
アンギ副司祭　383
アンシアン・レジーム　v, 17, 38, 111, 216
アンシセム　95
アンジョ　171
アンディエンヌ　241
アンメルシュヴィール　86, 87
医学者　118
医学部社団　350, 351, 365
イギリス　118
イギリス鉗子　308
『いくつかの難産の原因と事故に関しての考察』　303
遺産目録　6
医術　8
異端審問　6
命の徴候　226, 228, 232, 233
入会地　255, 299, 378
医療　8, 9
イルザング　174, 249
ヴァットヴィレール　100, 277, 278, 284, 285
ヴァットヴィレール裁判管区　278
ヴァル・ド・リエーブル　91
ヴァローニュ　332, 338
ヴィッシュヴィレール　113, 245, 249, 250, 252, 257
ヴィッセンブール　109
ヴィルスドルフ，クリスチャン　37, 75
ヴィルデンスターン　88, 255
ヴィレール　245, 249, 250, 252, 264, 265, 267, 285, 288
ウェーバー　3
ウエストファリア条約　90
ヴェッセリング　27, 58, 59, 69, 88, 239–245, 256, 260, 261, 269, 270, 272, 275–277, 279, 291, 382, 383
ヴェルサイユ　37, 40, 57, 95, 186, 187, 191, 211, 290, 320
ヴェルシュホルツ　45, 50, 51, 71, 73, 74, 185, 250, 278, 288, 289, 291, 299, 370, 386
ヴォージュ　72–74, 76, 80, 89, 242, 251
ヴォーバン　90, 93
ヴォゲルバック　278
ウォルター，ジャック　285, 285
ウルベス　278, 383
永代賃貸契約　265
衛兵　50, 56, 175
疫病（エピデミ）　363
エクリ　19, 131
エストー　364, 365
エタン　136, 138–140, 143, 145, 146, 159, 195
エチュフォン　171
エッケ，フィリップ　313
選ぶ自由　176–178, 236, 297, 375, 376
エリスマン，ジャン・ロドルフ　258–260, 283
オ・ラン　35–37, 42, 72, 245
オ・ラン県　385, 386
王権　v, 293, 316
王国　260, 286, 362
王立外科学協会（パリ）　303, 308, 309, 315–318

王立外科学校（ナンシー）　146–149, 151, 153, 154, 156, 160, 300
王令　62
公なるもの　13
お産椅子　339
『お産椅子への旅』　21, 122, 310, 311
オスマン　276
オドゥラン　72, 81, 82, 245, 268
オフマン，シャルル　31–35, 55, 62, 63
オベルカンプ　269

か　行

ガイスーズ　268
解剖（学）　302, 303, 331
『解剖図表と産科の実態』　316, 320
鉤の手　304, 306, 315, 317, 332–335, 371, 373
囲い込み　265
数の論理　206
家族史研究　6
鬘師　302
カトリック　259, 281
カトリック教会　210
カトリック教徒　254, 259
カトリック宗教改革　222
寡婦　109
カプチン会　254
紙文書　19, 27
ガラス工場　85, 255
ガリカニスム　216, 227
カルヴァン派　254, 260, 281
カルダージュ　268
ガレジエール　24, 45, 48, 49, 52, 53, 55, 91, 93, 96, 99, 102, 123, 124, 133–136, 138, 146, 156, 158–161, 169, 170, 190–192, 294, 296, 347
ガングホッファー，ロラン　109
鉗子　304, 306, 307, 315, 317–321, 324–327, 343, 344, 350, 364, 365, 369, 371–373, 380, 381
慣習　9, 62, 145
慣習法　109
慣例　108
ギュイヨ　33, 34, 311
救霊　218, 234, 235
教育システム　143
教会財産管理委員会　212, 229
教会法　67, 215, 233
教区　379
教区司祭　53, 201, 383
教皇　67
教授資格（レジャン）　352
行政官　92
共有地　297
キリスト教化　210, 212
ギンズブルグ　16
近代医学　9
近代化　8
区域　58
クサントワ　214
グチエール，ピエール　308, 319, 320
区長　110, 283–287
グベール，ピエール　7
グランヴィヤール　253
クリムラット，アンリ　106
グルネー，シャルル・クレチアン・ド　214
枢機卿補佐　214
クレメンス三世　85
クレルモン・フェラン　121
郡（アロンディスモン）　385
郡長　100
契約書　6
ケール　90
外科医　12, 28, 70, 118, 119, 125–127, 155, 207, 300, 303, 307, 312–314, 321, 328, 329, 332, 335–340, 343–349, 372, 380, 381
外科医社団　313, 314, 318, 349
ゲブヴィレール　49, 56, 72, 76, 85, 96, 99–103, 129, 190, 285, 381, 383–385
ケルト語　75, 253
ゲルマン語　253
ゲルマン法　109
公　14, 16
講習会　299, 348
工場監察官　244
高地アルザス　32–34, 72
貢租　93
国王　27, 286, 293, 294, 299
国王公証人　103
国王尚書（シャンスリエ）　19, 23, 97, 100, 283, 291, 292, 294, 300, 384
国王宣言　302
国務会議　23, 25–28, 265, 288, 289, 293, 376
子殺し　215–217
小作農民（マルケール）　263
古代ローマ　33
コタンタン　70

骨盤位牽出術　329–331, 342, 346
コッホ，ロベルト　9, 10, 368
古フランス語　77
コミューン（市町村）　386
コミュニケーション　259
ゴルドバック　268
コルマール　35, 37, 38, 42, 49, 91, 92, 96, 98, 103, 104, 109, 129, 243, 381, 384, 385
コルマール副司教管区　189
婚姻法　108, 109
コンフレリ（兄弟会）　282

## さ　行

細菌学　355, 368
裁決権　202, 203
最高法院　195–198, 202, 205–207, 236, 264, 288
裁判　92
裁判管区　95
裁判記録　6
裁判区域　101
ザクセン（ドイツ）　250, 253, 254
『さしのべる手』　21, 118, 330
サルヴェ・レジーナ　233
サン・タマラン　53, 57, 58, 69, 72, 74, 82–85, 188, 239, 245, 248, 251, 261, 268, 277, 279, 288, 291, 297, 383, 385
サン・タマラン教会　209, 266
サン・タマラン区長　284
サン・タマラン渓谷　23, 24, 27, 76, 78, 81, 89, 99, 100, 111, 129, 218, 237, 241–245, 249, 250, 263, 268, 278, 299, 376, 381
サン・タマラン裁判管区　260, 278
サン・ディエ　24, 138, 145, 154, 157, 158
サン・ブノワ神学校　311
産科医　301, 307, 320–322, 354, 364, 370
産科学　300, 303
産科鉗子　306, 321, 322, 327, 372
サンクチュエール・ア・レピ　26, 225, 226, 228, 230, 232, 234, 235
サンクトワ　88
産児制限　5, 13
三十年戦争　84, 86, 112, 201, 214, 216, 222, 224, 227, 232, 250, 262
産褥熱　28, 349–353, 360, 363–370, 373
『産褥熱の原因，概念および予防法』　367
ザンデール，マティアス　243
ザンデール社　279, 280, 282
産婆（マトロン）　12, 23, 58, 66, 119, 143, 164, 178, 208, 213, 229, 334–336
産婦　374
私　14, 16
ジェームズ一世　318
ジェリス，ジャック　7, 11, 12, 15
ジェンダー　10, 262, 276, 297, 299, 379
塩の道　242, 264
シオン　227
識字率　iv, 131, 132
司教　66, 67, 156
司教区会議　6, 220
司教巡察　210
事件史　15, 16
司祭　25, 39, 54, 63, 65, 83, 110, 129, 143, 157, 168, 170–173, 187, 220, 224, 229, 383
自然権　111
死体解剖　354–356
市町村庁　381
自筆率　167
司法評議会　92
死亡率　87
社会史研究　2
瀉血　358, 365, 369
ジャコバン協会　385
社団　17, 92, 365
シャピュイ　57, 290
シャルトル　211
シャンスリエ　48
ジャンセニスト　313
シャンパーニュ　82, 112, 286
宗教改革　225
宗教戦争　222
自由帝国都市　33, 91, 92
修道院参事会　293
修道院長　103, 266, 287, 293, 384
修道女　338, 339
修道僧　84
一七世紀の危機　5
シュヴロン　172
シュークス　308
出産（率）　87, 364
シュテットマイスター　33
シュトルケンゾーン　383
シュナイダー，シュザンヌ　132, 133
ジュネーヴ　383, 385
『ジュルナル・デ・サヴァン』　303

巡回司教　223
巡察官　224
巡察記録　6, 17, 211
巡察吏　212
ジョアノ，ジャン　383, 384
瘴気説　363, 365–369
小群（カントン）　385
「諸規則」　62, 63
織布職人　244, 267, 277, 283
ジョザス副司教管区　211, 212
『助産術概論』　341
助産術講習会　i, 22, 24, 28, 40, 63, 349
『助産についての完全なる概論』　334
助産婦　i, 12, 23–28, 36, 119, 120, 126, 127, 129, 164, 173–176, 183, 207, 213, 291, 299, 324, 328, 329, 333–340, 343–349, 354, 370, 372, 373, 375, 377
助産婦講習会　172
助産婦の制度化　235
助産婦養成事業　12, 39, 40
諸団体　92
署名数（率）　181
シリング，カトリーヌ　50–61, 63–66, 69, 174, 185–192, 239, 285, 289–291, 294, 295, 297, 300, 371, 372
シリング，ジャック　285, 287–290
シリング，ジョゼフ　290, 385, 386
シルベラン　50, 124, 133
ジロマニ　42, 44, 81, 132, 178–183, 185, 249–253, 350
神学校　214
人口　86, 88, 93, 95, 118, 240, 245–249, 296, 297, 374
人口史研究　5–7, 71, 215
『人口論』　13
心性史　5
神聖ローマ帝国　74
人体模型　156, 340, 346–348
信徒会　281, 282
信徒団体　282
森林　113, 114, 262–266, 288, 297, 299
森林監査官　114
森林監督権　266
森林問題　253, 258, 374, 378
人類学　6
スイス　90, 113, 243, 245, 251, 253, 279, 281
スタニスラス　149
ストール，ジャン・フレデリック　277
ストラスブール　i, 23, 24, 28, 33, 40, 48, 49, 52, 54, 55, 68, 77, 90, 91, 96, 117, 119, 122–124, 128–130, 172, 177, 178, 183, 187–190, 199, 200, 207, 217, 289, 294, 299, 300, 313, 347–349, 370
ストラスブールの助産術講習会　169, 193, 328
ストラスブールの地方長官　168
ストロメイエール，プロジェ・マリ　383
スメリ，ウイリアム　365, 316
スメリの鉗子　320, 321, 327
スレヴォギティウス　308
聖アマラン　81, 84
製繊職人兄弟会　281
製鉄会社　249–254, 256–258
製鉄工場　288
製鉄所　252
聖ブリックス　84
誓約した産婆　26, 66, 201, 205, 207, 208, 210, 212, 213, 218, 220, 222, 235
世俗化宣言　103, 382
系の歴史学　16
施療院（オーテル・デュー）　351, 352, 359, 370, 380
セルネー　277
セルネー裁判管区　278
ゼン・ビダーマン社　382
全員〔満場〕一致　181
戦後歴史学　3
選任　26, 375
ゼンメルワイス，イグナス・フィリップ　366–369
洗礼　118, 210, 218, 221, 226
総裁政府　385
「創傷感染症の原因について」　368
『続・いくつかの難産の原因と事故に関しての考察』　303, 305
ソシアビリテ　17
ソッセ，アンドレ・デュ　214
村落共同体　iv, 379

## た　行

タイユ税　67, 94, 97, 112, 286
多産多死　216
多数決　23, 55, 61, 65–68, 142, 163, 168, 172, 193, 198, 202, 205, 286, 375
多数決による産婆の選択　23, 25, 61, 64, 376
ダブランクール，ジャン・ジャック・ブリュイ

ア　311
タン　72, 83, 99, 218, 244, 245, 269, 270, 277, 278, 386
タン裁判管区　278
ダンドロー・オムブール，ブノワ・フレデリック　381
チェンバレン，ピーター　308, 318, 319
血の穢れ　302, 336
地方会議　33, 95
地方総督　37
地方長官　22–24, 33, 49, 53–55, 92, 97, 98, 112, 117, 134, 189, 265, 288, 293, 299–301
地方長官管区　96
地方長官補佐　33, 37, 39, 40, 97, 138, 140, 143, 159
チャールズ一世　318
チャップマン博士　308, 319
チュール川　72–74, 245
長官　33
ツールの司教管区　213
低地アルザス　72
ディドロ，ニコラ　148–150
ディヌアール司教　311, 312
ディルランスドルフ　130
ティロル（オーストリー）　250, 251
デーヴェンテル，ヘンドリック・ファン　308–313
デカポル　91, 92
デシマトゥール　223–225
鉄鋼会社　250, 257, 261
テデウム　229
デュクロ氏　325
テリトワール・ド・ベルフォール　36, 42
伝承システム　9
伝染病研究　368
ド・グラーフ　308
ドイツ語　130
ドイツ皇帝　67, 71
ドゥー，ジル・ル　307
トゥール　202, 214, 223, 224, 230
トゥール司教管区　196
同族婚（エンドガミ）　254
ドゥルセ博士　352, 361–363
床屋兼外科医　302, 332, 338
吐根　357, 360–362
土地台帳　248
ドマ，ジャン　67
ドルフュス　382, 384
トレント公会議　210, 214, 222
ドロテル，ジャン　231, 233
ドン・ジェルマン　26, 139, 195–199, 203, 214, 215, 222–224, 235–237, 376
どんぐり拾い　174, 292

### な　行

内科医　12, 125, 301, 302, 310, 313, 314, 337–339, 349
内科医社団　313, 314, 350
内回転術　329–331, 343, 344
捺染　257, 276
捺染会社　256, 259, 374
捺染工場　27, 241, 242, 244, 247, 249, 256, 258, 261, 267, 275, 291, 374
捺染製造工場　257
捺染綿布　241, 270, 272, 273
難産　303, 304
ナンシー　24, 123, 138, 147, 151
ナンシー王立外科学校　153, 154
ナント王令　241
ニコラ，ソースロット　149–151
二重の選出（選択）　203, 204, 237, 196, 207
入会権　175
乳幼児死亡率　215, 216
妊娠届け出令　216
ヌシャテル　274
ヌシュトー　123, 155
ノエル，ジョルジュ　154, 155
ノートルダム教会　85
ノルマンディ　21, 70, 72, 87

### は　行

バ・ラン　36, 72
バーゼル　82, 241, 383
バーゼル司教　209
バール　217
バール司教　382
バイイ　26, 27, 31, 32, 42, 49, 50, 53, 55, 57, 60, 62, 69, 93, 94, 103, 200, 283, 291, 293, 296, 299, 378, 380, 381, 384
バイイ裁判官　19
バイイ裁判管区　94, 101, 103, 174, 245, 383
ハイスター，ローレンツ　307, 308, 311, 312
媒染　270, 271, 273, 275
バイヤン，ピエール　362

パスツール，ルイ　9, 10, 368
バタージュ　268
ハプスブルク帝国　91
バボー，アルベール　111
パリ　120, 122, 211, 290
パリ施療院　119, 126, 127
パリ大学　301, 313, 350, 364
パリ大学医学部　351, 360, 364
パリ王立外科学協会　309
パリ施療院　332, 336, 338, 339, 351, 360
パルファン　307, 312
パンソータージュ　273
パンソトゥーズ（筆描き彩色女工）　269, 270
ハンブルグ　276
東インド会社　270
ビシー，アンリ・ド・チアール・ド　223
ビダーマン　384
筆描き彩色女工　270, 274, 276
避難所（アジール）　224
ヒポクラテス　359
『百科全書 *Encyclopédie*』　10
ヒュー　318
ビュッサン峠　264, 284
ピュルギエール，アンドレ　4–6
病院出産　9, 10
表象　17
ビリュンナー　308
ピレネー条約　233
ファイト・スメリ法　330
ファルジュ，アルレット　7
ファルツ　254
ファルツ選帝　251
ファンテーヌ　177
フィウ，ジャック・ド司教　214, 223, 231
フィルヒョウ，ルードルフ・ルードヴィヒ・カール　367
フー　201
プー　326
ファルツ継承戦争　90
フーコー，ミッシェル　14
フールニウス　308
フェーヴル，リュシアン　4
賦役　50, 56, 175, 286
フェミニスト　16
フェレット　109, 174
フェレリング　277
フォンテーヌ　32, 171, 176
ブサイザハ　90
フスマーニュ　32, 44, 176
プゾー　358, 359
フュレ，フランソワ　16
フライブール　90
プランシェール・レ・ミンヌ　250
フランシスコ会　254
フランシュ・コンテ　88, 113, 251, 253
フランス王国　i, 1, 24, 33, 241
『フランス革命以前のフランスの女とフェミニズム』　10
フランス近世　17
フランス語　170, 252, 258, 290
フランス法　67, 105, 106, 109, 145, 146, 216
フリート，ジャン・ジャック　122, 313
ブリザック　95
ブリスガウ　251, 253
プリマ・マンシ　351, 357, 360
ブリュッセル　384
ブリュメール一八日のクーデター　385
ブルーノ，フランソワ・ジョセフ　285, 291
ブルゴーニュ　286
ブルターニュ　72
ブルバック・ル・バ　278
フレ　177
プレヴォ（国王判事）　37, 97, 101, 104, 292
プレヴォ裁判所　197
ブレマン，ジャン　292, 382
ブローデル，フェルナン　16
フローベール医学史博物館　153, 342
ブロック，マルク　4, 8
ブロッツェム　174
プロテスタント　254, 257, 258, 260, 261, 282, 283
プロト工業化　256
風呂屋　302
ブロンド　39, 44, 165, 168, 170
フロンドの乱　87
分娩　10, 315, 364
『分娩についての完全なる概論』　319, 338
文明化　8
ヘーゲル　4
ベール，ピエール　10
ヘゲモニー　315, 350
ベネディクト会　84
ベルフォール　25, 39, 40, 42, 44, 96, 97, 132, 164, 170, 251–253

ベルフォール管区　179, 237
ベルフォール総裁政府　385
ベルフォール補佐管区　163, 169, 170, 376
ベルモン　172
ベルン　280
ベンフェルト　86, 87
法院　27
法秩序　21
ボーヴァンリート，カトリーヌ　55–59, 69, 70, 199, 200, 289, 297, 377
保護領　33
補佐管区　96
ホディ，エドワード　319
ボヘミア（チェコ）　250, 251, 253
ボメール　307, 308
ボローニャ大学　311

### ま　行

魔女　217, 218
魔女産婆　217, 218
マズヴォ　277
マズヴォ渓谷　251
マズヴォ裁判管区　278
マダム・デュ・クードレ　120–122, 124, 125, 127, 138, 146–148, 152–157, 300, 301, 328, 340–348
まっすぐな鉗子　326
マニュファクチュア　59, 239, 240, 243, 244, 256, 259, 267
間引き　215, 216
マヤン，ジャン・デ・ポルスレ・ド　213
マルクス　3
マルサス　13
マルメルスパック　45, 50, 51, 71, 74, 185, 247, 277, 278, 288, 299, 370, 386
マンジャン　225
ミクロストリア　i, 15, 16
未洗礼死産児　222, 225, 226, 232, 235
ミューラ，ジャック　50
ミッザック　268, 277
ミュルーズ　90, 91, 241, 243, 245, 258, 279–281
ミュルバック　23, 81–86, 89, 97, 254, 277, 279, 284
ミュルバック修道院　98, 100, 103, 260, 286, 382
ミュルバック修道院長　261, 264, 265, 291, 382, 385
ミュンク　45, 50–53, 63, 103–105, 185, 291–296, 381
民衆宗教　227
民族学　6
ムシャール，ジャン　211, 213
村総代　67, 112, 143, 286
無料講習会　164, 207, 301, 347
無料助産術講習会　54, 55, 158, 347
ムレ司祭　54, 291, 296
名士評議会　33
メッス　139
メニ，ジャック　283
モー　211
モーシュ　23–27, 43, 44, 45, 48, 50, 51, 54–59, 61, 63, 64, 68, 69, 71–74, 82, 112, 117, 129, 171, 184–186, 192, 196, 247–250, 277, 278, 288, 289, 295, 299, 350, 370, 376–381, 386
モーシュの紛争　209
モーシュ他三集落　174, 183, 187, 188, 239, 240, 247–249, 284, 287, 291, 297
モシュバック　73, 74
モット，モケ・ド・ラ　28, 70, 71, 122, 151, 155, 236, 301, 303, 310, 313, 319, 326, 328–331, 334–340, 342–346, 380
モノ　17–21
モリソ，フランソワ　302, 310, 318, 326, 339
モリソ法　330
モルセム　124, 133
モロー　83, 245, 268, 277, 383
『モンタイユー』　16
モンテスキュー　40
モンメディエ　233

### や　行

薬剤師　12, 362
夜警　50, 56, 175
柳田国男　208
遺言状　6
幽霊　152, 153, 158
ユスチニアヌス法　108
溶鉱炉　252
よそ者　257–259, 261
予防医学　355, 367, 368, 370, 373
寄合所　180, 181

### ら行・わ行

ラ・グランジュ　78, 93, 106, 107

ライスワイク条約　90, 91, 196
ライン川　74, 76, 89–91, 95, 253
ライン橋　90
ラジェ，ミレイユ　7, 11, 12, 15
ラシャペル・ス・ルジュモン　42, 164, 168, 179, 181
ラスロー　307, 320, 327
ラットサマウゼン・ヴィボルセム，カシミール・フレデリック　292, 381
ラップ　171
ラデュリ，ル・ロワ　16
ラテン語　253
ラリヴィエール　167, 169
ラルジェ，アンヌ・マリ　50–55, 60, 63–66, 68, 186–188, 209, 294, 296
蘭漢折衷医　320
ラングドック地方　12
ランゲ，ウィルヘルム　367
リージェ，ジャン・アンリ　276
吏員　28, 40, 110
リヴェ，ジョルジュ　107
陸軍病院　348
リスラー，ニコラ　243, 258, 260, 276, 283
リスラー社　260, 267, 279, 282
リュセ，ジャック・ピノ・ド　99, 114, 265
領主裁判管区　93
領主裁判権　101
領主裁判所　94, 111
臨床医　10
ル・グラン・バロン　72
『ル・ジュルナル・デ・サヴァン』　313
ルイ一五世　121, 147
ルイ一六世　320
ルーヴァン　232
ルーヴォワ　90
ルヴレ，アンドレ　300–304, 306–317, 321–329, 343–345, 370–372, 380
ルヴレの産科鉗子　328
ルーンヒュイゼン，ロジェ　307, 319, 320, 327
ルジュグット　171
ルター派　119, 123, 160, 254, 276, 281
ルデル，ピエール　285
ルドラー（収入役）　383
ルネサンス　339
レイ，J. D.（医学博士）　364
レヴィ，ポール　76, 78
レヴィ・ストロース　6
レーシュステッテール　31, 32, 48, 49, 53–65, 68, 88, 102, 105, 110, 163, 164, 186, 188–192, 209, 239, 247, 288–290, 295–297, 300, 371, 381, 384, 385
レオポルド一世　143, 145–147, 157, 196, 206, 207, 216
歴史人口学　6, 12
歴史人類学　2
『歴史総合評論』　10
レシチンスキ，スタニスワフ　135
レルミン，ラザール・ド・ラ・サル・ド　78–80
ロヴェンスターン・ヴェルテーム，フィリップ・エベラール・ジョゼフ　84, 88, 243
蠟防染　273, 275
ローシュ渓谷　72, 82
ローマ教会　227
ローマ時代　73–75
ローマ法　108, 109
ロッシュ，ダニエル　7
ロベスピエール　385
ロマンス語　74, 75, 77, 79–81, 169, 252, 253, 259, 290
ロレーヌ，シャルル・ド　213
ロレーヌ　17, 24, 74, 78, 82, 87, 96, 123, 135, 146, 147, 157, 160, 201, 213, 214, 216, 221, 222, 226, 227, 235, 236, 253, 264, 268, 300, 376
ロレーヌ・エ・バール公国　91, 139, 195–197, 200, 205, 216
ロレーヌ南部　195
湾曲鉗子　315, 323–327, 343

# 図表一覧


**第 1 章**

図 1-1　「助産婦の任命」の紙束の表紙　39

図 1-2　サン・タマラン渓谷　73

図 1-3　17 世紀のアルザスの出生数の変動　87

図 1-4　ミュルバックの修道院領　101

表 1-1　C1114-III の文書一覧——関係地とその性格　41

表 1-2　モーシュ関連の手稿文書の性格　44–46

**第 2 章**

図 2-1　マダム・デュ・クードレの巡回講習会　121

図 2-2　フランス革命直前のロレーヌ　補佐管区　137

図 2-3　エタンの地方長官補佐の「意見書」　138

図 2-4　“幽霊”——マダム・デュ・クードレが巡回講習会で用いた人形模型　152

表 2-1　既存の産婆／助産婦の年齢構成と平均年齢　129

表 2-2　第 8 回助産術無料講習会　131

**第 3 章**

図 3-1 (1)　ラシャペル・ス・ルジュモンの女房たちの請願書 (原文写真)　165

図 3-1 (2)　ラシャペル・ス・ルジュモンの女房たちの請願書 (現代表記文)　166

図 3-2　ラリヴィエールの村落共同体の請願書　167

図 3-3 (1)　ジロマニの女房たちの請願書 (原文写真)　179

図 3-3 (2)　ジロマニの女房たちの請願書 (現代表記文)　180

**第 4 章**

図 4-1　ロレーヌ・エ・バール公国の最高法院による
　　　1708 年 6 月 22 日の裁決 (文頭部分のみ)　197

図 4-2　ロレーヌ地方の巡礼地　229

図 4-3　アヴィオットのノートルダム教会前景　232

図 4-4　円柱に描かれた洗礼　234

**第 5 章**

図 5-1　ロレーヌ経由でイタリアからオランダに抜ける道　14 世紀　242
図 5-2　ヴェッセリング捺染工場製造の更紗　275
表 5-1　18 世紀チュール川流域の人口増　245
表 5-2　C1114-III の関係地——18 世紀の戸数・人口　246
表 5-3　鉱山・製鉄会社の賃金労働者の出身地と時間的分布　251
表 5-4　捺染の染色工程　271
表 5-5　紛争の経緯　294

**第 6 章**

図 6-1　ルヴレの著作（1751）に綴じ込まれた挿絵　315
図 6-2　産科鉗子の形態一覧（19 世紀前半）　322
図 6-3　ルヴレの湾曲鉗子　324
図 6-4　骨盤位牽出術　330
図 6-5　間違った助産　341
図 6-6　デュ・クードレの逆子に対処する手技　341
図 6-7　デュ・クードレの人体模型を用いた手技　342
図 6-8　パリ大学医学部の産褥熱に関する報告書　351
表 6-1　批判と反論の要約　307–309

# 注

## 序　論

(1)　この家族史に関する特集号は以下のとおりである．*Annales É. S. C.*, 27e, no. 4–5, numéro spécial：famille et société, 1972.

(2)　ビュルギエールの論考は以下のとおりである．副題に「マルサスからマックス・ウェーバーへ」とある．Burguière, André, « Le mariage tardif et l'esprit d'entreprise», *Ibid.*, pp. 1128–1138.

(3)　*Ibid.*, p. 1128.

(4)　こうした試みは当初「歴史人類学」と呼ばれ，特殊な研究のように思われていたが，この時期の模索や成果はやがて歴史学研究のあらゆる主題に浸透し，今では，革命史研究をはじめとするさまざまな領域に摂取され，儀礼や表象の織りなす動的歴史過程を考察しようとする際の不可欠な視点となっている．詳細は以下．長谷川まゆ帆「儀礼と表象，感性から見る歴史——歴史人類学の挑戦」草光俊雄・甚野尚志編『ヨーロッパの歴史 I　ヨーロッパ史の視点と方法』（放送大学教育振興会，2015 年），138–157 頁．

(5)　人類学の側から歴史との対話を模索した論考として以下をあげておく．渡辺公三『身体・歴史・人類学 II　西欧の眼』（言叢社，2009 年）のとりわけ 5 の「歴史人類学の課題——ヒストリアとアナール派のあいだに」（135–169 頁）を参照．レヴィ・ストロースが民族学と歴史学の関わりについて書いた論考として以下もあげておく．Levi-Strausse, Claude, «Histoire et éthnologie», *Annales E. S. C.*, 38e, no. 6, 1983, pp. 1217–1231.

(6)　この医療に関する特集号は以下．*Annales É. S. C.*, 32e, no. 5, numéro spécial：médecins, médicine et société：en France aux XVIIe et XVIIIe siècles, 1977.

(7)　ジャック・ジェリスの論文や著作については序論注 15 を参照．ジェリス氏はすでに物故者であるが生没年は不明．2008 年 1 月 12 日に女性史や性の歴史，ジェンダー史についての研究生活 40 年を振り返った本人の講演記録によると，ジェリスが出産の社会史を主題に取り組むようになったのは 1970 年頃からのことであり，比較的遅かったと述べている．1988 年にパリ第七大学で Doctrat d'État を取得していることや，数々の学術論文および著作の出版年から推察するとおそらく 1940 年代半ばに生まれ 2011 年前後には亡くなっていると思われる．«Quarante ans de recherche sur les femmes, le sexe et le genre：Jacques Gélis», dans［http://www.dailymotion.com/video/xle9wk］(70 mn, filmé par le Centre audiovisuel Simone de Beauvoir).

(8)　ミレイユ・ラジェの論文や著作については序論注 16 を参照．ラジェ女史は，南仏の出産の社会史をテーマに博士論文をまとめあげ，1980 年にモンペリエ大学で博士号を取得している．その後，単著を出版し同大学の教員となるが，残念ながら 1986 年に急逝した．短いながらも精力的だった生前のラジェの活躍により，その後もモンペリ

エ大学を中心に南仏における出産や子育て，子どもの歴史や教育，医療に関する歴史学研究が開拓されてきた．1996年にラジェを追悼するシンポジウムが開催され以下の記念論集が上梓されている．Andréani (Roland), Michel (Henri) et Pélaquier (Elie), (Actes recueillis par), *Hommage à Mireille Laget, Naissance, enfance et éducation dans la France méridionale du XVI*[e] *au XX*[e] *siècles* : *hommage à Mireille Laget* : Actes du Colloque des 15 et 16 mars 1996 organisé par le Centre d'histoire moderne et contemporaine de l'Europe méditerranéenne et de ses périphéries Montpellier, Université Paul-Valéry Montpellier III, 2000.

(9) ロッシュ氏は公証人記録を用いた数々の社会史研究で知られるが，カバーする領域は広い．1970年代にすでに以下が出版されていた．Roche, Daniel, *Le Siècle des Lumières en province* : *académies et académiciens provinciaux, 1689–1789*, Paris et La Haye, Mouton, 1978, 2 vols.

グベール氏は言うまでもなく，1950年代末に書かれた学位論文（ボーヴェー地方の社会史研究：*Beauvais et la Beauvaisis de 1600 à 1730*, Paris, SEVPEN, 1960 (thèse de doctorat, École pratique des hautes études, VI[e] section) ; id., *Cent mille provinciaux au XVII*[e]*siècle*, Paris, Flammarion, 1968, p 439）において，人口史研究の基本的な方法となる「家族復元法」を提示したことで，フランスの歴史人口学研究の火付け役となった歴史家である．その後も多くの研究でアンシアン・レジーム期の社会史研究を牽引してきた知る人ぞ知る近世史家である．1970年代にはたとえば以下が出ている．Goubert, Pierre, *L' Ancien Régime,* Paris, Armand Colin, t. I : la société (1969) ; t. II : les pouvoirs (1973) ; *Clio parmi les hommes. Recueil d'articles*, Paris, EHESS, 1976.

ファルジュについても無数の書籍がありもはや説明を要しないだろう．1970年代にすでにミッシェル・フーコーとの共著も含め以下が出ていた．Farge, Alrette, *Délinquance et criminalité* : *le vol d'aliments à Paris au XVIII*[e] *siècle*, Paris, Plon, 1974 ; *Vivre dans la rue à Paris au XVIII*[e]*siècle*, Paris, Gallimard, 1979 ; «Les théâtres de la violence à Paris au XVIII[e] siècle», avec A. Zysberg, *Annales É. S. C.,* 36[e], No. 5, 1979, pp. 984–1015.

(10) ここにあげた以外の残りの5名の執筆者名をあげておくと以下のとおりである．G. Chaussinand-Nogarer, R. Darquenne, J. leonard, M.-F. Morel, M. Jeorger.

(11) たとえば，ハガード，ハワード・W.（巴陵宣祐訳）『古代医術と分娩考』（武侠社，初版1931年／エンタプライズ社，1982年復刻）[Hoggard, Haward W., *Devils, Drugs and Doctors* : *The Story of the Science of Healing from Medicine-man to Doctor,* New York, Blue Ribbon, 1929].

(12) Abensour, Léon, *La Femme et le féminisme avant la Révolution*, Réimpression de l'édition de Paris [Ernest Leroux, 1923], Genève, 1977. これは革命期に絞った書物であるが，アバンスールはその2年前の1921年に，より包括的な通史として *Histoire générale du féminisme* : *des origines à nos jours* (Paris: Librairie Delagrave) を出版している．

(13) *Ibid.*, pp. 215–222.

(14) *L'Encyclopédie ou dictionnaire raisonné des sciences, des arts et métiers*, I, par une société de gens de lettres, mis en ordre de Denis Diderot et Jean Le Rond D'Alembert, 1751, p. 85

（New York, Readex microprint corporation, 1969, t. I, p. 46）.

（15）　Gélis, Jacques, «Sages-femmes et accoucheurs：l'obstétrique populaire aux XVII$^e$ et XVIII$^e$ siècles», *Annales É. S. C.*, 32$^e$, no. 5, numéro spécial：médecins, médicine et société：en France aux XVII$^e$ et XVIII$^e$ siècles, 1977, pp. 927–957［為本六花治訳「産婆と産科医――17–18 世紀における民間助産術」『叢書 産育と教育の社会史 4 子どもの社会史 子どもの国家史』（新評論，1984 年），54–83 頁］；«La formations des accoucheurs et des sages-femmes aux XVII$^e$ et XVIII$^e$ siècles：évolution d'un material et d'une pédagogie», *Annales de D. H.*, 1977, pp. 153–180；«L'accouchement au XVIII$^e$ siècle: Pratiques traditionnelles et contrôle médical», *Ethnologie F.*, VI. 3–4, 1976, pp. 325–340；«L'Enquête de 1786 sur les sages-femmes du royaume», *Annales de D. H.*, 1980, pp. 299–316. また当時，ミレイユ・ラジェ，マリ・フランソワ・モレルとの共著として，伝統社会における子どもの誕生と養育を扱った以下の著作も出版されていた．Gélis（Jacques），Laget（Mireille）et Morel（Marie-François），*Entrer dans la vie：naissances et enfances dans la France traditionnelle*, Paris, 1978.　なお，ジェリスのこの時期の出産に関する論考はすべて後に以下の単著に収録されている．Gélis, J., *L'Arbre et le fruit：La naissance dans l'Occident moderne（XVIème–XIXème siècles）*, Paris, Fayard, 1984（以下 *L'Arbre et le fruit* と略記）；*La sage-femme ou le médecin：Une nouvelle conception de la vie*, Paris, Fayard, 1988（以下 *La sage-femme et le médicine* と略記）.

（16）　Laget, M., «La Naissancee aux siècles classiques：Pratiques des accouchements et attitudes collectives en France aux XVII$^e$ et XVIII$^e$ siècles», *Annales É. S. C.*, 32$^e$, no. 5 1977；*Naissance：l'accouchement avant l'âges de la Clinique*, Paris, 1982.

（17）　この点について少し補足しておくと，ラジェの研究は民俗学の知見を多く取り入れることで，南仏の農村の女性たちが出産に際してどのようにふるまい，身体や周囲をどのようにとらえ，語り，考えていたかを可能な限り明らかにしようとしていた．その意味では当事者である女性の側の感じ考える仕方，受容や領有の問題が視野に収められていたと言える．またその点にこそラジェの研究のおもしろさもあった．しかし王権の政策との関連やその相互の関係性については，指摘はあるものの，南仏を事例に具体的に問うということはなされていない．その点が当時のわたくしにはややもの足りないと思ったところである．

（18）　アンシアン・レジームという言葉は，広義にはフランス革命より以前の時代をさし，語義からすると中世期をも含むが，本書でアンシアン・レジーム期という場合は主として近世期と同義であり，ルネサンスと「新大陸の発見」に続くフランス革命までの約 300 年ほどの時代をさす．

（19）　ここでいうバイイ（bailli），尚書（chancelier），地方長官（intendant）はすべて国王の特任状によって任命されるフランス王国の行政官であり，国王の代理としてあるいは補佐として任務を遂行する国王代官である．詳細は第 1 章第 3 節（2）を参照．

（20）　安村直己「スペイン帝国と文書行政――植民地期メキシコにおける文書行政ネットワークとその外部」小名康之編『近世・近代における文書行政――その比較史的研究』青山学院大学総合研究所叢書（有志舍，2012 年），70–107 頁．

(21) 臼井佐知子・H. ジャン=エルキン・岡崎敦・金源炫栄・渡辺浩一編『契約と紛争の比較史料学』(吉川弘文館, 2014年).

(22) 「場」「人間」「仕方」という言葉を用いて, 研究の問いや領域を措定した初出論文は以下のとおりである. 長谷川まゆ帆「18世紀における分娩——場・人間・仕方」『名古屋大学院生論集』第13号, 1984年, 33–43頁.

(23) 地方長官制についても第1章第3節 (2) を参照.

(24) これが当時の文献に現れるこの事業を言い表す際の名称である.

## 第1章

(1) Hoffmann, Charles-Eugène-Alexandre (abbé), *L'Alsace au dix-huitième siècle au point de vue historique, judiciaire, administratif, économique, intellectual, social et religieux*, t. III, Colmar, Hüffel, 1907, pp. 456–463.

(2) この箇所の原文は以下のとおりである. La nomination, ou l'élection des sages-femmes comme celles de maîtres d'école, fut très souvent une occasion de discordes dans les communautés. Si les curés faisaient meiux observer les règlements, pour leur nomination, dit un rapport à l'Intendant du bailli Reichstetter (en date du 18 mars 1786), «il n'y aurait pas tant de troubles dans les communautés à cause des sages-femmes». Sous ce rapport, l'École d'accouchement de Strasbourg fut une nouvelle source de divisions, car les élèves qui en sortaient, favorisées par l'administration, affichaient sans doute des prétentions qui déplaisaient aux paysans, lesquels soutenaient avec d'autant plus d'acharnement les ancienes sages-femmes. Quoi qu'il en soit, Fontaine et Foussemagne étaient en guerre, en 1782, pour une question de ce genre. En 1786, il y avait des années que la vallée basse de S.-Amarin ne connaissait plus la paix. «Le tiers» des habitants, disait le bailli Reichstetter, est en «fermentation»; les préposés et «la populace» se pronocent en faveur d'une sage-femme, que les autre femmes, le curés et le bailli de justice ne veulent pas accepter; «les paysans sont tellement irrités, qu'ils menacent de s'adresser à la Cour». L'Intendant chercha à calmer les esprits par une ordonnance du 7 janvier 1787, qui accordait aux deux sages-femmes à peu près les mêmes avantages: nous ne savons s'il y parvint. *Ibid.*, pp. 458–459.

(3) Guyot, R., «Comtes rendus, Charles Hoffmann, *L'Alsace au XVIII$^{e}$ siècle, au point de vue historique, juridiciaire, administratif, économique, intellectuel, social et religieux*, publié par A. M. P. Ingold. Colmar, Huffel, 1906–1907, 4 vols. In-8, pp. xv–746, p. 576, p. 540, p. 590», *Revue d'H. M. C.* (1899–1914), vol. 10, no. 3 (1908), pp. 215–218.

(4) シュテットマイスターは Statt (=Stadt 都市) と Meister (長) からの合成語で, 文字通り都市を統括する長であり, 併合前の自由帝国都市ストラスブールにおいては, 20名の各ツンフト代表 (平民) と6名の貴族の合計26名からなる大参事会によって選ばれるアムマイスター (Ammeister, Amt 公職と Meister 長の合成語) とともに都市の大参事会 (市参事会) を主宰した. 詳細は以下を参照. 内田日出海「都市共和国ストラス

ブールにおける王権と自治の領分——対立から併合へ（1681–1790年）」鈴木健夫編『地域間の歴史世界——移動・衝突・融合』早稲田大学現代政治経済研究所叢書29（早稲田大学出版部，2008年），127–171頁のとくに41–51頁，162頁の注12, 14を参照．

（5）　Guyot, *Ibid.*, p. 216.

（6）　その博士論文タイトルは「ローマ共和政下の地方体制——河川の沿岸所有権者の法的権利と負担」Hoffmann, Charles-Eugène-Alexandre (abbé), *Régime des provinces sous la République romaine : droits et charges des propriétés riveraines de cours d'eau*, [selon les art. 556–563 et 541–645 du Code civil] : thèse pour le doctorat présentée à la Faculté de droit / par Charles Hoffmann, Colmar, impr. de M. Hoffmann, 1874. 職業団体に関しては，*Les Corporations, maîtrises, tribus, corps de métier, en Alsace, à la veille de la Révolution*, d'après des documents inédits, Nancy, impr. de Berger-Levrault 1899. それ以外に，*Le Procès de N.-S. Jésus-Christ devant le sanhédrin et Ponce-Pilate*, Paris, G. Pedone-Lauriel, 1881 ; *Le dernier Abbé de Marbach Joseph Hergott (1755–1795)*, (Signé: Ch. Hoffmann), Colmar, L. Lorber, 1883がある．

（7）　このタイトルのフランス語原文は以下のとおりである．*La Haute-Alsace à la veille de la Révolution: étude sur l'ancien régime et ses premières modifications.*

（8）　他の見出しの原文は以下のとおりである．Assemblées clandestins; Boulangeries; Boucheries ; Police Incendies; Maison hors des enceints ; Médecines; Documentations de Médecines, Physiciens, Pharmacies. このうち「違法集会（Assemblées clandestines）」の紙束liasseに含まれる文書は1730年代に鉄鋼会社の設立によって生じてきた樹木の伐採に関係してなされた一連の裁判に関係する文書である．

（9）　旧ベルフォール領（Territoire de Belfort）に相当する．

（10）　モンテスキューが三権分立を説いたのも，国王主権そのものを否定するためではなく，国王主権の君主国家としての機能の不備に問題を見いだしていたからである．モンテスキューは「国家の基本的法律の下に生きる君侯たちは，人民の心をも自分の心をも規律しうる何物も持たない専制君主たちより一層幸福である」と述べ，君主制と専制とを明確に区別していた．この時代には国制あるいは基本法（憲法 Constitution）という概念はなお曖昧であり，モンテスキューもこの言葉を使う場合には，当時の慣用に従って，多義的で広い意味にとらえて用いている．エドゥアール・ティエ（深谷格訳）「18世紀における憲法（国制）の概念の曖昧性——モンテスキューを素材にして」『西南学院大学法学論集』（第37巻第4号，2005年），79–145頁．（原典はTillet, Edouard, «Les ambiguités du concept de constitution au XVIII$^{e}$ siècle: L'exemple de Montesquieu», in *Collection de l'association française des histoires des idées politiques,* XII, Pensé politique et droit, Actes du colloque de Strasbourg, 11–12 septembre 1997, Presses Universitaires d'Aix-Marseille, Aix-en-Provence, 1998, pp. 365–399.）

（11）　当時の地方長官は，アントアーヌ・ショーモン・ド・ラ・ガレジエール（Antoine Chaumont de la Galaizière 1727–1812）．詳細は本書第2章においてあらためて触れる．

（12）　当時のこの地域のバイイ（bailli）は，ジャン・フランソワ・グザヴィエ・アントアーヌ・ミュンク（Jean François Xavier Antoine Münk 1731–83）である．間もなくこ

のミュンクに代わってレーシュステッテール（Reichstetter, Jean François Antoine 1734–1807）がその職務を引き継ぐことになる．ここでいうバイイとは，国王の代理役人である国王判事（prévôt）に相当し，管轄区域の裁判権を握っていた．当時この地域はコルマールの補佐管区に包摂されていたが，ミュンクはコルマールの補佐とはやり取りせず，直接，ストラスブールの地方長官に書簡を送っている．ミュンクは，修道院領の全体を統括する国王尚書（chancelier）として王権の司法行政のなかに位置づけられているが，同時にミュルバック修道院領のいくつかの裁判管区を統括する郡長の位置にもあった．このミュンクのいたポジションは，ここでの紛争を読み解く上で重要な位置を占めている．詳細は本章第3節であらためて考察する．

(13) 表1-2の各段階内の紙文書の順番は，あくまで出来事の経緯に即したものであり，紙文書の作成された時間の順とは必ずしも一致していないこともある．とくに段階1として分類している鉛筆番号37の文書の場合，厳密な作成時期は不明であり，作成時期からすると，第2段階に含まれる可能性も否定できない．しかし内容的には鉛筆番号37はことの発端に関わる第1段階の経緯を記している文書であり，それゆえここではこれを便宜的に第1段階として分類した．

(14) この綴りは原文ではBovenrieceと表記されている．後述のカトリーヌ・ボーヴァンリート（Catherine Bovenrieth）は彼の娘であり，ここでは娘の氏名に現れる表記に統一した．このように同じ名前を意味していながら表記が一貫しないことはこの時代の手稿文書によく見られることでもある．Fournet-Fayard, Alain, *Pratique de paléographie moderne: lire les Foreziens d'autrefois (XVIIe et XVIIIe siècles)*, Publications de l'Université de Saint-Etienne, 2008, p. 25.

(15) A. D., Haut-Rhin, C 1114–II, 37.

(16) A. D., Haut-Rhin, C 1114–II, 37. 最初の頁下方に叙述．原文は以下のとおりである．Les suppliants ont de plus observé que leurs femmes ont le plus grande répugnance de ses service de ladit. Catherine Schilling, parce que plusieures ayant été accouchées par elle l'ont trouvée l'une avoir fait excerser un traitement très douleureux, que peu se sont sauvais de la mort, et que d'ailleurs. 原文もここで文章が終わっている．

(17) A. D., Haut-Rhin, C 1114–II, 34.

(18) この名前はC1114のなかにも出てくるが，判読がきわめて難しかった．正確に名前が判明したのは，Jean-Marie Schmitt氏のご教示による．シュミット氏は，筆者がこの研究に着手した頃にコルマールの市立文書館の歴史専門員の職務にあり，アルザス産業革命史についての研究書を出版されたばかりで，書簡を通じて関連事項についてのご教示をいただいていた．残念ながらすでに他界されているが，シュミット氏の書簡が手元に残っている．心より感謝申し上げたい．Schmitt, Jean-Marie, *Aux origines de la révolution industrielle en Alsace：investissements et relations sociales dans la vallée de Saint-Amarin au XVIII^e^ siècle,* Strasbourg, Librairie Istra, 1980. 以下 Schmitt, *Aux origines de la révolution industrielle en Alsace* と略す．

(19) レーシュステッテールは，モーシュの吏員たちが「若い女房」を女房たちの費用でストラスブールの講習会に送ることを許可するよう求めてきたと記している．この

動きはモーシュの共同体の側から提案されて始まった動きであり，レーシュステッテールの発案ではない．彼はこれに応ずることで和解に持ち込むことを考えていた．和解という言葉が，明記されている書簡は A. D., Haut-Rhin, C 1114–II, 46.

（20） A. D., Haut-Rhin, C 1114–II, 34.

（21） A. D., Haut-Rhin, C 1114–II, 39.

（22） この請願文は残されていないが，後のレーシュステッテールの書簡のなかに内容が記されている．A. D., Haut-Rhin, C 1114–II, 39.

（23） A. D., Haut-Rhin, C 1114–II, 42＋43.

（24） A. D., Haut-Rhin, C 1114, 42＋43.

（25） レーシュステッテールは，1787 年 1 月の書簡では，「全員の署名を施した請願書をもってきて，農民たちは国王の法院（La Cour）に訴えると言って脅かしています」（A. D., Haut-Rhin, C 1114–II, 42＋43）と農民の言葉を伝えている．翌 1788 年の 1 月の王の執達吏の到着後に書かれた書簡では，「モーシュの吏員たちが国務会議（Conseil d'Etat）に訴えた」（A. D., Haut-Rhin, C 1114–II, 46）と述べ，La cour を Conseil d'État と言い換えている．レーシュステッテールは王の執達吏が到着して，ヴェルサイユへの出頭命令とともにモーシュ他 3 集落の吏員たちの請願書の写しを受け取り，それによって農民たちが単なる脅しでなく実際に上訴にまで至ったことを知った．おそらく農民たちは Conseil d'Etat という表現にはなじみがなかったのであろう．農民たちは，「国務会議（Conseil d'Etat）」という言葉を用いていないが，彼らが訴えた先が国務会議であったことは間違いない．J.-M. Shmitt も 1770 年の渓谷の諸共同体による La Cour への上訴を「国務会議への請願」と言い換えている．La Cour は農民の表現であり，国務会議／国王審議会（Conseil d'Etat / Conseil d'État privé du Roy）をさしている．もちろん訴願にもさまざまな種類があり，どこの部局で訴願を処理するかを決めるのは訴願審査官の仕事であるが，ここでは実際に出頭命令が来ていることからも，訴願受領係が文書を受け取り訴願審査官による吟味を経て国務会議での審議事項としてなにがしかの調査が始まっていたと考えられる．A. D., Haut-Rhin, C 1114–II, 46.

（26） A. D., Haut-Rhin, C 1114–II, 46.

（27） J.-M. シュミット氏からのこの点についていただいたご指摘によると，これは資産の多寡を示すものであるが，その金額は多くはなく，富裕といっても概して慎ましいものであるという．

（28） A. D., Haut-Rhin, C 1114–II, 46.

（29） この箇所を含む枠内の叙述の原文は以下のとおりである．La suppliante ignorait que pour être légalement établiée sage-femme, elle devait être éluée à la pluralité des voix.（A. D., Haut-Rhin, C 1114–II, 43.）

（30） A. D., Haut-Rhin, C 1114–II, 34.

（31） A. D., Haut-Rhin, C 1114–II, 42.

（32） A. D., Haut-Rhin, C 1114–II, 43.

（33） 長谷川まゆ帆「権力・産婆・民衆——18 世紀後半アルザスの場合」『思想』No. 746, 1986, 92–125 頁.

(34) 近世期にカトリック教会によって確立され，制度化されていった誓約した産婆の定義や性格に関しては，本章の次節であらためて言及する．

(35) その事例として，パリの直接税徴収地域に包摂されていたシャンパーニュのマコン小教区（ノ・ジャン・シュル・セーヌ徴税区）に生じていた1774年の村総代選出に際して起きた紛糾事例をあげることができる．この紛糾に関わる村落住民の請願書を読むと，農村の教区／共同体が住民集会で村総代を選ぶ際に，有権者の資格を厳密に吟味し，また数を数えその多寡を問題にする数原理を前提に結論を出す多数決原理による選出方法が採用されていたことがわかる．A. D., Aube, C2096；Babeau, Albert, *Le village sous l'ancien régime*（Réimpression de l'Édition de Paris, Didier & Cie, 1878），Genève, Mégariotis Reprints, 1978, p. 343. マコン小教区の当時の人口（戸数）変動に関しては本書第5章注23を参照.

(36) ただし数原理が浸透しているとはいっても，ときに数原理だけではわだかまりが残ることもありえた．たとえば，上記の注35にあげた小教区マコンでの村総代の選任事例では，僅差で票が割れ，有権者の資格に疑義が表明されたため，数字の上では決着がついていることを誰もが承知していながら，農民たちは，その結果がもとで後々紛争の火種が残ることを懸念していた．それゆえ選任の行われた日から1週間後に前村総代が選任の経緯と結果を綴った請願書をしたため，有権者全員が署名を行った上で地方長官に請願書を送り，数原理による結果がその通り地方長官によって認証されることを求めた．彼ら農民は，この選任に関しては，票が大きく割れたことから，全会一致の確認なしにはそのわだかまりを鎮めることができないと判断したのである．この全員の署名を付した請願書は，共同体の意思確認のためになされた，言わば「誓いの儀礼」ともいうべきものである．

(37) 多数決原理の古代から中世に至る歴史的な形成過程に関しての詳細は，以下の町田實秀の学位論文『多数決原理の研究——中世の選挙制度を中心として』（有斐閣，1958年）を参照.

(38) ジャン・ドマの生涯と法学上の業績，思想等については，ヴェルツェルの以下の著書を参照．Voeltzel, René-Frédéric. *Jean Domat (1625–96)：essai de reconstruction de sa philosophie juridique précédé de la biographie du jurisconsulte*, Paris, Librairie du recueil sirey, 1936. この書はドマの伝記研究であるとともに，ドマの残した法学上の成果についてその生成過程と内容の性格を法学上の知識を踏まえて歴史的に明らかにしたものである．たとえば第I部は，Victor Cousinによって19世紀に蒐集され出版された，ドマと同時代に書かれた1次文献や，19世紀に出版された関連文献を可能な限り渉猟しながら，ドマの家系や受けた教育，環境，パスカルとの親交等々はもとより，イエズス会との関わり，クレルモン・フェランで1665年に行われた大法廷（Des Grands Jours d'Aubergne, 1665）へのドマの関与の有無，さらには教皇の無謬性を主張して物議をかもしたデュアメル神父の説教へのドマによる王国の法原則に基づいた見事な糾弾の経緯など，法学者としてまたジャンセニストとしてもあったドマの倫理と思考の原理を実証的に掘り起こしている．また第II部ではドマの法学上の数々の著作（『法選集（*Legum Delectus*）』『演説集（*Harangues*）』『法概論（*Traité des lois*）』『自然法秩序におけ

る市民法（*Les lois civiles dans leur ordre naturel*）』『公法（*Le droit public*）』）の中身にも踏み込み，法学者としてのドマの営みを包括的に考察している．ドマは，ルネサンス以来のローマ法研究の膨大な蓄積をベースに，自然法のみならずキリスト教と慣習法を源泉としつつ，国王主権に基づく君主国家の基礎となる法秩序の構築をめざしていた．その営みの特質をこのヴェルツェルの著作から垣間見ることができる．

ヴェルツェルの著作に初めて遭遇したのはフランス国立図書館での文献探査を通じてであるが，その後，金山直樹『法典という近代――装置としての法』（勁草書房，2011 年）を読むなかで，このヴェルツェルの著書が 1936 年の原著出版後間もなく 1936 年のうちにすでに日本でも注目され，以下のような書評が書かれていたことを知った．石崎政一郎「紹介批評ヴェルツェル著“ジャン・ドーマ”」（『法学』第 6 巻第 12 号，東北大学法学部，1937 年），68–73 頁．また野田良之氏もこのヴェルツェルの著作に多くを依拠して 1950 年代に以下のような論考を残しており，何かしら不思議な感慨を覚えた．野田良之「ジャン・ドマとフランス民法典――とくに民事責任の規定を中心として」『比較法雑誌』（第 3 巻第 2 号，1956 年），1–113 頁．ドマの「自然的秩序における私法」の契約について（第 1 巻第 1 章第 1 節および第 2 節の前半）は，以下の邦訳と解説も参照した．小松公「フランス近世法学（1）ジャン・ドマ」久保正幡先生還暦記念『西洋法制史料選（3）近世・近代』（創文社，1979 年），122–129 頁．また以下の論文も参照することができた．小川浩三「ジャン・ドマの lois de la religion と lois de la police（1）（2 完）」『北大法学論集』（第 38 巻第 3 号；4 号，1988 年），第 3 号：415–454 頁；第 4 号：625–654 頁．金山直樹，前掲書，122–127 頁．

（39）「フランス法」については，本書第 1 章の注 113 を参照．

（40）ドマによると，syndic は王権の代理役人とは異なる責務をもった存在であり，社団の構成員によって選任されその委任した者たちの利害を代弁する代理人であるという．徴税を核に王国の制度として存在しながらも，団体の構成員からその責務を委任された団体成員の代理人なのである．またドマの定義による「多数決」のなかでは，集まった者の数を数えることや，二重選挙を防ぐために 3 分の 2 以上の出席が有効投票数として想定されてもいる．ドマの定義については『自然秩序における市民法』（1689–94）に続いてまとめた『公法（Le droit public）』（1701）の「ミュニシパルの責務（les chareges municipales）」を参照．Domat, Jean, *Le droit public, suite des loix civiles dans leur ordre naturel*, Paris, P. Emery, 1701. tit. XVI, sect. IV–4.

ちなみに 18 世紀になると，ドマの *Les Loix civiles sur ordre naturel* とこの *Le droit public* および *Legum delectus* の大部分を 1 冊にまとめて出版され何度も再版されるようになる．この 3 つは相互に補完し合っており，利用者が一緒に参照する必要があったからである．ただし 1 冊にまとめられた後も，それぞれに 1 巻，2 巻，3 巻と分かれていて，頁もそれぞれに振られている．パリの国立図書館でその合本版の一つ（1777 年版）を手に取ってみると，この版がいかに重く分厚いものであるかが分かる．本のサイズがまず各書の初版のサイズの 2 倍近くあり，初版とは異なり 2 段組みに改訂されているため，文字は初版より小さく，1 頁の分量もはるかに多い．持ち運ぶというよりは備えつけて参照する書物と考えられる．内容は，余白注（1，2，3…）や脚注（a, b, c…）

も含めて，配列もフォントもすべて初版のままである．*Les Loix civiles dans leur ordre naturel, le droit public et “Legum Delectus”*, par M. Domat, nouvelle édition augmentée des troisième et quatrième livres du droit public, par M. de Héricourt, des notes de feu M. de Bouchevret, sur le «Legum Delectus», de celles de MM. Berroyer et Chevalier, et du supplément aux loix civiles, de M. de Jouy, rangé à sa place dans chaque article, Paris, Le Clerc, 1777.

(41) ただし村総代の選任に際しても，マコンの事例のように票が大きく割れることはまれで，多くは集まった有権者の全会一致によって選任されていたと考えられる．それゆえ村総代の選任を伝える紙文書は，いつも残るわけではなく，残っていてもそれは多数決で選んだことと，その結果，誰が村総代になったかを伝える短い覚書にすぎない．マコンの小教区の紙文書は，票が大きく割れたがゆえに残された特異な請願書であったと考えられる．

(42) この山の頂上付近には夏でも雪が残る．大型のボールや気球をさすballonはヴォージュ山脈に位置する他の山々をさすのにも頂が丸いことからしばしば用いられる語である．ゲブヴィレールの側からサン・タマランの側に出るには，遠回りながら，現在でも平地のCernayやThannへと迂回する必要がある．現代にも存在する政治・経済発展上の微妙な温度差もこの自然の障壁と無縁ではない．

(43) ミュルバック修道院のある山中も標高は420メートルで，モーシュとの標高差は40メートルにすぎない．ビュル（340），ゲブヴィレール（300）と比べても標高差はせいぜい100メートル程度である．しかしライン川に近いコルマール（174–214）の標高と比べると，250メートルの標高差がある．

(44) 蔵持不三也，「祝火考——アルザス地方民族調査ノートより」『社会史研究』第2号，1983年，312頁．

(45) 文献上確認されている初出は，Mos（1335年），Mose（1477年），Mosch（16–18世紀），Mosbach（1335年）等々である．表記は1つではないが，MosないしはMooschという音で呼ばれていた地域は中世から存在していた．

(46) Sifferlin, Gilles, *La Vallée de Saint-Amarin*：*Notes historiques et discriptives*, Strasbourg, F. X. Le Roux & Cie, 1908, p. 289. 現在も「モーシュ」と呼ばれるコミューンが存在するが，革命後のモーシュが正確にこの4つの地域の範囲と完全に重なるかどうかは定かではない．しかし革命以前の「モーシュ」は，地図にもあるように，チュール川に面した4つのうちの最大の集落の名称であり，同時に，支脈に沿って散在する近隣集落全体の総称としても用いられていた．

(47) *Le Haut-Rhin*：*Dictionnaire des communes, II Colmar, Éditions Alsatia*, 1981, pp. 910–915.

(48) 現在のコミューンとしてのモーシュを表象する紋章は1974年になってから考案された新しいものであるが，その紋章に描かれているモチーフは，この地域の地理と歴史に由来する．たとえば沼地の植物リュウキンカが描かれているが，それは，Mooschや Mosbachの文字のなかにある「湿地」にちなんでのことであり，また金槌とその先端は，ヴェルシュホルツやブランにあった古い鉱山を想起させる．

(49)　家系調査から三十年戦争後にサン・タマラン渓谷に戻って家族を再建した人々の歴史を掘り起こしてきたアルザスの地方史家ピエール・シージェルによると，三十年戦争後に出身地フェッレリングに近いオドゥランに戻って所帯を構えたニコラ・ラルジェは，父親がヴェルシュホルツ生まれ（1570年7月）であった．そのアンリの先祖は1422年にタンの市参事会員に選ばれたことのあるアンリ・ラルジェという人物で，もともとはアルザス南端のフェレット（Ferrette）を流れるラルグ（Largue）川のほとりに住んでいたが，14世紀末頃にタンに来て棲みつき，タンの市民権を得たのだという．ちょうどサン・タマランの教会参事会がタンへの移転（1422年）を画策し，そのために奔走していた頃のことで，その後1532年に，このアンリの末裔の一人が「マルメルスパックとモーシュの間にあるヴェルシュホルツに移り住んだ」という記述がある．Sieger, Pierre, *La Guerre de Trente ans dans la haute vallée de la Thur*, Riedisheim, Alsagraphic, 2000, p. 7.

(50)　ロマンス語とはラテン語から派生した何語とまだ呼びえなかった中世初期の頃の言語をさす場合と，いわゆる「ラテン系言語」をさす場合とがある．一般に「ロマンス語系言語」とは，言語史的にはインド＝ヨーロッパ語のなかでもイタリック語派に属するロマンス諸言語全体をさし，非常に多様な言語である．もともとはローマ郊外のラティウム地方の一方言ラテン語や各地方の基層言語や傍層言語の影響を受けて一般民衆の日常話していた「俗ラテン語」にその起源がある．一方，ロマニス（romanice ローマ風の）という言葉は，ゲルマン人と触れる機会の多かった古代のフランスで，当時ロマニアに侵攻したゲルマン人とロマニア人とを区別するために生まれてきたもので，古フランス語のロマンツ（romanz）に起源がある．そのため辞書ではまず「ラテン語から発しながらも，ラテン語とは区別される古代フランスの土語」と説明され，その次に「ラテン語から派生した言語の総称」と説明される．しかしロマンス系の諸言語はそれぞれの地域や時代によって他の言語からの影響を受けつつ多様に分化してきた言語でもあり，一つにまとめられるものではない．5世紀のロマニア（ローマ帝国）でも，統一した言語が話されていたわけではないが，おおざっぱにガロ・ロマンス，イタロ・ロマンス，イスパノ・ロマンス，レト・ロマンス，バルカノ・ロマンスの5区分ができていたと言われ，現代の言語史研究においても，ロマンス語系言語は，次のような5つのグループに分類されている．(1) ガロ・ロマンス系言語，(2) イタロ・ロマンス系言語，(3) レト・ロマンス系言語，(4) バルカノ・ロマンス語系言語，(5) イベロ・ロマンス系言語．以上，ロマンス語については，島岡茂『ロマンス語の話』（大学書林，1970/1995年），伊藤太吾『ロマンス語概論』（大学書林，2007年）などを参照．またスイスのドイツ語の影響を強く受けたロマンス語を扱った川崎靖・坂口友弥・熊坂亮・Jonas Rüegg 共著『スイス「ロマンシュ語」入門』（大学書林，2013年）も参照した．

(51)　サン・タマランの中学校教員であったフランソワ・ローゼンブラットは，この渓谷で1980年代半ばの数年間，アルザス語とフランス語についての言語調査を行ったが，その報告書によれば，調査対象となった生徒たちの祖父母にあたる人々はアルザス語しか話せず，次世代はバイリンガルでフランス語を日常的に使用していたがアルザス

語での会話もできた．しかしその子どもたちの世代になると，もはやアルザス語の全く話せない子どもたちがほとんどになっていたとある．Rosenblatt, François, *Le Dialecte alsacien et l'identité culturelle chez l'adolescent：enquêtes réalisees au college de Saint-Amarin Haut-Rhin*, Thèse présentée par François Rosenblatt pour le Doctorat N. R. Histoire et Civilisations de l'Europe, Villeneuve d'Ascq Presses Universitaires du Septentrion, 1995. この調査結果は，20 世紀末のアルザス語の衰退を如実に示すものとして興味深いが，しかしアルザス語を話す人たちやフランス語を話すとされる人たちが，どの程度，標準ドイツ語やフランス語方言を理解できたかは調査されていない．ここで調査対象となっている祖父母は，普仏戦争以後のドイツ語教育を受けて育った世代であるが，この地域で日常的に話されていたロマンス語方言を彼（女）らが理解しえた可能性についてはこの調査からは何もわからない．

思うに，ドイツの支配下では，地方語であるアルザス語は抑圧されず，子どもたちは学校で標準ドイツ語を学ぶとともに，日常的にはアルザス語やロマンス語を聞いて育っていただろう．一方，普仏戦争以後も，南部のベルフォール地域はフランス領として残されたこともあり，その地域ではその時期，ドイツ語教育は行われなかったが，その代わりに標準フランス語の教育が初等教育の普及とともに浸透し，それによってフランス語方言は，「不正確な」フランス語として明確に差異化され，貶められていった．とはいえ，それによってロマンス語が完全に消失したわけではない．一方，サン・タマラン渓谷はこのときドイツ領に組み込まれていたため，アルザス語と同様にロマンス語方言もそのまま温存された可能性がある．

しかし第一次世界大戦後，フランスにアルザスが戻されると，今度は標準ドイツ語が全く教えられなくなり，第三共和政以降のフランス政府による方針として，標準フランス語教育が徹底してアルザス全土に推し進められていった．その際，標準フランス語とそれ以外の方言との差異化も明確に行われ，アルザス語だけでなく，フランス語の方言に対しても地域語として序列化が浸透した．そのためアルザス南部の，ロレーヌやスイスとの国境近くで話されていたロマンス語系のフランス語方言は，「不正確で」「不完全な」言語として貶められていった．北部ではアルザス語が日常語として根強く生き残る一方，南部のロマンス語の影響を受けた古いフランス語方言は，標準フランス語の上位言語の表皮に包まれて影をひそめていった．とはいえ南部のフランス語方言もそれほど簡単に死滅したわけではない．アルザス語が生き残るのと同様に，日常的には連綿と命脈を保ち，変化にさらされながらも話されていたのではないかと考えられる．これは日本語の標準語と方言の関係を思えば，想像に難くない．ともあれ時代を遡ったときに，このサン・タマラン渓谷でもアルザス語だけが母語として話されていたと考えるのは間違いである．標準フランス語も標準ドイツ語も話されていなかったことはまぎれもない事実であるが，逆に標準フランス語が強制されなかった時代には，逆説的ながらフランス語方言こそが母語として受け継がれ，全き存在感をもって生き続けていたと考えられる．

(52)　この地図には，アルザスとロレーヌの両方の地域全体を視野に入れた上で言語の境界線が示されている．Lévy, Paul, *Histoire linguistique d'Alsace et de Lorraine*, t. I: *des*

*origines à la Révolution Française avec une carte*, Paris, Société d'Édition Les Belles Lettres, 1929 & Paris, Édition par réimprimé, Manucius, 2004, annexe.

(53)　ストラスブールは1681年のフランス王国への降伏後も，ルーヴォワと9月30日に交わした降伏条約（カピチュラシオン）により，神聖ローマ帝国のなかで有していた自治権をほぼそのままの形で引き継ぐことを許された．内田日出海氏によると，ストラスブールはこれ以後，香港が中国のなかで有していたような「一国両制」つまり1国2制度がフランス革命まで存続することになったが，王権はこの地方特権の存続を完全に黙視・黙認していたわけではなく，制度刷新や人材の入れ替えはしないものの，既存のものにフランス的なものを追加するというやり方で，骨組みは残しつつ別の支柱を据えて肉質を変えていくような微妙なフランス化政策を推し進めたという．内田日出海「都市共和国ストラスブールにおける王権と自治の領分——対立から融合へ（1681–1790年）」鈴木健夫編『地域間の歴史世界——移動・衝突・融合』早稲田大学現代政治経済研究所研究叢書29（早稲田大学出版部，2008年），128頁.

(54)　革命期のジャコバン派の聖職者アンリ・グレゴワール（1750–1831）の言語調査によると，18世紀末に全人口約2700–2800万のうち，地方では農村を中心に1200万人の住民がフランス語を母語とせず，正確なフランス語話者は300万人程度であった．革命期になってようやく，国家の凝集力を高める観点から「単一にして不可分の共和国」を理想として国内の言語統一の必要性が強く意識されるようになり，領土内のすべての国民に標準語の習得が必要であるとの認識が強まっていく．それが公教育の整備によって実現していくのは19世紀末から20世紀前半のことにすぎない．谷川稔・渡辺和行編『近代フランスの歴史』（ミネルヴァ書房，2006年），78頁；天野知恵子『子どもと学校の世紀——18世紀フランスの社会文化史』（岩波書店，2007年）；「アンシャン＝レジーム期における〈小さな学校〉」『思想』1986年，No. 741, 89–106頁.

(55)　ラ・グランジュの覚書については，*La Grange, Jacques de, L'Alsace en 1700 : mémoire sur la province d'Alsace de l'intendant Jacques de La Grange*, présenté, annoté et commenté par Roland Oberlé, augmenté de notes inédites du XVIII$^{e}$ siècle de Philippe-Xavier Horrer,… , préface de Georges Livet, Colmar, Éditions Alsatia, 1975.

(56)　原文は以下のとおりである．La langue commune de la province est l'allemand, cependant il ne se trouve guère de personnes un peu distingués, même dans les villages qui ne parlent assez de François pour se faire entendre et tout le monde s'applique de le faire entendre à ses enfants, en sorte que cette langue sera bientôt commune dans la province….. この引用の典拠は，Livet, Georges, *L'Intendance d'Alsace sous Louis XIV 1648–1715*, Éditions F.-X. Le Roux, Strasbourg-Paris, 1956, p. 789. 以下 Livet, *L'Intendance* と略記.

(57)　ストラスブール大学については注（107）を参照.

(58)　著者レルミンの生没年は不明．彼の旅行記は1886年にジョゼフ・クードレ（Coudre Joseph 1838–91）によって活字に起こされ出版されたものがあり，今ではそれをGallicaで読むことができる．また2014年にはBnFのもとでHachetteから写真復刻版も出版されている．本書ではGallicaおよび書籍版の両方を参照．L'Hermine, Lazare de la

Salle de, *Mémoire de deux voyages et sejours en Alsace 1674–76 et 1681, avec un itinéraire descriptive de Paris à Basel et les vues d 'Altkirch et de Belfort dessinés que par l'auteur L'DLSDL'HM*, publié pour la première fois d'après le manuscrit original par LBJCM [Le Bibliophile Joseph Coudre Mulhousois], Mulhouse, Impr. de Vve Bader, 1886.

(59) *Ibid.*, p. 36. 原文は，«Mon guide y demanda le chemin à leques païsans, mais on lui repondi qu'on ne l'entendoit pas».

(60) *Ibid.*

(61) レヴィによれば，大枠としては，フランス語に近い「ロマンス語」を日常語としている村落は，ダンヌマリより西にあるといい，たとえばサン・コーム（Saint-Come），シャヴァンヌ・シュル・レタン（Chavanne-sur-l'Etang），リュトラン（Lutran），モントゥ・ヴュー（Monteux-Vieux）およびモントルー・ジュンヌ（Montreux-Jeune），ヴァルデュウ（Valdieu），ロマニ（Romagny），マニ（Magny）等々の地名をあげている．これらはみな現在はオ・ラン県に属しているが，1684 年の時点でいち早くフランス王国に併合された旧オーストリー領の地域には属していない．ウェストファリア条約によってなされた領土的境界線は，言語の境界線とは全く関係なく引かれているのである．領土的境界線はその後も，それ以前からあった言語の境界線にほとんど影響を与えなかった．またポール・レヴィによると，言語の境界線は，自然の障壁や地理的な環境のみならず，人為的な理由からも引かれ，随所に例外が存在した．たとえば，ルジュモンの領主とベルフォールの領主の所領の境界や，タンやアルトキルシュの領主とフェレットの領主の所領の境界は，ちょうど言語の境界線と重なっている．ベルフォール領に属する領内でもスポワ・ル・バとスポワ・ル・オだけはドイツ語を話していた．これらは自然にできあがった境界線ではなく，人為的なものである．

(62) 本書で用いている「よそ者」という語彙は，外国国籍をもつ法的規定の明確な外国人はもとより，鉱山や工場の工員として外部から来ている移民労働者や，伝道や司牧，工場経営や商売など何らかの目的で外からやってきている一時滞在者／居住者を含む．近世期のフランスにおける外国人および移民に関する，より厳密な意味での法的規定については以下を参照．Heyberger, Bernard, «Étrangers en France», Bély, Lucien (dir.), *Dictionnaire de l'Ancien Régime*, 3e édition, Paris, PUF, 2013 (1996/2010), pp. 518–522；阿河雄二郎「「オーバン」考——近世フランスの外国人研究序説」『Ex Oriente』大阪外国語大学言語社会学叢書第 7 巻，2002 年，1–29 頁；見瀬悠「18 世紀フランスにおける外国人と帰化——ブリテン諸島出身者の事例から」『史学雑誌』第 123 編第 1 号，2014 年，1–34 頁．

(63) 多いのは，たとえばサン・マルタン（22 件），サン・レジェ（19），サン・ニコラ（17），サン・ミッシェル（16），サン・ジョルジュ（16），サン・モーリス（14），サン・ジャック（12），サン・タガタ（4），サン・マルグリット（4）といった聖人である．同時に 2 人の聖人を守護聖人にしている例もあるが，その場合にも大部分がフリッセンのように「サン・ピエールとサン・ポール」であることが多く，高地アルザス全体ではそのような教区が 25 教区あった．エムスブラン教区のように「サン・プロジェとサン・タマラン」の 2 人を守護聖人にしている例はかなりマイナーな部類に属する．

*Paroisses et communes de France : Haut-Rhin · Territoire de Belfort,* sous la direction de Raymond Oberlé et Kucien Sittler, publié par l'Université de Haute Alsace, Centre de recherecches et d'études rhénanes, Colmar, Éditions Alsatia, 1994, *Ibid.*, p. 30.

(64)　サン・タマラン近辺の修道院の起源は625年頃ヴォルヴィックに生まれた修道僧アマラン／アマリヌス（Amarin/Amarinus 625頃–676）がリクスイユからやってきてドロアング／ドラアングス（Doro[-ra]angus）と呼ばれたチュール川高地の川沿いの平野に聖マルタンと呼ばれる小修道院を建てたのが始まりである．その小修道院の土地はカール・マルテルから直接に譲渡されていた．アマランは，かつて自分の傷を癒してくれたクレルモン司教プロジェとともに676年に生地ヴォルヴィックで殺害されたのだが，伝承ではその2人の遺骸の一部が聖マルタン小修道院に移されていたという．この時期以降，小修道院の周辺に集落ができていったと考えられ，後の793年のシャルルマーニュによるミュルバック修道院への寄進を伝える書簡にも「Vallem St. Amatini」と記されていたことが伝えられている．それゆえこの地はミュルバック修道院長に寄進される以前から「サン・タマラン」の地名を有していたと考えられる．*Le Haut-Rhin : Dictionnaire des communes : Histoire et géographie, economie et société,* T. III, Université de Haute Alsace, Centre de Recherches et d'Études rhénanes, p. 1270 ; *Moosch : Histoire et mémoire*, ouvrage édité par la mairie de Moosche, collection «Mémoire de vies», Strasbourg, Carée Blanc Édition, 2006, p. 6.

(65)　ミュルバック修道院の歴史に関しては以下を参照．Bischoff, Georges, *Recherches sur la puissance temporelle de l'Abbaye de Murbach (1229–1525)*, collection «recherches et documents», t. XXII, ouvrage publié avec le concours du conseil général du Haut-Rhin, Strasbourg, Librairie Istra Strasbourg, 1975（以下 Bischoff, *Recherches sur la puissance temporelle de l'Abbaye de Murbach (1229–1525)*, 1975 と略す）; *Recherches sur la puissance temporelle de l'abbaye de Murbach de 1229 à 1525*, Strasbourg, Institut des hautes études alsaciennes, 1972, 2 vol.（239 pages et 102 pages）; Legin, Ph., *L'Église abbatiale de Murbach,* Colmar-Ingersheim, Imprimerie S. A. E. P., 1979 ; *L'abbaye de Murbach,* La Goélette, 1980 ; Jaby, Christian（traduit par）, «Charte de Widergern, évéque de Strasbourg : Widergern, évéque d'Argentorate, confirmation du nouveau monastère du Murbach», *Acta M.*, Bulletin des associations amis de Murbach, Buhl, *Éditions français*, 2010, pp. 14–25.

(66)　*Le Haut-Rhin : Dictionnaire des communes, op. cit.*

(67)　Bischoff, *Recherches sur la puissance temporelle de l'Abbaye de Murbach (1229–1525)*, 1975, pp. 103–118.

(68)　13世紀の歴代修道院長は，1216年，1222年，1250年と繰り返しこのサン・タマランの教会参事会に対して裁判を起こし，ミュルバックに有利になるよう画策し，とうとうその聖職禄授与権を正式に獲得するに至る．この時点ではただちにミュルバックの臣下によって教会参事会の成員全体が置き換えられたわけではなく，修道院長は，教会参事会のメンバーの内部にミュルバック修道院の代理人1名を任命する権限を獲得したにすぎず，教区教会参事会の作成した聖職禄受領有資格者のリストを後から承認する権限を行使しえただけである．

しかし事態はそこからさらに進展していく．この教会参事会は，もともとフェレット公やミュルバック修道院長の保護をできるだけ排除したいと望むバーゼル司教によって強力に支援されていた．そのため，その後も参事会はミュルバック修道院長の代理人を1名受け入れながらもその指図には全く従おうとしなかった．その後，バーゼル司教が，1318年に，ミュルバック修道院のコンラッド修道院長の劣勢に乗じて教会参事会への調停権を獲得し，参事会に対するバーゼル司教からの裁判権の行使を顕示するようになると，修道院長と司教との間の緊張が一気に高まっていった．こうして1338年，修道院長と参事会の間に，サン・タマラン渓谷での諸権利に関する争いが巻き起こる．*Ibid*., pp. 116–117.

(69)　両者の間で1350年に新たな取り決めがなされるが，その規定には司教座聖堂参事会の聖職禄を候補者に割り当てる仕事が，司教とミュルバック修道院長の代理人の両方にあると記していたことから，対立が再燃する．つまり聖職禄受領有資格者のリストを承認する権限はそれ以前の取り決めでミュルバック修道院長にあるとされていたものが，そこにバーゼル司教にも権限があると書き込まれていたからである．そのためミュルバック修道院長は，バーゼル司教の介入を肯定するこの記述に激怒し，ただちに異議を唱えた．結局，最終的にはバーゼル司教が折れて，1357年にようやく和解にこぎつけた．このときサン・タマラン渓谷の諸問題についてのミュルバックの権限がそれ以前のところまで回復され，チュール川の高地流域においてその参事会の所有する財産はすべてミュルバックのものであるとあらためて確認された．その見返りに，1356年7月9日，バルテルミ・ダンドロー修道院長は，スイスにあったミュルバック修道院の関連教会のあれこれの諸権利を小修道院に至るまですべて放棄すると宣言したが，これは結局のところバーゼル司教の全面的敗北を意味した．これによってミュルバック修道院長はその後の数十年の間にいよいよサン・タマランの教会参事会への影響力を強め，実質的にその配下に置くことが可能になった．*Ibid*., pp. 117–118.

(70)　ドイツ皇帝は移転を承認すればミュルバック修道院に不利になることを懸念し請願を無視したため，このタンへの移転の願いはすぐには認められなかった．しかしその後もこの教区教会の参事会を構成する聖職禄授与者たちは繰り返しバーゼル司教に働きかけ，粘り強く移転の許可を求め続けたため，やがてバーゼル司教が腰をあげ皇帝とローマ教皇に働きかけたことから，皇帝フリードリッヒ3世による許可（1441年8月19日付）が降り正式の移転が認められた．*Ibid*.

(71)　皇帝から許可が下りた後もその文言をめぐってミュルバック修道院長とバーゼル司教との間で諍いが生じたが，最終的にバーゼル司教が折れて，修道院長バルテルミ・ダンドローも1456年11月29日付の文書に移転を認める署名をしている．結局，教会参事会のタンへの移転というドラスティックな結末は，ミュルバックにとって得るものはなく，敗北と損失をもたらした．*Ibid*., p. 117.

(72)　タンはドイツ皇帝の保護を受けている自由誓約都市である．この頃タンでは新しい教会を建てることによって巡礼者がより多く訪れるようになることが期待されていた．

(73)　*Ibid*. 三十年戦争の間にさらにこの地域全体が疲弊したため，モローの小教区教会

が，サン・タマラン渓谷（裁判管区）で唯一司祭の常駐する教会となり，モローの教区司祭がサン・タマランに加えてヴィレール（Willer），オドゥラン（Oderen）の合わせて3つの教区の聖務を兼任していた．戦争中にヴィレールやオドゥランの教区教会が聖務を停止せざるをえなかったのは人員の不足に加えて，教会の建物が戦争中に兵士の通り道になり荒廃が激しかったからである．モローはもともと，塩の道からさらに数キロ分け入った奥まった地にあり，戦争による直接の被害を免れることができた．

（74）*Le Haut-Rhin : dictionnaire des communes*, III, p. 1275.

（75）*Ibid.*

（76）Legin, Philippe, *L'Église abbatiale de Murbach,* Colmar-Ingersheim, Imprimerie S. A. E. P., 1979, pp. 1–7 ; *L'abbaye de Murbach,* La Goélette, 1980, pp. 1–13.

（77）ロヴェンスターンは，ストラスブールの司教フェルステンベルクの次にストラスブール司教となった人物である．当時，国王はミュルバック修道院と連合を組んでいたリュール修道院の運営と安定化を図るために，ストラスブール司教を修道院外修道院長として任命していた．ロヴェンスターンはフェルステンベルクのあとを継いで，ミュルバックの修道院外修道院長も引き継いでいた．

（78）Legin, *op.cit.*

（79）*Ibid.*

（80）Livet, *L'Intendance*, p. 286.

（81）*Ibid.*

（82）*Ibid.*, p. 285.

（83）ルイ14世は経済先進国オランダに対し高関税政策をとり，イギリスと結んで1672年5月にネーデルラントを占領した．フランス軍はフランドルから迂回し東部国境からオランダ共和国に侵入，ユトレヒトを攻略しアムステルダムまで迫った．オランダは神聖ローマ帝国およびスペイン王の支援をとりつけ，フランスを孤立に追い込んだ．1678年ナイメーヘン講和条約により終結．

（84）たとえば，Wiel, Philippe, «Une grosse paroisse du Cotentin aux XVII$^{e}$ et XVIII$^{e}$ siècles : Tamerville : Démographie, société, mentalité», *Annales de D. H.*, 1969, No. 1, 1971, pp. 136–189.

（85）ストラスブール市の降伏と降伏条約調印（1681年）の経緯，市参事会が起草しルーヴォワに送った降伏条約《カピチュラシオン》や併合後の市参事会の仕組みその他の変化など，市が王国併合後に蒙った諸変化などについては以下を参照．内田日出海，「都市共和国ストラスブールにおける王権と自治の領分」，127–171頁．

（86）前掲書，135–136頁．

（87）1354年に以下の10都市が都市同盟（décapole）を結んでいる．アグノ（Haguenau），セレスタ（Sélestat），オベルネ（Obernai），ロスハイム（Rosheim），ウィッセンブール（Wissembourg），ミュルーズ（Mulhaouse），コルマール（Colmar），ミュンスター（Munster），チュルクハイム（Turckheim），そしてカイゼルスブール（Kaysersberg）である．ただしミュルーズは16世紀にスイスとの連合を望んでここから抜け，ランダウ（Landau）がそれに置き換わった．この10都市はウェストファリア条約以降も帝国の

自由誓約都市として残り，1673 年の軍事征服以降にフランス王国に組み込まれていくが，それまで四半世紀にわたり帰属をめぐる交渉が続けられていた．安酸香織「紹介：Ohler, Cristian, *Zwischen Frankreich und dem Reich. Die Elsassische Dekapolis nach dem Westfalischen Frieden*, Frankfurt am Main 2002, 377S」『西洋史研究』新輯第 43 号，2014 年，188–197 頁．ちなみにストラスブールも帝国の自由誓約都市であったが，もともとこの 10 都市の同盟には含まれていなかった．ストラスブール市は，1681 年以降，紆余曲折の末に王国の自由誓約都市となる．併合とその後の統治機構に関しては内田日出海，前掲「都市共和国ストラスブールにおける王権と自治の領分」を参照．

(88) アルザスの領土的複雑さについては以下を参照．*Paroisses et communes de France: Le Haut-Rhin, op.cit.*, pp. 11–15.

(89) Reuss, Rodolphe, *Histoire d'Alsace*, Paris, Bovin, 1916, p. 32 に「アルザスは 17 世紀の終わり頃に，さまざまな，また精粗の差はあれ，直接的なやり方で，フランスに全体が従属した」とある．

(90) Fonds Chaumont de la Galaizière, A. D., B. -R., L-soppl 1949 (16), liasse 1 à 26. *Paroisses et communes de France* : *Le Haut-Rhin, op.cit.*, p. 15.

(91) *Paroisses et communes de France* : *Le Haut-Rhin, op.cit.*, pp. 15–16.

(92) この格言の原文は，« Il ne faut point toucher aux affaires d'Alsace. »

(93) この覚書のオリジナルは，Fonds Chaumont de la Galaizière, *ibid.* にある．ここでは *Dictionnaire des communes du Haut-Rhin*, p. 17 から引用訳出．

(94) ただしミュルーズ共和国やロレーヌとの国境地帯の村落，教区などは包摂されていない．たとえば Val-de-Lièvre などは 16 世紀には，ロレーヌ公の国務会議で民事訴訟の上級裁判が採決されており，ロレーヌ最高法院（Cour souveraine de Lorraine）の設立（1641 年 3 月 7 日の王令）以後は，ロレーヌの最高法院の裁判管区に包摂されていた．そのためアルザス最高法院が設置されると，裁判権をめぐってしばしば紛争が生じていた．*Paroisses et communes de France, op.cit.*, p. 24.

(95) *Ibid.*, p. 21.

(96) 通常，上座裁判所は，主要なバイイ裁判所に設けられている．

(97) *Ibid.* p. 25.

(98) コルマール補佐管区の郡名は，Bollwiller, Ensisheim et Sainte croix, Eschentzwiller, Gebwillwe, Horbourg et Riquewiller, Landser, Ribeauvillé, Rouffach, Thann，ベルフォール補佐管区にあった郡名は，Altkirch, Belfort, Brunstatt, Delle, Ferrette, Masevaux-Rougemont である．

(99) アントアーヌ・ガレジエールについては次章であらためて言及する．

(100) 地方長官補佐という官職の性格や実態については，吉田弘夫氏の研究を嚆矢として，林田伸一氏の一連の詳細な労作がある．林田氏の研究から国務会議と地方長官，地方長官補佐の間の関係の仕組みとその内実について多くの示唆を得ることができる．吉田弘夫「アンタンダン制におけるシュブデレゲ官職の売買について」（上）（下）『北海道教育大学紀要』（巻 22，第 1 号；第 2 号，1971 年；1972 年）．林田伸一「フランス絶対王政期の地方長官補佐について——アンジェ管区を中心に（1）（2 完）」『ヨーロッパ

文化研究』第24集，2005年，64–100頁および第30集，2011年，60–61頁，「フランス絶対王政期における地方長官補佐の権限と特任状」成城大学大学院文学研究科編『ヨーロッパ文化研究』第27巻，2008年，133–154頁，「フランス絶対王政期における国務会議裁決と行政の技術」成城大学文芸学部紀要『成城文藝』第214号，2011年3月，1–19頁，「18世紀後半におけるフランスの地方行政と地方長官補佐〈心得〉」『成城文藝』第215号，2011年6月．

(101)　chancelierという語は，王国では大元帥connétableとともに国王の最高補佐官としてあり，国王印璽を保管した．また全国三部会や，親裁座，国務会議において国王の代理を務める役職でもあった．また教皇庁の尚書院長をさす場合にも用いられていた．現代で言えば，国の宰相や大蔵大臣，官庁や団体の事務局長に相当する．アンシアン・レジーム期のフランスでは尚書と言えば印璽を預かる国王代理官であり，セギエ（Pierre Séguier 1588–1672）のように通常「大王官」と訳されるが，ミュルバック修道院に関連して出てくる尚書には「国王尚書」あるいは単に「尚書」の訳語をあて，そうした王国中枢にあって大権をふるっていた「大法官」と区別した．

(102)　塩売買に関する法の1つは，地方長官ジャック・フランソワ・ド・ラ・グランジュ（Jacques François de la Grange 1643–1710）の在職期に発せられた1698年2月12日の王令である．この王令は，この地方のいずれの都市でも村でも王国の管理する塩倉庫／塩売所（magasins de sel）を設置しなければならないこと，また今後は塩の利用者はいずれもみなそこから塩を購入することを命じている．その理由としてラ・グランジュは「これは住民たちの便宜のためである，彼らにとって必要なものを購入するのに，住んでいるところから遠くまでいかなくてもすむようにするためである」と述べている．もう1つは，その2年後にラ・グランジュのあとを継いだ地方長官クロード・ド・ラ・フォン（Claude de la Fond 1645–1719）の下で出された命令である．この命令は，これまでの徴税管区や旧来の支配に関わるすべてのバイイ裁判所管区，プレヴォ裁判所管区その他必要なところに塩売所を設けそこに「塩税および王領地収入の徴収請負落札人（adjudicateur général des gabelles et domaine d'Alsace）」をおいて，必要な職務を行う権限を与えるというものである．またラ・フォンはこの時もう1つ別の命令を発し，塩の利用者は，王国塩売所でキンタルの単位（1 quintal＝100kg）でまとめて買うことができる，つまり支払いさえなされれば，誰でも大量にまとめ買いができると規定している．そしてその一方で，領主には「自分の臣下に，必要とされている塩を領主の貯蔵庫から買うよう指定してはならない」と禁じてもいた．まとめ買いができるようにするというのは，卸売り価格で安く購入できることを意味する．ラ・フォンによると，卸売り価格で売る理由は「キンタルで買うことのできる者が小売価格（au détail）で入手せざるをえないとすれば，彼らが損をしてしまうからである」と説明している．

「住民の便宜のため」「買う者が損をしないように」とさまざまな配慮の言葉を記しながらもこれら2人の地方長官のねらいははっきりしていた．つまりそれまでは各領主が独占的に所領内で塩を専売してきたのをやめさせ，誰もが王国の塩倉庫から塩を入手できるようにすることである．法によって王国が塩の専売を行うと宣言するとと

もに，それまであたり前のように行われていた領主による専売，臣下への従来の購入強制を禁じているのである．キンタル単位で買う者には卸売価格で売るというのは，原則，支払える資力のある者なら誰もが塩の購入販売に参入できることを意味し，差額を利益として得てもよいと暗黙のうちに許可しているのである．つまり王権は，領主の独占や強制を禁じる一方で，塩売買の王権以外の者による独占を禁じ，王権の管理下での利潤の追求を開放したのである．Chatton, Marcel, «Le Sel: un besoin de l'homme cause de process：Lacker et Consorts contre le marquies de Gouvernet au XVIII$^{e}$», *Annuaire de S. H. R. de T.-G.*, 1981–1982, t. XIV, pp. 57–67.

（103） *Ibid.*

（104） A. D. Haut-Rhin, C 1105: 11 à 18. この所領では，もともとラ・フォンの在職期にも領主による領民への塩購入の指定が例外的に認められていた．しかしだからといって，領民が領主以外のところから買うことまではっきり禁じられていたわけではない．これは法解釈の問題に関わるが，領主からも指定された通り購入しながら同時に王国の塩売所からも購入するとすれば，ラ・フォンの命令に照らして必ずしも違法にはならない．そのような解釈を根拠にこの共同体の吏員たちは，タンの塩売所から（も）塩を購入していたと考えられる．ド・リュセの決定は，しかしこうした解釈の余地を完全に退ける決定であり，領主以外のところから買うことそれ自体を禁ずる命令でもあった．これは領主側により有利な決定である．と同時に，領主規制を抑える意図を有して設けられたラ・フォンの命令の意図との矛盾もいっそう明瞭となっていく．

（105） 実際，18 世紀も後半になれば，他地域では，国王を中心とする王権の法がこうした裁判機構を通じて浸透し，機能していたと考えられる．要するに，通常，国王裁判所は，在地の領主裁判権に対して自律的かつ上級にある権限を有する裁判機関としてあり，バイイと言えば，主として国王裁判所（Justice Royale）のバイイ（国王判事）として，国王によって任命されるフランス王国の役人を意味した．フランスの南部ではこうしたバイイ裁判管区（bailliage）にあたる裁判管区をセネシャル裁判管区（sénéchaussée）と言い，呼び方に違いはあるが，いずれの場合もこうした国王裁判所の裁判機構とその権限が地域社会に浸透し，領主裁判権とは別個に確立されていた．

（106） Livet, *L'Intendance,* pp. 225–227, p. 711, pp. 728–729；*Dictionnaire des communes du Haut-Rhin, op.cit.* ミュルバックの修道院の所領は，この渓谷以外にも，離れた飛び地のようにして Hésingue にもあったが，図 1-4 の地図上ではそちらは省き，本書に関係するサン・タマラン渓谷を中心とする地域のみを図示した．

（107） ストラスブール大学は，1538 年に宗教改革とユマニスムの思潮の果実として市参事会のルター派教育施設として創設された市立ギムナジウム（Gymnase municipal）を前身とする．それが 1566 年マクシミリアン皇帝によって Haute École ou Académie となり，ついで 1622 年にフェルナンド 2 世によって大学に改変された．ストラスブールは 1681–85 年にフランス王国に組み込まれた際に王国の自由誓約都市になり，ストラスブール大学もルター派の大学としてその諸権利と特権を維持することができた．その後 1701–02 年になると，教皇によって 1618 年にモルセムに創設されていたカトリック司教大学（l'Université épiscopale）がルイ 14 世の命によりストラスブールに移転し

てくるが，その後もストラスブール大学はルター派の大学として活力を保ち続けた．Livet, Georges, *L'Université de Strasbourg de la Révolution française à la guerre de 1870*, Strasbourg, Presses Universitaires de Strasbourg, 1996. 司教大学に関しては以下を参照．René, Epp, « L'Université catholique de Strasbourg au XVIII[e] siècle（1701–1791）», *Les universités du Rhin supérieur de la fin du moyen âge à nos jours,* Actes du colloque organisé à l'occasion du 450[e] anniversaire des enseiggnement supérieurs à Strasbourg：Pierre Deyon. et al., Strasbourg, Presses Universitaires de Strasbourg, 1988（以下この Actes を *Actes du Colloque à Strasbourg* と略記）, pp. 85–99.

ルイ14世は1681年にストラスブール大学の教員となる者を王国外から募らぬよう通告している．しかしこの大学は創設当初からきわめて国際的な大学であり，学生も地元出身者以外の割合が非常に高かった．たとえば1621年から1650年に入学した学生4,500人中，ストラスブール出身者は409人であり，アルザス出身者が110人で，残り3,981人はそれ以外の領邦出身者や外国人出身者であった．学生の学部別人数は17世紀に記録の残っている登録学生9,856人のうち，哲学生が3,576人，神学生1,892人，医学生475人，法学生3,912人であり，哲学と法学を学ぶ学生が8割近くを占めていた．Kintz, Jean-Pierre, « L'Université de Strasbourg au XVIII[e] siècle（1621–81）：une affirmation difficile », *Actes du colloque à Strasbourg*, p. 67.

ちなみに1780–1829年にストラスブール大学の法学部長を務めたジャン・ジョルジュ・アルノールは，1812年にパリでラテン語の法学書を出版したが，アルノールはその本のなかで「18世紀の学説彙纂主義者（pandectistes）の方法を使って民法典を解読した」と記している．彼が参照していたのは18世紀にストラスブールで幾度も再版され参照されたJ. G. Heineccius（1681–1741）の法学概論である．Marcel, Thomann, « La Faculté de droit de Strasbourg dans son environnement social, économique, intellectuel et politique du XVI[e] au XX[e] siècle », *Actes du colloque à Strasbourg*, p. 78.

（108）　Schmitt, Jean-Marie, « Jean-François-Antoine Reichstetter bailli de Guebwiller puis président du district de Colmar：une carrière administrative et judiciaire en Haute-Alsace sous l'Ancien Régime et la Révolution », *Annuaire de la S. H. R. de T. G.*, 1981–82, t. XIV, p. 51. 以下 Schmitt, « Jean-François-Antoine Reichstetter » と略す．

（109）　*Ibid.*

（110）　ヴァランタンはその後，ゲブヴィレールで尚書職の公証人，顧問会議の公証人さらにはサン・マルタンの教会参事会の収入役に就任し，1702年に亡くなった義父の後を継いで近隣の領主領サント・クロワ・ザン・プレンヌを相続している．またアルザスの紋章委員会からは王国への財政面での功績を評価され，ユリの花の描かれた豪華な紋章も授けられている．紋章の図柄は以下の論稿によると un blason « d'argent à deux fleurs de lys d'azur, issant d'une fasce d'or, l'une ayant la pointe renversée » とある．Schmitt, « Jean-François-Antoine Reichstetter », p. 52.

（111）　*Ibid.*, p. 53.

（112）　Gaudemet, Brigitte-Basdevant et Jean, *Introduction historique au droit*：*XIII[e]–XX[e] siècle*, 3[e] édition, Paris, Lextenso éditions, L. G. D. J., 2010, p. 171；スタイン，ピーター

(屋敷二郎監訳，関良徳・藤本幸二訳)『ローマ法とヨーロッパ』ミネルヴァ 21 世紀ライブラリー 76 (ミネルヴァ書房，2003/2007 年)，146–168 頁；長谷川まゆ帆「多数決原理の形成とローマ法の受容」甚野尚志・踊共二編『中近世ヨーロッパの宗教と政治』(ミネルヴァ書房，2014 年)，182–203 頁．ルイ 14 世はその統治期に，王国の統治機構の整備に向けておびただしい法を発布していくが，1679 年 4 月のサン・ジェルマン・アン・レー王令のなかで王国内の法学者に，王令としての立法や王国内に広がる慣習法の理解に資する研究を行うことを命じ，大学で「フランス法」を教えることを要請するとともに，それに精通した有能な実務家たちを育てるよう促した．この法律によって大学のローマ法教授たちは「フランス法の一般原則」を教える使命が与えられたが，しかしこれは当初，非常に困難なものであった．なぜなら，17 世紀中葉までフランスの大学の法学部では，ローマ法と教会法しか教えられていなかったからである．慣習法は諸地方で実際に生きており，素材としては豊富であったにもかかわらず，その一般原則についてはそれまで全く学術的な対象とはなっていなかった．そのため教授たちはこれ以降，全く新たに諸原則を抽出していかなければならなかった．

特筆すべきは，この「フランス法」の講義がラテン語ではなくフランス語で行うよう義務づけられていたことである．ローマ法を教えることやラテン語が権威をもっていた当時の大学の法学部に，こうした方向を法によって命じ，創出したことは，それ自体画期的なことである．「フランス法」の講義は，最初，凡庸でレベルの低いものに思われていた．しかししだいにこの講義によって多様な慣習法に共通する諸原則が明らかにされ，王国全体に共通する法の構成要素が出現していくことになる．とくにオルレアンの指導力あるフランス法教授ポティエ (Robert Jopseph Pothier 1699–1772) が現れると，18 世紀の間にもいわゆる「フランス法」なるものが存在感をもち始めていった．ポティエはローマ法に精通した実証的な学風で知られるが，フランス国内の慣習法の研究に力を注ぎ，統一的な原理でフランスの法体系を発見していくことに力を注いだ．ちなみにドマおよびポティエの業績は革命期の民法典の起草に深く影響を与えていくことになる．

(113) 「フランス法」とは 17 世紀末から 18 世紀半ばにかけてフランス王権のもとで構築されていったフランス王国の基本的な法体系であるが，これはローマ法を礎にしながらも慣習法を取りこみ，フランス全土に通用する普遍的な法として構築されていったところに特徴がある．ルネサンス期に始まるユマニスト法学の進展とローマ法を統治の技法として活用する模索のなかから，ボダン，ドマ，ポティエなどたくさんのローマ法学の俊秀たちがフランス法の確立に関与し，時間をかけて練り上げられていったものでもある．ドマの著作はその後も参照され受け継がれていき，革命期に編纂された民法典にも深く影響を及ぼしていった．

(114) クリムラットは 1833 年に学位論文 «Essai sur l'étude historique du Droit» を提出したが，その 4 年後に 29 歳の若さで亡くなっている．博士論文は Klimrath, Henri, *Traveaux sur l'histoire du droit français*, 2 vol., Paris, Joubert, 1843 として死後に出版されている．

(115) Ganghoffer, Roland, «Les aires de localisation des phénoméne en Alsace (XV$^{e}$–XVII$^{e}$

siècles) », *Les pays de l'entre-deux au Moyen Age*, Actes du 113[e] (Strasbourg, 1988), C. T. H. S., 1990, p. 243.

（116）　Livet, *L'Intendance*, p. 978.

（117）　Ganghoffer, *op.cit.*, p. 244.

（118）　近世期の人文主義法学については以下を参照．Gaudemet, *op.cit.*, pp. 162–168：スタイン，前掲書，98–110 頁；長谷川まゆ帆，前掲「多数決原理の形成とローマ法の受容」，192–195 頁．

（119）　Ganghoffer, *op.cit.*

（120）　ユスティニアヌス法の『新勅法（Novel）』118 および 127 にある「無遺言相続（ab intestato）」の規定については以下のサイトの解説と引用を参照した．118：[http://www.uwyo.edu/lawlib/blume-justinian/ajc-Édition-2/novels/101-120/nouvel%20118replacement.pdf]；127: [http://www.uwyo.edu/-lawlib/blume-justinian/ajc-Édition-2/novels/121-140/novel%_replacement.pdf]．なおこのサイトに関する情報を含め，『新勅法』118 と 127 の書誌情報およびそれぞれの内容については，古代ローマ史研究者田中創氏からご教示いただいた．記して感謝を申し上げたい．

（121）　Ganghoffer, *op.cit.*, pp. 243–261, pp. 246–259.

（122）　モーシュ他 3 集落やその他の教区の「女房たち」のように，共同体の利害に関わる問題で女性が合議し意思決定する動きが，この地域の夫婦平等的な傾向を強く保持する慣習法の伝統とどのような関わりがあったのか，またそうした地域的な法的特質が共同体の運営にどのように影響していたか否かについては，別途吟味が必要である．しかしこの事例以外のフランスの他地域でも，近世初期には村落共同体の集会に「女房たち」が出席し，合議や裁決にも加わっていたことを示す記録が残されている．Babeau, *op.cit.*, pp. 23–24. 18 世紀になると，村落共同体の集まりでの女性の存在や意思決定への関与を示す紙文書上の痕跡を見いだすことはないが，これは集会の規定や文書行政の手続きが明確化し，形式的な整備が進むこととも関係するだろう．

（123）　西欧中世史研究の渡部節夫氏によると，農村の村落共同体が本格的に成立するのは 950 年から 1100 年頃以降のことであり，共同体成員の村落行政への参加，代表者の選出，共同体のための租税徴収権が明確かつ組織的な形で現れるのは 12 世紀以後のことであるという．そのことは「彼ら共同体の一体性の高揚，村落共同体の成熟（1160–1230）を反映している」と言う．渡辺節夫「中世の社会――封建制と領主制」柴田三千雄・樺山紘一・福井憲彦編『世界歴史大系　フランス史 1』（山川出版社，1995 年）第 2 章，311–314 頁．

（124）　Babeau, Albert, *Ibid.*, p. 2. この par la force des choses を含む原文は以下のとおりである．....La communauté est pour ainsi dire de droit naturel; aucune loi écrité ne la determine; elle s'est développée par la force des choses; elle a fini par se faire accepter, et son existence fut regardée comme tellement nécessaire que, sous l'ancienne monarchie, elle n'avait pas besoin de titre pour être reconnue.

（125）　Bischoff, *Recherches sur la puissance temporelle de l'abbaye de Murbach (1229–1525)*, p. 94.

(126) サン・タマランには当時，領主裁判所に使われていた建物の一部が残存する．農家風のその木造の家屋の楣《まぐさ》（入り口の上に渡した横木）に，*1669* と建造年を示す数字が彫られている．

(127) 通行税は神聖ローマ皇帝の認可を得て徴収されてきたものであり，その起源はドイツ皇帝マクシミリアンが通行税を課すことを許可した 1495 年 5 月 16 日の命令にまで遡る．課税対象となる物品の種類は，近世期の国際商業取引の拡大に伴い，新しい産品・製品にも拡大されていた．対象品目は，古くからある商品である穀物や葡萄酒，油塩漬けの魚や野菜に加え，香辛料や毛織物（ラシャ），平織物，麻や亜麻，鉄や銅，動物の皮やガラス製品など多岐にわたった．

(128) この時期の修道院が課題として直面していたことは，1 つには荒廃した宗教施設を修復し聖務を復活させることである．しかしそれを可能にするためには，中世末からすでに徐々に悪化し戦争によってさらに壊滅的な打撃を受けて破綻していた経営を立て直し，財政の安定を図ることが急務であった．しかし疲弊した領民からの租税はさほど増収を期待できず，他の財源が必要であり，たとえば通行税のように戦前に手にしていた間接税の徴収を確実に再開させることが必要とされた．中世以来，チュール川に沿って走る塩の道は，スイスとロレーヌ，シャンパーニュをつなぐ重要な通路であり，通行税は重要な財源の 1 つであった．たとえばロレーヌのセーユ渓谷デューズ（Dieuz）の塩泉（塩鉱）で採れた塩は古くからこの道を通ってスイスへと運ばれていた．歴代の修道院長は，さまざまな物品に通行税を課しており，それによって得られる収益は莫大だった．

また併合以前の修道院長や修道院参事会が拠り所としたのは，1 つには連合関係にあったリュール修道院（フランシュ・コンテ地方）であり，もう 1 つはスイスやドイツとの文化的，経済的，人的つながりであった．ミュルバック修道院は，古代から中世初期にはスイスにも広大な所領を有していたし，地理的にバーゼルの司教区に包摂されている教区や諸都市と隣接し周囲をとり囲まれているという環境にあり，この地域は経済的にスイスとの人的，経済的つながりが深かった．三十年戦争によってこの地域の家畜牛が大量死し，その再生産が不可能になったときもいち早くスイスの家畜牛が連れてこられて急速に置き換えられている．

(129) 実際，ミュルバックの教会参事会のメンバーにはルツェルンのサン・ガロワ修道院出身の修道士が恒常的に含まれてもいた．またサン・タマラン渓谷の司祭でスイス系の出自をもつ者は珍しくなく，修道院やゲブヴィレールの葡萄酒は古くからスイスのソルールやルツェルンといった諸カントンに運ばれて売られていた．また，アルザスに基盤をもつスイスの富裕な家門の縁故者も徐々にミュルバックの教会参事会や指導層に多数入り込んできていた．たとえばブライテン・ランデンベルク家（les Breiten-Landenberg）やレイナッハ家（les Reinach），チュ・ラン家（les Zu Rhein）などとの姻戚関係者である．修道院参事会とこれらの有力家門との間には，クリヤンテール（有力者の縁故による保護・取引関係）ができあがっていた．そうしたつながりは，三十年戦争の間や復興期にいっそう強められていった．その相手はカトリックの諸都市の関係者にはとどまらなかった．17 世紀を通じて，またナント王令の廃止によってもますま

す亡命者を迎え入れ，改革派信徒の人口に占める割合が大きくなっていたバーゼルやジュネーブなどの諸都市の影響も及んでいた．事実，18世紀に入り，スペイン継承戦争が起こり，その影響でミュルバックの飛び地であった所領エザング（ミュルーズ近郊）の維持が危なくなったときに，危機回避のためにミュルバックの修道院長が力添えを求めたのは都市バーゼルの有力者たちであった．

(130)　Gutton, Jean-Pierre, *La Sociabilité villageoise dans l'Ancien France*, Paris, Hachette, 1979, p. 14.

(131)　Schmitt, *Aux origines de la révolution industrielle en Alsace*, p. 331.

(132)　1930年代後半に始まる鉄鋼会社と，その会社と結託した修道院長による森林の囲い込みについて，詳細は以下を参照．*Ibid*., pp. 42–69.

(133)　*Ibid*., p. 331.

(134)　*Ibid*.

(135)　Schmitt, *Aux origines de la révolution industrielle en Alsace*, pp. 331–332, p. 338. この請願は1770年3月5日の日付で，国務会議に宛ててなされている．A. D., Haut-Rhin, 10 G Comptes, 86.

## 第2章

(1)　Hecquet, Philippe, *De l'Indécence aux hommes d'accoucher les femmes,* Paris, 1707, reproduction de la reédition, par V[ve] Ganeau (1744), préface d'Héléne Rouche, Paris, Coté-femmes, 1990.

(2)　Lefftz, Jean Pierre, *L'Art des accouchements aux siècles des lumières*, Strasbourg, 1985.

(3)　Gélis, Jacques, *La sage-femme ou le médecin,* Paris, 1988, p. 45.

(4)　*Ibid*., pp. 113–115.

(5)　*Ibid*., pp. 116–117.

(6)　Du Coudray, Le Boursier, *Abrégé de l'art des accouchements, dans lequel on donne les préceptes nécessaires pour le mettre heureusement en pratique. On y a joint plusieurs observations intéressantes sur des cas singuliers. Ouvrage très-utile aux jeunes sages-femmes, & généralement à tous les élèves en cet art, qui désirent de s'y rendre habiles Nouvelle Édition, enrichie de figures en Taille-douce enluminées*. Saintes, Chez Pierre Toussants (imprimeur du Roi), 1769. ［以下 *Abrégé de l'art des accouchements,* 1769 と略記］

(7)　Gélis, Jacques, *La sage-femme ou le médecin,* Paris, Fayard, 1988, pp. 118–119.

(8)　ストラスブールの市立病院に附設された Jean-Jacques Fried の助産婦養成学校についての詳細は以下を参照されたい．長谷川まゆ帆『お産椅子への旅——ものと身体《からだ》の歴史人類学』（岩波書店，2004年）第7章，および Lefftz, Jean-Jacques, *Aperçu sur l'obstétrique de Strasbourg avant la grande Révolution,* thèse présentée pour le Doctrat en médecin, Faculté de medicine de Strasbourg, 1952, pp. 30–57.

(9)　現在，ルーアンのフローベール医学史博物館（Musée Falubert d'histoire de la médecine）にそのうちの1つが保管されている．Gélis, « La Formation », p. 172, Fig. 11–14.

(10) Vetter, Théodore, «Phantomes et poupées vivantes», *Annales M. de N.*, VII, 1968, p. 554.

(11) *Ibid.*, pp. 556–557.

(12) *Ibid.*, p. 556.

(13) *Ibid.*

(14) Biraben, Jean-Noë, «Le Médecin et l'enfant au XVIII$^{e}$ siècle：Aperçu sur la pédiatrie au XVIII$^{e}$ siècle», *Annales de D. H.*, 1973, p. 216.

(15) その関係性の変化がどのようなものであったかについては，第 6 章第 2 節であらためて論ずる．

(16) A. D., Bas-Rhin, C395：Extrait des registres de l'école gratuite des sages-femmes du 1$^{er}$ juin établie dans l'Hôpital militaire de Strasbourg par ordre de Monseigneur le marquis de la Galaizière Intendant d'Alsace depuis le 4 août 1781. これは第 5 回の講習会の際の履修生の名簿である．この回の受講生の多くはアルザス北部の農村から来ている．

(17) A. D., Bas-Rhin, C 399：État des sages-femmes qui ont assisté au huitième cours d'accouchement de l'écoles gratuite établie dans l'Hôpital militaire de Strasbourg par ordre de Monseigneur le marquis de la Galaizière Intendant d'Alsace depuis le premier novembre au 31 Décembre 1782. これは第 8 回の履修生の名簿とそれに添えられた講習会の際の会計報告である．

(18) A. D., Haut-Rhin, C 1114–II, 1, 8, 20, 26 et 28.

(19) A. D., Bas-Rhin, C 395 & C 399 の名簿より．

(20) Gélis, «L'Enquête de 1786 sur les sages-femmes du royaume», *Annales de D. H.*, 1980, pp. 299–316.

(21) Archives de la Société Royale, l'Académie de Médecine, Paris, SRM 85dr.

(22) A. D., Haut-Rhin, C 1114–II, 1.

(23) A. D., Haut-Rhin, C 1114–II.

(24) A. D., Bas-Rhin, C 399. ちなみに講習会は 1779 年 6 月と 11 月以降毎年 2 回，予定通り行われたが，A. D., Haut-Rhin, C 1114–II の募集に関する文書に記述が出てくるのは，1782 年 6 月開講の第 7 回から 1787 年までに関してである．このうちカトリーヌ・シリングが送られたのは第 8 回（1782 年の 11 月 1 日開講）である．

(25) Furet (François) et Ozouf (Jacques), (sous la direction de), *Lire et écrire. L'alphabétisation des Français de Calvin à Jules Ferry*, 2 vol., Paris, Éditions de minuit, 1977.

(26) A. D., Haut-Rhin, C 1114–II, 28.

(27) シュザンヌは十字でサインしていて自筆でないことから，文字が書けなかった可能性がある．おそらく口頭で報告したことを公証人が書き取り，あるいは残された見積書や納品書などの紙文書をもとに公証人が決算書を作成し，シュザンヌがそれを見せられて，たしかにその通りだと確認したことを示すために十字のサインをしたと考えられる．

(28) 1 livre = 20 sols, 1 sol = 12 deniers として，2,277 日 × 12 ソル ÷ 20 = 1,366 リーヴル 4 ソルの計算．

(29)　Vetter, Théodore, *op.cit.*, VII, 1968, pp. 556–557.

(30)　講習会の形や開催時期などについては，*Ibid.* および本章の注（16）および（17）にあげた史料より考察したもの．

(31)　当時，パリの高等法院評定官や訴願審査官に人々がなりたがったのは，先にも述べたように地方長官となるための不可欠のルートであったからである．

(32)　Cabourdin, *op.cit.*, p. 193.

(33)　1729 年のレオポルド 1 世の死後，1736 年からロレーヌフランス併合（1766 年）までロレーヌ・エ・バール公となっていたのが，ルイ 15 世の義父であり元ポーランド王のスタニスワフ・レシチンスキである．

(34)　父アントアーヌ・マルタン・ド・ラ・ガレジエールは，生前から悪名高い司政長官として知られ，20 世紀に至るまで「向こう見ずで愚かな人間である」という評価がつきまとった．実際，司政長官当時，ナンシー市の秘書官を務めていたノエルという人物が，スタニスワフの亡くなった翌日に次のように書き残している．「〔司政長官ガレジエールは〕拷問に委ねられた病人の傍らでその脈所を探り，殺さぬようにさらなる〔死への〕回転扉を回す医者のようなものだ，……スタニスワフの最大の功績は自分を埋葬させたことである．なぜなら死によってのみこの司政長官の専制的な支配から我々を開放したからである」と．長谷川まゆ帆「地方長官と助産婦講習会――併合期ロレーヌの遺制と国家プロジェクト」近藤和彦編『歴史的ヨーロッパの政治社会』（山川出版社，2008 年），194 頁．

(35)　ガレジエール家の一族の歴史については，以下を参照．長谷川まゆ帆，前掲「地方長官と助産婦講習会」，193–200 頁；Brossel, Alfred, *Antoine-Martin de Chaumont, Marquis de la Galaizière, Intendant de Lorraine, Chancelier de Stanislas, 1697–1783*, Nancy, imp. G. Thomas, 1869；Boyé, Pierre, «La chancelier Chaumont de la Galaizière et sa famille», *Pays L.*, Revue régionale mensuelle illustrées, deuxième centenaire de la réunion de la Loraine à la France, Nancy, 1936 (pp. 113–132, 441–460, 537–560), 1937 (pp. 129–157)；1938 (pp. 481–507)；«La prise de possession de Duchés de Lorraine et Bar», No. 12, 1937, pp. 409–70；Fonde Chaumont de la Galaizière, A>D. B.-R., J suppl., 1949 (16), liaisses 1 à 26.

(36)　図 2-2 は，フランス革命直前のロレーヌの地方長官補佐管区を示している．

(37)　Cabourdin, *op.cit.*, p. 194.

(38)　A.D., de Meurthe-et-Moselle, C 314, C 272.

(39)　表題の原文は，Observations sur l'état des sages-femmes, la manière dont elles exercisent leurs professions, les inconvénients qui y sont attachés et les moyens d'y remédier である．A.D., de Meurthe-et-Moselle, C 314, C 272.

(40)　このエタンの補佐の「意見書」では，誓約した産婆も matrone と表記されている．

(41)　*Ibid.*

(42)　*Ibid.*

(43)　A.D., de Meurthe-et-Moselle, Nancy, C 314, C 272.

(44)　*Ibid.*

（45） ここにモケ・ド・ラ・モット（Mauquest de La Motte 1655–1737）への言及がないのは，単にエタンの地方長官補佐がたまたまモケ・ド・ラ・モットのことを知らなかったからであろうか．モケ・ド・ラ・モットの生涯と彼の手技を中心とする助産技法については以下を参照．長谷川まゆ帆『さしのべる手――モケ・ド・ラ・モットの手技と近代産科学の誕生』（岩波書店，2011 年）．

（46） A.D. de Meurthe-et-Moselle, C 314, C 272.

（47） Ibid.

（48） Ibid.

（49） Ibid.

（50） Ibid.

（51） Haquin, François, *Histoire de l'art des accouchements en Lorraine,* Saint-Nicolas-de Port, L'imprimerie STAR, 1979, p. 106.

（52） *Ibid.*, pp. 93–94, p. 115. ディドロの書は，*Instruction pour les sages-femmes, ou méthode assurée pour aider les femmes dans les accouchements naturels et laborieux*, dédiée à M. De La Galaizière, Intendant de Lorraine & Barois, par M. Didelot, Maître en chirurgie, Lieutenant de M. De La Galaizière, Intendant de M[r] le premier Chirurgien de feu. S. M. le Roi de Pologne, Nancy, Mathieu, 1770. ナンシー大学所蔵．ここでは Haquin, *op.cit.*, pp. 115–119 を参照.

（53） この時期のロレーヌの外科医として，たとえば，本文中にあげているスタニスラス・リシャール・ピエロやソースロット・ニコラ以外に，ジョゼフ・コラン（Joseph Colin 1716–86），ジャン・バチスト・ラムルー（Jean-Baptiste Lamoureux ），ノエル・ジョルジュ（Noël Georges 1739– ?），ラ・フリッツェ・シャルル（La Flize Charles），アトネ・ジャック・フィリップ（Attenet Jacques-Philippe）などをあげることができる．またこの時期，内科医ドミニク・ラ・フリッツェ（Dominique La Flize）などがいた．詳細は *Ibid.*, pp. 98–104.

（54） *Ibid.*, p. 117.

（55） ここに出てくる語 Tenette はおそらく英語の tenet（主義／流儀／式）に由来し，Tenette Anglais は「イギリス式」といった意味と考えられる．スメリの鉗子やルヴレの鉗子については第 6 章第 1 節であらためて触れる．

（56） Saucerotte, Nicolas, *Examen de plusieurs préjugés et usages abusifs, concernant les femmes enceintes, celles qui sont accouchées, et les enfants en bas âge; lesquels préjugés et usages abusifs font dégénérer l'espèces humains, avec les moyens d'y remédier*, Nancy, Haener, 1777. この書は 1777 年にナンシーの王立科学学校によって賞を与えられている．Hacquin, *Ibid.*, p. 103.

（57） *Ibid.*, p. 120.

（58） 図 2-4 の本書での転載出典は，以下のフローベール医学史博物館のカタログに掲載されている図である．*La « machine » de madame Du Coudray ou l'art des accouchements au XVIII[e] siècle,* Rouen, rédigé par le Musée Flaubert et d'histoire de la médecine,（Rouen）et CHU（centre hospitalier universair de Rouen）, Rouen édition point de vues, ［出版年

不明］pp. 24–25.

（59）　Haquin, *op.cit.*, p. 107；Gélis, *La sage-femmes ou le médecin*, pp. 111–129.

（60）　Gélis, *Ibid.*, p. 114.

（61）　その原文は «une machine qui représente à l'interieur comme à l'extérireur toutes les parties dans lesquelles l'enfant se trouve enfermé dans le sein de sa mère, il donna la facilité de la placer dans toutes les situations imaginables et par conséquence d'effectuer tous les accouchements possibles», A. D., Meurthe-et-Moselle, C 314.

（62）　Haquin, *op.cit.*, p. 108.

（63）　A. D., Meurthe-et-Moselle, C 314.

（64）　A. D., Meurthe-et-Moselle, D 88.

（65）　Haquin, *op.cit.*, pp. 106–110.

（66）　*Ibid.*

（67）　*Ibid.*

（68）　Dubois, Jacques, «La carte des diocèses de France avant la Révolution», *Annales E. S. C.*, 20e, no. 4, 1965, p. 689.

（69）　Haquin, *op.cit.*, pp. 111–112.

（70）　*Ibid.*

（71）　*Ibid.*

（72）　*Ibid.*

（73）　Deloupy, Henri-Victor-André *Le Collège royale de chirurgie de Nancy 1773–1793*, thèse présentée pour le doctrat en médecin, Faculté de médicine de Nancy, 1938, pp. 211–218.

（74）　長谷川，前掲書『お産椅子への旅』第 7 章のとりわけ 219–222 頁を参照．助産婦は 19 世紀に病院制度の発展とともにますます制度として確立されていくが，ドイツとフランスでは養成された助産婦の役割や権限において違いがあった．ドイツでも産科医中心の助産が確立されていったが，ドイツの方が相対的に助産婦の管轄領域は広く助産婦の主体性が残されていた．ちなみに明治に入って日本に確立されていく助産婦制度はドイツから摂取したものである．明治期の日本の助産婦制度の確立と助産技法のドイツからの影響については以下を参照．木村尚子『産婆・助産婦団体と産科医の 100 年』（大月書店，2013 年）．

## 第 3 章

（1）　A. D., Haut-Rhin, C 1114–II, 18：Lachapelle-sous-Rougemont.

（2）　A. D., Haut-Rhin, C 1114–II, 10：Larivière.

（3）　A. D., Haut-Rhin, C 1114–II, 16：Larivière.

（4）　この地域のロマンス語話者に関して，詳細は本書第 1 章注（52）を参照．

（5）　A. D., Haut-Rhin, C 1114–II, 11：Larivière.

（6）　A. D., Haut-Rhin, C 1114–I, 16：Larivière.

（7）　A. D., Haut-Rhin, C 1114–II, 4：Angeot.

(8) A. D., Haut-Rhin, C 1114–II, 7：Fontaine.

(9) A. D., Haut-Rhin, C 1114–II, 9：Rougegoutte.

(10) A. D., Haut-Rhin, C 1114–II, 21–22：Etuefond.

(11) A. D., Haut-Rhin, C 1114–II, 23–25：Rappe.

(12) A. D., Haut-Rhin, C 1114–II, 29–30：Bermont, Cheveron.

(13) こうした受講生選択の段階での反対は，コルマールの副管区内の村メイメム（Meymheim）でも見られ，そこでは，産婆の娘が選び直されて講習会に送り出されている．この事例は講習会の名簿の備考欄の添え書きから判明．Archives de la Société Royale, l'Académie de Médecine, Paris, SRM 85dr.

(14) 熊野で戦前に助産婦となった方に聞き取りをしたなかで，戦後ある村の助産婦として仕事に就いたときに住居を提供されていた事例に遭遇したが，その例は，熊野のかなり山奥の地域であり，助産婦自身がその地域の出身者ではなく，また都市から遠いことが背景にあった．長谷川まゆ帆「〈病院化〉以前のお産――熊野での聞き取り調査より」『思想』No. 824，1993 年，72–106 頁．

(15) A. D., Haut-Rhin, C 1114–II, 23：Foussemagne.

(16) Ibid.

(17) ジロマニはベルフォールの北 10 キロメートル，サン・タマランまでは 17 キロメートルほどにある．もともとはルジュグットの教区に属していた村である．中世末頃からハプスブルグ帝国の下で銀，鉛，銅の採掘が行われ，坑夫として働くためにザクセンやバイエルン，チロルなどから多くの移民がやってきて棲みつき人口が増え始めていた．ここもサン・タマラン渓谷と同じく三十年戦争で大きな打撃を受けている．併合後はマザラン公によって銀の採掘が続けられ，それによって 18 世紀を通じて坑夫も順次やってきて人口が増えていた．ただし坑夫として棲みついた住民はフランス語が話せず，彼らは 1656 年以降は，独自に別途新しい教区を形成している．以前から居住する教区民と後に坑夫として外からやってきた教区民との間には溶解しえない懸隔と緊張が潜在していたと考えられるが，ここではジロマニの事例にはこれ以上立ち入らない．

(18) A. D., Haut-Rhin, C 1114–II, 29：Giromagny.

(19) 十字には「誓う」の意味がある．ちなみに大黒俊二氏の研究のなかに示されているイタリア，ペルージャのマッダレーナ・ナルドゥッチ・デル・ビゾケットという寡婦は，1476 年 3 月 22 日に作成した遺言書のなかで「わたしは誓っていうが✢」と十字模様をわざわざ書き込んでいる．この遺言書は，大黒氏によると，マッダレーナが自分でも読めるようにと公証人に俗語で書くように依頼して俗語で作成させた当時としてはやや異例な遺言書である．マッダレーナは大黒氏の言葉によると，「限界リテラシー」ながら自分でも文字が書ける女性であり，公証人の文章に加えて自筆の言明も添えており，その自筆の叙述の部分に上記の十字印が現れる．誓うという意味でわざわざ記しているのである．詳細は，大黒俊二「マッダレーナ・ナルドゥッチの遺言書（1476 年）――限界リテラシーの現れ方，現れるとき」『社会言語学』XIV，2014 年，45–55 頁．十字については 48–50 頁参照．この例はペルージャというローマ法学の行き

届いた先進的なイタリア都市の特殊な事例なのか，少なくとも公証人に頼んで寡婦が俗語で遺言を残すことが可能であったことや，また自筆の叙述がこうした公証人文書のなかに添付されて残っていることなど，興味のつきない稀有な事例である．

(20)　A. D., Haut-Rhin, C 1114–II, 37：Moosch.

(21)　Ibid.

(22)　Ibid.

(23)　A. D., Haut-Rhin, C 1114–II, 42 & 43：Moosch.

(24)　A. D., Haut-Rhin, C 1114–II, 34：Mooche. 司祭の洗礼拒否について伝えるレーシュステッテールの言葉は，第 1 章第 2 節の事件の経緯の第 3 段階に訳出している．

(25)　A. D., Haut-Rhin, C 1114–II, 36：Moosch.

(26)　その命令は整理番号 41 の決定書（No. 3872）で命じていることである．

(27)　A. D., Haut-Rhin, C 1114–III, 39：Moosch.

(28)　国務会議 Conseil d'Etat とは当時ヴェルサイユにあった国王諮問会議 Conseil d'État privé du roi のことである．

(29)　A. D., Haut-Rhin, C 1114–II, 42–43：Moosch.

## 第 4 章

(1)　ここで「最高法院」と訳した機関は，レオポルド 1 世下にある公国の司法上の最高議決機関（la cour souveraine）であるが，君主の Conseil d'Etat のような審議機関とは別に存在した．

(2)　レオポルド 1 世がその 33 年ほどの治世の間に発布した勅令や命令，判決などは，レオポルド 1 世の死後ほどなくして，次のような『法令集成』（全 3 巻）としてまとめられ，出版された．*Recueil des édits, Ordonnances, declarations, traitez et concordats au regne de Leopord I. De glorieuse memoire, Duc de Lorraine et de Bar, Avec différents arrêt de Réglements rendus en consequence, tant au conseil d'Etat & des finances, Bureau des Eaux & Forêts & autres, que dans les cours souveraines, autre plusieurs Rêglements de police du conseil de Ville de Nancy sur des cas importants publics*, t. I（1698–1712）, t. II（1713–23）et t. III（1724–29）, A Nancy. Chez la veuve de Jean-Baptiste Cusson. Imprimeur-Librairie ordonnaire de S. A. R. sur la Place, au nom de Jesus. Avec Privilleg, M.DCCXXXIII〔1733〕. 以下では *Recueil des édits* と略す．また 1773 年になって出された別の書籍であるが，その他のロレーヌに関する法令も含めて，この地域に関係する法令を参照しやすくするために出版されたアルファベット順の項目索引目録がある．*Table alphabétique ou abrégée du Recueil des ordonnances et règlements de Lorraine, jusqu'en 1773, Excépté du quatrième volume concernant les manière, par Me.AXXXXXX RXXXXXX, Avocat en cours Souveraine de Nancy, présenté à J. B. Maury, Batonnier de l'ordre de MM. les Avocats*, Nancy, chez Babin,〔1773〕, Avec Previlège du Roi. この目録は，1773 年までの法令に関してのものであり，レオポルド 1 世統治下に出された法令だけに限っているわけではないが，先にあげた『レオポルド 1 世公治世の法令集成』を「助産婦」や「シャリヴァリ」といった短い単

語による項目によって引くことができる.

(3) ARREST DE LA COUR, qui règle que les sages-femmes doivent être élues à la pluralité des voix des femmes de la paroisse, du 22 juin 1708, *Recueil des édits,* t. I, p. 636. ここでは sage-femme を意図的に一貫して「産婆」と訳している. その理由は臨床医学の手ほどきを受けたいわゆる「助産婦」と区別するためである. これについては本章の第 2 節 (1) でも説明を試みている.

(4) Aubry, Raymond, *Fourg et ses environs*, édité par les Fonderies de Pont-à-Mousson, 1935.

(5) 原文は elle est seule agréeable aux femmes de la paroisse, dont on doit sur-tout considérer le penchant & l'inclination à cet égard.

(6) 柳田国男『産育習俗語彙』(恩寵財団愛育会, 1935 年), 26–31 頁には, 産婆の呼称として各地から収集された以下のような呼称が列記されている. ボコマセ〔信濃諏訪地方〕, ウマセ〔岡山地方〕, コナサセ〔陸中江刺郡〕, アコババ〔出雲大原郡〕, コトリババ〔常陸, 上野, 福島地方〕, コズエババ〔九州一般〕, ヒキアゲババ〔中国から四国地方〕, トリアゲ〔各地〕, マヘガガ〔仙台付近〕, ハラモンババ〔阿蘇地方〕, テガクババ〔陸奥弘前方面〕, ポセイサドン〔薩摩枕崎地方〕, ヘソバアサン〔筑前大島〕, フスアンマー〔大隅喜界島〕, ヨマキ〔淡路島〕, ハカシバア〔伊豆新島〕, アラチバアサン〔甲斐の一部〕, カハイキ〔川行：石見雲城村上來原〕, バアサ／ババ〔能登鹿島郡〕, チカラクレ〔奄美大島〕.

(7) Laget, *op.cit.*, p. 137. フランス語の呼称については, 邦訳版 (125 頁) の訳語も参照したが, これらの語を日本語のニュアンスにうまく流し込んで訳し分けるのは容易ではないため, ここでは最低限, その音と意味が分かるように音声のカタカナ表記と意味のみを提示するにとどめた.

(8) 司教座聖堂参事会の保護下にある小教区教会の場合には, 司教区会議などの決定や命令がその管区内の機構を通じて各教区に降りてくるし, 司教巡察も行われる. 末端洗礼帳簿のなかに「産婆の選択 (Élection d'une sage-femme)」「産婆の任命 (Nomination d'une sage-femme)」「産婆の誓約 (Serment d'une sage-femme)」の記録があり, 「何年何月に誰それが教区の産婆として誓約し署名を行った」「これこれの者を産婆として承認した」といった簡潔な記述も残る. たとえば, 18 世紀後半のアルザスの事例として, Bolsenheim $3^{E}$54–3 の Serment de sages-femmes 1757, Gerstheim $3^{E}$153–2 の Nomination de sages-femmes 1780–1788, Meistratzheim $3^{E}$286–5 の Élection de sages-femmes 1752, 1756 等々を参照. 文書館員のつけた項目名はまちまちであるが, 内容はほぼ同じで, 5 行から 10 行ほどのラテン語の記述である. アルザスの場合, 小教区の帳簿は 17 世紀後半から残っていることが多いが, 産婆の選択, 誓約や任命についての記述は, すべて 18 世紀のカトリックの小教区に関するものばかりである. 一方ロレーヌについては, たとえば以下が参照できる. Forgeot, Léon, « Les matrones-sages-femmes et bonnes-femmes d'après les registres paroissiaux (1647–1792) », *Cahiers H.-M.*, No. 34–35, 1953, pp. 128–131; « Les matrones——sages-femmes et bonnes-femmes de Pierrefaite et Montesson d'après les registre paroissiaux (1613–1792) », *Cahiers H.-M.*, No. 39, 1954,

pp. 177–179.

(9)　ロレーヌの場合の司教巡察の質問項目は80項目あり，その69番めに“Y a-t-il une sage-femme?”という項目がある．Pernot, Michel, *Études sur la vie religieuse de la campagne lorraine à la fin du XVII^e^ siècle：le visage religieux du Xaintois d'après la visite canonique de 1687 (Annales de l'E., M., 39)*, publiée par la Faculté des Lettres et des Sciences Humaines de l'Université de Nancy, 1971, pp. 25–29.

(10)　Saunier, Annie, «Le visiteur, les femmes et les obstétrices des paroisses de l'archidiaconé de Josas de 1458 à 1470», *Santé, médicine et assistance au Moyen Âges, Actes du 110^e^ congrès national des sociétiés savantes Montpellier, 1985: Section d'histoire médiévale et de philologie,* t. I, Paris, Éditions du C. T. H. S, 1987, pp. 43–62.

(11)　ソニエによれば，これは実際には秘書のルイ・ペニョがしたためたものである．

(12)　*Ibid.*

(13)　*Ibid.*, p. 45.

(14)　*Ibid.*, pp. 44–46.

(15)　*Ibid.*, p. 46.

(16)　*Ibid.*, p. 49.

(17)　*Ibid.*, p. 46.

(18)　Forgeot, *op.cit.*

(19)　Pernot, *op.cit.*, pp. 15–16.

(20)　*Ibid.*, p. 16

(21)　*Ibid.*

(22)　Laperche-Fournel, Marie-José, «Les Enfants indésirables：l'infanticide en Lorraine au XVIII^e^ siècle», *Cahiers L.*, No. 1, mars 1989 pp. 23–37.

(23)　ロレーヌの場合，レオポルド1世の『法令集成』にロレーヌ版としてフランスの「妊娠届出令」を模倣したものが出されている．*Recueil des édits,* pp. 757–759. この命令に関するラペルシュ・フルネルの研究によると，ある裁判記録においてRomelfingの王国弁護士（l'avocat）が1733年3月妊娠の届け出をさせていないと告発されていた．つまりその地では妊娠届け出の義務についての公示が全く行われていないためにその検事の下にある平民がその義務を無視していると申し立てを受けたのである．Laperche-Fournel, op.cit., p. 24. フランス近世期の「妊娠届け出令」については，以下を参照．Phan, Marie-Claude, «Les déclarations de grossesse en France (XVI^e^–XVIII^e^ siècles)», *Revue d'H.M.C.*, janvier-mars, 1975, pp. 61–88；*Les amours iillégitimes；histoires de séduction en Languedoc (1676–1786)*, Paris, Édition du CNRS, 1986.

(24)　*Entrer dans la vie*, p. 99. ちなみにこの「魔女産婆」の叙述に出てくる地名タンはチュール川沿いの都市でモーシュからも近い．サン・タマランの小教区同様，バールの司教区に属している．

(25)　子殺しの多くは，間引きのためというよりも難産に際して母体を救出するための苦肉の策であったが，教会の規範からすれば，これは子殺しの罪にあたり，宗教改革期以降，忌々しき営みとして厳しく断罪され訴追されていく．長谷川まゆ帆『お産椅

子への旅――〈もの〉と身体の歴史人類学』（岩波書店，2004 年），151–154 頁.

（26） Gélis, Laget et Morel, *Entrer dans la vie*, p. 103.

（27） 聖職者たちは教会の規範を遵守し生きたまま子に洗礼を施そうと願ったため，難産に際して司祭が関与すると，母体の命の救出が遅れた．17 世紀の外科医フランソワ・モリソはこれを事例をあげながら批判的に指摘している．モケ・ド・ラ・モットはモリソの著作から学び，このアポリアを乗り越えるために「体内洗礼」の手法を編み出し，母体の命の救出と子の救霊との両方を同時に可能にする方法として繰り返し実践した．詳細は以下を参照．長谷川まゆ帆『さしのべる手――近代産科医の誕生とその時代』（岩波書店，2011 年），188–190 頁.

（28） たとえば，シャトリエ氏は，この時代のストラスブール司教区内の平民の宗教意識と教会の課している規範や務めとの隔たりを指摘している．Châtellier, Louis, *Tradition chrétienne et renouveau catholique dans l'ancien diocèse de Strasbourg*, Strasbourg, Éditions Ophyrs, 1981, pp. 186–205. シャトリエ氏は，上記の書の第 5 章「信者の宗教生活における連続性と新規性」において，信者は教会改革を待ち望んでロザリオの祈りを唱えたり「キリストの身体」を敬おうとしていたのではなく，それどころか一定の宗教生活にはある種の無気力さや無関心が存在したという．たとえばリノ（Rhinau）の漁師たちは生活の資を稼ぐために日曜にも船に乗って出かけてしまい教会には行かなかった．また貧しい信者は長い戦争で疲れ果てミサをずる休みしていたという．こうしたことはプロテスタントについても同様で，葡萄耕作農民はミサの時間にも畑に出て働いていた．子どもらは天気が良ければ畑の仕事を手伝うことが求められ，カテキズムの授業には出なかった．また教区教会から離れた集落では，何かにつけて口実を設けては教会のミサに通わなかった．シャトリエ氏はそれゆえこうした風土のなかにある人々の宗教生活や意識を理解するには，まずはコンフレリや巡礼の研究がその最初に行うべき可能なアプローチであると述べ，コンフレリや巡礼についての実態研究へと深く分け入ることを示唆している．コンフレリ（信心会／兄弟団）の歴史についてはここ数十年の間にすでに多くの開拓がなされている．河原温・池上俊一編『ヨーロッパ中近世の兄弟会』（東京大学出版会，2014 年）を参照.

（29） A. D., Merthe-et-Moselle, E 185：Memoire de visite pastrale de Domp-Germain, 1705.

（30） Ibid.

（31） Ibid.

（32） Ibid.

（33） Ibid.

（34） Ibid.

（35） Gélis, *L'Arbre et le fruit*, p. 510.

（36） Martin, Philippe, *Pèlerins de Lorraine,* Metz, Éditions Serpenoise, 1997.

（37） 原文は …..l'une des manifestations les plus durables, les plus profondes et en même temps les plus secrètes de la religion populaire en Europe occidentale.（Gélis, *op.cit.*）

（38） Martin, *op.cit.*

（39）　原文は Le temps de franchir ainsi en un instant en sens inverse, le seuil fatidique.（Gélis, *op.cit.*）

（40）　Martin, *op.cit.*

（41）　アヴィオットはベルギー国境から数キロメートルに位置し，ムーズ県に属する Monmédy 郊外の小村．トリアーの司教管区に属する．

（42）　Delhotel, Jean, *Bref recueil de l'état de l'église Notre-Dame d'Avioth*, Colmar, Éditions A. A. E. P., Ingersheim, 1668/1981；*Deux supplements au bref recueil de l'état de l'église Notre-Dame d'Avioth*, Colmar, Éditions A. A. E. P., Ingersheim, 1668/1992.

（43）　Salve Regina はカトリック教会の聖母マリアを讃える交唱の一つ．「めでたし，天后よ」の意．「聖母の結びの交唱」とも言われ，聖務日課の終課（寝る前の祈り）の結びの歌．9 世紀に歌詞の原型がみられるが，11 世紀にコントラクトゥスによって完成されたとされている．『日本キリスト教歴史大事典』（教文館，1988 年），583 頁.

（44）　Delhotel, Jean, *Bref recueil. Deux supplements au bref recueil* に記されている記録より．

（45）　司祭や聖職者，神学者が難産に際して介入してくると，産婦はまず助からなかった．このことはモケ・ド・ラ・モットが指摘していることでもあり，『分娩についての完全なる概論』のなかで先達モリソの言葉を引用しながら，次のように述べている．「モリソは言っている．最悪なのは，当地の司祭が原因で処置が遅れたことであると．司祭は母の胎内にある子には洗礼はできない．子どもがまだ生きているときに，母の命を救おうとして子どもの命を危険にさらすべきではないと断固として主張したからである」．Mauquest de La Motte, *Traité complet des accouchemens naturels, non naturels et contre naturels*, Paris, Laurant d'Houry, 1722, p. 652；1765［édition revu］, p. 1077. Mauriceau, François, *Traite des maladies et femmes grossesses*, 1681, p. 338（Gallica）．またモケ・ド・ラ・モットは，モリソがその著書において紹介している，ある修道師の指摘した「体内洗礼」についても言及し，この方法を自分も実践したことを書物のなかで繰り返し公表している．長谷川まゆ帆『さしのべる手――近代産科医の誕生とその時代』（岩波書店，2011 年），188–190 頁.

**第 5 章**

（1）　本書の第 1 章第 2 節（2）事件の経緯の第四段階にあげた引用（pp. 58–59）を参照.

（2）　この捺染工場は 1786 年に王立マニュファクチュアの称号を獲得している．Wesserling の捺染工場については以下を参照．Schmitt, *Aux origines de la révolution industrielle en Alsace,* pp. 181–298; *Wesserling, l'Éden du textile*, texte：Pierre Fluck：illustrations：Apoline Fluck（avec le soutien du Centre de Recherches sur les Économies, les Sociétés, les Arts et les Téchnique de l'Université de Haute Alsace, le parc de Wesserling Musée du textile et la Communauté de Communes Val de Saint-Amarin）, Strasbourg, Jérôme, Do Bentzinger Éditeur, 2008.

（3）　捺染綿布とは，インドの各地で伝統的な技法を駆使して製造されていた模様入りの

彩色綿布（toile peinte）であり，その図柄はインドや南アジアの商業交易のなかで培われたイメージ豊かなものである．花や草木，曼荼羅など多種多様なモチーフからなる．文様の多くは草木紋であるが，装飾的な形式をふまえており，細部においても精巧で，主調色とアクセントカラーを巧みに使い分けた複雑で繊細な色彩感覚をもつ．しかも丈夫で何度でも洗えて色落ちせず，染料のにおいも残らない．シャツやスカート，室内着はもとより，帽子やハンカチ，クッション，ベッドや枕カバー，椅子の背など衣類や寝具，室内装飾の何にでも利用できた．

（4）　フランスに到来して国内製造へと至る捺染綿布の歴史については，以下を参照．深沢克己『商人と更紗――近世フランス＝レヴァント貿易史研究』（東京大学出版会，2007年）のとくに第5章「レヴァント更紗とアルメニア商人」；Fukasawa Katsumi, *Toilerie et commerce du Levant au XVIIIe siècle. D'Alepo à Marseille,* Paris, Éditions du CNRS, 1987；*Féerie indienne：Des rivages de l'Inde au royaume de France*, avec Catalogue des oeuvres par Jacqueline Jacqué et Brigitte Nicolas, Musée de l'Impression sur étoffes（Mulhouse）, Paris, Somogy Éditions d'Art, 2009, p. 17；Deguillaume, Marie-Pierre Deguillaume, *Secret d'impression,* Syros, 1994；作道潤「プロト工業化期のフランスにおける綿布捺染業――ジュイ工場の事例を中心として」『ヨーロッパの展開における生活と経済』神戸大学・西洋史研究室編，山瀬善一先生退官記念論文集（晃洋出版，1984年），pp. 91–111；Xavier Petitcol, *Toiles de Nantes：1760–1840*, Chateau des ducs de Bretagne：Musée d'histoire de Nantes, 2008；*Impression textile：une indienne singulière "Le décor la jardinière"*, Tresors d'étoffes, La méditerréenne d'Impression, 2009, *Wesserling, l'Eden du textile*, pp. 50–51；Deloche, Jean, *Origins of the Development of Pondichery according to Seventeenth Century Dutch Plans*（2004）, IFP-Publication Hors série, No. 3；*Le vieux Pondichéry (1673–1824)*, *revisité d'après les plans anciens*（*Collection Indologie*, No. 99）, IFP/EFEO, 2005, p. 20, pp. 28–29, p. 31, p. 33 et p. 46；*Ordonnance rendue par M. Hérault, lieutenant général de police, commissaire du conseil en cette partie, contre plusieurs particuliers trouvés vêtus de toile peinte, Châtret de Paris*, Acte du 17 dec. 1726, Paris, imp. de P. -J. Mariobette, BN, F-23715 (99); BN: MCI MM185.

（5）　ヴェルサイユ郊外のジュイ工場にしろ，アルザスの無数の捺染工場にしろ，捺染会社の創設関係者にはスイス出身やスイスで技術を学んだ染織職人が多い．それはスイスではジュネーヴやヌシャテルなどでの亡命ユグノーの活躍もあって，いち早く捺染製造が始まっていたからである．ちなみにミュルーズは当時スイスのカントンと同盟を結ぶ都市国家（République）であり，1798年にフランス王国に併合されてようやくフランス領アルザスの一部となるが，ミュルーズでは1746年にミュルーズの4人の若き青年たちによって捺染会社コエシュラン・シュマルツェル社が設立され，大躍進をとげていた．当初，4人の設立者は互いに仕事を分担し，そのうちサミュエル・アンリ・ドルフュスがデザインを担当し，他の3人が技術面を受け持っていたが，12年後に4人はそれぞれ独立して工場を設立している．その後ミュルーズでは，コエシュラン・シュマルツェル社の飛躍的成長に刺激され，他の職人たちが続々とその後に続いたため，1768年には染色工場の数が15になり，1787年には19にまで増えている．ジャク

リーヌ・トメ・ジャケ，ベロニック・ドゥ・ブリュイニャック監修・佐野敬彦編『ミュルーズ染織美術館』（学習研究社，1978年），124頁．ちなみに，18世紀半ばから約1世紀間のミュルーズの成長と発展については，都市化と産業化を軸に社会学者によってまとめられた都市史研究を参照することができる．Jonas, Stéphane, *Le Mulhouse industriel*：*un siècle d'histoire urbaine 1740–1848*, 2 vol., préface de Georges Livet, Paris, Édition l'Harmattan, collection villes et entreprises, 1994. 1747–77年にミュルーズに設立された会社は，アンテス社にしろ，ドルフュス社にしろ，リスラー社にしろ，ほとんどが外部資本との共同出資による合資会社である．*Ibid.*, t. I, p. 54. ミュルーズはこの頃から19世紀の前半に至る100年ほどの間に急成長をとげ，捺染製造のメッカとして発展していった．

一方，スイスはそれに先立つ18世紀にすでに多くの都市で木綿の染色業が盛んになっており，アンディエンヌの人気に刺激されながら，職人たちはいち早く捺染製造に参入しつつあったが，スイスの染色業者は職人たちの家内経営による小規模経営に特徴があり，筆描きが尊重され，木版印捺を避ける傾向が根強かった．また18世紀前半には蠟防染によるインディゴすなわち藍色の一色染が好んで用いられてもいた．18世紀半ばになるとフランス向けの製品を意識して，アンディエンヌの「異色染」も盛んになっていくが，世紀の終わりにはミュルーズやアルザスその他のフランス諸都市の工場の成長に押されて，やがて衰退していった．Wanner-Jeanrichard, Anne, « Le développement de l'indiennage en Suisse », *Le coton et la monde*：*1000 ans d'aventures*, Le Paris, Musée Galeria, 2000, pp. 73–81.

(6)　ミュルーズやスイスには野心的な進取の気性を有するだけでなく，高い染色技術と知識を身につけている企業家が多かったが，それはこの地域の文化的，歴史的背景による．たとえば4人の創設者はスイスやミュルーズの富裕層に属したが，バーゼル出身のドルフュスの母親は，数学者ベルヌーイなど多くの物理学者を輩出した知的家系の出である．またミュルーズはカルヴァン派の多い自治都市であり，彼らは土地や家屋に緊縛された伝統的な富裕層とは異なり，知識と技術を駆使して起業し，法に守られながら資本を蓄積し，さらに事業を拡大していくことに意欲を燃やした．また軌道に乗り順調に発展したコルマール郊外ロジェルバックのオスマン社の工場は，有名なアウグスブルクの染色業者シューレの下で働いていた化学者によって1775年に創設されている．マンステールのアルトマン社の工場は，ミュルーズの最初の捺染工場の創始者の一人J. J. シュマルツェルによって1776年に設立された．同じく創始者の一人，ドルフュスは，1786年にロレーヌ宮廷の内に捺染工場を創設し，そこにゴブラン織りの有名なデザイナー，ジョゼフ・マレーヌを美術監督に招き，図案の独自性を高めつつ，生産量においてもリードしていった．長谷川まゆ帆「近世末フランス農村とインドの間——ヴェッセリングの捺染工場とアルザス南部サン・タマラン渓谷の変容」『歴史と地理』No. 669／世界史の研究237（山川出版社，2013年），1–15頁．

(7)　アルザスに設立されて生き残ったコルマールやミュンステール近辺の捺染工場については以下を参照．ジャケ & ブリュイニャック監修，前掲書，214–216頁．

(8)　この時代の国際交易へと開かれた道の歴史については，Livet, Georges, *Histoire des*

*routes & des transports en Europe*：*des chemins de Saint-Jacques à l'âge d'or des diligences*, Presses Universitaires de Strasbourg, 2003, pp. 100–108. ここにあげたイタリアからロレーヌへと至る地図（図 5-1）の出典は，Racine, P., «D'Italie au Pays-Bas：les routes lorraines（1280–1350）», dans *Les pays de l'entre-deux au Moyen Âge*：*questions d'histoire des territoires d'Empire entre Meuse, Rhône et Rhin*», Actes du 113e CNSS, Strasbourg, 1988, Paris, CTHS, 1990, pp. 209–224.

(9) たとえば，近隣のマズヴォ渓谷で紡がれた糸については，17 世紀末の地方長官ジャック・ド・ラ・グランジュも注目しており，『アルザス地方についての覚書』（1697）のなかで次のような記述を残していた．「この交易はほとんどそれだけでこの地方の生活を支えていた……，〔この地域で紡がれた〕糸はスイスやドイツで売られていた．いまでは同様のものがドイツやスイスで紡がれているが，それほど完璧に白くない．その糸を使うことをスイスやドイツに伝えたのは戦争のときにそこに退避していたアルザス住民である」と．この部分の原文は以下のとおりである．«Ce commerce faisait presque subsister cette contrée（……）Ce fil se vendait en Suisse et en Allemagne, où il s'en fait à présent du même, mais non pas d'une si parfaite blancheur; ce sont les habitants d'Alsece qui s'y sont réfugiés pendant les guerres qui leur en ont donné l'usage». Schmitt, *Aux origines de la révolution industrielle en Alsace*, p. 184. コルマールの地方長官補佐も 1759 年 9 月 7 日の書簡のなかで「オルベ渓谷やマンステール渓谷とともにサン・タマラン渓谷は山岳地にあり，水や人員を得られるため，これ以上に捺染製造に適した場所はない」と述べている．*Ibid.*, p. 195. オルヴェ（Orbey）やマンステール（Munster）は，サン・タマラン渓谷北西に位置する近隣である．

(10) ロヴェンスターンが小城の補修に力を注いでいた 1717 年頃作成の設計図が残っている．*Wesserling, l'Eden du textile*, pp. 50–51. その図によると，横幅は 130 ピエ（42.25 メートル），奥行きが 30 ピエ（9.75 メートル）の 2 階建てである．正面玄関のエントランスの階段を数段あがり建物内に入るとそこに広い応接間がある．突き当りに廊下が通っていて，廊下に沿って広間から左右にそれぞれ 3 つずつの合計 6 部屋が並んでいる．外枠の壁はかなり厚めにできていて頑丈そうである．2 階にあがる階段は廊下の両端にあり，建物に付属するように配置されている．2 階は屋根裏部屋のような小ぶりの部屋が 14–15 並んでいる．暖炉は煙突の図からすると 4 つあり，暖房が 1 階と 2 階のどの部屋にもいきわたるようになっている．また平面図の建物左側の奥には，鉛筆書きで，厨房の竈のための煙突と思われるデッサンがある．建物の反対側を描いた他の図もあり，そこには厩舎や家禽，家畜のための納屋，穀物の貯蔵する倉庫，鍛冶場やパン焼き釜，調理場などが続いている．その先の空間には斜面になった草地が広がっていた．

(11) Schmitt, *Aux origines de la révolution industrielle en Alsace*, pp. 193–221 を参照．

(12) ザンデールはコルマールの市長にして大規模な卸売商人でもあった．ザンデールが，ヴェッセリングの小城を別荘にと購入していたピエール・デマレ（Thomas-Pierre Desmarès 1710–94）と商売を通じて興隆のあったことが，ヴェッセリングの小城に白羽の矢が立ったきっかけである．デマレは，ウルベスに銅山会社の下で銅を運搬し利

益をあげていた地元の卸売商人兼運送業者で塩の輸送でも代々利益を上げてきた一家の出身である．

(13)　彼はもともとはフィリップ・ジャック・アンテスが1754年にミュルーズに設立したミュルーズ3番めの捺染綿布の製造会社アンテス・フィール社の4人の共同出資者のうちの1人であった．しかし1768年にフィリップ・ジャック・アンテスが亡くなるとそちらには見切りをつけて，1769年以降，自らの会社ニコラ・リスラー社をミュルーズで立ち上げている．ニコラ・リスラーの先祖は，宗教改革期にロセル家（Les Rossel）と呼ばれていたスイスのポレントリュイにいた家系の出で，16世紀後半にモンベイヤールとミュルーズの2つの分家に分かれていったうちのミュルーズの方に属する．つまりまぎれもなくプロテスタントである．ミュルーズのリスラー家は毛織物製品の卸売業で急速に富裕化し，高祖父ジェレミ・リスラー（1616–85）は1667年から1685年に市長を務めていた．その孫でニコラの祖父にあたるジェレミ・リスラー（1663–1713）も，1703年から1710年に同じく市長を務めている．この祖父であったジェレミはインド更紗の職人であり，かつてミュルーズの仕立て屋の組合団体の長を務めていたこともあった．ニコラの父は名誉職には就いていなかったが，やはり染織職人の娘と結婚している．その息子であったニコラ・リスラーは，こうした先祖代々続く染色職人の一家に生まれたこともあり，1746年にミュルーズで最初の捺染工場を開くサミュエル・ケシュランの実の従妹と，1742年に結婚している．またニコラ・リスラーは，ジャン・アンリ・ドリュフュスなど同じく初期のミュルーズの捺染マニュファクチュアの創始者たちとも懇意で，それ以外にも捺染会社に関係する多くの企業家とつながりをもっていた．*Ibid.*, pp. 234–237. p. 235の家系図も参照．

(14)　*Ibid.*, pp. 341–342. 1785年にアルザス最高法院の議長スポン伯爵が財務官のシャルル・アレクサンドル・ド・キャロンヌに宛てた書簡のなかで記している．

(15)　*Ibid.*, p. 342.

(16)　*Ibid.*, p. 341.

(17)　Schmitt, *Aux origines de la révolution industrielle en Alsace*, p. 13 et p. 22.

(18)　この渓谷の諸教区の場合，革命以前の時期の教区記録が断片的にしか存在しないため，他地域ならば得られるような比較可能な網羅的人口データを利用することができない．

(19)　1745年と1780年のデータは表5-2作成の際に参照した *Paroisses et communes de France*：*Haut-Rhin*（1994）にはあがっていない．ミュルバックの側に残る別の時期の記録から算出されている．また1790年の人口数の数値は，革命以後に市町村選挙が初めて行われた際に，ヴィレール，サン・タマラン・モロー，オドゥランの各区域について行われた人口調査による．1802年の数値は革命暦X年の調査による．

(20)　*Paroisses et communes de France*：*Haut-Rhin: Territoire de Belfort*, Centre National de la recherche scientifique, Paris, 1994, p. 349 et p. 332. このCNRSによる調査一覧にはヴェルシュホルツの項目は単独では設けられていない．*Dictionnaire des communes*：*Haut-Rhin*, III, p. 1599においてもWerschholtzはCF. Mooschと記されているだけある．したがってその戸数はそもそもモーシュの戸数に含まれている可能性が高く，その数も

わざわざあげるに足らぬ微々たるものであったと考えられる．Mosbach や Moschbach も同様である．ちなみに単独の項目のある Marmerspach の場合も，三十年戦争の荒廃により 1650 年には村民（bourgeois）2 名，子ども 6 名となっている．この地域の戦争による疲弊，人口の激減が窺える．*Dictionnaire des communes*：*Haut-Rhin*, II, p. 858.

(21) サン・タマランの都市の革命期のデータが存在しないため，比較が難しいが，1813 年の土地台帳（cadastre）によれば，自分の土地の所有者は 286 名で，耕地は 1962 区画，1488 ヘクタール，石切り場が 3 つあり，それらの石切り場が第一次世界大戦前まで稼働していた．

(22) 表 5-2 では，革命暦 IV 年（1795 年）にモーシュに 542 人，マルメルスパック 168 人という数字があがっており，両方合わせると 720 人になる．この数字には，同じ革命暦 IV 年のデータを使って割り出したジフェランによる 692 人という数字もある（Gifferlen, Gilles, *op.cit.*, p. 315）．これらを 4.5 で割ると 150–160 となる．これを 80 戸であったときの想定人口 340 人と比べると，倍近い人口に増えていることが分かる．これは革命期になっての急増や，世帯内の家族数の自然増だけでは説明できない数値である．革命以前にも戸数に表れない居住者が多数いて，それが革命以降の人口調査には数値化されたと考えられる．

(23) 人口史研究の成果については，以下を参照．ピエール・グベール（遅塚忠躬・藤田苑子訳）『歴史人口学序説』（岩波書店，1992 年）のとくに第 4 章「1740 年以後における近代以前型の人口動態構造の消滅」（61–78 頁）を参照．

ちなみに，トロワからは約 50 キロメートルの当時パリの徴税管区に属していたマコン小教区（シャンパーニュ）の場合，その人口は 1713 年に 115 戸，1768 年に 120 戸であり，1787 年でも男女合わせて 510 人（想定戸数 114 戸）でありほとんど変動がない．この人口データは，当時の土地台帳（cadastre）をもとに作成された以下の文献のうち，Fontain-Macon の項目からのものである．*Paroisses et communes de France*：*Aube*, préface de Varet-Vitu, Anne, sous la direction de M. Mollat et Jean-Paul Bardet, CNRS Éditions, Paris, 1977, p. 265．この地域では，1999 年に 425 人，2001 年にも 642 人で，人口変動が少ない地域である．

(24) Schmitt, *Aux origines de la révolution industrielle en Alsace*, p. 301.

(25) *Ibid.*, pp. 206–314.

(26) この数字は *Ibid.*, pp. 306–314 の一覧より算出したもの．

(27) *Ibid.*, p. 315.

(28) Aufschlagen, Jean-Frédéric, *L'Alsace*：*Nouvelle description historique et topographique des deux départements de Rhin,* t. II, Jean Henri Heitz, Strasbourg, 1826, p. 37；Schmitt, *Aux origines de la révolution industrielle en Alsace,* p. 335.

(29) *Ibid.*, p. 335 et p. 337.

(30) *Ibid.*, pp. 322–323.

(31) *Ibid*.

(32) 20 世紀末の経済史研究の領域ではこうした製造方法をマニュファクチュアとの対比のなかで，産業革命の起源を考える上での原初的かつ過渡的な様式という意味で「プ

ロト工業化」段階にある製造方法とみなしてきた．R. ブラウンや F. メンデルらの研究を嚆矢としてフランスのピエール・デーヨンや西ドイツのクリーテらの研究によって広く注目を集めてきたところである．二宮宏之「“原基的（プロト）工業化” モデルの意義と限界」『社会経済史学』第 47 巻第 1 号，1981 年；同「プロト工業化論と民衆文化」（「思想の言葉」）『思想』No. 694，1982 年；同「西欧のプロト工業化論」社会経済史学会編『社会経済史学の課題と展望』（有斐閣，1984 年）；柳沢修「西ドイツにおける Proto-Industrialization 論とその問題点：P. クリーテを中心に（論点をめぐって）」『土地制度史学』23（4）第 23 巻第 4 号，1981 年；斎藤修『プロト工業化の時代——西欧と日本の比較史』（岩波現代文庫，2013 年／日本評論社，1985 年）；F. メンデルス・R. ブラウン（篠塚信義ほか編訳）『西欧近代と農村工業』（北海道大学図書刊行会，1991 年）；L. A. クラークソン（鈴木健夫訳）『プロト工業化——工業化の第一局面』シリーズ社会経済史 3（早稲田大学出版部，1993 年）；馬場哲『ドイツ農村工業史——プロト工業化・地域・世界市場』（東京大学出版会，1993 年）；その他にも作道潤氏のジュイ工場に関する前掲論文や渡辺孝次「工業化するスイス——チューリヒ農村の場合」踊共二編『アルプス文化史』（昭和堂，2015 年）50–70 頁など参照可能な論文は少なくない．一方，内田日出海「18 世紀のフランス・アルザスにおける密輸資本主義——周縁と特権の力学」田村・川名・内田編，前掲『国家の周縁』37–79 頁（64 頁）は，アンシアン・レジーム期のアルザスのプロト工業化の進展に関して，南部のバーゼルやミュルーズなどのスイス資本と結びついた綿布工業の進展のみならず，北部のストラスブールを中心とする葉たばこの栽培・製造と密輸を含むその販売過程にももう一つの「プロト工業化」過程があったことを論じている．

（33）「異端公式放棄宣言（abjuration）」つまりプロテスタントがカトリックに再改宗する際に残される文書のなかには，まれに，ヴェッセリングに仕事を求めてやってきた独身の娘や寡婦が交じっている．たとえば，サント・マリ・オ・ミンヌ出身のマリ・カトリーヌ・ブリュン（1777 年），スイスのカントン，ベルヌ出身のバルブ・リュック（1774 年），エンディンゲン・アン・アルゴヴィ出身のアンヌ・マリ・ランジャンドルファー（1777 年），ミュルーズ出身のサロメ・ヴォーゲル（1787 年）である．カトリックへの改宗は出身教区からの離脱を意味し簡単なことではないが，この渓谷への居住とカトリック住民のなかに溶け込む必要性があったと考えられる．Schmitt, *Aux origines de la révolution industrielle en Alsace*, p. 344.

（34）原文は以下のとおりである．..... il a besoin de se procurer des maîtres ouvriers comme tisserands, blanchisseur, sculpteurs (graveurs), teinturiers, imprimeurs, etc., lesquels sont obligés de se procureur des logements dans les villages à portée du chateau de Wesserling......, *Ibid.*, p. 238.

（35）*Ibid.*

（36）*Ibid.*, p. 239.

（37）*Ibid.*

（38）ヴォージュの山岳地帯の marcaire についての指摘は以下による．Schmitt, *Aux origines de la révolution industrielle en Alsace*, p. 14.

(39)　Sieger, *op.cit.*, pp. 7–8.

(40)　ミュルバック修道院の所領内の中世末の共有地の扱いに関しては以下を参照．Bischoff, *Recherches sur la puissance temporelle de l'abbaye de Murbach (1229–1525)*, p. 91.

(41)　アルザスでとれる塩は食用には向かなかったため，塩はロレーヌやブルゴーニュ，ドイツのケルンやオーストリーのティロルなどから来ていた．なかでもロレーヌには豊かな塩泉がありドイツなど他の塩泉の塩よりも塩分濃度が高いことから，先史時代から知られ，運ばれてきた．ロレーヌのセイユの塩やその塩のアルザスへの運搬に関しては以下を参照．Olivier Petit, «L'Or blanc du saulnois: L'exploitation du sel dans la haute vallée de la Seille (VIII$^{e}$–XV$^{e}$ siècle)», *Magazine*, Numéro 12–Février 2006 [http://old.citadelle.org/magazine-12-130-L'or-blanc-du-Saulnois.cfm].

(42)　Sieger, *op.cit.*

(43)　A. D., Haut-Rhin, 10 G Comptes, 86, extraits de la requête au Conseil d'Etat des habitants de la vallée haute, du 5 mars 1770. Schmitt, *Aux origines de la révolution industrielle en Alsace*, p. 332 の抜粋引用より．

(44)　1740年に会社と修道院の交わした契約書によると，対象期間は1741年から1780年に至る40年間に及び，対象地域はヴィレールやヴィッシュヴィレールの近辺のみならずサン・タマランの裁判管区全体に関係していた．村落共同体にとって深刻なのは，村落共同体の共有していた通称エレンヴァルド（Herrenwald），オックヴァルド（Hochwald），アレマンダッケル（Allemendacker），ビュルジェルジュマン（Burgergemeind）などと呼ばれていた森林地域から炭焼き用に大量の樹木や木材が運び出されたことである．にもかかわらず樹木の伐採・搬出の代価は村落共同体には一切還元されず，会社は村落共同体に木材の買い付けを全面的に禁じていた．

　樹木の価格についていえば，18世紀前半の樹木の取引価格の相場は1コルド〔corde：薪の分量を示す単位：1コルドは約4平方メートル〕=20–40ソルであったのに対し，契約では1コルド=4ソルと二束三文で取引され，会社は木材が不足するとゲブヴィレール渓谷でも前金さえ支払えばさらに2000コルドまで伐採できた．ちなみに1781年から1791年の9年間について交わされた1778年の契約書によると，樹木の伐採範囲はサン・タマランの裁判管区内に限られ，伐採量も依然と同じ5000コルドの設定であるが，樹木の高騰にともない，1コルド=4リーヴルにはねあがっている．Schmitt, *Aux origines de la révolution industrielle en Alsace*, pp. 64–65, pp. 90–92.

(45)　*Ibid.*

(46)　*Ibid.*

(47)　*Ibid.*, p. 342.

(48)　Ballesteros, Pascale Gorguet, «La filature du coton de 1750 à 1800：un démi siècle d'avanées techniques», *Le Coton et la Mode：1000 ans d'acentures*, Somogy, Éditions d'art, Paris Musé, 2000, pp. 88–89. この論文には，バタージュ，カルダージュ，整経作業に用いられていた道具のデッサンが掲載されている．

(49)　Schmitt, *Aux origines de la révolution industrielle en Alsace*, p. 344.

(50)　*Ibid.*, p. 341.

(51)　Drosson, Monique, «Cotonnades peinteset imprimées, techniques de fabrication jusqu'en 1800», *Le coton et le monde：1000 ans d'aventures*, Pairs musée：10 novembre 2000–11 mars 2001, Domogy Éditions D'Art, Pairs musée, 2000, pp. 94–96. Drosson は，東インド会社の官吏で船長でもあったフランス人アントアーヌ・ボーリュウやポンディシェリで布教を行っていたイエズス会の宣教師クールドゥの残した，18 世紀半ばのインドの捺染工程に関する記述を参照している．

(52)　表 5-4 に印捺工程が書き込まれていないのは，18 世紀前半のインドでは手描きが中心で，木版による印捺が主流ではなかったからだろうか．ちなみに，ヴェッセリングのエコ・ミュゼで見られるインドの工房（ドキュメンタリー映画）は現代インドの捺染デザイナー，ブリジット・シングのジャイプールの工房における実践事例である．それと同じ工房の印捺作業の写真が以下に掲載されている． Impression d'Hibiscus dans l'atelier de Brigitte Singh à Jaipur（Inde）, *Ibid*., p. 180.

(53)　Pinceautage という語は 1 つの作業工程にすぎないため，A. Franklin や D. Bucard 等の手仕事や道具に関する辞典にはあがっていない．ただし Bucard の辞典には Pinceauteuse の項目があり，短く「インド更紗または捺染の繊維女工」とある． Boucard, *Dictionnaire illustre et anthologie des métiers*, Jean-Cyrille-Godfroy, 2008, p. 493.

(54)　Caspard, Pierre, "The Calico Painters of Estavayer : Employers' Strategies toward the Market for Women's Labor", Daryl M. Hafter, *European Women and Preindustriel Craft,* IndianaUniversity Presse, 1995, p. 120.

(55)　Caspard, *Ibid*., p. 122.

(56)　*Ibid*.

(57)　*Ibid*., p. 120.

(58)　*Ibid*.

(59)　これらの情報は，ヴェッセリングの捺染博物館の展示品やスイスのヌシャテルにあった捺染工場に関する Caspard の研究，さらには他地域の捺染マニュファクチュアに関する描かれた版画などを基にしている．

(60)　*Ibid*., pp. 120–123.

(61)　*Ibid*., pp. 120–121.

(62)　アルザスにはこの時期いくつかの捺染工場が存在し，それぞれに稼働していたが，消耗品であり長く残りにくいことや，工場を特定できる手がかりが失われている場合も多く，残存しているもので 18 世紀のものは決して多くない．ミュルーズの捺染美術館の出版する以下のカタログを参照．図 5-2 はジャケ & ブリュイニャック監修・佐野敬彦編『ミュルーズ染織美術館』フランスの染色 I（学習研究社，1978 年）掲載の図 4，図 15，図 39 より．

(63)　Schmitt, *Aux origines de la révolution industrielle en Alsace*, pp. 240–241.

(64)　ルージェの雇用に際しての契約書によると，6 年間はニコラ・リスラー社で働くこと，また色付け師としてこの 6 年間は他の仕事に就かず，技術を外部に漏らさないこと，出資者に誠意を示すことなどが書き込まれている．またその 6 年間に仮にリージェが亡くなった場合には，その妻に年間 6000 リーヴルが死ぬまで支払われることにも

なっていた．リージェには報酬として年1万2000リーヴル（3ヶ月ごとに3000リーヴル）支払われ，ヴェッセリングの小城での居住費・生活費として5%が差し引かれたが，それでも他の工場の色付け師に比べればはるかに優遇された特別な雇用条件だった．*Ibid.*

（65） *Ibid.*, pp. 240–241.

（66） *Ibid.*, pp. 342–343.

（67） *Ibid.*, pp. 342–343.

（68） *Ibid.*

（69） *Ibid.*

（70） *Ibid.*

（71） *Ibid.*, pp. 305–314に掲載されている名前のわかる職人リストから割り出した数値.

（72） *Ibid.*

（73） このデータは以下の文献にあるリストからのデータ，初期のザンデール社，リスラー社の時期に限って数え直したもの．*Ibid.*, pp. 347–351. リストは1802年までをカバーし，全体で150人の名前があがっている．

（74） *Ibid.*, p. 344.

（75） *Ibid.*, p. 238.

（76） *Ibid.*

（77） *Ibid.*, p. 357.

（78） *Ibid.*

（79） *Ibid.*, p. 332.

（80） 世紀半ばにウルベスの銅山の採掘を試みたド・ジャンサンは，当時，森林の樹木や河川の水流の利用が不可欠のため，ウルベスの属するモロー教区の領主役人（区長）ミッシェル・シュナイダーに協力を依頼しているが，このシュナイダーは，1753年にサン・タマラン渓谷の領主役人（区長）ジャン・ジャック・シリング（Jean Jacques shilling）に自分の娘を嫁がせていた．このジャン・ジャックがおそらくジャック・シリングの父親であろう．

（81） ルイ14世は，村総代を王国の役人とすることを画策し，1702年3月の王令で，全国の19のエレクション（直接税招集地域）のすべての小教区において，それまで住民集会の選挙で選ばれていた村落の村総代を終身職として確立することを命じた．その際，終身の村総代になる者には年額15ドゥニエの報酬と特権，租税その他の免除が与えられると規定していた．*Édit du Roi, de mars 1702*：*Mémorial alphabétique des choses concernant la justice, la Police et les frances de France*, 1704, p. 645. しかし実際には，そうした優遇措置にもかかわらず，誰一人としてこの官職を引き受けようとする者は現れなかった．村総代の終身確立をめざしたこの法は，結局のところ，ルイ14世の死後，1717年の王令によって廃止されている．このことは，村総代が住民集会の多数決によって選ばれる住民の側の代理人であり，それによって保証される村落共同体の自治と自治を求める意識がフランスの農村には慣習として根強く存在していたことを示している．Babeau, *op.cit.*, p. 49.

(82)　住民たちは，この請願書を近隣のヴァルドネル伯領のバイイ，ジャン・ジョゼフ・アントアーヌ・バックに作成を依頼している．Schmitt, *Aux origines de la révolution industrielle en Alsace*, pp. 332–333 を参照．ただしこの地方長官宛て請願書はゲブヴィレールにいたミュンクに届けられており，その後，はたして地方長官のところまで辿り着いたかどうかは不明.

(83)　*Ibid.*

(84)　*Ibid.*

(85)　A. D., Haut-Rhin, C 1114–II, 46: Moosch.

(86)　レーシュステッテールの上記の執達吏到着以降の書簡には，彼女が 5 人の子をもつ比較的裕福な（aisée）な家族の既婚女性であることはたびたび述べられている（Ibid., 44）が，加えて 1788 年 1 月に王の執達吏から出頭を命じられると，自分の身を守るために出頭を回避するのに弁護士を雇い，そのために 300 リーヴルを家族から借りて支払ったとレシュステッテールは伝えている（Ibid., 44）.

(87)　Ibid., 46. この germain とは古い法律用語で「父母を同じくする」という意味. cousin germain と言えば,「実のいとこ」という意味になる．つまり従妹，従兄，再妹・兄を含む先祖を同じくする者たちのことをさす．同じ氏姓をもつ世帯が特定の地域に多く集まっていることは農村ではよくあり，先祖を辿ると何らかのつながりがある可能性がある．助産婦をめぐる問題で両者は敵対関係にあるが，ここでは couisin germain であること以上のことは不明.

(88)　*Moosch：Histoire et mémoire*, ouvrage éditré par la mairie de Moosche 68, Collection «Mémoire de vies», Carée Blanc Édition 2006, p. 10.

(89)　*Ibid.*

(90)　ジャン・フランソワ・グザビエ・アントアーヌ・ミュンク（Jean-François-Xavier Antoine Münk 1731–83）である.

(91)　Schmitt, *Aux origines de la révolution industrielle en Alsace*, p. 333.

(92)　*Ibid.*, p. 333.

(93)　*Ibid.* この時期に渓谷住民が「銃」と呼べるものをどの程度まで所持していたかは定かではない．狩猟のためや狼や夜盗，略奪などに備えて護身用に何らかの武器を保持していた可能性は十分考えられる．ちなみにパリでは 17 世紀に入る頃から武器の携行や使用を制限したり禁ずる王令が発せられている．また 1666 年 10 月 28 日から 1667 年 2 月 10 日まで行われたポリス改革会議を経て「公共の安全」を名目に武器の製造，販売，所持に関する細かな規則や罰則が設けられていった．高澤紀恵，『近世パリに生きる——ソシアビリテと秩序』世界歴史選書（岩波書店，2008 年），215–229 頁.

(94)　実際に「和解」という言葉をレーシュステッテールは使っている．A. D., Haut-Rhin, C 1114–II, 46.

**第 6 章**

(1)　*Biographie universelle ancienne et moderne：histoire par ordre alphabétique de la vie publique*

*et privée de tous les hommes,* éditions：de 1811–28 [Michaud] et de 1843 [A. Thoisnier Desplaces].

(2) *Ibid,* pp. 60–62.

(3) Rabier, Christelle, «La disparition du barbier chirurgien：analyse d'une mutation professionelle au XVIII[e] siècle», *Annales H. S. S.*, 65[e] mai-juin 2010, No. 3, pp. 679–711.

(4) 本書で1747年および1751年の著作の分析に用いたのは，どちらもフランス国立図書館（BN）に所蔵されている以下の書籍である．*Observations sur la cure radical de plusieurs polypes de la matrice, de la gorges et du nez, opéré par de nouveaux moyens.* Paris, 1749；*Suite des Observations sure les causes et les accidents de plusieurs accouchements laborieux,* Paris, 1751. また合本版として参照したのは，BN所蔵の第2版（1759）と古書店で購入した第4版（1770）である．

(5) それぞれの原タイトルは以下のとおりである．**Premier partie**：De l'extraction de la tête de l'enfant séparée du corps & restée dans la matrice (pp. 1–44); **Seconde partie**：De l'accouchement où la tête de l'Enfant se trouve arrêtée au passage, son corps étant tout-à-fait sorti de la matrice, mais resté encore en partie dans le Vagin, & de la manière de terminer cet accouchement (pp. 45–69)；**Troisième partie**：De l'accouchement où la tête de l'enfant est enclavée au passage, & de quelle manière on peut tenter à le terminer heureusement (pp. 71–160). 太字強調は長谷川による．

(6) 1747年の第III部に言及されているデーヴェンテルについての箇所は以下．Levret, *op.cit.*, pp. 72–74.

(7) Deventer, Henry de, *Observations importans sur le manuel des accouchemens. Traduites du Latin de M. Henry de Deventer, docteur en médecine, & augmentées de réflexions sur les points les plus interessans：Par Jacques-Jean Bruier d'Ablancourt, Docteur en la meme Faculté,* chez Cavalier, Guillaume, Paris, 1733/1701. 長谷川の個人所蔵は1734年版である．デーヴェンテルのお産椅子の詳細は，長谷川まゆ帆『お産椅子への旅』，76–90頁参照.

(8) Levret, *op.cit.*, 1751, pp. 104–128.

(9) ハイスターは1770年代に，従来の重々しいお産椅子から肘掛の側板を外すなどして余分な木材を取り除いて軽量化し，背もたれをすっかり水平にまで倒せるお産椅子を考案している．長谷川，前掲書，90–97頁.

(10) 前作で言及したディヌアールの著作は『胎生学要綱，あるいは母の胎内にいる子どもに聖職者および内科医・外科医・助産婦が果たすべき義務についての概論』（第2版，1766年）．初版の発行年は不明.

(11) Jean-Jacques Fried (1689–1769) は1728年にストラスブールの市立病院に助産婦の学校を創設した人物である．その『分娩介助の基礎』では，お産椅子の背もたれを傾けていくことで最終的には水平まで倒し，逆に寝台から椅子にもなるような特殊な寝台を考案している．詳細は，長谷川まゆ帆『お産椅子への旅』とくに第7章「お産椅子からベッドへ——分娩台への移行」を参照.

(12) 内科医フィリップ・エッケへのモケ・ド・ラ・モットの反論は，予想外にシンプルでやんわりとした婉曲なものであった．モケ・ド・ラ・モットはおそらくエッケの

匿名の出版物を読んですぐに，そこに見え隠れするある種の情念に気がついたに違いない．ただしこの種の論者に対するにはそれ相応に慎重にならざるをえないとも考えたに違いない．当時はなお，床屋外科医の時代であり，ルヴレの時代よりも外科医の地位は内科医に比べて低かったからである．長谷川，前掲『さしのべる手』第9章「モケ・ド・ラ・モットの反論」を参照．

(13)　1747年の『いくつかの難産の原因と事故についての所見』には，図6-1にあげた2枚のイラストは綴じ込まれていない．これは1751年の続編に初めて挿入され，その後の合本にもこの2枚のイラストと全く同じものが綴じ込まれていく．ちなみにここにあげた図6-1は1751年版からの転載ではなく，全く同じものであることを確認した上で続編（1770年版）から転載している．

(14)　スメリは医師免許のない時期から医師として働き，後にグラスゴー大学に入学し同大学で1745年学位を取得した．ロンドンとパリでも産科学を学んでいる．産科鉗子のみならず，産科マネキンの考案，逆子の助産の手引き書なども作成している．

(15)　1770年版の合本については古書店で購入した以下の書籍を参照している．その版の扉頁を見ると，Quatrième édition, revue & corrigée（第4版，修正および訂正あり）と記されている．また製本された裏表紙のすぐ内側に，この2つのイラスト木版画と全く同じものが2枚折りたたんで添付されている．*Observation sur les causes et les accidens de plusieurs accouchemens laborieux, avec des remarques sur ce qui a été proposé ou mis en usage pour les terminer; & de nouveau moyens pour y parvenir plus aisément*, par M. A. LEVRET, du collège & de l'académie royale de chirurgie, accoucheur de madame la Dauphine, chez P. Fr. Didot le Jeune, 1770.

(16)　スメリの著作を江戸に運んだのは楢林十兵衛である．漢蘭折衷医師であった片倉鶴陵（元周）『産科発蒙』全6巻（寛政5／1793年）の巻末にはスメリの著書からの鉗子図が2例引用されている．説明には「文字を読むことはできないが，難産になって児が生まれないと，必ず器をもって児を出している．その製法はよく分からないが，死中に活を求める一奇器である．智巧の士はこれにならって製造し，ことに臨んでこれを施せば，回生の一助と言うべき」とある．以上はスクリーチ，タイモン（高山宏訳）『大江戸異人往来』（ちくま学芸文庫，2008年），179頁より．また水原三折（1782–1864）『産科探頷図訣』（天保5／1834年）には10種に近い産科器具が発明され紹介されているが，西洋医書の影響を受けたものであり，そのなかには鯨髭を使った鉗子具（垂龍器／奪珠器）がある．これが鉄製の西洋式産科鉗子の使用を拒んだ日本の当時の産科医に受け入れられて，山間部では「ちょんがけ」と呼ばれて戦前まで使用されていた．西洋の産科鉗子の実物はシーボルトが女医をめざしていた娘いねのために1823年に持ち込んだ産科鉗子（長崎県立美術博物館蔵）が日本最初であり，この鉗子はすでに湾曲したルヴレ鉗子に近い．日本への西洋産科書を通じた器具の影響について詳細は以下を参照．杉立義一『お産の歴史――縄文時代から現代まで』（集英社新書，2002/2004年），160–181頁．

(17)　Kilian, Harmann Friedrich, *Geburtshulficher Atlas*, Dusseldolf, 1835–44, WL, EPB F. 442において説明されている図版XXXV．この書籍は電子ブック版があり，ネット

上で無料公開されているが，残念ながら挿絵部分は公開されていない．オリジナルからの転載は日本では入手困難なため，ここでは以下のウエルカム医学史博物館（ロンドン）のカタログに掲載されている図版から転載している．Pickstone, John, “Object of Modern Medicine”, *Medicine Man*：*The Forgotten Museum of Henry Wellcome*, edited by Ken Arnold and Danielle Olsen, Londres, British Museum Press, 2003, pp. 265–289 の図版 XXXV.

（18） *Forceps* は原文でもここだけイタリックになっている．

（19） 現代の医療においても，産科鉗子という器具は，胎児の摘出のみならず胎盤を摘出するなどさまざまな目的に応じて多種多様な形態のものがある．胎児の摘出に用いられる鉗子は，緊急時に迅速に分娩を終わらせる必要がある場合や，胎児の回旋異常に対応する必要がある場合に，利用に適した位置に胎児がある場合に限って，麻酔を使って慎重に行われる．現代医療における鉗子分娩については，専門家による以下の文献を参照させていただいた．宮坂尚幸・麻生武志「研修医のための必修知識 C 産科疾患の診断・治療・管理 9 鉗子分娩」日本産婦人科学会発行『日産婦誌』第 57 巻第 7 号，2002 年 7 月，1861–91 頁．以下を参照．［http://www.jsog.or.jp/PDF/54/5407-186.pdf］

（20） これは 1751 年の著作全体のなかの 31 番めの症例であると余白に記されている．

（21） Levret, *Observations*, 1751, pp. 154–156.

（22） *Ibid*.

（23） Levret, *Observations*, 1751, pp. 156–157. この引用部分の原文を以下にあげておく．Il approuva mon projet, & en conséquence ayant situé la malade comme il convient en pareil cas, j’introduisis une des branches du forceps entre la matrice & la tête de l’enfant, & comme j’avais reconnu que cette tête était plus sérrée du côté droit que du côté gauche, ce fut par ce dernier que je fis passer la pièce qui devait, dans l’extraction se trouver placée à droit, afin de l’y porter plus aisément en la conduisant demi-circulairement d’un côté à l’autre. J’introduisis ensuite la seconde branche du forceps par le même endroit où j’avais fait passer la première, & les ayant suffisamment enfoncées, pour embrasser convenablement la tête de l’enfant, je les croisai & les joignis ensemble, en les assujettissant l’une à l’autre par le secours des pièce déstinées à cet usage: je n’eus plus alors qu’à tirer avec ménagement en différents sens, pour faire sortir la tête qui fut bientôt suivi de l’enfant.

（24） Levret, *Observations*, 1751, p. 158.

（25） *Ibid*., p. 199.

（26） *Ibid*., pp. 203–204.

（27） 内回転術については，藤井吉助「外及び内回転術」『産科と婦人科』第 32 巻第 4 号（診断と治療社，1965 年），79–85 頁を参照．骨盤位牽出術については『産婦人科学の必修知識 2013 年』日本産婦人科学会発行，333–337 頁を参照．とくに 336 頁には本書の図 6-4 と同じ Veit-Smellie 法（後続児頭牽出術）を示す別の図がある．ちなみにこの『必修知識 2013 年』には内回転術についての言及はない．おそらく現代の産科実践においては，帝王切開その他のより確実で安全性の高い娩出方法があるために，内回

転術はよほどのことがない限り行われなくなってきているのであろう．骨盤位牽出法については文献が豊富で，専門書には必ず言及がある．上記に加え，たとえば以下も参照させていただいた．栗下昌弘「骨盤位牽出術」産科と婦人科増刊号『産婦人科 手術療法マニュアル』（診断と治療社会，2009年），38–45頁；竹田省「骨盤位娩出術」『日産婦誌』第60巻第5号，2008年，96頁，および加藤宏一編『骨盤位分娩』産婦人科シリーズ27（南江堂，1980年）第6章（骨盤位娩出法），117–145頁，とくに雨森良彦「C．骨盤位分娩介助法」；小畑英介・岡田紀三男「D．骨盤位牽出術」；永田一郎「E．骨盤位鉗子分娩」を参照．

（28） 現代の病院ではリスクを考えて骨盤位の場合には帝王切開に頼ることが多くなってきているが，妊婦の希望がありかつ膣からの娩出の可能性がある場合にはできるだけその道を模索したいと考える病院もある．また災害や事故などの緊急時に十分な病院設備もなく麻酔や帝王切開などを行う環境が見いだせない場合には，この方法がまさに頼みの綱となりうる．

（29） 図8-4の図版出典は竹田省，前掲箇所．

（30） このことに気づかせていただいた契機となったのは，前作出版後にいただいた読者からの投書による．不勉強を恥じ入り忸怩たる思いであったが，それによってさまざまな謎も解けてきた．この場を借りて，ご指摘くださったみなさまに心より感謝を申し上げたい．

（31） 長谷川，前掲『さしのべる手』，139–135頁．

（32） 所見182（OBSERVATION CLXXXII）より．Mauquest de La Motte, *Traité complet des accouchements naturels non naturels et contre nature expliqué dans un grand nombre d'obervations & de réféxtions sur l'art d'accoucher*, Paris, Laurent d'Houry, 1722, p. 323. 長谷川，前掲『さしのべる手』，131–132頁．

（33） 前掲書，137–138頁の所見193（1698年10月21日シェルブールの事例）参照．

（34） 前掲書，156頁．

（35） 1769年の新版の中表紙にはEnrichie de figures en Taille-douce enluminéesとあり，彩色銅版画による挿絵の盛り込まれた新版であることが明記されている．Du Coudray, Le Boursier, *Abrégé de l'Art des accouchements,* 1769. その後この新版が何度も版を重ねている．新版に盛り込まれたこうした彩色挿絵については，デュ・クードレの著書『助産術概論 新版』の1769年初版（長谷川個人所蔵）に加えて，1777年度版（デューク大学所蔵），1785年版（フローベール医学誌博物館のカタログに転載）を参照．

この Duke University Library 所蔵の1785年版は当大学の Collection «History of medicine» の一部であり Internet Archive として無料公開されている．*Abrégé de l'art des accouchements, dans lequel on donne les préceptes necessaires pour le mettre heureusement en pratique, & auquel on a joint plusieurs Observations intéressantes sur des cas singuliers, par madame Le Boursier du Coudray, maitresse sage-femme de Paris, pensionnée & envoyée par le roi pour enseigner à pratiquer l'art des accouchements dans tout le royaume,* Paris Chez Père Debure, 1777［https://archive.org/details/abrgdelartdesacc01lebo］．

ちなみに，新版の中表紙には「若い助産婦および総じてこの技術が上手になりたい

と願ういずれの生徒にもたいへん有用な著作である（Ouvrage très-utile aux jeunes sages-femmes, & généralement à tous les éléves en cet art, qui desirent de s'y rendre habiles）」とある．また1769年版にも1777年版にも，*pensionnée & envoyée par le roi pour enseigner à pratiquer l'art des accouchements dans tout le royaume* という記述が見られ，デュ・クードレが，助産術を教えるために国王から年金を得て王国全土を行脚していることが明記されている．また興味深いのは，どちらにも値段が記されていることで，1769年（初版）の場合は「6リーヴル（six livres）」，1777年版には「7リーヴル4ソル（sept livres quatres sols）」とある．当時の貨幣価値から考えると法外に高価とは言えないとしても決して安いわけではなく，講習に参加した農村女性たちに無料で配付されたとは考え難い．また彼女たちが気楽に自費で購入できたとも思えない．

（36） 該当箇所の原文は以下のとおりである．Cette figure représente l'enfant sorti mais dont la tête est encore engagée sous l'arcade des os pubis et pour la débarasser on représente les doigts d'une main gauchue appuyés sur l'os occipital et en dessous une main droit dont le doigt indice va chercher la bouche de l'enfant dans laquelle il s'introduit et tirant avec ce doigt la machoire inférieur en bas et l'autre main appuyant en même tempts sur l'occiput, la tête se flêchit néccessairement et par ce mouvement celle sort avec facilité.

（37） デュ・クードレの人体模型によるシミュレーション写真は，*La « machine » de madame Du Coudray ou l'art des accouchements au XVIII^e^ siècle,* rédigé par le Musée Flaubert et d'histoire de la médecine（Rouen）et CHU（centre hospitalier universitaire de Rouen），Rouen, Édition point de vues,［出版年不明］, p. 41.

（38） *Mémoire sur la maladie qui a attaqué, en différens temps, les femmes en couche, à l'Hôtel-Dieu de Paris. Lû dans une des assemblées de la faculté de médecine de Paris, dites Prima-mensis. Suivi d'un rapport, fait par ordre du gouvermenment, sur le même sujet；avec des réflexions sur la nature & le traitement de la Fièvre puerpérale. Lû dans la séance de la société royale de médecine, tenu au Louvre, le 6 Septembre 1782*, Soissons, imprimerie de Ponce Courtois, imprimeur du Roi, 1783, pp. 1–28（452–478）．以下 *Mémoire sur la maladie* と略記．この合本後半部の報告（Rapport fait par ordre du gouvernement）つまり②には，別途，単体の冊子も残存する．本文中にあげた冊子の写真は，合本版の表紙と①プリマ・マンシでの報告書（Mémoire sur la maladie）の表紙写真と，②パリ施療院での病についての報告書の表紙であるが，②については，単体版の方の表紙をあげている．

（39） Prima-mensis とは，*Littré* によれば，パリ大学の神学部や医学部で月初めに開かれる医学博士たちの月例集会の名称（ラテン語）である．

（40） この8名とは，Dejean, Majault, Montabourg, Danié, Solier, Mallet, Dahaume, Philip とある．最後のPhilipは，後に出て来る医学部長と同一人物と思われる．*Ibid.*, pp. 14–15.

（41） 現代の医学で「産褥熱」は「出産によって生じた，産道や子宮腔内の創傷が細菌に感染して引き起こされる発熱」をさし，「分娩終了後24時間以降，産褥10日以内に2日以上，38度の発熱が続く場合」と定義され，「臨床的には「子宮を中心とした骨盤内感染症とほぼ同義」とされている．ブリタニカ国際百科事典の「産褥熱」，および武内享介・丸尾猛「産褥熱（18．産科感染症の管理と治療 D産科疾患の診断・治療・管

理・研修コーナー 3 産褥熱 Puerperal fever）」『日産婦誌』第 60 巻第 6 号，2008 年 6 月，117 頁を参照．

（42）　この本文中の「1746 年」の箇所には以下のような脚注が付されている．「サン・マロ出身者著 “疫病の歴史”，『王立科学協会の論説集』1746 年の 60 頁を参照」，*Mémoire sur la maladie*, p. 4.

（43）　*Ibid.*, pp. 4–5.

（44）　*Ibid.*, pp. 5–6.

（45）　*Ibid.*, pp. 6–7.　原文の小見出しが太字イタリックになっているためここでもそれを踏襲した．

（46）　*Ibid.*, pp. 7–8.

（47）　*Ibid.*, pp. 8–9.

（48）　パイントは液量の単位で，旧パリでは 1 パイントが 0.93 リットルに相当した．

（49）　発泡薬とは皮膚に刺激を与えて水泡を生じさせる膏薬．テレビン油（松脂から得られる精油）や芥子油などを使用．

（50）　*Ibid.*, pp. 9–10.

（51）　*Ibid.*, p. 10.

（52）　ヒポクラテスは産褥熱を特定するには至っていないが，「女性も〔流行病に〕多数罹患したが，その数は男性よりも少なく，死亡者も少なかった．しかし女の死者のうち大多数は難産であった．難産の結果，産後に病気になるのであり，そうした者にとりわけ死亡者が多かった」と述べている．ヒポクラテス（小川政恭訳）『古い医術について 他八篇』（岩波文庫，1963/2010 年），127–128 頁．

（53）　*Mémoire sur la maladie*, p. 21.

（54）　*Ibid.*, pp. 20–21. Fièvre Puerpérale の原文はイタリック．

（55）　*Ibid.*, pp. 21–22.

（56）　貴金属や穀物などの重量（質量）を示す単位で，旧フランスでは，1 グランが約 53 ミリグラムであった．

（57）　*Mémoire sur la maladie*, pp. 10–11.

（58）　『医学大辞典』（医学書院，2002/2009 年），2020 頁．

（59）　ここにあがっている薬剤の性格や効用は以下．テリアク〔thériaque：解毒剤でアヘンなどを含む舐剤〕，アルケルメス〔alkermés：コチニール染料でえんじ色に染色したリキュール〕，イアサント〔hyacinthe：吐催剤／下剤〕，キナノキナ〔quinquina：マラリアの特効薬キニーネの原料〕，吐根〔ipéca/ipécacuanha：吐催剤・アメーバ赤痢の特効薬〕，水銀〔mercure：梅毒治療〕，スキヌ〔squine：ユリ科の植物の根で発汗剤〕，サルサパレイユ〔salsapareille：ユリ科の植物で利尿剤〕，酢〔vinaigre：消炎／疲労回復薬〕，セイヨウネズ〔genièvre：利尿剤・リウマチ効〕．〔　〕内は長谷川の補足．Muratori-Philip, Anne, *Parmentier*, Paris, Plon, 1994/2006, p. 40 より．

（60）　*Mémoire sur la maladie*, p. 11.

（61）　*Ibid.*

（62）　*Ibid.*

(63) Rey, J.-G. *Notice sur la fièvre puerpérale ou péritonoté des femmes en couche*, Rouen, Elbeuf, 1824, pp. 1–15. ストラスブール大学の医学部で1830年代に提出された学位論文のなかには，この産褥熱に取り組んだものもあるが，それらはいずれも病院での症例を扱っており，そこでは依然としてミヤスム説に基づいた処置が検討されている．そのため病室の一部屋の収容人数を減らしたり，窓を開けたりして空気の換気に注意が注がれ，依然として消毒や衛生という観念は皆無であった．

(64) Hestaust, M. Joseph, *Observation d'un accouchement terminé avec le forceps, suivi de fièvre gastrique muqueuse puerpérale, et réflexions auxquelles il a donné lieu, dissertation présentée et soutenue à la faculté de médecine de Strasbourg, le mardi 21 avril 1812, à trois heures aprs-midi, pour obtenir le grade de docteur en médecine, par M. Joseph Hestaust, de richemont, dép. De la Moselle*, Strasbourg, Levrault, impr. De la faculté de médecine, 1812, pp. 1–32, dans *Collection générale des dissertations ou la faculté de médecine de Strasbourg*, t. 17, 1812.

(65) *Ibid.*, p. 11.

(66) *Ibid.*

(67) 青木国雄「予防医学という青い鳥 (4) 産褥熱予防とその認知を拒んだ時代背景」『健康文化』第40号，2009年5月，4頁．ゼンメルワイスについては，以下も参照した．南和嘉男『医師ゼンメルワイスの悲劇——今日の医療改革への提言』(講談社，1988年)；J. トールワルド (大野和基訳)『外科の夜明け——防腐法 絶対死からの解放』地球人ライブラリー (小学館，1995年)．ちなみにこの産褥熱の発生率は，その後，事故によっていったん上昇したものの，翌1748年にはさらに1.27%まで激減している．南，前掲書，67–71頁．

(68) 当時，ゼンメルワイスは不遇のゆえに精神を病んで亡くなったと噂されたが，実際にはそうではなく手術時に傷を負い敗血病にかかって亡くなっている．南和嘉男『医師ゼンメルワイスの悲劇』(講談社，1988年)，155–156頁．

(69) 前掲書，126–145頁．

(70) 前掲書，159頁．

## 結 論

(1) 革命期に修道院が廃止された際に，ミュルバック修道院もアルザスの宗教組織の会議によって廃止が宣言されたため，このBenoit-Frédérique d'Andlau-Hombourgがミュルバック最後の修道院長となった．

(2) Schmitt, *Aux origines de la révolution industrielle en Alsace,* p. 280.

(3) *Ibid.*, 281.

(4) 窓や額縁，箪笥や食器棚，錠前箱，屋根瓦が壊され，執務室や図書室の床に火がつけられて証書が焼かれた．絨毯や鏡，寝具も切り裂かれ，燃やされている．地下の葡萄酒貯蔵庫では葡萄酒がまき散らされ，樽の半分が破壊され，外国産の瓶葡萄酒も四分の一が割られている．修道院長の宝物は盗まれ，豪華な馬車も荷車もみな原型をとどめないほどばらばらにされたという．*Moosch*: *Histoire et mémoire*, ouvrage édité par

la mairie de Moosche 68, Collection «Mémoire de vies», Strasbourg, Carée Blanc Édition, 2006, p. 8.

（5）　ジュネーヴでは，経済力をもち，政治的，経済的権利の平等を求めるカルヴァン派市民と貴族／門閥の対立が 18 世紀を通じて高じており，1707 年，1737 年にも蜂起が起きていた．1762 年以降は，ルソーの書物が禁書として焼かれるなどして，緊張がさらに高まっていき，1781 年 2 月，ついに不満を訴えるカルヴァン派ブルジョワ層とジュネーブ市民が都市を占拠するに至った．その後，市民総会による投票によって間接民主制が採択され，革命は成功したかに見えたが，これに恐れをなした貴族／門閥がフランス王に助けを求め，フランス王国の軍隊が都市を包囲したため，1782 年 7 月，市民層は降伏を余儀なくされた．このとき多くのカルヴァン派市民がフランスに亡命している．

（6）　Schmitt, «Jean-François-Antoine Reichstetter, bailli de Guebwiller puis président du district de Colmar：une carrière administrative et judiciaire en Haute-Alsace sous l'Ancien Régime et la Révolution», *Annuaire de S.H.R.de T.-G.*, no. 14, 1981–82, p. 54.

（7）　ちなみに1739年生まれの弟フランソワ・グザヴィエ・レーシュステッテールは，当初から革命に積極的な姿勢を見せ，義勇軍の指揮にも携わり，後にスルツのカントンの国民衛兵の指揮官に任命されている．ただし親族の 1 人に亡命貴族がいることが分かったために，指揮官の辞職を余儀なくされている．

# 既出論文との連関

本書は既発表の論文の単なる集成ではない．序論，第 3 章，第 5 章，第 6 章はすべて書きおろしである．それ以外の章も随所で大幅な書き換えや加筆，組み換えを行っている．したがって単純な照合はできないが，関連のある既発表論文を以下に列記し，本書との関わりが多少なりとも見えるように，示しておく．

1. 1986 年：「権力・産婆・民衆――18 世紀後半アルザスの場合」『思想』No. 746, 92–125 頁．（第 1 章，第 2 章）
2. 1990 年：「産婆のキリスト教化と慣習の形成――女たちの多数決による産婆の選出をめぐって」『制度としての女――性・産・家族の比較社会学』荻野美穂／落合恵美子／長谷川まゆ帆／千本暁子／姫岡とし子／田邉玲子共著，平凡社，229–256 頁．（第 4 章）
3. 1993 年：「ロレーヌ＝エ＝バール公国におけるシャリヴァリの禁止――1715 年，1718 年，1755 年の判決より」『三重大学教育学部研究紀要』第 44 号，三重大学教育学部，1993 年，139–156 頁．（第 4 章）
4. 1993 年：「〈病院化〉以前のお産――熊野での聞き取り調査より」『思想』No. 824，1993 年，72–106 頁．（第 4 章）
5. 1999 年：「バロック期のジェンダーと身体――国境地域ロレーヌから考える」近藤和彦編『岩波講座世界歴史 16 主権国家と啓蒙：16–18 世紀』岩波書店，159–221 頁．（第 4 章）
6. 2001 年：「未洗礼死産児の洗礼と埋葬――Avioth の司祭 Jean Delhotel の覚書を中心に」平成 10–12 年度科学研究費補助金（基盤研究（A）（2））研究成果報告書，研究代表者二宮宏之，研究課題「ヨーロッパの基層文化の研究――フランスを中心に」（研究課題番号 10041037），9–14 頁．（第 4 章）
7. 2001–03 年：「出産の社会史――17–18 世紀のアルザス・ロレーヌを対象に ①–③」財団法人三菱財団学術研究助成金第 32–34 回事業報告書，402–403 頁，426–427 頁，422–423 頁．（第 4 章）
8. 2008 年：「地方長官と助産婦講習会――併合期ロレーヌの遺制と国家プロジェクト」近藤和彦編『歴史的ヨーロッパの政治社会』山川出版社，190–227 頁．（第 2 章）
9. 2009 年：«Éléction des sages-femmes à la pluralité des voix par les femmes en Alsace et en Lorraine au XVIII<sup>e</sup> siècle», *Odysseus*, XII, 東京大学大学院総合文化研究科地域文化研究専攻編，2009 年，pp. 1–25.（第 1 章）
10. 2010 年：「多数決による産婆の選択と王権による統治」『日仏歴史学会報』第 25 号，7–11 頁（日仏歴史学会年次大会［2010 年 3 月，奈良女子大学］における研究報告）．（第

1 章）

11. 2010 年：「サンクチュエール・ア・レピ――誓約した産婆をめぐる教区の紛争との関連で」平成 19–21 年度科学研究費補助金（基盤研究（B））研究成果報告書，研究代表者甚野尚志，研究課題「中世ヨーロッパのキリスト教会と民衆宗教」（研究課題番号 19320013），30–41 頁．（第 4 章）
12. 2011 年：「教区の女たちが産婆を選ぶ――アンシアン・レジーム期フランスの国家と地位社会」，『歴史学研究』第 885 号，増刊号：歴史学研究会 2011 年度大会特集号，2–11 頁．（第 1 章）
13. 2013 年：「近世末フランス農村とインドの間――ヴェッセリング捺染工場とアルザス南部サン・タマラン渓谷の変容」『歴史と地理』第 669 号（世界史の研究 237），山川出版社，1–15 頁．（第 5 章）
14. 2014 年：「多数決原理の形成とローマ法の受容」甚野尚志・踊共二編『中近世ヨーロッパの宗教と政治』ミネルヴァ書房，182–203 頁．（第 1 章，第 4 章）
15. 2015 年：「出産の社会史――床屋外科医と〈モノ〉との親和性」水井万里子・杉浦未樹・伏見岳志・松井洋子編『世界史のなかの女性たち』勉誠出版，132–152 頁．（第 6 章）

### 〈補足〉

本書とは別個に存在するが，本書成立に密接に関わる単著・論文を以下に列記しておく．

単著：

『お産椅子への旅――ものと身体《からだ》の歴史人類学』（岩波書店，2004 年），263 頁．

『さしのべる手――近代産科医の誕生とその時代』（岩波書店，2011 年），328 頁．

『女と男と子どもの近代』世界史リブレット 89（山川出版社，2007/2011/2015 年），94 頁．

論文：

「女と男と子どもの関係史にむけて――女性史研究の発展的解消」『思想』No. 719，1984 年，28–43 頁．

「身体性の歴史学のために」二宮宏之編『岩波講座社会科学の方法 IX 歴史への問い／歴史からの問い』（岩波書店，1993 年），83–111 頁．

「ヘイドン・ホワイトと歴史家たち――時間のなかにある歴史叙述」『思想』No. 1036，2010 年，161–187 頁．

# 文献目録

## 手稿史料

Archives communales de Saint-Avold, E 15 : Nomination de sages-femmes à Saint-Avold, 1708.

Archives de la Société Royale, l'Académie de Médecine, Paris, SRM 85dr 2 : État de sages-femmes du Royaaume, Généalité d'Alsace. Subdélégation de Colmar, établi par Galaizière et envoyé à Paris, le 30 septembre 1786.

Archives départementales, Aube, Troyes, C 2096 : Protestation concernant la nomination de syndic à Mâcon, 1774.

Archives départementales, Bas-Rhin, Strasbourg, C 395 : Extrait des registres de l'école gratuite des sages-femmes qui ont assisté au cinquième cours d'accouchement de l'école gratuite du 1er juin au 4 août 1781.

Archives départementales, Bas-Rhin, Strasbourg, C 399 : État des sages-femmes qui ont assisté au huitième cours d'accouchement de l'école gratuite du premier novembre au 31 décembre 1782.

Archives départementales, Haut-Rhin, Colmar, C 1114 : Exercise de l'art des accouchement — Nominations de sages-femmes par les communautés.

Archives départementales, Meurthe-et-Moselle, Nancy, C 272 : Observations sur l'état des sages-femmes, la manière dont elles exercent leurs professions, les inconvénients qui y sont attachés et les moyens d'y remédier par le subdélégué d'Etain.

Archives départementales, Meurthe-et-Moselle, Nancy, C 314 : Mémoire sur les cours publics d'accouchement faits à Moulins par Madame Du Coudray.

Archives départementales, Meurthe-et-Moselle, Nancy, D 88 : Registre pour les recettes et dépense du collège royale.

Archives départementales, Meurthe-et-Moselle, Nancy, E 185 : Mémoire du visite pastrale de Domp-Germain, 1705, 1707, 1701....

Archives départementales, Yonne, Auxerre, C 2019 : Règlement pour l'administration de la ville d'Avalon, le 16 juin 1787.

## 定期刊行物（略記一覧）

*Acta M.* : *Acta Murbacensia* : *bulletin des associations amis de Murbach*

*Annales de D. H.* : *Annales de démographie historique*

| | |
|---|---|
| *Annales É. S. C.* | ：*Annales：économies sociétés et civilisations* |
| *Annales H. S. S.* | ：*Annales：histoire, sciences sociales* |
| *Annales d'E.* | ：*Annales de l'Est* |
| *Annales M. de N.* | ：*Annales médicales de Nancy* |
| *Annuaire de C.* | ：*Annuaire de Colmar* |
| *Annuaire de S. H. R. de T.-G.* | ：*Annuaire de la société d'histoire de régions de Thann-Guebwiller* |
| *Cahiers H.-M.* | ：*Cahiers Haut-Marnais* |
| *Cahiers L.* | ：*Les Cahiers Lorrains* |
| *Éthnologie F.* | ：*Éthnologie française* |
| *Journal of I. A. C.* | ：*Journal of the International Association of Costume* |
| *Mémoires de A. S.* | ：*Mémoires de l'Académie de Stanislas* |
| *Pays L.* | ：*Le Pays Lorraine：revue régionale mensuelle illustrée* |
| *Provence H.* | ：*Provence historique* |
| *Revue C. d'A.* | ：*Revue catholique d'Alsace* |
| *Revue d'A.* | ：*Revue d'Alsace* |
| *Revue d'É. et de S.* | ：*Revue d'éthnographie et de sociologie* |
| *Revue d'H. M. C.* | ：*Revue d'histoire moderne et contemporaine* |
| *Revue de N. B.* | ：*Revue du notariat belge* |
| *Revue de S.* | ：*Revue de synthèse* |
| *Revue du N.* | ：*Revue du Nord* |

## コレクションおよび Web 文献検索装置

ECCO：Eighteenth Century Collections Online.

Gallica：Bibliothèque électronique de Bibliothèque nationale de France.

HMC：History of Medicine Collections, Duke University Libraries：
http://library.duke.edu/rubenstein/history-of-medicine/

## ローマ法関連の Web 文献

Digesta：http://www.histoiredudroit.fr/corpus_iuris_civilis.html
(Le Portail Numérique d'Histoire du Droit: *Corpus Iuris Civilis* dans sa traduction française réalisée par MM. Henri Hulot, Jean-François berthelot, Pascal-Alexandre Tissot et Alphonse Berenger et dans son édition de Metz en 1803, *Les cinquante livres du digesta ou des pandectes de l'Empereur Justinien*, traduit par Henri hulot et Jean-Franis Berthelot, Metz et Paris, 1803)

Justinian Code, Annotated：Novels & Justinian Code Translation, College of Law George William Hopper Law Library.
Novel 118：http://www.uwyo.edu/lawlib/blume-justinian/ajc-edition-2/novels/101-120/

novel%20118_ replacement. pdf
Novel 127：http://www.uwyo.edu/-lawlib/blume-justinian/ajc-édition2/novels/121-140/novel%20127_ replacement.pdf

### 小教区・コミューンの歴史辞典

*Le Haut-Rhin*：*dictionnaire des communes*：*histoire et géographie, économie et société*, 3vol, sous la direction de Raymond Poberle et Lucien Sitter, publié par l' Université de Haute Alsace, Centre de recherches et études rhénans, Colmar, Éditions Alsatia, 1980–2.

*Paroisses et communes de France*：Aube, préface de Varet-Vitu, Anne, sous la direction de M. Mollat et Jean-Paul Bardet, Paris, CNRS Éditions, 1977. Paris 1977.

*Paroisses et communes de France*：*Haut-Rhin*・*Territoire de Belfort*, préface de Jean-Pierre Kinz, sous la direction de Jean-Pierre Bardet et Claude Motte, CNRS Éditions, 1994.

### 近世期の諸制度に関する歴史辞典

Bély, Lucien (dir.), *Dictionnaire de l'Ancien Régime*, 3e édition, Paris, PUF, 2013 (1996/2010).

*Dictionnaire historique des institutions de l'Alsace du moyen âge à 1815*, Strasbourg: Fédération des sociétés d'histoire et d'archéologie d'Alsace, 2010.

Guy Cabourdin et georges Viard, *Lexique historique de la France d'Ancien Régime*, Paris, Armand Colin, 2005.

Marion, Marcel, *Dictionnaire des institutions de la France aux XVII^e et XVIII^e siècles*, Paris, Éditions A.& J. Picard, 1979 (Réimpression de l'édition de 1923).

### 百科事典・人名事典

*Biographie universelle ancienne et moderne*：*histoire par ordre alphabétique de la vie publique et privée de tous les hommes,* éditionsde 1811–28 [Michaud] et de 1843 [A. Thoisnier Desplaces]：[https://fr.wikipedia.org/wiki/R%C3%A9f%C3%A9rence:Biographie_universelle_ancienne_et_moderne_:_histoire_par_ordre_alphab%C3%A9tique_de_la_vie_publique_et_priv%C3%A9e_de_tous_les_hommes_(Michaud)].

*Encyclopædia Britannica,* Britannica Japan, 2010［『ブリタニカ国際大百科事典』小項目電子辞書版, 2010 年］.

*L'Encyclopédie ou dictionnaire raisonné des sciences, des arts et métiers*, I, par une société de gens de lettres, mis en ordre de Denis Diderot et Jean Le Rond D'Alembert, 1751, (New York, Readex microprint corporation, 1969, t.I).

*Le nouveau dictionnaire de biographie alsacienne,* sous la direction Charles Baechler et Jean-Pierre Kintz de édité par la Fédération des sociétés d'histoire et d'archéologie d'Alsace, 1982–2003.

OED：Oxford English Dictionary: [http://www.oed.com/view/Entry/111776?redirectedFrom=Mac-Cau#eid]

## 言語辞書

*A Greek-English lexicon,* complied by Henry George Liddell and Robert Scott, 9th ed., Oxford, Clarendon Press (New York. Tokyo: Oxford University Press), 1996.

*Dictionnaire Grecs-Français*, édition revue et augmentée par Bailly M. A., rédigé avec le concours de M. E. Egger à l'usage des èléves des lycées et des collèges, 1813–1885, par 2000.

Furetière, A., *Dictionnaire universel, contenant généralement tous les mots François tant vieux que modernes, & les termes de toutes les Sciences & des Arts,* recueilli et compilé par Antoine Furetière, abbé de Chalivoy, de l'Académie Française, Rotterdam, 1690.

*Lexicon Mediae Latinitatis*：http://linguaeterna.com/medlat/

Littré, E., *Dictionnaire de la langue française*, première édition et seconde édition, Paris：Hachette, 1863–72 et 1873–77.

Richelet, César-Pierre, *Dictionnaire française contenant les mots et les choses, plusieurs nouvelles remarques sur la langue française：ses expressions propres, figurées & burlesques, la prononciation des mots les plus difficiles, le genre des noms, le régime des verbes：avec les termes les plus connus des Arts & des Sciences. Le tout tiré de l'usage et des bons auteurs,* Genève, Chez Jean Herman Widerhold, 1680.

*Robert*：*Le grand Robert*: Shogakukan & Dictionnaires Le Robert, 1988 [『ロベール仏和大辞典』(小学館，1988 年)].

*Warnant, Léon, Dictionnaire de la prononciation française dans sa norme actuelle*, Gembloux, ÉditionsDuclos, 1987.

## カタログ／図録

*Canton Guebwiller: inventaire topographique*, 2 vol., (sous l'égide de la commission regionale d'inventaire d'Alsace présidé par Pierre Schmitt), Ministère de la culture et de la communication：Inventaire général des monuments et des richesses artistiques de la France, Paris, Imprimerie nationale, 1972.

Chefs-d'oeuvre du musée de l'impression sur étoffes, 3 vol., Mulhouse, dirigé, par Jacqueline Thomé Jacké avec la collaboration de Veronique de Bruignac, réducteur responsable：Takahiko Sano, Tokyo：Gakken, 1978 (© Gakken, Imprimé au Japon, en Japonais) [『ミュルーズ染織美術館』全 3 巻，ジャクリーヌ・トメ・ジャクリーヌ監修，ベロニック・ド・ジャケ監修・協力，佐野敬彦訳／編 (学習研究社，1978 年)].

*Féerie indienne*：*des rivages de l'Inde au royaume de France*, avec Catalogue des oeuvres par Jacqueline Jacqué et Brigitte Nicolas, Musée de l'Impression sur étoffes (Mulhouse), Paris,

Somogy Éditions d'Art, 2009.

*La haute vallée de la Thur*, Colmar, Éditions S. A. E. P., 1981.

*La «machine» de madame Du Coudray ou l'art des accouchements au XVIII^e siècle*, rédigé par le Musée Flaubert et d'histoire de la médecine (Rouen) et, CHU (centre hospitalier universaire de Rouen), Rouen, Édition point de vues, [出版年不明].

*Les impressions de Wesserling aux XVII^e et XVIII^e siècles,* Musée sur étofffes de Mulhouse, Salle André Jacquet, janvier-juin, 1967.

*Le val Saint-Amarin,* OT/SI Haute-Thur Markstein, 1994.

*Moosch* : *histoire et mémoire*, ouvrage édité par la mairie de Moosche 68, Collection «Mémoire de vies», Strasbourg, Carée Blanc Édition, 2006.

*Wesserling, l'Éden du textile,* texte: Pierre Fluck ; illustrations: Apoline Fluck, (avec le soutien du Centre de Recherches sur les Économies, les Sociétés, les Arts et les Téchnique de l'Université de Haute Alsace, le parc de Wesserling Musée du textile et la Communauté de Communes Val de Saint-Amarin), Strasbourg, Jérôme, Do Bentzinger Éditeur, 2008.

Domaines Schlumberger : [http://www.domaines-schlumberger.com/history]

**職業史・その他の辞典**

Boucard, Daniel, *Dictionnaire iluustré et anthologie des métiers du Moyen Âge à 1914*, Paris, Jean-Cyrille Godefroy Éditions (23 octobre 2008).

Franklin, Alfred, *Dictionnaire historique des arts, métiers et professions, exercés dans Paris depuis le XIII^e siècle*, préface de M. E. Levasseur, SELD, Paris, Jean-Cyrille-Godefroy, 2004 (réimpression du livre : *les archives curieuses du peuple de Paris*, publié par H. Welter en 1906.).

伊藤正男・井村裕夫・高久史麿 総編集『医学大辞典』(医学書院, 2002/2009 年).

上智学院新カトリック大事典編纂委員会編『カトリック大辞典』(研究社, 1996–2010 年).

平木啓一著『新・世界貨幣大辞典』(PHP 研究所, 2010 年).

『日本キリスト教歴史大事典』(教文館, 1988 年).

〈欧文文献〉

**18 世紀以前 (印刷物)**

ARREST DE LA COUR, qui règle que les sages-femmes doivent être élues à la pluralité des voix des femmes de la paroisse, du 22 juin 1708, *Recueil des édits, Ordonnances.......de règne de Léopold I^er duc de Lorraine et de Bar*, Nancy, Chez la Veuve de Jean-Baptiste Cusson, 1733, p. 636.

Cheselden, William, *The Anatomy of the Human Body*, London, Wiliam Bowyer, 1712 (ECCO).

———, *Osteographia, or The Anatomy of the Bones,* publisher not identified, 1733 (ECCO).

Déclaration du roy, concernant la communauté des Mes. Chirurgiens de la ville de Paris. Donnée à Versaille le 23 avril 1743, Paris, Pierre-Guillaume Simon (BNF, ms Joly de Fleury 216, fol. 113–117).

Delhotel, Jean, *Bref recueil de l'état de l'église Notre-Dame d 'Avioth,* Éditions A. A. E. P., Ingersheim, 1668/1981.

———, *Deux supplements au bref recueil de l'état de l'église Notre-Dame d 'Avioth,* Éditions A. A. E. P., Ingersheim, 1668/1992.

Deventer, Henry de, *Observations importans sur le manuel des accouchemens. Traduites du Latin de M. Henry de Deventer, docteur en médecine & augmentées de réflexions sur les points les plus interessans* ; *Par Jacques-Jean Bruier d'Ablancourt, Docteur en la même Faculté,* Paris, chez Guillaume Cavalier, 1701/1733.

Didelot, Nicolas, *Instruction pour les sages-femmes, ou méthode assurée pour aider les femmes dans les accouchements naturel et laborieux*, dédiée à M. De La Galaizière, Intendant de Lorraine & Barois, par M. Nicolas Didelot, Maître en chirurgie, Lieutenant de M. De La Galaizière, Intendant de M$^{r}$ le premier Chirurgien de feu. S. M. le Roi de Pologne, Nancy, 1770.

Domat, Jean, *Le droit public, suite des loix civiles dans leur ordre naturel*, Paris, P. Emery, 1701.

———, *Les loix civiles dans leur ordre naturel, le Droit public et "Legum delectus", par M. Domat, Nouvelle édition, augmentée des troisième et quatrième livres du Droit public, par M. de Héricourt, des notes de feu M. de Bouchevret, sur le "Legum delectus", de celles de MM. Berroyer et Chevalier, et du supplément aux Loix civiles, de M. de Jouy, ...rangé à sa place dans chaque article [Texte imprimé]*, Paris, Le Clerc, 1777.

Du Coudray, Le Boursier, *Abrégé de l'art des accouchements, dans lequel on donne les préceptes nécessaires pour le mettre heureusement en pratique. On y a joint plusieurs observations intéressantes sur des cas singuliers. Ouvrage très-utile aux jeunes sages-femmes, & généralement à tous les élèves en cet art, qui désirent de s'y rendre habiles Nouvelle Édition, Enrichie de figures en Taille-douce enluminées*. Saintes, Chez Pierre Toussants (imprimeur du Roi), 1769.

———, *Abrégé de l'art des accouchements, dans lequel on donne les préceptes nécessaires pour le mettre heureusement en pratique, & auquel on a joint plusieurs Observations intéressantes sur des cas singuliers, par Madame Le Boursier du Coudray, Maîtresse Sage-femme de Paris, pensionnée & envoyée par le Roi pour enseigner à pratiquer l'art des accouchements dans tout le Royaume,* Paris, Chez Père Debure, 1777, Duke University Libraries 所蔵 Internet Archives : Collection «History of Medicine», [https://archive.org/details/abrgdelartdesacc01lebo].

Fonde Chaumont de la Galaizière, A>D. B.-R., J suppl, 1949 (16), liaases 1 à 26.

Hecquet, Philippe, *De l'indécence aux hommes d'accoucher les femmes*, Paris, éditeur inconnu, 1707.

Horrer, Xavier Philippe, *Dictionnaire géographique, historique et politique de l'Alsace,* Strasbourg, Librairie académique, 1787.

Jaby, Christian (traduit par), «Charte de Widergern, évéque de Strasbourg : Widergern, évéque de Argentorate, Confirmation du nouveau monastère du Murbach», *Acta Murbacensia*, 2010, pp. 14–25.

Levret, André, *Observations sur la cure radicale de plusieurs polypes de la matrice, de la gorge et du nez, opéré par de nouveaux moyens,* Paris, 1749 et les éditions suivantes : 1759 (2e) et 1770 (4e).

————, *Suite des observations sure les causes et les accidents de plusieurs accouchements laborieux,* Paris, 1751.

————, *Observation sur les causes et les accidens de plusieurs accouchemens laborieux, avec des remarques sur ce qui a été proposé ou mis en usage pour les terminer ; & de nouveau moyens pour y parvenir plus aisément*, par M. A. LEVRET, du collge & de l'académie royale de chirurgie, accoucheur de madame la Dauphine, Paris, chez P. Fr. Didot le Jeune, 1770.

L'Hermine, Lazare de La Salle, *Mémoires de deux voyages et séjours en Alsace 1674–76 et 1681, Avec un itinéraire descriptivf de Paris à Basle et les vues d 'Altkirch et de Belfort dessinés par l'auteur*, LDLSDL'HP, publié pour la première fois d'après le manuscript original par LBJCM [=Le Bibliophile Joseph Coudre, Mulhousien] (éd.), Mulhouse, Impr. de Vve Bader, 1886, 269 pages : Gallica et le même réimprimé par Hachette sous la direction de BnF.

Mauquest de La Motte, Guillaume, *Traité complet des accouchements naturels non naturels et contre nature expliqué dans un grand nombre d'obervations & de réféxtions sur l'art d'accoucher,* Paris, Laurent d'Houry, 1722/1765 [édition revue].

*Mémoire sur la maladie qui a attaqué, différents temps, les femmes en couche, à l'Hôtel-Dieu de Paris. Lû dans une des Assemblées de la Faculté de Médecine de Paris, dites Prima-mensis. Suivi d'un rapport, fait par ordre du Gouvermenment, sur le même sujet ; avec des réflexions sur la nature & le traitement de la fivre puerpérale. Lû dans la Séance de la Société Royale de Médecine, tenu au Louvre, le 6 Septembre 1782*, Soissons, Imprimerie de Ponce Courtois, Imprimeur du Roi, 1788.

*Ordonnance rendue par M. Hérault, lieutenant général de police, commissaire du conseil en cette partie, contre plusieurs particuliers trouvés vêtus de toile peinte, Châtret de Paris, Acte du 17 dec. 1726*, Paris: imp. de P.-J. Mariobette, BN, F-23715 (99).

Réaumur, René-Antoine Ferchault de, *L'Art de convertir le fer forge en acier*, Paris, 1722.

*Recueil des édits, Ordonnances.......de règne de Léopold Ier duc de Lorraine et de Bar,* t. I (1698–1712), II (1713–1723), III (1724–1729), Nancy, 1733.

*Règlement pour l'administration de la ville d'Avalon, le 16 juin 1787,* A. D., Yonne, Auxerre, C 2019.

Saurcerott, Nicolas, *Examen de plusieurs préjugés et usages abusifs; concernant les femmes enceintes, celles qui sont accouchées, et les enfants en bas âge; lesquels préjugés et usages abusifs font dégénérer l'espèces humains, avec les moyens d'y remédier*, Strasbourg, chez Gay, 1777.

*Table alphabétique ou abrégée du recueil des ordonnances et règlements de Lorraine, jusqu'en 1773,*

*Excépté du quatrième volume concernant les manières,* Nancy, chez Babin, 1773.

Thyard-Bissy, Henry de, *Rituel de Toul, imprimé par ordre d'illustrissime et reverendissime signeur par Monsieur Henry de Thyard-Sissy, Eveque, comte de Tour,* Nouvelles Édition, Nancy, 1760.

## 19 世紀

Aufschlagen, Jean-Frédéric, *L'Alsace : nouvelle description historique et topographique des deux départements de Rhin*, Tome seconde, Strasbourg, Jean Henri Heitz, 1826.

Babeau, Albert, *Le village sous l'ancien régime* (Réimpression de l'Édition de Paris, 1878), Genève Slatkine Mégariotis Reprints, 1978.

Brossel, Alfred, *Antoine-Martin de Chaumont Marquis de la Galaisière, Intendant de Lorraine, Chancelier de Stanislas, 1697–1783*, Nancy, G. Thomas, 1868.

Hanauer, abbé Charless-Auguste, *Études économiques sur l'Alsace ancienne et moderne, t. II, Denrées et salaires,* publiées sous les auspices de la société industrielle de Mulhouse, Paris-Strasbourg, 1878.

Hestaust, M. Joseph, *Observation d'un accouchement terminé avec le forceps, suivi de fièvre gastrique muqueuse puerpérale, et réflexions auxquelles il a donné lieu, dissertation présentée et soutenue à la faculté de Médecine de Strasbourg, le mardi 21 avril 1812, à trois heures après-midi, pour obtenir le grade de docteur en médecine, par M. Joseph Hestaust de richemont, dép. de la Moselle,* Strasbourg, Levrault (impr. de la Faculté de médecine), 1812, pp. 1–32, dans *Collection générale des dissertations ou la faculté de médecine de Strasbourg*, t. 17, 1812.

Hoffmann, Charles-Eugène-Alexandre (abbé), *Régime des provinces sous la République romaine : droits et charges des propriétés riveraines de cours d'eau* [selon les art. 556–563 et 541–645 du Code civil : thèse pour le doctorat présentée à la Faculté de droit/ par Charles Hoffmann, Colmar, ...impr. de M. Hoffmann, 1874.

———, *Le Procès de N.-S. Jésus-Christ devant le sanhédrin et Ponce-Pilate*, Paris, G. Pedone-Lauriel, 1876/1881 (2e éd.).

———, *Le Dernier Abbé de Marbach Joseph Hergott (1755–1795),* (Signé: Ch. Hoffmann.), Colmar, L. Lorber, 1883. Extrait de la *Revue C. d'A.*, nouvelle série, Premier Année 1882–3, pp. 548–562, pp. 656–670.

———, *Les Corporations, maîtrises, tribus, corps de métier en Alsace, à la veille de la Révolution*, d'après des documents inédits, Nancy, impr. de Berger-Levrault, 1899.

———, *La Haute Alsace à la veille de la Révolution.....*, Colmar, L. Lorber, 1899.

———, *L'Alsace au dix-huitième siècle au point de vue historique, judiciaire, administratif, économique, intellectual, social et religieux*, 4 vol., Colmar, Hüffel, 1906–1907. (＊20 世紀)

Rey, J.-G., *Notice sur la fièvre puerpérale ou péritonite des femmes en couche,* Rouen, Elbeuf, 1824, pp. 1–15.

### 20 世紀以降

Abensour, Léon, *La femme et le féminisme avant la Révolution*, réimpression de l'édition de Paris [1923], Genève, Slatkine-Megariotis reprints 1977.

Aberdam (S.), Bianchi (S.), Demeude (R.), Ducoudray (E.), Gainot (B.), Genty (M.), Wolokow (C.), *Voter, élire pendant la Révolution française: 1789–1899: guide pour la recherche*, préface de Marcel Morabito, Paris, Éditions du CTHS, 1999.

Andréani (Roland), Michel (Henri) et Pélaquier (Elie), (recueillis par), *Hommage à Mireille Laget, naissance, enfance et éducation dans la France méridionale du XVI^e^ au XX^e^ siècles*, Actes du colloque des 15 et 16 mars 1996 organisé par le centre d'histoire moderne et contemporaine de l'Europe méditerranéenne et de ses périphéries (Montpellier), Université Paul-Valéry, Montpellier III, 2000.

Aubry, Raymond, *Fourg et ses environs*, édité par les Fonderies de Pont-à-Mousson, 1935.

Ballesteros, Pascale Gorguet, «La folature du coton de 1750 à 1800: Un demi-siecle d'avancées techniques», *Le coton et le Monde: 1000 ans d'aventures*, Pairs musée : 10 novembre 2000–11 mars 2001, Domogy Éditions D'Art, Pairs musée, 2000.

Bazin, Gilles-Augustin, *Traité sur l'acier d'Alsace,* Strasbourg, 1937.

Biraben, Jean-Noë, «Le médecin et l'enfant au XVIII^e^ siècle: Aperçu sur la pédiatrie au XVIII^e^ siècle», *Annales de D. H.*, 1973, p. 216.

Bischoff, Georges, *Recherches sur la puissance temporelle de l'abbaye de Murbach de 1229 à 1525*, Strasbourg, Institut des hautes études alsaciennes, 1972, 2 vol.

———, *Recherches sur la puissance temporelle de l'Abbaye de Murbach (1229–1525)*, collection «recherches et documents» t. XXII, ouvrage publié avec le concours du conseil général du Haut-rhin, Strasbourg, Librairie istra, 1975.

———, *«Châteaux, châteaux-forts & résidences : outils et lieux du pouvoir princier»,* Bernard Demotz (sous la direction de), *Les Principautés dans l'occident médiéval.*

———, *La guerre des paysans : L'Alsace et la révolution du Bundschuh 1493–1525,* Strasbourg, La Nuée Blue, 2010.

———, «La France a inventé l'Alsace», *L'Expresse*, hors-sértie N°2, 2013 (Ces 1500 ans qui ont fait la France : des mérovingiens à Napoléon III), pp. 134–143.

Boyé, Pierre «Le chancelier Chaumont de la Galaizière et sa famille», *Pays L., revue régionale mensuelle illustrée, deuxième centenaire de la réunion de la Loraine à la France*, Nancy, 1936 (pp. 113–132, 441–460, 537–560), 1937 (pp. 129–157) et 1938 (pp. 481–507).

———, «La prise de possession de duchés de Lorraine et Bar», *Ibid.*, no. 12 (1937), pp. 409–470.

Brunel, Ghislain, [et als.], *Terriers et plans-terriers du VIII^e^ au XVIII^e^ siècle, Actes du colloque de Paris (23–25 septembre 1998)*, *Bibliothèque d'histoire rurale*, 5 (*Mémoires et documents de l'école des Chartes*, 62^e^), 2002.

Burguière, André, «Le mariage tardif et l'esprit d'entreprise», *Annales É.S.C.*, 27^e^, No. 4–5,

Numéro spécial : Famille et société, 1972, pp. 1128–1138.

Cabourdin, Guy, *Les temps modernes 2 : de la paix de Westphalie à la fin de l'ancien régime*, Nancy, Édition serpenoise, 1991.

Cabourdin (Guy) et Lesourd (Jean-Alain), *La Lorraine : histoire et géographie*, publié par la société Lorraine des études locales, Nancy, 1962.

Caspard, Pierre, «The Calico Painters of Estavayer: Employers' Strategies toward the Market for Women's Labor», Daryl M. Hafter (ed.), *European Women and Preindustrial Craft*, Bloomington, IndianaUniversity Press, 1995, pp. 108–139.

Castaldo, André, 1re éd., *Les méthodes de travail de la constituante : les techniques délibératives de l'Assemblée nationale*, 1789–1791/, Paris, Presses universitaires de France, 1989.

Châtellier, Louis, *Tradition chrétienne et renouveau catholique dans l'ancien diocèse de Strasbourg*, Strasbourg, Éditions Ophyrs, 1981, pp. 186–205.

———, «Communication de Monsieur le Professeur Louis Châtellier: Séance du 16 juin 1989 de l'Alsace à la Lorraine au temps de la réforme catholique ; le cas de François Blouet de Camilly, éveque de Toul de 1705 à 1723», *Mémoires de l'Académie de Stanislas*, t. IV, 1989–1990.

———, *Religion et pitié en Alsace et Lorraine (XVIème–XVIIIème siècles)*, *Annales de l'Est*, N° Spécial, 2003.

Chatton, Marcel, «Le Sel : un besoin de l'homme cause de procés: Jecker et Consorts contre le marquies de Gouvernet au XVIII^e^», *Annuaire de la S. H. R. de T.-G.*, t. XIV, 1981–1982, pp. 57–67.

Cope, Zachary, *William Cheselden 1688–1712*, Livingstone L. T. D., London & Edinbourgh, 1953, pp. 54–65.

Deguillaume, Marie-Pierre, *Secret d'impression*, Paris, Syros, 1994.

Deloche, Jean, *Origins of the Development of Pondichery accouding to Seventeenth century Dutch Plans* (2004), IFP-Publication Hors série, n° 3.

———, *Le Vieux Pondichéry (1673–1824), revisité d'après les plans anciens* (Collection *Indologie* n° 99). IFP/EFEO, 2005.

Deloupy, Henri-Victor-André, *Le collège royale de chirurgie de Nancy 1773–1793*, Thèse: docteur en médicine, Nancy, 1938, pp. 211–218.

Demots, Bernard (sous la dir.), *Les Principautés dans l'Occident Médiéval*, Turnhout, Brepols, 2007.

Depitre, Edgard, *La toile peinte en France au XVII^e^ et au XVIII^e^ siècles*, Paris, Librairie des sciences politiques et sociales, 1912.

Descimont, Robert, «Le pouvoir absolu. Naissance de l'imaginaire politique de la royauté by Arlette Jouanna (review)», *Annales. H. S. S.*, vol. 69, no. 1, 2014, pp. 215–217.

Deyon, Pierre et al., *Les universités du Rhin supérieur de la fin du moyen âge à nos jours, Actes du Colloque organisé à l'occasion du 450^e^ anniversaire des enseignement supérieurs à Strasbourg* : Strasbourg, Presses Universitaires de Strasbourg, 1988.

Dreyer, Alice, *Les toiles peintes en pays Neuchâtelois,* Neucâhâtel, Delchaux et Niestlé 1923.

Drosson, Monique, «Cotonnades peinteset imprimées, techniques de fabrication jusqu'en 1800», *Le coton et le Monde: 1000 ans d'aventures*, Pairs musée : 10 novembre 2000–11 mars 2001, Somogy Éditions D'Art, Pairs musée, 2000, pp. 93–104.

Dubois, Jacques, «La carte des diocèses de France avant la Révolution», *Annales E. S. C.*, 20e année, no. 4, juillet-août, 1965, pp. 215–689.

Farges, Arlette, *Délinquance et criminalité : le vol d'aliments à Paris au XVIIIe siècle*, Paris, Plon, 1974.

———, *Vivre dans la rue à Paris au XVIIIe siècle*, Paris, Gallimard, 1979.

———, «Les théâtres de la violence à Paris au XVIIIe siècle», avec A. Zysberg, *Annales É. S. C.*, 36e, no 5, 1979, pp. 984–1015.

———, *Affaires de sang/ présenté par Arlette Farge,* Paris, Imago : Diffusion PUF, 1988.

Farge (Arlette) et Foucault (Michel), *Désordres des familles : lettres de cachet des Archives de la Bastille au XVIIIe siècle,* Collections Archives No. 91, Paris, Gallimard, 1984.

Fèvre, Lucien, «Les recherches collectives et l'avenir de l'histoire», *Revue de S.*, t., XI, 1936, reproduit dans *Combat pour l'histoire*, Paris, 1953, p. 60.

Flach, Jacques, *Les affinités françaises de l'Alsace avant Louis XIV et l'iniquité de sa separation de la France*, Paris, Librairie Recueil Sirey, 1915.

Fluck (Pierre) et Fluck (Apolline), *Wesserling, l'Eden du textile,* Texte : Pierre Fluck; Illustrations: Apoline Fluck, (avec le soutien du Centre de Recherches sur les Economies, les Sociétés, les Arts et les Téchnique de l'Université de Haute Alsace, le parc de Wesserling Musée du textile et la Communauté de Communes Val de Saint-Amarin), Strasbourg, Jérôme, Do Bentzinger Éditeur, 2008.

Forgeot, Léon, «Les Matrones-sages-femmes et bonnes-femmes d'après les registres paroisseaux (1647–1792)», *Cahiers H.-M.*, no. 34–35, 1953, pp. 128–131.

———, "Les Matrones——Sages-femmes et bonnes-femmes de Pierrefaite et Montesson d'après les registre paroissiaux (1613–1792)," *Cahiers H.-M.*, No. 39, 1954, pp. 177–179.

Fournet-Fayard, Alain, *Pratique de paléographie moderne : lire les Foreziens d'autrefois (XVIIe et XVIIIe siècles)*, Saint-Etienne Publications de l'Université de Saint-Etienne, 2008.

*Franc-maçonnerie et lumières au seuil de la révolution français*, Colloque 1984, Institut d'Études et de Recherches Maçonniques, Paris, Grand orient de France, 1985.

Fuchs, Joseph, «Notes sur l'approvisionnement en sel de Strasbourg», *Revue d'A.*, no. 105, 1979, pp. 54–58.

———, «Les Matrones—sages-femmes et bonnes-femmes de Pierrefaite et Montesson», *Ibid.,* no. 39, 1954.

Fukasawa, Katsumi, *Toilerie et commerce du Levant : d'Alep à Marseille*, Paris, Éditions de CNRS, 1987.

———, «Lecture: Indian Taste in Enlightened Europe : history of the Chinz Boom Reconsidered in a Socio-Cultural Context», *Journal of I. A. of C.*, No. 42, 4–15 (2012).

「啓蒙期ヨーロッパのインド趣味――更紗流行の社会文化史的意義について」国際服飾学会第 31 回大会・創立 30 周年記念講演.

————, «Claude-François Achard dans sa jeunesse : Médecin, académicien et franc-maçon marseillais à la fin Du XVIII[e] siècle», *Provence H.*, fascicule 247, 2012.

Furet (François) et Ozouf (Jacques), *Lire et écrire : l'alphabétisation des français de Calvin Jules Ferre*, 2 vol., Paris, Les Éditions de Minuit, 1977.

Gainot, Bernard, «État des questions», et al., *Voter, élire pendant la Révolution française, 1789–1799* : guide pour la recherche, préface de Marcel Morab, Paris, Éditions du CTHS, (Éditions du Comité des travaux historiques et scientifiques) 1999.

Ganghofer, Roland, «Les aires de localisation des phénomènes juridiques en Alsace (XV[e]–XVII[e] siècles)», *Les pays de l'entre-deux au moyen âge*, Actes du congrès national des sociétés savants, Strasbourg, 1988, Paris, Éditions du CTHS, 1990, pp. 244–261.

Gaudemet Brigitte-Basdevant et Jean, *Introduction historique au droit : XIII[e]–XX[e] siècle*, 3[e] édition, Paris, Lextenso éditions, L. G. D. J, 2010.

Gélis, Jacques, «L'Accouchement au XVIII[e] siècle : Pratiques traditionnelles et contrôle médical», *Éthnologie française*, t. VI., no. 3–4, 1976, pp. 325–340.

————, «Sages-femmes et accoucheurs : l'obstétrique populaire aux XVII[e] et XVIII[e] siècles», *Annales É. S. C.*, 32[e], No. 5, 1977, pp. 927–957［為本無花治訳「産婆と産科医――17–18 世紀における民間助産術」『叢書・産育と教育の社会史 4（子どもの社会史・子どもの国家史）』新評論, 1984 年, 54–83 頁］.

————, «La formation des accoucheurs et des sages-femmes aux XVII[e] et XVIII[e] siècles : Évolution d'un material et d'une pédagogie», *Annales de D. H.*, 1977, pp. 153–180.

————, «L'Enquête de 1786 sur les sages-femmes du royaume», *Annales de D. H.*, 1980, pp. 299–316.

————, *L'Arbre et le fruit. La naissance dans l'Occident moderne (XVIème–XIXème siècle)*, Paris, Éditions Fayard, 1984.

————, *La Sage-femme ou le médecin : Une nouvelle conception de la vie*, Paris, Fayard, 1988.

————, «Chirurgiens–accoucheurs de la France méridionale au XVIII[e] siscle», Andréani (Roland), Michel (Henri) et Pélaquier (Elie), (Actes recueillis par), *Annales de D. H.*, pp. 31–51.

————, *Les Enfants des limbes : mort-nés et parents dans l'Europe chrétienne,* Paris, Audibert, 2006.

Gélis (Jacques), Laget (Mireille) et Morel (Marie-François), *Entrer dans la vie : naissances et enfances dans la France traditionnelle*, Paris, Archives, 1978.

Gélis, Jacques (éd.), *Accoucheur de campagne sous le roi soleil : le Traité d'accouchement de G. Mauquest de la Motte*, Toulouse, Privat, 1979 / Éditions Imago, 1989 .

Gennep, Arnold Van, *Manuel de folklore français contemporain*, 4 vol., Paris, Édition A. et J. Picard, 1980–1982, Réimpression de l'édition originale de 1937–1951.

Godineau, Dominique, *Les Femmes dans la société français : 16e–18e siècle*, Paris, Armand Colin, 2003.

Goubert, Pierre, *Beauvais et la Beauvaisis de 1600 à 1730*, Paris, SEVPEN, 1960 (thèse de doctorat, École pratique des hautes études, VIe section).

———, *Cent mille provinciaux au XVIIe siècle*, Paris, Ed. Flammarion, 1968.

———, *L' Ancien Régime,* Paris, Armand Colin. t. I : la société (1969) ; t. II : les pouvoirs (1973).

———, *Clio parmi les hommes. Recueil d'articles*, Paris, EHESS, 1976.

Gutton, Jean-Pierre, *La Sociabilité villageoise dans l'Ancien France*, Paris, Hachette, 1979.

Guyot, R., «Comptes Rendus, Charles Hoffmann, *L'Alsace au XVIIIe siècle, au point de vue historique, juridiciaire, adoministratif, économique, intellectuel, social et religieux*, publié par A. M. P. Ingold, Colmar, Huffel, 1906–1907, 4 vol. In–8, xv–746, 576, 540, 590 pages», *Revue d'H. M. C.* (1899–1914), v. 10, no. 3, 1908, pp. 215–218.

Haan (Jean-Alain) et Bobenrieth (Jean-Marie), *Gros-Roman, 130 ans d'industrie textile à Wesserling et dans la haute vallée de la Thur*, Colmar, Jérome do Bentzinger Éditeur, 2007.

Haquin, François, *Histoire de l'art des accouchements en Lorraine,* Saint-Nicolas-de Port, 1979.

Hasegawa, Mayuho, «Eléction des sages-femmes à la pluralité des voix par les femmes en Alsace et en Lorraine au XVIIIe siècle», *Odysseus*, XII, 東京大学大学院総合文化研究科地域文化研究専攻編，2009 年.

Hecquet, Philippe, *De l'Indécence aux hommes d'accoucher les femmes*, Paris, 1707, (reproduction de la reédition par Vve Ganeau, 1744), préface d'Hélène Rouche, Paris, Coté-femmes, 1990.

Heyberger, Bernard, « Étrangers en France », Bély, *Ibid.*, pp. 518–522.

Hoggard, Haward W., *Devils, Drugs and Doctors: the Story of the Science of Healing from Medicine-man to Doctor*, New York, Blue Ribbon, 1929［巴陵宣祐訳『古代医術と分娩考』（初版 1931 年，武侠社／エンタプライズ社，1982 年復刻）］.

Jaby, Christian, (traduit par), «Charte de Widergern, évéque de Strasbourg : Widergern, évéque de Argentorate, Confirmation du nouveau monastère du Murbach», *Acta M.*, Buhl, Éditions français, 2010, pp. 14–25.

Jouanna, Arlette, *Le pouvoir absolu : naissance de l'imaginaire politique de la royauté,* Paris, Gallimard, 2013.

Kilian, Harmann Friedrich, *Geburtshulficher Atlas*, Dusseldolf, 1835–44, WL, EPB.

Kintz, Jean-Pierre, «L'Université de Strasbourg au XVIIIe siècle (1621–1681): une affirmation difficile», *Les universités du Rhin supérieur de la fin du moyen âge à nos jours,* Pierre Deyon et al., *Actes du colloque organisé à l'occasion du 450e anniversaire des enseignement supérieurs à Strasbourg* : Strasbourg, Presses Universitaires de Strasbourg, 1988.

———, «Le nouveau dictionnaire de biographie alsacienne, *Revue d'A.*, t. 133, 2007, pp. 523–528.

Laget, Mireille, «La naissance aux siècles classiques : pratique des accouchements et attitudes

collectives en France aux XVII^e^ et XVIII^e^ siècles», *Annales É. S. C.,* 32^e^, No. 5, 1977, pp. 958–992.

———, *Naissances : l'accouchement avant l'âge de la clinique*, Paris, Seuil, 1982［藤本佳子・佐藤保子訳『出産の社会史：まだ病院がなかったころ』(勁草書房, 1994 年)］.

Laget (Mireille) et Michel (Henry) et al., *Le XVII^e^ siècle : de la Contre-Réforme aux Lumières,* collection, avec la collaboration de Yves-Marie Berce, Alain Molinier, Michel Péronnet, et al., Paris: Hachette, 1994.

Laperche-Fournel, *La Population du Duché de Lorraine de 1580 à 1720,* Nancy, Presses Universitaires de Nancy, 1985.

———, Marie-José, «Les Enfants indésirables, L'Infanticide Lorraine au XVIII^e^ siècle», *Les Cahiers L.*, No. 1 mars, 1989, pp. 23–37.

Larcan, A., «les Militaires sous le regard de Jacques Callot», *pays L.*, I, 1992.

Lefftz, Jean-Jacques, *Aperçu sur L'obstétrique de Strasbourg avant la guerre Révolution,* thèse présentée pour le Doctrat en médecin, Faculté de médicine de Strasbourg, 1952, pp. 30–57.

Lefftz, Jean Pierre, *L'Art des accouchements au siècles des lumières*, Strasbourg, 1985.

Legin, Philippe, *L'Abbaye de Murbach*, St. Ouen, la Goélette, 1980.

Legin (Ph.) et Thibaut (A.), *L'Église abbatiale de Murbach,* Colmar-Ingersheim, Imp. S. A. E. P., 1979.

Le Goff (Jacques) et Jeannin (Pierre), «Questionnaire pour une enquête sur le sel dans l'histoire du XIV^e^ au XVII^e^ siècle», Extrait de : *Revue du Nord* (1956), Tome XXXVIII : n° 150 (*Revue du notariat belge,* 1956, 38, 150), 1956, Lille, Universite de Lille, Faculte des lettre, 1956, pp. 226–233.

Le Moigne, François-Yves, «Les Chemins de la réunion (1698–1789)», *Histoire de la Lorraine : Univers de la France,* en collaboration, avec Christine Guillaume, Yves Burnand, Michel Parisse, Alain Girardot, Jean Coudert & Francois Roth, Toulouse, 1987, pp. 334–335.

*Les actes notariés, source de l'histoire sociale XVI^e^–XIX^e^ siclècles*, Actes du Colloque de Strasbourg (mars 1978) réunis par Bernard Vogler, Avant-Propos par Georges Livet, Strasbourg, Librairie Istra, 1979.

Leuillot, Paul, *L'Alsace au début du XIX^e^ siécle,* 3 vols., I.-La vie politique, II.-Les transformations et économiques, III.-Religions et culture, Bibliothèque générale de l'études, École pratique des hautes études, Paris, S. E. V. P. E. N., 1959.

Levi-Strausse, Claude, «Histoire et éthnologie», *Annales, E. S. C.*, 38^e^, no. 6, 1983, pp. 1217–1231.

Lévy, Paul, *Histoire linguistique d'Alsace et de Lorraine,* t. I : *des origines à la Révolution Française avec une carte*, Paris, Société d'Édition: Les Belles Lettres, 1929 réimprimé, Paris, manuscius, 2004.

Livet, Georges, «L'Esprit d'opposition sous la monarchie absolue : l'affaire Sonntag à Colmar en 1711», *Annuaire de C.*, 1953.

———, (Mélanges), *L'Europe, l'Alsace et la France : problèmes intérieurs et relations inter-*

*nationales à l'époque moderne*, études réunies en l'honneur du doyen Georges Livet pour son 70ᵉ anniversaire, Colmar, Éditions d'Alsace, 1986.

———, *L'Intendance d'Alsace sous Louis XIV 1648–1715*, Éditions F.-X. Le Roux, Strasbourg-Paris, 1956 (*L'Intendance d'Alsace* : *de la guerre de Trente Ans à la mort de Louis XVI (1634–1715), du Saint Empire romain germanique au Royaume de France,* Strasbourg, Presses Universitaires de Strasbourg, 1991 : 2e édition).

———, *L'Université de Strasbourg de la Révolution française à la guerre de 1870,* Strasbourg, Presses Universitaires de Strasbourg, 1996.

———, *Histoire des routes & des transports en Europe: Des chemins de Saint-Jacques à l'âge d'or des diligences*, Strasbourg, Presses Universitaires de Strasbourg, 2003.

Livet (Georges) et René (Epp), «L'Université catholique de Strasbourg au XVIIIe siècle (1701–1791)», *les Universités du Rhin supérieur de la fin du moyen âge à nos jours,* Pierre Deyon et al., *Actes du Colloque organisé à l'occasion du 450e anniversaire des enseiggnement supérieurs à Strasbourg*, Strasbourg, Presses Universitaires de Strasbourg, 1988, pp. 85–99.

Marcel, Thomann, «La Faculté de droit de Strasbourg dans son environnement social, économique, intellectuel et politique du XVIe au XXe siècle», *Ibid.*, pp. 73–81.

Martin, Philippe, *Pèlerins de Lorraine,* Metz, Éditions Serpenoise, 1997.

Milliot, Vincent, *Pourvoirs et societe dans la France d'Ancien Rsgime*, 3e éition, Paris, Armand Colin, 2014.

Mollat, Michel. (sous le dir.), *Le Role du sel dans l'histoire*/ travaux préparés, Paris, Presse Universitaire de France, 1968.

Morel Marie-France, «La Mort d'un bébé au fil de l'histoire», *Spirale* 3, no. 31, 2004, pp. 15–34.

Mousnier, R., *Les Institutions de la France sous la monarcie absolu 1598–1789,* t. I, Paris, 1974 (rééd.1990).

Muratori-Philip, Anne, *Parmentier*, Paris, Plon, 1994/2006.

Odile Pascal et Magali Pascal, *Histoire du costumes d'Arles*, Paris, Octave Éditions, 1992.

Olivier-Martin, Fr., *L'Organisation corporative de la France d'Ancien Régime*, Paris, Librairie du Recueil Sirey 1938.

———, *Histoire du droit français des origines à la Révolution,* Paris, Édition du CNRS, 1984, réproduction photomécanique de l'édition Domat Montchrestien, 1948［塙浩訳『フランス法制史概説』(創文社, 1986 年)］.

Pariset, J.-D., «La Lorraine dans les relations internationales au XVIe siècle», *Les Habsbourg et la Lorraine*, sous la direction de P. Brel, E. Faucher et R. Taveneaux, Nancy, Presses Uuniversitaires de Nancy, 1988.

Pernaud, Régine, *La femme au temps des cathédrales*, Éditions Stock, 1980, p. 203.

Pernot, Michel, *Études sur la vie religieuse de la compagne lorraine à la fin du XVIIe siècle* : *le visage religieux du Xaintois d'après la visite canonique de 1687,* Annales de E., Mémoire 39, publiée par la faculté des lettres et des sciences humaines de l'université de Nancy, 1971.

Petit, Olivier, « L'Or blanc du saulnois : l'exploitation du sel dans la haute vallée de la Seille (VIII$^{e}$–XV$^{e}$ siècle) », Magazine, Numéro 12 - Février 2006. [http://old.citadelle.org/magazine-12-130-L'or-blanc-du-Saulnois.cfm]

Petitcol, Xavier, *Toiles de Nantes : 1760–1840*, Nantes Éditions du Chateau des ducs de Bretagne-Musée-Musée d'histoire de Nantes, 2008.

Phan, Marie-Claude, « Les déclarations de grossesse en France (XVI$^{e}$–XVIII$^{e}$ siecles) », *Revue d'H. M. C.*, janvier-mars, 1975, pp. 61–88.

———, *Les amours iillégitimes : histoires de séduction en Languedoc (1676–1786)*, Paris, Édition du CNRS, 1986.

Pickstone, John, "Object of Modern Medicine," *Medicine Man : The Forgotten Museum of Henry Wellcome*, édited by Ken Arnold and Danielle Olsen, Londres, British Museum Press, 2003, pp. 265–289.

Post, Gaines, *Studies in Medieval Legal Thought : Public Law and the State, 1100–1322*, Prinston, Prinston University Press, 1964.

Rabier, Christelle, « La disparition du barbier chirurgien analyse d'une mutation professionelle au XVIII$^{e}$ siècle », *Annales H. S. S.*, no. 3, mai-juin 2010, pp. 679–711.

Racine, P., « D'Italie au Pays-Bas: les routes lorraines (1280–1350) », dans *les pays de l'entre-deux au moyen âge : questions d'histoire des territoires d'Empire entre Meuse, Rhône et Rhin*, Actes du 113$^{e}$ CNSS (Strasbourg, 1988), Paris, CTHS, 1990, pp. 209–224.

René, Epp, « L'université catholique de Strasbourg au XVIII$^{e}$ siècle (1701–1791) », *les Universités du Rhin supérieur de la fin du moyen age à nos jour, Actes du Colloque organisé à l'occasion du 450$^{e}$ anniversaire des enseignement supérieurs à Strasbourg* : Pierre Deyon. et al., Presses Universitaires de Strasbourg, 1988, pp. 85–99.

Reuss, Rodolphe, *L'Alsace au dix-septième siècle : au point de vue géographique, historique, administratif, économique, social, intellectuel et religieux*, Paris, Émile Bouillon 1897–1898, 2 vol. Bibliothèque de l'École des Hautes Études.

———, *Histoire d'Alsace,* Paris, Boivin, 1912.

Roche, Daniel, *Le Siècle des lumières en province : académies et académiciens provinciaux, 1689–1789*, 2 vol.s, Paris et La Haye, Mouton, 1978.

Rosenblatt, François, *Le dialecte alsacien et l'identité culturelle chez l'adolescent : enquêtes réalisées au college de Saint-Amarin Haut-Rhin*, thèse présentée par François Rosenblatt pour le doctorat N. R. histoire et civilisations de l'Europe, Villeneuve d'Ascq, Presses Universitaires du Septentrion, 1995.

Sadoul, G., *Jacques Callot : miroir de son temps*, Paris, Gallimard, 1969.

Saintyves, Pierre, « *Les résurrections d'enfants morts-nés et les sanctuaires à répit* », *Revue d'É. et de S.*, no. 2, 1911, pp. 65–74.

Saunier, Annie, « Le visiteur, les femmes et les obstétrices des paroisses de l'archidiaconé de Josas de 1458 à 1470 », *Santé, médicine et assistance au moyen âges*, Actes du 110e congrès national des sociétiés savantes Montpellier, 1985 : Section d'histoire médiévale et de phi-

lologie, t. I : Paris, Éditions du C. T. H. S., 1987, pp. 43–62.

Schlumberger, Jean, *Éveils*, Paris, Gallimard, 1950.

Schmitt, Jean-Marie, *Aux origines de la révolution industrielle en Alsace : investissements et relations sociales dans la vialle de saint-Amarin au XVIII^e siècle,* Strasbourg, Librairie Istra, 1980.

———, «Jean-François-Antoine Reichstetter bailli de Guebwiller puis président du district de Colmar : une carrière administrative et judiciaire en Haute-Alsace sous l'Ancien Régime et la Révolution», *Annuaire de S. d'H. R. de T.-G.*, t. XIV, 1981–82 pp. 51–56.

Scott, Joan, *Women, Work and Family* (coauthored with Louise Tilly), New York, Holt, Rinehart and Winston, 1978.

Sieger, Pierre, *La Guerre de Trente ans dans la haute vallée de la Thur*, Riedisheiim, Alsagraphic, 2000.

Sifferlin, Gilles, *La vallée de Saint-Amarin : notes historiques et discriptives*, 3 vol. Strasbourg, F. X. Le Roux & Cie, 1908–9.

Sigal, Pierre Andre, «A propos des sages-femmes de montpellier à la fin du XVII^e siècle», Andréani (Roland), Michel (Henri) et Pélaquier (Elie), *Ibid.*, pp. 59–98.

Taveneaux, René, «La Nation Lorraine en conflit avec Rome. L'affaire du code Léopold (1701–1713)», *Les Fondations nationales dans la Rome pontificale*, Actes du colloque de Rome (16–19 mai 1978), Collection de l'École française de Rome, 52, École Française de Rome, 1981, pp. 749–766.

———, «La Lorraine, les Habsbourg et l'Europe», *Les Habsbourg et La Lorraine*, sous la direction de P. Brel, E. Faucher et R. Taveneaux, Nancy, Presses Universitaires de Nancy, 1988, pp. 11–27.

———, *Jansénisme et réforme catholique*, Nancy, Presses Universitaires de Nancy, 1992.

Vetter, Théodore, «Phantomes et poupées vivantes», *Annales M. de N.*, VII, 1968, p. 554.

———, «Phantômes et poupées vivantes», *Annales M. de N.*, VII, 1968, pp. 556–557.

Voeltzel, René-Frédéric, *Jean Domat (1625–1696) : essai de reconstruction de sa philosophie juridique précédé de la biographie du jurisconsulte*, Paris, Librairie du recueil sirey, 1936.

Wanner-Jeanrichard, Anne, «Le développement de l'indiennage en Suisse», *Le coton et la monde: 1000 ans d'aventures*, Paris, Le Musée Galeria, 2000, pp. 73–81.

Wiel, Philippe, «Une grosse paroisse du Cotentin aux XVII^e et XVIII^e siècles : Tamerville : démographie, société, mentalité», *Annales de D. H.*, 1969, no. 1, 1971, pp. 136–189.

Wolff, Christian, *Répertoire numérique des sous-séries 3E et 2E : registres paroissiaux et registre des chapitres rurraux XVI^e siècle-1972*, sous la direction de François-Jacques Himly, Strasbourg, Archives du Bas-Rhin, imp. de la prefecture, 1980.

〈邦語文献〉

青木国雄「予防医学という青い鳥（4）産褥熱予防とその認知を拒んだ時代背景」『健康文

化』第 40 号，2009 年.
阿河雄二郎「ルイ 14 世時代の貴族改めの意味」服部春彦・谷川稔編『フランス史からの問い』（山川出版社，2000 年），49–73 頁.
————「「オーバン」考——近世フランスの外国人研究序説」『Ex Oriente』大阪外国語大学言語社会学叢書第 7 巻，2002 年.
————「近世フランスの歴史記述——フランス〈国民〉の起源問題を中心に」『関西学院史学』第 36 号，2009 年，51–78 頁.
阿部謹也『刑吏の社会史——中世ヨーロッパの庶民生活』（中公新書，1978 年）.
————『中世賤民の宇宙——ヨーロッパ原点への旅』（筑摩書房，1987 年／ちくま学芸文庫，2007 年）.
天野知恵子『子どもと学校の世紀——18 世紀フランスの社会文化史』（岩波書店，2007 年）.
安酸香織「紹介：Ohler, Cristian, *Zwischen Frankreich und dem Reich. Die Elsassische Dekapolis nach dem Westfalischen Frieden*, Frankfurt am Main 2002, 377S」『西洋史研究』新輯第 43 号，2014 年.
————「論文 近世エルザスにおける帝国等族とフランス王権——十帝国都市をめぐる紛争と調停の事例から（1648–79）」『西洋史研究』新輯第 45 号，2016 年.
————「ウェストファリア講和会議（1643–48）におけるエルザス譲渡問題——ミュンスターの交渉と条文の考察から」『北大史学』第 56 号，2016 年.
池上俊一『ヨーロッパ中世の宗教運動』（名古屋大学出版会，2007 年）.
池田利昭『中世後期ドイツの犯罪と刑罰——ニュルンベルクの暴力紛争を中心に』北海道大学大学院研究叢書 19（北海道大学出版会，2010 年）.
石崎政一郎「紹介批評：ヴェルツェル著“ジャン・ドーマ”」東北大学法学部『法学』第 6 巻第 12 号，1937 年.
伊藤太吾『ロマンス語概論』（大学書林，2007 年）.
臼井佐知子・H. ジャン=エルキン・岡崎敦・金炫栄・渡辺浩一編『契約と紛争の比較史料学——中近世における社会秩序と文書』（吉川弘文館，2014 年）.
内田日出海「都市共和国ストラスブールにおける王権と自治の領分——対立から融合へ（1681–1790）」鈴木健夫編『地域間の歴史世界——移動・衝突・融合』早稲田大学現代政治経済研究所研究叢書 29（早稲田大学出版部，2008 年），127–193 頁.
————「18 世紀のフランス・アルザスにおける密輸資本主義——周縁と特権の力学」田村愛理・川名隆史・内田日出海編『国家の周縁——特権・ネットワーク・共生の比較社会史』（刀水書房，2015 年），37–69 頁.
遠藤泰弘「オットー・ギールケとフーゴ・プロイス——主権概念をめぐる対立とその位相」鈴木秀光・高谷知佳・林真貴子・屋敷二郎編『法の流通——法制史学会 60 周年記念若手論文集』（慈学社，2009 年），697–720 頁.
大黒俊二「マッダレーナ・ナルドゥッチの遺言書（1476 年）——限界リテラシーの現れ方，現れるとき」『社会言語学』XIV，2014 年.
————「文字のかなたに声を聴く——声からの／声に向けての史料論」『歴史学研究』

2014年増刊号.
大貫俊夫「オットー朝期の帝国司教とロタリンギエン――オットー1世期ヴェルダン司教座の分析を通して」『史学雑誌』第115編第12号，2006年.
――――「盛期中世におけるシトー会修道院の小教区＝農村共同体形成への関与に関する研究」『西洋史学研究』44，2015年.
――――「叢説　中世盛期におけるシトー会修道院の保護形態」『法制史研究』62，2013年.
――――「読書案内：西洋中世における修道院・修道制」『歴史と地理』第669号（世界史の研究237），2013年，山川出版社.
大橋博司『パラケルススの生涯と思想』（思索社，1976年）.
岡谷義文「捺染布（ネル及び一般綿布）洗たく堅ロウ度に関する色彩学的研究」『繊維学会誌』第16巻第4号，1960年.
小川浩三「ジャン・ドマの lois de la religion と lois de la police（1）（2完）」『北大法学論集』第38巻第3, 4号，1988年.
奥野良知「カスタニェー社の販売台帳を通して見る18世紀カタルーニャ綿業――捺染綿布，捺染亜麻布，商人ネットワーク（1）（2）」『愛知県立外国語大学紀要』44（2002年）；45（2003年）.
踊共二「近世スイスにおける宗派問題と多数決原理」森田安一編『スイスの歴史と文化』（刀水書房，1999年）.
加藤宏一編『骨盤位分娩』産婦人科シリーズ27（南江堂，1980年）
金山直樹『法典という近代――装置としての法』（勁草書房，2011年）.
カーランスキー，マーク（山本光伸訳）『塩の世界史――歴史を動かした小さな粒（下）』（中公文庫，2014年）.
カルボニエ，ジャンヌ（藤川正信訳）『床屋医者パレ』（福音館書店，1969年）.
川崎亜希子「アンシアン・レジーム期におけるアルザス・ユダヤ人と王権――セール・ベールとストラスブールとの対立を中心に」田村愛理・川名隆史・内田日出海編『国家の周縁――特権・ネットワーク・共生の比較社会史』（刀水書房，2015年），118–144頁.
河崎靖・坂口友弥・熊坂亮・Jonas Rüegg『スイス「ロマンシュ語」入門』（大学書林，2013年）.
河原温・池上俊一編『ヨーロッパ中近世の兄弟会』（東京大学出版会，2014年）.
カントロヴィッチ，E. H.（甚野尚志訳）『祖国のために死ぬこと』（みすず書房，1993年）.
岸本美緒「コメント」［歴史学研究会2011年大会〈全体会〉：近世・近代転換期における国家―地域社会関係の再検討――女性の経験という視点から］『歴史学研究』2011年増刊号.
木村尚子『産婆・助産婦団体と産科医の100年』（大月書店，2013年）.
喜安朗『革命的サンディカリズム――パリ・コミューン以後の行動的少数派』（河出書房新社，1972年／五月社，1982年）.
グベール，ピエール（遅塚忠躬・藤田苑子訳）『歴史人口学序説――17・18世紀のボー

ヴェ地方の人口動態構造』(岩波書店，1992 年).
久保正幡『西洋法制史研究――フランク時代におけるゲルマン法とローマ法』(岩波書店，1952 年).
久保正幡先生還暦記念出版準備会編『西洋法制史料選Ⅱ 中世』(創文社，1978 年).
――――『西洋法制史料選Ⅲ 近世・近代』(創文社，1979 年).
クラークソン，L. A.(鈴木健夫訳)『プロト工業化――工業化の第一局面』シリーズ社会経済史 3 (早稲田大学出版部，1993 年).
蔵持不三也「祝火考――アルザス地方民族調査ノートより」『社会史研究』第 2 号，1983 年.
栗下昌弘「骨盤位牽出術」『産婦人科 手術療法マニュアル』『産科と婦人科』増刊号《診断と治療社会》，2009 年.
小林繁子『近世ドイツの魔女裁判――民衆世界と支配権力』(ミネルヴァ書房，2015 年).
――――「魔女研究の新傾向――ドイツ近世史を中心に」『法制史研究』65，2016 年.
小松公「フランス近世法学 (1) ジャン・ドマ」前掲『西洋法制史料選Ⅲ 近世・近代』(創文社，1979 年)，122–129 頁.
小山啓子『フランス・ルネサンス王政と都市社会――リヨンを中心として』(九州大学出版会，2006 年).
小山哲「近世ヨーロッパの複合国家――ポーランド・リトアニアから考える」近藤和彦編『ヨーロッパ史講義』(山川出版社，2015 年)，74–89 頁.
権裕美「18 世紀フランスの田園趣味とアンディエンヌ――モードの簡素化と捺染綿布の流行」『国際服飾学会誌』43，2013 年.
近藤和彦『民のモラル』(山川出版社，1993 年／ちくま学芸文庫，2014 年).
――――『文明の表象 英国』(山川出版社，1998 年).
――――『イギリス史 10 講』(岩波新書，2013 年).
――――編『岩波講座世界歴史 16 主権国家と啓蒙：16–18 世紀』(岩波書店，1999 年).
――――編『歴史的ヨーロッパの政治社会』(山川出版社，2008 年).
――――編『ヨーロッパ史講義』(山川出版社，2015 年).
斎藤修『プロト工業化の時代――西欧と日本の比較史』(日本評論社，1985 年／岩波現代文庫，2013 年).
作道潤「プロト工業化期のフランスにおける綿布捺染業――ジュイ工場の事例を中心として」『ヨーロッパの展開における生活と経済』神戸大学・西洋史研究室編『山瀬善一先生退官記念論文集』(晃洋出版，1984 年)，91–111 頁.
――――『フランス化学工業史研究――国家と企業』(有斐閣，1995 年).
佐々木真監修『軍隊』近代ヨーロッパの探究 12 (ミネルヴァ書房，2009 年)，13–66 頁.
――――「近世ヨーロッパ最強陸軍の光と影――フランス絶対王政期の国家・軍隊・戦争」持田幸男・村岡健次『図説 フランスの歴史』(河出書房新社，2011 年).
――――『ルイ 14 世期の戦争と芸術――生みだされる王権のイメージ』(作品社，2016 年).
ザックス，ハンス (詩)，アマン，ヨースト (版画)，小野忠重 (解題)『西洋職人づくし』(岩崎美術社，1970/1977 年復刻).

佐藤彰一「七世紀後半ルーアン司教区における修道院建設・定住・流通——聖人伝を主たる素材として」森本芳樹編『西欧中世における都市=農村関係の研究』(九州大学出版会，1988 年).
————『禁欲のヨーロッパ——修道院の起源』(中公新書，2014 年).
志垣嘉夫『フランス絶対王政と領主裁判権』(九州大学出版会，2000 年).
柴田三千雄『パリのフランス革命』(東京大学出版会，1988 年).
————『フランス史 10 講』(岩波新書，2006 年).
————『フランス革命』(岩波現代文庫，2007 年).
島岡茂『ロマンス語の話』(大学書林，1970/1995 年).
ジャケ (ジャクリーヌ・トメ)・ブリュイニャック (ベロニック・ドゥ) 監修，佐野敬彦編『ミュルーズ染織美術館』(学習研究社，1978 年).
シュネーデル，ジャン (森本芳樹訳)「フランス王国におけるフランシーズ文書の起源——11–12 世紀」G. デュビィ，M. ミッテラウアー，G. デスピイ，J. シュネーデル，R. キースリンク，H. ファン・デル・ウェー著，森本芳樹編 (宮松浩憲・藤田裕邦・森本芳樹・平嶋照子・山田雅彦・田廣広道・藤井美男訳)『西欧中世における都市と農村』(九州大学出版会，1987 年).
白川部達夫『日本近世の自立と連帯——百姓的世界の展開と頼み証文』(東京大学出版会，2010 年).
杉崎泰一郎『修道院の歴史——聖アントニオスからイエズス会まで』(創元社，2015 年).
杉立義一『お産の歴史——縄文時代から現代まで』(集英社新書，2002/2004 年).
スクリーチ，タイモン (高山宏訳)『大江戸異人往来』(ちくま学芸文庫，2008 年).
スタイン，ピーター (屋敷二郎監訳，関良徳・藤本幸二訳)『ローマ法とヨーロッパ』ミネルヴァ 21 世紀ライブラリー 76 (ミネルヴァ書房，2003/2007 年).
関口晃「フランス近世法学 (2) ポティエ」前掲『西洋法制史料選Ⅲ 近世・近代』，130–146 頁.
関根素子「ルイ 14 世治世下の出版統制——治世後半のパリを中心にして」『史学雑誌』第 17 編第 7 号，1970 年.
————『フランス絶対王政下の書物と検閲』Study Series 2，一橋大学社会科学古典センター，1982 年.
————『宮廷文化と民衆文化』世界史リブレット 31 (山川出版社，1999 年).
————「書物史探訪ところどころ：Promenade à travers l'histoire du livre」『日仏図書館情報研究』No. 38，2013 年.
ゾーム，ルードルフ (世良晃志郎他共訳)『フランク法とローマ法——ドイツ法史への序論』(岩波書店，1942 年).
高木正道「近世ヨーロッパの人口動態 (1500–1800)」『静岡大学経済研究』第 4 巻第 2 号.
高澤紀恵『主権国家体制の成立』世界史リブレット 29 (山川出版社，1997 年).
————「パリのポリス改革——1666–1667」『思想』No. 959，2004 年，62–87 頁.
————「絶対主義は神話か」『近代フランスの歴史』(ミネルヴァ書房，2006/2011 年)，40–41 頁.

――――『近世パリに生きる――ソシアビリテと秩序』世界歴史選書（岩波書店，2008 年）.
タキトゥス，コルネーリウス（泉井久之助訳注）『ゲルマニア』（岩波文庫，1979 年）［改訂第 1 刷］.
ダグラス，メアリ（塚本利明訳）『汚穢と禁忌』（思潮社，1995 年／ちくま学芸文庫，2009/2013 年）.
武内享介・丸尾猛「産褥熱 18. 産科感染症の管理と治療 D 産科疾患の診断・治療・管理・研修コーナー 3 産褥熱（Puerperal fever）」『日産婦誌』第 60 巻第 6 号，2008 年.
竹田省「骨盤位娩出術」『日産婦誌』第 60 巻第 5 号，2008 年.
田中きく代・阿河雄二郎『〈道〉と境界域――森と海の社会史』（昭和堂，2007 年）.
谷川稔・渡辺和行編『近代フランスの歴史――国民国家形成の彼方に』（ミネルヴァ書房，2006/2011 年）.
ダーントン，ロバート（二宮素子・二宮宏之訳）『革命前夜の地下出版』（岩波書店，2000 年）.
――――（近藤朱蔵訳）『禁じられたベストセラー――革命前のフランス人は何を読んでいたか』（新曜社，2005 年）.
遅塚忠躬『ロベスピエールとドリヴィエ――フランス革命の世界史的位置』（東京大学出版会，1986 年）.
ティエ，エドゥアール（深谷格訳）「18 世紀における憲法（国制）の概念の曖昧性――モンテスキューを素材にして」『西南学院大学法学論集』Vol. 37，No. 4，2005 年.
デーヴィス，ナタリー・Z.（長谷川まゆ帆・北原恵・坂本宏訳）『境界を生きた女たち――ユダヤ商人グリックル，修道女受肉のマリ，博物画家メーリアン』（平凡社，2001 年）［Davis, Natalie Zemon, *Women on the Margins: The Three Seventeenth-Century Lives*, Cambridge, Harvard University Press, 1955, Third printing, 1997］.
――――（成瀬駒男・宮下志朗訳）『古文書のなかのフィクション――16 世紀フランスの恩赦嘆願の物語』（平凡社選書，1990 年）.
デシモン，ロベール（林田伸一訳）「貴族は「種族」か社会関係か？――近世フランスの貴族を捉えるための新しい方法を探る」『思想』No. 959，2004 年.
デーヨン，ピエール（二宮宏之訳）「「原基的（プロト）工業化」モデルの意義と限界」『社会経済史学』第 47 巻第 1 号，1981 年.
寺田浩明「明清法秩序における〈約〉の性格」溝口雄三他編『アジアから考える 4』（東京大学出版会，1994 年），69–130 頁.
道明三保子監修『カシミールショール――変化するペイズリー文様』（山川出版社，2010 年）.
トールワルド，J.（大野和基訳）『外科の夜明け――防腐法 絶対死からの解放』地球人ライブラリー（小学館，1995 年）.
南和嘉男『医師ゼンメルワイスの悲劇――今日の医療改革への提言』（講談社，1988 年）.
西山暁義「〈アルザス・ロレーヌ人〉」とは誰か――独仏国境地域における国籍」近藤和彦編『ヨーロッパ史講義』（山川出版社，2015 年）.
二宮宏之「思想の言葉 プロト工業化論と民衆文化」『思想』No. 694，1982 年.

――――「西欧のプロト工業化論」社会経済史学会編『社会経済史学の課題と展望』(有斐閣，1984 年).
――――『全体を見る眼と歴史家たち』(木鐸社，1986 年／平凡社ライブラリー，1995 年).
――――『歴史学再考――生活世界から権力秩序へ』(日本エディタースクール出版部，1994 年).
――――『マルク・ブロックを読む』岩波セミナーブックス (岩波書店，2005 年).
――――『フランス アンシアン・レジーム論――社会的結合・権力秩序・叛乱』(岩波書店，2007 年).
――――『二宮宏之著作集 全 5 巻』(岩波書店，2011 年).
――――「見える村・見えない村――ブルゴーニュ地方サシ村の事例に即して」『ヨーロッパの基層文化の研究――フランスを中心に』平成 10–12 年度科学研究費補助金 (基盤研究 (A) (2)) 研究成果報告書，2001 年，15–19 頁『二宮宏之著作集 第 2 巻』所収，187–194 頁.
――――「17・18 世紀における農村生活の一実態――フルーリ＝アン＝ルビエーの領主領」(二宮正之訳)『二宮宏之著作集 第 4 巻』(岩波書店，2011 年).
――――『二宮宏之著作集』第 4 巻 (岩波書店，2011 年).
――――編『民族の世界史 (9) 深層のヨーロッパ』(山川出版社，1990 年).
――――編『社会科学の方法 IX 歴史への問い／歴史からの問い』(岩波書店，1993 年).
――――編『結び合うかたち――ソシアビリテ論の射程』(山川出版社，1995 年).
――――編『歴史を問う 4 歴史はいかに書かれるか』(岩波書店，2001 年).
二宮宏之・阿河雄二郎編『アンシアン・レジームの国家と社会――権力の社会史へ』(山川出版社，2003 年).
二宮陸雄『知られざる医学の源流』(篠原出版，1983 年).
日本産婦人科学会編・発行『産婦人科研修の必修知識 2013 年』(2013 年).
野田良之「ジャン・ドマとフランス民法典――とくに民事責任の規定を中心として」『比較法雑誌』第 3 巻第 2 号，1958 年.
ハガード，ハワード・W. (巴陵宣祐訳)『古代医術と分娩考』(武侠社，1931 年初版／エンタプライズ社，1982 年復刻).
長谷川まゆ帆「18 世紀における分娩――場・人間・仕方」『名古屋大学院生論集』第 13 号，1984 年.
――――「権力・産婆・民衆――18 世紀後半アルザスの場合」『思想』No. 746，1986 年.
――――「産婆のキリスト教化と慣習の形成――女たちの多数決による産婆の選出をめぐって」荻野美穂・落合恵美子・長谷川まゆ帆・千本暁子・姫岡とし子・田邉玲子 (共著)『制度としての女――性・産・家族の比較社会学』(平凡社，1990 年)，229–256 頁.
――――「ロレーヌ＝エ＝バール公国におけるシャリヴァリの禁止――1715 年，1718 年，1755 年の判決より」『三重大学教育学部研究紀要』第 44 号，三重大学教育学部，1993 年.
――――「身体性の歴史学のために」二宮宏之編『岩波講座社会科学の方法 IX 歴史への

問い／歴史からの問い』（岩波書店，1993 年），83–111 頁.
————「ロレーヌ・エ・バール公国におけるシャリヴァリの禁止」『三重大学教育学部研究紀要』第 44 号，三重大学教育学部，1993 年.
————「〈病院化〉以前のお産——熊野での聞き取り調査より」『思想』No. 824，1993 年.
————新刊紹介「学術思想 ミレイユ・ラジェ『出産の社会史』（人文書院，1993 年）」『週刊読書人』第 2047 号，1994 年.
————「バロック期のジェンダーと身体——国境地域ロレーヌから考える」近藤和彦編『岩波講座世界歴史 16 主権国家と啓蒙：16–18 世紀』（岩波書店，1999 年）.
————「ナンシー滞在記」『教養学部報』第 430 号，東京大学教養学部，1999 年，1 面と 4 面.
————「ナンシー調査記」『日仏歴史学会会報』第 15 号，日仏歴史学会，1999 年.
————「未洗礼死産児の洗礼と埋葬——Avioth の司祭 Jean Delhotel の覚書を中心に」平成 10–12 年度科学研究費補助金（基盤研究（A）（2））研究成果報告書，研究代表者二宮宏之，研究課題「ヨーロッパの基層文化の研究——フランスを中心に」，2001 年，7–14 頁.
————「出産の社会史——17–18 世紀のアルザス・ロレーヌを対象に ①–③」財団法人三菱財団学術研究助成金第 32–34 回事業報告書（平成 13–15 年度），402–403, 422–423, 426–427 頁.
————「歴史随想 ヴァローヌ滞在記」『ふびと』55，2003 年，62–73 頁.
————『お産椅子への旅——ものと身体《からだ》の歴史人類学』（岩波書店，2004 年）.
————「とらうべ：さしのべる手の可能性を求めて」『助産雑誌』Vol. 59, No. 7，（医学書院，2005 年）.
————「18 世紀フランスの食の歴史人類学——パルマンチエの著作より」平成 14–16 年度科学研究費補助金（基盤研究（A）（1））研究成果報告書，研究代表者近藤和彦，研究課題「近世・近代のヨーロッパにおける政治社会」，2006 年，71–88 頁.
————「女・男・子どもの関係史」『近代フランスの歴史——国民国家形成の彼方に』谷川稔・渡辺和之編（ミネルヴァ書房，2006 年），237–273 頁.
————『女と男と子どもの近代』世界史リブレット 89（山川出版社，2007/2011 年）.
————「〈お産椅子〉の歴史と助産の場の変化」『助産師』第 61 巻第 1 号，2007 年 2 月，特集：助産師の歴史を学ぼう.
————「サンクチュエール・ア・レピ——誓約した産婆をめぐる教区の紛争との関連で」平成 19–21 年度科学研究費補助金（基盤研究（B））研究成果報告書，研究代表者甚野尚志.
————「地方長官と助産婦講習会——併合期ロレーヌの遺制と国家プロジェクト」近藤和彦編『歴史的ヨーロッパの政治社会』（山川出版社，2008 年），190–227 頁.
————「ヘイドン・ホワイトと歴史家たち——時間の中にある歴史叙述」『思想』No. 1036，ヘイドン・ホワイト特集号，2010 年.
————「多数決による産婆の選択と王権による統治」『日仏歴史学会会報』第 25 号，2010

年（日仏歴史学会年次総会研究大会報告［2010年3月］奈良女子大学）．

――――「近世ロレーヌ地方の巡礼」科学研究費補助金基盤（B）研究成果報告集，研究代表者内田九州男，研究課題名「四国遍路と世界の巡礼」2010年，15–23頁．

――――「教区の女たちが産婆を選ぶ――アンシアン・レジーム期フランスの国家と地域社会」『歴史学研究』第885号，2011年，増刊号［歴史学研究会2011年度大会報告］．

――――『さしのべる手――近代産科医の誕生とその時代』（岩波書店，2011年）．

――――「近世末フランス農村とインドの間――ヴェッセリングの捺染工場とアルザス南部サン・タマラン渓谷の変容」『歴史と地理』第669号（世界史の研究237），2013年，山川出版社．

――――「近世期フランスにおける母性」『母性衛生』54–1，2013年，19–24頁．

――――「多数決原理の形成とローマ法の受容」甚野尚志・踊共二編『中近世ヨーロッパの宗教と政治』（ミネルヴァ書房，2014年），182–203頁．

――――「出産の社会史――床屋外科医と〈モノ〉との親和性」水井万里子・杉浦未樹・伏見岳志・松井洋子編『世界史のなかの女性たち』（勉誠出版，2015年），132–152頁．

――――「儀礼と表象，感性から見る歴史――歴史人類学の挑戦」草光俊雄・甚野尚志（編）『ヨーロッパの歴史Ⅰ ヨーロッパ史の視点と方法』（放送大学教育振興会，2015年），138–157頁．

――――「オーラルとエクリの間《あわい》――近世期の「個人の語り」について」前掲書，158–177頁．

馬場哲『ドイツ農村工業史――プロト工業化・地域・世界市場』（東京大学出版会，1993年）．

林田伸一「18世紀フランスの都市制度と王権――ラヴェルディの改革をめぐって（上）」『人文・社会科学論集』5，東洋英和女学院大学，1992年．

――――「18世紀フランスの都市制度と王権――ラヴェルディの改革をめぐって（下）」『人文・社会科学論集』6，東洋英和女学院大学，1993年．

――――「ロラン・ムーニエにおける絶対王政期フランスの国家と社会」『人文・社会科学論集』11，東洋英和女学院大学，1996年．

――――「フランス絶対王政期の地方長官補佐について――アンジェ管区を中心に（1）」『ヨーロッパ文化研究』第24集，成城大学大学院文学研究科編，2005年．

――――「フランス絶対王政期における地方長官補佐の権限と特任状」『ヨーロッパ文化研究』第27集，2008年，133–154頁．

――――「フランス絶対王政期の地方長官補佐について――アンジェ管区を中心に（2完）」『ヨーロッパ文化研究』第30集，成城大学大学院文学研究科編，2011年．

――――「フランス絶対王政期における国務会議裁決と行政の技術」成城大学文芸学部紀要『成城文藝』第214号，2011年．

――――「18世紀後半におけるフランスの地方行政と地方長官補佐〈心得〉」『成城文藝』第215号，2011年．

ハント，リン（西川長男・平野千果子・天野知恵子訳）『フランス革命と家族ロマンス』（平凡社，1999年）．

ヒポクラテス（小川政恭訳）『古い医術について他 8 篇』（岩波文庫，1963/2010 年）．

姫岡とし子『近代ドイツの母性主義フェミニズム』（勁草書房，1993 年）．

————『統一ドイツと女たち——家族・労働・ネットワーク』（時事通信社，1992 年）．

————『ジェンダー化する社会——労働とアイデンティティの日独比較史』（岩波書店，2004 年）．

————『ヨーロッパの家族史』世界史リブレット 117（山川出版社，2008 年）．

ファルジュ，アルレット（内藤俊人訳）「生の記号と死の危険——18 世紀における血と都市」『現代思想』1983 年 7 月号．

深沢克己「18 世紀フランスのフリーメイソンと寛容思想」深沢克己・高山博編『信仰と他者——寛容と不寛容のヨーロッパ宗教社会史』（東京大学出版会，2006 年），223–259 頁．

————「フランス海港都市のフリーメイソン——国際社交組織と秘教思想」羽田正責任編集『開港の世界史 3 港町に生きる』歴史学研究会編（青木書店，2006 年），323–347 頁．

————『商人と更紗——近世フランス＝レヴァント貿易史研究』（東京大学出版会，2007 年）．

————「18 世紀フランスの知的エリートとフリーメイソン——マルセイユの医師アシャールの内面軌跡」『史苑』第 72 巻第 1 号（通巻第 186 号），2011 年．

————「啓蒙期フリーメイソンの儀礼と位階——石工伝統から騎士伝説へ」『白山史学』第 48 号，2010 年，東洋大学白山史学会．

————『マルセイユの都市空間——幻想と実存のはざまで』（刀水書房，2017 年）

深沢克己・桜井万里子編『友愛と秘密のヨーロッパ社会文化史——古代秘儀宗教からフリーメイソン団まで』（東京大学出版会，2010 年）．

福井憲彦『もう一つの歴史記述の可能性——アルフレッド・フランクラン『パリの私生活』Part 5：さまざまな日常』別冊解説，アティーナ・プレス，2014 年，全 28 頁．

福田真希『赦すことと罰すること——恩赦のフランス法制史』（名古屋大学出版会，2014 年）．

藤井吉助「外及び内回転術」『産科と婦人科』第 32 巻第 4 号，1965 年，診断と治療社．

藤木久志『戦国の作法——村の紛争解決』（平凡社選書，1987 年初版／平凡社ライブラリー，1998 年／講談社学術文庫，2008 年）．

藤田苑子『フランソワとマルグリット——18 世紀フランスの未婚の母と子どもたち』（同文館出版，1994 年）．

フランソワ・ラブレー（渡辺一夫訳）『ガルガンチュワとパンタグリュエル』全 5 巻（白水社，1995 年復刻／初版 1943–65 年／岩波文庫，1973–75 年）；（宮下志朗訳，ちくま文庫，2005–12 年）［原典 1532–64 年］．

フランドラン，ジャン・ルイ（森田伸子・小林亜子訳）『フランスの家族——アンシャン・レジーム下の親族・家・性』（勁草書房，1993 年）．

古谷大輔・近藤和彦編『礫岩のようなヨーロッパ』（山川出版社，2016 年）．

ブロック，マルク（森本芳樹訳）『西欧中世の自然経済と貨幣経済』（創文社，1982/2002

年).
————(井上泰男・渡辺昌美訳)『王の奇跡』(刀水書房, 1998 年/原著 1924 年).
ベンティーン, クラウディア (田邊玲子訳)『皮膚——文学史・身体イメージ・境界のディスクール』(法政大学出版局, 2014 年).
ボルペール, ピエール・イヴ (深沢克己編訳)『「啓蒙の世紀」のフリーメイソン』(山川出版社, 2009 年).
正本忍「1720 年のマレショーセ改革に関連する二つの国王宣言——「マレショーセの新しい中隊に関する規則を記した」国王宣言 (1720 年 3 月 28 日),「新マレショーセに関する」国王宣言 (1720 年 4 月 9 日)」長崎大学総合環境研究, 第 11 巻第 2 号, 2009 年.
————「オート=ノルマンディー地方のマレショーセ隊員の採用 (1720–1750)」『長崎大学総合環境研究』第 12 巻第 1 号, 2012 年.
————「近世フランスにおける国王役人の昇任——騎馬警察隊員の昇進人事」『七隈史学』第 16 号, 2014 年.
————「近世フランスのマレショーセ (特別裁判所, 騎馬警察隊) の研究史に関する覚書」『七隈史学』第 17 号, 2015 年.
————「近世フランスにおける王国役人の時事管理——騎馬警察隊員の転任」長崎大学多文化社会学部『多文化社会研究』第 1 号, 2015 年.
————「近世フランスにおける騎馬警察隊員の退職 (1729–1750 年)——成員管理・組織運営の観点から」『西洋史学論集』第 52 号, 2015 年.
町田實秀『多数決原理の研究——中世の選挙制度を中心として』(有斐閣, 1958 年).
————『ローマ法史概説 I』(有信堂, 1963 年).
見瀬悠「18 世紀フランスにおける外国人と帰化——ブリテン諸島出身者の事例から」『史学雑誌』第 123 編第 1 号, 2014 年.
三成美保・姫岡とし子・小浜正子編『歴史を読み替える——ジェンダーから見た世界史』(大月書店, 2014 年).
宮坂尚幸・麻生武志「7. 骨盤位牽出術 (C. 産科疾患の診断・治療・管理)」(研修医のための必修知識)『日産婦誌』第 54 巻第 7 号, 2002 年.
————「研修医のための必修知識 C 産科疾患の診断・治療・管理 9 鉗子分娩」『日産婦誌』第 57 巻第 7 号, 2002 年.
宮松浩憲「中世盛期アンジューのブール——西フランスにおける都市化の様相」森本芳樹編『西欧中世における都市=農村関係の研究』(九州大学出版会, 1988 年), 151–205 頁.
宮本常一『忘れられた日本人』(未来社, 1960 年).
メンデルス, F. 他 (篠塚信義ほか編訳)『西欧近代と農村工業』(北海道大学図書刊行会, 1991 年).
森本芳樹『西欧中世経済形成過程の諸問題』(木鐸社, 1978/1982 年).
————『中世農民の世界——甦るプリュム修道院所領明細帳』(岩波書店, 2003 年).
————『西欧中世形成期の農村と都市』(岩波書店, 2005 年).
————『西欧中世初期農村史の革新——最近のヨーロッパ学界から』(木鐸社, 2007 年).

安成英樹『フランス絶対王政とエリート官僚』(日本エディタースクール出版部，1998年).
安村直己「植民地期ミチョアカンにおける農村社会と法」『史学雑誌』第101編第4号，1992年.
————「帝国と言語——18世紀メキシコをめぐるカスティーリャ語化政策とその波紋」近藤和彦編『歴史的ヨーロッパの政治社会』(山川出版社，2008年)，266–310頁.
————「スペイン帝国と文書行政——植民地期メキシコにおける文書行政ネットワークとその外部」小名康之編『近世・近代における文書行政——その比較史的研究』青山学院大学総合研究所叢書(有志舎，2012年)，70–107頁.
柳沢修「西ドイツにおけるProto-Industrialization論とその問題点——P. クリーテを中心に(論点をめぐって)」『土地制度史学』第23巻第4号，1981年.
柳田国男・橋浦泰雄『産育習俗語彙』(国書刊行会，1975年).
山崎耕一・松浦義弘編『フランス革命史の現在』(山川出版社，2013年).
吉田伸之「社会権力論ノート」久留島浩・吉田伸之編『近世の社会的権力』(山川出版社，1996年)，3–20頁.
吉田弘夫「アンタンダン制におけるシュブデレゲ官職の売買について(上)(下)」『北海道教育大学紀要』第22巻第1号(1971年)，第2号(1972年).
吉永栄助「法学博士町田実秀先生——その人と学問」『一橋論叢』第49巻第3号，1963年.
リヴェ，ジョルジュ(二宮宏之・関根素子訳)『宗教戦争』文庫クセジュ428(白水社，1968年).
渡辺孝次「工業化するスイス——チューリヒ農村の場合」踊共二編『アルプス文化史——越境・交流・生成』(昭和堂，2015年)，50–57頁.
渡辺公三「歴史人類学の課題——ヒストリアとアナール派のあいだに」『身体・歴史・人類学 II 西欧の眼』(言叢社，2009年).
渡辺節夫「中世の社会——封建制と領主制」柴田三千雄・樺山紘一・福井憲彦編『世界歴史大系 フランス史1』(山川出版社，1995年).